金融祸福

毁掉世界经济的金融安排

（美）廖子光◎著

嵇飞 林小芳等◎译

目录 | Contents

译 序 ………………………………………………………………… 001

第一部分 货币主义与中央银行制度缺陷总论 ………………… 001
  第一章 货币神学 ………………………………………………… 003
  第二章 货币帝国主义的历史 …………………………………… 015
  第三章 黄金、操纵与支配 ……………………………………… 047
  第四章 中央银行制度不能稳定市场的失败史 ………………… 062

第二部分 世界主要国家和地区中央银行制度历史及其反思 … 081
  第一章 欧洲的经验教训 ………………………………………… 083
  第二章 美国的经验教训之一 …………………………………… 095
  第三章 美国的经验教训之二 …………………………………… 114
  第四章 美国的经验教训之三 …………………………………… 136
  第五章 美国的经验教训之四 …………………………………… 166
  第六章 亚洲的经验 ……………………………………………… 194
  第七章 日本的经验 ……………………………………………… 219

第三部分 国际金融危机与全球化中央银行制度的失败 ……… 233
  第一章 财富毁灭的危机 ………………………………………… 235

第二章	1929年与2007年的两种不同的银行危机	249
第三章	美联储没有退路的战略	271
第四章	美联储异乎寻常的13(3)条款措施	286
第五章	央行以经济为代价推行货币主义	309
第六章	拐弯抹角的监管改革	317
第七章	没有出路	323
第八章	前面面临着失去的十年	341
第九章	金融危机的政治学	361
第十章	美联储与可能的恶性通货膨胀	382

第四部分 全球化中央银行制度与主权债务危机 ... 405

第一章 美国的公共债务、财政赤字及主权国家资不抵债 ... 407
第二章 财政赤字等问题 ... 419
第三章 欧元区的主权债务危机之一：
一个没有政治联盟支撑的货币联盟 ... 434
第四章 欧元区主权债务危机之二：
超国家的全球化与民族国家主权之间的对立 ... 439

第五部分 出路何在 ... 461

第一章 未曾吸取的教训 ... 463
第二章 中国如何超越货币神学和中央银行制度 ... 466
第三章 对当前中国和世界重大经济和金融问题的看法 ... 472
第四章 中国恢复历史性大国地位的战略 ... 480

附 录

一、廖子光2010年来华前关于自己讲座主题的一封信 ... 491
二、中国金融信息网关于廖子光于北大光华管理学院演讲的报道
和演讲主要内容 ... 493
三、廖子光于中国财政部、中国人民对外友好
协会等部门讲座的主要观点 ... 498
四、廖子光受聘华中科技大学荣誉教授并做题为《以工资为导向的
地方经济增长模式》的人文素质讲座 ... 501

五、俄罗斯总统梅德韦杰夫主持的全球政策论坛邀请廖子光
参加其 2011 年年会 ……………………………………… 503
六、哈萨克斯坦总统纳扎尔巴耶夫发起的阿斯坦纳经济论坛邀请
廖子光参加其 2012 年年会 ……………………………… 506

译 序

刘元琪

由美国次贷危机发端的国际金融危机是二战以来最严重的一次金融危机。廖子光先生对这场危机有很准确的预见。他说：在"次贷危机在7月份爆发之前的四个月，在我于2007年3月17日发表在《亚洲时报在线》上的文章《次级债的崩盘为什么会扩散》之中，我曾警告我的读者们，全球性的系统危机将是不可避免的"（此处引文见中央编译出版社出版的《金融战争——中国发展如何突破美元霸权》一书序言）。廖先生质疑美联储等美国金融监管机构的效能，他说："令人困惑不解的是，美联储主席手下有大量的研究和分析人员可供调遣，有获得早期数据的特权，还有完美无暇的学术背景，而本人只是一名独立观察人士，依赖于大众媒体获得信息，但在我看来显而易见的事情，他怎么会竟然没有看到？"（此处引文来自本书，下面没有特别注明出处的引文同此）廖先生在危机前后关于美元霸权及其危机有大量的论述，这些论述的一部分已经由中央编译出版社翻译集结为两本著作出版，它们是《金融战争——中国发展如何突破美元霸权》（2008年）和《中国出路——全球债务危机和中国对策》（2010年）。当前这场金融危机有演变成接近大萧条性质的经济和社会危机的趋势，人们因此不得不深入探究危机的成因，从金融泡沫追及金融监管缺失和货币政策失误，然后直至追及过去30多年的新自由主义理念和制度。本书就是对于这场危机做更深入的认识的产物，廖先生在本书中认为，上述归因虽然越来越接近真理，但是关于新自由主义理念和制度的分析应该更明确化，应该直指新自由主义理念的核心——货币主义，以及新自由主义制度的核心——全球化的央行制度。每一次大规模的经济危机，都必然导致某种旧的经济学的失败和某些新经济学理论的诞生。本书正是应这样的时代背景而诞生的。

一、货币主义与央行性质的改变

1970 年代初的滞胀宣告了凯恩斯主义的危机，取代它的是货币主义。以米尔顿·弗里德曼为代表的货币主义的原初主张包括：货币在决定名义国民收入方面居于中心地位；私人部门具有内在稳定性；起伏不定的货币增长是经济波动的主要原因；失业与通货膨胀之间不存在长期的交替关系，长期菲利普斯曲线垂直，因此货币政策只在短期影响实际经济，而长期货币中性；通货膨胀是一种货币现象，货币供给量应以稳定或不变的比率增长以稳定价格水平；央行能够充分控制货币供给量，其首要任务是控制通货膨胀，而不是失业。货币政策是一切经济政策的核心，如果央行能够妥善地调节货币供应量，就可以消除或弱化经济周期。凯恩斯主义鼓吹的财政政策，在货币主义者眼中是劣等的、无效的、只有短期作用的政策，因为经济衰退不是由需求不足引起的，根本不需要政府增加额外的需求，政府通过增税和举债创造的需求将挤出私人需求，对长期经济发展毫无用处。[1]

按照货币主义的主张，美英等国政府放弃了财政政策，按照固定的较小比率增加货币供给，虽然控制了通货膨胀，但是却形成非常严重的经济危机。于是货币主义转而与新凯恩斯主义结合，形成新货币主义，在 1990 年代以来一直主宰大部分市场经济国家。新货币主义对原初货币主义的修正是：央行不再坚守不干预经济的原则，不再按照固定的较小比率增加货币供给，而是采取积极的反周期行动来干预经济，在经济下滑的时候大量注入货币，防止危机发生，并开启新一轮增长。

货币主义的主导地位导致原初的央行制度被激进修正。

廖子光先生这样界定央行的正确职能，他说："央行作为一个机构，其存在的合理性源于废除僵硬的金本位而对货币采取弹性政策。用直白的话来说，央行的主要职能在于管理货币供给，满足经济之中的交易需要，而不是依据货币发行当局持有的黄金数量来固定流通之中的货币量。"

廖子光是在详细追溯了央行制度的历史的基础上得出这样的结论的。这些历史的细节非常重要，这里仅选择一些对于读者理解金融与经济关系有启发意义的精彩论述介绍如下。

---

[1] 金俐：货币主义的影响：经济理论与政策实践，《理论与改革》2003 年第 6 期。

译 序

关于国家应该发展和控制金融，以满足不断扩张的经济对流动性的需求，本书说：

"在1840年代和1850年代，如果是由央行来提供流动性，所要求的准备金比率就会降低，放贷量会增加，货币供应量也会增加，那么对纸币体系的这种缺乏信任原本可以得到缓解。美国银行体系的格局就不会这样的地方化和破碎化，与大规模工业化经济不相协调，美国经济也就不会如此地依赖于外国的投资。"

今天发展中国家由于金融不发达，也面临这样的对外资依赖的困境。

关于金本位不能满足日益扩张的经济对流动性的需求，因此将会严重损害经济，廖说：

"央行往往并不关心在经济基本面不断变化情况下货币的定价水平是否适当，而是执着于仅仅维持货币与黄金之间此前定下的比价，因而在此过程中对与这个固定比价并不合拍的任何一个经济都造成严重的损害。"

关于这种严重损害，廖说：

"（威廉·杰宁·布莱恩）在美国历史上最为著名的（尽管近来也是最为避之唯恐不及的）一篇演说中指出：'你们不能强迫劳动者戴上荆冠，你们不能将人类钉在黄金十字架上'。"

关于国家应该通过发展和控制金融以排除金融集团出于狭隘的私人利益对经济的控制和剥削，本书有这样精彩的论述：

"永远紧缩银根意味着永远的高利率。对于满足起伏不定的经济需求而言，1900年之后建立在金本位基础上的货币供给很不灵活。相应造成的流动性不足导致金融体系无法运转。典型而言，流动性的不足开始于南方和西部，这时，农民将其收获的农作物拿到市场上，经销商需要短期贷款，为这种季节性的贸易量大增提供资金。乡下的银行被迫向纽约的银行寻求额外的资金帮助。以往的经验告诉农村里的银行家们及其农民客户，对堪萨斯、德克萨斯和田纳西各州经济生死攸关的决定取决于诸如摩根银行这样的华尔街银行。因此，'货币托拉斯'这个词并非激进的口号或者狂热份子的歇斯底里。它是20世纪头十年里西部和南方的每个人理解的一个非常主流的词汇。"

如果放任金融集团控制一国金融，那么其后果将是金融集团将剥夺人民的一切，廖说：

"（杰斐逊）预言说：'如果美国人民允许银行控制货币的发行，那么先是会出现通胀，接着又会出现通缩，这些在美国人们周围成长起来的银行和企业将会以此而剥夺他们的所有财产，直至他们的下一代一觉醒来，发现自己在父辈占领的大陆上已经无家可归……应该将货币的发行权从银行那里拿回来交还给国会，交还给它原本属于的人民'。这是反对央行政治上独立的明确声明。这个警告也适用于全世界的人。"

为了解决上述问题，"1886年的8月，在德克萨斯州的克利本县，平民主义者们首先提出了解决货币问题的一个方案，借鉴的是'绿背党'的主张，这个政党在十年前曾反对金本位制并捍卫林肯总统的法定货币，这种货币被称为'绿背'，它以政府的信用而非黄金为后盾，而正是凭借着政府的信用，北方赢得了内战。'克利本要求'中的一些激进要求包括联邦政府监管私人银行体系以及建立不受黄金限制的国家法定货币。平民主义者们不信任华尔街和华盛顿，他们希望有一个独立的机构来完成这项任务。他们是公开的通胀主义者，他们建议不断扩大货币供给，以此服务于不断增长的经济，他们倡议联邦政府发行货币，取代所有私人发行的银行券。"

美国平民主义者的主张已经包括了央行基本职能的雏形，即"联邦政府监管私人银行体系以及建立不受黄金限制的国家法定货币"以及通过"不断扩大货币供给，以此服务于不断增长的经济"。

正是基于这样的原则，1913年美国《联邦储备法案》规定了货币政策的目标是"有效促进充分就业、价格稳定、长期利率适度这些目标的实现"。但是，央行正确职能得到最充分实现还是在大萧条之后的时期。而推动美联储这一重大转型的灵魂人物就是艾克尔斯。

艾克尔斯认为，要解决大萧条性质的危机，必须"将货币导向那些相对于消费需要而言货币不足的人，而不是那些有余的人，以此启动货币的流动。联邦政府是唯一能为了整个体系而做这个货币转移工作的机构，它能够以国家的全部信用和信贷为后盾发行或者借入货币，将这些货币交到大众的手中，大众则马上支出这些货币，因而所需的需求得以创造出来。通过就业转移货币与财富的转移不是一回事情。以赤字为财政开支融资是对陷于停顿的经济注入货币及提高流动性的唯一办法。因此，艾克尔斯倡议对贫困和失业发动一场有限的战争，但他所依据的不是道德而是实用主义的理由。"

在1933年，艾克尔斯说服了美国国会相信了他的这个新的经济原理，美国政府通过财政赤字在失业救济、公共工程、农业分销、农场抵押贷款再融资、清偿对外战争的债务等方面多花钱。"艾克尔斯还建议为实现长期稳定而实施结构性的系统改革：由联邦政府对银行存款提供担保、实行最低工资标准、实施强制性的退休金计划,这些措施实际上构成了我们后来所称的新政的核心部分。同样是在艾克尔斯的帮助之下,自由信贷的时代得以开启,由政府对抵押贷款提供担保及对利息提供补贴,令中产阶级和低收入者拥有住房成为了可能。这些措施与其说是放弃资本主义,还不如说是资本主义的自我救赎。"

1935年艾克尔斯设计的《银行法案》对《联邦储备法案》进行了修订,削弱了私有的地区银行的自主权和否决权,限制了金融利益集团的力量,将货币政策的制订权集中到位于华盛顿的七人董事会的手中。"艾克尔斯担任了长达14年的美联储主席,同时他还继续在白宫中作为圈内的政策制订者发挥着影响。在艾克尔斯担任主席期间,美联储并没有假装它在政治上是独立的。加尔布雷斯称这一时期的美联储是首都的传播凯恩斯主义的中心。"

美联储以经济先于金融来界定自己的职能一直延续到前面所说的1970年代初滞胀危机导致凯恩斯主义退出和货币主义崛起时期。在货币主义的主导下,财政政策很大程度上退出,货币政策成为经济政策的核心,央行在各自社会里承担最高政治经济管理者的角色,央行职能从而被激进修正,而所有这一切就是要达到一个唯一目的——维护以美元为中心的全球化的金融利益集团的利益。

央行的职能现在主要是维持货币的稳定,而充分就业、一国经济的长远健康发展等目标却被删去而不再顾及,发展到今天出现的局面甚至是以牺牲充分就业和一国经济的长远健康发展来维持货币稳定。关于这种情形,廖说:"在美国和欧盟,20世纪90年代,财政政策急剧地萎缩,退化为一种宏观经济政策工具,而让美联储和欧洲央行在各自社会里承担最高政治经济管理者的角色。货币取代了为民众造福的商业引擎,成为经济图腾;为了日益全球化的金融体系的健康,货币的神圣不可侵犯性必须以人类的伤亡来捍卫。"

由于货币政策越来越成为一国经济政策的中心,并且以牺牲就业和经济为代价,所以越来越不得民心。为了使其不受民众民主的反对,各国在1990年代都纷纷强化央行的独立性。弗里德曼早在1968时就提出,应该让央行享有与立法、行政、司法大致同等的权力,不受以上三种权力的约束,实质是为了避免民主政治可能对央行政策的影响。

主要市场经济国家新央行制度建立的时间表导致如下:"1989年新西兰修订《新西兰储备银行法》,为新西兰央行独立性奠定了法律基础;1993年法国修订《法兰西银行法》,法兰西银行从单纯的货币政策执行机构转变为具有货币政策决策权的机构,独立性随之加强;1997年日本修订《日本银行法》,日本银行政策委员会不再接受政府指示,拥有独立决定官方利率等金融调控方面的权限,央行的独立性明显提高;1998 年英国修订《英格兰银行法》,货币政策委员会成为英国货币政策决策机构,央行独立性大为增强。依据《马斯特里赫特条约》,1998 年欧洲央行成立,欧洲央行不仅独立于各成员国政府,也不受欧盟的最高权力机构——欧盟理事会的制约,因此有着非常大的独立性。1997 年东南亚金融危机爆发后,尊重央行的独立性成为国际货币基金组织(IMF)对泰国、印度尼西亚、韩国等提供援助的附属性条件之一,在一定程度上也促进了这些受援国央行独立性的加强。"①

廖子光批评这种货币主义化的央行体制,对它的所谓独立性进行了谴责,他说:

"全世界的货币当局一直大力宣传央行应独立于政府及其经济政策的学说,似乎民选政府及其以民为本的经济政策是金融恶魔一样,必须加以抵制。贫困和失业被欢呼为健全货币的基础,健全货币不应受到政治压力的干扰。这种精英理论与由独立民族国家组成的世界政治秩序和被统治者同意原则根本不相容。任何国家,一旦丧失货币政策控制权,就丧失了政治独立性。"

廖这里的指责可以说是击中了央行所谓政治独立性趋势的关键,这种独立性的新央行制度实质上削弱甚至剥夺了民族国家的货币控制权,这种剥夺了民族国家货币控制权的新的金融制度就是下文要论述的全球化的(去民族国家的)央行体制,它与美国金融霸权有着实质性的联系。

二、全球化的央行体制与美国金融霸权

全球化的央行体制是以美元霸权为核心的美国金融霸权所推动建立的。

美元霸权形成的第一步是马歇尔计划。马歇尔计划不仅稳定了欧洲,使美国强大的生产能力有了广阔的欧洲市场,而且也扩大了美元的国际使用,从而为美元霸权奠定了基础。美元霸权形成的第二步是尼克松政府 1971 年 8 月宣布美元与黄金脱钩。在美元与黄金脱钩的情况下,美国维持庞大的国际收支赤字而同时美元仍然作为国际主要的储备和结算货币,这种情况对国际经济的长期平衡发展不利,但是对美国经济霸权的恢复却极为有利。但是要达到这个目标,美国还必须配套地做好其他安排,其中就是使石油等大宗商品交易以美元

---

① 尹继志:中央银行独立性的国际比较与思考来源,《南方金融》2010 年第 4 期。

计价，这是美元霸权的第三步。1973年，中东石油危机，美国接受了新的石油价格体制，但迫使石油生产国以美元标价石油。石油以美元计价的基础是美国地缘政治力量所保证的美元的强势和稳定。石油交易的美元化使美元的国际使用进一步大规模扩大。而且当时石油输出国所获得的大量过剩的石油美元流向了第三世界，第三世界以高于美国国内利息的借款利息借入这些石油美元，再由出口挣得的美元来偿还。这又进一步放大了石油美元的使用，正是凭借这种石油美元的国际放贷，花旗银行那时成为世界最大的银行。美元霸权的第四步是推动全球贸易自由化。由于美元债务危机，发展中国家不得不将国家经济向外贸倾斜，以赚取美元清偿外债。外贸从作为国家经济的补充开始变成国家经济的目的。美国推动全球贸易自由化不仅依靠债务危机，它还实施了利用第三、第四世界的廉价劳动力和低环境标准的战略，外包低报酬的工作位子，以之与欧洲和日本有利于劳工的强大社会福利传统展开竞争。这样不仅美国跨国公司所投资的地区成为美国廉价商品的供给区，而且欧洲和日本也不得不减少自己经济的内需性，而加大对外国特别是美国的廉价商品的出口，以弥补劳工地位下降后国内需求的不足。以美国为中心的外贸进一步扩大了美元的使用。

而美元霸权建立的更关键的步骤是金融自由化。金融自由化最关键的一步是1991年冷战结束后，全球金融市场全面解除管制。这使跨国界的大规模的投机性的资本流动成为常态，这迫使各国为了稳定本国货币，不得不都大幅增加美元储备。

在全球推行独立的央行制度，是美元霸权建立的具体机构和制度的基础。央行制度的核心目标是维持一国货币币值的稳定，为了达到这一目的，一般的配套安排是：采取反劳工的经济社会政策以降低工资压低通胀，增加美元储备以稳定货币，采取紧缩从紧的财政政策（减少一国政府为该国国长远发展所进行的投入，如对教育、医疗和科技和军事等的投入）。正是这些安排导致一国对外资和外贸的持续依赖。

美元霸权使美国垄断了世界货币，有无限的美元量；而央行制度则使一国自己丧失金融主权，自缚手脚，只能拼命去赚取很有限的美元。美国因此事实上就达到了垄断货币这一万能垄断工具的目的。只要垄断了货币，那么美国垄断资本可以轻松赢得一切已经金融化的商品和服务，而第二世界与第三世界永远不会赢。

为了保证自己的金融垄断，美国还需要用军事垄断来压服那些反对这一秩序的力量。另外，美国还控制关键的高科技、资源和粮食，以和金融、军事垄断配合交叉使用。正是在这些综合霸权的支持下，罗伯特·鲁宾建立了一个让美国鱼与熊掌兼得的办法，"一方面以高汇价的美元买入廉价的进口品，以此控制国内的通胀，另一方面，由于美元的高汇价而使得资本账户的盈余成为了可能，所以就让资本账户的盈余来为贸易赤字融资。美元霸权由此得以诞生"，也就是说美国通过白条美元交换全球实物的机制得以建立。廖说："美国经济现在端坐于全球化了的经济这座金字塔之巅，挥舞着美元霸权这把可怕的利剑，从其它国家那里榨取着财富。美国的经济政策对世界范围的生产、就业和价格起着重大的影响，这就是格林斯潘所说的美国金融霸权。"

廖深刻揭示了全球化的央行制度和美国金融霸权之间的本质联系，他说："在全球化的金融市场上进行着运作的央行以汇率的暴政迫使'货币的国家理论'无法发挥作用，从而剥夺了各国政府运用主权信贷的权利，强迫主权国家依赖于外部资本和债务为国内发展融资。""央行的独立性是一种委婉的说法，其实质是原本应该致力于国民经济的稳健运行的这样的一家机构，现在却转而致力于全球金融架构的平稳运转。当前时期的国际金融架构为美元霸权所主导，而美元霸权可以简单地定义为美元并无正当理由的全球储备货币地位。当前国际金融架构的运作要求金融食物链上供养美元发行国的各国经济作出牺牲。这是全球化掠夺效应的货币层面。"全球化的央行体制的掠夺性在全球造成了严重的危机，本书以全球最重要的三大央行为实例阐明了这一点。

三、全球化的央行体制之主导力量——美联储的失败

世界经济和金融已经全球化，美国央行即美联储是全球化的核心控制力量。美联储的失败的最大表现是它导致美国和世界经济泡沫化和金融化，并最终导致全球金融危机，危机后它的错误政策正在导致世界经济金融危机深入化和持久化。

美国和世界经济的泡沫化和金融化，与美联储过去30多年的两项关键政策有关。

第一项关键政策是无原则地持续地对泛金融行业放松调控。受货币主义迷信市场可以自我调节，无原则地反对政府调控的教条的影响，美国在新自由主义时期几乎废除了全部罗斯福新政以来所建立的对金融资本的限制。廖说："美联储在立法上的胜利是在一个大一些的背景下取得的，这个大的背景就是金融管制的放松。在相伴的立法中，国会废除了几乎所有自新政以来就存在的

政府对利率尚存的限制以及对借贷的监管,这很像1999年11月实施的《格雷姆－里奇－比利雷法案》,它实际上废除了长期以来禁止银行业务与证券或保险业务混合的《格拉斯－斯特格尔法案》,因而允许银行混业经营。货币的价格最终可以自由地在市场上寻求其'自然的'均衡了。"而当时突飞猛进的计算机技术和先进的通讯设备也使金融服务全球化和自由化在技术上成为可能。

在金融自由化的大背景下,金融资本以结构金融等创新工具日益严重地进行大规模的投机,美联储多年来的做法是一直放任泛金融行业的投机行为,它这样做的背后的哲学是,市场风险管理创新可以解决金融风险,但是廖子光指出这是一种不切实际的幻想,他说:"美联储相信金融风险可以通过精密复杂的市场风险管理设计得到解决,但是个人化的风险管理虽然精密复杂,但却无法消除系统风险。它只是出一笔费用而将风险转嫁给其它各方。在任何风险游戏中,按定义,有赢家就有输家。付款违约方面系统性的灾难目前尚未发生(廖写作此文时次贷危机还未发生。——编者注),这仅仅意味着其出现的可能性将与日俱增。这是每一个风险管理者都明白的铁的规则。"

美国金融机构所谓的消除金融风险的风险管理创新其实就是投机活动向美国国际集团这样的机构购买保险,廖子光说:"美国国际集团金融产品部承保了银行所持有的风险级别超高的有抵押品的偿还债项,这是信贷违约掉期市场上的一种产品。美国国际集团为此承保所获得的保费相对微不足道,每年承保每美元只获得0.02美分的保费。对于此种保险的买家而言,相比投保所带来的巨大好处,如此成本不值一提,而此种好处尤其体现在与信贷评级良好有关的金融利益上。而保险的买家之所以获得良好的信贷评级,这并非是因为这种金融工具是'安全的',而只不过是由于风险由美国国际集团的金融产品部所承保。对于美国国际集团来说,0.02美分乘上个几千亿倍,这就是一笔相当可观的收入流,尤其是无须为这种按理根本不存在的风险拨备准备金。银行则告诉监管机构,它们已经找到了一种办法,把有抵押品的偿还债项交易之中所有的信贷风险都消除了。"

通过这样的运作,每一个金融机构的风险好像得到了控制,"风险可以全球性地在系统范围内得到转移,从而变得不那么显而易见"。甚至在一定时期内,在金融管理创新的虚假安全感觉下,金融泡沫大幅膨胀,于是像住房抵押贷款这样的债务都可以通过证券化,打包出售,获得大量收益,债务也被神奇地转变成收益了。廖子光说:"风险在整个金融体系内广泛的分散会导致风险的定价偏低,从而令对此并不觉察的投资者产生错误的安全感",从而使越来越多的人进行越来越大规模的投机。

这种风险定价非常之低，它导致的投机的规模却非常之大，廖子光说："信贷违约掉期合同一般按照市价进行会计处理，定期纳入收入报表，显示资产负债的变动情况，而这些不会出现在受到监管的保险合同之中。此外，信贷违约掉期的买家甚至无需拥有相关证券或者其它形式的风险敞口。事实上，买家甚至不必因为违约事件的发生而遭受实际的损失，一点虚拟的损失即足以让他们收取受到保险的名义金额。因此，投机者们能以 0.02 美分对 1 美元（即 1:10000）的比例下注，以少量的损失博取天文数字般的回报。在信贷违约掉期上投入 1 万美元的赌注，在 1 年时间里就有可能会赢下 1 亿美元。这正是许多对冲基金所做的事情，这是因为它们即使 1 万年里只赢一次，它们所有的损失也都会因此得到补偿。"

对于这样大规模的投机，美联储却有意无意地放任不管，有统计认为，场外衍生工具现在涉及的名义价值超过了 150 万亿美元，也有人说超过 600 万亿美元。美联储一直不支持对这些新的金融活动进行调查和监管，因此也许它对这些新的金融活动也知之甚少。

但是同一件事情，如果只有一个人做或者只有少量人做，是一回事，但是如果大多数人做，或者全部人都大规模地做，那就完全不一样，发生质变了。廖子光说："事实上，相比船体上某个部分可以有效隔离的一个大洞，遍布船体的千个小洞会令船沉得更快。当央行所释放的神奇的流动性这种大规模的庞氏骗局最终大白天下之时，结果将是全球金融体系的突然崩盘。"

事实情况正是这样的，2007 年下半年美国次贷危机就是产生于大量小企业和投资者的大规模对家违约，廖子光说："问题在于甚至是小企业现在也是'大到不能倒闭'了，这是由于不透明的关联性可以导致系统不是在其大的节点而是在整个体系的最薄弱环节失灵"。

由于美国金融机构的业务已经全球化，美国次贷危机爆发前，它已经将大量的有毒证券卖给了全世界，所以美国的次贷危机影响到全世界几乎各国的金融，导致了全球金融危机。直至今天，这一危机的后果还没有完全显现出来。

美联储放松监管的逻辑，导致的是全球金融体系的极端脆弱化，现在美国一些小的企业的违约，就导致全世界的金融体系的危机，而且直至今天危机的后患还严重存在，——这不能不说是美联储的巨大失败。

美联储的第二个关键错误政策是，一旦经济出现危机苗头就无节制地向经济中注入流动性。

译 序

受新货币主义的影响，每当经济出现衰退的迹象时，美联储不去考察危机的原因，一律通过向经济中注入巨大的流动性来解决。美联储的格林斯潘时期，"货币政策就是'只要是看不清，那就放松货币'。这意味着只要美国经济出现了疲软的迹象，即使这是由结构性失衡而非货币收紧所造成的，就要向银行体系注入更多的货币。在近乎 20 年的时间里，格林斯潘几乎总是看不清经济是否达成了结构性的均衡，当然，他看不清是正常的，但他对严重失衡的反应却总是随手拿起一剂货币泻药，从而造成了严重的、延续至今的货币腹泻，这表现为失控的资产价格通胀，却被错误地当成是增长。（参见廖子光 2005 年 9 月 14 日的文章《格林斯潘是泡沫之国的魔术师》）

"我们并没有采取剧烈的措施抑制公认的泡沫，因为这会带来无法预测的后果，正如我们 1999 年年中在国会作证时所说的，在泡沫出现时，我们选择了着力于减轻泡沫破裂可能造成的后果，并希望以此推动向下一个扩张过程的过渡。"

接替格林斯潘的伯南克的政策也没有根本性改变，"伯南克说：'美国政府拥有一项技术，它被称为印刷术，还有这项技术在当今的电子形式，这让美国得以想生产多少美元就生产多少美元而几乎没有任何成本'。美联储董事会成员说出了这样的话，这只得令人啧啧称奇。"

格林斯潘和伯南克这样做是有深刻的货币主义经济哲学背景的，货币主义的一个重要观点是关于大萧条产生原因的，该观点认为，大萧条之所以产生是因为当时的美国央行在危机发生时，没有及时向经济中注入流动性，反而实行了使情况更恶化的紧缩政策。1996 年 11 月 18 日，格林斯潘在东京面向日本银行家协会联合会发表了一篇演说，解释了他引以为豪的这项发现和他的英明实践，他说："政府、央行和银行监管机构的职责增加了，而它们职责的增加意味着以复杂的手段管理、甚至在政府与私人所有的银行之间分摊银行倒闭的风险。央行的某些作为可以被称为'塑造'或者说降低某些类型的风险，其手段主要是在特定的情形下提供流动性，从而减少市场出现极端情况的可能性，因为市场出现极端情况时，不确定性会引发市场的恐慌。在传统上，这是通过提供贴现或者伦巴德融资便利实现的，由于提供了这种融资，存款机构就可以将流动性差的资产转变为流动性强的资产，并且不会因为折价出售这些资产或者申请贷款而加剧未决的市场状况。类似的，在诸如 1987 年股市崩盘之后的情况下，公开市场业务满足了流动性需求量的增加，而如果这些需求没有得到满足，这原本会引发多个金融市场上累积性的、自我强化的矛盾。"

格林斯潘认为，这样不断注入流动性，有巨大的好处，就是金融的中介功能（其实是推动经济泡沫的功能）将大大增加，经济会持续增长，而不会被危机打断。而可能产生的风险却不是很大，他认为只是在很罕见的情况下，一个世纪最多发生两三次某些大银行倒闭，这时才需要政府，或者更准确的说是纳税人，承担银行倒闭的部分风险。他认为，这样的代价与注入流动性所带来的巨大好处相比较，会发现是非常值得付出的。他认为，"如果要求银行以足够的资本金在任何情况下均避免任何的倒闭风险，这样的要求本身也有不可接受的成本，即银行的中介功能遭到了削弱。"

正是在这样的逻辑下，美联储1987年的美国危机通过注入流动性来援救，导致市场充斥自满情绪，衍生出新经济泡沫，新经济泡沫破裂后，美联储又注入流动性，催生了更大的房地产泡沫。房地产泡沫2007年下半年破裂导致次贷危机和全球金融危机，危机规模极其巨大，美联储的应对方案有所变化，但是基本倾向还是注入流动性，即所谓的量化宽松政策，这导致美国和全球经济危机更深入化和持久化。下面就专门讨论一下美联储应对国际金融危机的巨大失败。

在新自由主义时期，在美元霸权下的贸易全球化实质就是跨国资本通过全球外包，将全球工资总体水平越压越低的比坏（竞次）过程。由于工资总体水平长期偏低，导致生产相对过剩和有效需求不足。而货币主义在过去30多年的时间里，一直起着降低工资，增加失业的作用。货币主义有一个核心教条，关于这个教条，廖子光说："主流经济学对通胀的定义主要是指工资和商品价格的上涨，而不是资产的升值。如果要比昨天多用10%的价钱购买同一支股票，那么这被认为是增长，是经济方面的好消息。如果工资每年上涨5%，这被认为是通胀，虽然总的购买力增加了5%，但美联储认为这是经济方面的坏消息。此处即为泡沫经济的根本原因：增长和利润不是由总需求增加从而刺激总供给而产生的，而是由资产的通胀所形成的。"

尽管国际金融危机非常严重，但是美联储也不因此改变这一教条，还是以这一教条作为基本原则来应对危机。本来，既然危机的根本原因是工资偏低，那么危机的根本解决方向应该是通过种种方案增加工资，但是美联储采取的办法总的方向却仍然是以维持甚至继续提高资产价值为目标。

在危机后美联储拯救的是大银行。廖子光说："到了2009年12月28日，美联储通过定期拍卖平台提供了3.48万亿美元的新银行储备金。根据正常时期的部分储备制，以储备率10%计，3.48万亿美元的新银行储备金最多可以创造出 34.8 万亿美元的新存款，因此最多增加的货币供给是 27.84 万亿美元。不管按照什么标准，这都算大规模的资金注入。货币供给量增加值为国内生产总值的近两倍。这带来了 2010 年春权益市场的大涨，但对实体经济却毫无作为。"

如果没有政府的帮助，很多大银行实际上必然会破产。但是它们太大而不能倒，如果政府不救，经济就会出现大萧条一样的局面。可是政府救了以后，这些银行又可以继续窝藏着自己的有毒资产，甚至继续扩大经营有毒资产，因为它们的股票的价格主要来自有毒资产市值的波动。这样其实就意味着下一次的规模更大的金融危机就会到来。于是为了防止新的危机，政府仍然通过注入流动性等种种方式来防止危机的爆发。

廖子光认为这样做根本摆脱不了危机，他说："美联储印钞票没有什么大错，自从 1971 年尼克松将美元与黄金脱钩之后，美国就一直在这样做。问题是货币如何注入体系之中，以及货币流向了谁。如果援救的是信誉受损的流动性枯竭的银行，货币将只会推动更多的投机泡沫，或者让某些企业死而不僵，就像日本那样。"

亦公亦私的美联储就是美国国家垄断和私人垄断结合的枢纽。面对 2007 年的金融危机，美联储以防止流动性枯竭和"太大而不能倒"为名，对面临破产的很多大型金融机构慷慨拯救。现在美国金融机构陷入长期危机，这就需要财政部给予更多的钱，财政部最终只能通过向美联储出售国库券筹集更多的钱，美联储具备创造货币的无限权力，现在它抛弃了此前面对拯救工人和社会时坚持自由市场的谎言，准备给予金融资本无限的支持。

这些金融机构通过追逐风险获利，投机成功时它们获得巨额回报，现在投机失败，却得到国家拯救。这其实是将收益私有化，损失社会化。越是危机时期，垄断公司利用自己的垄断力量反而可以更加严重地掠夺失业者、工人和小企业。2010 年 4 月 15 日，《财富》杂志报道，它所列 500 强企业的收益在 2009 年增加了 335%，这是财富 500 强企业在过去的 56 年当中第二大增长。众所周知，美国的大企业基本都金融化了，它们的收益大增是和美联储继续支持资产价值升值紧密相关。

美国推动全球经济的金融化的本质是想把更多的人卷入金融游戏，使金融社会化，但是社会化中的收益由垄断资本获得，而将风险转嫁给社会。被卷入的民众大多不可能理解金融操纵内幕，危机发生后，那些大资本及其代理人早已经赚得盆满钵满，廖子光说："随着最近几十年里财富前所未有的两极分化,美联储主席在谈及银行系统性倒闭的成本的社会化时,竟然不指出银行需要与纳税的公众一起、而非仅仅在银行股东之间分享利润,这不得不令人称奇。有些人用别人的钱来承担风险,这些人包括顶级的投行人士及其银行控股母公司的高级经理们,他们几乎每年都拿回家数以亿计的美元。这些赢来的钱安全地躺在他们的私人账户上,而他们承担风险所遭受的损失则由纳税人分担。据报道,花旗的前董事会主席约翰·里德在其十年的高风险放款中,赚得的钱超过了10亿美元。"而大量的普通人却失去了家园、工作和养老金,廖子光说:"在金融资本主义下,资本大多数并不是来自于资本家,而是来自于工人养老基金的强制储蓄,通货膨胀剥夺了工人们的退休保障,而滞胀又使他们失去了目前的工作。"这样看来,主流媒体对所谓工人也能得到资本性收入的赞扬就只是一个讽刺了。

形势越来越显现出,当前美国导致的世界危机的性质最接近1990年以来的日本危机。由于危机爆发后政府及时干预,所以没有出现大萧条式的崩溃,但是危机并没有彻底解决。日本这一世界上第二强大的资本主义国家用了近20年时间也没有摆脱困境。当前的全球金融、经济危机也是日本性质的那种危机,但规模还要大得多,因此全球陷入长期慢性萧条的可能性极大。廖子光说:"政治上比较敏感的美联储和财政部却试图启动扩大债务泡沫的'软着陆'工程,这一举措的代价将带来十年甚至更长时间的滞胀。"

四、最值得中国关注的日本央行的失败教训

在美联储主导的全球化的央行体制下的各国央行必然比失败的美联储更加失败,这是没有疑义的。其中,最值得中国关注的是日本央行的失败教训。之所以最值得我们关注,是因为中国在全球经济体系中的地位和日本接近,中国不少学者主张中国走日本式的经济发展道路,而且中日共同构成亚洲经济的主体,二者要走出危机迎来繁荣离不开二者共同推进亚洲区域经济的发展。

日本央行的教训主要有如下三点。

首先,过度融入了美国主导的全球金融体系,受到美国金融霸权的遏制和伤害。

日本认识不到全球金融体系并不是一个平等公正的体系,它是受美国国家利益和美国垄断资本高度控制和利用的体系。美国比历史上任何一个资本主义国家都更彻底更强烈地追求自己的国家目标,其经济外交政策独立于国际制度

的影响，决不被动依照其他国家制定的规则参与世界经济竞争。从二战前拒绝加入国联，到参与国际货币基金组织以及世界银行，美国取舍的标准完全决定于美国能否在其中起支配主导作用。只要是美国认为不能为其利益服务的经济规则，就不可能得到执行。比如，美国颠覆了传统的关于债务的规则。传统上，如果一国的国际收支赤字过大，而短时期内又没有商品出口的话，那么他就必须在国内减少政府开支，甚至变卖国家的核心产业来清偿债务。二战后，英国欠了大量外债（主要是对美国），当时美国就逼着英国紧缩国内开支，导致英国经济萧条。最后在英国答应瓦解英镑区，让出金融霸权后，美国才放松其偿债要求。对于所有发展中国家的债务，美国也是这样要求的。

但是从20世纪70年代特别是90年代以来，美国对自己的日益增大的国际收支赤字，却完全执行另一标准。一方面，不但不压缩政府开支，反而是加大了包括军费在内的政府开支；另一方面，当外国债权国要求用自己结余的美元购买美国资产时，美国政府只允许这些国家购买有问题的公司，或者估价过高的房地产、电影公司等不重要的资产，或者迫使这些国家购买美国昂贵的只能用来闲置或自相残杀的武器系统。20世纪70年代，当石油出口国家想收购美国的重要公司时，美国视为战争行为而加以拒绝。前些年，中国美元外汇储备快速增加，却没有认识到，美国对于用贸易得来的美元的用途设置了这么多的障碍。中国需要的有价值的东西，要么美国不允许出口如高端技术，要么价格极其高昂如部分高科技产品。要收购美国有价值的资产基本上不可能。近几年中国收购美国资源或者技术公司连连失败多次证明了这一点。

20世纪80年代，日本经济发展迅猛，大有超过美国之势。当时日本也积累了大量贸易顺差和美元。但是首先它发现，自己持有的"美元不再能够兑换为黄金，也不能在日本消费。美元只能购买纽约的洛克菲勒中心等美元资产。"美元还可以购买美国国债或者美国公司的股票。但是这种做法其实是壮大日本竞争对手的实力。廖子光说："日本一直将其产品运往海外，换来不能在日本购买任何东西的纸币。日本以美元计价的贸易盈余，只是一张张纸片，只能用来购买另一种纸片——美国国债或美国公司股权证明，而美国公司是日本公司的竞争对手。"这就是在美元霸权下，单纯追求外资外贸型经济的困境：越出口，国家越穷，越出口，越帮助自己的竞争对手，自己越弱。在美国主导的全球金融体制下，日本虽然是全球第二大经济体，但是也没有能够避免得了和拉美国家一样，陷入发展陷阱：没有延续80年代的高增长势头，反而陷入长期萧条和混乱之中。

不仅如此，美国还直接诉诸准国家行政手段，直接打压日本。面对日本持续高额对美贸易顺差，美国不去反思自己经济的问题，比如产业空心化，高额军费开支等，反而于1985年和日本达成关于汇率的广场协议，迫使日元对美元在短期内大幅升值。"日元大幅度升值造成了日本经济结构性的伤害，这是无容置疑的。"日元大幅升值，导致日本经济泡沫化和产业空心化，最后导致连续20多年的经济萧条。美国这样做当然阻止了日本经济对自己的挑战，但是美国国际收支赤字不仅没有解决，反而愈演愈烈。因为美国的国际收支赤字是自己经济结构即产业空心化造成的，它自己除了军工和金融等服务业，其他的生产部门都转移到海外了，如果这个结构不转变，美国单纯强迫顺差国调整汇率是无济于事的。美国近些年也一直将对付日本的汇率战运用在中国身上。

其次，日本过度迷信美国传播的自由放任经济思想，而逐渐放弃了适合自己特点的发展道路。

战后日本的金融体制的主要目标是为经济中的实体产业部门提供资金支持。当时，"日本的银行不是利润中心。它们是支持国家目标的公共服务机构。""在日本，银行与客户的关系十分密切。日本银行持有其所放贷公司大量的股票，从而在公司债务止赎中，日本银行无利可图。"这种间接融资体系抑制了金融投机，对于后发国家的实体经济发展是非常有利的。

但是自从新自由主义盛行以来，日本的金融也逐渐追随美国模式，放松金融监管，实行金融自由化，建立新自由主义的央行体制，以追求利润作为金融业的目标。廖子光说："放松监管并且让货币的价格来分配信贷，这往往令信贷投向经济最不需要的那些部门，即那些投机性的场所。""在央行体制下，全球投资者主要感兴趣于银行的利润率，而银行利润率经常是以牺牲经济为代价获得的。"

正是引入了新自由主义金融模式，日本经济坚实的实体经济逐渐转型为泡沫经济，投机经济，而实体经济大为削弱，经济长期走衰。

日本当年选择新自由主义金融模式，也许是看到美国金融机构在全球轻松地大发其财而禁不住诱惑，也想加入分一杯羹，但是令它没有想到的是，自己未获其利，却先已大受其害。在技术等很多方面比日本要弱的中国，现在有很多人鼓吹金融自由化，他们在这样做的时候，应该看到日本已经掉入这样的陷阱中，而且还在越陷越深呢。

第三，日本在地缘政治上过度追随美国，这不符合日本长期的利益。

日本在二战后一直奉行全面追随美国的政策，这曾经为其国家发展带来了好处，但是，在20世纪80年代后，当它的经济实力达到开始能够威胁美国的程度，加上后来冷战又结束，美国开始打压日本时，这样的政策简直就是一个混乱。廖子光说："日本政治领导人必须承担没有为国家设定富有远见的目标的责任。当前，日本认为，其已陷入一个结构性的僵局，不知如何朝新的方向前行。这种情结是日本在过去的20年缺乏对国家目标关注的直接产物。"

正是在美国的打击下，日本经济从20世纪90年代以来一直陷入不景气。只是后来日本大力投资中国经济，才使自己的经济没有坠入深渊。但是，即使到这步田地，日本仍然坚持联美抗中政策，近些年甚至愈演愈烈。廖子光说，日本经济"主要推动力量是不断提高生活质量和日益增强与中国经济的联系"，但是，"中日不断加深的经济联系和持续的政治分歧也正变得难以维持"。

日本经济困境不可能靠进一步向美国出口产品换回美元白条来解决，因为它过去20多年的困境恰好是这条道路造成的。它也不可能通过刺激国内消费来解决，因为日本国内市场过于狭小。廖子光认为，日本的出路是逐渐远离美国，而接近中国，发展亚洲区域经济，他说："日本问题不是纯粹的经济问题，而是个政治经济问题。日本所要做的是重建国际经济关系，远离非自然的伙伴——美国，接近自然的伙伴——中国，从出口型经济转变为区域增长型经济。"

今天中国在地缘政治上是不是也有不少人过度关注美国，忽视了中国周边，忽视了亚洲区域经济的发展呢？难道我们在这方面也必须先掉到陷阱中去，再醒过来吗？

五、欧洲央行的失败教训

欧洲央行不同于美联储，它没有美联储那样超强的政治军事支持，——廖子光先生认为，欧元实质上仍然是美元的派生货币，并不具有和美元一样的地位。但是它也不同于日本央行，它由于有更广大的欧盟这一区域经济的支持，比日本央行更强大。

关于欧盟主权债务危机，廖子光认为，危机产生的原因恰好是由于长期对工人和穷国的利益照顾不够造成的，现在解决危机的方案却一致要求进一步削弱弱国和工人，那么长期来说，危机将更为严重。他说："目前所提出的所有援救方案全都基于一个死路一条的战略，即为了偿还高额的主权债务，实行紧缩性的财政政策,把已经很低的工资进一步压低,而高额的主权债务之所以形成,则是为了掩盖普通工人工资收入多年以来一直微薄所造成的失衡,这些普通的工人正是'占领华尔街'抗议运动所称的99%的受害者当中的最大一块,而由于跨境工资套利——这导致了经济体中债务丛生,他们被剥夺了他们本应分得的劳动果实。"他认为,正确的做法是,"除非通过实行以体面的工资为目标的收入政策,欧元区内所有的经济体全都拥有强劲的购买力,否则的话,这些富裕的经济体面向这个区域内共同市场的出口将会萎缩"。

欧盟中,关于金融问题,除了存在富国和穷国之间的分歧外,本书还论述了德国和英国等富有大国之间关于金融改革的矛盾。英国实体经济没有德国强,但是由于继承了历史上大英帝国的金融统治的遗产,英国以伦敦为中心的金融服务非常发达。而金融服务要得到巨大收益就要求金融自由化,因此英国追随美国,反对实行限制金融投机的金融交易税,因为"他们从伦敦市的金融市场业务当中得到了几乎30%的国内生产总值"。

但是英国经济金融化的后果也不都是好消息,它的实体经济也因此逐渐衰落,而且国内贫富差距日益扩大。有报道这样说,"在英国伦敦国际金融城不远处的城市就是严重的败落状况。一份来自谢菲尔德大学研究者的报告指出,国家正分裂为两半:南部是伦敦大都市,北部和西部在人口、社会和经济上似乎是正缓缓沉没的城市孤岛。可是,不平衡性比这复杂。贵族化正在曼彻斯特、利兹、利物浦和爱丁堡这样的城市里进行着。利物浦的多克兰(Docklands)像伦敦一样充斥着昂贵的公寓、高级商店和酒吧。另一方面,在这些地方的闪亮光鲜的外表背后,是从事清洁、餐饮、保安和搬运工作的低收入工人的世界。明星地区的特征是极端的贫穷和巨富之间的两极分化,这是全球资本主义的基本矛盾的缩影。"①确实,这样的极端的贫穷和巨富之间的骇人听闻的两极分化,正是当前全球资本主义状况的缩影,正是作为当前全球资本主义中枢控制制度——全球央行体制失败的缩影。

六、正确的央行制度应该何为?

当前全球化的央行制度有上述严重弊端,那么正确的央行制度应该是怎样

---

① [英]简·哈代著:英国经济的结构性转变与英国政治(下),严海波 王姝译,《国外理论动态》2007年第1期。

的呢？

首先，央行不能仅仅以维持货币的稳定作为自己的唯一职能，也不可能做到使货币保持静止的永久的稳定。廖说："任何一个政府，如果它采取的货币体系以稳定货币作为永久性的特色，那么它最终都遭到在政治上被推翻的危险。对于货币的价值，并没有一个普遍适用的办法让经济的所有参与者都受到平等和公平的对待。技术上而言，资本主义的法则规定了永远处于均衡之中的货币必然会带来永恒的停滞。"

任何经济体确实都需要维持货币的稳定，但是这种稳定是动态的相对的稳定，而非静止的绝对的稳定。货币主义重视货币稳定是有可取之处的，但是在过去三十多年的具体政策操作过程中，形成世界各国货币以美元为锚的一种近乎绝对静止的货币稳定局面。

在美元霸权体制下，各国为了维持相对于美元的货币稳定，就不得不和美元经济体挂钩、融合，要做到这一点，就必须有面向美元经济体的外贸和来自美元经济体的外资。货币主义本质上是通过央行的所谓政治独立性剥夺他国金融主权，从而摧毁他国自主独立发展的能力，以使他国发展服从于以美国大资本为中心的美元经济体的需要。而在美元霸权体制下，通过过度吸收外资来推动外贸是一条越走越窄的不通之路。

过度依赖外资和外贸有巨大危害，廖在这方面有很深入的论述，他说："中国最早制定合资法时，规定合资有9年限制，9年之后就收归我们。邓小平先生当时很清楚，不可能依靠外国发展中国，只是在没有办法的情况下，让步9年。1989年以后，取消9年限制，外资变成永远存在了。这和开放时的初衷有很大不同，中国就有被外资控制的危险。外资扩大必然导致外贸扩大。中国当前GDP增长部分的70%来自外资，全球没有一个国家能够长期这样做。庞大的外资和外贸具有极大危害，长期来看在外资和外贸主导下，越往后中国将会越衰弱，民生问题也将越严重。

具体来说，外资存在如下严重问题。

1. 它的产品主要是卖给外国人，因此没有兴趣和必要关注中国市场和需求的扩大，因此永远不愿意提高中国工人的工资。

2. 外资的钱也是中国的钱：它们往往是拿着中国的项目回到美国金融市场去融资，而美国金融市场上的很多钱，来自中国借给美国的钱（大量购买美国国债等）；或者很多直接拿着项目到中国工商银行等银行去融资，而中国工商银行的钱来自中国广大内地老百姓的储蓄。但是工商行不愿意借给中国内地发展，因为它们没有信用担保。而且地方政府利用外资发展有一个好处，就是自己可以不用费力操心经济，经济发展好坏和自己关系不大，好坏都是外人的，不用承担责任。地方金融系统的责任应该是支持地方发展，而不是支持总行的利润。地方银行什么都不做，给当地储户很低的利息，然后将储户的储蓄转给沿海等地大城市的银行，拿到5%的利息，最后交给外资利用。

3. 外资不可能带来技术。美国的生产搬到中国来，用美国一个工人的工资在中国可以雇用好几个人，还有大钱赚，它为什么要带技术来呢？

4. 我国外贸赚的相当部分钱拿来可能还治理不了这些外资造成的污染，更不用说支付为外资企业工作的工人的退休金了。

5. 影响到外国工人，他们不喜欢中国，因为这导致他们没有工作。"

各国央行是倒逼各国和美元经济体融合最后受其支配的核心机制之一。所以，其次，如果要超越现在的全球化（其实就是美元经济体化）的央行体制，就必须抛弃以货币主义为基础、以美元为锚的所谓货币稳定政策，而代之以利用主权信贷发展国内经济，壮大人民币经济体。如果走上这条道路，我们将会发现中国的发展并不必然需要那么大规模的外贸、外资和外汇。

廖认为，所谓主权信贷就是指一国的央行应该受制于一国的最高政治权力机关，利用自己发行的货币为一国经济的有计划可持续发展融资，而不必受制于美元储备或者黄金，就像美国历史上和现在所做的一样。一国央行回归主权信贷功能，就可以使自己收回金融主权。有了金融主权就有了主权信贷，就可以根据经济规律用自己国家的货币为自己国家的长远发展融资。有了钱就能够办一切事业。而无论是自主创新也好科教兴国也罢，还是诸如西部开发、解决三农等等，如果没有钱那都是逆水行舟，难上加难。

打破了货币主义的央行体制的限制，可以使一国更好地解决国家之间和国内地区之间、贫富之间的不平等问题。以中国为例，他认为，通过积极地应用主权信贷，中国可以推动中西部地区的发展，可以提高工资水平、改善农业、推动国有企业技术升级、推动基础设施建设、促进教育和医疗卫生事业的发展，改革社会保障体系、保护环境和振兴文化等。

主权信贷化的央行将使中国在保持市场作为资源有效配置的辅助机制的同时，有序地将投资直接投入国家发展所需的部门。通过主权信贷化的央行加上其他经济部门，中国经济将避免市场过度放任自流，可以为市场设定一个框架，为社会造福的市场力量，就受到奖励，而为社会带来损失的市场力量，就要受到惩罚。

中国央行即中国人民银行在中国特色社会主义的总体战略下，很大程度上还具有主权信贷的功能，它并没有把稳定币值作为首要的或唯一的目标。中国人民银行的决策不能独立于中国政治，它的货币政策委员会的职责、组成和工作程序，必须由国务院规定，报全国人民代表大会常务委员会备案。它虽然享有一般货币政策事项的决定权，但是最终决策权属于国务院。这是新自由主义危机和国际金融危机先后严重打击世界多国而中国仍然能够较好发展的重要制度根源。而有人想照搬西方央行制度，要求中国央行取得所谓的政治独立性，这是放弃中国的优势。

美国在历史上和当前，事实上都超越了货币主义的教条。林肯在美国内战时期，以政府的信用而非黄金为后盾，发行了美元即所谓的"绿背"纸币，而正是凭借着政府的信用，北方赢得了内战。当前美国为了应对金融危机，实行了多轮量化宽松政策，拯救大的金融机构。这其实就是最大规模地抛弃货币主义教条而务实地不让经济陷入大萧条一样的局面。只是由于美联储最终还是摆脱不了自己的意识形态的局限性，不愿意引导自己新增的货币流向国家发展所需的部门。这些大的金融机构在被政府救了以后，又可以继续窝藏着自己的有毒资产，甚至继续扩大经营有毒资产，因为它们的股票的价格主要来自有毒资产市值的波动。这样其实就意味着下一次的规模更大的金融危机就会到来。

用主权信贷发展经济还有一个重要的例子就是德国。"1933年德国的经济极度危机，都快崩溃了，国家外债很多，别国也不借钱给德国。于是德国用国家信贷支持企业。企业用较高工资雇用工人，工人有了收入就可以买企业的产品。最初一两年会有些混乱，但是一两年后，经济就可以实现良性循环。国家有税收，经济就平衡了。德国不是简单地发钱，发钱马上就会引起通货膨胀。而是发工资证、代金券等。公司聘人了，就可以用工资证等支付工资，工人用工资证去政府那里换钱，然后用钱去购物，这样货币的发行就可以用来增加工资而不是只增加资本家的钱或者引起通货膨胀。"[①]

而中国由于没有对于自由放任市场的意识形态性迷信，就可以更全面地超越货币主义教条，将投资直接投入国家发展最不平衡的部门，这样危机就可以很好很快地被克服。

如果中国利用人民币发展好了自己，那么就会出现一个强大的人民币经济

---

① 刘元琪：廖子光谈中国如何应对美元霸权和美国金融危机，《国外理论动态》2008年第11期。

体。只要人民币经济体壮大了,那么中国货币就会达到一种真正健康而可持续的稳定。

正是从这一角度出发,廖不主张单纯依靠金融手段,现在就提出人民币国际化的口号,他认为中国通过壮大人民币经济体,就能够自然地不着痕迹地维护和扩大中国与世界人民的经济利益。他说:"我一直主张用人民币结算和中国有关的外贸,但是不是主张人民币国际化,如果和中国无关的贸易不能用人民币结算。人民币国际化会带来很多麻烦,因为只有很强大的经济和金融系统才能应对本国货币的国际化。允许香港出售人民币公司债,这是为人民币国际化开了一个后门。这样做可能导致投机者在香港制造亚洲金融危机一样的人民币危机,把人民币搞得一团糟。"

关于壮大人民币经济体,廖提出的具体办法如下。

一、以人民币结算中国的出口,中国就无需持有大量的外汇储备,从而避免实物财富单方面输出并受制于美国。

"中国只要简单地以人民币结算其全部出口,就能选择人民币作为世界贸易中的另一种储备货币。中国可以在任何时候单方面地采取这种主权行为。中国国务院要做的只是宣布,从某日起,中国全部出口产品必须以人民币支付,任何中国出口商接受其他货币均是非法。这一举措将引起世界各地的中国产品进口商向中国外汇管理局抢购人民币,使人民币成为早已具有市场需求的优先货币。随着依靠出口价值作为后盾的人民币在国际贸易中成为普遍接受的货币,拥有人民币收入的公司也就不再需要将人民币兑换成美元。大量进口中国货的欧佩克成员将同意用人民币支付石油。俄罗斯也会如此。这些都可以在人民币不与美元脱钩的情况下进行。国家外汇管理局可以继续保持其作为人民币兑换其他货币的唯一窗口地位,而不需要新的货币控制规定。那样的话,中国就可以根据自身的情况,而非根据对美国的出口,规定人民币的适恰汇率。"这段话是廖早在 2005 年 12 月 1 日发表在亚洲时报上。中国国务院常务会议 2009 年 4 月 8 日正式决定,在上海市和广东省的广州、深圳、珠海、东莞四个城市开展与港澳地区跨境贸易进行人民币结算试点。廖子光的设想成为现实。

二、发展亚洲区域经济。在这个区域内由于国家间不存在巨大的金字塔式的不平等经济关系,贸易将更多的是互相补充而不是强者掠夺弱者。这样做将使中国逐渐脱离美元霸权这一掠夺性体制,将巨大的生产能力用于国内的民生的改善。这也可以使日本经济摆脱持续的困境。正如前面所述,日本经济的困境不可能靠进一步向美国出口产品换回美元白条来解决，因为它过去20多年的困境恰好是这条道路造成的。它也不可能通过刺激国内消费来解决，因为日本国内市场过于狭小。廖子光认为，日本的出路是逐渐远离美国，而接近中国，发展亚洲区域经济，从出口型经济转变为区域增长型经济。美国正在尽力阻止这一进程，而日本国内右翼集团也陷入旧梦中不愿意醒来，正在配合美国这一战略。这事实上是和日本长期国际利益背道而驰。

关于中国央行改革，廖还有如下重要建议值得关注。

（一）警惕金融自由化

廖认为，中国应对不了金融自由化，他说："我们没有足够的高级金融人才，即使有了这样的人才，也可能应对不了。即使是美国央行也应对不了金融市场，以前它的干预对市场影响很大，但是现在它也只是金融市场上的一个一般的玩家，现在美国央行每次干预金融市场都以吃亏告终。美国金融基础设施发达，中国金融一开放，两年内就会出现金融危机，中国政府很可能因此破产。我国3万亿美元外汇储备其实是被美国控制的，中国是不能自主利用的。人民币如果可以自由买卖的话，美国就更能够完全控制。外汇市场上是谁资本多，谁就赢。它们的资本比你多得多。现在世界外汇市场上每天的交易量是4万亿美元，股票市场交易量是60万亿美元，人民币国际化后，中国外汇储备可能在一天之内损失光。争论人民币汇率高低完全是浪费时间，因为这也是可以被国际资本控制的，如果中国金融自由化了，两支对冲基金就可以控制人民币汇率的升降，从而让国际资本无论人民币汇率走高还是走低都赚钱。懂对冲基金的优秀的中国人都被外国人请走了，比如高盛，中国也请不起好的，中国已经因此赔了很多钱。"

针对当前很多人主张学习美国，让中国金融部门自由化和膨胀，廖对此非常反对，他说："中国如果学习美国，几年内就会出现美国一样的金融危机。中国不少银行吹嘘自己危机后利润多高，其实是以中国整体经济的受损为代价的。"我们前面谈到日本放弃自己有特色的金融体制，采取美国式的金融自由化政策后都失败了，甚至欧洲、美国也都失败了，中国确实不需要再去走这条不通之路。

（二）如何处理人民币汇率问题

针对美国逼迫人民币升值，廖认为："美国不愿意人民币和美元挂钩是因为这样它不好搞鬼，它要求人民币升值其实是为了让人民币自由浮动，这样它好搞鬼。万一被迫升值，应该升工资而不是人民币。升人民币的直接后果是压低中国工人工资，而升工资则把好处留在国内了。解决与美国的经济争端最重要的步骤不是盯着这几个表面的经济问题如汇率、关税等等，最关键的是我们是否可以比其他国家更快一步解决自己的经济问题，如果我们调整得快，将长期平稳、自主发展，外汇外贸损失将都是很小的。"中国人民币稳定的核心前提不是中国金融是否自由化，或者外资外贸有多大从而外汇储备有多少，——日本这两个条件都具备了，但是经济还是长期不景气，最终日元也不能稳定——而是要一心一意地促进人民币经济体的发展和壮大，中国央行改革应该在这样的大局观下推进。

（三）如何处理中国大量的外汇储备

现在中国手里有大量美元外汇储备，其中很大部分购买了美国国债。金融危机之后，主张中国用外汇储备去购买美国金融机构的人少了，很多人大力主张抛售这些外汇，或者去非洲、拉美买矿产。廖认为，对于这些美元外汇储备不能大规模抛售，那样的话，就会大幅贬值。廖认为去非洲、拉美买矿这也不是治本大计。因为买卖矿产交易中使用的美元和石油的定价权都在美国手中，运输矿物资源的海上航线也在美国手中，而且这些出卖矿产的国家的政治我们也控制不了，往往是美国控制，所以购买这些矿产后的风险还是很大的。而如果中国出口用人民币计价，需要中国商品的资源国家就必然收人民币，以用来换中国的商品。如果他们石油价格太高的话，我们的出口货物也可以提高价格。我们可以和中东石油国之间建立双边期货市场，也可以签长期合同。如果中国摆脱美元霸权，获得的经济利益更大，那才是治本之策。在那样的情况下，中国也不需要那么多的出口，因而也不需要那么多的石油，因为中国很大部分进口的石油是为国外生产的。廖认为有一个好办法，可以保证中国仍然保持开放，同时又能很好地发展自己。中国各方面急需资金的地方政府可以要求中央拿出部分外汇储备暂时借给地方政府，地方政府以这部分外汇储备去中国工商银行等商业银行去申请人民币贷款，然后以这些人民币贷款去支持地方最需要的经济部门的发展。比如，广东80%的GDP都依赖出口，现在国际金融危机仍然在深化，出口日益困难。广东省政府可以通过这种担保模式取得大量资金来推动国有企业和私人企业产业升级。等一两年后，经济稳定并发展了，就可以取得大量税收，政府手中有钱了，就可以把外汇储备还给国家。

廖认为，外汇储备的另一个用途是将美元拿回来收购国外在中国好的公司的股份，也把以前中国出卖给国外的好的公司例如中石油、中石化等的股份再买回来。在中国改变对出口的优惠政策，以及美国进口需求减少的情况下，将会有大量外资企业破产，我们正好低价收购。这些企业在中国，我们也最清楚其是否是优质资产，收购不会上当受骗。全球化央行制度的危机以及中国如何应对等主题，是廖的美元霸权理论的核心内容，所以除了在本书中有集中的论述外，廖所著的《金融战争——中国发展如何突破美元霸权》和《中国出路——全球债务危机和中国对策》（都已经有中译本）等书中也有很多阐释，读者可以参看。

本书第一部分第1章由嵇飞译，第2——3章由林小芳、查君红译，第4章由刘凤义（南开大学经济学院）译；第二部分第1——5章由嵇飞译，第6——7章由林小芳、查君红译；第三部分第1——9章由嵇飞译，第10章由刘凤义（南开大学经济学院）译；第四部分第1——2章、第4章由嵇飞译，第3章由杨颖译；第五部分第1章、第3章由嵇飞译，第2章由林小芳、查君红译，第4章由刘元琪编写；附录一、五、六由刘元琪编写，二由项镜泉、新华08网和刘元琪编写，三由董叙霖、邓郎、刘元琪编写，四由华中科技大学光华管理学院供稿。刘元琪负责全书结构的安排、通读和对翻译的校订。浙江省人大政研室查君红研究员等也对本书的编排等做出了重要贡献，在此深致感谢。

第一部分

货币主义与中央银行制度缺陷总论

第一章 货币神学

央行的银行家们就像这样的图书馆员一样，这些人认为管理良好的图书馆在于把所有的书籍都安全地码放在书架上，而且保证它们都有正确的编目。为了减少迟还或者遗失的发生，他们会建议实行比较严格的借阅规定，却忽视好图书馆的标准在于书籍充分的流通。图书馆员们引以为豪的是他们所收藏书籍的规模，而非这些书籍流通的速度。

央行的银行家们对于货币采取的是同样的态度。他们认为他们的工作是限制货币的流通来维护货币的价值，而不是通过货币的流通来最大限度地发挥货币对于经济的良好作用。就像图书馆员夸耀他们收藏的书籍的规模一样，央行的许多银行家们所夸耀的是外汇储备的规模，但同时他们政府的预算赤字却庞大。美联储前主席保罗·沃尔克被广泛认为以对美国经济实施全面的金融大放血而终结了1980年代早期的通胀，在一次华盛顿的聚会上，他心情轻松地、语带双关地说："在蚂蚁长成之前，央行的银行家们拔下了蚂蚁的大腿"。

央行在运作中认为维护货币的价值要优先于满足健全的国民经济对于货币的需要，从而将货币政策与国家的经济政策分离开。全球金融架构建立在央行全球运作的基础之上，这让往往动荡不定的外汇市场得以运转起来，方便资本和债务工具即时越过国界进进出出。由于涵盖资本和债务两个方面的不受监管的全球金融市场以这样一种方式在运转，这迫使央行在其运作中要对实行预算赤字的国家进行惩罚——对它们的货币实行低汇率，从而防止各个国家运用"货币的国家理论"（STM），即以主权信贷为国内的发展融资。

"货币的国家理论"认为，一般称之为货币的由国家发行的法币之所以被接受，是以政府享有征收以货币缴纳的税收的权力为基础。因而，政府能够并且应该以信贷的形式发行经济可持续增长所需的尽可能多的货币，无需为恶性通胀担心。货币经济学家所称的货币供给本质上是所有信贷的总额，其中政府信贷起着风向标的作用。对于充满活力的经济所极为需要的活跃的国内信贷市场而言，主权信贷就是定海神针。

在全球化的金融市场上进行着运作的央行以汇率的暴政迫使"货币的国家理论"无法发挥作用，从而剥夺了各国政府运用主权信贷的权利，强迫主权国家依赖于外部资本和债务为国内发展融资。一国货币汇价的贬值进而会导致外国直接或间接投资（资本流入）相应的减少，而且这会造成主权债务和私人债务利息成本的上升，因为央行的运作本质上依利率政策维持货币的价值。因而，央行为实现对于它的制度要求，即维持价格的稳定，在运作中要依赖高利率，而这必然导致国内经济紧缩。

这样的国内经济紧缩表现为系统地压缩信贷，这导致了高失业、企业破产、经济衰退，甚至是经济的全盘崩溃，具体的例子如1992年的英国，1997年的亚洲金融危机以及俄罗斯、土耳其、巴西和阿根廷随后发生的危机。这等同于经济上的大放血疗法。

国家银行不应独立于政府。央行的独立性是对下述情况的一种委婉的说法：这家机构原本应该致力于国民经济的稳健运行，现在却转变为致力于全球金融架构的平稳运转。当前时期的国际金融架构为美元霸权所主导，而美元霸权可以简单地定义为美元并无正当理由地享有全球储备货币地位。当前国际金融架构的运作要求金融食物链上供养美元发行国即美国的各国经济作出牺牲。这是全球化掠夺效应在货币层面的表现。

历史上而言，"央行"一词与"国家银行"这个词是可以互换使用的。事实上，促成建立第一家国家银行——美国银行（Bank of the United States）——的法案在指这家银行时，有时称其为中央银行，有时则称其为国家银行。不过，由于最近几十年里金融市场的全球化，中央银行已经在根本上不同于国民银行了。

国家银行的使命是为国民经济的可持续发展融资，其职能在于调整一国货币的价值，在外汇受到管制的国际汇率制度下，将本国货币价值调整至最有利于实现这个目的的水平上。另一方面，现代意义上央行的使命是在没有或几乎没有外汇管制的全球化金融市场上维护一国货币的价值，以调整本国的国民经济来维持这个狭隘的目标，如果有必要，不羁付出经济的衰退和负增长的代价。

央行在运作中往往将货币政策局限在价格稳定这个狭隘的范畴以内。换言之，就央行的运作而言，最好的货币政策就是不加任何区别地实现由价格稳定的普遍原则预先决定的货币供给目标，它不受各国经济上的需要或者政治上的考虑的影响。

货币经济学的神学

通胀是央行在运作中不顾一切针对的目标，它一般被理解为太多的钱追逐太少的商品，这种观点经济学家称之为"货币数量论"（QTM）。这个理论是现存最为古老的经济学说之一。简单地说，它认为商品价格总水平的变化主要由流通当中货币量的变化所决定。但货币经济学的神学有着长期而复杂的历史，要对央行的运作是否适当以及目的何在形成充分的认识，那么理解这段历史是有必要的。以下是对货币理论的诸神晚餐上的谈资的一个简短总结。

让·布丹（Jean Bodin, 1530–1596年）是法国的社会-政治哲学家，他把当时肆虐于西欧的价格通胀归咎于市面上充斥着金属货币，它们从西班牙在南非的殖民地的那些新近开发的金银矿那里进口而来。尽管布丹的很多观点是重商主义的，但他却认为价格的提高不仅与钱币的损耗有关，也与流通当中的货币量有关。其时正在发生狂热的宗教战争，布丹对宗教的宽容态度为他招致了"自由思想家"的指责，这与在现时代的美国一个人被称为共产主义的同情者是同样的恶名。在《国家六论》（1576年）一书中，他以进步这个概念取代了过往的黄金时代这样一个概念。他在托马斯·霍布斯［1588–1679年，《利维坦》（1651年）一书的作者］之前指出了绝对的主权是一种政治上的必要，这样的主权只受上帝（道德）和自然（现实）这两个法则的制约。他还先于孟德斯鸠［1689–1755年，《论法的精神》（1748年）一书的作者］强调了环境是法律、习俗、信仰和对于事件的阐释的一个决定性因素，这个观点影响了美国的宪法，一直以来都遭到了美国通行的道德帝国主义观的抵制。

约翰·洛克（1632–1704年）和大卫·休谟（1711–1776年）对"货币数量论"作出了显著的改进、拓展和深化，使其得以融入正统货币主义传统的主流。洛克发展了基于劳动价值论的私人产权理论以及政治制衡机制理论，这些理论都被结合进了美国宪法之中。洛克在1661年提出了比例假说，即货币量（M）的翻番会导致价格水平（P）的翻番和货币单位价值的减半。

休谟在1752年引入了因果关系论，他指出M（货币量）的变化会导致P（价格水平）成比例的改变。他与爱尔兰银行家理查德·坎蒂隆（Richard Cantillon, 1680–1734年）彼此独立地针对"货币数量论"提出了两项关键的区别：1）静态（长期的静态均衡）与动态（短期朝向均衡运动）之间的区别；2）货币的长期中性与短期非中性之间的区别。对于货币量改变的影响如何从经济的一个部门扩散到另一个部门，并在这个过程中改变相对价格和数量，休谟和坎蒂隆提供了首个动态过程分析。他们指出，注入货币在大部分情况下都会涉及非中性的扩散效应。新增货币在个人之间并非按他们此前持有货币的比例进行分配。多得到的人将会收益，而所得少于他们的相应比例的人则会受损，在决定新产出的构成方面，前者将会施加较大的影响。初始分配的效应会暂时改变支出的结构，因而会改变生产和资源配置的结构。因此，不难理解保守派为什么会赞同"货币数量论"，因为这会维持财富分配的现状，这也是为了确保分配不均有利于那些更有可能从事资本形成的人，也就是富人。因此，需要资本形成的发展中经济体会认为首先让金融精英阶层致富符合逻辑，而生产能力过剩的发达经济体则需要以限制收入差距来增加总需求。

休谟描述了收入获得者之间不同程度的货币幻觉——再加上调整过程中的时滞——如何会造成成本滞后于价格，从而产生非正常的利润并激发乐观的盈利预期，这些在转型时期又会刺激商业的扩张和就业的增加。"货币数量论"的支持者们并不否认这些非中性的效应，不过他们认为这些效应长期而言注定烟消云散，如果上述的乐观态度并无根据，那么往往还会造成巨大的损害。所谓的"新经济"在过去的十年里因为钱来得容易出现了扩张，以及这个泡沫最近的破裂，在其中我们都可以看到货币非中性效应的实据。

"货币数量论"成为 19 世纪古典货币分析的核心，为理解当时的金融事件提供了主流的概念框架，构成了以维护金本位为目的的正统政策药方的学理基石。欧洲 19 世纪的经济结构令分析者们承认还存在着其他一些非中性效应，比如货币工资滞后于价格，这会暂时降低真实工资；比如通胀诱发真实债务负担的减轻，从而刺激产出，这将真实收入从非生产性的债权人 - 食利者一方转入生产性的债务人 - 企业家一方；比如在储蓄和投资倾向具有结构性差异的各社会 - 经济阶层之间，因价格而诱发收入再分配，从而产生所谓的"强迫储蓄"效应；再比如利率暂时降至新资本的预期回报率以下，从而形成对投资的刺激。

然而，古典数量论者往往极力贬低非中性效应的重要性，他们坚持认为这些效应只不过是过渡性的。休谟倾向于强调动态非均衡期很长，在此期间货币相当重要，但古典分析者们却仅仅着眼于长期的均衡，此时货币仅仅是一层面纱而已。大卫·李嘉图（1772 - 1823 年）是古典经济学家之中最有影响的一位，他认为这些非均衡的效应在长期均衡分析之中是转瞬即逝、无关紧要的。

当然，诸神比大多数凡人都看得长远，富人比穷人也是如此。正如凯恩斯的那句名言所说："长期而言，我们都会死去"。

作为贵金属主义者的领袖，李嘉图认为英国的通胀完全是由英格兰银行不负责任地过度发行货币造成的，那是在 1797 年，受到拿破仑战争的压力，英国放弃了金本位，转而采用不可兑换的纸币。在当时，英格兰银行在运作上仍然是一家国家银行，而不是现代意义上的中央银行。换言之，它的运作是要改善英国的经济，而非强化国际金融的圣洁。由于李嘉图的着眼点是长期的均衡，所以他不鼓励人们讨论在国家层面注入货币对于产出和就业所可能带来的积极影响。与现代的货币主义一样，贵金属主义者认为通胀——国际金融之中确定无疑的一股邪恶势力——完全是由国家银行所造成的。正米尔顿·弗里德曼在李嘉图之后的两百年左右宣称：所有地方的通胀都是一个货币现象。弗里德曼对于"货币相当重要"的理解与休谟对此的理解南辕北辙。

18 世纪的欧洲从全金属货币占据主导地位转变为了金属货币和纸币混用，这样的历史演进迫使人们对于货币的传导机制有了更多的了解。在金币让位于纸币后，在解释纸币如何被注入经济体系这个问题上，休谟所提出的价格调整的直接机制被认为是有欠缺的。

亨利·桑顿（Henry Thornton，1760 – 1815 年）在其经典著作《大不列颠纸币信用》（1802 年）一书中首次阐述了间接机制，他指出，银行创造的新货币在一开始是通过银行贷款的扩张而进入金融市场的，银行贷款的扩张增加了可借贷资金的供给，这暂时导致贷款利率降至新资本的回报率以下，因而刺激投资和贷款需求的增加。这反过来又推动了包括资本品价格在内的各种价格的上涨，驱使贷款需求的增加以及利率的最终上升，从而间接地将整个体系重新带回均衡状态。

英国的古典学派在 19 世纪的上半期占据着主导地位，这一学说的中心议题围绕着在政府政策之中应用"货币数量论"而展开，具体表现为维持外部均衡以及恢复和捍卫金本位制。相应的，"货币数量论"往往被用于分析国际价格水平、黄金的流进流出、汇率的波动和贸易赤字。它构成了重商主义的基础，由于在同一时期殖民主义在制度上已然成熟，所以重商主义因为大英帝国所推行的殖民主义而成为这个国家经济结构的基石，

贵金属主义者形成了这样一个观点，即通过控制狭义定义中的货币基础，对货币的存量，或者说货币之中的通货部分，可以进行有效的调节，也就是说，在实行部分储备的银行体制中，控制"高能货币"（银行的储备）就意味

着实际上控制了货币的供给。高能货币是银行储备的总和,由于商业银行的借贷具有货币创造的能力,高能货币具有乘数效应,具体的乘数取决于流通的速度。

在1987年的股市崩盘中,道琼斯工业平均指数在一天里(10月19号)猛挫22.6%,当天的换手股数达到了6.08亿股,是当时正常交易量的6倍(目前正常的日交易量为1.6万亿股)。美联储在其新任主席格林斯潘的带领下通过买入政府债券创造了120亿美元的新增银行储备。在一天里注入的这120亿美元高能货币导致联邦基金利率下跌了0.75个百分点,从而止住了金融恐慌。如果美国政府实行的是平衡预算,而且也没有政府债券可以买入的话,美国经济可能已经停止转动了。这表明政府的赤字和债务是现代金融架构不可或缺的一个组成部分。

英国于1821年恢复采用金本位制,在这之后的30年里,政策目标的着眼点是维持固定汇率制和英镑对黄金的自动兑换。但是,"通货学派"(CS)与"银行学派"(BS)之间爆发了论战,论战的焦点是"通货原则"——让当时存在的黄金与纸币的混合通货与黄金储备成正比地扩张和收缩——是否足以防止纸币的过度发行,或者说是否有必要进行额外的调节。这一论战源于英帝国的快速扩张对于英镑的供给所造成的扩张性压力。

"通货学派"的成员认为,即使是完全且合法可兑换的通货仍有可能会过量发行,产生不好的后果,比如国内价格相对于国外价格的上涨,国际收支的赤字,外汇汇率的下降,黄金流出并导致黄金储备的枯竭以及最终被迫放弃通货的可兑换性。当外部的黄金外流与担心通货即将贬值而出现内部的国内恐慌性纸币兑换黄金同时发生之时,储备货币往往会加速外流。因此,"通货学派"提议实行完全可兑换再加上对纸币量的严格调节,以此防止同时出现黄金外流、外汇贬值和国内的流动性危机。

"通货学派"的担心因英格兰银行此前的行为而得到了完全的印证,按国际金融的标准来看,这些行为是错误的,而且造成了不稳定。不稳定一说所强调的是英格兰银行对于黄金外流和汇率变化所作出的政策反应存在着时滞。这家国家银行所采取的那些不可避免地太少且太迟的措施非但没有对黄金储备起到保护作用,反而只是加剧了通货和信贷过度扩张之后不可避免会出现的金融恐慌和流动性危机。用现代的行话来说,著名的1844年《银行特许条例》规定了百分之一百的准备金要求,公然偏袒保存财富而不是创造财富。"通货学派"还认为,货币替代无法削弱货币调节的有效性。因此,如果可以控制纸币，那么就无需明确地控制存款，理由是货币替代的流通速度慢，在危机时它们的替代价值也会下降。

凯恩斯主义者认为"货币数量论"是错误的，因为这个理论假设经济会自动趋于充分就业。如果存在着资源没有得到充分利用和产能过剩，那么货币的扩张可以实现产出的增加而非价格的上涨，在1930年代的大萧条期间就是如此。货币不是一层薄薄的面纱。与"货币数量论"的中性假说相反，货币量的变动可以对产出、利率和其他真实变量产生持久的影响。后凯恩斯主义者还指出，"货币数量论"错误地认为货币的流通速度以及与它对应的货币需求是稳定的。流通速度是一个不稳定的、不可预测的变量（技术上称之为外生的——由外部因素引发的），它受到超理性和货币替代量变化的影响，更不用说以衍生品为形式的对冲操作了。流通速度的难以琢磨使得我们不可能预测货币量的某次变化对价格会产生什么样的影响。

与布丹同属一个时期的约翰·劳（John Law，1671－1729年）在1705年详细阐发了达文扎蒂（Bernardo Davanzati，1529－1606年）对"交换价值"和"使用价值"所作出的区分，这导致劳引入了他著名的"水与钻石"悖论：水有很高的使用价值，但却没有交换价值，而钻石有很高的交换价值，但却没有使用价值。斯密曾使用过同一个例子，不过他是在水和钻石的生产的劳动力成本不同这个基础上进行解释的。与斯密相反，劳认为不同商品在需求中的相对稀缺性是交换价值的源泉。

达文扎蒂表明了物物交换如何是"个人之间和国家之间劳动分工的一个必要补充"；如何很容易就会出现"物物交换中缺乏巧合的交换对象"，这就要求有"交换的媒介"；这种媒介必须可以"细分"，还必须是一种"价值储藏手段"。他指出"对于被关在塔（监狱）里的乌格里诺伯爵（但丁《神曲》里的人物——译注）来说，仅仅一个鸡蛋就比世上所有的黄金都有价值"，但在另一方面，"市场上一万斤的稻谷只值一两黄金"，而"不管水对生命有多重要，它却一文不值，因为它到处都是"。当然，这是在国际货币基金组织出台限制性条件——规定欠下外债的第三世界国家以对基本公用设施实行私有化来清偿外债，从而要求这些国家里的穷人为用水而付钱——之前的事情了。

达文扎蒂指出，在卡西里诺城遭围攻时，"一只老鼠卖了200个金币，这样的价格不能说是夸张的，因为卖这只老鼠的人第二天就饿死了，而买的人还活着"。当然，现代的经济学家们会称此为市场的失灵。达文扎蒂认为一国所有的货币与所有的商品是等值的，因为它们彼此互换，没有人为了要钱而要钱。达文扎蒂根本不知道还有货币的流通速度这么一回事,他也只认识到每个国家都需要不同数量的货币,就像体格不同的人需要不同数量的血液一样。造币厂应该大度地为每一个人铸造钱币;担心钱币质量太好会出口到外国只是一种幻觉,因为出口商必须先要买下这些钱币。

劳的货币的"实质票价学说"将"逆溯原则"应用于货币供给之中。劳指出,货币是信贷,而信贷是由"贸易的需要"所决定的。因此,货币存量并非决定于黄金的进口或者贸易收支(如重商主义者所认为的那样),而是由经济之中的信贷供给所决定。货币供给(与数量论相反)也是内生的(产生于内部),由"贸易的需要"所决定。

后凯恩斯主义者借鉴了"实质票据学说",即认为货币供给是一个内生变量,被动地对货币需求的变化作出反应。因此,货币的变化无法影响价格。由于是由需求所决定的,货币的存量无法超出或者少于货币的需求量。简而言之,不存在从货币到价格的传导机制。分析者应该在实体经济之中寻找经济运行发生紊乱的根源,而不应该将其归咎于货币。通胀造成货币供给的相应增加而不是相反。然而,"货币数量论"论者直指"实质票据学说"的要害,他们指出,只要贷款利率低于新资本项目的预期收益,那么对于贷款的需求将永无止境。因此,"实质票据"标准作为货币供给的自动调节器是无效的,除非央行进行干预,相应地提高利率,使其与资本的预期回报保持一致。

"银行学派"对"货币数量论"的批判也支持了现代凯恩斯主义的观点,这个学派指出,新货币可能仅仅为闲置的余额所吸收(窖藏黄金,一种流动性陷阱)而没有进入开支流,而货币的供给是由贸易的需求所决定的,因而永远无法超过需求(用现代的行话来说,就是拉紧信贷缰绳)。"银行学派"比"实质票据"的观点更进了一步,它认为,即使违反了实质票据的贷款局限于自我清偿的纸币这个标准,逆溯法则仍会防止货币的过度发行。过量纸币的持有者会仅仅将这些纸币重新存入银行而不是支出这些货币。"银行学派"认为价格是由收入而不是货币量所决定的。对于国民经济而言,海外投资获得的要素收入而非货币是对价格产生影响的开支的来源,除非受到进口的抵消。这种收入-开支分析法后来为凯恩斯所进一步发展,成为凯恩斯主义宏观经济模型的一个典型特征。

"银行学派"也不同意数量论认为货币是一个外生的变量或者说外在的独立变量,它认为货币存量和信贷是被动的、内生的由需求所决定的变量。货币存量和信贷是价格变化的结果而不是原因。在因果关系的链条上,价格是因,货币是果，而非"通货学派"所认为的反过来。决定流通当中的通货量的是银行之外的公众的积极推动，银行只是被动地适应。隐含于"银行学派"大规模货币运动观点之中的是三个反数量论的观点：1）经济活动的变化在货币供给之前并造成货币供给的改变（倒因为果论）；2）流通媒介的供给并非独立于对流通媒介的需求；3）央行并不积极控制货币供给，而是适应之前货币需求的变化，或者对其作出反应。不同于"通货学派"强调狭隘定义的货币供给，"银行学派"强调的是信贷的总体结构。

"银行学派"主张比较自由的而非受到管制的银行运作，认为银行家可以酌情处理，政府不应进行干预或者制订死板的规定，最重要的是"银行学派"认为通过控制货币量调节价格的企图是徒劳无益的，因为货币尤其是纸币的供给量是一个内生的变量，不受外生的控制。"银行学派"认为，通过控制货币和信贷的供给来对付通胀是本末倒置，因为货币量和信贷量决定了价格而不是相反。

尽管有"银行学派"的这些批判，"货币数量论"仍从19世纪中叶通货学派与银行学派的论战之中获胜，直指1930年代均赢得广泛接受。在英帝国节节胜利的背景下，通货学派的政策主张，即固定汇率、金本位、纸币的可兑换性和对纸币发行的严格控制，在19世纪后半期成为英国货币政策的正统。但是，新古典经济学家在20世纪之初以严格的数学公式对"货币数量论"进行了重新表述，这才是"货币数量论"在学术界大获成功的决定性因素。

欧文·费雪（1876 – 1947年）在他经典的《货币的购买力》（1911年）一书中推出了他著名的交易方程式：$MV = PT$，其中M是货币存量，V是流通速度，P是价格水平，而T是市场交易的实际量。这个方程式以及其他一些方程式，比如说剑桥现金余额方程式——它标志着新古典经济分析中运用数学的开始，精确地定义了比例关系成立的条件。

不过，这些条件包括货币流通速度和实际产出的固定不变。新古典经济学假设流通速度近似于一个常量，由个人持有现金的决策再加上与总体支付机制有关的技术和制度因素所决定。在今天，由于有带息的现金账户、电子支付体系和无现金的信用卡交易，这些假设不那么成立了。货币的流通速度，就像某种气象条件下的风速一样，在各种相互作用的复杂因素的共同作用之下，会剧烈而突然地波动。

费雪与其他几位新古典经济学家——比如说剑桥学派的庇古（Arthur Cecil Pigou，1877 – 1959年）——表明，在部分准备金制度中，通过控制由外部决定的高能货币的存量，可以实现对于货币的控制。支撑他们的观点——即货币和银行存款的总存量是货币基础的一个固定常数——的，是他们认为货币存量由三个彼此接近的因素所决定：1）高能的货币基础；2）银行意愿存款准备金比率；3）公众意愿现金存款之比，其中货币基础决定着2）和3）这两个因素。同样，今天的金融现实已经很不同了。银行为避开准备金要求而通过回购协议窗口借款，这已经是它们的一项常规操作。为了降低对于它们的建立在资产负债表基础上的资本金要求，银行往往在信贷市场上以证券化金融产品的形式出售其贷款。不过，"货币数量论"依然继续有力地控制着货币理论。

新古典数量论者强调货币的长期非中性，这个主题在古典分析中没有得到很好的展开。他们将"货币数量论"结合进他们对商业周期的分析之中，认为货币量是商业周期起伏的一个主要原因，而货币的价格效应是稳定经济活动的前提条件。

到了1930年代，"货币数量论"遭遇了严重的批判，不再受到人们的信赖，并被凯恩斯主义的收支模型所取代。虽然凯恩斯此前在《货币改革论》（1923年）中支持"货币数量论"，但在《通论》（1936年）中，凯恩斯对"货币数量论"发起了正面进攻，他指出，如果经济运行低于充分就业水平，有闲置资源可用，那么支出的改变会影响产出和就业，而不会影响价格。

凯恩斯颠倒了"货币数量论"的假设，他认为价格具有刚性，而产出则有弹性，这是任何一个经商的人都会承认的情况。凯恩斯批判"货币数量论"是同义重复，它还错误地认为货币的流通速度近似于一个常量。凯恩斯指出，在费雪方程式中，由于 M（货币存量）的任何改变有可能会被 V（流通速度）的相应变化所吸收，因而不会传导到 P（价格水平），因此流通速度变量在现实中是极度不稳定的。类似的，收入或市场交易量的任何变化有可能带来的是流通速度的变化，因此无须要求货币供给的任何改变。

凯恩斯重新拾起了"银行学派"的结论，即经济的失衡源于实体经济所产生的外部震荡，它不是由没有规律的货币供给造成的，而以货币政策对经济活动的调节来治疗失业和衰退是徒劳无功的。这个结论的基础是凯恩斯的在低利率水平上对于流动性绝对偏好的理论，也即流动性陷阱。凯恩斯认为，或者由于流动性陷阱，或者因为对利率不敏感的投资荒，它们都会导致萧条时期货币扩张的无效。凯恩斯强调了新的非货币的调节机制，即收入乘数。凯恩斯主义收支分析的首要政策含义是财政政策比货币政策对收入和就业的影响要更加有力。

除了凯恩斯的这些反对"货币数量论"的观点，后凯恩斯主义的经济学家们还指出，通胀主要是由成本所推动的，它与制度性的因素有关，比如工会工资的刚性、垄断定价等等。后凯恩斯主义者主张，可以用扩张性货币政策带来的廉价货币将利率保持在低水平上，尽量减轻私人债务和公共债务的负担，从而有助于将失业率永远保持在低水平上。这些观点与货币中性的假说背道而驰。1959年为改革英国货币政策而设立的拉德克利夫委员会（Radcliffe Committee）宣布：1）货币是各种金融资产之中一个无法明确加以区分的组成部分；2）货币的流通速度缺乏经济内涵；3）在金融体系能够产生无限多样的货币替代的情况下，通过控制货币来调节开支的企图是徒劳无功的。拉德克利夫委员会的宣言实际上是"银行学派"观点的一个更新。

这时出现了弗里德曼，他将"货币数量论"变为货币需求的理论。这个理论的基础是财富效应，或者说真实余额效应论，即认为价格在萧条期间会下降，因而提高以货币形式持有的财富的购买力。由价格引发的现金余额真实价值的提高随后会直接刺激开支，直至产能得到完全利用。由于财富效应不受利率变化影响，独立地发挥着作用，所以关闭间接渠道不会防止充分就业的恢复。进而言之，通过货币扩张，可以很容易地实现真实余额的增加，进而开支会增加，从而证明货币政策即使在萧条时期仍然具有威力。

这个观点避开了凯恩斯主义的流动性陷阱，它也提供了抵御导致投资与开支荒的利率刚性的一条途径，因此它驳斥了凯恩斯主要的非充分就业均衡说。弗里德曼指出，凯恩斯主义对货币传导机制的看法是极其不全面的。弗里德曼不承认数量论是一个收入决定理论，从而将这个理论从凯恩斯主义对它假设充分就业的批判之中解脱出来。在《美国货币史：1867－1960年》一书中，弗里德曼和安娜·施瓦茨（Anna Schwartz）表明，货币供给快速而大量的减少在1930年代的大萧条之中起到了决定性的作用。他们的这个观点导致了对凯恩斯主义将大萧条归因于需求暴跌的批判。

货币主义者认为，货币量而非利率的水平和传导渠道是货币当局要加以调节的变量。格林斯潘在本质上运用这个理论拉长了美国1997年之后的经济扩张，吹起了1920年代以来最大的一个泡沫。

货币主义者认为，与财政政策不同，货币政策对于名义收入具有强有力的长期影响。他们认为收入政策对于经济活动具有不利的长期影响。尽管现代货币主义者嘴上说的是货币变化对商品开支的直接影响，但他们也承认传导机制的作用主要是通过复杂的资产组合或者资产负债表调整过程，涉及各种利率渠道，影响到一系列的资产和开支，造成资产组合构成的改变，因而诱发金融和非金融存量资产的价格和收益相对于当期服务和新资产价格的变化，虽然资产组合分析法并非起源于货币主义，而是由凯恩斯和约翰·希克斯在1930年代中期所首创，随后得到了托宾和其他人的加工。资产价格和收益的这些变化反过来又导致了服务流和新资产存量需求的改变，并因而导致它们的价格和产出的变化。

在分析传导机制时应该对哪些资产和利率予以考虑，这个问题是货币主义者与凯恩斯主义者之间就货币变化对开支有何影响的争论的一个关键点。凯恩斯主义的模型往往考虑较少类型的资产和利率，迫使传导机制通过一个狭窄的通道，因而忽略了货币变化对于开支的某些影响。

当然，在凯恩斯的时代，金融的构架主要是一个双资产的世界：现金和债券，这与当今的结构性金融这个勇敢新世界里无限多样的金融资产有着本质的不同。现代的货币主义者一般来说倾向于没有汇兑管理的浮动汇率制，而"通货学派"主张实行有汇兑管理的固定汇率制。

第二章 货币帝国主义的历史[①]

由于美元霸权的作用，中国和日本没有多少选择，只能将其出口收益投入美国国债或其他美元资产。结果，如今中国借给美国的数额，已是华盛顿1947年通过马歇尔计划借给受战争重创的欧洲的数量的两倍还多。

19世纪，英国已积累足够的黄金，使英国财政部能够采用黄金支持的纸币，并迫使欧洲贬弃白银，以推进英国的货币帝国主义。许多历史学家错误地将通过商品出口来积聚黄金的政策，归咎于19世纪的重商主义。事实上，黄金的积聚只有通过有目的性的货币帝国主义的政策才能实现。复本位制下的重商主义为贸易顺差国家同时带来白银和黄金。而只有货币帝国主义才能实现在白银外流的同时黄金流入本国。

一、贬弃白银使黄金变成法定货币

实际上，英国在19世纪所获取的黄金并不是来自商品的出口，因为在复本位制下，英国商品的购买者可以在支付白银或黄金之间进行选择。事实上，英国在整个19世纪是通过高估黄金的货币价格来积累黄金的。金价高估带来大量黄金的流入，使英国有可能迫使全世界贬弃白银，以金本位制取代复本位制，并最终使得英镑——一种黄金支撑的纸币，成为世界贸易储备货币。但在没有复本位制的情形下，本质上是法定货币——得以扮演着世界贸易储备货币的角色，为英国在拿破仑失败后成为唯一超级大国提供融资。

由于英镑成为储备货币，英国银行通过实行受到英格兰银行（即中央银行）作为最后贷款人支持的部分准备金制度，得以在全世界进行掠夺性借款，

[①] 本章系《中国的美元里程碑》（CHINA'S DOLLAR MILISTONE）的第三部分"History of monetary imperialism"，原载《亚洲时报》2008年9月25日。

以其法定纸币的掠夺性货币政策推动周期性的商业繁荣与萧条，而大肆吸食世界财富。这种战略实行了一个多世纪，直到一战结束。从1800年至1914年，英国的主要出口是以法定英镑纸币标价的金融资本，在金本位制时期，英镑纸币被变相地视作与黄金一样好。从英镑霸权中获得的银行利润所带来的要素收入，支持了自1815年拿破仑失败到1914年一战开始这整整一个世纪英国作为世界首要大国所享受的财富与奢华的成本。

由于黄金不再以固定比率的白银标价，也不以任何其他具有内在价值的金属标价，所以通过官方以黄金支持英镑和贬弃白银，暗暗地将金本位制变成了一种法定纸币制度。黄金，也唯有黄金，成为英国造币厂确立的法定记账单位，从而事实上造就了英国在当时的货币霸主地位。

一种资产自身，或以自身标价，并不具有交易上的意义，即便黄金同样如此。这是因为交易必须包括至少两种价值不同的资产，体现为以可兑换货币计算的不同价格。交易时必须就交换比率达成一致，以确保交易实现。即便是物物交换，相交换的两种资产的交换比率也需要达成一致。比如，1盎司黄金可以兑换15盎司白银。一盎司黄金可兑换另一盎司黄金，这没有提供任何交换价值的信息。

因此，英镑，即便有黄金支持，实际上仍是一种法定纸币，因为黄金的货币价值是法定的，除了黄金本身，与任何其他有内在价值的东西都没有关系。没有复本位制，硬币就没有任何交易价值的意义。如果货币能够仅用黄金兑现其票面价值，黄金支持的货币就成为法定货币。黄金的货币价值不能与黄金的商业价值相分离。黄金的购买力将因一系列因素而波动，包括政府的政策，但它与任何其他有内在价值的金属并不以某种普遍商定的比率相互挂钩。

一英镑值另一英镑，与一盎司黄金值另一盎司黄金毫无差别。政府可以操纵黄金的市场价格，因为它拥有比任何其他市场参与者都多的黄金。这意味着，任何不受欢迎的投机者可以很快被政府击毁。这就是当今的中央银行为其本国法定货币干预外汇市场的做法。中央银行拥有充足的美元储备这种法定货币，可以打击本国货币的投机者致其破产。

在白银遭贬弃之前，英国将白银/黄金货币比率设定为15.5∶1，而法国是15∶1，这刺激了投机者在英国用黄金购买白银，在法国用白银购买黄金，从而套取在两国间进行交易每盎司黄金可获得的半盎司白银的利润。这造成了黄金持续地流入英国，完全不受国际贸易其他商品流入的影响。即便在英国出现贸易赤字时，由于英镑的货币霸权地位，黄金还是继续流入英国。

第二章 货币帝国主义的历史

在银币遭贬弃后，黄金在英国财政部只能兑换成英镑纸币，其兑换比率是1717年确立的1盎司黄金兑21先令或1英镑又1先令。英国财政部根据黄金的货币价值设定其商品价格，因为黄金是以英镑标价的。在英国，白银或任何其他商品的价格也都是以英镑来标价，英镑具有由英国财政部法令所确立的黄金的货币价值。

在贬弃白银后，没有人知道白银作为货币有多少价值，因为人们已不在任何地方拿它当作货币使用。因此，在白银的商品价格和货币价值之间，不存在任何差异，因为白银不再具有货币价值。由此白银变成了一种与其他商品毫无二致的普通商品，而只有黄金仍然作为一种货币记账单位，被英国财政部和其他遵循金本位制的国家的财政部所接受。拒绝加入金本位制的国家看着其货币被拒于国际贸易之外，并不得不为以非黄金支持的本币计价的贷款支付更高的惩罚性利率。

不仅如此，基于部分准备金原则，英格兰银行可以发行更多的银行券。它只需要维持足够的黄金，以备储户持续地在英格兰银行以银行券兑换黄金。而且，由于英格兰在当时拥有比任何其他国家更多的黄金，金本位制下的英国成为货币霸主，可任意支配超出其实际拥有黄金数量的货币。其他金本位制下的国家，不得不比英国维持更高部分的黄金储备，从而只能以更少的货币参与国际资本市场。货币霸权国得以在保持贸易赤字的同时，通过货币政策，使黄金继续流入。

由于缺乏固定汇率制度，每个国家都可采用与别国金本位制毫无关联的一黄金本位制。比如，美国每盎司黄金20.67美元，而英国每盎司黄金3英镑17先令10.5便士，则美元和英镑之间的汇率立即可以计算得出。一个法定货币的汇率制度所做的是，除了在发行货币的政府持有的黄金数量的基础上的黄金本位制，货币汇率是由各国货币政策和财政状况所定价的，包括利率、国际收支、国内通胀率、财政预算、贸易赤字等因素。

美国尽管形式上是复本位制（金和银），还是于1834年在事实上、于1900年在法律上转变为金本位制。1834年，美国将黄金价格固定在每盎司20.67美元，这个价格在美国持续了一个世纪，直到1933年，罗斯福总统将美元贬值为35美元兑换1盎司黄金，但同时规定美国公民拥有的黄金数量超过100美元即为非法。在第一次世界大战之前，英国将每盎司黄金价格定在3英镑17先令10.5便士，是1717年原来的黄金价格的3倍，那时是21先令。美元和英镑的汇率，即"平价汇率"，在1834年和1914年期间是4.867美元兑换 1 英镑。在 1914 年至 1933 年期间，美元/英镑的汇率上升至 2.214 美元兑换 1 英镑。

2008 年 8 月 25 日，一个相对平静的交易日，每盎司白银的市场价格为 13.45 美元，而黄金是 829 美元，产生了 61.6∶1 的银/金比率。这是历史上英国造币厂 15.5∶1 比率的 4 倍。同一天，美元和英镑这两种自由浮动法定货币的汇率是 1.853 美元兑换 1 英镑，这是由他们各自中央银行的货币政策所决定的。当日美元和英镑的汇率，不及从 1834 年到 1914 年间的"平价汇率"的三分之一。在 94 年间，英镑对美元已失去三分之一以上的交换价值，而美元本身对黄金也贬值了 2360%，从每盎司黄金 20.67 美元到每盎司 829 美元。美元并没有变强，只是英镑兑美元变弱。这是因为如同世界上所有其他法定货币一样，英镑已成为美元的一种派生货币。

二、货币数量论的界定

约翰·洛克（1632—1704 年）和大卫·休谟（1711—1776 年）对货币数量论（QTM）做了大量的修改、完善和拓展，使其能够融入正统货币主义传统的主流。洛克提出了基于劳动价值的私有财产权和分权制衡的思想，后者已被吸纳进美国宪法。洛克在 1661 年提出了比例假定：货币数量增加一倍，将使价格水平提高一倍，而每货币单位的价值减少一半。

休谟于 1752 年提出了货币数量变化与价格水平存在因果关系的观点，即 M（货币数量）的变动将导致 P（价格水平）成比例的变化。休谟与爱尔兰银行家理查德·坎蒂隆（1680—1734 年）几乎同时为货币数量论做出了两个关键的区分：其一，静态（长期静态均衡）与动态（短期动态均衡）的区分；其二，货币长期中性与短期非中性的区分。休谟和坎蒂隆就货币变化的影响是如何从一个经济部门扩展到另一个部门的，以及在这过程中相对价格和数量的改变，首次提供了动态过程分析。

他们指出，大部分的货币注入会带来非中性的分配结果。新货币将不会按照人们原先所持有货币份额的比例在个人间进行分配。那些获得货币更多的人将从中受益，而那些所获货币少于其原先相应份额的人则将为此付出代价，前者在决定新产值的构成上将施加更大影响。初始分配影响暂时改变了支出模式，由此又改变了生产结构和资源配置。这就是通货膨胀如何造成收入不均的原因。

第二章 货币帝国主义的历史

因此，我们完全可以理解保守主义对货币数量论的支持，以维持财富分配现状，或者就算不重视货币数量论，也要确保分配不均必须向那些更有可能从事资本形成的人即富人倾斜。这正是过去二十年里所发生的情形，造成收入差距的急剧扩大。因此，当产能过剩的发达经济体需要通过限制收入差距——这是自由市场原教旨主义未能做到的+来增加总需求时，正急需资本形成的发展中经济体却发现让金融精英先富起来是具有合理性的。这就是市场资本主义的中央银行的问题：它总是把货币提供给最不需要的人。这过量的货币就叫做资本。

休谟阐述了所得收入者之间不同程度的货币幻觉，再加上调整过程中自然的和人为的时间延误，可能会导致成本滞后于价格，从而造成非正常利润和激发乐观的利润预期，而这将激励企业在过渡时期的过度扩张和就业。货币数量论的信徒并不否认这些非中性的影响，不过他们声称，从长远看，这些影响定将消失，尽管如果乐观主义不合理的话，经常会带来极大的损害。货币的非中性影响的最新证据表明，在过去几十年里由于宽松货币政策带来所谓的新经济扩张及其一再发生的一连串泡沫破灭，我们就可以发现货币非中性影响的最新证据。

货币数量论构成了19世纪古典货币分析的核心，为解释当代金融活动提供了主导性的概念框架，构成了旨在维护金本位制的正统政策处方的思想基础。19世纪欧洲的经济结构使分析家们承认另外的非中性影响的存在，如货币工资滞后于物价上涨，暂时性地减少了实际工资；通货膨胀引起实际债务负担的减少，带来对产量的刺激，这将实际收入从生产性的债务企业家转移到非生产性的债权食利者手中；价格导致具有不同储蓄与投资倾向的社会经济各阶层之间收入再分配，带来所谓的"强制储蓄"效应；短时间内利率降低到新投资的预期回报率以下，将刺激投资。

然而，古典数量论理论家往往坚持极力贬低非中性影响的重要性，认为其只是过渡性的。虽然休谟比较重视长期动态不均衡阶段，在此阶段，货币的地位很重要，但古典分析家们都重点关注长期均衡，在其中货币只是（覆盖于实体经济上的）一层面纱。最有影响力的古典经济学家李嘉图认为，在长期均衡分析中，这种不平衡的影响很短暂，且无足轻重。当然，神与大多数凡人相比喜欢更长远的视角，富人与穷人相比同样如此。正如凯恩斯那句著名的话："从长远来看，我们都会死。"

1797年，由于拿破仑战争带来的财政压力，英国脱离金本位制，以不兑现纸币取而代之。作为主张立即、全额地恢复纸币与黄金挂钩的重金主义领袖，李嘉图指责英国的通货膨胀完全是由英格兰银行不负责任地过度发行货币所造成。当时，英格兰银行仍作为一个国家银行来运作，而不是现代意义上的中央银行。换言之，其运行是为了改善英国的经济，而不是通过保护货币价值、防止通货膨胀，来加强国际金融的神圣不可侵犯。李嘉图因其对长期均衡的关注，反对就国家层面的货币注入对产量和就业所可能产生的有益影响进行讨论。跟当今的货币主义者一样，重金主义将通货膨胀视作国际金融中无可置疑的邪恶力量，并把通货膨胀的源泉推到了国家银行身上。

距李嘉图大约两个世纪之后，米尔顿·弗里德曼宣称："通货膨胀在任何地方都是一种货币现象。"弗里德曼"货币是重要的"的概念与休谟认为大多数货币注入将会有非中性分配效应的货币观点截然相反。这是格林斯潘滥用流动性，通过制造价格泡沫以缓和商业周期的结果。

18世纪欧洲从全金属货币占主导地位到金属与纸币之混合货币的历史演变，强行推动了对货币传导机制理解上的进步。在银行券代替了金币后，休谟的价格调整直接机制不能对银行券如何注入金融系统作出解释。

三、货币数量论与政府政策

亨利·桑顿（Henry Thornton，1760—1815年）在其经典著述《大不列颠的纸币信用》（1802年）中提供了第一个关于间接机制的论述，指出银行所创造的新货币最初是通过扩大银行贷款进入金融市场，通过增加可贷资金的供应，暂时使利率降低到低于新资本的回报率，从而刺激追加投资和贷款需求。由此渐次推动价格上涨，包括资本品的价格，抬高贷款需求，最终提高了利率，间接地使系统恢复到平衡状态。

在19世纪上半叶，在英国古典学说中占据主导地位的核心问题，是围绕着货币数量论如何应用于政府政策的，这种应用体现在其力图维持外部平衡，恢复和维护金本位制。因此，货币数量论往往被引向对国际价格水平、黄金流动、汇率波动和贸易平衡进行分析。它构成了重商主义的基础，而后者则通过该时期在制度上已趋于成熟的殖民主义，为大英帝国的经济结构打下了基础。但是，正是英国人发现，黄金的流动遵循了"格雷欣法则"，即劣币驱逐良币，从而故意高估黄金相对于白银的货币比率，造成黄金流入英国。

重金主义者提出，通过控制狭义上的货币基础，就可以对货币存量或货币存量构成进行有效调节；部分准备金制度下对"高能货币"（银行准备金）进行控制，意味着对货币供应的实质控制。高能货币即银行准备金的总额，通过商业银行借贷的货币创造功能，取决于流通速度的快慢，其数额可以数倍地增长。在金本位制下，银行存款准备金可以是黄金或钞票形式的。

在1821年回归金本位制之后的30年里，英国政策目标的重点是维持固定汇率和黄金与英镑的自动兑换。但是，就"通货原理"，即现有混合货币（包括黄金与纸币）的扩张与收缩要与黄金储备成正比，是否足以防范纸币的过度发行，或者说是否需要另外的调控措施，通货学派（Currency School）与银行学派（Banking School）之间爆发了论战。这场论战源于大英帝国迅速扩张给英镑供应所带来的扩张压力。更确切地说，英镑供给增加使得英国能够承担打造和维持一个全球帝国所需的巨大开支。

通货学派的成员认为，即使是合法的完全可兑换货币发行过多，也会有不良后果，比如国内价格相对于外国价格上升、国际收支赤字、汇率下降、黄金外流导致黄金储备枯竭并最终被迫中止黄金兑换。当外部的黄金流失，与国内因害怕即将发生的货币贬值而引起纸币兑换黄金的恐慌相叠加，则黄金储备的流失往往加剧。因此，通货学派主张纸币与黄金的完全可兑换，外加严格管制纸币数量，以防止黄金流失的再度发生、汇率贬值和国内流动性的危机。

通货学派的担心在英格兰银行过去的行为中得到了充分的证明，按照国际金融标准来看，这些行为有悖常理，且破坏稳定。这种破坏稳定论强调银行对黄金流出和汇率变动的政策反应上的时滞。国家银行所采取的措施无可避免地太少，又太晚，它只是加剧了在货币信贷过度阶段之后不可避免会出现的金融恐慌和流动性危机，而不是保护黄金储备。著名的1844年《英格兰银行条例》（现代用语）要求银行按100%储备金发行纸币，公然的财富保值胜于财富增值的倾向。通货学派还声称，货币代用品不能损害货币管制的效力。因此，如果纸币发行可以得到控制，就不需要明确地控制存款，理由是货币代用品流通速度较低，且在危机时期其替代价值趋于下降。

到19世纪末，复本位制在美国已成为一个政治问题。美国西部新发现的银矿有效地降低了货币的价值。1873年，美国国会通过第四个《铸币法案》废除白银货币地位，缩减货币供应量，造成严重的通货紧缩，"银币政策者"将其称为"1873年恶法"，因为通货紧缩造成农民拖欠固定利率抵押贷款，而与此同时农产品价格不断下降。1873年恶法与2007年次贷危机爆发时的情形在许多方面有着惊人的相似之处。

四、法国货币制度

　　法国里弗作为记帐单位是由查理曼大帝（747—841年）创立的，相当于一磅白银。从十字军东征中，路易九世将王室要垄断钱币铸造的想法带回了法国。他铸造了第一枚金埃居和银格罗斯币，其重量大致相当于图尔里弗——当时法国最富裕的城镇之一图尔所采用的一种货币单位。在现代法国，银币（argent）仍然有白银和货币的双重含义。在1360年和1641年之间，法国铸造价值1图尔里弗的硬币，称作法郎。法国第一张纸币是由路易十四在1701年发行的，以图尔里弗标价。

　　自路易十四（1643—1715年）时期以来，法国作为当时欧洲最大的经济体，一直是金银复本位制的中流砥柱。银与金的比率维持在15∶1，因为法国一直按照这一比率进行金银兑换。在货币意义上，法国货币是中性的，从来没有格雷欣法则意义上的优劣之分，因为法国政府将白银与黄金的商品价格也一直保持在15∶1的固定比率。

　　从1360年到1641年，然后再从1795年到1999年，法郎一直是法国的国家货币（法郎硬币和纸币合法流通至2002年）。铸造出来的法郎也使用于摩洛哥、阿尔及利亚、法属西非和其他许多法国前殖民地。在独立后的今天，它们中的许多国家仍继续将法郎作为其计价标准。

　　1790年，法国大革命时期的制宪议会在被没收的教会财产的价值基础上，发行了一种被称为"指券"（Assignats）的纸币。由于被国内外债权人接纳为法定货币，指券被用来成功地消除了相当一部分公共债务。但由于对印刷的数额缺乏控制，指券的面值很快就超过了被没收的教会财产的市场价值，引发了1792年的恶性通货膨胀。1803年，拿破仑一世重新引进法郎代替了指券，此时的指券已变得一文不值。1998年12月31日，在迈向欧洲货币联盟的过渡时期，法国法郎与欧元的价值被锁定在1欧元=6.55957法国法郎。

　　拿破仑一世在恢复法郎时犯了一个错误，那就是允许英国继续在货币上高估黄金贬低白银。尽管他在1806年11月21日通过《柏林敕令》中宣布了"大陆封锁"政策，对英国与欧洲大陆的贸易往来进行封锁，以切断英国为其大陆盟国进行反法战争提供资金的能力，但这个货币政策上的错误最终使法国付出失去金融优势的代价。法国努力推行大陆封锁政策是半岛战争的一个关键原因，这场战争促使西班牙与英国结盟，尽管是法国将其从查理四世不得人心的统治中解放出来。这也是拿破仑灾难性地发动侵俄战争背后的一个关键因素。而英国与奥地利、俄罗斯、瑞典和德意志各邦国结成第六次反法同盟,在1814年莱比锡的"民族大会战"中击败了拿破仑一世,后来又再次支持奥地利,在1870年的普法战争中击败拿破仑三世,英国杰出的金融才能在其中发挥了重要作用。只要拿破仑将法国白银与黄金的货币比率也提高到15.5∶1,与英国一样的水平,则法国本来是有可能阻止英国的货币帝国主义的。

五、西班牙货币制度

通常被称作"八件币"的西班牙银元是在1497年的西班牙货币改革后所铸造的使用于西班牙帝国的一种银币。它在美国也一直是合法货币,直到1857年美国国会停止了这一做法。它是18世纪后期在欧洲、美洲和亚洲被接受的第一种世界货币。许多现在使用的货币,如美国美元、加拿大加元、大多数拉丁美洲货币、中国人民币、日元及菲律宾比索,最初都是以西班牙银元和八里亚尔硬币为基础。西班牙采用比塞塔,及加入拉丁货币同盟,意味着西班牙银元的最后残余在西班牙本土的实际结束。

继西班牙之后,奥地利于1486年采用了大格罗申,一种高纯度的大型银币。奥地利硬币最终传播到欧洲其他地方。

六、奥地利货币制度

威廉·冯·施罗德(Wilhelm von Schrøder,1640—1688年)在其1886年《王室国库与赚钱之道》一书中,主张采取刺激奥地利经济发展的货币战略,要求采用纸币,为国王提供"一种无限的和永久的黄金与财政来源"。施罗德的著作连同贝歇尔1686年《论政治》(Politische Discurs)和霍尼克1684年《奥地利富强论》(Oesterreich über alles),构成了德国官房学派的三大主要作品。官房学派是重商主义的德国版本,特别关注领土国家的政治和经济现象。其目标是通过旨在充实国库的财政政策和同样的金融措施,实现有效的和公正的管理,它的一个显著特点是对社会积极的、家长式的干预。像其他重商主义作家一样,官房学派被指责为错误地混淆了货币与财富。货币不是财富,只是财富的衡量工具。一个人可以有很多钱,却是穷人,这就是所谓恶性通货膨胀的情形。施罗德认为，"这不是钱的输出和输入，而是不同贸易的平衡。造成一个国家富裕或贫穷的，并不是货币的输入或输出，而是贸易平衡状况。"施罗德的观点是错误的，这解释了奥地利为什么会被正在上升的英国甩在了后面。

事实上，施罗德是德国重商主义理论家中的佼佼者，他大为不同地支持贸易平衡理论。他支持自由贸易，将其视为"一个国家变富的主要的和最好的手段"。凯恩斯赞同施罗德反对其他重商主义者的观点，后者认为国民财富的积累是国家实力增长的一种方式。施罗德受到托马斯·霍布斯（1588—1679年）关于社会契约与市民社会的观点和威廉·配第（1623—1687年）关于财政贡献、国民财富、货币供应、流通与速度、价值、利率、国际贸易、政府投资、尤其是充分就业之重要性等理论的影响。他还受到英国化学家罗伯特·波义耳（1627—1691年）的科学观点和托马斯·孟（1571—1642年）关于重商主义的殖民主义在帝国建设中作出贡献的观点的影响。

不幸的是，奥地利并没有实行施罗德的建议，而是诉诸于传统的增税途径和借款。在查理六世（1711—1740年）统治时期，奥地利从其盟国借款，并出售主权债务给任何购买它们的人。18世纪上半叶走向国家干预主义经济政策的重商主义改革，要求货币标准化以应对不断增加的货币损耗。玛丽亚·特里萨皇后（1740—1780年）引入了一种新的双金属币标准，除普鲁士外的德国所有地方都实行这种标准。奥地利硬币标准进一步提升为协定标准，在1858年前的一个多世纪时间里一直实行，为国际收支提供了便利。奥地利标准银与金的货币比率是15∶1，有助于黄金流入银金比率为15.5∶1的英国。

由于萨利克继承法规定不许由女性作为王位继承人，所以让玛丽亚·特里萨有资格问鼎哈布斯堡王朝王权，成了奥地利继承权战争（1740–1748年）的借口。战事不断使奥地利面临着持续的财政问题。外国借贷暂时性地弥补预算赤字，但利息成本加剧了这个国家不可持续的财政状况的恶化。在查理六世执政期间，奥地利的债务剧增了三分之二，总数超过了5400万奥地利基尔德。

在加利福尼亚和澳大利亚大量黄金被发掘后，白银出现了高溢价，这造成在黄金流入英国之同时，大量的欧洲银币流向美洲和东亚，尤其是中国。对于许多欧洲国家来说，转向金本位制颇具吸引力，因为它能为那些与黄金挂钩货币的借款人提供较低利率。

为了给战争债务提供资金，玛丽亚·特里萨于1762年首次在奥地利历史上发行纸币，并同时保持硬币标准。维也纳城市银行，一家处理国家债务的银行，被选定为纸币发行机构。价值1200万基尔德的无息银行券受到国家税收的支撑，成为各种支付方式的法定货币。价值200基尔德及其以上的银行券可以以5%的利息换购帝国债券。但银行券与硬币标准并不挂钩。一开始，银行券对硬币轻微地溢价，但在随后年份中，银行券相对硬币的价值下跌，直到1811年银行券的价值固定在其面值五分之一数额的硬币。该年，"兑付与还款特权联合代表团"开始发行与硬币等值的纸币，其后"奥地利国民银行"于1816年、"享有特权的奥地利国民银行"于1825年和1863年间都效仿了这一做法。

从本质上说，奥地利放弃了硬币，而采用一种基于国家货币理论的主权信用与法定货币的体制，后来，格奥尔格·弗里德里希·纳普（1842—1926年）在其1918年的《国家货币理论》一书中阐明了这一理论。

虽然奥地利以外的国家没有义务接受奥地利银行券作为其法定货币，但毫无疑问，这些银行券可以见票即兑付银币，所以银行券对银币甚至不时地会有1%到2.5%的溢价。银行券于1771年和1785年再次发行。

1788年对奥斯曼帝国的战争和1792年反法战争之后，奥地利陷入了严峻的财政困难。在对奥斯曼战争之前，公共开支已达到大约9000万基尔德，至1798年，突升至5.72亿基尔德。弗朗西斯二世（1792—1835年）选择印刷更多纸币的做法。随着纸币数量的迅速增长，由于劣币驱逐良币的格雷欣法则的作用，金币和银币逐渐稀缺。

由于更多的纸币被一再发行，1800年至1806年间，通货膨胀达到了危险的高点。1809年《申布伦和平条约》强加于奥地利的赔款进一步恶化了通货膨胀。1810年，流通中的银行券数量超过10亿基尔德。1810年12月，政府强行暂停所有硬币形式的支付义务。仅仅三个月后，1811年2月20日，奥地利不得不宣布国家破产。银行券与银行券硬币以5:1的比率与交换券（也叫做"维也纳货币"）进行兑换。

由于战争和1814年到1815年的维也纳会议，国库严重紧张，致使在银行券兑换成维也纳货币之后不久，有必要再次发行纸币。维也纳货币交换券的数量使得新发行纸币有必要称为"预期票券"，因为它们已涵盖了尚未征收的税收收入。

七、战争的后果

通货膨胀是战争的一个不可避免的后果。由于纸币贬值、收入再分配、资产外流及随后的货币重建，民众失去了90%的现金财富。

1815年5月，奥地利开始重新为其货币制度打造一个更为健全的基础。1816年6月1日，享有特权的奥地利国家银行成立，该银行效仿法国和英国的国家银行，作为一个独立的股份公司拥有发行纸币以稳定货币体系、为长期预算赤字提供融资和管理货币供应量的扩大等权利。到1847年，维也纳货币交换券几乎已完全兑换成协定硬币，时隔25年的停顿之后，奥地利重新铸造金币和银币成为可能。

然而，奥地利却决定维持银币，并设法加入德国关税同盟，这个关税同盟成立于1834年，是由工业革命时期德意志邦联内的多数国家组成，其目的是消除内部的关税壁垒，尽管对外部的贸易伙伴仍坚持保护主义关税体制。关税同盟背后主要的思想贡献者是弗里德里希·李斯特，一位经济民族主义的倡导者。由于奥地利高度保护主义的工业，该关税同盟将其排斥在外。19世纪后期，这种排斥进一步恶化了奥地利与普鲁士对中欧支配权的竞争关系。

随着1837年慕尼黑协议的签订，关税同盟的成员国已着手统一货币制度。20年后，在1857年的维也纳货币协议中，奥地利放弃其协定货币标准，将奥地利基尔德调整为北德意志塔勒——一种在整个欧洲使用了近四百年的银币。1.5奥地利基尔德等于1协定塔勒。硬币的重量单位是500克的"磅"，30协定塔勒（45奥地利基尔德）是用1磅纯银打造出来的。根据关税同盟货币十进制的要求，奥地利基尔德被划分为100个十字币。1866年，随着奥普法战争的爆发，关税同盟实质上结束了。当1867年恢复和平时，一个新的同名组织成立。

在1866年克尼格雷茨战役中败于普鲁士后，奥地利退出了关税同盟，并于1867年将其货币制度转向由法国、比利时、瑞士和意大利在1865年成立的拉丁货币联盟（Latin Monetary Union）的复本位制。为了向拉丁货币联盟靠拢，奥地利铸造价值8基尔德和4基尔德的金币，分别相当于20和10法郎。但由于其货币制度的混乱，奥地利实际上从未加入拉丁货币联盟，尽管在1870年曾一度打算这么做。

八、1848 年革命的货币影响

在奥地利成功地巩固了货币体系之后,1848 年革命带来了再度的破坏。货币供应量迅速增长。同年 5 月,奥地利中止了银行券兑换成白银,使纸币成为法定货币,也就是说,接受纸币被宣布为法定义务(这是被宣布为法定的,或可以信任的货币)。

国家通过发行纸币来应付镇压革命以及与匈牙利和意大利的战争所带来的费用,而地方当局和市民则以发行应急货币来应对零用货币的缺乏。黄铜、铅、锡、铜甚至玻璃、皮革、木材和硬纸板等材料的代用币都在流通。到 1848 年底,通过禁止接受这种私下发行的代用币,同时发行足够数量的官方零币,帝国财政部设法重新获得了对货币制度的控制。

九、拉丁货币联盟

美国内战(1861—1865 年)导致银币在美国遭贬弃和代表大金融资本的共和党的崛起。在阻止白银共和党人对该党的控制后,这个"老大党"确立了旧的金本位制,与英国银行资本的利益变得密切关联,并将其基础进一步偏离其创建期的大众民主。

随着美国内战开始给白银的市场价格带来越来越大的压力,拿破仑三世统治下的法兰西第二帝国(1852—1870 年)发起了一个广泛的倡议,提出在标准银币基础上在欧洲建立货币联盟。它后来被称为拉丁货币联盟,是 1992 年《马斯特里赫特条约》所创建的欧元的先驱。拉丁货币联盟诞生于 1865 年,由法国、意大利、比利时和瑞士组成,它将白银与黄金的比率设置为 15.5∶1。为了与货币联盟的标准保持一致,法国将法郎中合金与白银的比率从 1∶10 提高到 1∶6。此后,拉丁货币联盟成员国的金币和银币被整个联盟接纳为法定货币,而代用币则仅在各自国家内部合法流通。希腊于 1868 年加入拉丁货币联盟,而斯堪的纳维亚国家由于普法战争在 1870 年退出了联盟。其他国家则将本国货币与拉丁货币联盟标准挂钩,但不具有正式成员身份。

到 1873 年,由于英国有意高估国内黄金的市价,使欧洲的白银之于黄金的市价就相对较高,从而引发了依据拉丁货币联盟 15.5∶1 的银金货币比率以白银换购黄金的狂潮，通过运输黄金到英国兑换白银，再将白银返回欧洲购买更多的黄金，然后又运送到英国，如此轻易地即可盈利。1873 年，1.54 亿法郎用于购买黄金以出口到英国，是前一年数额的 5 倍之多。大量银币涌入欧洲，而与此同时，大量黄金外流至英国，由于担心这种情形会破坏复本位制，1874 年 1 月 30 日，拉丁货币联盟成员国在巴黎同意暂时限制白银的自由兑换。

到 1878 年，由于白银市价尚无稳定的迹象，银币的铸造全部暂停。从 1873 年起，在英国的货币压力下，拉丁货币联盟事实上是金本位制。该联盟最终在 1927 年解散，因为金本位制已使其变得多余。两年后，金本位制崩溃，经济大萧条，并最终导致第一次世界大战。只有瑞士这个仍然拥有可靠的银行体系的中立国，继续按照拉丁货币联盟的复本位制铸造瑞士金币和银币，直到 1967 年。

拉丁货币联盟所采用的金银复本位制最初要求除成员国间在确立一致的货币标准之外，政府尽可能不干预外汇市场。这与英国通过高估黄金对白银的货币比率来贬弃白银的战略形成了直接冲突。在足够的黄金流入后，英国开始按其原定计划，在不打乱国际汇率的情况下，通过扩大英镑的货币供应，利用金本位制来为大英帝国的扩张提供融资。拉丁货币联盟坚持复本位制，妨碍了英国的这一战略。英国需要通过抬高欧洲白银相对于黄金的价格，使其高于拉丁货币联盟复本位制所设定的银金比率，联盟成员国付出高昂成本，从而破坏联盟。

十、法兰西第二帝国

在拿破仑三世（1808—1873 年）的第二帝国时期（1852—1870 年），法国经济走向了现代化，这位资产阶级皇帝将自己打扮成改革者和社会工程师。这一时期法国的工业化首先得到了大财阀和工人的支持。但拿破仑三世却到处贩卖对社会激进主义的担忧，那是他伟大的叔叔所预示的一个新世界秩序的图景。他复活了反改革的巴洛克建筑风格，使文化庸俗主义和炫耀性的表现主义泛滥成灾。独裁主义、军国主义、教权主义、保守主义与自由主义表面上都被吸纳进新的资产阶级政治文化。拿破仑三世需要在议会自由主义所赋予的合法性与维持警察国家以控制反对势力的必要性之间，进行微妙的平衡。拿破仑三世的民粹威权主义作风不论在政治上，还是美学上，都徒有其表，为其后的小独裁者留下了可供仿效的榜样。

第二帝国的部分支持者是圣西门主义者,他们将拿破仑三世描述为"社会主义皇帝。"圣西门主义者创立了一种新型的银行机构,以动产信贷银行的形式,将股票出售给公众,然后将筹集的资金投资于法国的工业企业。这创造了一段经济快速发展的时期。它成为了现代投资银行的楷模。1849 年在加利福尼亚州及随后在澳大利亚发现了金矿,极大地增加了欧洲的货币供应量,这刚好适应了新的信贷机构的兴起。新的投资银行建立起一些大型项目,如最初国有企业运营的苏伊士运河。随着私营银行的出现,大型企业也跟着动员资金来进行铁路建设,新的交通运输体系使内陆获得了发展,打破沿海城市对贸易的垄断。

1863 年,一项关于有限责任的新法律发布,规定股东仅以其所持股票面值承担风险,而不管公司破产和负债规模。公众即使是不具有从事商业和金融的技能的人,现在也可以投资于经营规模超出单个股东独立行动的企业。擅长货币、信贷和证券事务的金融家,在社会上获得了尊崇的地位。一些人成为可与封建时代的公爵和王子相媲美的大富豪。工业增长伴随着根深蒂固的道德观念的退化。生活的目的变成了一心一意通过投机来轻松赚钱。

法国资本远赴海外开辟殖民地。在美国,它采取的是美国动产信贷公司的形式,该公司是联合太平洋铁路的建造者,后来陷入以公司股票贿赂国会议员的大丑闻。投资公司为不到 5000 万美元的建造成本,要价 9400 万美元,以支付 348% 的股息,该数字相当于正常情况的 100 倍还多。历史将永远记住四位商人的名字:斯坦福(斯坦福大学)、柯林斯·亨廷顿、查尔斯·克罗克(克罗克国民银行)和马克·霍普金斯(旧金山的马克·霍普金斯酒店)。

鼎盛时期的巴洛克是一种庸俗的表现主义的风格,受到拿破仑三世的第二帝国的青睐。乔治-尤金·郝斯曼(1809—1891 年)这个拿破仑三世时期有影响力但又感觉迟钝的城市规划者,对历史悠久的巴黎进行了大规模的清理,不加分别地拆毁了古老的、美丽的、具有独特个性和多姿多彩的街巷,极大地破坏了城市的古老风情,更不用说历史古迹了,取而代之的是了无生气的、巨大的华而不实之物,由单调平庸、缺乏人气的林荫大道连接起来。郝斯曼巴洛克式的城市规划不仅狂热于卫生系统的设计,同时还具有重要的政治目的,那就是清除老城区造反者出没的街巷,在新的宽阔的大街上顺利迅速地部署军队镇压民众起义,防止类似 1848 年"流血的六月"中革命者轻易地在狭窄的街道架设路障,挫败政府当局的事态再度发生。

不幸的是,从那以后,郝斯曼成为现代世界各地众多自我主义的城市规划者的模仿对象，就像他的靠山拿破仑三世，也一直为其后小独裁者所仿效一样。华盛顿特区是郝斯曼城市设计的经典例子。美国城市规划中的城市美化运动受到了郝斯曼的强烈影响。维克多·雨果（1802—1885 年），法国文学、诗歌和戏剧领域的杰出人物，拿破仑·波拿巴执政时期一位将军的儿子，因反对拿破仑三世第二帝国政权而流亡异地，直到 1870 年第二帝国垮台。左拉（1940—1902 年）在其一系列社会现实主义小说中记录了第二帝国时期法国穷人的遭遇，就像查尔斯·狄更斯（1812—1870 年）对英国工业革命时的社会境况所做的记录那样。小仲马的感人的小说作品，其中最著名的是《茶花女》，反映了冷漠空虚的巴黎生活，而雅克·利维奥芬·巴赫的歌剧，尽管在第二帝国时受到社会普遍称许，却无情地嘲讽了其天真无知、鼓掌欢呼的观众。

由罗马大奖的获得者、国家高等美术学院的明星学生查尔斯·卡尼尔（1825—1898 年）所设计的巴黎歌剧院（始建于 1861 年，于 1875 年开放），被视为第二帝国时期的桂冠作品。这座后来成为世界各地平淡无奇的歌剧院的典型建筑，却没有带来任何建筑上的新意。它极尽排场之能事，却缺乏原创性，极力表现高深的雅致，却无法掩饰暴发户的粗俗，它只是对克劳德·佩罗（1613—1688 年）所设计的卢浮宫的精致东方外观这种受到推崇的风格的一种滑稽模仿。在功能方面，巴黎歌剧院的马蹄形设计使坐在厅池位置的少数名流备受关注之同时，造成很大一部分观众视线受阻，获得的声音效果很差。纽约大都会歌剧院也采用马蹄形设计，并将其容纳量调整为 3700 个席位，是巴黎歌剧院容量的 2 倍多，由于这种特大型的规模，在稀释了马蹄型设计的亲密空间特点之余，还将巴黎歌剧院的不足进一步放大。

由于各种因素的综合作用，19 世纪下半叶的环境对工业发展是有利的。技术发展取得了巨大的飞跃，从货币供应量的急剧增加，到大量科学发现转化为新的工业企业。先后在加利福尼亚和澳大利亚出现的淘金热，增加了金本位制下的全球货币供应。因货币供应增长所带来的物价上升，刺激了股份制公司的形成，这些股份公司提供了可观的回报，并从国内外投资中获得发展壮大。19 世纪 50 年代，法国的铁路里程从 3000 公里增加到 16000 公里，这种新式陆路运输工具的发展，使内陆的矿业和工厂得以提高生产效率，从而有利于大陆国家的发展。法国 55 条较小的铁路线合并为 6 条主要干线，与此同时，以燃煤为动力的新的铁制轮船代替了木制帆船。在 1859 年至 1869 年间，一家以政府为主要股东的法国股份公司修建了苏伊士运河，开辟了全球运输和欧亚贸易的新篇章。

十一、法国的资本主义制度与帝国主义政策

由于作为岛屿国家拥有漫长的海岸线，全球金融与帝国主义扩张的相互结合使英国甚至在铁路时代之前就成为了超级强国。沿着英国的先例，拿破仑三世统治下的法国在1860年实行了自由贸易，并采取步骤在印度支那建立一个法兰西殖民帝国。

1680年，因路易十四特许而于1664年创建的以与英国和荷兰同行竞争的法国东印度公司在庸宪（Pho Hien）开设了贸易站。1858年，拿破仑三世借口惩罚越南佛教徒对法国天主教传教士的抵制，对越南发动惩罚性的海军远征，迫使越南国王接受法国在该国的存在。促使他做此决定的一个重要因素，是他认为如不扩大其在东亚的影响，法国将成为二流国家。此外，在法国人骨子里有一种这样的意识，就是他们肩负着将文明传播到欧洲之外的使命。这最终导致1861年的全面入侵。到1862年，战争胜利的结果就是建立了法兰西殖民帝国在印度支那的统治，包括四个受保护国组成的联盟（东京、安南、柬埔寨和老挝）和一个以河内为首都的直接统治的殖民地。三个港口专门为法国贸易开放，法国军舰可自由通行，法国传教士可自由行动。法国还收到了大量的战争赔款。

在中国，法国参加了第二次鸦片战争以支持英国，法国军队于1860年紧随英国军队开进北京。中国被迫出让更多的贸易权利，允许法国船只在长江自由航行，允许基督教传教士在中国传教，并向英法两国支付了巨额的战争赔款。这种情形再加上法国对越南的介入，进一步奠定了法国在中国的影响，使其势力范围扩及中国南部许多地方。

1866年，针对韩国处决了法国传教士，法国海军对韩国发动了以失败告终的军事进攻，导致法国在该地区影响大为失色。1867年，一个法国军事使团被派往日本，对德川幕府军队的现代化发挥了重要作用，它甚至在戊辰战争期间站在幕府这边反对帝国主义军队。

在欧洲，继1868年西班牙伊莎贝拉二世女王被废黜后，就德国霍亨索伦亲王继承西班牙空缺王位问题，普法战争（1870—1871年）爆发。在战争中，英国支持普鲁士，因普鲁士王储娶了维多利亚女王的一位公主为妻，这场战争为英国迫使欧洲贬弃银币拉开了序幕。德国统一的自由民主式努力随着1848

年革命一起走向失败。通过俾斯麦保守主义的铁血政策，普法战争的胜利最终为1871年1月23日的德国统一铺平了道路，而俾斯麦则乐得以贬弃白银的代价来换取英国的默许。一个统一的德国的崛起将挑战英国的霸权，最终导致了1914年的第一次世界大战。

十二、1871年的巴黎公社运动、被镇压及政治影响

法兰西第二帝国的政治文化是波拿巴主义、冒险主义、军国主义、扩张主义、殖民主义、教权主义、保守主义和自由主义的混合体，尤其是在贸易和金融上。它只有通过对外战争的胜利才能维持下去。普法战争是法国对崛起的德国挑战其欧洲大陆霸权的一种反应。第二帝国的命运有赖于对外战争的不断获胜，不幸的是，这种胜利被指挥能力更强的普鲁士军队打破了。

1870年9月4日，在拿破仑三世在灾难性的色当战役中向普军投降被俘的两天之后，在巴黎的共和党人趁机废黜了法国皇帝。随着由路易－阿道夫·梯也尔领导的法兰西第三共和国的成立，第二帝国宣告结束。

3月3日，刚好是新的第三共和国与德国签署停战协定一个月之后和战争正式结束七十天之前，德国军队开进巴黎，街道空无一人和门窗紧闭，愤怒的巴黎民众以此方式表示无声的抗议。巴黎市民选举了由温和的共和党人、蒲鲁东无政府主义者、布朗基暴动主义者和马克思主义工人协会成员所组成的市议会，即巴黎公社。

3月18日，为了从巴黎公社支持者那里重新获得对巴黎的控制权，梯也尔试图夺取国民自卫军的大炮，并利用它们来对付国民自卫军，后者是一支由大约260个营队组成的武装民兵力量，是由第二帝国已垮台的政府所组织的，以在普法战争的最后数天里帮助保卫巴黎抵抗普鲁士的包围。但是，这一企图被蒙马特高地的妇女所挫败，她们向政府士兵呼吁，许多士兵拒绝向巴黎市民开火，反而与公社社员团结一致，将枪口调转对着第三共和国的政府军队。仅数小时内，巴黎进入了起义状态，首都许多行政区域的市政部门都为国民自卫军所控制。在这种狂热的氛围中，愤怒的起义民众抓住了两名政府军将军，其中一人曾试图指挥抢夺大炮来对付巴黎市民，他们很快地在蒙马特一处花园的墙边被处决了。行刑队成员包括国民自卫军成员和心怀不满的政府军士兵。

梯也尔及其政府逃往凡尔赛，同亲君主制者占据多数席位的国民大会沆瀣一气。而国民自卫军的中央委员会则占领了被遗弃的巴黎市政厅，并宣布准备

新的市政选举。3月26日，左翼联盟获得了建立社会主义导向的"公社"足够的选票，公社的存在持续到5月28日。3月28日，公社在巴黎市政厅成立，并在其后两个月内一方面奋力抵抗越来越严峻的围困，在首都西部地区异常残酷的战斗中，凡尔赛政府军越来越逼近巴黎，而与此同时，公社在巴黎实行社会改革计划。

在其短暂的统治时期，巴黎公社宣布教会与国家分离和教会财产国有化。1871年4月8日，公社去除了巴黎学校教育中的宗教表现形式。巴黎公社试图实行一系列激进的社会措施，如教会与国家分离、确立世俗教育体系、向妇女开放职业教育、为未婚工作女性提供养老金、取消面包师的夜间工作，等等。

4月11日，梯也尔派出的政府军开始了新一轮对巴黎的围攻。激烈的战斗一直持续到5月。在5月10日正式结束与普鲁士的战争后，从与获胜敌军对抗中解脱出来的政府军队最终冲破了巴黎人民的防线，于5月21日进入巴黎，在持续8天的战斗中，他们一个接一个街巷地击破了公社的抵抗。这就是历史上的"流血周"。整个巴黎陷入了浴血巷战，直到在工人阶级区的第十一、十九和二十大道的最后路障被清除。在其后严厉的复仇行动中，多达两万的工人和农民被法国军队杀害，其中包括儿童，指挥行动的最高将领们在对外战争中面对敌国士兵时也未曾展现类似的能力。

许多人自此将巴黎公社视为解放斗争的里程碑，它为草根参与式民主基础上的政治制度提供了具有象征意义的典范。一些中国革命者，如周恩来、邓小平，在20世纪20年代在法国作为青年学生都曾受到巴黎公社的启发，形成了后来建立中国共产党的核心思想。

对包括马克思和恩格斯在内的全世界革命者来说，巴黎公社运动的失败是1848年革命失败之后又一个令人失望的事件。对革命怀有敌意的反动分子把亲教会和支持复辟帝制的代表选进新的国民议会，1873年由亲君主制者占据多数的议会迫使梯也尔辞职。但由于亲君主制势力在内部派系分歧中有所削弱，温和派共和党人在法国议会赢得了足够的支持，挫败了前者的企图，法兰西第三共和国于1879年诞生，直到1940年。

十三、马克思与阶级斗争

在1848年民主革命失败之后的二十年里，社会主义运动暂时陷入了低潮，直到 1867 年卡尔·马克思出版了《资本论》（最早的英译本出版于马克思逝世四年后的 1887 年，其第二卷和第三卷由恩格斯于 1884 至 1894 年间予以编辑整理，于 1907 至 1909 年出版）。第四卷的手稿由卡尔·考茨基编辑，作为《剩余价值理论》（三部分）以德文出版。其第一部分的英文全译本"经济理论的历史"直至 1952 年才得以出版。选译本"剩余价值理论"出版于 1951 年。1848 年革命的精神仍在全世界受压迫者中激荡回响。

马克思放弃空想社会主义，提出了科学社会主义。路易·勃朗（1811—1882 年）在其 1840 年出版的《劳动组织》一书中，提出了"各尽所能，各取所需"的名言，倡导国家支持的工人合作社，提供了空想社会主义与科学社会主义二者间的纽带。马克思打破了将自然权利作为改革之基础的传统，转向"不可避免"的规律的历史假说。辩证唯物主义主张经济决定因素在历史上的首要地位，由此，阶级斗争学说认为，某一特定阶级只有代表着社会生产力，才能成为统治阶级；经由这种历史过程，无阶级社会终将出现。

阶级斗争并不像资本主义宣传机器故意制造恐慌，试图使世界相信的那样，将增进阶级仇恨。按照劳动价值论和剩余价值论等观点，经过科学的历史发展进程，阶级斗争将导致资本主义的灭亡。这些观点认为，商品的价值是由其制造所需的劳动量，而不是由资本家所操纵的其在市场上的交换价值所决定的。工人以其劳动所创造的商品价值高于以工人工资形式支付的劳动力价值。其中的差额，叫做剩余价值，成为资本家的利润。当剩余价值超过一定限度，将导致生产过剩和需求不足，因为生产产品的工人以其过低的工资无力购买这些产品。21 世纪，美元霸权下的贸易全球化通过跨国工资套利甚至否定劳动价值论，这终将导致新自由主义的自由市场资本主义的崩溃。这是一种科学现象，无关乎意识形态或道德。

随着工业化进程中生产力的提高，通过资本主义结构中资本对劳动的剥削，生产的成果日益脱离对其贡献最大的工人。这种人为结构中的运作方式被视为市场的经济规律。一旦市场经济的这些剥削特征得以解除，则资本主义终将为社会主义所取代，就如同封建主义在丧失其经济功能后为资本主义所取代那样。

当资产阶级采取武力镇压的方式来对付这种历史发展进程时，工人阶级起来革命成为一种必然。社会主义革命只是寻求打破那种阻碍从资本主义到社会主义的有机演进的政治结构。资本主义自身已丧失了其曾经的社会经济功能，其消亡毋庸置疑。

1871年巴黎公社由于法国资产阶级残酷的血腥镇压而遭致失败，其后续的反应是第一国际最终解散，第一国际创建于1864年，是一个国际社会主义组织，旨在团结各种不同的以推进工人阶级事业为基础的进步政治团体和工会组织。马克思对巴黎公社给予高度的评价，并提出无产阶级专政的概念，作为防备资产阶级反动势力的野蛮行径的对策。

到1880年，爆发了一场反对英国商业优势、恢复保护性关税的群众运动，但关税只是障碍因素，却并非有效的壁垒，这种情形发展的顶峰就是1914年第一次世界大战的爆发。与今天的美国一样，作为19世纪金融霸权国的英国，尽管也出口工业制成品，但它所消费的进口商品要多于出口的，在1800年与1900年间，出口增加了8倍，而进口增加了10倍。在1914年战争开始之前的几十年里，英国平均每年的进口顺差超过7.5亿美元。它之所以能够做到这一点，原因在于英镑霸权，正如美国今天也能这么做，原因在于美元霸权一样。

十四、以外币结算的外贸顺差并非好事

许多贸易经济学家未能理解的是，当贸易以外币结算，即使该外币受到黄金支持，贸易顺差对一国经济并非好事。当贸易以军事力量支撑的法定纸币结算时，纸币发行国的贸易赤字纯粹是该国对其处于顺差状态的贸易伙伴的货币帝国主义。对诸如冷战后的美国这样的货币霸权国而言，海外投资的要素收入要远超乎其国内工资要素收入的损失。

美国总统经济顾问委员会主席马丁·费尔德斯坦，这位出身哈佛、在智性诚实方面享有盛誉、德高望重的保守主义经济学家，不仅是最早地明白贸易赤字与贸易储备货币二者间的模糊关系的学者之一，而且还率先提出将其作为美国的国家政策。在里根总统的第一任期内，他指出强势美元的好处，认为相比较于拥有作为世界贸易储备货币的强势货币所获得的国家金融实力，美国制造业出口方面的损失是一种非常公平合理的代价。但这么一种处心积虑的观点，不论在无知的里根政府听来，还是唐纳德·里根的财政部听来，并不悦耳，唐纳德·里根曾任美林公司的总裁，其客户名单包括所有主要的制造业巨头，这些巨头们还不能理解放手将劳动力密集型的制造业外包给低收入国家，以及从海外进口廉价商品比出口不具有竞争力的高价商品更有利可图的道理。费尔德斯坦在巫师经济学占统治地位的里根政府中服务两年之后，由于其意见并不受欢迎，就重回哈佛，继续探索全球地缘经济理论的真理。

费尔德斯坦其后培养出许多有影响的经济学家,他们后来都在政府中担任要职,包括拉里·萨默斯,克林顿总统时期的财政部长,后来成为哈佛大学校长,却做得不太成功;劳伦斯·林赛,被解雇的小布什总统经济顾问;格里高利·曼昆,小布什总统时期白宫经济顾问委员会主席,他基于相同的知识传统所说的一句话引起了轩然大波:"外包是一个日益增多的现象,但我们应该认识到,从长远来看它也许对美国经济有利。"此话正确与否,当然取决于人们在美国经济中居于什么位置。

十五、古典金本位制时期

金本位制是一种根据每种货币所体现的黄金价值来决定不同国家的货币价值的国际标准。由于金本位制的支持者将黄金价格维持在一个固定水平,因此与黄金挂钩的货币之间的汇率必然也是固定的。比如,从1834年到1933年,美国的黄金价格固定在每盎司20.67美元;在一战前,英国每盎司黄金价格定在3英镑17先令10.5便士,后来在1925年又重新恢复了这个价格。美元和英镑之间的汇率,即"平价汇率",在此期间就是1英镑兑4.867美元。

19世纪70年代,其他主要贸易国家加入了金本位制。在货币史上,1880年至1914年这一时期被称为古典金本位时期。在该时期,大多数贸易国都不同程度地坚持金本位制。这也是一个前所未有的经济增长时期,商品、劳动力和资本能够相对地不受政府或市场汇率操纵的阻碍,进行自由贸易。从1880年至1914年,美国正是金本位制时期,通货膨胀率年均只有0.1%。这是因为黄金的自然供应与经济扩张速度刚好同步,而非金本位制的内在效应。但贬弃白银逐渐破坏了这个神话:无复本位制之锚,金本位制能够维持币值稳定。

此外,货币稳定通常与金本位制相关联,在一定程度上是因为在古典金本位时期,国际贸易只是国民经济中相对较小的部分。英国贸易在很大程度上是英镑主导的帝国内部事务。而今,对那些陷入外贸依存度过高陷阱的国家(通常认为全部双向贸易占国内生产总值的35%以上)而言,与以一国法定货币(如美元)作为储备货币相关联的汇率问题,将在周期性的金融危机中对本国经济造成重大损害。

十六、金本位制恢复问题

如前所述，2008年8月25日，白银与黄金的市场价格分别是13.45美元和829美元，其价值比率是61.6∶1。黄金的商品价值比复本位制所设定的黄金货币价值高出四倍。现在如果回归历史上的金本位制，将使任何一个政府破产，除非将黄金的货币价值设定为一个比其迄今为止商品价值的最高纪录（大约是1000美元）更高的水平。

美国财政部现在拥有2.61亿盎司黄金。在1941年12月的顶峰时期，它拥有6.5亿盎司黄金。在2008年8月30日，美国国家债务为9.65万亿美元。若以美国现在所持有的黄金来偿还其国家债务，则黄金的价格必须是每盎司36.983美元。为赶上目前美国国家债务的增加速度，黄金价格水平的上升要达到每天每盎司涨8.15美元。不存在黄金的自由市场。在政府干预市场的活动中，黄金价格是操纵最厉害的。不存在黄金的自由市场，则当然也不存在其他任何东西的自由市场。真正的自由市场其实从来不曾存在过。自由市场原教旨主义仅仅是一种幻想。

为了恢复金本位制，即使不存在通货膨胀，黄金价格也将不断上升，因为新的黄金的自然产出率远远低于现代普遍接受的经济扩张率。黄金的货币非弹性是恢复金本位制的最大障碍。

十七、第一次世界大战与英国的衰落

在第一次世界大战之前，由于其广大的殖民地，英国经济在世界上是最强大的，控制40%的投资和80%的世界贸易。但随着战争的结束，英国负债8.5亿英镑，其中大部分是对美国的负债，利息的支付占到政府预算的40%。试图维护其金融优势，应对日益崛起的德国的挑战，是这次战争的根本原因。英镑霸权削弱了不列颠群岛的工业生产率，不得不严重依赖对其殖民地财富的剥削，这最终损害了英国。由于战争开支，英国落入债务国地位，使美国成为世界上的金融强国。即使不列颠诸岛在一战中免于战争破坏，英国生产力也因其广袤的殖民帝国的瓦解而受损。在一战后，本杰明·斯特朗领导的美联储曾试图帮助英国维持金本位制，以此在英国领导下重建受战火蹂躏的欧洲经济，但此举却大大促进了1929年华尔街的大崩溃。

资本输出意味着，一个更古老和更富裕的国家不是通过增加工资和投资于更好的住房和更有效率的工厂，从而将其全部国民收入用来提高国民的生活水平，而是将越来越大份额的国民收入用于海外投资，以增加贸易。富裕国家的银行借钱给欠发达国家的银行，并不是为了提高借入国家的生活水平，而只是为了支持对外贸易。资本来自于维持国内外的低工资、结构性地扩大各国之间和国家内部的收入与财富差距所获得的利润。全世界的工人放弃了更好的收入，以支持世界资本主义。

美国自1850年起的经济扩张，主要是受到拿破仑三世垮台后法国资本和英国资本的融资支持。到1914年，英国控制300亿美元的对外投资，约占美国国民财富的四分之一。法国控制87亿美元，约占美国国民财富的六分之一，德国控制了60亿美元的海外投资，并以超出英法两国的速度在持续快速增长。正是因为德国威胁到英法两国在海外投资的优势，才导致在英国丧失其四分之一海外投资、法国失去其三分之一海外投资、德国则得到了两国所失去的全部（这些投资都流入了美国）之际，第一次世界大战爆发。

1914年之前，世界贸易是以遵循以英镑为锚的金本位制的货币计价，当时伦敦是无与伦比的金融中心。以固定汇率计算的贸易盈余和赤字，造成黄金的跨界流入和流出。国际收支失衡无法通过政府操纵汇率或通过市场力量来纠正。在第一次世界大战后，由于大量黄金从英国财政部流失，英国被迫以一个新的"金汇兑本位"取代金本位制，这种新本位制确立英镑以黄金支持的美元为基础，而不再直接以英国所持有的黄金为基础。而美国则成为世界上最大的债权国，其中央银行成为全世界的最后贷款人。

历史数据表明，当1927年纽约联邦储备银行总裁本杰明·斯特朗逼迫地区储备银行就已经过热的经济放松贴现率时，美联储也失去了防止1929年大崩溃的最后机会。一些历史学家称，斯特朗这样做是冒着危及美国国家利益的危险，以实现其国际主义的愿景。

虽然英国直到1925年4月才正式恢复金本位制，但它其实早在大约七年前就已决定重返金本位制。在1918年一战的最后几个月，英国财政部和重建部创立了以前英格兰银行总裁坎利夫勋爵为首的坎利夫委员会。委员会成员包括阿尔弗雷德·马歇尔（1824—1924年）的明星学生和马歇尔主义供应/需求和边际效用正统理论的衣钵传人、剑桥新古典主义经济学家阿瑟·塞西尔·庇古（1877—1959年）。该委员会将研究重建时期的货币和外汇问题，及"就在适当的时候采取恢复正常状态所需的措施提出报告"。这是二战后布雷顿森林会议的先行者。

1918 年 8 月,坎利夫临时报告断定,英镑应该重返战前每盎司黄金 3 英镑 17 先令 10.5 便士的平价,按照每盎司黄金 20.67 美元的比率,1 英镑相当于 4.86 美元,报告中说:"当务之急是迅速地恢复维持有效的金本位制所必需的条件。"

但在恢复金本位制的决定执行之前,解除战时管制和战后受压抑需求的释放,在英国和美国带来了经济景气,史称"喧嚣的二十年代"。英国贸易赤字扩大,导致英镑大幅贬值。财政政策由此收紧,英格兰银行提高利率,以减缓需求和支持英镑,于是,经济繁荣变成了 1921 年的萧条,创造了英国经济史上最大的衰退记录,当时短短一年间,失业率从 1.4% 攀升至 16.7%,批发价格由于通货紧缩而大幅下跌。作为当时负债过多的英国,在流动性方面已根本无法与美国并驾齐驱了。

英格兰银行通货紧缩性的政策立场,使英国价格水平相对于美国而言下跌,增加了英镑汇率上升的压力。1922 年夏天,英格兰银行满意于将英镑利率降到低于美国的水平。但此年夏天,由于英镑再度面临下调压力和货币政策侧重于恢复 4.86 美元的汇率平价,英格兰银行不得不再次提高利率。到 1924 年,英国利率高于美国的水平。

英国的货币紧缩政策达到了强势英镑这个颇具风险的目标。英镑稳步地从 1920 年 2 月兑换 3.20 美元的低位上升至 4.32 美元,在 1925 年 4 月决定重新固定汇率、通过英镑升值 32% 以恢复被战争破坏的金本位制之前的十个月中,继续上升至战前平价 4.86 美元。在调整后,尽管通货紧缩,英国的批发价格还是在 1914 年至 1925 年间上升了 60%,美国是 40%,自 1914 年后英镑汇率升值超过了 10%。

据历史学家罗伯特·斯基德尔斯基的记录,货币经济学家当时普遍达成共识,认为金本位制将锚定国内货币价值和防止通货膨胀。英格兰银行行长蒙塔古·诺曼在向议会的证词中认为,回归金本位制将防止"政府当局的大借款。"此外,为了复兴世界贸易,及通过恢复英镑作为储备货币以重获英国的贸易优势,回归金本位制是必不可少的。最后,伦敦金融中心的观点几乎是一致地认为,重返金本位制对于其恢复以前作为世界首要银行家的地位和恢复英镑作为世界首要货币的地位,是完全必要的。许多人现在怀疑,英国统治集团应该知道没有复本位制的金本位制只是一个虚幻的法定货币制度,金本位制只是一个骗局,当然这是事后诸葛亮的说法。

时任财政大臣的温斯顿·丘吉尔在 1925 年 4 月的财政预算书中说:"如果我们没有采取这一行动(指恢复金本位制),大英帝国的所有其他地方将撇开我们采取行动,并且世界终将回到金本位制,但不是以英镑为基础,而是以美元为基础的金本位制。"

对英国来说,1925 年金本位制的努力是英镑与美元争夺优势的最后战斗。这是英国货币的滑铁卢之战。当时尚年轻的凯恩斯(后来成为基于美元与黄金相挂钩建立的布雷顿森林体系框架的主要设计者之一)并不反对在合理的环境下将英镑与美元的比率固定在战前的汇率平价;但认为这不应该成为政策目标,他特别地反对通过有意的通货紧缩政策来达到这个目标。但凯恩斯当时只是一个年轻的经济学家,其声音并没有得到重视,只能等待事态的发展来证明其观点的正确,直到四年后哈佛大学法学教授、后来成为最高法院法官的费利克斯·法兰克福特把他介绍给罗斯福总统。

随着英镑贬值,1925 年恢复金本位制的努力以失败告终。大势所趋,国际货币领导权从伦敦向纽约转移。

十八、战后金汇兑本位制

英国战后金汇兑本位制要求英国不再像 1914 年之前那样以黄金作为其货币储备,而是以黄金支持的美元作为其主要货币储备,而仍未从战争引起的大萧条中恢复过来的欧洲大陆国家,则将以美元为支撑的英镑作为其储备货币。作为虽然获胜却在战争中受到严重破坏的美国盟国,英国成功地说服美国通过英镑资助欧洲战后的恢复,因为美国对美元在除伦敦外的海外流通没有兴趣。

1925 年之后,英镑成为美元的派生货币,而欧洲货币则成为英镑的派生货币。美联储调低联邦基金利率,旨在鼓励美国银行向英国银行发放贷款且有利可图,贷款利率低于欧洲普遍的利率,从而英国银行又能以较高一些的利率放贷给欧洲的借款人,从中获得利差。实际上,在第一次世界大战后,英格兰银行就成了美国美元的货币代理人,这就是为什么欧洲战后重建从未使英国经济受益,未能使英国这个战胜国恢复其战前的荣光。大部分的利润都流向了华尔街。

十九、国际联盟金融委员会与国际货币基金组织

由英国银行家控制的国际联盟金融委员会向欧洲成员国施加压力，要求围绕着新的金汇兑本位制，各国央行与英格兰银行通力合作，其实金汇兑本位制中黄金的兑换纯粹是理论上的，很难由非政府的市场参与者来实行。

欧洲货币的持有者可以将其货币兑换成英镑，从而成为英镑持有者。但由于资金跨境流动受到严格控制，他们因不具有英国国籍就不能将其货币兑换为美元。而英国的英镑持有者也无权兑换美元或黄金，因为英国是美国的债务国。

只有中央银行能够办理外汇交易。这使整个20世纪20年代世界经济享有很大流动性之同时，没有破坏固定汇率制度的稳定。国联的金融委员会为第二次世界大战后的国际货币基金组织提供了样本，使世界储备货币的发行国即美国得以用美元霸权支配主宰全球金融。

二十、金融国际主义与经济民族主义的对立

19世纪20年代，在受战争蹂躏的欧洲，通过新的金汇兑本位制，以恢复金本位制，这是大西洋两岸持国际主义立场的央行行长们共同的谋划，并将其视为战后经济重建的先决条件。纽约联邦储备银行总裁本杰明·斯特朗及其在摩根财团的前合作伙伴，与英格兰银行、法兰西银行、德国国家银行和奥地利、荷兰、意大利、比利时等国的中央银行，以及这些国家主要的国际主义私人银行家，都有着密切的联系。这个对国际货币安排进行监管的超国家机构就是国际联盟金融委员会。

英格兰银行行长蒙塔古·诺曼（1920－1944年在任）与纽约联邦储备银行总裁本杰明·斯特朗有着长期密切的个人友谊，也是观念相投的盟友。他们共同致力于恢复欧洲的金本位制，希望由此重返战前时期的"国际金融常态"。诺曼承认，战争对英国金融霸权的损害意味着，为了实现多少有助于维护英国货币残留的优势的战后经济重建，欧洲"需要我们美国朋友的积极合作。"注意是"我们在美国的朋友"，而非"我们的朋友美国"。

像其他纽约银行家一样，斯特朗将一战视为美国扩大参与国际金融的契

机,通过发展商业票据市场,即英国所称的银行承兑汇票,打破伦敦的长期垄断,从而使纽约走向足以与伦敦相匹敌的梦寐以求的国际金融中心之地位。美联储1913年法案允许联邦储备银行对这些票据进行购买或再贴现,纽约联储银行由此成为所有六家地区性储备银行的全国性代理人。这使得纽约的大型货币中心银行在与伦敦货币市场的竞争中,在国际金融领域发挥着日益上升的中心作用。

因1929年大危机而在其第二任期的美国总统选举中败给罗斯福之后,胡佛批评斯特朗是"欧洲的心智附属物",并指责斯特朗致力于推进欧洲战后经济恢复的国际义务,而造成致使胡佛失去其第二个任期的1929年美国股市崩盘及随后的大萧条。由于欧洲重返金本位制,英国固守1英镑兑4.86美元(胡佛称之为"虚构的比率"),使得斯特朗需要通过将贴现率降低到不切实际的水平来扩大美国的信贷,需要操纵美联储的公开市场操作,以保持美国的低利率,来缓解英镑价值高估的市场压力。胡佛有理由认为,斯特朗的国际主义政策是诺曼和其他欧洲中央银行行长,尤其是德国国家银行行长亚尔马·沙赫特和法兰西银行行长查尔斯·瑞斯特恶意劝说的结果。自20世纪20年代中期起,美国经历了信贷驱动的通货膨胀,由此加剧了股市泡沫,最终导致1929年的崩溃。

在美国联邦储备体系内部,20世纪20年代中期斯特朗的低利率政策也引起许多地区反对,特别是来自中西部和农业地区的反对,他们普遍赞同胡佛后来的批判性分析。在整个20年代,两名美联储的董事阿道夫·C. 米勒和查尔斯·S. 哈姆林,认为斯特朗将国内利益服从于国际考量,并对其服从程度坚持不懈地予以反对。

胡佛的说法是否公道,仍有待于讨论,但白宫与美联储之间在优先考虑上的分歧是毋庸置疑的事实,正如这样一个事实:对国际金融体系有利的,并不一定对一国国内经济有利。这在当今也得到了证明,各国中央银行出于一种习惯性的团结意识,本能地支持目前的国际金融架构,而在这种架构下,一个接一个经济体走向崩溃。

政府控制对外贷款的问题,也使斯特朗领导的美联储与时任商务部部长的胡佛直接冲突。胡佛认为,美国政府基于国家利益的考虑,拥有对外国贷款的批准权,而且美国贷款的收益应该用于美国商品和劳务。斯特朗将所有这些限制视为自由贸易和国际金融中不受欢迎的政府干预,而加以反对。

1927年7月和8月,斯特朗无视不断上升的市场投机和通货膨胀的不良数据，推动美联储将贴现率从4%降至3%，以再度减轻英镑高估的市场压力。1927年7月，英、美、法、德四国央行行长在美国长岛会面，讨论增加英国黄金储备和稳定欧洲货币形势的举措。看起来应该是此次会议的直接结果，斯特朗降低贴现率，并购买1200万英镑，为此他向英格兰银行支付了黄金，而不是美元。尽管遇到了米勒和芝加哥联储银行的詹姆斯·麦克杜格尔的强烈反对，他们代表着中西部银行家利益，并不赞同纽约的国际主义关切，但斯特朗推动美联储通过了贴现率的降低。

二十一、金汇兑本位制因大萧条而告终

一战期间，随着主要参战各方诉诸通胀性战争融资，金本位制走向崩溃。各国通过出口寻求黄金的重商主义政策，引发了所有国家保护主义的反应，而与此同时，古典金本位制带来世界范围的通货紧缩，转而演变为世界性的经济大萧条。从1925年到1931年，金汇兑本位制曾短暂地恢复。需要在贸易领域进行国际合作，需要确立广泛使用黄金、并辅之以可兑换成黄金的锚货币的新"金汇兑本位制"，这些想法在1920年意大利的热那亚国际会议就已经提出，但由于并非所有国家都愿意接受英国英镑霸权，故参加会议的各国政府未能达成一致。25年后，该设想融进了布雷顿森林体系，只是由黄金支持的美元取代了英镑。如何在美元以黄金为支撑、其他法定货币锚定美元的基础上，设计一个可操作的国际金融架构，以适应战后的国际贸易，这是当时面临的一大挑战。

1931年，随着英国因黄金和资本大量外流而被迫与黄金脱钩，金汇兑本位制的前景破灭了。1933年，罗斯福总统将公民私人拥有的黄金国有化，并废除所有指定以黄金支付的合同。4月5日，罗斯福发布第6102号行政命令，要求所有美国公民以每盎司35美元的比率将其持有的黄金和黄金凭证向联邦储备银行兑换美元，美元贬值达69.3%，原来每盎司黄金是20.28美元。公众并不反对，因为他们用仅支付了20.28美元获得的黄金，兑换成35美元，却没有意识到，他们所获得的美元比前一天的美元价值要少69.3%。在1931年4月5日之后，持有的黄金价值超过100美元，将被处以高达1万美元的罚款和长达10年的监禁。

二十二、布雷顿森林货币体系的诞生与灭亡

当二战结束时，英美经济学家聚集一堂，为战后时代设计货币体系。来自 44 个战胜国的 700 多名代表出席了布雷顿森林会议。但是，诞生的方案是由以美国为首的西方国家的经济学家所制定的，维护的是发达经济体的利益，这些发达经济体被寄望于承担起不可或缺的领导者和结构支柱的角色，支撑起世界经济，这是一种金融版的"白人之重负"思想。布雷顿森林体系孪生机构国际货币基金组织和世界银行，被分别赋予消防队和救护车的角色，前者负责对最贫困国家进行监督以防信贷滥用，后者任务是防止体系性贫困演变为政治不稳定。

通过成员国剥夺其公民购买和拥有黄金的权利，布雷顿森林体系运行了三十年。许多第三世界国家的财政部长直接或间接地受雇于美国，以保证世界中央银行网络在协调的名义下顺利运行。其关键手段通常是借黄金管制政策的冠冕堂皇的理由，不允许普通公民购买和拥有黄金，并禁止进口和出口黄金。

各种有意安排的经济数据表明，布雷顿森林货币体系对促进经济发展和消除贫困作出了贡献。但有一点可以肯定，这种微不足道的进步来自于技术进步和两个超级大国的冷战竞争。对于布雷顿森林体系治理下的西方而言，如有一种更为公正合理的货币制度，其结果可能会远优于此。在布雷顿森林体系消亡后，新自由主义将布雷顿森林体系下那点微小的进步也彻底破坏了。目前，世界经济正面临比历史上任何时候都更严重的危机。

二十三、马歇尔计划：特洛伊木马

马歇尔计划于 1947 年 6 月 5 日正式宣布时的名称是欧洲复兴计划，其前身是杜鲁门主义，后者发布于 3 个月前的 1947 年 3 月 12 日，强调美国以武力抗拒世界范围内共产主义政府成立的道义。马歇尔计划花费美国 130 亿美元（是美国 1947 年国内生产总值 2440 亿美元的 5.4%，相当于 2008 年的 7770 亿美元），以帮助欧洲从二战中恢复经济，并使其远离共产主义。这一数额大约是美国财政部 2008 年将房利美和房地美 4.5 万亿美元债务国有化计划的五分之一。

马歇尔计划资金实际上并不是来自美国政府预算，而是来自美国的主权信贷。马歇尔计划最重要的一点是，美国政府向在欧洲的美国投资者保证，可将其以疲软的欧洲货币标价的利润，按固定比率换作黄金支持（每盎司35美元）的美元。马歇尔计划成功的关键之处在于以美元为基础的高超的货币技巧。与此同时，马歇尔计划标志着美国对欧洲的货币征服。

在欧洲货币体系遭受完全破坏的时期，马歇尔计划帮助确立了美元作为世界储备货币的地位，其基石是1944年7月布雷顿森林会议创立的国际货币基金组织所建立的固定汇率制度。马歇尔计划使以美元标价的国际贸易在战后得到恢复，并奠定了四分之三个世纪的美元霸权之基础，即使在1971年尼克松总统宣布美元与黄金脱钩之后依然如此。虽然马歇尔计划确实也有助于德国经济复苏，但并非完全是胜利者对战败者无私的馈赠。它更像是一个货币征服的特洛伊木马。它使德国经济陷于美国经济的附庸国地位，时至今日仍在尽力完全摆脱。就此而言，因为美元霸权，世界上所有的贸易经济体都不知不觉地成为美国的货币附庸国。

马歇尔计划给欧洲的借款相当于2008年的7770亿美元。2008年8月底，中国的外汇储备是1.8万亿美元，并在美国经济显著放缓的情况下仍呈上升之势。日本的外汇储备是1.1万亿美元。换言之，中国在2008年给美国的借款，比马歇尔计划在1947年对遭受战争蹂躏的欧洲的借款多了2.5倍。而美国尽管债务缠身，却根本没有遭受战争之害。

中国和日本都未能从其贸易盈余中全面获利，因为借给美国的钱是以美国可以随意印刷的美元计价的，而美元除非转换为人民币或日元，否则在中国或日本是没有用的。受困于美元霸权，中国和日本不得不以本国货币换购其在贸易中所赚取的美元。这导致国内货币供应增加，带来通货膨胀和经济过热。但是，中国和日本也不能抛售美元换取人民币或日元，因为这么做将减少人民币或日元的货币供应量，导致中国和日本的经济紧缩和货币汇率上升。抛售美元将损及中国和日本这两个严重贸易依赖的国家，使其失去出口竞争力。因此，中国和日本从出口赚取的美元只能投资于美国国债或其他以美元标价的资产。

从1946年至1971年，相互存在贸易关系的国家就在布雷顿森林体系下运行，在这种体制下，各国以美元进行国际收支结算，而自1933年始，在一个相对固定汇率制度下，美元以每盎司黄金35美元的比率与黄金挂钩。这是一种商品贸易体制，而不是金融工具，因为跨境资金流动并没有被视为对国际贸易是必要的或适合的。但是，美国持续的国际收支赤字不断地减少其黄金储备，也降低了对美国货币兑换黄金能力的信心。显然，跨国界资本流动、固定汇率和国内货币政策自主三者根本无法和平共存。正如蒙代尔—弗莱明模型（其作者因此荣获1999年诺贝尔经济学奖）所证明的那样，一个国家只能在这三者中择其二。

第三章 黄金、操纵与支配[①]

中国作为世界上最大债权国，要实现成功的国家发展，其必须停止其货币作为美元的衍生品地位，停止依赖于以美元计价的贸易顺差为国内发展融资。黄金及其被操纵的历史性影响告诉了这一事实。

一、非法黄金贸易

从二战结束到1971年，黄金贸易一直是世界各地受青睐的逃避国家外汇管制的方式。1946年，肇始于1944年的布雷顿森林体系开始运行，禁止签约国私人投机目的性的黄金进口。英国是一个签约国，但葡萄牙不是。因此，在葡萄牙殖民地澳门和英国殖民地香港之间，黄金走私大行其道，这种情形一直持续到1974年，香港废止了进口黄金的转口贸易需特别许可这一法律规定，而在两年之前，美国将美元与黄金脱钩，事实上废止了固定汇率的布雷顿森林体系。在此期间，葡萄牙小殖民地澳门成为世界上最大的黄金进口和转口地之一。

20世纪60年代末英镑交换价值的不稳定，促使香港这个始自1841年的英国殖民地，转向黄金支持的、以每盎司35美元相挂钩的美元。由于不受美国本土法律禁止私人购买和拥有黄金的限制，香港贸易公司在伦敦黄金市场以35美元每盎司黄金的价格合法地买入黄金，然后运送到澳门的黄金财团，要求将黄金重铸成适合走私的形状，再偷运回香港以高于每盎司35美元的价格出售，以此为世界各地布雷顿森林体系规制之外的交易活动提供融资。

从1960年至1980年，土耳其严格管制该国黄金的进出。政府以"保护土

[①] 本章系《中国的美元里程碑》（CHINA'S DOLLAR MILISTONE）的第四部分"Gold, manipulation and domination"，原载《亚洲时报》2008年10月1日。

耳其货币价值"的名义通过法律来控制黄金走私活动。在该时期，黄金的国内价格约是每盎司 12 美元，高于国际市场。在 1980 年之前，进口黄金是被禁止的，每年走私到该国的黄金达到 80 吨。1980 年，随着自由化和全球化的总体政策变化，外汇市场和众多商品市场解除了管制。1985 年，央行负责以土耳其里拉进口黄金。在此期间，国内与国际市场之间的平均价格差额降到每盎司黄金 7.65 美元。1993 年，进一步的自由化进程结束了中央银行的垄断地位，并允许获得正规许可的市场参与者在申报的基础上进出口金条。1992 年，国内与国际市场之间的平均价格差额降到每盎司黄金 1.28 美元。1995 年 7 月 26 日伊斯坦布尔黄金交易所（IGE）的开张，使国内与国际市场之间的平均价格差额进一步降到每盎司黄金 0.72 美元。这意味着，土耳其公民在购买黄金时可以享受更低的价格，但土耳其货币却随着货币供应量的缩小而不断升值，从而延缓了经济发展。

在 1939 年二战开始之际，英属印度的黄金进口是受到控制或禁止的。印度政府延续了英国殖民剥削遗留的做法。印度制定黄金管制法，禁止一切合法的黄金进口。黄金交易以黄金走私的形式得以继续。黄金管制法腐化了四代英国精英教育培养出来的印度政府官员和政界人士，使黄金价格与印度的收入相比变得昂贵，使普通印度人更长时间处于贫困境地。

美国黄金外流

至 1971 年，美国黄金库存已减少 100 亿美元，下降了 50%。与此同时，外国银行持有 800 亿美元，是保留在美国的黄金数量的 8 倍。美国越来越大的国际收支赤字意味着，外国政府正不断积累大量的美元，其数量总计远远超过了美国政府的黄金存量。这些国家的中央银行可以在任何时间到美国财政部黄金兑换窗口，要求将其美元兑换成黄金，这将骤然导致美国黄金储备的挤兑风潮。

这并非只是一个理论上的问题。至 20 世纪 60 年代，许多外国人以布雷顿森林体系确立的每盎司 35 美元的人为低价购买黄金，然后在黑市出售，很容易就获利。其结果是，由于美国的财政和贸易赤字，以及海外美元数量不断上升（被称作欧洲美元），美国黄金开始外流。法国戴高乐政府意识到这一趋势是不可持续的。美国不断印制出来的美元已超过其持有的黄金可以支撑的数量，美国在世界市场上倾销美元。

为了解决这一问题，美国总统肯尼迪批准了新任命的财政部副部长罗伯特·鲁萨的建议，即美国、英国、法国、德国和其他欧洲国家汇集其黄金资源，以防止黄金价格超过布雷顿森林体系所规定的每盎司35美元。根据这一建议，在1961年初，美国、英国、西德、法国、瑞士、意大利、比利时、荷兰和卢森堡等国的中央银行设立了"伦敦黄金总库"。

在法国戴高乐政府退出黄金总库，并开始将对美出口所赚取的美元返回美国以换取黄金而非美国国债之时，伦敦黄金总库开始失灵。根据签署于1944年的布雷顿森林协定，法国在法律上有权这样做。随着美国黄金流失越来越严重，伦敦黄金总库于1968年4月关闭，因为它无法调用足够的黄金来支持每盎司黄金35美元的价格。外国人对美国持有的黄金的需求激增。

时任法国总理、后来成为总统的乔治·蓬皮杜指出："国际货币体系运行得不好，是因为它特别照顾发行储备货币的国家的利益。这样一个国家能使他国为其通货膨胀买单。"

理查德·尼克松总统时期的财政部长约翰·康纳利曾告诉外国财长们："美元是美国的货币，却是你们的麻烦。"为了解决这个问题，1971年8月初，法国将其持有的美元兑换成黄金，并派了一艘法国战舰到纽约，以便从纽约联邦储备银行金库提取法国黄金，并将其运回巴黎的法兰西银行金库。由此法国增加了黄金储备，抛售了美元。法兰西银行最终使其储备中黄金持有量占到了92%。

甚至英国，这个有"特殊关系"的盟友也离开了美国的货币之舟。1971年8月11日，英国驻美大使接到伦敦的指示，要求到美国财政部将30亿美元兑换成黄金，并且把它从诺克斯堡的美国黄金存放处，转移到存放外国政府黄金的纽约联邦储备银行的地下金库。美国的黄金储备已从20,000吨降至8,500吨（32150金衡制盎司=1公吨）。以每盎司黄金35美元计，8500吨黄金的现金价值95.6亿美元。四天之后，即1971年8月15日，尼克松总统宣布美国将不再对美元兑换黄金，成为放弃金本位制的终曲。

促成1971年布雷顿森林货币体系瓦解的，在于抛出美元购进主要欧洲货币的短期资本流动，导致德国马克和荷兰盾升值的货币波动。但是，美国长期的国际收支逆差和自1965年以来日益恶化的经常账户逆差和财政赤字，才是根本性原因。1971年初的短期资本流动，标志着大量资金流的转向。1969和1970年间在美国处于商业周期高峰之时大量资金涌入美国的趋势已经发生了转向，由于美联储较晚地抑制货币供应，大量资金转移出了美国。结合通货膨胀势头，突发的紧缩银根使货币利率失效。像往常一样，美联储的回应是输入陈旧的数据，造成时间滞后，反应过度，加剧了波动。在市场上，这就是所谓的美联储始终滞后的曲线。

当美国商业周期最终达到最高点的真实数据已经摆在眼前的时候，美联储再次姗姗来迟地开始采取过度放松银根的政策，试图挽救已然下滑中的经济。就像在此前的危机中所常见的那样，由于美联储行动对市场行为的滞后效应，导致其行动无论对正结束的商业周期阶段，还是即将到来的阶段，都不能做到恰当其时。1970年11月，美元利率急剧下降，资金犹如潮水般奔回欧洲。这种资金流动最初只是反映利率的差别，但就像通常情况下会发生的那样，利率驱动的资金流动导致狂热的投机行为。

大量资金涌入德国，将有可能破坏德意志联邦银行遏制德国通货膨胀的努力。德国央行决定暂时放弃马克的固定汇率，允许其对美元升值，以打击国内的通货膨胀，德国对通货膨胀有着历史性的恐惧。类似的系列事态随后也发生在荷兰。抛售美元在继续，并最终加剧。美国的黄金储备明显不足，甚至已无法表面上维持其兑换能力，这迫使尼克松中止了外国人的黄金兑换。黄金兑换窗口正式关闭之后，各主要货币要么实行浮动，要么通过资本控制，阻止美元进一步流入。

二、亨特兄弟与白银

德克萨斯石油大王 H. L. 亨特家族是美国最富有的家族之一。他的儿子纳尔逊·邦克和威廉·赫伯特对利比亚油田的发现和开发发挥了非常重要的作用，后来这油田由于穆阿迈尔·卡扎菲的命令被收归国有。1973年，亨特兄弟决定购买贵金属作为对抗通货膨胀的手段。那时，公民个人仍不能合法地持有黄金，所以亨特兄弟开始买进大量白银。到1979年，亨特兄弟连同富裕的中东投资者，控制了超过2000万盎司的白银，相当于世界上可交割供应量的一半。

在1973年亨特兄弟开始积累白银时，当时白银的价格为每盎司1.95美元左右。到1979年年初，价格已上升到5美元。到1979年9月，价格达到11美元。但到了1980年1月，价格达到了50美元左右，最高时为54美元。1980年，黄金达到历史最高记录850美元，使银/金比率为15.74∶1，非常接近历史上15∶1的固定比率。这看起来好像亨特兄弟正以复本位制的比率恢复黄金标准。

当白银市场被亨特兄弟逼得无路可退，外人也加入了逐利。亨特兄弟和其他银商为白银交易提供融资，持有银行贷款的期货合约。由于纽约金属市场交易规则改变和美联储干预的双重作用，白银的投机泡沫开始破灭。价格开始下滑，最终在1980年3月27日，白银价格从21.62美元暴跌到10.80美元，达到单日跌幅50%的顶峰。由于银价下跌，亨特兄弟无力偿付1亿美元的追缴保证金。

白银市场的崩溃意味着投机者巨大的损失。亨特兄弟宣布破产。到1987年，其负债已增加到近25亿美元，而资产为15亿美元。1988年8月，亨特兄弟以阴谋操纵白银市场之名被定罪。

三、苏联货币制度

在大约500年时间里，卢布一直是俄罗斯的货币单位。从1710年开始，卢布被分成等于100个戈比。1卢布的贵金属含量随着时间的推移而不同。在1704年的货币改革中，彼得一世将卢布的标准定为28克白银。虽然卢布硬币是银的，但更高面额的货币是由黄金和铂金铸造的。到18世纪末，卢布的贵金属含量规定为18克白银或1.2克黄金，这两种金属价值的比率为15∶1。1828年，铂金硬币开始使用，1卢布等于3.451克铂金。

1885年12月17日，俄国采用新标准，将黄金含量减至1.161克，1黄金卢布与4法郎挂钩。1897年，这个比率修改为1卢布 = $2\frac{2}{3}$ 法郎或0.774克黄金。随着1914年一战的爆发，俄国下调黄金标准，卢布价值下跌，引发了20世纪20年代的恶性通货膨胀。在1921至1922年间，1苏联的通货膨胀率高达213%。1992年是后苏联时期经济改革的第一年，通货膨胀率是2520%，其主要原因是一月份大部分价格放开。1993年的年度通胀率是840%，1994年是224%。卢布从1991年的40卢布兑1美元，贬值到1999年的约30000卢布兑1美元。2008年，俄罗斯卢布的汇率是25.5卢布兑1美元。2008年俄罗斯的通货膨胀在3.2%左右。

二战之后，苏联政府对其货币实行重定币值，以减少流通中货币的数量。这影响的只是纸币。旧卢布以十分之一的票面价值重新估价。1961年的重定币值是1947年改革的重复。1961年，苏联卢布形式上等于0.987412克的黄金，但与美国相似，普通公众并不能进行黄金兑换。在1991年苏联的解体之后，卢布仍然是俄罗斯联邦的货币。1993年，俄罗斯中央银行发行了一套新纸币。在90年代初的高通货膨胀率时期，卢布急剧地大幅度贬值。

四、苏联与马歇尔计划

马歇尔计划不仅仅是一项帮助欧洲从战争破坏中复兴的援助计划，而且寻求重组西欧经济，使其摆脱战前的社会主义方向，在以美元为中心的新货币体系的基础上，推动欧洲走上美国式的市场资本主义的新道路，并防止崭露头角的欧洲社会民主主义通过选举转变为民粹共产主义。其地缘政治战略目的是为了将西欧整合到战后美国治下的自由市场原教旨主义秩序和以北大西洋公约组织形式存在的、基于集体安全形式的区域军事同盟。马歇尔计划是美国消除苏联崛起威胁的战略的关键。它对冷战的发生起了推动作用。

基于二战前后和二战期间苏联与西方国家交往的经验，苏联领导层对美国后罗斯福时期政策进行了回应。这种经验导致莫斯科的政策不只是简单的反美主义的条件反射，而在罗斯福时期反美主义曾一度被深藏冻结。继英法两国连续两次拒绝苏联提出的结成欧洲反德和亚洲反日联盟的要求之后，《慕尼黑协定》签订，这促使苏联于1939年8月23日，即《慕尼黑协定》签订后不到一年的时间，与德国签订了《苏德互不侵犯条约》。从苏联的角度来看，《慕尼黑协定》是西方打算将纳粹侵略引向东方，利用德国法西斯对付苏联共产主义的阴谋。《苏德互不侵犯条约》只是以牙还牙，以扭转局面。

《慕尼黑协定》使苏联确信，西方大国推行只会使德国东扩的绥靖政策，对于同苏联一道组成广泛的反法西斯阵线并不感兴趣。此外，苏联担心，在德国对苏联发动的战争中，英国和法国可能会保持中立，希望交战双方两败俱伤，从而终结布尔什维克苏联和纳粹德国。从这个意义上讲，《慕尼黑协定》与其说是为了获得和平的绥靖政策，不如说是将战争向东引向法西斯主义与共产主义的西方资本主义民主战略。[①]

西方列强尚未开辟第二战场的事实（直到1944年6月才这样做），给了苏联的去单独地寻求与德国建立和平理由。丘吉尔和罗斯福都充分意识到这种可

---

① 见廖子光："超越慕尼黑：地缘战略与背弃"（Beyond Munich: Geostrategy and betrayal），载《亚洲时报》，2007月4月28日。

能性。从1938年至1939年，丘吉尔拒绝承诺，如果德国发生内部政变推翻第三帝国，英国将停止反对德国。这一政策在英国的外交上被称为"彻底沉默"。1943年1月，当罗斯福和丘吉尔在卡萨布兰卡会晤时，这位理想主义的美国总统告诉全世界，除了德国无条件投降，美国和英国将不会接受任何其他的选择。罗斯福需要这样做，因为他意识到，美国公众参加战争并不是为了拯救老欧洲，而是为了从暴政中拯救世界。丘吉尔当时目瞪口呆，后来称，罗斯福并没有与他商量过，但他必须为大西洋联盟而一起战斗。丘吉尔背地里有利用德国对抗战后共产主义侵袭欧洲的想法，为了这一目的，他有意想保留德国的军队。他知道，纳粹德国的军官不会支持反对希特勒的政变，因为这种政变只是意味着使其祖国受到包括一个共产主义国家在内的联盟的入侵、占领和羞辱。对于德国的军队来说，支持纳粹德国，即使这意味着追随希特勒的疯狂走向彻底的毁灭，也要好于犯下不光彩的叛国罪。但罗斯福总统受到美国民意的推动，使丘吉尔没有回旋余地。与丘吉尔不同，罗斯福看到资本主义国家与共产主义国家和平共处的可能性与好处，并不觉得冷战有何必要或价值。

就在1943年1月，德国第六军在斯大林格勒投降，罗斯福的无条件投降声明使得乌尔里希·冯·哈斯尔推断，该声明将希特勒从因斯大林格勒的军事溃败而引起的国内反对泥潭中解救出来，哈斯尔曾利用其国际联系渠道，安排与美英官员的秘密会晤，并希望国内如果政变成功，能让英美两国与其签订体面的和平条约。

五、和平破裂的风险

罗斯福的无条件投降要求有其自身的逻辑。对罗斯福来说，不要刺激斯大林使其与德国单独达成和平协议，这是至关重要的。在一战中，兴登堡将军和埃里希·鲁登道夫将军曾与新生的苏联在1918年初成功达成这种单独的和解，但它来得太迟，德军已来不及在美军抵达前将其部队西移粉碎英法战线。对于二战而言，斯大林已收复1939年苏联边界，如果此时突然退出战争，使德国东线部队转向西线，则盟军很可能永远不会赢得战争的胜利。此外，由于研制原子弹的曼哈顿计划距离1942年完成还有几年时间，而且当时其成功并未得到完全的保证，所以美国也急于让苏联向日本宣战，以减少美军预计中的严重伤亡。

1947年6月5日，美国国务卿乔治·马歇尔在哈佛大学演讲，概述了马歇尔计划的构想。遭受战争严重破坏的欧洲，刚刚从有史以来最严酷的寒冬中存活了下来。欧洲各国没有任何东西可售以换取购买食品和燃料的硬通货，而战后在大多数国家执政的社会民主党政府，不愿也无力和无法采取保守的古典市场经济学家所主张的严厉的政策建议。出于人道主义的原因，也为了阻止共产主义在西欧的可能的蔓延，必须要采取措施。

美国为欧洲提供了200亿美元的援助（相当于2008年的2000亿美元），但欧洲各国必须团结起来，共同拟定作为单一的合作经济共同体行动的计划。马歇尔也向苏联及其东欧盟国提供援助，但斯大林指责该计划是一个阴谋，试图在苏联传播市场资本主义，并拒绝参加。具有讽刺意味的是，正是苏联的拒绝，才使马歇尔计划在国会通过成为可能。1947年，美国的反共比苏联的反美情绪要强烈得多。

在欧洲遭受战争破坏之时，美国却在1944和1945年获得了破历史记录的小麦大丰收。其国防工业为战争生产了196000架飞机，仅1944年就96356架，及400多亿发子弹。仅在1943年，美国生产的商船载重达1900万吨，而战前是60万吨。国民生产总值增加了一倍，从1940年的不到1000亿美元，至1945年的超过2000亿美元。企业利润也翻了一番，从1940年的60亿美元，到4年后的120亿美元。到1944年，美国能够花在战争上的费用，超过其此前和平时期的全部国民收入。超过500亿美元的租借商品被送到盟国，其中主要是英国，其次为前苏联。到战争结束时，美国国民收入增至三倍，达1980亿美元，在1939年是720亿美元。

不像其他遭受战争严重破坏的国家，美国迎来了历史上最好的时期，使其国民心理对战争的恐惧大大降低。对于美国公众而言，战争意味着好莱坞战争电影中所描绘的繁荣和欢欣鼓舞的娱乐。从实际操作层面而言，美国在一战和二战中都非本土作战。来自这两次世界大战的积极的社会经济影响，使美国对未来的局部战争有一种轻慢心理，先是朝鲜战争、越南战争，然后科索沃、伊拉克、阿富汗，然后又是伊拉克，也许还有不久后的伊朗。

二战一扫在日本偷袭珍珠港之前已影响美国12年的经济不景气阴霾。罗斯福新政期间，美国的最低失业率仍超过14%。在1945年，失业率已接近1%。地区经济差距有所缩小。经济不景气的南部地区收到的国防合同的数量与其经济规模不成比例地多，其中包括近60亿美元的联邦政府资助的工业设施建设。战时联邦开支催生了高新技术制造业的"阳光地带"。美国国家经济研究局的资料显示，在1929年，1%最富有的人拥有16%的国民收入，而在

1948年，他们拥有的比例是8%。二战对美国财富和收入的均衡化有重大影响。但是，经济民主并没有持续多长时间。在2007年，美国1%最富有的人拥有22%的国民收入。在1947年，最高的所得税边际税率是86.45%，而2008年仅为35%。在1944年至1945年间，最高税率达到了94%。总之，在二战结束后不久，富人在美国得到了政府的支持。在捍卫民主的战争结束后不久，经济民主退步了。

在国外捍卫自由的过程中，二战使联邦政府在美国社会中的干预作用扩增到了前所未有的程度。战争结束后，美国联邦调查局从一个打击有组织犯罪的联邦机构，转变成了一个以保护自由之名经常侵犯广大民众公民权利的组织。思想政治迫害涉及社会各个阶层，甚至到政府的最高层，其顶峰就是马歇尔将军被指控为共产主义同情者。

第二次世界大战使美国成为一个超级大国，欧洲列强被削弱了，不论是美国的盟友或敌人。这个曾为保护世界上的弱者和穷人而战的国家，在其伟大的平民主义倾向的领袖富兰克林·罗斯福去世后，放弃了"好的战争"的目的，在反对共产主义的名义下，转而支持维护战后西方殖民主义。因罗斯福去世而继任总统的杜鲁门，是一位缺乏安全感的领导人，甘心自己被丘吉尔操纵，不仅将共产主义看做一种邪恶的思想，而且将反共视为获取地缘政治好处的良机。它培育了美国"例外主义"的外交政策，并赋予这个年轻国家一种救世主似的使命感，在全世界推广民主和基督教价值观，包括那些大多数美国领导人无法拼读其名字、大多数美国公民在其日常生活中从未听说过的遥远地方。

战后美国开始认为自己是上帝新选择的国家，并惊奇于自身的神圣完美。它将自己转变成"不可或缺的国家"的角色，将之作为霸权的正当理由。二战后对美国霸权的唯一挑战，来自其前战时盟友苏联，即后来总统里根所称的邪恶帝国。

六、苏联拒绝马歇尔计划：冷战的开始

冷战的序幕是苏联拒绝马歇尔计划。马歇尔计划在将欧洲从战争引起的饥荒拯救出来的同时，也将美国经济从一战后反复的经济萧条中挽救出来。对欧洲的财政援助是以美元标价的，用于购买美国船只跨越大西洋运送过去的美国商品。到1953年，美国已为马歇尔计划投入130亿美元，缓解了战争结束对美国国内经济的不利影响。此外，马歇尔计划包括了前敌人西德，使其重新融

入欧洲集体。它抵消了战败国通常需要的战争赔偿,并将德国一分为二为资本主义西德和社会主义东德。

更重要的是,马歇尔计划将美元确立为欧洲内部贸易和国际贸易的储备货币,奠定了受黄金支持的美元的统治地位的经济基础,后来在1971年尼克松关闭黄金窗口之后,黄金支持的美元又变成美元纸币,在冷战结束后,美元霸权随着金融全球化形成。除了帮助欧洲经济重新振作起来,马歇尔计划还带来了舒曼计划,即煤钢共同体和共同市场,并显示出向一个经济上和政治上统一的欧洲演变的趋势。舒曼计划又导致了欧洲原子能共同体,它于1957年3月25日在罗马签署(与欧洲经济共同体条约一道),并于1958年1月1日起生效。这是欧盟的一个创始条约,要求支持整个欧盟的核电的发展,是支持发展特定能源的唯一条约。但是,目前欧盟有七个会员国不曾拥有核能,超过四个国家有逐步淘汰核能项目的政治目标。整个欧盟没有正在建造之中的核反应堆。尽管如此,欧洲原子能共同体条约依然存在。

苏联的决策者认为马歇尔计划是一项美国战略,旨在利用欧洲遭受战争破坏的条件,通过货币帝国主义确立美国的支配地位,这种想法是可以理解的。对苏联领导人而言,马歇尔计划是一个披着人文主义理想外衣的权力政治战略。而苏联拒绝马歇尔计划则把冷战变为经济地位之战。

在军事上,美国政策是一种反对共产主义扩张的防御性地缘战略立场,但其经济政策则表现出意在将资本主义制度扩大到全世界的咄咄逼人的进攻性。从这个角度看,苏联拒绝马歇尔计划是一个社会主义国家的自然反应,它试图抵制外部市场压力和内部修正主义论争,这两者企图将来之不易的社会主义重新整合进西方资本主义经济,使新生社会主义国家从属于西方资本主义的统治。

1947年,经济学家叶甫盖尼·瓦尔加提出"第三世界"的概念,第三世界是二战后时期机遇与冲突汇合的一个决定性舞台。美苏两个超级大国占据了第一世界,第二世界为这两个超级大国的盟友所占据。所以亚洲、非洲、和中南美洲的第三世界成了机遇与冲突的主要舞台。自二战以来,所有局部战争(其中有些持续时间比世界大战还要久)都发生在第三世界。

苏联领导认为,马歇尔计划企图利用经济援助,不仅要巩固西欧联盟,而且要破坏苏联在东欧刚刚赢得胜利却仍然脆弱的地缘政治利益。它担心美国的经济援助计划试图将以苏联为主导的战略缓冲国组成的纽带,转变为一个两次大战之间的"隔离线"的新版本。马歇尔计划显示其旨在将东欧重新整合进西方的资本主义经济制度。因此，这个在美国决策者看来本来是为了避免西欧经济崩溃、以防共产主义在欧洲国内政治中选举获胜的防御性措施，在苏联领导人看来，却与破坏苏联安全利益的进攻性图谋无异。

七、马歇尔计划的进攻性

马歇尔计划公然的进攻性体现在其发起人特别是乔治·凯南身上，凯南的著作以杜鲁门主义为基础，主张在经济和军事上对任何国家给予支持以防其落入苏联的控制，诱使部分东欧国家摆脱苏联的轨道，并融进西欧经济。在这个意义上，我们无法否认马歇尔计划不仅仅是一个对付苏联扩张的地缘战略，更具有深层的经济动机。在一定程度上，它是一项限制和削弱东欧社会主义的计划。

在其与哈罗德·史塔生的谈话中，斯大林重点谈论了政府干预以防未来经济危机的可能性。对这种干预的成功，他似乎比史塔生更乐观。史塔生在1948年总统选举共和党候选人提名中败给杜威，他一生共九次参与总统竞选，最后一次在1992年。在1940年共和党全国代表大会上，当俄亥俄州的参议员罗伯特·塔夫脱强调美国有必要防范新政利用国际危机在国内扩张社会主义时，史塔生发表了主旨性演讲。如果史塔生在1948年获得共和党总统候选人提名的话，那么他也许会击败杜鲁门，与苏联达成谅解，从而阻止冷战的发生。

《时代》杂志在1947年5月12日星期一号中报道：上周，共和党总统提名候选人哈罗德·史塔生全面曝光了其最近与苏联最高统帅斯大林的谈话报告。谈话内容大致如下：

> 史塔生：斯大林大元帅……我很想知道，你是否认为我们两种经济制度可以在同一当代世界和谐共存……
>
> 斯大林：他们当然可以……
>
> 史塔生：……有许多关于二者无法合作的说法。其中有些说法正是元帅您本人所发表的……
>
> 斯大林：我不可能说两种经济制度无法合作……
>
> 史塔生：我所指的是您在1939年苏共十八大和1937年全体会议上关于"资本主义包围"和"垄断"说法……

斯大林：我没有在某个党的代表大会或全会上说过或可能说两种制度之间的合作是不可能的……

史塔生：我与莫洛托夫先生有一个非正式交谈……结果发展成在我访问欧洲之际访问俄罗斯的邀请……

斯大林：欧洲整体状态非常糟糕。这是真的吗？

史塔生：对，总的来说是这样，但也有一些国家……瑞士、捷克斯洛伐克……

斯大林：这些都是小国……

史塔生：鲁尔煤炭生产量很低，造成了整个欧洲的煤炭短缺。

斯大林：是的。这非常奇怪……

史塔生：幸运的是，美国的煤炭生产量很大……

斯大林：美国的情形没有那么糟糕。

史塔生：我们现在的问题是要注意不要再发生大萧条，发生经济危机。

斯大林：你认为会发生危机吗？

史塔生：我相信，在没有任何严重危机的情况下，我们能够以较高水平来管理资本主义和稳定我们的生产与就业……

斯大林：政府必须拥有广泛的权力来实现这样的目标……杂志分析家和美国媒体公开报道，大意是一场经济危机即将爆发。

史塔生：……这个问题其实是关于稳定高生产率和稳定……

斯大林：对生产的管制？

史塔生：对资本主义的管制。

斯大林：那商人怎么办？他们愿意接受管制吗？

史塔生：不，有些人会反对。

斯大林：是的，会的……

有影响力的苏联经济学家叶甫盖尼·瓦尔加在其1946年著作中提出，西方资本主义国家政府在经济中发挥的作用正日益上升，从而有可能导致这些经济体在战后出现有限的经济计划性。瓦尔加认为，由于这种经济计划性，这些经济体也许能够避免引发30年代大萧条的那种经济危机。①

言外之意是，通过在和平时期采用战时计划的某些因素，利用扩大的公共部门来平衡商业周期的波动，西方市场经济将趋于稳定。这些观点与约瑟夫·熊彼特1942年的著作《资本主义、社会主义与民主》所表达的观点不谋而合。后来海曼·明斯基关于金融不稳定的研究对此做了进一步分析。随着西方资本主义大国采纳混合经济形式，他们对共产主义的反对不再那么咄咄逼人。

鉴于杜鲁门时期强烈的意识形态倾向，瓦尔加认为美国对资本主义经济的信心将降低其对共产主义的敌意的观点，显然只是一厢情愿的幻想。事实证明，美国公共领域的扩大主要集中在国防支出。但瓦尔加的市场资本主义将因经济计划和凯恩斯主义干预而得以挽救的预言，在半个世纪的时间里一直是有效的，直到里根时代走向大规模无节制的解除市场管制。

始于2007年8月的信贷危机似乎已脱离了掌控，金融资本主义很可能被远超出政府救治能力的过量债务所吞没。因政府政策和行动的不确定性，这场混乱在未来几年将如何发展与结束很难预测。但有一点是肯定的：当尘埃落定后，全球经济将从根本上与2007年之前的状况有所不同。中国、印度和巴西等新兴国家领导层，如果具有打造一个新方向的智慧和创造性，而不是继续为一个垂死体系扮演被动支持的角色的话，则他们将在许多方面影响新的全球经济形势。

1947年下半年，由于对抗主导了美苏关系，瓦尔加在苏联媒体受到公开批评，并被迫收回自己有时与苏联因美国敌对姿态而激烈反击不相一致的观点。但就在4月份，斯大林在与史塔生的谈话中，只是从美国高层收集信息，以确认他自己的看法：尽管有一些经济困难，西方国家的经济并没有处于崩溃的边缘，也没有走向混合经济。1945年12月莫斯科会议上就德国占领、和平确立和远东问题的讨论无法取得进展，这只不过是显示斯大林在有关德国的政治交易中希望获得更多的利益，主要是赔款，而不是要开始冷战。

1948年5月，莫斯科反对建立欧洲经济合作组织，该组织是马歇尔计划的机制体现，转而提出在联合国欧洲经济委员会的帮助下，建立"一个发展欧洲各国之间经济关系的委员会"。欧洲经济合作组织后来发展成为经济合作与发展组织，一个拥有大约30个国家的国际组织，其中有些是欧洲以外的国

---

① 见廖子光，"国家计划与美国神话"（National planning and the American myth），载《亚洲时报》2002年6月13日。

家，各国接受代议制民主和自由市场经济的原则。

八、资本主义逼近的危机

　　1948年秋天，苏联学术界展开了一场关于即将到来的资本主义普遍危机的争论，这场争论关系到苏联对美国主导的西方集团的走向以及苏联将如何应对的政策。1949年1月，苏联成立了经济互助委员会，后称经互会。东欧官员被邀到场，苏联领导人还认为美国的西欧盟国，特别是意大利和法国，如果能够使他们在原料供应上严重依赖苏联，则其与美国的纽带将会松散。在2008年，针对俄罗斯入侵格鲁吉亚，34%的进口原油和40%的进口天然气依赖于俄罗斯的欧盟除了口头谴责，并不敢冒险有其他行动。

　　苏联设计者认为，通过为整个欧洲创造一个原料基地，经互会的重要性将超过共产党和工人党情报局，后者是共产国际解散以后国际共产主义运动的官方论坛。共产党和工人党情报局成立于1947年9月，目的是为了回应东欧各国政府就是否出席1947年7月有关马歇尔援助的巴黎会议所产生的分歧。会上引用了斯大林的话，他说他并"不重视军事问题"，因为他不认为在今后8到10年存在战争的可能性。但斯大林的预言错了。五年后的1951年，美国的附庸韩国挑起了朝鲜战争。

　　俄罗斯认为，冷战的结束并不是一个新的公平的、服务于所有人的和平与繁荣的世界秩序的开始，而是对抗哲学驱动下的美国主宰世界的开始，美国臆想天命授权其做任何想做的事情。而今俄罗斯自诩于其能源杠杆（来自很大程度上为美国政策所操控的商品价格结构），也在仿效冷战后美国的单边主义。在入侵格鲁吉亚上，俄罗斯甚至都没有从联合国寻求外交掩饰。俄罗斯对冷战后美国的进攻最为不满的，是北约东扩到俄罗斯的势力范围和拟议中的在前苏联卫星国波兰和捷克部署美国反导弹系统。里根政府时期的美国驻苏联大使杰克·马特洛克承认，"在他们眼中，这是一报还一报"，"我们为俄罗斯开创了一些非常坏的先例"。

　　美国依赖于私人国防承包商的体制，比苏联依靠国有企业的体制，能更好地从核武器和常规武器装备中获取经济利益。使苏联因军备支出而破产，这是里根用以赢得冷战的一个根本性战略。但苏联经济失败的关键因素，是其决定加入以美元计价的西方资本主义市场，在这个体系中，1971年后的美国可以任意印刷美元，而苏联却必须通过贸易赚取美元。加入西方市场后，苏联发现，为了与美国进行军备竞赛，以其卢布标价的社会主义主权信贷来融资越来越困难。在苏联领导人放任苏联经济落入必须以美元来实现其经济目标的陷阱后，社会主义制度在苏联的崩溃只是一个时间问题。

具有讽刺意味的是，苏联的失败却使美国走上了偏离其核心国家利益的民族自大之路。1951年，汉斯·摩根索出版了《捍卫国家利益》一书，他警告美国决策者不要混同两个重要问题：俄罗斯帝国主义与真正的革命。"美国外交政策的目的，不应该是将某种社会和政治制度的福音传播到全世界，或保护全世界脱离某种其他制度的邪恶。……如果我们任由自己偏离捍卫我们的国家安全这个目标，而以一种抽象、普遍和情感的方式来设想美国的使命，则我们很有可能被诱导违背自己的知识和意图，在国外高举世界性的反革命大旗，在国内寻求思想和行动的一致。这种方式将危及我们的外部安全，引发我们努力想制止的世界革命，而在国内，则使我们自己只是程度上而非实质上区别于那些我们正与其进行意识形态斗争的国家……"。

可以毫不夸张地说，美国在冷战结束后所面临的许多国家安全问题，其实是由美国自己制造的。

第四章　中央银行制度不能稳定市的失败史

很多人已经忘记，1913 年前的美国，没有中央银行来拯救陷入困境的商业以及与之相关的金融机构，或者以失业为代价来抑制通货膨胀，保持物价稳定。几乎没有人希望看到通货膨胀的发生，更没有人愿意用失去工作来换取物价稳定。

美国在建国之初的 137 年历史中，并没有成立中央银行，繁荣与萧条交替的经济周期总是困扰着这个国家。在美联储已经成立的 94 年里，美国中央银行一直承担着货币监管人的角色，但繁荣与萧条交替的经济周期依然经常伴随着美联储的参与而继续存在。中央银行没有实现它通过货币政策稳定金融市场的基本使命，既没有阻止通货膨胀，也没有维持经济增长，或实现充分就业。自从美联储 1913 年成立以来，美国的通货膨胀率录记为 1，923%，这意味着价格平均上涨了 20 倍，尽管其生产力也获得了极大的提高。

格林斯潘在担任美联储主席的 18 年间（1987 年 8 月 11 日到 2006 年 1 月 31 日），不停地用更大的债务泡沫来抑制前一个债务泡沫的破裂。在格林斯潘的任期内，只有 1998 和 2002 两个年份的通货膨胀率低于 2%，但是，这不是由于美联储的政策造成的。保罗·沃尔克在 1979—1987 年担任美联储主席期间，不得不将联邦基金利率和贴现率提高到 20% 来抑制恶性通货膨胀，从而使通货膨胀率由 1980 年的 18% 降到 1987 年 3.66%。1987 年，就在 10 月份股灾之前，格林斯潘接任美联储主席，此时，通货膨胀率上升到了 4.53%。

格林斯潘采取了市场适应性货币政策，1988 年、1989 年和 1990 年，美国的通货膨胀率分别为 4.42%、5.35% 和 6.29%。1997 年亚洲金融危机爆发之前，美国保持着 1.55% 的温和通货膨胀。亚洲金融危机爆发之后，出口国家纷纷将货币贬值，以降低出口价格。格林斯潘允许美国的通货膨胀率重新上升，到 2000 年，美国通货膨胀率回升到 3.76%。2001 年，联邦基金利率降到 1.75% 的新低，此时，美国的通货膨胀率为 3.76%；2004 年，联邦基金利率降到1%，通货膨胀率为3.52%；2005年，联邦基金利率为2.5%，而通货膨胀率则上升为4.69%。在这些年中，通货膨胀调整之后的美国实际利率几乎为负数。考虑美元贬值的因素，美联储实际上支付了美国跨国公司借款人在非美元市场的投资，也支付了美国金融机构在美元贸易中的利润，例如，它们按照负利率借入美元，对以其他货币计价的高息资产进行投资操作。

中央银行阻止全球市场矫正恶性通货膨胀

最近几年，美国一直允许美元汇率贬值以减缓高额负债的负面影响，同时通过压低国内外工资来缓解美国通货膨胀压力。但是，这种趋势不可能长久，因为其他国家的政府将对外汇市场进行干预，以防止本币相对于美元升值，影响在国际贸易中的出口竞争力。最终结果是没有制止了美元贬值，却导致汇率制度的剧烈变化。实际过程是，美元率先贬值，全球货币继而相对于美元贬值，购买力下降。全球资产和商品价格急剧上升是由所有货币购买力下降引起的，这种趋势将以恶性通货膨胀的发生而结束。而汇率制度则依然正常运转，特别是如果中央银行采用类似于宽松货币政策的措施，力图以此来抑制全球过高的资产价格和商品价格，例如，在市场即将进行矫正的时候向市场释放流动性，更是无法解决问题。

中央银行业务的政治学

1907—1908年美国经济衰退期间，华尔街的金融战争导致全国经济遭受了毁灭性的打击，这为中央银行的诞生提供了必要的政治气候，但具有讽刺意味的是，其直接后果却是一个占优势地位的货币信托公司企图吃掉它的竞争对手。

1906年，对混合铜业公司（Amalgamated Copper）非常感兴趣的洛克菲勒财团执行了一项摧毁海因兹（Heinze）集团的计划，海因兹拥有混合铜业公司的矿产权。洛克菲勒的麾下通过操纵股价，使海因兹混合铜业公司的股价从60美元一路下跌到10美元。当时，谣言四起，盛传海因兹—混合铜业公司和海因兹银行都将在洛克菲勒的压力下彻底失败。此时，J.P.摩根站在了洛克菲勒集团的一边，宣布它认为尼克伯克信托银行（Knickerbocker Trust Co）将是第一个破产的海因兹银行。惊慌失措的存款人疯狂地涌向尼克伯克信托银行，想把自己的存款提取出来。几天之后，尼克伯克信托银行被迫关门。类似的恐慌蔓延到海因兹其他银行，继而蔓延到美国整个银行体系。1907年华尔街金融风暴爆发了。

无数的储户由于银行破产而沦为赤贫，房产所有者由于银行封闭了他们的房屋而无家可归。贫穷、饥饿和无家可归的人们在无可奈何之下不得不尽其所能，自谋生路，尽管这并不是良策。流通中的货币被那些在金融风暴发生之时碰巧持有货币的人所储存，在可怕的流动性危机中，不久之前还可行的交换媒介实际上已经不复存在。与1930年大危机相比，1907年的危机对普通家庭造成的影响更为严重。

然而，许多运营情况良好的企业开始印制私人借据，用以交换原材料，同时也当做工资发放给工人。这些"代币工具"作为临时性的交换媒介流通，以保持经济最低限度的运转。在这个重要的转折期，J. P. 摩根主动提出挽救海因兹最后一个银行即美国信托公司（Trust Co of America），条件是降价出售位于伯明翰的田纳西矿业（Tennessee Coal）和钢铁公司（Iron Co），并将其纳入处于垄断地位的美国钢铁公司（US Steel Co），这个公司是J. P. 摩根从安德鲁·卡耐基手中买来的。

J. P. 摩根所提议的交易违反了当时的《反托拉斯法》，但是，在信贷危机严峻的情况下，对J. P. 摩根心怀感激的华盛顿很快就批准了该项交易。摩根也对当时许多商业机构被允许发行借据作为临时交换媒介，非常感兴趣。与洛克菲勒成立标准石油信托公司（Standard Oil Trust）时相似，摩根同样采取了在货币混乱中重塑秩序这一理由。它借此说服了美国国会，批准摩根旗下的一个金融机构发行2亿美元的"代币"，并声称这种摩根凭证的流通将挽救陷入停止状态的美国经济。美国名义GDP从1907年的340亿美元下降到1908年300亿美元，直到1911年，才重新上升到340亿美元，而年均通货膨胀率则超过7%。

从发行货币中发财

随着这种新形式的摩根"货币"开始流通，公众重拾信心，手中储藏的货币伴随着通货膨胀预期又开始流通了。在政府正式批准之后，摩根仅凭借"公司信用"就发行了2亿美元的摩根"凭证"，按照当今的美元来计算，相当于1千亿美元。通过自由发行货币这种冠冕堂皇的极好手段,迅速实现了暴富。

80年之后,通用电气金融公司这个世界上最大企业集团的金融单位(偶尔也生产点耐用消费品),在上个世纪90年代同样通过发行商业票据和衍生品,获得了数千亿美元的利润。很快,所有的企业和金融机构都效仿它,商业票据市场成为金融体系的一个重要组成部分。恰恰就是这个市场成为2007年8月爆发信贷危机的始作俑者。"就资产支持商业票据市场来说,商业票据市场基本上已成为历史",葛洛斯(William H. Gross),这位太平洋投资管理公司(Pimco)——一家债券管理公司的投资总监如是说。

历史上,商业票据市场被认为是非金融企业进行市场融资的一种最好来源,因为银行贷款成本太高,或者在从紧的货币政策下不太可能获得贷款。信贷公司,尤其是那些附属于主要汽车公司和知名消费信贷公司的金融公司,也开始发行同非金融实业单位捆绑在一起的票据。在上个世纪90年代,非金融企业发行的商业票据几乎占到商业票据总发行量的30%。就在2001年经济萧条之前,非金融行业发行的商业票据量开始急剧下跌,虽然后来维持住稳定,但还是没有恢复到之前的水平。到了2006年3月,非金融部门发行的商业票据量仅为总发行量的7.8%,为37年来的最低水平。金融公司也改变了进入市场的策略。有些商业票据是由企业总体的财务资源支持的,但是,其他的商业票据则是由具体的贷款支持的,包括汽车贷款、信用卡贷款和住房抵押贷款。最不幸的是,商业票据用于作为证券化信贷工具融资,它将贷款负债从借款人的资产负债上抹去了。

一些阴谋论专家声称美联储产生的种子早在J. P. 摩根发行摩根凭证的时候就已经播下了。表面上,J. P. 摩根似乎是挽救了整个经济,但是,正如它的一些批评者所说的,这种挽救好比先把孩子扔进河里,然后再用只有自己才有的绳子救他上岸。另一方面,伍德·威尔逊(Woodrow Wilson)写道:"如果我们任命一个由6-7个像J. P. 摩根这样有公共精神的人士组成一个委员会来处理国家事务,像1907年大萧条这样的麻烦就可以避免。"摩根和伍德·威尔逊都是国际公认的精英。

当时,摩根财团有权决定银行的生存或破产,亦即有权决定经济部门的繁荣或萎缩。今天,这种权力归属于美联储,它制定的政策是以损害工业部门的利益来支持金融部门发展的。摩根财团当时是将私人的钱用于自身获得狭隘利益而控制货币供给,实现它的掠夺图谋。然而,现在美联储利用公众的钱,以保护市场失灵的名义，拯救中央银行旗下的私人银行。

集权化的私人银行问题是19世纪美国工业化的北方和农业化的南方利益冲突的一个组成部分，并最终导致了美国内战。南方强烈反对被北方金融利益团体控制的集权化私人银行体制，保护关税制度帮助北方工业兴起。联邦政府为开放中西部地区的交通发展，通过欧洲资本支持的东北货币信托公司投资中介，对美国中西部和西北进行投资开发。

作为政治工具的货币

货币，即使是从古典经济学家的观点来看也不是中性的。货币是一个政治问题。问题的关键是，任何国家都要审慎地选择货币，其结果往往暗含着支持某种政治战略或地缘政治议程。在一个民主社会中，这种选择应该尊重大众意愿，而不是少数政治精英组成的集团来决定。货币供给及其成本，以及信贷分配都具有直接超越金融和经济的社会政治含义。货币政策奖励或者惩罚百姓群体中的不同部分，激励或约束不同经济部门及其活动。它们影响着政治权力的分配，而民主自身依赖的是民粹主义的货币政策。

经济学家熊彼特（1883—1950年）观察到，在20世纪上半叶，主流经济学家都比较信奉由私人部门供应货币以及货币竞争性供给的优点。亚当·斯密与大卫·休谟在倡导政府是否干预货币供给问题上的观点有所不同。斯密是累进税赋制度的早期倡导者，他认为，在一个银行业竞争的环境中，私人银行不应该发行过多的可兑换纸币。在这种情况下，"货币数量论"仅仅是一种幻想，"真实票据学说"才是现实。斯密从来没有承认或者理解繁荣与萧条交替的经济周期存在，他提议运用政府力量来制止经济周期的发生，从而否认经济周期的存在。今天的市场原教旨主义者大都将自由放任、或者政府不干预的贸易政策，归因于亚当·斯密以及他在英国的同事们，如马尔萨斯、李嘉图等，而实际上，斯密自己从来没有用过这些词汇。在他看来，这些自由放任的政策需要在政府的干预下才能够发挥作用。

农民和无产阶级对大型银行和纸币的不信任，支持了反对垄断和管制的自由银行制度学派的观点。银行体系发生的大量的欺诈事件加强了这种不信任感，而且欺诈程度同机构规模成正比。纸币被日益视为失去良知的雇主和贪婪的银行家欺诈工人和农民的一种工具，从而使他们无法获得在一个自由市场中应得的报酬。在20世纪90年代不受监管的金融市场中，在结构性金融的推动下，银行业迎来了一个勇敢者的"新世界"，到处存在着企业欺诈和银行欺诈，它们不是通过纸币，而是通过衍生品交易中采用的电子货币进行欺诈，这种货币是一种基于债务的无纸化虚拟货币。到现在，人们对这些企业和银行的不信任与日俱增。

法国兴业银行作为法国规模最大的、深受尊重的银行之一，因为低水平交易员的欺诈性操作亏损了70亿美元。这件事非常令人震惊，倒不是因为发生了欺诈事件本身，而是因为在整整一年的时间里，未经授权的交易一直在那里赚钱竟然无人发现。蒙受损失的交易对手因此起诉法国银行，要求赔偿损失也不是没有道理。

在安德鲁·杰克逊担任美国总统期间，他管理下的1835年联邦政府债务减少为33733美元，是1791年美国第一次出现财政年度预算以来的最低水平。杰克逊总统否决了关于美国给第二银行继续颁发许可证的法案。在1837年卸任演讲上，杰克逊指出纸币体系天然与垄断和特权联在一起。德怀特·戴维·艾森豪威尔在1961年也发出警告，提醒深陷冷战恐惧症中的美国要防止国内军工集团复合体的威胁。杰克逊总统认为纸币的价值"易于引起突然猛烈的波动，因而不能依靠纸币来保持交换媒介在量上的统一性"。

在其否决函中，杰克逊提出要废除银行，因为银行将过多的金融力量集中在一个机构里，从而使政府受控于外国投资者，银行服务会让富人更富，并且行使不正当的权力控制国会。杰克逊写到，"遗憾的是，富人以及强权人士经常使政府屈从于他们的个人目的"。1836年，杰克逊签署了《硬币流通令》，要求在购买政府土地时必须支付"硬币"（金币或银币），这引起许多银行因为缺少足够的硬币来兑换自己发行的票据而破产，进而导致投机泡沫破裂引发的严重经济萧条，促成了1837年的经济大恐慌。时至今日，杰克逊所属的民主党派人士还谴责银行的不负责所带来的严重萧条，银行在金融领域的猖獗投机活动以及滥发纸币行为，引发了通货膨胀。面对2007年的信贷危机，2008年的总统选举是否会重新复活现代民主党的杰克逊式民粹主义，还需要拭目以待。

杰克逊在其告别演讲中还提到："农场主、农民、机修工和其他劳动者都知道他们的成功依靠自己的行业和经济状况，他们不期望凭借自己的辛勤劳动一夜暴富。然而，这些社会阶层构成了美利坚合众国的伟大躯体，他们是国家的血脉和脊梁。他们热爱自由，渴望权力平等和法律平等；他们也拥有我们国家的大部分财富，尽管这些财富被千百万自由人所拥有。虽然他们人数众多，持有的财富巨大，但对政府的影响力却日渐丧失。由于权力日益受到蚕食，他们很难保护自己的正当权力。"

很显然，2007 年信贷危机的痛苦正在蔓延，但并不是每个人都承担同样的痛苦。那些导致危机发生的少数精英们获得了成百上千万美元的离职补偿后离开，少数人被选中来整治金融混乱局面，也毫无疑问将获得巨额报酬。然而，大量的受害者却失去了家园、工作和养老金，这一切目前看来还不知道何时是尽头。不受监管的金融资本主义的麻烦还不仅在于它必然制造出繁荣和萧条，而且收益和痛苦的分配也不平衡。

被夸大的中央银行优点

先前导致 1834 年至 1837 年经济衰退的货币扩张，并不是来源于银行存款准备金率的下降，而是来源于 19 世纪 30 年代初期，由于墨西哥白银产量的上升而使大量白银涌入美国所带来的泡沫效应，也与英国在美国的投资增加有关。因此，这可以被看做是中央银行通过调整货币供应量而使其导致或抵御经济衰退的力量，被过分夸大和简单化的一个案例。

自由主义者坚持认为国家既没有权力，也缺少管理个人自由进入协商交易的技巧，包括对纸币的接受。因此，所有的法定货币，无论是否为硬币，都是一种政府干扰行为。然而，关键的字眼在于"自由进入"，大多数市场都无法为所有参与者提供这一条件。由于市场力量不均衡，市场总是迫使缺乏选择的参与者进行不利的交易。

例如，无论农业企业制定怎样的价格，家庭必须购买食品，因为通货膨胀不是普通消费者所能控制的。当说到货币，它是基于银行负债、部分准备金制度和政府征税能力的一种交易媒介，在这意义上说它对工业经济至关重要。但是如今，由于银行负债可以被资产负债表以外的证券化所掩盖，所以货币的可信度就受到了威胁。我们再回到 1837 年，硬通货的倡导者只是无意中消除了限制其活动的一种力量，但并没有清除滥用部分准备金制度。

1837 年之后，同美国第二银行（BUS2）存续期间相比，银行系统的准备金率要高很多，这反映了在 1837 年恐慌过后，公众对银行系统的不信任。在这次金融风暴中，美国 850 家银行有 343 家彻底关闭，62 家银行部分破产。对纸币系统的不信任引出了对中央银行的神话：中央银行流动性本来可以改善这个系统，它本来应该通过规定较低的准备金率，使 19 世纪 40 年代和 50 年代的信贷供应以及货币供应得以增加。这种神话针对中央银行业务声称，美国银行系统的演变本来可以更小程度地因为地方化和分割化与大工业化经济不适应，美国的经济原本也可以更少地依赖外国投资。但是，直到1913年中央银行才出现，因为中央银行通常有偏向中心排斥边缘的遗传倾向，而这与民主政治是互相冲突的。

马丁·范布伦总统由于坚持政府处于银行监管体系之外的观点，结果遭到了严厉的批判并在竞选连任中败北。许多经济史学家认为马丁·范布伦扩大了1837年金融恐慌的影响，致使其一直持续到1843年。但是，其他人则认为马丁·范布伦已经接近将潜在的毁灭性干预降到最小化。

在当今全球化国际金融结构中，中央银行体制的问题一直延续至今。但是，一句老生常谈的说法是：宁可选择做穷个体户，也不选择做穷工人。因此，经济上的中央集权制只有能够将财富从中心分配到外围，从而提高经济民主的情况下，才能在政治上被接受。然而，在过去20年中，中央银行体制却使财富更加集中。中央银行体制本身就存在着对经济国家主义和经济区域主义由来已久的偏见，同时也存在支持经济上的中央集权制的结构性偏见。中央银行体制阻止将周围创造的财富反馈给外围的道路。

1837年之后一直到1863年《国家银行法》颁布之前，美国联邦政府没有进一步同银行业发生联系。尽管美国于1846—1921年间实施了独立财政运行系统，用硬币作为自己的支付资金，但完全独立于国家银行和金融系统。这种独立的财政系统除了限制轻率的信贷投机扩张之外，也制造了一系列新的经济问题。在经济繁荣时期，财政盈余积累到财政部，减少硬通货流通，紧缩信贷，并且遏制了哪怕是合法的生产与贸易的扩张。另一方面，在经济萧条和恐慌时期，当银行暂停硬币支付并持有硬通货时，政府坚决主张接收硬通货支付，加之私人信贷可用的硬币数量有限，无疑加重了经济的恶化趋势。1907年的大恐慌暴露了独立的财政系统没有稳定货币市场的能力，这催生了1913年的《联邦储备法》，它允许联邦储备银行作为一个私人公司铸造货币，并监管通用货币的价值。

减少人民制造货币的权力

1863年美国的《国家银行法》经过修正，增加了之前关于《货币法》的条款。只要没有犯罪记录、符合最低资本金要求任何一个五人或五人以上的团体，都可以成立一家银行。由于这些银行是联邦政府而不是州政府授权成立的，因此，它们被命名为"国家银行"，但不同于汉密尔敦意义上的"国家银行"。为了确保发行票据的特权，他们必须购买政府债券，并将其储存在货币监理署。

当 1861 年美国内战爆发的时候，新上任的林肯总统发现独立运行的财政系统已经空虚，必须暂停金币支付。于是他求救于州立私人银行的贷款，用以调动和装备联盟军所需的物资开销。当时，29 个州分别批准成立了 1600 个私人银行，总共发行了 7000 种不同类型的银行票据。

林肯立刻说服国会授权发行国家纸币（简称"绿背钞票"或"美钞"），承诺"一经要求"将按照国家纸币的面额支付款项，这种绿背钞票没有金银等贵金属支持。美国政府按照宪法对借款能力的规定，以本票的形式发行这种国家纸币。南北战争的支出总计为 30 亿美元。美国政府通过提高关税、开征各种消费税，而且在美国历史上首次开征所得税，但在四年战争期间，仅仅征得了 6.6 亿美元的税收。从 1862 年 2 月到 1863 年 3 月，美国政府发行了 4.5 亿美元的纸币。剩余的战争支出是通过发行战争债券的形式来解决的。这种战争券由费城一位投资银行家杰伊·库克（Jay Cooke）发行的，杰伊·库克本人也因此中饱私囊。曾有人建议逐步利用绿背钞票转向缴纳税收，以便让政府及时免息支付自己发行的纸币。然而，在战争最黑暗的时期，当盟军能否获胜尚遭到严重质疑的时候，按照黄金计算，一元绿背钞票的市场价格只有 39 美分。

毫无疑问，这些绿背钞票帮助林肯挽救了盟军。林肯写道："我们最终赢得了战争的胜利，我们向美利坚合众国的人民致以最崇高的祝福，他们用自己的纸币来支付自己的债务"。新自由主义的货币主义者从未曾将这种经验的重要性传授给第三世界国家的政府。

1863 年，美国国会通过了《国家银行法》。它的直接目的是刺激战争债券的销售，也为创造一种稳定的纸币服务。如果银行至少将其 1/3 的资本用于购买战争债券，银行资本稍微低于最低限额也能获得联邦政府的许可。作为回报，联邦政府将按照这些银行所持有的战争债券面值的 90% 支付政府纸币。对银行来说，这个措施非常有利可图，因为利用同样的原始资本，可以从政府购买战争债券，并收取利息，同时将政府纸币投入流通领域，向借款人收取利息。只要政府信贷没有问题，政府纸币就不会贬值，因为国家纸币的流通数量是受战争债券购买量的限制。由于战争债券是政府纸币支撑的，其效果等同于创立了一种稳定的货币。

但是，这种系统的运转并不是完美无瑕的。它所提供的货币弹性比较低，无法满足经济扩张的需要。随着政府不断收回战争债券，流通中的政府纸币数量减少，引起了通货紧缩，并使债务人陷入了困境。货币似乎主要集中在东北部，而西部和南方农场主仍然面临着持续的现金和信贷短缺的困扰，这倒不像现在第三世界的债务国面临的情况。

内战结束之后，改良后的独立财政系统形式仍然存在，各级机构尽力采取各种措施，克服这种系统本身的一些缺陷。国务卿莱斯利·M.肖（Leslie M Shaw 1902—1907）进行了很多革新，试图利用财政部资金，根据国家的信贷需求来扩大或者紧缩货币供应量。但是，1907年的大恐慌最终证明了独立财政系统无法稳定货币市场。人们呼吁制定一个更加高效的银行体系，因此，1913年通过了《联邦储备法》。政府资金逐渐从国库分库转移到地区联邦储备银行。1920年国会通过一项法案结束了最后一个国库分库，进而也结束了独立的财政系统时代。

民粹主义和货币政治

1890年，德籍移民约翰·P.阿特格德（John P. Altgeld）出任伊利诺伊州州长。作为一名共和党人，约翰·阿特格德是一名民粹主义者，试图建立一个有能力的、勇敢的和进步的政府，他对大型企业进行了抨击，主张提高农民和工人的利益。货币问题是美国民粹运动的一个核心问题。农民从自己亲身的经验知晓土地价格下降是由战后联邦政府采取的通货紧缩政策造成的，仅仅由于1878年《布兰德-埃勒森法》（Bland-Allison Act of 1878）的无效审查，冲制银和黄金的固定比例确定为16∶1，1890年的《谢尔曼白银采购法》（Sherman Silver Purchase Act）也认可了这一比例。财政部用黄金赎回银币提高了货币价值，产生了价格紧缩。

尽管商业快速发展，政府大幅降低了流通中的人均货币量。1863年的《国家银行法》也限制银行票据同银行持有的政府债券数量。财政部偿还了60%的国债，大幅降低了货币基数，这与1999年美国财政部证券回购方案不同。对于农民来说，当小麦销售价格为1美元/蒲式耳时进行贷款，即使小麦价格降到63美分/蒲式耳，他们仍然需要偿还同样金额的债务，这是很不公平的。站在农民的立场看，黄金标准是美国北方银行家自愿参与的一场国际阴谋，作为国际金融的代理人的货币信托公司主要控制在英国人手里。

克利夫兰（Grover Cleveland）虽然是在民主党的民粹主义支持下赢得了1892年的总统大选，但是，他并不支持民粹主义方案。克利夫兰将自己的主要责任视为维持联邦政府的偿债能力，维护黄金标准。商业信心不断下降引起了黄金以惊人的速度从财政部流出。接下来财政部以高价从摩根财团和贝尔蒙财团（Belmont）的银行买入黄金，对于这些财团来说，这意味着巨额利润。民粹主义把这种做法视为直接将财富从人民手中转移给银行家来维持黄金标准，同时，这种做法也被视为政府向国际金融资本的屈服。克利夫兰甚至不顾伊利诺伊州州长阿特格德的强烈反对，将国家军队派遣到伊利诺伊州，制止1894年的铁路大罢工。

1896年的总统选举和黄金标准联系在一起。克利夫兰失去了对民主党的控制，民主党提名36岁的威廉·詹宁斯·布赖恩（William Jennings Bryan）为总统候选人。布赖恩发表了美国历史上著名的演讲（尽管目前有意回避）："你们不该把劳动者的头按在带刺的王冠上，不该把人钉死在黄金十字架上"。银行业和工业的利益团体为威廉·麦金莱（1897—1901年）筹资1600万美元，以击败布赖恩，与里根击败卡特相比，布赖恩遭到了更为沉重的挫败。随着麦金莱的获胜，汉密尔顿理想注定要得到实施。但是，汉密尔顿理想中的国家主义要素被一种新的国家金融主义所洗涤和代替。这在很多方面与里根在1980年的总统选举中打败卡特很相似。

经过1913年的《安德伍德－西蒙斯关税法》的授权，关税从37%降到了27%，为了弥补关税降低导致的收入损失，联邦政府对美国宪法进行了第16次修正，要求开征"少量"的所得税。同年，美国联邦储备系统成立。到如今，起初"少量"的个人所得税已经平均占联邦和州所得税综合收入的50%。在这个意义上，我们可以说自由贸易只有建立在所得税的基础上才得以自由。

供给学派的观点是企业所得税降低只有在下述情况下才能够刺激经济增长：需要至少将税收减免的一半以上的好处用于提高工资，而不是将资本收益税降低的好处用于提高资本收益率。因此，如果所有企业所得税降低，将对工资提高产生指数效应，从而与企业收益持平，甚至超过企业收益。为什么企业盈利能力强劲但却没有帮助摆脱当前信贷危机的原因之一，可能是在同一个公司股票价格提高来自于停滞工资的同比例下降。

在伍德·威尔逊总统执政期间，1913年12月通过了《格拉斯－欧文联邦储备法》。50年前1863年《国家银行法》建立的体系主要有两个缺点：1）货币供给与经济需求没有联系，因为流通中的货币量受银行持有的政府债券数量限制；2）每家银行都是独立的，不能享有整个系统的流动性保护。这些问题在南部和西部更加突出，因为在这些地方，农民往往成为东北货币信托公司不停制造的银行危机的牺牲品，它借助农民对贷款的季节性需求来剥削农民。时至今日，为了控制农业信贷问题，美联储还专门设置季节性贴现率。

1913年，美国东北地区有钱的精英们打算成立一个由银行家控制的中央银行，虽然与汉密尔顿的理想一致，但是又存在差别。他们要建立的中央银行是国际性的而不是国家性的，从而使美国成为全球金融能量的"发电站"。但是，作为杰克逊传统的忠实信徒，颇有国际眼光的威尔逊还是拒绝承担这些有钱精英们的政治债务，坚持必须保持银行业的分散性，让银行业远离东北货币信托公司的控制，而且控制权必须掌握在政府手里，而不是控制在具有国际关系的私人金融家银行手里。在美国的不同地区，成立了12个联邦储备银行，美联储理事会负责监管联邦储备系统。美联储理事会由财政部长、货币监理署长和总统任命的其他五名成员组成，任期为10年。

美国要求所有的国家银行以及所有的州立银行都作为新体系的成员。所有私人银行发行的银行券被美联储券代替，它们不仅可以在地区联邦储备银行兑换债券或黄金，还可以用来购买顶级商业票据，其目的是希望货币供应量能够随着营业收入一同扩张或紧缩。由于所有银行的准备金都存储在美联储，就有望保证系统稳定性。不幸的是，在美联储成立的94年来，系统稳定性一直是一个难以实现的目标，主要是因为美联储一直专注于市场而不是经济。在美联储看来，即使在今天，仍然是市场驱动经济，而不是相反的方向。美联储的观点是只要关注好市场，经济就会关注好自己。但纵观历史，美联储关注市场的做法是错误的，市场只是经济的一个晴雨表。如果经济疲软，只关注晴雨表是无法解决实际问题的。

美联储对2007年8月信贷危机的无效反应

在美联储宽松货币政策的支持下，过去的10年中，股市一路高歌，但是2007年8月戛然而止。作为对突然爆发信贷危机的反应，美联储8月17日宣布将贴现率下调50个基点，下降到5.75%，而联邦基金目标利率维持不变，仍为5.25%。当时，美联储错误地坚持认为这样可以控制这场危机。由于信贷市场继续恶化，联邦公开市场委员会被迫在9月18日再次将贴现率下调50

个基点，降为 5.25%，同时也将联邦基金目标利率下调 50 个基点，降为 4.75%。在六周之后的 2007 年 10 月 31 日，为了防止信贷市场上发生的大量倒闭，联邦公开市场委员会再次将贴现率下调 25 个基点，降为 5%，将联邦基金目标利率下调 25 个基点，定为 4.5%，试图向遭受严重打击的银行体系注入流动性。

在 10 月 31 日的一次附表声明中，美联储继续描绘令人鼓舞的蓝图，声称 2007 年第三季度的经济增长依旧稳固，从 8 月份以来，总体上看金融市场的困境已经有所缓和。然而，美联储对其否认又进行了遮掩，指出"经济扩张的步伐在近期有可能会放慢，这在一定程度上反映了房地产市场调整加剧"。降低贴现率和联邦基金目标利率，结合 9 月份采取的政策措施，预期将"阻止金融市场崩溃的负面效应向更广的经济领域扩散，并推动未来适度的经济增长"。

在 10 月 12 日当天，道琼斯指数曾大幅上涨到 14168.51 点，但 10 月 31 日下跌到 13711.59 点新低。11 月 27 日，道琼斯指数一天之内下跌 1000 点，报收于 12711.98 点。由于市场预期美联储将进一步降低利率，在 12 月 11 日，道琼斯指数又重新反弹到 13727.03 点。就在当天，惊慌失措的美联储再次将贴现率下调了 25 个基点，降为 4.75%，联邦基金目标利率下调 25 个基点，降为 4.25%。由于下调幅度低于市场预期的 50 个基点，所以道琼斯指数当天报收于 13432.77 点，下跌了 295 点。

美联储自降身份，开始玩起了短期溜溜球效应（这里指价格或利率忽高忽低。——译者注），以损害自己防止出现长期通货膨胀的使命为代价，让股票市场驱动利率变化。美国劳工局报告，2007 年 11 月的广义消费物价指数同比增长 4.3%，比 4.25% 的邦基金目标利率高 5 个基点。

美联储降低利率给美元带来贬值压力

美联储的利率政策将导致美元汇率和实际购买力都面临下降的压力，也因此会进一步提高进口产品和本国产品的价格，尤其是石油价格，因为美国既是石油生产国，也是石油进口国。2008 年 4 月份交割的石油价格期货在 1 月份上涨了 1.35 美元，为 88.75 美元/桶。从 2006 年 4 月份以来，核心通货膨胀率一直在 2.2 - 2.3% 的范围内波动，比非官方预计的通货膨胀率高出 1.6 - 1.9%。这对美联储进一步降低利率而不引发通货膨胀的道路形成了一定的阻力。

核心通货膨胀和广义通货膨胀

对于典型的家庭来说，总体通货膨胀或者广义通货膨胀是有参考价值的。广义的通货膨胀包括易于波动的食品和能源价格成分，它用来衡量家庭收入相对不变的情况下，生活成本上升的幅度。如果广义通货膨胀率高于收入增长，则家庭生活标准会下降。

但是，为了实施货币政策，美联储主要关注核心通货膨胀率，即将食品价格和能源价格从广义通货膨胀中扣除，理由是核心通货膨胀波动性较小，能够更好地反映国内产品市场中供需之间的相互影响。因此，传统上，如果外部供给冲击不大，核心通货膨胀更能够准确地反映潜在通货膨胀率。

通过对比发现，由于食品和能源会由于天气因素或政治危机导致暂时性供给中断，因此，它们的价格每个月都会大幅波动。在这种情况下，对于潜在通货膨胀率来说，广义通货膨胀就不具备充分的代表性。相对来说，广义通货膨胀对宏观经济的冲击比较小，它倾向于将一个部门的收益转移到另外一个部门。例如，当石油价格上涨时，石油公司的收入随着消费者支出的增加而增加。最终结果是 GDP 数字比较高，而不一定是经济发展比较强。然而，在当前的情况下，这种原理很少具备可操作性：石油价格和食品价格剧烈大幅震荡上涨，进口石油支付已经成为美国贸易赤字的主要项目。

美国经济的历史记录表明广义通货膨胀和核心通货膨胀长期趋于一致。在过去 20 年间，按照个人消费支出指数衡量的年均通货膨胀率为 2.6%，如果用核心个人消费支出指数来衡量，价格上涨了 2.5%。不过近 10 年的经济数据对仅仅关注核心通货膨胀就能判断通货膨胀水平的逻辑提出了挑战，因为过去 10 年原油价格大幅波动，从 2000 年初的不到 10 美元/桶上涨到现在的 100 美元/桶；食品价格和其他商品价格的涨幅也高于普通水平。我们预期这种上涨不是临时性的，而可能是一种长期性的，因为美元长期在贬值，这正是全球恶性通货膨胀趋势背后的主要因素。因此，即使广义通货膨胀最终表现为每月适度变化，相对于收入来说，价格依然很高。有关资料将通货膨胀解释为与收入水平无关的价格水平，这显然是无法反映经济的健康状况。

在有关资料中，美联储对核心通货膨胀的解释是在 2007 年 10 月有所提高，而下半年能源价格和商品价格上涨，除去其他因素"将重新带来通货膨胀压力"。联邦公开市场委员会断定"通货膨胀风险仍然存在,它将继续密切关注通货膨胀的新进展",联邦公开市场操作委员会将"继续评估金融和其他趋势对经济前景的影响,并将按照需要采取措施,稳定物价和可持续经济增长"。

只有汤姆逊·霍尼格(Thomas M. Hoenig)投票反对联邦公开市场委员会实施宽松货币政策,他在会议中争辩说美联储不应该降低联邦基金利率。在相关行动中,美联储理事会全体同意将贴现率下调25个基点,降为5%。在采取该项措施的时候,理事会批准了纽约、里士满、亚特兰大、芝加哥、圣·路易斯和旧金山联邦储蓄银行董事会主席提出的要求。

市场失望

12月11日,美联储再次将贴现率下调25个基点,为4.75%,联邦基金利率下调25个基点,为4.25%,将贴现窗口的普通利息违约金降低一半。市场显然非常失望。在中央银行将联邦基金利率仅仅下调25个基点,而不是市场预期50个基点的时候,美国股市大幅下跌。市场将美联储的行为解读为无法提供一个清楚的利息下调信号。道琼斯指数下跌295点,收于13432.77点。标准普尔500指数在利率下调宣布之前上涨0.4%,下调政策宣布之后下跌了2.5%,收于1477.65。二年期国债收益从3.14%下降到2.92%,从而带来美元贬值的压力。到了2008年1月8日,道琼斯指数下跌843点,收于12589.07点。

美联储称金融市场的衰退"增加了经济增长和通货膨胀前景的不确定性",但是,它却放弃了对风险的评估,认为经济增长和通货膨胀"大体平衡",也就是说美联储没有表明经济停滞的风险超出了通货膨胀风险。它没有评估风险是否平衡,但"只要需要"就会采取行动,确保物价稳定和经济的持续增长。这种方案实际上意味着美联储依然根据获取的数据做出选择,但没有考虑这些错误的、不真实的数据在接下来的月份里必然要进行修正这一事实。

一些市场参与者仍然认为美联储有再次考虑下调利率的意愿,但是,利率下调的信号远远低于许多人的预期。同大多数关注短期盈利而不是长期经济健康的人士相比,这反映了美联储更多地关注通货膨胀风险这一事实。

一旦市场情绪开始转向负面,更多的市场参与者就会预期经济增长减缓,不然就是经济衰退。市场的动态变化将使得投机货币流向新的盈利机会,例如短期买入那些依赖增长的股票,而长期则买入经济衰退时期上涨的股票。在一个自我强化的螺旋式下降的市场中,这将对市场产生进一步负面的压力。

另一个没有提到的话题是利率下降对持续下降的美元汇率,尤其是对欧元的汇率的影响。美联储一向在美元汇率方面谨言慎行,因为汇率问题主要是财政部的专属使命,美联储只在美国宪法和法律的授权下从国家经济安全的角度予以支持。

欧元升值

根据国际货币基金组织的报告,在2007年第三季度,全球欧元外汇储备份额增加了26.4%,这反映了欧元在外汇市场上不断走强。2006年二季度,全球欧元外汇储备份额为25.5%,第三季度为24.4%。在2007年第三季度,官方公布的美元外汇储备份额降低到63.8%,而2006年第三季度则为66.5%。不断增加的欧元偏好会强化欧洲政策制定者的幻想,认为欧元已经成为美元的主要竞争对手。但事实上,欧元仍然只是美元的一个衍生货币,欧元的购买力同美元一起在下降,欧元汇率上升仅仅是因为欧元的贬值速度比美元稍微慢一些。美元霸权是一种金融领域的地缘政治现象,实际上源于所有重要商品都是以美元计价。当欧洲央行干预美元汇率升值的时候,也加速了欧元购买力的下降。对于日元和人民币也是同样的道理。

美联储在2007年12月11日发表声明说"我们获得的信息表明经济增长正在放缓",这反映了"房地产部门调整的剧烈程度"和"企业和个人消费支出疲软",同时承认"在最近几周,金融市场的紧缩在加剧"。然而,美国中央银行对通货膨胀仍然守口如瓶,重申"除其他因素外,能源和商品价格将会产生通货膨胀压力"。

在六周之后的1月22日,作为对债务泡沫破裂造成的全球股市大幅下挫的回应,美联储径直戏剧般地推翻了自己的观点,宣布将联邦基金目标利率降低75个基点,它对通货膨胀的顾虑已随风而去。2008年1月22日,道琼斯指数收于11973.06点,下跌了126.24点,与前一交易日相比,跌幅为1.04%,但是,仍然高于2006年10月17日水平,那天道琼斯收于11950.02点,比2002年10月9日上升了4586.79点,上涨了65%。2002年10月9日道琼斯指数收于7286.27点。很显然,美联储选择了用通货膨胀来维持已经破裂的债务泡沫。

美联储采用贷款拍卖来减少耻感

美联储正在考虑设法降低大型银行使用贴现窗口带来的耻感，使其成为货币市场的"后卫"更加有效地发挥作用。在市场对12月11日小幅利率下降做出负面反应之后，美联储开始检讨自己向货币市场提供流动性支持的方法。结果是美联储开始采用一种新的流动性工具，将贷款拍卖给银行。通过这种方式，针对各种形式的担保，美联储可以向众多金融机构直接提供流动性，而不需要通过令人容易产生耻感的贴现窗口来实现。理想的结果是这种措施减缓银行之间贷款的压力，帮助信贷市场回复到正常状态。由于担心对方违约，银行之间不愿意彼此借贷。

在12月初的一次演讲中，美联储副主席唐纳德·科恩（Donald L. Kohn）说"银行的恐惧影响了直接借贷操作的效果，因为运用它可能被看做是他们需要应急资金的信号。耻感问题在英国更为严重，随着英国北岩银行（Northern Rock，又译：诺森罗克银行。——译者注）受到美国次贷危机的影响，美国银行担心来自英国银行的开发基金会更为困难"。

科恩说，不只是美联储，所有的中央银行都必须寻找新的方法来确保危机期间流动性支持工具的有效性。他指出"提高美联储贴现窗口的作用尤其重要，因为所有银行都能够利用这种工具对众多证券进行担保获得现金。只有少数一级信用的交易商通过主要的市场流动性工具——控制联邦基金利率的公开市场业务来获得资金，现在能够进行拍卖的担保品越来越少"。

中央银行协同努力

2007年12月18日，作为缓解全球信贷市场困境的一部分，欧洲中央银行史无前例地向银行体系注入5000亿美元的流动性，这导致欧洲货币市场的利率突然下跌。银行间两周贷款的欧元利率下调50个基点，为4.45%。在前两周，由于预期年底信贷冻结，银行开始持有现金，银行间两周贷款利率上升了83个基点。当天，欧洲中央银行以4.21%的利率，破纪录地放贷3486亿欧元的两周贷款，相当于5015亿美元，比预期的几乎高出了1700亿欧元。欧洲中央银行收到了 390 家银行的贷款申请，利率在 4－4.45% 间波动。

各国中央银行必须协同努力帮助信贷市场度过难关，尤其是伦敦同业拆借利率（简称 LIBOR）同联邦基金利率的利差已经达到 85 个基点。利差扩大是信贷市场陷入困境的明显信号，它表明银行是风险的厌恶者，出于对风险的考虑，不愿意彼此借贷。历史上伦敦同业拆借利率与联邦基金利率之间的利差保持在 10－12 个基点，现在希望伦敦同业拆借利率回到与美国联邦基金利率一致的水平，以安抚痛苦不堪的信贷市场。《金融时代》引用了高盛集团经济学家艾瑞克·尼尔森（Erik Nielsen）的话说："对于那些获得中央银行资金的银行来说，就像圣诞老人一样，正在救助还没有真正调整资产负债表来面对新现实的人们"。

运用负利率与通货膨胀作战

长期频繁的负实际利率制造了债务泡沫，而债务泡沫的破裂又导致了 2007 年 8 月的信贷危机。现在，为了应对债务泡沫，中央再次进行下调利率。中央银行似乎在上个月运用原始的、不可靠的经济数据来制定利率政策，而这些政策至多在长期能发挥一定的作用。沉溺于负实际利率来维持债务泡沫，最终将导致金融用药的过量而中毒。

上个世纪 30 年代美国大萧条和 90 年代日本大衰退的教训，让所有中央银行都对资产价格紧缩感到恐惧，而零名义利率的货币政策对改变资产价格紧缩的效果甚微。由于名义利率不可能低于零，通货紧缩暗含着即使名义利率为零时，实际利率也为正数，这导致中央银行无法通过货币手段提供经济激励。因为在一个存在通货紧缩的环境里，即使利率为零，借款人也会发现偿还贷款的成本更高。中央银行从历史中获得教训是：如果资产价格泡沫伴随着紧缩性衰退的威胁而破裂时，货币政策疗法须剧烈、及时、有效。

第二部分

世界主要国家中央银行制度历史及其反思

第一章　欧洲的经验教训

欧洲在过去几个世纪里崛起的时候，它的产业进步并非是在自由市场体系而是在政府支持体系之中取得的，后者通过国家银行系统提供了投资资本。有不可否认的证据表明，任何一个国家，只要它没有采取政府融资的产业政策，它就没有能够在17世纪、18世纪和19世纪发展成为一个经济或者军事强国。

现代意义上的国家银行产生于荷兰。荷兰经济在17世纪取得成功的关键在于阿姆斯特丹威瑟尔银行（Amsterdam Wisselbank），它成立于1609年，为的是向阿姆斯特丹市、荷兰省以及通过对独占性的荷兰东印度公司注资而向贸易提供信贷。威瑟尔银行还负责铸造货币和货币兑换。在70年左右之后的1683年，它的权力进一步扩大，可以向私人客户借款。所有的大笔支付都要通过威瑟尔银行，因此主要的金融机构可以很方便地与它开展银行交易。这样，它不仅处于一个俯览荷兰金融全局的位置，它还能够发挥稳定性的影响。它的作用完全是强化荷兰的国家金融利益，在这个意义上，它不同于私人银行，后者只要在法律允许的范围内只要有机会就会去逐利。

到了17世纪的中叶，以国家银行为国民经济的发展和贸易的扩大提供所需流动性的观念在英国获得了支持。信贷是资本主义体系中财富创造的种子，这种认识正在得到人们的接受，这导致这样一种意识的形成，即如果有国家的支持，那么货币无需具有内在价值，即可发挥推动和润滑经济的作用。国家以法令颁行纸币，它最终以国民财富作为支撑，以此这主权债务或者说国家的债务融资，从而为国家的目的尤其是战争提供资金支持，这样的观念逐渐为人们所认识。

荷兰的国家银行运作给了英格兰银行以启发，这家银行由苏格兰人威廉·帕特森（William Paterson）成立于1694年，资本金是120万英镑，以黄金作为担保，这笔钱同时贷给了威廉三世（1650—1702年）（供他与法国作战用），他因为1688年到1689年的"光荣革命"而与玛丽一起加冕为王，这场革命则标志着议会权力对绝对皇权的胜利。英格兰银行的资本家来自于私人投资者和借款人的辛迪加贷款，作为回报，这些人可以持有政府公债，获得了经营国民银行的特权。这就是英国国家银行和国家债务的起源，这在绝对皇权下是没有必要的，因为在皇权制中，国君对所有的财富都拥有绝对的控制权。在战争和和平时期，英格兰银行管理着政府的账户，为公共开支提供贷款。它也像商业银行那样运作，接受存款并发行票据。

约翰·劳（1671—1729 年）是出生于苏格兰的一位经济学家、赌徒、银行家和皇室顾问，他的名声来自于他在法国从事的两项非凡创举：通用银行和密西西比骗局。他在经济思想方面留下的遗产是两个主要的概念：价值的稀缺理论和货币的真实票据学说。

劳因为参与了一场非法且致命的决斗而被逐出了英国，但他受到了法国宫廷的欢迎，这是因为奥尔良公爵及路易十五年幼时的摄政王菲利普是他的朋友，对他颇为支持。虽然法国的财富超过了英国和荷兰，但在路易十四于1715 年去世之后，法国的财政状况非常糟糕，原因在于法国忽视了以银行运作和信贷来撬动国民财富，因而摄政王迫不及待地接受了劳的建议，在 1716 年建立了一家国家特许银行，这就是通用银行，它有发行纸币的权力。同时，劳还成立了密西西比公司，意在开发当时是法国殖民地的北美洲的路易斯安那地区。

在获得特许后，劳以 6 百万里弗的资本金创办了通用银行，在这其中，他以现金的形式募集了 150 万，剩下的 450 万为政府债务，仅以面值的四分之一进行交易。劳的通用银行根据授权发行了带息的银行券，它以白银偿还，见票即付。它很快就有了 6 千万里弗的银行券流通在外。法国政府要求各地的税收都要以通用银行的银行券进行支付，这为这些银行券提供了一个现成的市场。因为这些银行券支付利息，而且在付税时可以很方便地被接受，所以它们以溢出面值的价格出售，因而它消解了国家的铸币税（政府从铸造钱币中获得的收入，它是银币的币值减去银币中包含的白银金属的价值）并导致它流向投机市场。这是一个重大的失误，这是因为支付利息造成国家的银行券成为债务工具，与政府的公债没有分别，但却没有固定的到期日。

为了开发北美洲的路易斯安那地区，劳获得特许组建了西方公司，对法国在路易斯安那持有的地块拥有 25 年的租赁权。作为回报，法国政府要求这家公司在这些地方至少安置 6000 名法国人和 3000 名奴隶。这家公司还获得了种植和出售烟草的垄断权。这家公司收购了塞内加尔公司，后者在西非开展经营活动，从而获得了奴隶的来源。然后，它与法国印度公司和法国中国公司合并在一起，组成了印地公司，实际上垄断了法国的对外贸易。

劳的通用银行后来更名为皇家银行，它与政府保持着比以前还要密切的关系，成为劳称之为"体系"的这种垄断组合的一个构成部分。

在1716年，印地公司以每股500里弗的价格发行了20万股股票。到了1718年，股价跌至250里弗。在1719年，皇家银行的银行券供应量大幅增加了30%。这家银行还购入了连续9年作为国家收税银行的权利。印地公司的股价接连翻番。

由于市值增加带来了更多的金融权力，劳随即提出了一项计划来偿还令人讨厌的国债，这又是一个根本性的失误。为了赎回国债，皇家银行发行了支付3%年利的银行券。这些银行券可以被用于购买劳的印地公司的股票。这导致印地公司的股价在1719年8月升至每股5000里弗，到8月份又涨到了8000里弗。对印地公司股票的投机变得非常疯狂，这很像1990年代对互联网股票的投机。股票一转手就有90%的盈利。投机者一夜暴富，据说有个街头的乞丐就赚了7000万里弗。

劳成了国际名人。他的女儿过生日时，教皇还派了一位特使前来祝贺。劳改信了天主教，还被法国王室任命为财政大臣。

印地公司的股价在1719年年底达到了每股2万里弗的最高点。第二年的元月，皇室的两位亲王决定兑现他们手中的印地公司股票，导致了其他人的跟风。劳只得印行150万里弗的纸币，满足人们不断增加的现金需求。作为财政大臣，他规定持有超过500里弗的黄金或者白银是非法的，试图以此止住兑现的势头。为了鼓励出口并抑制进口，他对银行券相对于外币进行了贬值。尽管如此，印地公司的股价跌至了每股5000里弗。作为印地公司和皇家银行的老板，劳买进了股票和银行券，试图拉升它们的价格，但是，到了1720年的7月，他只得暂停所有的对外支付。

在1720年的一次恐慌性挤兑之后，劳创办的这家票据发行银行从大获成功沦为彻底垮台，将法国和欧洲带入严重的经济危机，为法国大革命做了经济方面的准备。劳的银行骗局对法国影响深重，直至最近，法国的银行为了避免人们忆起劳创办的这家结局不幸的银行，它们往往会在名称上避开使用"银行"这个词，而基本上以"信贷"这个词来代替，比如说"里昂信贷"（银行）和"农业信贷"（银行）。

在英国，一个被称为"南海泡沫"的类似骗局在同一时间也破裂了，不过南海公司及其银行英格兰银行得到了政府以国家承担债务所进行的援救,英国的民众承担了偿债的责任,议会控制了金融,因而恢复了这家银行的信誉。法国的国民银行之所以惨败,原因在于它仅仅靠反复无常的皇家信贷而非可靠的国家信贷支持。这次的惨败导致法国一直没有一个充分的银行体系,这种局面持续到拿破仑·波拿巴上台以后,为了使近乎空荡荡的国库充盈起来,他在1800年的元月28日将经常账户银行改组为法国银行,成为法国的首家国民银行。

拿破仑三世在历史学家的眼里是现代独裁者的雏形,他被保皇派称为资产阶级分子的皇帝,被圣西门主义者称为社会主义者的皇帝,但他是现代历史上首批对中央计划的工业体系有过构想的人之一,他还发明了投资银行。在他的统治下,法国在1852年成立了动产信贷银行,专门为工业和基础设施建设提供资金,在这之后还陆续建立了其他一些银行。虽然动产信贷银行在1867年倒闭了,但这些投资银行引导着储蓄成为运输、交通、农业和工业等领域的基本投资。

农业信贷银行成立于1860年,它为法国农业实现从封建庄园向现代经济部门的转型提供着信贷。农业信贷银行最终发展成为世界上最大的银行之一,为欧洲最大的农业生产国提供资金支持。在1980年代的早期,它是世界上最大的银行,在1991年,它也位居第六。此后它与东方汇理银行(Banque de Indo Suez)进行了合并。在1945年12月2日,银行和信贷产业被国有化,国家成为了法国银行和四家主要的储蓄银行的唯一股东。

英国非常倚重英格兰银行,当它的许可证1781年续延的时候,它被称为"公众的国库"。到了那个时候,英格兰银行还成为银行的银行,它要准备足够的黄金储备,用以兑付它发行的各种即期票据。

到了1797年,与拿破仑一世统治下的法国的战争导致英国的黄金储备大量外流,英国政府因而禁止英格兰银行以黄金偿付它发行的票据。这个"管制期"一直持续到了1821年。1844年的《银行特许法案》再次将票据发行与英格兰银行的黄金储备联系在一起,它要求英格兰银行的票据发行账户独立于银行操作账户,每周提供一份被称为"银行汇报"的这两个账户的摘要,它直到今天还每周一次地公布。在这家银行成立后的第二个一百年里,央行运作的两个关键特征浮现了出来:1)对货币稳定的关注,这源于拿破仑战争期间大量发行货币导致的通胀;2)对金融稳定承担制度性的责任,这形成于19世纪中期的银行危机。这两个特征都建立在一个颇有争议的假设之上,这个假设就是长期的金融稳定取决于价格的稳定，它使得价格的波动无法成为管理经济的一项工具。

在19世纪，英格兰银行还担任着最后借款人的角色，在几次金融危机期间成为银行体系稳定性的来源。在1900年代的早期，英格兰银行成为了统治阶级而非整个国家的工具。它能以促进资本形成的名义降低价格和工资，增加失业，甚至规定黄金的价格，从而保护这个国家从其全球帝国中获得的私人财富，而这些财富在其民众中间、更不用说在其殖民地之间的分配是不平衡的，它不仅能做到这些，而且也确实这样去做了。

第一次世界大战期间，英国的国债跳升到70亿英镑。英格兰银行对管理政府借款给予了帮助，它还抵抗着通胀的压力。与一个世纪以前与法国的战争一样，第一次世界大战给英国造成的金融成本迫使英国货币与黄金脱钩了。1925年，英国曾试图恢复金本位制，不过却无功而返。1931年，在世界性的萧条之中，英国永远地放弃了金本位制。它的黄金和外汇储备被转移到了国库之中，不过对它们的日常管理那时和现在依然由英格兰银行负责。票据发行变得完全建立在信用的基础上，不再受黄金的支持。自那以后，英镑就成为一种不可兑换黄金的法定货币。

二战以后，在1946年，工党政府主导通过了《英格兰银行法案》，将货币政策权转至英国财政部，英格兰银行也据此而被收归国有。这家银行随即成为政府的银行，通过税负垫付向政府提供贷款并通过发行金边债券安排主权借款。在财政部的指示下，它协助实施政府的金融和货币政策。它还被给予监督银行体系方面的广泛法定权力，其中包括对商业银行实行监督，而通过贴现市场，它是这些银行的最后借款人。英格兰银行一直都是英国财政部的顾问银行、代理银行和债务管理人。在二战期间以及战后的数年里，它代表英国财政部对汇兑实施着管理，对各种借贷进行着限制。

1930年代反萧条的放松银根政策在二战后的英国一直延续了下来，而在1960年代，英国的货币政策开始受到1959年发表的《拉德克利夫报告》的影响，这份报告得出的结论是货币政策应该优先控制货币体系的流动性而非体系中的货币量。报告没有认为货币量不重要，而是认为只要对流动性有适当的控制，货币量就会自行得到调节。在外部政策方面，这份报告支持实行汇兑管理的布雷顿森林体系所规定的固定汇率，认为这种安排缓解了具有完全可兑换性的固定汇率制与国内货币政策灵活性之间的固有矛盾。布雷顿森林体系认为资本的国际流动既无必要也不可取，它也清楚地知道固定汇率制与解除外汇管制势不两立。

随着战后的各项金融管制规定逐渐地得到了解除,英国就愈发需要积极主动的货币政策,1970年代和1980年代早期的高通胀也为政策转型提供了催化剂。货币目标在1976年被引进,在1980年代的早期得到了强化。事实证明它们作为政策的唯一指导是不可靠的,但尽管如此,货币主义者们还是达成了一个共识,即价格稳定被视为本身就是可取的,是可持续增长的一个必要条件。通货膨胀被认为是增长停滞和其他社会成本的唯一原因。

米尔顿·弗里德曼断言通胀在任何地方都是一个货币现象;如果不采取恰当的货币措施的话,通胀就无法得到适当的控制。通胀被认为不止是对于财富具有破坏性,长期而言它也会造成失业。因而,以失业对付通胀的一个理论上的理由就此找到了。经济学家们会告诉企业的管理人员,现在就解雇工人吧,否则通胀随后会迫使你这么做的。这种应对通胀的方法所产生的后果是一种新的现象,它被称为滞胀,即通胀率和失业率一起上升,这是因为生产者为了弥补销售量下降造成的收入减少而提高了价格,因而稀释了货币的购买力,同时它们为了削减成本以弥补利润率的下降而解雇了工人。失业随之导致消费者开支的减少,迫使企业为了弥补销售量的下降而解雇更多的工人并提高价格,从而形成经济进一步下行的压力。

在1970年代,英格兰银行在英国的因为滞胀造成的银行危机中起到了关键性的作用,它在1980年代也是如此,当时,货币政策再次成为英国政府政策的一个核心部分。英格兰银行迟至1997年5月才成为一家央行,在那个时候,英国政府让这家银行承担起制订利率的责任,达成政府规定的通胀目标。这是"大爆炸"之后的十年好日子。"大爆炸"是指英国政府1989年10月27日对伦敦的证券市场放松金融管制,它与美国1975年的"五月天"有得一比,它们都导致了一个新时代的出现,这是一个佣金浮动的时代,是金融服务运用计算机技术和先进的通讯设备实现广泛多样化的时代,它标志着金融业朝着单一的世界金融市场迈出了一大步。

欧洲的汇率机制(ERM)是当时的欧共体所建立的一个固定汇率制度,意在使成员国彼此之间的汇率维持在一个固定的区间以内。建立欧洲汇率机制的目的是为了稳定汇率、控制通胀(通过与强大且稳定的德国马克相挂钩)和促进欧洲内部的贸易。它还有进一层的目的,那就是加强欧洲的世界贸易,与美国开展竞争,创建所谓的"欧洲合众国",为欧元这个欧洲单一货币制度奠定基础。

英国于1990年10月以2.95马克对1英镑这样的中心平价加入了欧洲汇率机制，这是一个高估了的汇价，意图在于对英国经济造成压力，从而迫使它降低通胀率；确定这样一个汇率的目的并非是为了制度化英国的相对国际竞争力。英国人之所以坚持高估英镑，他们的自尊可能也是一个原因。这种选定的汇率，或者说针对欧洲汇率机制成员国所要求的任何一个固定汇率，事后证明是误入了歧途，因为它在没有实现经济统一和单一货币的情况下，试图获得各国经济分开却使用单一货币所带来的好处。

在加入欧洲汇率机制的23个月里，即从1990年10月到1992年9月，英国遭受了60年里最严重的一次衰退，国内生产总值减少了3.86%，失业人口增加了120万，达到285万人。据估算，实行欧洲汇率机制的固定汇率给英国造成的代价总计高达1992年国内生产总值的13.3%。权益值为负数的抵押房贷的数量增加了两倍，达到125万笔的峰值，企业破产数也升至每年超过25000家。

英国的约翰·梅杰政府试图平衡政治与宏观经济两个方面的考虑，但要"支撑无法支撑的汇率"，要防止自由交易的英镑在市场力量的作用下贬值，它的努力只能以失败而告终。如果英国没有为了维持英镑无法长久的汇率而损失了约82亿英镑，那么它本可以避免预算赤字、增税、公共开支削减和不受欢迎的燃油增值税。国民医疗服务制度方面的开支本可以在12个月里翻一番还不止。

退出欧洲汇率机制使得英国经济不再遭受持续的通货紧缩，而且这为它随后所经历的非通胀性增长奠定了基础。这也使得英国的货币政策不再受限于维持汇率这个唯一的目的，从而有助于以一系列理性的货币政策推动经济扩张。就在欧洲汇率机制成员国为了防止汇率滑出所允许的区间之外而被迫维持着相对较高的真实利率之时，英国则享受着从较低的利率中获益的自由。香港在过去的5年里一直面临着相同的问题，除非港币不再钉住美元，否则它就无法从经济危机之中恢复过来。在不再实行钉住汇率制之前等待经济复苏，这就像是等待死亡来治愈传染病一样。

在任何一个时候，货币的适当汇率应该是这样的汇率，它能使经济将以下两者结合起来：一方面是包括劳动力在内的生产性资源的充分运用，另一方面是国际收支同时实现的均衡。过高的汇率会导致贸易赤字和国内的失业，而低汇率会造成外汇的过量储备并引发国内的通胀压力，进而会产生泡沫经济。因此，在全球金融市场不受监管和国际金融架构以美元霸权为基础的情况下，每个国家都必须保有调整其货币对外价值的能力。在当前的国际金融架构下，坚持在死板的限度内实行固定汇率制就是自找经济灾难。

欧洲汇率机制是一个过渡性的制度，一旦欧盟着手推行以欧元为形式的单一货币，这个制度的种种问题最终便得以消解。尽管如此，欧洲中央银行醉心于反通胀，这在继续造成着它与欧元区各国经济的货币政策需要之间的冲突。

在不受监管的全球化市场这样一个变化迅速的经济环境中，能够促进充分就业和外贸平衡的汇价将会频繁地波动。为了防止国内经济和对外贸易遭受冲击，国家银行必须对投机性波动予以反击并对汇率进行管理。不过，这并非意味着要采用欧洲汇率机制中的那种固定的、不变的汇率区间。各国央行之间进行汇率合作的最佳策略是将短期的稳定和长期的最大灵活性结合起来，这与固定汇率制的效果是相反的。

在欧洲汇率机制中，因为英国的利率由于汇率固定而钉住了德国的利率，所以英国无法利用降低利率来应对它不断上涨的失业率和不断下滑的经济增长率。英国最终决定英镑退出欧洲汇率机制的固定汇率制的原因有二：英国无法控制利率，还有德国央行德意志联邦银行遭人质疑的独立性，这些都是英国重要的考虑因素。

两德的统一放大了欧洲汇率机制的结构性缺陷，这是因为当时的西德向东德大量注入资本，这造成新近统一的德国经济中出现了通胀压力，导致德意志联邦银行采取预防措施提高了利率。与此同时，欧洲各国尤其是英国的经济正在处于衰退之中，无法按德国的要求提高利率。利率之间的这种不一致在1990年代的早期凸显了英镑汇率的高估。

欧洲汇率机制和欧洲货币单位（ECU，欧元的前身）一起，构成了欧洲经济和货币联盟的基础。欧洲汇率机制使各国货币相对于欧洲货币单位有一个中心汇率，这反过来又使这些货币彼此之间生成中心汇率。欧洲希望这个机制有助于稳定汇率、促进欧洲的内部贸易以及控制通胀。欧洲汇率机制允许各国货币在围绕着这个中心汇率的上下限所构成的区间内波动。

1992年，若干国家的货币除非经济崩溃否则就无法维持在其区间以内，欧洲汇率机制因而瓦解。在9月16号，当天是星期三，几个因素一起发展到了顶点，这导致英国退出了欧洲汇率机制，让英镑在市场力量的作用下自由浮动。黑色星期三成了这样的一天，在这天，对冲经济大鳄索罗斯冲进了英格兰银行，在一天里就卷走了10亿美元，最终共卷走了20多亿美元。英格兰银行花掉了400亿美元，但依然未能抵御住投机者对英镑固定汇率的进攻，这之后，英镑被迫离开了欧洲汇率机制。意大利的里拉也离开了，西班牙的货币比塞塔则被迫贬值。

为了遏制德国的通胀，德国必须提高利率，但是，德意志联邦银行作为一家占据主导地位的地区性央行如果真的完全独立于德国的政治经济利益，它就不会采取这个政策了，因为整个欧洲都在强烈要求降低利率。德国的短期利率自1988年以来一直在上调，在采取紧缩性货币政策应对两德于1990年统一之后出现的国内通胀压力之后，短期利率继续上涨，到1992年的夏天达到了近10%。因此，正当英国需要反周期地降低利率的时候，德意志联邦银行却抬高了利率，导致英国在欧洲汇率机制的联动下陷入更深的衰退。

这是欧洲汇率机制的根本性问题——固定汇率与各成员国因为经济状况不同需要不同的利率水平之间的冲突。因为英国处于衰退之中并因此需要实行低利率，所以钉住德意志联邦银行利率的英国利率成了英国经济的绊脚石。

在1997年，英国政府宣布它打算将货币政策的所有执行责任全部都转交给英格兰银行。这家银行因此也成为一家"独立的"央行。不过，代表政府管理债务的责任被转给了英国的财政部，英格兰银行的监管功能则交给了新成立的英国金融服务局。

德国拥有活力盎然的银行运作传统，它可以追溯到15世纪和16世纪富格尔家族经营的巨大货币借贷网络，还有这之前14世纪德国北方汉萨同盟所要求的有限的银行业务。德国的首家商业银行1619年在汉堡成立。吉偌银行一直持续到它在1875年被国营的帝国银行所吞并。

到了1800年代的早期，法兰克福在罗斯柴尔德家族的控制下成为银行业的一个中心。实际上，罗斯柴尔德这个姓氏源于这个犹太家族历史上早期在其法兰克福的住宅前门的红色盾牌。他们的银行业王国很快从法兰克福扩张到伦敦、那不勒斯、巴黎和维也纳。

1871年1月18日，俾斯麦在凡尔赛宫宣告德意志帝国的成立。另有几个重要的德国银行相继建立了起来，有些现在还在以某种形式存在着，尽管德国由于在两次世界大战中被征服而曾经出现过政治上的中断。

直至1870年代以前，对德国海外贸易的金融监管几乎完全由伦敦的银行来进行。神圣罗马帝国之下的独立公国这样一个历史结构对于德国的统一是一个障碍，自然这也阻碍了德国国家银行的出现。1870年在柏林建立的德意志银行是一个转折点。颁发给它的许可证指出，这家企业的目的是"从事一般银行业务，尤其是推动和促进德国、欧洲其他国家以及海外市场之间的商业关系"。

　　德意志银行的创办人们意识到，为了让德国的对外贸易独立于英国的银行中介，为了确保德国的商业在国际市场上有稳固的地位，德国的银行和信贷体系的组织构造存在着需要迎头赶上的差距。在早期的岁月里，要做到这一点相当地困难，这是因为德国当时没有金本位制，以各种德国货币制作的汇票在国际市场上既不为人知，也无人欣然接受。德国在1873年实行了金本位，这些困难随即不复存在。德意志银行在德国海外贸易的集散地（不来梅和汉堡）建立了分行，在伦敦开办了一家代理行，因而在积极推进它的民族主义目标方面取得了成功。

　　后来，柏林的其他一些股份制银行，特别是贴现公司银行和德累斯顿银行，都以德意志银行作为自己的榜样。尤其是在过去的十年里，柏林的各家股份制银行在将其利益触角伸向海外方面表现出了极大的热情。德国的银行在1997年的亚洲金融危机之中遭受了最大的损失，这部分是因为它们是后来者，因而成为典型的高买低卖综合症的牺牲品。

　　德国的中央银行是德意志联邦银行，其总部位于法兰克福。它是依据公法成立的联邦企业，也与联邦银行监管局一样执行着监管的功能。它的权限由《联邦银行法案》这项专门的法律来规定。在1998年12月31日以前，德国只有德意志联邦银行才有权发行纸币和硬币，它还承担着通过调节货币的供应量和德国经济所能获得的信贷量来维持本国货币稳定的任务。在1999年的元月1日，随着欧洲共同货币欧元的启动，德意志联邦银行的这个独享的权利被转给了欧洲中央银行。

　　去年4月22通过了《综合金融服务监管法》之后，德国的金融监管局于当年的5月1日成立了。以前负责银行监管、保险监管和证券监管的各个部门的职能被整合在了一起，形成了单一的国家监管机构，对涉及整个金融市场的银行、金融服务机构和保险公司进行着监管，这个部门涵盖了消费者保护和偿付能力监督的所有关键职能。这个新成立的德国金融监管局旨在对德国作为一个金融中心的稳定作出宝贵的贡献，并且提高德国金融中心的竞争力。

　　金融监管局是一个联邦机构，受公法的管辖，隶属于联邦财政部，因而它是一个法人实体。它的两个办事处分别位于波恩和法兰克福。金融监管局对2700家左右的银行、800家左右的金融服务机构和700多家保险公司进行着监管。

　　德意志联邦银行是德意志联邦共和国的中央银行，它是欧洲中央银行体系

（ESCB）的一个有机组成部分。这家央行参与完成欧洲中央银行体系的各项工作，其基本的任务是维持欧元的稳定，它还确保国内外的各项支付活动有序地进行。它成立于 1957 年，是由德意志国家银行和各地区央行所组成的双层银行体系的唯一后继机构。在当时，各地区央行是法定的独立实体。从 1948 年 6 月 20 日德国开始使用马克起，直到德意志联邦银行的成立，在这期间，央行体系中的这些机构共同承担着对于德国货币的责任。

由于德意志联邦银行成为欧洲中央银行体系的一部分，因而日益显见需要对它进行重组。这家银行的组织结构现在已经根据 4 月 30 日生效的《德意志联邦银行法案第七修正案》而作出了改变。德意志联邦银行的决策机构是执委会，它通常在法兰克福召开会议。它的组成人员是主席、副主席和另外六名成员。它的任务是指导和管理德意志联邦银行。

执委会负责制订组织法规，确定各项职责如何在执委会各国成员之间分配，决定哪些工作需要委派给各地区办事处去完成。执委会的成员全部都由联邦共和国的总统任命。主席、副主席和另外两名成员由德国联邦政府提名，其他四名成员则由联邦参议院在与联邦政府协商一致后提名。

直到不久以前，德国最大的五家银行分别是德意志银行、德累斯顿银行、西德意志银行、德国商业银行和巴伐利亚联合银行。1994 年，法兰克福通过激烈的竞争赢得了让欧洲货币机构（EMI）建于该市，它是目前的欧洲中央银行的前身，随着欧元的引入，它于 1999 年元月起开始在法兰克福运作。在这之前，德国的德意志联邦银行是欧洲最具影响力的央行，它在金融文献中被称为"BUBA"。从各方面来说，德意志联邦银行之于欧洲一如美联储之于美国；事实上，美联储是这家战后德国央行的楷模。

德意志银行和德累斯顿银行之间拟议中的合并将不仅改变德国而且改变整个欧洲的金融格局。这次拟议中的合并受到了两个因素的推动。一是各家银行都担心电子商务会导致已经在不断下降的零售业务利润进一步地减少。二是这两家银行都想扩大规模，好与美国银行在利润率较高的投行业务市场上开展全球性的竞争。这次的拟议合并是在步沃达丰公司收购曼内斯曼公司——它是德国出现的首次恶意收购——的后尘，这样的交易预示着德国的企业文化正在改变。互联网和电信泡沫的破裂令人们对这类合并的合理性产生了怀疑。

德国大企业之间复杂的交叉持股体系看来正在解体，这增加了有些大企业落入外国人之手的可能性。这两家银行的举动标志着它们意图从零售银行业务转型，对许多德国银行来说，这类业务业已证明是无利可图的。在互联网泡沫破裂以前，德意志银行曾计划每年对互联网风险企业投资高达 10 亿欧元。在 1998 年，德意志银行以 100 亿美元收购了美国的信孚银行，目前的结果只能说喜忧参半。

在沃尔克执掌美联储之前，自 1930 年大萧条之后的新政以来，美联储的历史性偏好是相对重视就业创造和经济增长而不是价格的稳定。欧洲中央银行继承了德国人对通胀的恐惧，这源自这个国家在上个世纪里所经历的恶性通胀，所以欧洲中央银行现在依然执著于反通胀。大部分新自由主义经济学家都认为，德国这个欧元区经济增长的引擎是这个地区经济衰弱的根源，它受到了三个彼此关联的问题的困扰，即两德统一带来的通胀压力，与欧元之间不具竞争力的兑换汇率和抵制结构改革的政策惰性。然而，新自由主义的改革将会要求彻底放弃德国经济结构的历史和文化本质。

欧洲中央银行的政策导向与其成员国政府相左，后者希望它在经济出现下滑时放松其严格的赤字规定。欧洲中央银行决心表明它独立于欧元区的政治现实，但这么做正在阻止它成为欧洲经济复苏之中的一支建设性力量。

央行无所作为、行动迟缓的典型错误现在已经传染到了西方世界的三家关键央行：美联储、欧洲中央银行和英格兰银行。

第二章　美国的经验教训之一

在美国，央行的运作直至1913年建立美联储才诞生。美国的首家国家银行是美国银行（BUS），它成立于1791年，经营了20年，直至1811年。第二家美国银行（BUS2）成立于1816年，它也经营了20年的时间，直到1836年。效仿英国经验成立的首家国家银行是由联邦党人建立的，按照首任财政部长亚历山大·汉密尔顿的建议，它应该是建立新国家这个系统工程的一个组成部分，因为汉密尔顿意识到，如果没有一个由国家银行牵头的健康的金融体系，这个新的国家就无法繁荣发展。

在这个新国家的联邦政府只有三岁时的1791年，国家银行的许可证为国会所批准并经乔治·华盛顿总统的签署而成为法律。这个新的国家银行的名称是美国银行，它的目的是对新成立的联邦政府给予帮助，持有它的资金并在必要时向它提供贷款。它可以发行作为法定货币流通的纸币，因而有助于维持币值稳定的货币的充分供给，它还向政府提供信贷，对促进经济扩张的经济政策给予支持。

要理解汉密尔顿为什么要提议建立国家银行，我们就有必要知道，法律规定财政部只能发行金银币货币，而不能印行纸币。根据受到货币数量论（QTM）影响的正统货币理论，（以金银为后盾的）硬币货币是唯一可靠的货币，尽管它可以由可充分自由兑换为黄金或者白银的纸币作为补充。虽然托马斯·杰斐逊提出宪法并没有授予国会建立国家银行的权力，而且他认为这家国民银行意在以国家利益的名义损害农民的利益而照顾商人的利益，以损害普通人的利益来照顾富人的利益，但国会还是给予了美国银行20年的经营许可。

联邦政府认购了美国银行一千万美元资本金之中的五分之一，而美国银行立即向政府提供了一笔价值2百万美元的贷款，剩下的8百万美元由私人投资者认购。美国银行是政府的唯一财政代理，它也从事商业银行业务。尽管美国银行管理良好并有盈利，但它招致了由各州颁发许可证的银行以及西部拓荒区和南方的农业利益的反对，它们组成了一个同盟，成功地阻挠了1811年对它重新发放许可证。

杰斐逊反对建立国家银行，这是他全面反对汉密尔顿的强势中央政府和金融由精英领导的全盘计划的关键部分。杰斐逊觉得，国民银行会给予主要来自新英格兰各州的一小群精英式私人投资者国民经济方面的过分权力，还有牟取大量可靠利润的不公平的机会。国家银行是否合宪的争论引发了杰斐逊和汉密尔顿各执一词，前者认为对宪法的字句应该进行"严格的理解"，而后者则认为宪法赋予了联邦政府以"默示的权力"。

在一直到今天的整个美国历史中，尽管最高法院多次认为"默示的权力"是合乎宪法的，法定纸币也是合法的，但是这个争论，再加上金属货币与法定纸币之间的转移，在哲学上依然并未得到解决，杰斐逊认为汉密尔顿为美国银行业设计的整个方案都是违背了美国宪法的精神的，是对美国文明基本构造的威胁。他预言说："如果美国人民允许银行控制货币的发行，那么先是会出现通胀，接着又会出现通缩，这些在美国人们周围成长起来的银行和企业将会以此剥夺他们的所有财产，直至他们的下一代一觉醒来，发现自己在父辈占领的大陆上已经无家可归……应该将货币的发行权从银行那里拿回来交还给国会，交还给它原本属于的人民"。这是反对央行政治上"独立"的明确声明。这个警告也适用于全世界的人。

杰斐逊作为总统所取得的最大成就是买下了路易斯安那。在1800年，《圣伊尔德丰索条约》秘密地将路易斯安那从西班牙的手中转到了法国的手上，这令美国深感震惊，因为它看到了一个健壮有力的、对外扩张的欧洲强国将要控制密西西比河的入海口，将会阻挠美国的向西扩张。詹姆斯·门罗被派往了巴黎，与拿破仑·波拿巴谈判由美国买下路易斯安那。后者是愿意卖的。他在此之前曾派遣一支远征军前往海地镇压黑奴的起义，还打算随后占领新奥尔良，行使法国对路易斯安那的控制。但是，这支法国远征军因为染上丛林黄热病而伤亡惨重。同时，法国因为拿破仑战争在欧洲重新开战而需要更多的军队，对英国实施海上封锁也遇上了困难，这些事情令拿破仑相信，美国在亲法国的杰斐逊的领导下可以成能法国的潜在盟友，还可能成为英国的潜在对手，因此美国的强大符合法国的利益。

法国同意以1500万美元的价格出售路易斯安那，这笔交易涉及一大片的土地，向北延伸到加拿大，向西则到达洛基山脉，占地一百多万平方英里。这笔土地买卖由当时成立了四年的美国银行提供资金。但是，根据对宪法的严格的理解，联邦政府无权购买新的领土，根据与拿破仑达成的条约的规定，它也无权给予居住在这片土地上的居民充分的公民权，更不用说许可开办一家国家银行了。杰斐逊抛开了他对宪法的顾忌，成了一个"默示的权力"的事实上的鼓吹者，积极游说参议院批准买下路易斯安那。

汉密尔顿关于国家信贷的观点不仅仅是要有利于富人，尽管实际上它确实如此，它还要保护年轻的国家里的那些幼稚工业，因为它反对亚当·斯密的自由放任学说，而英国19世纪全球化的鼓吹者出于推动英国国家利益的目的在推广这个学说。对于两个世纪后最终摆脱了西方帝国主义束缚的所有年轻的经济体而言，尤其是对于过去几十年里反对美国新自由主义的全球化而言，这就是汉密尔顿的计划为什么是一个恰当的模式的原因。

对于汉密尔顿以强大的联邦政府来强化这个新国家的计划来说，创办一家国家银行是三项措施中的一项，另两项措施是：1）对威士忌酒征收消费税，从而将联邦的权力延伸到这个幅员辽阔的国家的内陆地区，并且通过使生存农业变得不经济而迫使农村居民从事生产性的活动；2）以保护性关税和直接补贴的方式由联邦政府资助制造业。对汉密尔顿而言，如果中央政府没有金融主权，那么它只得依靠私人银行为由民主选举产生的国会所批准的国家发展计划提供资金，这才是真正的不民主，而依赖于外国银行为国家发展计划提供资金则是不爱国的做法，甚至可以说是叛国的行为。

汉密尔顿的国家发展计划遭到了两个特殊利益集团的有力反对，这是两个在国会里有着支配性影响力的利益集团，即北方的贸易商和船主，他们已经在1789年确保了保护美国船运业的《航海法案》的通过，还有就是南方的种植园主，他们依赖于未经加工的农产品的出口。即使对外贸易对于国民经济的发展有害，这两个特殊利益集团也不会从限制这种贸易中获得任何利益。国内的制造业利益集团要到1812年的战争之后才会变得强大，足以获得大量的政府保护。这样的政治格局在21世纪的许多发展中国家里也可以看到，在这些国家里，金融精英们宁愿要买办式的机会主义，也不愿要经济上的民族主义。

国会对第一家美国银行的反对导致这家银行的许可证在1811年到期而未能续展。不过，1812年的战争之后所出现的金融压力导致需要再建立一家国民银行。到了1807年，拿破仑统治之下的法国控制了欧洲的大部分，而英国则因为1805年在特拉法加海战中击沉了法国舰队而掌握着海上控制权。这种陆地对海上的僵持局面造成这两个敌对的超级大国开展了经济战，英国封锁了法国的海外贸易，而拿破仑的还击是建立"大陆体系"，对所有与英国之间的贸易实施制裁，这导致中立的美国贸易被迫中断而成为附带的受害者。在美国国内，在因为美国占领英属加拿大而被激怒的泰库姆什酋长的协调下，美国的土著居民组建了部落联盟对抗西进运动，因此农民的西进扩张运动遭到了美国土著民的有力抵抗，尽管美国的大部分船主都不想开罪强大的、完全控制着海上航线的英国，但这仍然成为了对英国封锁美国对外海运展开报复的理由。

在1810年的选举中，西进扩张运动的政治诉求表达了出来，一群年轻的议员因此而进入了国会，他们被称为"好战的鹰派"，为首者是众议院发言人亨利·克莱（Henry Clay）。虽然"好战的鹰派"发表了大量好战言论，但美国并没有做好战争的准备，其中最缺的是政府的资金。由于税收收入还抵不上政府花销的三分之二，又没有一家国家银行，政府被迫从东部商人拥有的银行里借钱度日，而因为担心英国会对美国对外船运采取进一步的打击措施，这些人又反对与英国作战，这导致美国要开战的话资金严重不足。

到了1814年，英国已经在1813年十月的莱比锡战役中在欧洲战胜了拿破仑，英国的资产阶级为这场战役花费了2300万英镑之多，组建了由东欧农业封建主义、西班牙教权主义和德国民族主义构成的联盟，得到了所向披靡的英国海军的支持，还动用了俄国、普鲁士和奥地利三国的联合部队。到了这个时候，英国得以腾出手来派遣了一支远征军，要挫败美国占领加拿大的希望。英国人还于1814年夏在切萨皮克湾登陆了一支侵略军，这支军队开进到了华盛顿，烧毁了白宫，几乎抓住了詹姆斯·麦迪逊总统本人。但是，这支军队最终在巴尔的摩被击溃，这场战斗激发了弗朗西斯·斯科特·基的灵感，他写下了《星条旗之歌》，后来被采纳为美国的国歌。

在1815年的1月8日，又一支由拿破仑战争老兵组成的英国远征军在新奥尔良附近被安德鲁·杰克逊所击败，英美两军的战死人数之比是2000比13，这决定性地证明了现代步兵在与19世纪欧洲兵团的作战中是多么的有效。这不禁令人想起1415年的阿金库尔战役中英国长弓手对法国贵族骑兵的胜利，这场战役重创了法国的重甲骑士，他们是法国贵族中的精华之所在，永远地结束了他们作为一支有效的战斗力的作用。

《根特条约》宣告了1812年战争的结束，在这场战争中，英美双方都没有取得军事上的胜利，它们也都没有得到任何政治上的好处。就在签署条约的时候，一群来自新英格兰的代表在康涅狄格州的哈特福德举行了会议，讨论是否脱离联邦。这群新联邦党人背离了汉密尔顿的国家统一原则，表达了他们自己的政治目的，但这不是联邦主义在政策上的终结，它一直到杰克逊担任总统时都依然是美国的政策。如果美国银行得以运作起来，那么美国的这场战争本可以获得更多的资金支持，加拿大也有可能成为美国的一部分了。

第二美国银行在1816年开始运作，它有3500万美元的资本金，其中联邦政府仅占5%的股份。在1812年战争之后的十年时间里，美国政治中没有明显的党派纷争，因此这十年被称为美国历史上的"和睦时期"。共和党放弃了它一开始对联邦主义的杰克逊的反对，转而采纳了联邦主义的各项政策，首先就是建立了第二美国银行，以关税来保护处于挣扎之中的美国工业，以及由联邦政府对基础设施的发展进行拨款。亨利·克莱基于汉密尔顿的理想提出了"美国体系"的观点，但他与汉密尔顿不一样，他努力赢得普遍的支持，不仅向上层阶级示好，他还试图获得南方农业州的支持，而不仅仅是新英格兰各州的商人的支持。他的"美国体系"观是一个国家发展计划，内容是联邦政府对国内的发展给予帮助，以及以关税来保护处于困难之中的美国工业。

第一美国银行的消失导致这个国家的货币体系陷入混乱状态。从1791年开始，各州向大量的银行颁发了许可证，到了1815年，美国有了208家银行，而除了新英格兰的银行之外，这些银行经允许发行的纸币远远超过了它们的资本金比率，它们还在没有足够准备金的情况下发放贷款。

第二美国银行在那段相对繁荣的时期里履行了它的基本职能，它的运作也得到了广泛的支持。第二美国银行的许可证使这家银行有权作为联邦政府唯一的财政代理，持有它的存款，对联邦资金进行跨州转移，以及处理联邦的资金收支事宜。与由各州颁发许可证的银行一样，这第二美国银行也有权在部分准备金制度的基础上发行钞票以及从事常规性的商业银行业务，作为回报，联邦政府希望这家机构履行某些央行性质的义务，用许可证上的话来说，就是："这家银行要协调并带领各州的银行，采取所有必要措施恢复公共的和私人的信誉，还要引导银行体系服务于国家的利益"，而在当时，为外国利益服务的利润可能会更高一些。尽管第二美国银行的80%都是由私人所有的，但它的运作仍然要接受国会和总统的监督。它相对于除它之外的所有银行都处于主导地位，占国民经济中所有银行借贷的20%左右，占当时流通中的纸币的40%。它在纸币发行方面持保守态度，持有的金属货币准备金为它发行在外的纸币价值的50%，而其他银行标准的准备金比例则在10%到15%之间。

1821年，门罗政府迫使国力正在式微的西班牙以5百万美元将佛罗里达卖给了美国，这笔钱中的大部分都付给了美国公民，他们可以向西班牙政府讨要这笔钱。门罗政府为这次的强买找出的理由，是西班牙政府没能对逃跑的奴隶和杀人越货的印第安土著塞米诺尔人关闭佛罗里达的边境。作为这次交易的回报，美国答应放弃它对德克萨斯的领土主张。这笔土地收购由第二美国银行提供了资金。在1823年的12月2号，美国发表门罗主义宣言，反对欧洲对美洲任何一个地方的干预和殖民化。

克莱的国家发展计划所希望的缩小地区冲突和阶级差异并没有实现。银行和关税立法的主要受益者是北方各州的贸易商，南方的种植园主和西部的农民则遭到了忽视。第二美国银行很快就被东部沿海的利益集团所控制，它们被指责为试图在地区之间的冲突中支配并剥削西部。在从1810年到1819年的十年里，又出现了5个新的州，它们是西南部的路易斯安那、密西西比和阿拉巴马以及中西部或者老的西北部的印第安纳和伊利诺伊。1800年的《土地法》刺激了公有土地的出售，因为它规定了优厚的还款条件，购地者可以采取分期付款方式在4年内交清地款，这导致售地量从1815年的一百万英亩增加到1819年的5百万英亩。土地的投机性泡沫由各州的银行和政府的卖方信贷提供资金。这场泡沫在1819年破裂了，这在整个的西部都被归咎于第二美国银行的政策，它的一个惯常的做法是买进州银行发行的票据，然后突然要求兑付这些票据，从而迫使这些银行收回对西部农民的贷款，这导致了这些人的破产，大量的西部土地也因为抵押的土地遭到强制收回而落入第二美国银行私人股东的手中。

美国的1820年代和1830年代是经济增长极为迅速但也颇为动荡的一段时光。由于疆域的扩大，新的自然资源得到了开采，工业革命的新技术也在被引入。黄金和白银贵金属的这种老式的货币供给承受着压力，因为它不足以应付不断增长的经济对于流动性的需要。在1830年，经济之中流通着的黄金和白银贵金属的总价值只有国内生产总值的五分之一。若干以部分准备金制度发行钞票的银行的出现是一个自然的结果。私人银行发行的纸币由比例不一的贵金属作为担保，尽管它们不是法定货币，但它们在债务的偿付之中得到了广泛的接受，不过通常要在它们的面值基础上作出折扣。这些纸币的质量差别很大。利欲熏心的银行从业者欺诈客户的情况非常普遍，他们通过劝说或者贿赂本州的立法机关而获得了许可证，可以随心所欲地开展银行业务。在1828年，由密西西比州颁发许可证的17家银行以区区30.3万美元的贵金属准备金就发行流通了面值达6百万美元的纸币。随之便爆发了是要放松银根还是要维持货币质量之间这种很典型的冲突，因为放松银根所带来的经济收益往往因为货币质量不佳而遭到破坏。

第二章 美国的经验教训之一

第二美国银行正是在这样的环境里运作着。它有一项职能就是管束和支持由各州颁发许可证的银行，同时又不能收紧放松的银根。作为联邦政府的财政代理，它会收进作为税收缴纳上来的纸币。然后，它会持这些钞票去由各州颁发许可证的发行行，要求将这些纸币兑换成它上缴联邦政府财政部税收账户所必须的黄金。这样，由各州颁发许可证的银行便被迫必须保有较多的贵金属准备金。反过来，第二美国银行也是由各州颁发许可证的银行在困难时候的最后贷款人，因为它可以不要求兑付这些银行发行的纸币，而是允许它们对它欠账。由各州颁发许可证的银行是经济民主的载体，它们不止是对大企业放贷，也向普通大众提供信贷。它们有些取名为人民银行，或者以其他具有民主或者社会主义含义的名称命名。它们普遍对当地的小企业、农场和家庭发放贷款。

这个时期政治气候的标志是杰克逊式民主这样一种平民主义的意识形态。倡导这个意识形态的核心人物是1828年当选为总统的安德鲁·杰克逊，围绕在他的周围，形成了一个由农本主义者、民族主义者、平民主义者和自由主义者出于政治上的考虑而组成的联盟。把这群人汇聚在一起的是这样一个原因，即他们对东海岸享有特权的富有贵族严重的敌意。在这样的新政治氛围中，坐落于费城的第二美国银行及其出生望族的行长尼古拉斯·比德尔（Nicholas Biddle）自然就成为一个靶子。自由主义者在面对小规模的问题时表现得很理智，但他们始终不能理解个人自由在大规模的国家企业里是没有容身之地的。企业也好，政府也好，复杂的组织要求完全牺牲个人的自由。

支持与国家银行作斗争的这个意识形态相当的驳杂，它的内部不乏矛盾冲突。它奇怪地混合了道德判断、经济逻辑和平民主义的情绪，把这些结合在一起的是一个现实的考虑，即抨击国家银行政治上的正当性，它的合法性和它在经济上的合理性。

既得利益也起到了对反对美国银行的各种力量推波助澜的作用。如果第二美国银行不复存在，杰克逊政府的关键成员将会收获巨大的个人利益。为了使纽约成为美国首屈一指的商业中心，当时的纽约金融圈子正在与费城展开竞争。在这场华尔街（纽约的国际主义者）与栗树街（费城的民族主义者）之争当中，杰克逊第二届任期时的副总统并最终取代杰克逊成为总统的马丁·范布伦尤其与华尔街站在了一边。

由于第二家美国银行几乎完全不提前通知就要求由各州颁发许可证的银行承兑它们发行的纸币，这些银行不喜欢被这种做法束缚着手脚，而且第二美银行在这样做时公然武断地选择目标，往往带有不加掩饰的地区歧视。在被认为不属于国家要优先发展的地区,这导致这些地方的银行被迫大幅提高准备金的比率,因而限制了它们的对外放贷。新的暴发户阶层出现了,他们是靠着自己的努力而取得了成功的企业家以及投机人士,杰克逊和他的许多副手也属于这个社会阶层。他们普遍不喜欢信贷受到限制,尤其反对东北部的那些把持着金融界的人控制着信贷的分配,这是因为他们依赖于对他们友好的由各州颁发许可证的地方银行,要靠它们慷慨的信贷提供所需的资金,这就像 1980 年代和 1990 年代的杠杆收购金融家、公司并购者和"新经济"企业家依赖于垃圾债券投行一样。

纽约的金融圈子对于是否要推倒第二美国银行这个问题存在着争议。有些由纽约州颁发许可证的银行很不情愿地承认,第二美国银行对于管束银行体系是有好处的,它作为最后贷款人的作用也是积极的。政治上的意识形态和经济上的逻辑也推动了反对国家银行的浪潮。在国家政治层面,反对获得了相当广泛的支持,这促成杰克逊解散了第二家美国银行。与里根一样,杰克逊通过大选来到华盛顿为的是控制华盛顿。

最大的反对来自于州权鼓吹者们,他们强烈地反对由联邦政府颁发许可证的国民银行所行使的巨大权力。许多人认为,向这家银行颁发许可证是国会权力违反了宪法的延伸,尤其是在他们看来第一国民银行并没有不带地区歧视地服务于国家的利益,而是一味地迎合着东北沿海地区的利益。这个观点由杰克逊进行了总结,他称第二美国银行是联邦当局的违宪之举,对民主制度构成了威胁。随着第二美国银行遭到解散,干预银行和货币体系的权力一直到美国内战时都留在了各州的手中。由各州颁发许可证的银行体系服务于每一个州各自的利益,这些利益往往与国家利益相互冲突。

在反对国家银行的各种力量之中,关键的一支由自由主义者们组成。他们认为政府对经济或者对社会任何超过最低必要程度的干预都是不合法的,这更多是基于道德而不是宪法的理由。自由主义者在面对小规模的问题时表现得很理智,但他们没能理解组织大规模国家企业时个人自由只不过是一个幻想。"小的是美好的"依然只是嬉皮士世界里的一个浪漫的口号而已。

1800 年代在美国是原始的自由放任哲学的时代,在亚当·斯密用"自由放任"这个词表示政府以积极的行动保持市场的自由这样一个意义上,当时的美国的国内市场还没有复杂到需要政府针对贸易限制进行干预的地步。这种自由主义的哲学是与"自由银行"学派相关联的,后者基于意识形态的理由而认为政府不必干预货币体系。

第二章 美国的经验教训之一

"自由银行"人士赞成建立在部分准备金制基础上的纸币制度。但是,他们认为第二美国银行的监管功能既是没有必要的,也是无效的,这是因为在一个完全没有监管的金融体系之中,自由竞争会通过市场的约束自动保护公众免于遭受欺诈,这其中的道理是欺诈对于经营活动基本上是有害而无利的。他们指出,当时的银行体系的问题在于自由竞争由于第二美国银行在其许可证中获得的垄断特权而受到了限制,这造成了对于监管机构的保护而不是市场的自我约束的不健康的依赖,其表现形式为消费者的道德风险,即天真地认为如果企业受到了监管,消费者的利益就会自动地得到保护。以1830年代占据主导地位的经济范式为背景,中央政府调节货币供给的重要性不像今天这样的不证自明。而且对于西部的拓荒者来说,对个人自由的热爱导致他们轻易地成为东部有组织金融的牺牲品。

经济学家熊彼特(1883—1950年)指出,在19世纪的上半叶,主流经济学家认为由私人竞争性地提供货币是一件好事。与休谟不同,亚当·斯密提倡国家在货币的供给方面不加干预。斯密认为,在银行之间彼此竞争的环境中,由私人拥有的银行不可能过量发行可兑换纸币,在这样的情况下,"货币数量论"只不过是个幻觉,"真实票据"学说才是现实。斯密从来就不承认或者说不理解繁荣和破灭交替的经济周期。

反对垄断和监管的"自由银行学派"得到了农民和无产阶级的支持,因为他们不信任大银行和纸币。由于银行体系之中存在着普遍的欺诈,而且这种欺诈似乎与银行的规模成正比,这种不信任的感觉因此得以强化。纸币越来越被看成是无良的雇主和贪婪的金融资本家骗取工人和农民应得收入的工具。在1990年代放松监管的金融市场上,由于由结构金融所推动的所谓"新经济"之中存在着大量的、普遍的企业欺诈和金融欺诈,类似的不信任情绪目前也在蔓延开来,不过这次不信任的焦点不是纸币了,而是无纸化的虚拟货币,也即衍生工具。

安德鲁·杰克逊在告别演说中提到了纸币体系及其与垄断和特权的天然联姻,正如艾森豪威尔曾警告这个多疑的国家要警惕军工复合体的威胁。杰克逊指出,纸币的价值往往会出现剧烈而突然的波动,因此不能指望它们保持交换媒介量的稳定。

与"自由银行学派"不同,反纸币的贵金属货币狂热者着眼于取消最后贷款人,从而废除部分准备金制度。他们可以进一步分为黄金狂、白银狂和双金属主义者。

"自由银行"学说和贵金属货币的倡导者都认为取消这家银行是非常根本性的，但他们的目的相且相互冲突。在这个联盟的对立一面，国家银行的支持者们，比如说第二美国银行的行长尼古拉斯·比德尔以及亨利·克莱和约翰·昆西·亚当斯这样一些政治家们，则面临着政治上的两难处境。反联邦主义的情绪和原始的自由放任思潮当时都在抬头。第二美国银行同时受到了来自极左（"自由银行"的鼓吹者们）和极右（反纸币的鼓吹者们）两方发起的进攻。

　　1834年到1837年的衰退之前出现并导致了这次衰退的货币扩张并非源于银行准备金比率的下降，而是产生于1830年代早期白银流入美国造成的泡沫效应，这是墨西哥白银增产的结果，另外一个导致货币扩张的原因是英国在美国投资的增加。因此可以说，央行可以通过管理货币供应量而造成或者防止衰退是夸大其词和过分简单化的一个说法。

　　自由主义者持有这样的观点，即国家无权监管彼此达成一致的个人之间的任何商业交易，纸币也包括在内。因此，所有的法定货币，无论是否是贵金属的，都是政府的干涉行为。不过，对于一个正在进行工业化的经济体而言，它要有建立在银行负债和部分准备金制度——或可再加上政府的征税能力——基础之上的交换媒介，这是一个基本的前提。硬通货的鼓吹者们并没有摧毁部分准备金制，他们只不过是消除了对它起着约束作用的一支力量。

　　1837年以后，银行体系准备金的比率比第二美国银行存在期间高出了很多。这反映了公众在大量银行倒闭的1837年大恐慌之后对银行的不信任。在1840年代和1850年代，如果是由央行来提供流动性，所要求的准备金比率就会降低，放贷量会增加，货币供应量也会增加，那么对纸币体系的这种缺乏信任原本可以得到缓解。美国银行体系的格局就不会这样的地方化和破碎化，与大规模工业化经济不相协调，美国经济也就不会如此地依赖于外国的投资。这些之所以都没有发生的原因是央行的运作天生地倾向于照顾中心而歧视外围，因而它与民主政治发生了冲突。在今天，央行在全球化的国际金融构架中运作，这个问题依然存在。宁愿做个自己当老板的穷人也不要做替人打工的穷人，这在今天依然不言而喻。因此，只有经济中心主义能将财富从中心向外围转移，这样的经济中心主义才会在政治上得到容忍。央行的运作具有反经济民族主义的制度倾向。

　　杰克逊政府对第二美国银行的攻击开始于1830年，它还成了他竞选连任的一个议题。1832年，他动用总统否决权挫败了对第二美国银行联邦许可证的续展。在这一年的后期，杰克逊又凭着他第二届任期总统选举获胜的势头，下令从第二美国银行中取出所有的联邦资金。第二美国银行的许可证于1836年到期，这家位于费城的银行这时成功地重新获得了经营许可，但这次只是在宾夕法尼亚州议会庇护之下的一家由该州颁发许可证的银行了。它的名称变为美国宾夕法尼亚银行，规模和影响力也大为缩水。1841年，由于美国银行体系中没有最后贷款人，在对棉花市场投机导致流动性短缺后，它破产了。

解散第二国民银行保留了各州对于银行业的权力。一直到美国内战以前，联邦政府对货币供应的大规模干预都没有再次出现。不过，杰克逊的胜利变成了美国的一种政治文化，即反对银行体系中有集权的机构。美国直到1913年以前都没有产生一家央行机构。即使到了1913年，美联储系统也是高度分散性的，由12家自治的银行所组成，每一家都位于所在地区的大城市里。有些史学家认为货币当局反应不连贯的原因是1929年股市的崩盘和随之产生的对银行体系的挤兑。1930年代大萧条的部分原因在于货币权的这种分散化。

马丁·范布伦在1836年的选举中接替杰克逊担任了总统。杰克逊政府此前得以任命八位新的最高法院大法官，其中包括新的首席大法官，来自马里兰州的罗杰·坦尼，他接替了卸任的约翰·马歇尔。美国政治中的根本性议题往往由司法态度的变化更清楚地体现出来。马歇尔以他对默示权力说的支持扩张了联邦政府的权力，而坦尼则认为要保护各州的权利，他支持各州在各自的疆域内监管商业和自主地制订经济政策的权利。马歇尔从宗教的角度引证合同和私人产权的神圣不可侵犯，而坦尼则有意允许各州为了促进普遍的福利而对私人产权进行监管。

在坦尼被提名为首席大法官之前，他是杰克逊政府的财政部长，正是他执行了杰克逊的命令，从1833年9月起把联邦政府的存款从第二美国银行中取出，存入几家由各州颁发许可证的银行之中。由于没有了第二美国银行的监督，这导致经济之中迅速形成了一个债务泡沫，主要集中在对公共土地出售的投机上。这次繁荣造成政府收入突增，在1835年，美国空前绝后地全部偿还了国债，而且财政盈余还在不断增加。1836年，国会通过了一项法案，将这些盈余分配给各州。但是，这远非一件幸事，而是演变成了一场经济灾难。

货币供应量的减少导致了1837年年初的崩盘，造成事情变得更糟的是这位财政部长发布了"贵金属公告"，规定公共土地的买卖只能用黄金或者白银而不能用纸币支付。因此而出现的萧条一直持续到范布伦任期结束，但他坚持对宪法作严格的理解，所以他没有让联邦政府采取任何措施复苏经济。范布伦主要关心的是政府财政的稳健。由各州颁发许可证的银行大规模的倒闭表明了把政府的钱放在私人银行那里是危险的，范布伦因而决定，政府财政从此以后要与私人银行脱钩。政府应该将钱保存在"独立的国库"里，在主要城市里建造"金库"，政府官员在那里严格地用贵金属来收支资金。

直到 1863 年的《国民银行法案》颁布以前，联邦政府与银行业就没了进一步的瓜葛。尽管"独立的国库"确实限制了信贷盲目的投机性扩张，但它往往也造成了一系列新的经济问题。在繁荣时期，财政盈余堆积在国库里，这减少了硬通货的流通，紧缩了信贷，甚至限制了贸易和生产合法的扩张。另一方面，在萧条和恐慌时期，这时银行暂停以贵金属对外支付，硬通货被窖藏了起来，政府坚持对它以贵金属支付会限制私人信贷中的贵金属货币量，因而往往会加剧经济困难。

1863 年的《美国国民银行法案》对前一年的《通货法案》的规定进行了修订和扩充。任何 5 个或 5 个以上没有犯罪纪录的一群人都可以组建银行，但有一定最低资本金的要求。由于这些银行由联邦政府而不是各州授权，所以它们被称为国民银行，不过不要与汉密尔顿意义上的国民银行混淆起来。要获得票据发行的特权，它们要购买政府债券并且把这些债券存在通货监理官那里。

美国内战于 1861 年爆发，这时，新任总统林肯发现"独立的国库"里空空荡荡，只能暂停以黄金对外支付，因而他请求由各州颁发许可证的私人银行提供贷款，从而支付动员和装备北方联邦军所需的补给。在那个时候，美国有 29 个州向 1600 家银行颁发了许可证，这些银行总共发行了 7000 种不同的钞票。

林肯立即劝说国会授权发行政府票据（被称为"美钞"），这种钞票承诺"见票即付"票据正面显示的金额。这些票据不是作为"美元"发行的，而是根据宪法的借款权授权发行的本票。内战的总成本高达 30 亿美元。政府提高了关税，开征了各种消费税，而且还在美国历史上首次开征了所得税，但它在内战的那四年里只收上了总计 6.6 亿美元的税收。从 1862 年 2 月到 1863 年 3 月间，纸币的发行量是 4.5 亿美元。其余的成本则由战争债券来弥补。靠着费城的投资银行家杰伊·库克，这些战争债券得以成功发行，库克本人也大获其利。林肯本来的打算是这些美钞在付税时会逐渐回收，政府便得以不支付利息而有序地偿还这些美钞票据。尽管如此，在北方联邦军能否获胜受到严重质疑的战事最为吃紧的时期，美钞的市价以黄金计算只值 39 美分。毫无疑问，这些美钞票据帮助林肯拯救了联邦。林肯这样写道："我们最终成功并给了这个共和国的人民最大的福祉：以他们自己的纸币偿还他们自己的债务"。新自由主义派的货币主义者从来没有告诉第三世界各国政府这其中经验教训的重要性。

1863年，国会通过了《国民银行法案》。虽然这部法案当时的目的是刺激战争债券的销售，它也起到了新创一种稳定的纸币的作用。资本金超过一定最低额的银行如果将资本金的至少三分之一用于购买战争债券，那么它们就有资格获得联邦政府颁发的许可。相应的，联邦政府就会按这些银行持有债券面值的90%给它们国家发行的钞票。这个措施对这些银行来说是有利可图的，因为以相同的初始资本，它们可以购买战争债券并从政府那里拿到利息，同时它们还可以让这些国家发行的钞票进入流通领域，从借款者那里再拿一份利息。只要政府的信誉可靠，国家发行的钞票是不会贬值的，这是因为流通之中的钞票量以这些银行购买的战争债券量为限。又因为战争债券起着作为这些钞票的后盾的作用，这实际上是建立了一种稳定的通货。

这个体系的运转并不完美。对于经济不断扩张的需要，它提供的通货没有足够的弹性。随着政府回兑战争债券，流通之中的票据量减少了，这造成了通货紧缩，给债务人也带来了很大的困难。货币看来集中在东北部，西部和南方的农民继续为现金和信贷的长期短缺所困，这与第三世界债务国目前面临的情况不无相似。

内战结束后，"独立的国库"虽形式有变但依然存在，这是因为每一届政府都努力以各种办法解决它的弱点。财政部长莱斯利·肖（Leslie M. Shaw, 1902—1907年任财长）做出了许多创新；他试图以财政部的资金根据美国的信贷需求扩大和收缩货币的供应量。不过，1907年的恐慌最终表明这个体系无力稳定货币市场；对更为有效的银行体系的急切盼望导致了1913年《联邦储备法案》的通过。政府的资金逐步从财政部下属的"金库"转至美联储在各地的银行，1920年国会的一项法案下令次年关闭最后一座"金库"，从而结束了"独立国库体系"。

约翰·阿特基德（John P. Altgeld）是一位德国移民和平民主义者，在1890年成为伊利诺伊州的民主党州长，他抨击大企业并维护农民和工人的利益，该州的那一届政府因他而能力卓著、勇敢无畏和追求进步。通货问题是美国平民主义运动的核心问题。农民们凭第一手经验知道，农产品价格的下跌是由联邦政府在内战后采取的通缩政策所造成的，1878年的《布兰德－埃勒森法案》（Bland-Allison Act）规定以白银和黄金16比1的固定比例铸造银币，还有此后1890年的《谢尔曼白银采购法案》（Sherman Silver Purchase Actor），它们对通货紧缩都没有有效地遏止。财政部以黄金回兑白银增加了货币的价值并导致了价格的降低。

监管商业活动增长迅速，但政府仍然设计使流通中的人均货币量急剧减少。1863 年的《国民银行法案》也规定，银行发行的钞票要以它们持有的政府债券量为限。财政部偿还了 60% 的国债，因而大幅缩减了货币基础，这与 1999 年财政部的债券回购计划不无相似。对农民来说，借钱的时候小麦的价格是每蒲式耳 1 美元，而偿还同一笔债务的时候小麦的价格只有每蒲式耳 63 美分，而价格的下跌又是贷款人设计的，这是不公平的。对他们而言，金本位是一场全球性的阴谋，美国东北部的那些银行资本家——那些货币信托基金，它们是国际金融的代理人，大部分都受英国人的控制——心甘情愿地参与了其中。

克利夫兰总统是凭着民主党内平民主义的支持赢得 1892 年的大选的，但他对平民主义的计划并不支持。他认为自己主要的职责是维持联邦政府的清偿力和保护金本位制。商业领域里信心的下滑导致黄金以惊人的速度从国库流出。财政部随即以高价从摩根和贝尔蒙德两家银行买入了黄金，给它们带去了大量的利润。平民主义者认为，这种拯救金本位的做法是直接将财富从人民那里转移到银行资本家手中，是政府对国际金融资本的举手投降。克利夫兰甚至派遣了联邦军队前往伊利诺伊州剿灭 1894 年的铁路罢工，此举遭到了阿特基德州长的强烈抗议。

1896 年的选举围绕着金本位展开。克利夫兰失去了对民主党的控制，后者提名 36 岁的威廉·杰宁·布莱恩（William Jennings Bryan）为总统候选人，他在美国历史上最为著名的（尽管近来也是最为避之唯恐不及的）一篇演说中指出："你们不能强迫劳动者戴上荆冠，你们不能将人类钉在黄金十字架上"。为了让威廉·麦金利战胜布莱恩，银行和产业利益集团募集了 1600 万美元，结果布莱恩败得比吉米·卡特还要惨。麦金利的胜利标志着汉密尔顿的理想得到了牢固的确立，但它的大部分民族主义成分都被清扫一空。这与里根在 1980 年战胜卡特不无相似。

美国宪法的第 16 条修正案规定征收"少量的"所得税，用以弥补政府收入预计因为关税从 37% 降至 27% 而出现的减少，关税的这次削减由 1913 年的《安德伍德关税法案》（Underwood Tariff Act）所授权，在同一年，美联储建立了。"少量的"所得税现在变成了联邦和州所得税加在一起平均达 50% 的税率。

第二章 美国的经验教训之一

在伍德罗·威尔逊担任总统期间,《格拉斯－欧文联邦储备法案》（Glass-Owen Federal Reserve Act）于1913年12月通过。由1863年的《国民银行法案》在50年前所建立的那个体系有两个重大缺陷：1）因为流通当中的货币量以各家银行持有的政府债券量为限，所以货币供应量与经济的需要之间没有联系；2）每一家银行都是独立的，无法享有系统的流动性保护。这些问题在南部和西部更为严重，因为往往是由东北部的货币信托基金所造成的银行危机，那些地方的农民经常性地成为牺牲品。

货币精英们想要一个由银行资本家控制的央行，它要遵循的是汉密尔顿的思路，不过是国际性的而非民族性的。但是，威尔逊政府虽然在政治上得到过这些有钱的精英们的帮助，但它仍然忠实于杰克逊主义的观点，强调银行体系必须继续是分散性的，要远离东北部货币信托基金的控制，尽管威尔逊具有国际主义观，但控制权必须属于国民政府，而不能落入在国际上有联系的私人金融家手中。12家美联储银行在整个美国的各个地区建立了起来，对整个系统的监督权则托付给了美联储委员会，由财政部长、通货监理官和由总统任命、任期10年的另外5名成员所组成。所有由国家颁发许可证的银行都要求成为这个新系统的成员行，由各州颁发许可证的银行也欢迎加入。所有私人银行发行的钞票都要由美联储的钞票所取代，后者在美联储的各地区银行那里不仅可以兑换债券或者黄金，还可以兑换成最高等级的商业票据，这样做是希望让货币供应量随着商业交易量而扩张和收缩。由于所有银行的准备金都存在美联储那里，这样做应该可以确保系统性的稳定。

具有讽刺意味的是，美国之所以形成了建立央行的政治气候，原因在于华尔街上的相互残杀，有一家规模巨大的货币信托基金试图吞并其竞争者，其直接的结果是经济的浩劫在1907年到1908年扩散到整个国家。

隶属于洛克菲勒利益集团的联合铝业公司计划摧毁拥有联盟铝业公司的亨氏企业联合体。通过操纵股价，洛克菲勒一派造成亨氏在联盟铝业中股票的价格从60块降到了10块。进而传言四起，说不仅仅是亨氏的联盟铝业，而且亨氏的各家银行都处在洛克菲勒的压力之下。摩根也与洛克菲勒沆瀣一气，公开说他认为尼克博克信托公司将是首家倒闭的亨氏银行。恐慌的存款人大批涌向尼克博克银行的柜台，要求取出他们的存款。仅仅几天时间，这家银行就被迫关门大吉。类似的担心扩散到亨氏的其他几家银行，随后又影响到整个的银行业。1907年的崩盘开始了。

数以百万计的人们因为银行倒闭而变得身无分文并因此而无家可归，他们的储蓄也被洗劫一空。赤贫和饥饿是他们的唯一所有。任何一点流通货币都被窖藏了起来，因而可以使用的交换媒介很快就变得几乎不复存在。许多企业开始自行印制欠条，用它们去交换原材料以及给工人发工资。这些"代币"作为临时性的交换媒介在各处流通。

在这个关键的时候，摩根提出由他来拯救亨氏最后一家还在开门营业的银行（美国信托公司），前提是亨氏低价卖给他位于伯明翰的价值不菲的田纳西煤铁公司，并入他此前从安德鲁·卡内基手中买入的处于垄断地位的美国钢铁公司。

这样的安排违反了当时的反垄断法，但在压倒性的危机气氛下，美国政府很快就批准了这项交易。摩根对各种企业当时在作为交换媒介使用的欠条也很感兴趣。他说服国会同意由他的一家金融企业发行2亿美元的这种"代币"，号称摩根"单据"的流通会复苏处于停顿的经济。随着这些新型摩根"货币"开始流通，公众的信心恢复了，被窖藏起来的货币也开始流通起来。在政府的正式批准下，摩根除了他自己的"企业信誉"就空手套白狼地流通了2亿美元的"单据"。这是成为百万富翁的绝佳办法。通用电气下属的金融服务公司在1990年代故伎重演，以商业票据和衍生工具赚取了几千亿美元的利润。

阴谋论者认为，美联储的种子在摩根发行单据的时候就种下了。表面看来，摩根似乎拯救了美国经济——这就像先把一个小孩扔到河里，然后以只有他才允许有的绳子把这个孩子救上来并因此而受人仰视，有些批评他的人就是这么说的。但在另一方面，伍德罗·威尔逊写道："如果我们任命一个委员会，由六七个像摩根那样具有公益心的人组成，再由这个委员会来处理我国的事务，那么这场麻烦（指1907年的萧条）完全可以避免"。摩根和威尔逊都是国际主义者。

到了1908年，摩根与来自罗得岛州的参议员纳尔逊·奥尔德里奇（Nelson Aldrich）一起着手建立一个私人的央行体系。后者是洛克菲勒家族的姻亲，他的姓氏是纳尔逊·洛克菲勒副总统的中间名，他是这位副总统的外祖父。

具有讽刺意味的是，在一开始，需要建立央行的想法是来自平民主义运动的，它肇始于德克萨斯州的兰帕萨斯县（Lampasas County），当时一群处于绝望之中的农民在1877年建立了一个组织，取名为"信赖骑士"，针对当时"劳动者产品的全部剩余都集中到了一小撮人的手里，那儿将形成奴役我们后代的权力"，他们以这个组织为自己提供速成教育。尽管经济学是一门深奥的高端科学，但19世纪后期美国的普通民众实际上是知晓货币政策的政治含义的。"信赖骑士"后来更名为"农民联盟"，定期在各地举办讲座，它很快就得出了这样的结论，即其成员们在金融上破产沦落原因在于金本位制，在于迫使他们惨遭剥削的私人银行体系。

1886年，平民主义者们在德克萨斯州克利本县召开的一次会议上提出了一个解决办法。"克利本要求"呼吁联邦政府对银行体系实施监管，呼吁建立法定的国家货币，满足不断扩张的经济对流动性的需求。公众的压力日益转化成公开的呼吁，要求制订一项计划，根除华尔街出于狭隘的私人利益对经济的控制和剥削。

作为回应，摩根的盟友奥尔德里奇参议员安排自己成为国家货币委员会的主席，这个委员会接受国会的指示研究美国的货币体系并提出改进它的建议。保罗·沃伯格——他的兄弟麦克斯当时掌管着德国国家银行，这是一家私人所有的德国国民银行——强调有绝对的必要建立起新的国民银行体系，以此防止华尔街像先前那样令美国再次经历毁灭性的"繁荣和破灭"交替的周期。

1910年11月的22号，一辆私人列车缓缓开出了新泽西州的霍布肯市，车上载着几个重量级的人物。其他人后来加了进来。他们在摩根位于佐治亚州哲基尔岛的一处庄园里召开了会议。这次的秘密聚会者包括纳尔逊·奥尔德里奇参议员、职业经济学家及财政部助理部长安德鲁斯（A. P. Andrews）、后来成为花旗银行的纽约市国民银行行长弗兰克·范德利普（Frank Vanderlip）、摩根公司的高级合伙人哈里·戴维森（Harry P. Davidson）、摩根的纽约第一国民银行的行长查尔斯·诺顿（Charles D. Norton）、纽约的库恩-洛布银行的合伙人保罗·沃伯格以及摩根公司在纽约的总部的本杰明·斯特朗（Benjamin Strong），他后来成了美联储纽约银行的首位行长，在美联储的前20年里一直主导着这家央行。9天后，他们泡制出了一份议案，这就是后来提交给国会的"奥尔德里奇计划"。阴谋论者对这次不光彩的秘密会议大做文章。

对"奥尔德里奇计划"的主要抵制来自众议院，它的一项正式调查显示华尔街上强大的金融利益集团从事了某些冷酷无情的勾当，因此将1907年到1908年大崩盘的责任明确归咎到华尔街的身上（尤其是洛克菲勒和摩根两人），这类似于目前安然公司一类事件所引发的众怒。

由于普遍的反对浪潮日益高涨，所以很明显的是共和党将无法让"奥尔德里奇计划"得以采纳。战略随即转成影响民主党，后者马上提出了一个被称为"联邦储备协会"的"替代性"计划。它在本质上还是"奥尔德里奇计划"，只不过换了个名字而已。下一步要做的是在 1912 年的大选中挫败谋求连任的共和党人总统，即来自俄亥俄州的威廉·塔夫脱，让一位比较愿意接受这个计划的民主党人上台。塔夫脱受到了普遍的欢迎，但他反对"奥尔德里奇计划"。战争策略因而做了重新设计，即引诱另一位共和党人，即受到普遍欢迎的西奥多·罗斯福，以进步的政治纲领在初选中与塔夫脱对峙，从而达到分裂共和党的目的。

为了帮助罗斯福从塔夫脱那里赢走共和党的选票，摩根手下的一批人又是出钱，又是出谋划策。摩根所控制的《哈帕斯周刊》的主任乔治·哈维，还有洛克菲勒所出的钱都在为威尔逊所用。威尔逊的团队包括洛克菲勒国民城市银行的克利夫兰·道奇、J.艾莫尔、詹姆斯·斯蒂尔曼、乔治·贝克尔、雅各布·施夫、伯纳德·巴鲁克、亨利·摩根索，还有《纽约时报》的出版人阿道夫·奥克斯。管理着西奥多·罗斯福竞选的摩根手下的那批人也被发现投入了大量的钱在威尔逊的身上。结果不出所料，这个战略发挥了作用，威尔逊以 629 万张选票当选，罗斯福拿下了 412 万张选票，而在第一届任期开始前以 768 万张选票战胜威廉·布莱恩的 640 万张选票的塔夫脱，这次仅仅获得了 346 万张选票。

进步主义在 1912 年的大选中发展到了顶点。塔夫脱根本没有机会再次当选总统，竞选主要是在罗斯福与威尔逊之间展开。他们两人都提出以限制大企业的权力来复兴民主。威尔逊虽然赢得了 42% 的普选选票，但在此前三次败选中，他每次的得票数都比布莱恩低。但由于共和党在塔夫脱和罗斯福之间一分为二，他拿下了 40 个州，成为仅得到少数选民支持的总统。

伍德罗·威尔逊于 1913 年入主白宫，他带上了他的华尔街顾问们，其中包括外号"上校"的爱德华·豪斯（Edwards Mandell House），现在我们知道这个人是威尔逊整届政府的主要政策制订者和管理者。在私人书信中，豪斯描述了他们采用了打桩机式的策略迫使议案在国会里通过，从而授权他们将新的联邦储备系统建成一家由私人所拥有的央行。

华尔街上的主要金融家假装强烈反对这项议案。威廉·麦卡杜（William McAdoo）是威尔逊的女婿，后来做了财政部长，他在自传里说，令他印象深刻的是"银行家们是如何反击美联储立法的，他们反对《联邦储备法案》中的每一项条款，就像人们扑灭森林大火那样与这项法案做着不懈的斗争。他们猛烈抨击这项法案，说它是平民主义的、社会主义的、半生不熟的、破坏性的、幼稚的、构想拙劣的和行不通的"。但麦卡杜在与这些银行家们的私下交谈中发现，他们的反对只是为了掩盖他们真正态度而释放的烟幕弹。麦卡杜写道："与银行家们的这些谈话让我得出了一个有趣的结论。我逐渐地透过争吵的烟幕意识到，银行圈子并非真像它假装的那样如此反对这项议案"。

在 1913 年的 12 月 22 号，由于圣诞节临近，国会被迫要在休会前作出决定，所以众议院以 298 票比 60 票通过了《联邦储备法案》，参议院也以 43 票比 25 票通过。

从一开始，美联储的支配性指导原则就是金融性而非经济性的，尽管它的许可证规定它要"适应商业和产业的需要"。美联储的政策制订者们关心的重点是以防止通胀来平息投资者的担心，而不是降低失业率或者恢复不断下跌的农产品价格。美联储的官员们说"清算劳动力"是正确的央行运作原则的组成部分，这就意味着要舍实体经济而维护金融部门的健康。为了恢复后者，惩罚前者就是必要的。正如为挽救心脏而去减肥。

第三章　美国的经验教训之二

以美联储为首的大多数银行都认为,它们的首要任务是维护"良好的金融环境"而不是经济的增长,这是因为它们认为前者肯定是后者的一个前提条件,尽管这个认识并非总是为事态的发展所证实。

人们有时说战争的合法生子是革命,而战争的私生子则是通货膨胀。第一次世界大战也不例外。为了向美国参加这次世界大战提供资金,美国的国债增加了 26 倍,从 10 亿美元增加到 270 亿美元。这场大战非但没有摧毁美国,反而使这个国家一跃而进入世界上首屈一指的经济和金融强国行列。这些国债反而成了一件好事,因为政府的证券对于活跃的信贷市场而言不可或缺。

通胀则不同了。到了一战结束时的 1919 年,美国的物价以每年 15% 的速度上涨,但经济仍在快速的增长。面对物价的上涨,美联储为控制通胀时隔不久就提高一次贴现率,使它从 4% 涨到了 7%,而且长达 18 个月保持了 7% 的贴现率。结果是 1921 年有 506 家银行倒闭。通缩如一场完美风暴般降临到经济之上,商品的价格比 1920 年的高峰时期下跌了 50%,导致农民大量破产。商业活动减少了三分之一;制造业产出减少了 42%;失业率上升了 5 倍,达到 11.9%,新增失业人口有 4 百万之多。经济增长戛然而止。站在美联储的角度,物价下跌是它的目标而非问题;失业是必要的,因为它可以恢复美国工业的良好状态,使其免遭工资推动的通胀。央行人士解释说,良药总是会苦口的。

在这个时候,一个技术上的操作在不经意中让美联储的纽约银行对美联储的委员会产生了重大的影响,而前者与外国的银行利益有紧密的结盟,后者的构成则比较注意平衡国内的利益。美联储在一开始的运作中并不使用公开市场操作,即以买卖政府证券作为管理货币供应量的一种方法。银行体系之中的货币那时完全是通过美联储各地区银行的贴现窗口来创造的。后来,美联储各地区银行不再买卖政府债券,而是开始接受贸易的"真实票据",在偿付这些票据时，它们会导致银行体系中货币的灭失，从而使货币的供应量如"真实票据"说所指出的那样自我调节。美联储各地区银行买入政府证券不是为了调整货币的供应量，而是通过把闲置的资金转为既带息又超级安全的政府证券而增加它们各自的经营利润。

当时的银行经济学家们对此并不理解：美联储的各地区银行在独立地买入政府证券的时候，为什么总的结果是产生了宏观经济影响，即对银行体系注入了"高能"货币，通过借贷的循环，商业银行以这种货币可以创造出数倍的货币。政府在出售债券时，则会发生相反的情况。美联储在进行公开市场交易时，金融市场上的利率会相应地升降。如果美联储各地区银行不是协调地采取行动的话，比如美联储的一家地区银行在公开市场操作中买入而另一家卖出政府证券的时候，信贷市场可能就因此会变得晕头转向或者支离破碎。

美联储纽约银行的首任行长本杰明·斯特朗看到了这个问题，他说服了其他11家地区银行让美联储纽约银行协调一致地处理各行所有的交易。美联储的各地区银行组成了它们自己的公开市场委员会，目的是整个体系总体利润的最大化。在这个委员会中，美联储纽约银行占据着主导地位，而它又和盯着大钱的央行利益保持着密切的联系，后者又与国际金融市场紧密联系在一起。美联储委员会批准了这个安排，但对这样做可能的后果却没有充分了解：美联储受到了纽约那些具有国际倾向的银行家的不当影响。美联储既造成了1929年的崩盘又无力应对这次崩盘，这些都是这个致命缺陷的外在表现。

1920年到1921年的深度萧条最终恢复成为"兴旺的二十年代"，与1990年代的"新经济"泡沫一样，它也使经济的某些部门以及这些部门里的人处于挥之不去的不景气状态。农民依然因为农产品价格被压低而深受其害，工厂里的工人只能通过延长工作时间和在银行放松银根的情况下承担债务而分享繁荣。由于失业率居高不下，工会的会员减少了30%。这一轮的繁荣完全是由股市上投机泡沫的财富效应所催生的，因此到了这十年结束的时候，1929年的崩盘随之降临，美国和全世界都陷入了大萧条。历史数据表明，美联储纽约银行行长斯特朗在1927年的时候面对已经过热的经济依然依赖于美联储各地方银行降低贴现率，由此美联储丧失了防止1929年崩盘的最后一个机会。有些史学家认为，斯特朗这样做是出于他的国际视野考虑，但却置危害国家利益于不顾。

当货币得不到黄金的支持时，货币的汇价必须由政府进行管理，具体而言要由央行的货币政策进行管理。然而，央行人士往往喜欢金本位，因为在金本位下他们无须承担吃力不讨好的责任,以不受欢迎的货币政策维持货币的价值。央行人士因此而被讥讽为社交聚会的破坏者:在聚会刚刚开始的时候,他们就将聚会上的酒杯拿走了。

不过,即使是金本位也是建立在货币对黄金的固定比价的基础上的,而且这个比价要反映确定比价之时的经济基本面。因此不可避免地需要由人来作出判断。央行往往并不关心在经济基本面不断变化情况下货币的定价水平是否适当,而是执著于仅仅维持货币与黄金之间此前定下的比价,因而在此过程中对与这个固定比价并不合拍的任何一个经济都造成严重的损害。央行人士很少意识到问题出在固定的比价而非经济上。在货币汇价下跌的时候,央行人士往往觉得这是他们个人的失败,而如果经济因为货币的汇价定得太高而崩溃,他们则会不以为然地认为这是金融的自然规律在起作用。

受战争重创的欧洲在1920年代恢复了金本位,这是由大西洋两岸的一群持国际主义观点的央行人士所共同推动的,他们认为这是战后经济重建的一个前提条件。美联储纽约银行的行长斯特朗,还有他此前在摩根公司的那些合伙人们,与英格兰银行、法国银行、德国国家银行以及奥地利、荷兰、意大利、比利时各国的央行、还有这些国家里持国际主义观点的私人银行家们保持着密切的联系。1920年至1924年担任英格兰银行行长的蒙塔古·诺曼(Montagu Norman)与斯特朗之间不仅有着长期而紧密的个人友谊,而且他们之间在意识形态上也结成了同盟。他们共同致力于在欧洲恢复金本位,从而实现战前"国际金融正常状态"的回归,文献对此多有记载。诺曼意识到,英国的金融霸权已经受损,这意味着要实现战后经济重建,而且在这场重建中要维持英国的特权,欧洲就"需要我们的美国朋友们的积极协助"。

与纽约的其他银行家们一样,斯特朗认为一战是扩大美国参与国际金融的一个机会,通过开发商业票据又称银行承兑票据市场,打破伦敦长期对此的垄断,这会让纽约得以向其颇为垂涎的国际金融中心地位迈进,与伦敦的历史优势相互抗衡。1913年的联邦储备法案允许美联储的各家银行买入或者说再贴现上面所提及的这种票据,这让位于纽约的美国各家银行得以在国际金融中扮演日益重要的角色,与伦敦市场相竞争。

在因为1929年的崩盘而败给富兰克林·罗斯福,失去连任美国总统的机会后,赫伯特·胡佛批评斯特朗"在心态上附属于欧洲",他指责斯特朗促成欧洲战后经济恢复的国际主义行动造成了美国1929年的股市崩盘,也造成了随后出现的导致胡佛失去连任的那场大萧条。欧洲回归到金本位制,还有英国坚持胡佛所称的"虚假的汇率",即4.86美元兑换一英镑,这些都要求斯特朗扩大美国的信贷,即将贴现率维持在低得不现实的水平上,以及操纵美联储的公开市场操作,从而维持美国的低利率,缓解市场对估值过高的英镑的压力。胡佛言之成理地将斯特朗的国际主义政策归咎于他所认为的诺曼以及其他欧洲央行人士的恶意劝说,这其中尤其值得一提的是德国国家银行的耶尔马·沙赫特(Hjalmar Schacht)和法国银行的查理·李斯特(Charles List)。从1920年代中期以降,美国经历了信贷推动的通胀,催生了股市的泡沫,最终于1929年崩盘。

在美联储的内部,斯特朗在1920年代实行的低利率政策也引发了各地方的强烈反对,尤其是中西部和农业区,这些地方普遍支持胡佛随即提出的批判性分析。在整个1920年代,美联储董事会有两位董事,一位是阿道夫·米勒(Adolph Miller),一名职业经济学家,另一位是查尔斯·哈姆林(Charles Hamlin),他俩总是对于他们所认为的斯特朗将国内考虑置于国际考虑之下的程度意见相左。

胡佛的指责是否公正是可以讨论的,但白宫与美联储之间对于何种政策应该优先存在分歧则毫无疑问,同样毫无疑问的是国际金融体系并不一定总是对国民经济有利。今天一个又一个的经济体在当前的国际金融架构下崩溃,但所有的央行却出于制度上团结一致的考虑本能地支持这个体系,这就是证明。

政府控制外国贷款这个问题也导致了斯特朗主导下的美联储与担任商务部长时的胡佛产生了直接的冲突。胡佛认为美国政府应该有权从国家利益的考虑出发批准对外贷款,而且美国贷款的收益应该用于购买美国的商品和服务。斯特朗反对这些限制条件,他觉得这是政府对自由贸易和国际金融不必要的干预。

在1927年的7月和8月,尽管面对着市场投机和通胀日益加剧的不祥数据,斯特朗仍然推动美联储将贴现率从4%降到3%,再次缓解市场对估值过高的英镑的压力。在1927年的7月,英国、美国、法国和德意志魏玛共和国的央行人士在美国的长滩开会,讨论以何种方式增加英国的黄金储备和稳定欧洲的货币状况。斯特朗的削减贴现率和以黄金向英格兰银行买入1千2百万英镑似乎就是直接因为这次的会议。与会的一名法国银行人士查理·李斯特在一份报告中援引斯特朗的话说,美国政府会降低贴现率为"股市注入一针强心剂"。虽然米勒和另一名董事会成员詹姆士·麦克道格尔(James McDougal)强烈反对,后者来自美联储芝加哥银行,代表的是中西部的银行家,这些人一般而言并不赞同纽约银行家们的国际主义主张，斯特朗还是在美联储中强行通过了这次的降低贴现率。

法兰克·阿尔特舒尔（Frank Altschul）是跨国投行勒扎德·弗雷尔斯的纽约分行的合伙人，他告诉法国银行的行长埃米尔·莫罗（Emile Moreau）说："斯特朗先生对降低贴现率给出的理由没有一个人真的相信，美国方面人人都确信斯特朗先生想通过支持英镑帮助诺曼先生"。斯特朗自己的文件中的一些通信表明，他是在优先考虑国际货币的状况而非美国的出口需要，这与他在公开场合的说法相反。在写给诺曼的信中——诺曼表扬斯特朗对事情的处理"相当巧妙"，斯特朗称美国降低贴现率是"我们今年对重建所作的贡献"。美联储1927年的这次降息迫使货币并非流向了过热的实体经济，这是因为实体经济无法吸纳进一步的投资，而是流入了投机性的金融市场，这导致了1929年的崩盘。斯特朗死于1928年10月，比股市崩盘早了一年，因此他无需面对他的国际主义政策所造成的灾难性后果。

斯特朗推动欧洲经济重建的努力是否损害了美国国内的经济，尤其是是否令他将美国的货币政策从属于国际主义的需要，这方面的学术争论今天依然在继续。不过，欧洲各央行总体的货币战略错误地依赖于恢复金本位制，对此大家没什么异议。批评者们指出，斯特朗、诺曼以及其他国际银行家们对于以明显过高的平价将英镑、马克及其他欧洲主要货币回归金本位深信不疑，随即被迫不惜一切代价推进这项工作，包括对通缩置之不理，这对欧洲战后的经济恢复造成了损害。不仅是斯特朗等央行人士的货币政策推动了大萧条的出现，他们对黄金的持续钟情实际上也阻碍了扩张主义反周期措施的推出。

金本位制的僵化，以及央行人士几乎不惜一切代价地捍卫各国货币与黄金之间可兑换性的决心，这些因素限制了他们在应对全球危机时的政策选择。这与固定汇率制的情况是一样的，这个汇率制度在1990年代造成了金融危机的反复发生，而且它现在还没有完全消亡。在1927年，斯特朗是无条件地支持金本位的，它强调的是美国的金融主导地位，手中持有世界上最多的黄金，这加剧了刚刚开始显现的国际经济问题。类似的，美元霸权对当今的全球经济也造成了同样的损害。国际金本位制本身是造成并加剧1929年大崩溃之后的大萧条的一个主要因素，这是因为战前维持这个制度的条件在一战后不复存在了，同样的，在二战后通过布雷顿森林体系建立起来的固定汇率制也将会导致当前国际金融架构的彻底崩溃，也会带来同样灾难性的后果。

一战后美国国际主义的性质以及所面临的制约在二战后美国的国际主义以

及冷战后的美国全球化中都有对应。胡佛痛斥斯特朗不计后果地将国际金融体系的利益置于美国国家利益和国内考虑之上。斯特朗则真诚地相信他对欧洲货币稳定的支持也促进了美国的最大利益，这正如冷战后的新自由主义市场原教旨派人士真诚地认为他们的鼓吹会促进美国的国家利益。不幸的是，真诚并不能保证不会谎话连篇。

斯特朗反复指出，汇率的波动，尤其是美元相对其他货币产生溢价，这造成美国出口商难以有竞争力地为其商品定价。在战争期间以及在战后的无数个场合中，斯特朗都在强调需要防止黄金流入美国造成国内的通胀，而预防的手段则是美国向欧洲贷款，实行宽松的债务政策以及以优厚的条件接收欧洲的进口。斯特朗从没有怀疑对于马克和英镑制定的平价。英镑以战前的兑换率回归金本位要求英国实行通缩，要求美国付出努力以较低的国内利率缓解市场对英镑的压力，对此他只是欣然接受。斯特朗错误地认为廉价的美元符合美国的国家利益，这与1980年代的美联储主席保罗·沃尔克是一样的，但这不同于1990年代的财长罗伯特·鲁宾，后者正确地认识到了强势美元符合国家利益。

诺曼曾送给斯特朗一本凯恩斯的《货币论》，斯特朗在读后评价说："凯恩斯的部分结论毫无根据，这表明他对美国的事务和美联储系统非常缺乏了解"。几十年后，凯恩斯成为现代历史上最有影响力的经济学家。

欧洲一战后经济重建的主要问题是以坚持金本位制来重建过去，对于新的未来却缺乏远见。有钱阶级的民主政府因为君主制的衰亡而继承了权力，但对于王朝作为统治者的消失有何深远意义却没有充分的认识。战后大部分欧洲国家里的政治参与权都扩大了，这使得各国政府和央行人士变得远为难以抵制选举上的压力，这些压力要求增加社会开支，要求以低利率提供充足的流动性，要求对适度的通胀有较高的容忍度，无论这样做对国际金融架构有何影响。美联储尽管宣称自己独立于政治之外，但自从建立以来，它就从来没有不受美国总统选举政治的影响。斯特朗在他过早死去之前不久，对于欧洲重建几乎已经完成、对于他的国际主义政策成功地维护了世界和平颇感欣慰。他死后仅仅十年，整个世界为第二次世界大战的战火所笼罩。

世界各国的央行人士今天可能都不知道马里纳·艾克尔斯（Marriner Eccles），他是犹他州一家极小的名叫奥格登第一国民银行的行长，由于在1931年夏末成功拯救这家银行于灭顶之灾而全国闻名。艾克尔斯宣布在所有存款人拿到钱之前银行不会关门，从而化解了堵在银行外的存款者们的恐慌。他还指示出纳员们每一笔小账单都计算一遍，每一个签名都详加核对，因此减缓了这家银行现金耗尽的可能性。在艾克尔斯宣布有足够的现金可供存款人提取的时候，一辆几乎空空如也的装甲车醒目地开了过来，载着第一国民银行存在美联储盐湖城银行的少得可怜的准备金。艾克尔斯说得对，确实有足够的现金，只是这些钱都不是第一国民银行的。但公众对这家银行的信心重新建立了起来，这家银行也因此而活了下来，不过这是建立在艾克尔斯的虚假声明的基础上的，如果进行严格的调查，这个声明应该被视为欺诈，是犯罪的行为。

艾克尔斯是美国西部拓荒企业家的典型，他在政治上属于西部的共和党人。他的家族以经营木材和锯木厂起家，初始资本的形式是劳动力和原材料。从他1860年从苏格兰移民过来的文盲父亲那里，他知道了要自由的话就要避免欠东北部银行的钱，而这些银行则大量依靠着英国的资本。艾克尔斯的资产中除了铁路、矿井、建筑公司和农场之外，还有位于西部的连锁经营的地方银行。艾克尔斯深受美国平民主义的氛围的影响，对不受管制的资本主义和东北部"金钱托拉斯"持批判态度，认为他自己是一个有道德的资本家，成功靠的是勤奋工作和聪明才智，不愿接受大企业托拉斯和政府干预的压迫。他的父亲是一个摩门教徒，而摩门教实行一夫多妻制，所以他有两个妻子和21个孩子，这在劳动力短缺的西部为他提供了可观的人力资本。由于艾克尔斯的父亲突然去世，所以他在22岁、只受过高中教育的时候就承担起了他父亲的产业。艾克尔斯的建筑公司建造了巨大的顽石大坝，这项工程开始于1931年，1936年完工，它一开始的名字是胡佛大坝，在大萧条期间改名顽石大坝，1941年又改回到了原来的名字。

1929年的市场崩盘令富有内省精神的艾克尔斯深感困惑和绝望。在常识的基础上，他兼收并蓄地大量阅读，进而他开始彻底觉醒：尽管他父亲以保守的苏格兰人的做法教导他储蓄有多么重要，但事实是个人、企业甚至是银行由于对自己的未来颇为乐观，所以往往会加入到总供给的扩张之中，由于为投资而进行的储蓄过多，这最终导致产能的过剩。在艾克尔斯看来，1930年代的问题很明显是太多的钱用于储蓄而太少的钱用于支出造成的。这个新的认识就像圣保罗在前往大马士革的路上突然的领悟一样，导致艾克尔斯得出了一个激进的结论，这个结论与他那保守的父亲所教他的那一套完全相反。

从直接的经验之中，艾克尔斯意识到，像他自己这样的银行家收回贷款并拒绝再对外放贷，这从个人的角度来说是理智的做法，但这种做法加剧了金融危机。他从直接的经验之中看到了市场失灵的证据。他得出的结论是，要走出萧条，在他所受教育中被认为是邪恶之物的政府干预就是必要的，要以政府干预将购买力置于公众之手,而公众与经济和金融体系一样迫切需要有购买力。在工业时代,收入的不当分配(过分不平等)以及为了资本投资而过度储蓄总是导致大众耗尽购买力,因而无力维持这些储蓄所带来的大规模生产的好处。

大规模生产要求有大规模的消费。但是,大规模消费要求对当期生产的财富(而非累积的财富)进行公平的分配,以此提供大规模的购买力。资本令大众丧失了必要的购买力,也就令自己失去了需求,而正是这些需求才是资本进行新生产投资的理由。信贷可以扩大购买力,但信贷是有限的,如果没有足够的收入作为支撑,信贷很快就会耗尽。

艾克尔斯灵光乍现般地意识到,加尔文教派节俭的个人主义在现代工业社会里是行不通的。艾克尔斯反对其他银行家的观点,这些人认为,萧条是个自然现象,长期来说,萧条带来的破坏是有利于经济的健康的,弱者和不适者是需要加以消灭的,而政府干预只会延迟它们的消灭,所以支持不适者的生存长期而言会削弱整个的体系。艾克尔斯从实用的角度看出货币并非中性的,它有独立于所有权的经济功能。如果货币通过交易和投资而进行流通,它就具有社会作用,如果将它窖藏起来成为闲置的储蓄,那么无论拥有它的人是谁,它对社会都是有害的。流动性是衡量货币有用性的唯一尺度。握有多余货币的人倾向于储藏资本,在通缩和经济放缓之时,这自然往往都会降低流动性。

解决问题的办法是,将货币导向那些相对于消费需要而言握有货币不足的人,而不是那些有余的人,以此启动货币的流动。将货币给那些已经有太多货币的人,这会导致更多货币退出流通而成为闲置的储蓄,衰退的时间就会延长。解决之道在于将货币给最需要的人,这些人会马上支出这些货币。联邦政府是唯一能为了整个体系而做这个货币转移工作的机构,它能够以国家的全部信用和信贷为后盾发行或者借入货币,将这些货币交到大众的手中,大众则马上支出这些货币,因而所需的需求得以创造出来。通过就业转移货币与财富的转移不是一回事情。以赤字为财政开支融资是对陷于停顿的经济注入货币及提高流动性的唯一办法。因此,艾克尔斯倡议对贫困和失业发动一场有限的战争,但他所依据的不是道德而是实用主义的理由。

有趣的一点是,艾克尔斯从来没有上过大学,也没有正式地研究过经济学,而在凯恩斯写作划时代的《就业、利息和货币通论》(1936年)之前整整3年,他就以说话的方式表述了上述实用主义的结论。在《货币:从何处来,往何处去》(1975年)一书中,约翰·加尔布雷斯做了如此的解释:

"《通论》的作用是为广为流传的观点提供合法性"。尽管凯恩斯自己迟至1927年还被美联储纽约银行的行长本杰明·斯特朗视为一个怪人，但凯恩斯以科学的逻辑和精确性令艾克尔斯等人提出的怪论受到了知识阶层的尊敬。

在1933年，艾克尔斯以他振聋发聩的声音，仅凭一场作证，即说服急于倾听他见解的美国国会相信了他的这个新的经济原理，他还简要阐释了联邦政府应该采取何种具体措施拯救经济，即在失业救济、公共工程、农业分配、农场抵押贷款再融资、清偿对外战争的债务等方面要多花钱。艾克尔斯还建议为实现长期稳定而实施结构性的系统改革：由联邦政府对银行存款提供担保、实行最低工资标准、实施强制性的退休金计划，这些措施实际上构成了我们后来所称的新政的核心部分。同样是在艾克尔斯的帮助之下，自由信贷的时代得以开启，由政府对抵押贷款提供担保及对利息提供补贴，令中产阶级和低收入者拥有住房成为可能。这些措施与其说是放弃资本主义，还不如说是资本主义的自我救赎。

艾克尔斯也令美联储避免了可能受到的羞辱。正因如此，美联储在华盛顿的大楼从此就以他的名字命名了。1930年代的早期是金融部门的监管发生变化的一个关键时期，政治经济模式的演进可以从胡佛和罗斯福这两届政府对立的政策中清楚地看出来。它导致了美联储董事会重心的转移，即从正统的健全的货币措施转为一种非正统的凯恩斯主义的政策观，同时，美联储货币政策的制定权从美联储各地区银行那里逐渐地集中到了董事会的手中。

虽然遭到代表大资本的央行的强烈反对，但在罗斯福的支持下，艾克尔斯还是亲自设计了法律，对美联储这个1913年由国会（根据《格拉斯－欧文联邦储备法案》）创立的美国央行进行了改革，为这个国家提供了一个更为安全、灵活、稳定的货币及银行金融体系。原有美联储系统的一个重要的核心目标是确定被称为联邦基金利率（FFR）的短期利率和银行准备金率，以此控制货币供给，从而与通胀作斗争。由艾克尔斯所设计的1935年的《银行法案》则对《联邦储备法案》进行了修订，剥夺了美联储12家地区银行的自主权和否决权，将货币政策的制订权集中到位于华盛顿的七人董事会的手中。艾克尔斯担任了长达14年的美联储主席，同时他还继续在白宫中作为圈内的政策制订者发挥着影响。在艾克尔斯担任主席期间，美联储并没有假装它在政治上是独立的。加尔布雷斯称这一时期的美联储是"首都的传播凯恩斯主义的中心"。

美联储现在使用"货币政策"这个词语时，它指的是央行采取行动，影响货币和信贷的供应量和成本,促成国家经济目标的实现。根据 1913 年的《联邦储备法案》,美联储的责任是制订货币政策。

美联储控制着货币政策的三个工具:公开市场业务、贴现率和银行准备金率。美联储的董事会负责贴现率和准备金率的制订,联邦公开市场委员会(FOMC)则负责公开市场业务,所涉及的交易由美联储纽约银行处理。

银行准备金率是储蓄机构必须持有的准备金量相对于具体的存款负债的比率。在法律规定的限度以内,美联储董事会唯一有权决定准备金率的变动。储蓄机构必须以在美联储的各家银行窖藏现金或者存款的方式持有准备金。储蓄机构的美元准备金量,由美联储董事会 D 号规定确定的准备金率乘以该机构应予准备的负债所决定。应予准备的负债包括净交易账户、非个人即期存款和欧洲货币负债。自 1992 年以来,非个人即期存款和欧洲货币负债的准备金率一直为零。净交易账户的准备金率取决于储蓄机构净交易账户的金额。1982 年的《甘恩-圣哲曼法案》(Garn-St Germain Act)规定,应予准备的负债之中,前 2 百万美元免于提取准备金。这个"免于提取额"每年都根据该方案所规定的一个公式而做出调整。根据 1980 年的《货币控制法》,须按 3% 的准备金率提取准备金的净交易账户金额为 2500 万美元。这个"低准备金率部分"也是每年调整的。超过这个低准备金率部分的净交易账户目前以 10% 的比率提取准备金。

美联储运用这三个工具,影响着储蓄机构在美联储各家银行所持有的资金余额的供求,因此也就改变着联邦基金利率。联邦基金利率是储蓄机构将它们存在美联储的资金余额隔夜借给其他储蓄机构的利率。联邦基金利率的变化会引发一连串的市场反应,影响到其他短期利率、外汇汇率、长期利率、货币量和信贷量,最终影响一系列的经济变量,包括就业、产出以及商品和服务的价格。

联邦公开市场委员会由 12 名成员组成,包括美联储董事会的 7 名成员、美联储纽约银行的行长,其余 11 家美联储银行的 11 位行长中的 4 人,根据安排,这 11 位行长中,每年轮流有 4 人进入这个委员会。轮流的方式如下:这 11 家银行分为四组,每年从每组中选取一名行长。四组银行分别为:位于波士顿、费城和里士满的三家银行为一组,位于克利夫兰和芝加哥的两家银行为一组,位于亚特兰大、圣路易斯和达拉斯的三家银行为一组,位于明尼阿波利斯、堪萨斯城和旧金山的三家银行为一组。无投票权的行长们则参加委员会的会议,参与讨论,为委员会的经济评估和政策选择献计献策。

联邦公开市场委员会每年定期召开八次会议。在会议上，委员会对经济和金融状况进行评估，确定适当的货币政策立场，此外，根据美联储工作人员所作出的预测，这些预测在五年内不对外公布，委员会还对于经济前景所面临的风险作出评价。委员会所采取的政策决定着眼于实现价格稳定和经济可持续增长这样的长期目标，而这些长期目标的具体内容则不断受到最新的货币经济学理论的影响。

时至今日，美联储运用着货币政策的这些工具，影响着货币和信贷的数量以及它们的价格——利率。因而，美联储影响着就业、产出和一般价格水平。尽管商业银行在一开始反对内战期间实施的1863年的《国民银行法》，但它们因为受到双重保护而受益于这部法律。这双重的保护是联邦存款保险公司（FDIC）和联邦贴现借贷。无息支票账户是法律牺牲存款者利益为商业银行提供的又一项补贴。1933年的《格拉斯-斯蒂格尔法案》历时近70年最终在1999年被取消，这部法律将投资银行从商业银行中分离出来，它禁止各家银行从事所有其他类型的金融服务。这部法律的废除，被认为是导致当前银行出现利益冲突丑闻以及银行在普遍的公司欺诈中推波助澜的关键原因。

1913年的《联邦储备法案》规定了货币政策的目标。它规定，美联储及其联邦公开市场委员会在制定货币政策时，应"有效促进充分就业、价格稳定、长期利率适度这些目标的实现"。在过去的三十年里，由于货币主义的兴盛，央行日益主要着眼于以利率政策实现价格的稳定，而这样的货币政策允许失业率的波动。对于以货币为取向，现在所提出的理由是这样一个说法，即稳定的价格水平最为有利于实现最大可能的、可持续的产出，也最有利于形成适度的长期利率；而在这样的环境中，商品、原材料和服务的价格不会因通胀而出现扭曲，因此它们可以作为更为清晰的信号，引导资源实现有效配置。尽管繁荣与衰退交替的商业周期持续困扰经济，情况依然被认为是如此。此外，价格的稳定还被认为可以鼓励储蓄，从而间接地有助于资本的形成，这是因为稳定的价格会防止资产价值由于预期之外的通胀而受损。这种忽视需求管理的观点已经导致了我们当今所面临的产能过剩和投机泡沫，这是一种动荡不安的局面。

自然失业率这个概念是货币主义对现代宏观经济学的一大贡献。它首次出现于弗里德曼在1968年的美国经济学会上的主席致词之中，在那篇演讲中，他认为，长期来说，通胀与失业之间不存在相互抵消的情况，由于经济对于任何的平均失业率都会做出调整，失业会回到"自然的"失业率。较高的通胀不会带来较低的平均失业率这样一种好处，较低的通胀也不涉及较高的平均失业率这样一种成本。劳动力市场的微观结构以及影响到劳动力供求的家庭和企业的决策决定了自然失业率。如果货币政策无法影响自然失业率，那么它的适当作用就在于控制通胀，以及在短期内帮助经济稳定在自然失业率上下。这样做与维持低而稳定的通胀是一致的。

货币主义经济学家们所普遍接受的第二个重要的失业率是"非加速通胀的失业率"（NAIRU）。这是与维持稳定的通胀相一致的失业率。根据大部分本科经济学教科书中所表述的标准的新古典正统宏观经济理论，如果失业率低于自然失业率，通胀率将会上升。反过来，如果失业率高于自然失业率，通胀率往往会下降。因此，自然失业率和 NAIRU 通常被视为同一个经济现象的两个名称，它们为判断商业周期的状态、未来通胀的可能性以及货币政策的立场是否恰当提供了一个重要的标准，根据人的价值与钱的价值成反比这样一个假设，它们等于是说充分就业和通胀是经济犯罪的共同实施人。换言之，货币的存在不是为了服务于人们的福利，相反，为了实现货币的稳定，就要把人给牺牲掉。这就解释了沃尔克为什么心情轻松地说出了这样语带双关的话：央行家们在长大成人的过程中曾撕下蚂蚁的腿。这位美国曾经的央行行长曾对美国经济实施大放血，因而被广泛地认为是他结束了 1980 年代早期的通胀。

虽然这两个词通常被视为同义词，但自然失业率是短期的周期性因素已经发挥完作用时即可观察到的失业率。因为工资和价格的调整由于社会和法律方面的原因有滞后性，自然失业率可以被认为是工资已经有时间作出调整、从而平衡了劳动力的供求之时的失业率。NAIRU 则是与近期（比如说将来的 12 个月以内）稳步变化的通胀率相一致的失业率。

美国 1961 年以来的平均长期失业率是 6.09%，而在 1980 年代和 1990 年代的早期，大多数经济学家都认为自然失业率与此很接近，在 6% 到 6.5% 的范围以内。NAIRU 受到的批评很多，不过它还是继续出现在政策讨论之中。如果失业不是集中在同一群人中，NAIRU 和自然失业率就会不那么可憎了。但结构性的失业往往是造成了一个永久失业的阶层，导致社会不公制度化为经济的一个结构性的层面。

由于央行认为自然失业率和 NAIRU 是货币政策的一个组成部分，它是在迫使 6% 的劳动力陷于永久性的非自愿失业之中。人们自然有权不在迫使之下成为劳动力之中这些 6% 的不幸的人，这一点看来是无需证明的。自然失业率是扇了美国政治文化一个大耳光。所有的人（而非部分人）都有生命、自由和追求幸福这些"不可剥夺的权利",这个概念与政府政策所致的长期非自愿失业格格不入,而政府政策的目的则在于牺牲劳动者中的某个特定部分以保护货币的价值。我们记得《独立宣言》中有这样一段话:"……为了保障这些权利,人类才在他们之间建立政府(私人所有的央行自称也是其一部分),而政府之正当权力,是经被治理者的同意而产生的。当任何形式的政府对这些目标具破坏作用时,人民便有权力改变或废除它……"。

没有一个工人同意央行为维护货币的价值而令自己自愿失业。在就业机会系统性地被决定的工业社会中,劳有所得的就业权源自被治理者与政府之间的这个简单而直接的关系。它与投票权同样地神圣不可侵犯。如果政府无法保证充分就业,那么这样的政府就根本不能合法地认为自己有权进行统治。

根据被称为《韩福瑞-霍金斯法案》的1978年的《充分就业与均衡增长法案》,定义为4%水平上的结构性失业率的充分就业是美联储的官方政策。这部法案引入了"充分就业"这个概念并将其视为政策的目标,不过,这部法律在通过之前被打了折扣,因为江湖术士式的经济学认为4%的失业率是结构性的失业,所以充分就业被定义为在这个水平上或者超过这个水平,它在目前是6%左右。接近或者低于这个水平则被视为在经济上是说不过去的,因为这会造成通胀(导致工资上涨!——这可大大地不行),因此只有随之增加失业。可悲的是,充分就业的这个定义不仅是对道德的侮辱,它甚至也不是好的经济学。它把真正的通缩扭曲为名义上的低通胀,它还扩大了名义利率与真实利率之差,从而让需求不断地落后于供给。

《韩福瑞-霍金斯法案》被称为注定失败的凯恩斯主义在立法上的最后一次喘气,自由派的参议员赫伯特·韩福瑞原本希望这部法律会让人们重新以反失业的官方政策为着眼点。唉,这部进步立法的大部分内容在法律通过之前被彻底地架空了。其中有一项实质性的改革规定,要求美联储公开三个货币总量每年增长的目标范围,这三个货币总量就是三个 M,即 M1、M2 和 M3,其中 M1 是流通中的货币、商业银行的即期存款、NOW(可转让提款单)和 ATS(储蓄自动转账)、信用合作社股金提款单、互助储蓄银行即期存款以及非银行旅行支票,M2 为 M1 再加上商业银行发行的隔夜回购协议、隔夜欧洲美元、储蓄账户、10 万美元以下的定期存款以及货币市场的互相参股,M3 为 M2 再加上 10 万美元以上的定期存款以及定期回购协议。

《韩福瑞-霍金斯法案》要求美联储针对货币供给的增量确定一个目标范围,在 2000 年,这个要求到期了,这时美联储宣布它不再确定这种目标,它的理由是货币供给的增长并非是衡量货币政策的一个有用的基准。不过，美联储也说："联邦公开市场委员会认为，对于评判经济和金融状况，货币和信贷的行为将继续具有价值。不仅如此，在对 M2 根据价格水平的变化做出调整后，M2 依然是先行指标指数的一个组成部分，有些市场分析人士使用这个指数预测经济的衰退和复苏"。

按要求，美联储的主席要向参众两院作证，对这些目标作出解释，在偏离了这些目标时还要说明原因。因此，货币主义现在占据了中心舞台，因为电视转播着对当时的美联储主席格林斯潘的听证会，这是踩在影响力逐渐逝去的凯恩斯主义的立法尸体之上的。这个国家，实际上是整个的世界，每年两次屏住呼吸，等待着格林斯潘作出说明，即他对于经济处于何处以及他又希望它去往何处和为什么如此希望有哪些不为人知的思考。这种神秘的透明化成了一种仪式，不过，由于联邦公开市场委员会和市场玩着猫捉老鼠的游戏，因为直到这个委员会开会当天的下午 2 点 12 分之前，联邦基金目标利率是一个严守的秘密，所以这种仪式的作用由此而被抵消了。联邦基金目标利率的制定以美联储工作人员对经济的预测为基础，这个预测在五年里也都不公开。这是一种奇怪的争取市场稳定的办法，它制度化了政策的措手不及性，它将预测分析作为机密。

美国经济现在端坐于全球化了的经济这座金字塔之巅，挥舞着美元霸权这把可怕的利剑，从其他国家那里榨取着财富。美国的经济政策对世界范围的生产、就业和价格起着重大的影响，这就是格林斯潘所说的美国金融霸权。美元这种世界上负债最多的国家的法定货币，这种主要用于国际交易中的货币，占了其他国家官方外汇储备的一半以上。几家美国在国外的银行和外国在美国的银行垄断了全球化了的国际金融市场。美联储的政策和活动控制着全球化了的国际经济。因此，在决定为实现基本的经济目标要采取何种适当的货币政策时，美联储的董事会和联邦公开市场委员会加以考虑的是美国国际交易的记录、外汇汇率的波动以及国际经济的其他变化，其中包括战争和经济制裁，这是真正的经济战。在银行监管方面，由于国际银行业中的创新，所以美联储要对自己的导向、流程和监管持续不断地进行评估和修正。结构金融在不断发展，但对于所需的披露，对于与衍生交易、尤其是对家之间在交易所外直接交易的所谓场外交易（OTC）衍生品有关的风险的管理，美联储却不愿进行监管，这使透明化成为泡影。经济不但为债务泡沫所扭曲，它还为一个看不见的泡沫所扭曲。

美联储的政策不仅深深地影响着国际事态的发展变化并为这些发展变化所深深地影响，这家美国央行还直接参与到国际市场之中，它既是市场的监管者，也是市场的参与者，从而不可避免地产生了利益冲突。美联储与美国财政部合作从事外汇交易，它在这方面的所作所为要服从国家安全方面的考虑，因此它的"独立性"受到了影响。这些交易，还有外国央行涉及美元的类似交易，可能是根据美联储与其他国家的央行之间订立的货币互换安排而进行的。

美国的货币政策行动直接影响着汇率。因此，美元的汇价是美国的货币政策影响美国经济的渠道之一。在理论上，如果美联储采取的行动导致美国的利率上升，美元的汇价应该也上升。美元汇价的上升进而会造成美国的出口商品在国际市场上价格的上升以及进口到美国的商品价格的下降。这可能会导致美国出现贸易逆差。但低价的进口商品有助于压低美国的通胀，让美联储得以降低利率。如果低价的进口商品用作美国产品的一部分，这有可能会降低美国制造的产品的出口价格，从而抵消美元升值带来的不利影响。

相反，外国利率的提高可能会增加世界各地对以该国货币计值的资产的需求，从而降低美元相对于此种货币的币值。美国的产出和价格水平往往会朝着与美国利率增加时完全相反的方向上升。但美国的高利率会吸引对美国金融资产的投资，形成资本账户上的盈余。

因此，在制订货币政策时，美联储董事会和联邦公开市场委员会所依据的，不仅是美国国内的而且是国际上的各种影响力量方面的信息和分析材料。在判断美国的货币政策应采取何种立场时，必须要评估国外公共政策和经济状况的变化，还要评估对美国经济构成影响的国际变量如汇率的变动情况。美联储还与美国政府的其他机构一道实施国际金融政策，参加各种国际组织和论坛，与其他国家的央行就共同关注的问题保持几乎不间断的联系，而所有这一切都是为了维护格林斯潘所引以为荣的美国金融霸权。换言之，自由市场只不过保守派凭着想象虚构出来的，只不过是新自由派的一个宣传口号。在世界经济中，央行是具有政府权力的最大的私人金融垄断者。

在 1980 年代，美国和其他主要工业国意识到了它们的经济日益相互依赖，所以它们加强了宏观经济政策方面的协调和合作。1985 年的《广场协定》迫使日本对日元升值，目的在于减少日本对美国的贸易顺差。在 1986 年的东京经济峰会上，由工业化国家所组成的七国集团达成了协议，以正式的流程改进政策的协调以及对于经济运行的多边监控。美联储与美国财政部一起协调国际政策，尤其是它们共同干预货币市场，影响美元的对外价值，这从 1970 年代后期起成为一种标准的做法。

美联储以位于巴塞尔的国际清算银行（BIS）所提供的论坛，与其他国家的央行代表一起，就货币政策、国际金融市场、银行监管和支付体系方面共同关心的问题开展工作。（美联储的董事会主席还在国际清算银行的董事会上代表着美国的央行。）美联储的代表参与国际货币基金组织（IMF）的各项工作，美国在这个机构中拥有控制性的投票权，在位于巴黎的经合组织（OECD）中，与其他工业化国家的代表讨论宏观经济、金融市场和结构性的问题，还与西半球国家的央行官员在诸如美洲国家央行行长联席会议上一起开展工作。国际货币基金组织是世界上深陷金融危机国家的央行的最后贷款人，它的那些靠不住的政策从根本上来说就是由美国定下来的。

美联储一直在从事外汇操作，买卖美元换取外汇，为客户买卖是从1950年代开始的，为自己的账户是从1962年开始的。这些外汇操作由联邦公开市场委员会负责，这个委员会的外汇业务与美国财政部有密切的合作，而财政部则全面负责美国的国际金融政策。美联储纽约银行的系统公开市场账户的经理在进行外汇操作时，是联邦公开市场委员会和财政部双方的代理人。

由于国际货币体系的变化，美联储外汇操作的目的也在发生着改变。国际货币体系最为重要的变化发生在1970年代，从固定汇率制的布雷顿森林体系转变为了美元对于其他国家的货币实行灵活的汇率制。在后一种汇率制中，美联储外汇操作的主要目的虽然是遏制外汇市场上的无序状态，通过主要是在纽约市场上进行的外汇买卖（称为"干预性操作"）来进行，但外汇操作的净效果往往是市场的大幅波动。有几次，美元的汇价面临着向下的压力，这时美联储买入美元（卖出外汇），因而吸纳了美元抛盘的部分压力。类似的，为抵御美元汇价向上的压力，美联储可以卖出美元（买入外汇）。美联储纽约银行还作为外国货币当局的代理人在美国的外汇市场上进行交易。

涉及美元的干预性操作可能会影响到美国储蓄存款体系中准备金的供给。例如，美联储以新创造的美元购买外汇就会增加准备金的供给。不过，在实际中，这些操作是不允许改变面向美国存款机构的货币准备金的供给的。也就是说，通过公开市场操作，干预被"消毒"了，因此，除了没有干预也会发生的变化，干预性操作不会导致国内的货币准备金市场出现变化。

在1937年的衰退出现之前，新政没有完全为凯恩斯主义的政策所主导。那次的衰退在此后的大多数经济学家看来，罪魁祸首是艾克尔斯领导下的美联储的政策，即商业银行的准备金率从12.5%翻了一番，达到了25%，而与此同时，行政分支却在紧缩财政政策。艾克尔斯因为1935年经济出现了复苏而信心大增，他对美联储作为一家机构嗜好在货币政策上大展拳脚采取了放任的态度。在他职业生涯后期所犯下的这个错误，玷污了他此前为自己赢得的新政拥护者的名声。1937年的衰退导致美联储在这之后的几十年里对货币政策都消极地对待，这一直到沃尔克和现在的格林斯潘担任美联储主席时才发生了改变。在1937年发生经济衰退之后的几十年里，以利率而不是稳定的货币供给为中心刺激总需求成为了美联储运作的标准模式。

1960年代肯尼迪"新经济学"中的那批自由派经济学家与他们那个时代的政治风向是合拍的，那个时期的政治潮流是认为财政政策造成的政府赤字对于经济趋缓有治疗作用。以扩张经济为目的的预算赤字可以由经济活动的增加所带来的税基扩大得以补偿。相比税收这一块的萎缩，整个馅饼更快地变得更大了。在最成功的时候，"新经济学"将失业率降至了3%，而肯尼迪刚上台的时候的失业率有7%，"新经济学"还实现了经济连续106个月不间断的扩张。

不过，美联储的这种做法，即以利率和信贷状况为重点，主动适应"新经济学"的财政政策，而不是以币值稳定和货币供给逐步扩张为中心，受到了弗里德曼及其芝加哥学派的同僚们的猛烈抨击。除了攻击凯恩斯主义的财政政策只有一时之效外，弗里德曼还断言政府对经济中私人部门的唯一有效的影响是控制货币。他批评美联储对货币供给的短期操纵一直是一个不稳定和破坏性的因素。没有人把弗里德曼的批评当成一回事，不过到了1960年代中期，情况发生了变化，这时林登·约翰逊总统在越南战争中的过度开支导致"新经济学"之船正在下沉。"新经济学"的退潮始于1968年，这是由于政治体系在光景好的时候不愿遵循凯恩斯主义的原则所造成的。

加尔布雷斯总结说："如果——无法增加税收除非是战争这种不可抗力，而且由于某些原因无论如何也无法减少开支，那么凯恩斯主义的政策是无法拿来抑制需求的"。财政政策在遏制经济过热上失败了，这导致货币政策取而代之，替它来收拾残局。

凯恩斯主义维持了三十年至高无上的地位，而弗里德曼成为挑战凯恩斯主义这种地位的知识领袖。华尔街上的分析家们采用了弗里德曼的理论，他们发现，M1每周的波动比变化缓慢的联邦预算数字能够更可靠地预示经济的起伏。弗里德曼在1976年获得了诺贝尔奖，这有力地推动了货币主义作为一个主流概念的崛起，因为它为近期所发生的事情所暂时地证明了。

第三章 美国的经验教训之二

1966 年，消费者价格指数（CPI）增加了 3% 以上，这是 15 年里最大的一次提高。到了 1969 年，价格的年增长率超过了 6%。甚至尼克松总统针对工资和价格的短暂控制也未能将通胀降至 3% 以下，相反，价格控制造成了许多部门出现了短缺，连新写字楼卫生间里座便器的供应都跟不上了。冷战仍在如火如荼地进行着，没有全球化的贸易提供低价的进口商品，越战推动了国内的通胀并将美国的通胀出口到其他非共产主义国家。到了 1973 年，CPI 升至 8.8%，石油输出国组织（OPEC）的石油禁运和大幅提价导致 1974 年的 CPI 涨至 12.2%。美联储紧缩了货币供给，这很快造成了一次持续了五个月的衰退，其间失业率跳升至 9.1%，国内生产总值则缩减了 15%。但通胀在整个衰退期间朝着两位数逼近。凯恩斯主义这时所面对的是一个根本性的脱节——通胀和失业率在同方向变动，这原本是不应该出现的事情。对于通胀可以指出很多的理由，但它们都无法解释失业率为何如此之高。

弗里德曼提出了一个简单且貌似合理的解释。他指责美联储逐渐放松银根的货币政策导致了通胀，突然收紧银根又造成了失业。一个新词"滞胀"开始被广泛地使用。弗里德曼的口号是"货币是重要的"和"通胀总是一个货币现象"，这些口号成为金融专业媒体甚至通俗媒体上的头条。弗里德曼提议 M1 长期以 3% 的固定速度增加，以此来缓和在凯恩斯主义措施的过度刺激下而失控的商业周期。

从根本上来说，弗里德曼是反对政府干预的，他认为这样做不只是无效，而且是不道德的。对他而言，美联储在追求权力和影响力的过程中已经忘记了它这个机构的职责，即稳定币值。严格的货币规则，比如说后来的泰勒规则，会恢复美联储的纯洁性。泰勒规则由现在的财政部副部长约翰·泰勒所提出，这个规则的内容是：如果通胀超过美联储目标通胀率 1%，那么利率应该提高 1.5%，如果经济的总产出低于全部产能 1%，那么利率应该降低 0.5%。

弗里德曼批评美联储是其选民——商业银行——的保护者，这个批评是平民主义的，但他愿意允许市场实施高利率且仅对值得放贷者放贷，这是偏袒富人的。这是仅在不下雨时才借伞给别人的银行家的综合症。弗里德曼的理论的逻辑结论是：在真正自由的金融市场上是不需要央行的，但可以基于民族主义的政治理由而需要国民银行。

艾克尔斯所设计的美联储的独立性是一种很奇怪的、为美国所独有的制度安排。财政部与"独立的"美联储之间的制度冲突尚未得以解决。尼克松指责美联储主席威廉·马丁令他在总统选举中输给了肯尼迪，这个指责并非没有道理。尼克松最终在1968年当上了总统,这时他说"我们现在都是凯恩斯主义者了",也就是说,他开始认为自己是个凯恩斯主义者了。

美联储的政治根基于商业银行。由于越来越多的商业银行退出了美联储,这个体系面临着受到政治攻击的危险。美联储对货币政策的控制在技术上要求不超过400家最大的银行成为其成员。全部成为会员导致几千家小型的地区性和地方性银行的加入,这对于美联储受到政治保护而言至关重要,但这不是货币政策所要求的。自从美联储1913年成立以来,它一直就受到了批评,说它是大银行的俘虏。

尼克松所任命的美联储主席阿瑟·伯恩斯试图确保他连任总统,这埋下了超级通胀的种子,令水门事件后上台的杰拉德·福特总统别无他法,只得以他滑稽可笑的"WIN(赢)"(即"现在要击溃通胀"的缩写)西装翻领处纽扣与通胀抗争。吉米·卡特在1976年击败福特成为总统,伯恩斯寄希望于卡特也任命他为美联储主席,所以他在卡特政府执政的头两年继续实行放松银根的货币政策。令伯恩斯大失所望的是,在他的任期届满后,威廉·米勒成了美联储的主席。

米勒此前是一家名叫德克斯隆的高科技国防承包商的首席执行官,他秉承着首席执行官们好大喜功的特点,决定阻止美联储成员行数量的下滑。商业银行此前选择了退出美联储,以此抗议它不对准备金余额支付利息。退出的银行可以将它们的准备金存放在对应的银行中赚取证券的收入,按各州对银行业的规定,它们要存放的准备金相比美联储所要求的要少。

1970年代期间,由于超级通胀推高了利率,美联储成员行所要缴纳的无利息收入的隐蔽"税赋"大为增加。米勒决定对成员行的准备金支付利息,而国会表示反对,因为它认为这又是对大银行有好处。大银行在美联储的贴现窗口可以获得紧急贷款,因此它们得到了免费的安全网保护,不仅如此,它们在美联储那里还享受着支票清算和支付系统的免费服务。国会觉得这些银行像猪一样抱怨着这笔无利息收入的"税赋",因为这笔钱要少于这些银行所获得的服务的使用费。1980年代金融机构的实际税率只有5.8%,而零售业的实际税率是34.1%,电子类产品的是24.5%,航空业的是16.4%,公用事业类的是10.9%。

威廉·蒲克斯迈参议员是来自威斯康星州的民主党人,他担任着参议院银行委员会主席一职,亨利·罗伊斯众议员是众议院银行委员会的主席,这两人对美联储支付利息的回答是1980的《货币控制法案》(不要望文生义,它真正的效果是放松控制,就像 1978 年的《充分就业与均衡增长法案》实际上导致了结构性失业的合法化一样),这部法律实施之日正是美联储将利率推到前所未有的高度之时,它要求所有的存款机构,不管是否是美联储的成员行,都要将准备金存放在美联储那里。很明显,由于美联储现在要对存在它那里的准备金支付利息,所以小银行至少应该获得美联储的服务和保护,而且可以绕过与大银行之间的需要付费的对应关系。

在美联储正在对私人经济设置不顾其感受的条件之时,它却能让对于政府管制日益敌意的国会巩固它的制度根基,这一点颇为令人称奇。其中的原因只有很少是经济上的,而在很大程度上是政治方面的。从货币控制的角度来说,有多少银行是美联储的成员行并不构成一个问题,亨利·沃里奇州长是美联储史上最有学问的经济学家,他就曾公开地如此说过。这部法律有利于美联储在私人部门中的主要政治根基,也就是大的货币中心行,它迫使所有其他地区性和地方性的金融机构就范,接受最适合国际性大银行的条件。

美联储在立法上的胜利是在一个大一些的背景下取得的,这个大的背景就是金融管制的放松。在相伴的立法中,国会废除了几乎所有自新政以来就存在的政府对利率尚存的限制以及对借贷的监管,这很像 1999 年 11 月实施的《格雷姆-里奇-比利雷法案》,它实际上废除了长期以来禁止银行业务与证券或保险业务混合的《格拉斯-斯特格尔法案》,因而允许"银行混业经营"。货币的价格最终可以自由地在市场上寻求其"自然的"均衡了。

在 1980 年代的早期,当时放松管制的法律进入了立法的最后阶段,这时的优惠利率升至 15% 以上。民主党所控制的国会以压倒性的多数票通过了一组立法,令借款人被迫接受高成本而让放贷人可以享受高回报,它所给出的理由是养老金账户的高利息收益表明抵押贷款的高成本是合理的。换言之,正如卡通人物勃哥(Pogo)所说的:"敌人嘛,他们就是我们自己"。平民主义的"Q 规定"在几十年里一直规定着银行和储蓄贷款机构(S&L)利率的上限,但这时也在逐渐地淡出。为了将存款者们从货币市场上吸引回来,银行被允许对支票账户即可转让提款单账户支付利息。为了提供一个"平等的竞技场",储蓄贷款机构传统的利率优势被取消了,这迫使它们为生存而承受与商业银行相同的风险。国会还取消了对储蓄贷款机构进行商业性放贷的限制,此前它们只能开展传统的房贷业务,这马上就导致整个储蓄贷款行业陷入了困境,很快就需要政府以纳税人的钱对存款人展开前所未有的援救。但大赚其钱的开发商则被允许保留它们的利润。国会以一项法案单方面地中止了各州的反高利贷法,这是联邦政府对各州权利的公然侵犯。

各种强势的利益集团汇合在一起,形成了政治上的联盟,这一点甚为明显。恶性高通胀损害了金融财富的持有者们,这些人中包括小储蓄者,他们是在此前一段时间的良性低通胀期间产生的,以至于甚至连进步主义者们也觉得要做点什么来保护中产阶级。解决的办法是将通胀出口到世界各地的那些劳动力成本低的地方,以出口工作岗位和国内通胀的恶魔——美国的工资——来制服国内的通胀。在健全的货币和自由的金融市场这两个借口共同催生之下,新自由主义得以形成,这是将经济上的新帝国主义掩盖为市场原教旨主义。

甚至还有一个不那么光明正大的借口,即如果所有银行都成为美联储的成员行,那么这会稀释美联储在制度上对大银行的偏袒。商业银行当然赞成自由的市场竞争,但它们心里很清楚,不加监管的市场所维护的并非公平的竞争,而是掠夺性的并购。劳工、小企业、小型的地方性银行和储蓄贷款机构发出了抱怨,但它们的抱怨没有结果。不同于欧洲的劳工,美国的工会的工资和福利合同所关注的是人数不断减少的工会工人,与此同时,管理层却在认为这样做可以毫无痛苦地控制国内通胀的国际化银行的支持下,以自由贸易为名将工作岗位大批量地转移到海外。包括沃尔克在内的许多美联储的经济学家实际上知道,放松金融监管再加上取消利率上限会削弱美联储对信贷扩张的控制力。

为了赢得银行业对1980年的《货币控制法案》的支持,美联储向成员行和非成员行提出的优惠条件是,如果所有银行都成为美联储的成员行,那么美联储会面向所有银行降低现有的准备金水平。活期存款——即构成银行核心资金的支票账户——的准备金率从16.5%降至12%。这意味着美联储收入的重大损失。美联储可以从持有的准备金投资于政府债券中获得收入,此前它一直从这些收入超出费用的盈余部分中向财政部支付可观的股息,在1979年有93亿美元。根据美联储董事会1999年的年度报告,美联储的净收入总计达262亿美元,如果它是一家典型的公司,这样的净收入可以令它成为世界上最赚钱的公司之一。这笔利润以如下方式分配:利润的1.4%即3.42亿美元作为股息付给了成员行;利润的1.8%即4.79亿美元由美联储的12家银行留存;剩下的96.9%,即254亿美元,付给了财政部。

在新的准备金规则完全到位后,美联储便开始向各家银行收取服务费。规模较大的货币中心行欢迎美联储的这个做法,这是因为它们打算与美联储开展竞争,向各家银行提供它们自己的服务系统,由于美联储现在收费了,所以这些大银行比较容易将顾客吸引到自己这里。为了获得美国银行家协会的支持，美联储同意取消对于定期存款和储蓄存款的准备金要求。这个让步对大银行来说获利巨大，因为它们的资产负债表取决于大面额的存单。

第四章 美国的经验教训之三

美联储董事会主席的任期为四年,挑选主席是一个政治过程,与意识形态上的偏好紧密相关,最后要由参议院确认,这个过程很像任命最高法院的大法官。白宫和财政部对美联储主席的支持至关重要,只有这样这位主席才能对董事会的各位成员行使领导权,而这些董事们有名地喜欢搞独立。

在国会于1975年实施《信息自由法案》后,现已去世的阿瑟·伯恩斯(1970—1978年间任美联储主席)废除了联邦公开市场委员会(FOMC)会议必须全程记录的做法。这些会议记录按惯例要秘密保存五年后才能公开,但它们为试图解密货币政策决策过程的史学家们提供一个丰富而可靠的信息来源。伯恩斯的第二届任期结束后,他没有得到吉米·卡特总统的再次任命,会议全程记录的做法得以恢复。根据2000年元月19日宣布的一项政策,联邦公开市场委员会在每次会议结束后都要发布一份简短的声明,其中包括这个委员会对于在可以预见的将来实现价格稳定和经济可持续增长这些长期目标所面临风险的评估。尽管如此,美联储对货币政策的思考研判在一定程度上仍然还是一个秘密,它能享受这样的特权,连中央情报局都颇为嫉妒。据报道,实业家亨利·福特曾如此说过:"这个国家的人不了解我们的银行和货币体系,这是件很好的事情,因为如果他们了解了,我相信明天早上之前就会爆发一场革命"。

福特当然是一个具有家长制作风的企业家,他有潜在的社会主义倾向,与任何坚定的共产主义者一样地对"货币托拉斯"强烈不满,只不过不满的角度不同而已。福特知道,要卖出他大规模生产的产品,高工资是必需的,因此他对于促进工资上涨有既得利益(他将市价工资翻了一番,达到每天5美元,迫使其他汽车厂也将工资提高到这个水平)。他认为工会的长期影响是压低工资,因为工会强调的是短期利益,而这损害了生产效率。

福特一派直到今天仍认为,产业工会之所以为管理层所容忍,原因在于管理层知道,工会的长期作用是降低劳工成本的增长。在产业资本主义中,工会已经被制度化为工厂的包工头，它的工作是尽量增加劳工的生产率，这意味着不断降低每个单位产品的劳动力成本。工会的头头脑脑们应邀列席公司的董事会，不是为了对管理层施加影响，而是把管理层的意思——即工资的增加只能来自公司的利润，不能产生于劳动力与资本之间基本关系的任何重组——传达到工会组织的各个层面。福特不仅强烈反对产业工会，他还同样强烈地反对以掠夺性的并购创办通用汽车公司的那一类金融操纵。这种观点后来被称为福特主义，它也影响了苏联早期的工业化战略。

伯恩斯生于奥地利，他是来自哥伦比亚大学的保守派经济学家，在1969年被尼克松总统任命为美联储主席。在1953年到1956年间，他担任艾森豪威尔总统的经济顾问委员会的主席。他被称为"第一号通胀斗士"。据说伯恩斯不太受美联储的同事和学术同行们的喜欢。许多人认为他在学术上不诚实。

伯恩斯执掌的美联储是美联储历史上政治投机性最强的时期，他在错误的时机实施了经济刺激措施，其目的只是为了确保尼克松的连任：月平均货币供应增长率在1971年的最后一个季度为3.2%，而在总统选举前的三个月，他把月平均增长量提高到了11%。尽管如此，由于水门事件丑闻所造成的政治影响，尼克松的连任企图还是失败了，杰拉德·福特随之入主白宫。由于大选前的经济繁荣导致通胀失控，美联储被迫报复性地收紧银根，这造成大选之后出现了一场长时间且令人颇为痛苦的衰退，这又招致福特在大选中被卡特所击败。作为一个超越政治的机构，美联储现在还没有从1972年腐烂的气味中恢复过来。伯恩斯希望第三次连任美联储主席，所以可耻地对卡特言听计从，这是卡特执政时期高通胀的一个主要原因。而卡特败给里根在很大程度上是他任命沃尔克为美联储主席所造成的。有人说这是卡特在政治上最为自我毁灭的一个举措。

沃尔克在担任了四年的美联储纽约银行的行长之后，在1979年7月23日取代威廉·米勒成为美联储董事会的主席。沃尔克在尼克松政府的财长约翰·康纳利手下担任过助理财长，在解散布雷顿森林体系中发挥过关键作用，这个体系是44个国家1944年7月在新罕布什尔州布雷顿森林组建的一个国际货币体系。这个体系由代表英国的凯恩斯和美国人哈里·怀特共同制订，后者在麦卡锡时代被不实地指控为是一个共产主义者。根据这个体系，每一个国家均同意为本国货币在国际货币基金组织（IMF）那里确定一个价值，并同意将本国货币的汇率维持在一个特定的区间以内。美国作为为首的国家将其货币与黄金挂钩，它承诺以35美元兑换一盎司黄金的官方价格随时以黄金换回美元。所有其他的货币都与美元以美元同黄金的兑付价格相挂钩。虽然美元严格地按35美元兑换一盎司黄金的价格与黄金挂钩，但其他与美元挂钩的货币则允许在其官方汇率上下1%的狭窄区间内波动，而这些货币的官方汇率即使可以改变，也只能是逐步的变化。外汇的跨国流动受到了严格的控制，因为当时主流的经济学理论倾向于认为，资金的自由跨国流动对于促进国际贸易既无必要，也不是什么好的事情。

尼克松在1971年被迫放弃了布雷顿森林的固定汇率体系，这是因为美国在财政政策上反复出现不克制之举，这造成了它无法维持美元与黄金的挂钩。到了1971年，美国的黄金储备减少了100亿美元，即下降了一半。与此同时，外国的银行持有800亿的美元，是美国剩下的黄金储备的八倍。具有讽刺意味的是，问题与其说出在美国过度的财政支出上，还不如说美元以35美元一盎司黄金的价格与黄金挂钩是不现实的。

1971年12月，在位于华盛顿特区的斯密森研究所召开的一次会议上，十国集团与国际货币基金组织之间达成了《斯密森协定》，这份协定恢复了主要货币之间的固定平价，但允许汇率围绕着平价有较大的波动，即波动的范围扩大到正负2.5%。美元实质上贬值了8%左右，黄金的美元价格增加到每盎司38美元。英镑的汇率定在2.6057美元。由于通讯技术的改善以及资金转移的计算机化，投机者们可以在世界各地迅速有效地转移资金，对汇率的波动和干预提前做出反应，这令支撑这个较大的波动区间也甚为困难，所以它最终也被放弃了。到了1970年代的后期，大多数国家在很大程度上都取消了汇率控制，导致几乎不受监管的外汇市场的迅速崛起，并伴随着全球化的资本和信贷市场的出现，汇率的波动日益受到与贸易并无直接关系的金融市场压力的影响。它现在已经成为许多机构和对冲基金高投机性利润的一个来源。这个市场规模巨大，因此它削弱了各国央行为维护货币汇率所进行的干预的效果。

米勒在美联储任上仅仅17个月后就被任命为了财政部长，这是卡特面对民众普遍的不满以及总统权威的急剧下降，在绝望之下对内阁全面重组的一部分。在把自己一个人关在戴维营里，内心充满煎熬地反省了10天后，卡特在初夏再次出现在公众面前，向躁动不安的国民发表了"灵魂和信任危机"的演说。但市场的反应是自由落体般的下降。米勒是卡特不得已的财长选择，此前他考虑过大量其他的人选，其中包括大卫·洛克菲勒，虽然卡特亲自打电话给他，邀请他担任财长一职，但他还是拒绝加入士气大受打击的卡特政府。

卡特觉得他需要一个像沃尔克这样的人，一个即使没什么智力但却聪明的

第四章 美国的经验教训之三

共和党人,许多自由派民主党人认为这种说法是一种矛盾修辞,他在学术圈里没什么影响,但在华尔街却颇受尊重,在总统的领导权处于危机之时,由他来担任美联储主席可以重新形成所需的两党共同支持政府的局面。据报道,卡特的幕僚长伯特·朗斯曾告诉卡特,任命沃尔克就是把总统连任的机会放在一个怀有敌意的美联储主席的手上。

对于通胀,沃尔克赢得了一场得不偿失的胜利,他令金融之血洒遍了全国和世界上的大部分地方。真不好说治病要好于不治病。在接近超级通胀的情况下,暂时性的放松监管有点说得过去,但在通胀恢复正常之后还一直放松监管,这是比不放松监管还要差的做法。监管的放松,尤其是利率上限和信贷市场限制的取消,导致了市场多样化的终结,这是由于它扼杀了金融部门中独立的小企业,因为没有受到监管的金融市场的保护,这些企业无法同较大的机构开展竞争。小企业为吸引资金只得不断提高利率,而它们的那种地方性的放贷是竞争不过大机构的量大、利差小的放贷的。大银行可以获得成本较低的资金,承担较大的风险,因而可以涉足国内和国际上的利率较高的贷款市场,这与凯恩斯的预测是相反的,他认为资本的充足供给会降低利率,从而导致"食利者的安乐死"。

较长期而言,凯恩斯可能还是有先见之明的,这是因为金融部门不同于运输部门,比如说此前几波浪潮中的铁路、公路和航空运输,也不同于通讯部门,比如说电信公司,而是为大鱼吃小鱼式的掠夺性兼并所困,在吃完小鱼后,大鱼已经习惯了无以为继的美食,它们的金融肝脏已经受损,由于食物链已经断裂,它们便开始死于它们自己引发的饥荒。

超过通胀率的高真实利率将财富从经济之中的借款人那里转移到放贷人手中,从财富金字塔的底端转移到了顶端。不仅如此,高利率的影响导致不同收入群体的经济行为发生不同的改变,甚至影响到同一个人的不同行为。当某些银行的优惠利率在1980年超过了20%的时候,在诸如房地产这样一些价格的升值比20%的速度还要快很多的部门,信贷继续爆炸式的扩张。如果利率高于通胀率,那么高利率只会起到减缓信贷扩张的作用。

美联储在传统上从来没有打算急剧地提高利率,它总是力图在不过分拖累经济的前提下防止通胀,因此结果就是利率往往落后于飞涨的通胀。只要通胀与利率之差的存在导致借贷依然有利可图,那么市场对新贷款的需求也好,新放贷的速度也好,显然都不会因为货币价格的上涨而放慢步伐。然而,对银行监管的放松导致美联储对信贷供应的控制力遭到削弱,价格就成了唯一的杠杠。面对失控的需求,价格并不总是一个有效的杠杠,这一点美联储的主席格林斯潘在1990年代也发现了。从定义上来说,以提高货币的价格来对付通胀是自我弱化的做法,因为利息成本的增加本身就推动了通胀。放松监管还让货币的价格来分配信贷,这往往令信贷投向经济最不需要的那些部门,即那些投机性的场所。

美联储本可以动用它那些非常老练的经济学家们,这些人了解市场是多种维度的力量的复杂互动,但由于它的意识形态和机构设计的原因,它为应对市场动荡所能动用的工具却是单一维度的。为了驯服日益不听话的市场,利率政策是美联储可以动用的唯一工具,但这个市场却越来越把美联储看成是一只纸老虎。

在1980年的最初几周时间里,居民消费价格指数(CPI)是17%,优惠利率是16%且在上升之中,黄金的价格则高达每盎司875美元。美联储主席沃尔克已经在2月19日告诉众议院银行委员会,说信贷控制不涉及"通胀的基本原因",但他在3月14日宣布了一项紧急信贷控制计划,不仅针对商业银行,也针对货币市场上的共同基金和发行信用卡的零售公司。银行的信贷增长以9%而不是二月份的17%为限。仅在一周以前,随着通胀数据的公布,联邦公开市场委员会被迫将联邦基金目标利率提高到了18%。

经济对此的反应是突然地硬着陆。国内生产总值在三个月内下降了30%。消费者信贷没有像此前那样以每个月20亿美元的速度增加,而是在一个月里减少了20亿美元。货币突然枯竭了,令很多原本健康的项目进退维谷。建筑贷款无法展期成为永久性的抵押贷款。资产价格跌至资产担保品的价值以下,导致贷款一夜"缩水",令原本正直的借款人有了不偿还债务的动机。资不抵债大范围地出现,每一座城市的街道上都散落着金融死尸。民主党的总统将美国推入衰退,而且还是在大选之年,这是近期历史上的头一遭。

参议院民主党少数派党魁、来自西弗吉尼亚州的罗伯特·拜耳德对此表示担心,但他受到了参议院银行委员会里排名第一的民主党参议员、来自威斯康星州的威廉·蒲克斯迈的斥责,后者针对通胀和利率的铁律做了一场技术性的讲座,充斥TINA(别无选择)的论调。更多的失业和破产虽然令人痛苦,但只能接受,因为它们是苦口的良药。

然后就是亨特兄弟的白银投机泡沫的破裂,主要的原因是银价从每盎司50美元跌至10美元。多家银行此前借给这兄弟俩8亿美元堆起了一个投机性的白银卡特尔,这笔钱占此前所有这些银行放贷的10%,贷款利率是逐步上升的，最后接近20%。到了3月31日，亨特兄弟放弃履行此日以后的合同，因为他们无力以滚动的方式偿还短期贷款，这部分是由于信贷控制所造成的。为了防止出现系统性的恐慌，沃尔克牵头组织了一场私人性的援救，从11家银行那里新拉来了一笔11亿美元的贷款，这类似于美联储在1998年牵头组织的对长期资本管理公司（LTCM）的援救。亨特兄弟十亿美元的股权被一扫而空，只能申请破产，但借钱给他们的银行却得到了拯救，无需募集资本来弥补不良贷款，在美联储看不见的大手一挥之下，这些不良贷款奇迹般地成为良性贷款。美联储放弃了仅仅两周前才实行的信贷控制规定。对此人人摇头，大声指责其中蕴含的"道德风险"。美联储曾经拒绝拯救实体经济中的克莱斯勒公司、纽约市政府、中西部种植谷物的农民、洛克希德公司和泛美航空公司等等，但它很少拒绝援救金融市场。"别无它途"和"规模太大而不能任其倒闭综合症"毕竟都是一些有选择性的说辞，它们只适用于美联储的政治选民们。

作为美联储的主席，沃尔克在1980年针对美联储采取了一种"新的运作方法"，对华尔街实行休克疗法，因为华尔街似乎已经习惯于伯恩斯赤裸裸的政治机会主义，不再相信美联储有控制通胀的政治意愿了。这种新的运作方法以货币总量为着眼点，在联邦公开市场委员会的授权之下，由这些货币总量指标来决定联邦基金利率在13%到19%的范围内波动。这是运用"创造性的不确定性"，令金融市场在休克之下不再对利率的稳定和渐进主义感到志得意满。传统上存在着这样一个预期，即美联储即使要提高利率，它也不会允许市场出现大幅波动。只要银行能够对付利率的逐渐提高而仍然有钱可赚，它们就可以继续放贷。而实行新的运作方法后，银行面临着这样的风险，即利率有可能突然而且急剧地朝着甚至与这些银行的短期信贷头寸相反的方向波动。另外，银行此前一直在以较低的利率借入较为短期的资金，从而以超过存款增长的速度扩张新贷款。这种做法有一个良性的名称，叫做"有管理的负债"，它让银行从收益曲线上的利差中获利，而美联储几乎从来就没有允许收益曲线内翻，也就是说，短期利率的提高总是高于长期利率，银行采用这种做法总是可以获利。这种做法在银行术语中叫做"利差交易"，它后来被推广到国际上，最终导致了1997年的亚洲金融危机，那时的利率和汇率的大幅波动已经成了家常便饭。

美联储的新运作方法极大地增加了银行所面临的风险。不仅如此，沃尔克最后还规定，以借入资金对外放贷要另收8%的准备金。这个新的运作方法是与美联储传统的权限相反的，因为它作为一家央行，本应负责维持市场的秩序，而这意味着利率平稳的、逐步的变化。新的运作方法是以短期的阵痛作为威胁，以此稳定长期的通胀预期。

所有的经济学家都同意，随着货币增长的放缓，市场利率相应上升。用联邦基金目标利率来控制货币供给的问题在于，这个利率只能由法令加以规定，而这令美联储面临着政治上的压力。可以这样说，而且也常常有人这样说，美联储的联邦基金目标利率往往并非管理未来趋势的一种手段，而是一个自我实现的预言。高联邦基金目标利率导致通缩，低联邦基金目标利率则造成通胀，对于此种关系没有人有异议。但很多人对于美联储预测经济的能力持有异议。历史表明，美联储经常性地在预测错误的基础上做出了错误的决策。新的运作方法是让货币总量来科学地设定联邦基金目标利率，从而如果联邦基金目标利率需要升至两位数的话，这就为联邦公开市场委员会的成员们提供了政治上的掩护。这是走后门进来的货币主义，不是出于智识上的担当，而是因为政治上的怯懦。

根据1933年的《银行法》组建的联邦公开市场委员会并不包括美联储董事会的投票权。在1935年的《银行法》中，这变成了包括美联储董事会在内，在1942年又有修订，成了现在的投票结构，即有投票权的人员为美联储董事会的七名成员，美联储纽约银行的行长，再加上轮流入选的美联储其他地区银行的四名行长。立法上的这些变化是为了在维护美联储各银行行长意见的同时，将美联储的决策权集中起来。虽然美联储各银行的行长是轮流投票的，但他们全都参加联邦公开市场委员会的所有会议，就货币政策展开讨论。早期的联邦公开市场委员会一开始是每季度召开一次会议；现在，这个委员会每年召开八次会议，但货币政策方面的决定并不限于在正式会议上做出，因为主席可以随时召集委员们开电话会议。

这样一种制定货币政策的体系——在制定全国性的政策时将各地区的意见结合起来——是美联储结构的特色之一。从美联储诞生之日起，对于董事会中是否需要有地区性的代表以及由哪些地区来代表就存在着意见分歧，联邦公开市场委员会成立后，争论依然没有停止。1964年，国会举行了听证，曾考虑过废除联邦公开市场委员会。现在普遍接受的观点是全国性的政策比地区性的考虑重要，前者要优先于后者。联邦公开市场委员会不会仅仅因为照顾一个地区的经济考虑而改变货币政策。在制定政策时，地区性的意见所起的作用日益次要。推而言之，在1990年代鲁宾任财长时，随着美联储开始支持财政部的事关国家安全的美元升值政策，美国的国际主义政策便压倒了地区性的考虑并得以制度化。美国的铁锈地带和有农业出口的各州为了生存，它们只能对地方经济进行重组。

1970年及伯恩斯担任美联储董事会主席之前，联邦公开市场委员会以固定的格式发表评论，这被称为一个"激烈争论"。伯恩斯不喜欢这种正式的做法，因为他与长期担任此职务的前任威廉·马丁不一样，后者在做决定之前会仔细听取每个人的意见，而他在制定货币政策时不善于建立共识。为了避免当面不理睬地区性观点的尴尬局面，伯恩斯决定各地区的情况汇报要提前准备好，然后集中在一起由委员会进行修订，他认为这样可以更有效地利用委员会的时间。伯恩斯的行政指令导致了信息收集过程的正式化，也扩大了信息收集的范围，红皮书由此得以诞生，它是褐皮书的前身。

除了封面的颜色不同之外，红皮书与褐皮书之间还有一个重要的区别：红皮书是仅仅为政策制定者们准备的，它的目的不是供公众阅读。红皮书在1983年成为了公开的材料，当时长期担任哥伦比亚特区众议员的沃尔特·冯特伊（Walter Fauntroy）要求将绿皮书公之于众，这本册子中包括美联储讳莫如深的国家模型和经济预测数据。美联储董事会觉得公开绿皮书是不智之举，所以它就拿红皮书作为代替。为了标志这个变化，红色被弃之不用，转而使用褐色作为封面的颜色（有段时间它也被称为棕皮书）。而为了削弱这份文件在联邦公开市场委员会政策制定中隐含的重要性，褐皮书公之于众的时间被故意选在了委员会开会之前的两周，这样媒体和公众就会发现其中的信息并不及时，所以也就对政策没有很大的影响。民主社会中的政策透明化也就如此而已。

美联储剥夺了公众和批评它的人及时获得信息的权利，而这些信息的取得用的是纳税人的钱，由此，美联储保护了自己，不会遭人批评说在决策中具有意识形态上的倾向性。美联储之所以一直不遭批评，这是因为它的决定所依据的经济信息总是比市场所获得的信息要新，而只有市场获得了相同的信息，它才能理解美联储的这些决定，不过，在这个即时通讯的时代，不让市场获得最新的信息是出于什么理由，它从来就没有给出一个清楚的解释。

美联储的联邦顾问委员会（FAC）是一个独特的组织，其独特性在于它为大银行进行游说，但正式而言它是为美联储提供咨询的，而美联储又是由各家银行所有的一个政府机构。联邦顾问委员会与美联储官员每年召开四次秘密会议，为银行业影响美联储的决策准备阶段如果说不是决策本身提供一个内部的渠道。后来解密的联邦顾问委员会会议记录表明，在美联储宣布它将采取新的运作方法之前的四周,联邦顾问委员会曾建议美联储"检讨"传统的运作方法,而这时连总统都还没有被告知美联储在考虑并最终决定采取新的运作方法。卡特总统对美联储即将采取高利率政策毫不知情,而美联储在那个大选之年却要用这个政策冲击他的政府。

美联储的紧急信贷控制计划是1980年3月14日宣布的,它不仅影响到商业银行,还影响到了货币市场上的共同基金和发行信用卡的零售公司。银行的信贷增速以9%为限,不是二月份的17%了。到了4月份,货币从金融体系中消失的速度快得令人吃惊,美联储看到数据后大为震惊。在3月份的最后两周里,170多亿美元消失了,即年化的缩减速度是17%。一方面是信贷的枯竭,另一方面,卡特敦促人们以个人消费上的克制来避免美国陷入超级通胀,这导致货币从银行体系之中蒸发出去。另一个原因是银行存款被转成了国库券,后者以15%的利率支付利息。

沃尔克六个月前采取的新运作方法现在面临着重大考验。根据货币主义的理论,美联储现在必须以注入银行准备金来刺激货币增长。但是,在实际上,沃尔克和联邦公开市场委员会是针对短期的剧烈波动运用着货币主义,而货币主义根据其定义则必须是一个长期的主张,因此,在运用货币主义的过程中,它们损害了它们自己此前为抗击超级通胀所作出的努力,更甚一步,它们毫无必要地造成了经济的不稳定。如果有人假借上苍之名,其他人就会无辜遭殃。

在1980年的5月6号,为了遏制货币供给的加速收缩,美联储纽约银行的公开市场工作组急切地买入政府证券,以增加银行准备金来创造新的"高能"货币,从而注入更多的银行准备金,这导致了利率的急速下跌。联邦基金利率在两周时间里跌去了500个基点,从18%跌至13%,到达了联邦公开市场委员会设定的目标范围的底部,而实际上的交易利率已经突破了这个底部。

美联储面临着失去对联邦基金目标利率的控制的危险,这威胁到了它的信誉。美联储纽约银行通知了联邦公开市场委员会,说它可以继续采取新的运作方法,注入更多的准备金,或者它也可以收紧银行准备金的供给,让联邦基金利率回到13%之上,但它无法兼顾这两个方面,就像一辆列车无法同时朝着相反的方向开一样。沃尔克选择了继续实行新的运作方法,他召集联邦公开市场委员会开了一次电话会议,由其授权将联邦基金利率从13%降至10.5%。

在当时的市场情况下,利率跌至10%以下就意味着扣除通胀的利率为负,这会引发新一轮疯狂的借款。货币主义的根本缺陷在实现中暴露了出来。稳定货币供给也会稳定利率的说法不具操作性。在现实中，由于市场力量快速的相互作用，稳定一方导致另一方不稳定。

美联储颇为绝望，在甚至更为恐慌的卡特政府的首肯下，美联储开始以行政上可能的最快速度解除紧急信贷控制，这样信贷需求便不会受到人为的压制，美联储希望以此让市场利率因为借款增加而提高。最后的一些控制措施仍然拖到 1980 年的 6 月份才得以解除。在 4 月份，美联储纽约银行以 14% 的年化增速对银行体系注入了更多的准备金，5 月份的非借入准备金的年化增速则达到了 48%。

沃尔克面对着他自己的信贷控制计划所引发的经济突然崩溃，他很明显感到了恐慌和惊吓。到了 7 月份的最后一周，联邦基金利率跌至贴现率以下，只有 8.5% 了。有一个交易日它跌至了 7.5%，美联储一度失去了对它的控制。货币政策最为直接调节的这个短期利率在全凭它自己自由浮动。如果联邦基金利率低于贴现率，那么银行就会对市场的力量作出反应，联邦基金利率就会跌到零。因此，降低贴现率的压力空前巨大。这是金融市场从来都没有经历过的事情。在 10 周的时间里，联邦基金利率从 4 月份的 20% 跌至 8.5%。在 1979 年秋，美联储为对付通胀而断然将货币的价格推高了 100%。现在，仅仅过去了 7 个月，美联储为了逆转货币供给的收缩而让货币的价格甚至以更快的速度下跌。美联储的过度反应突然终结了衰退，而沃尔克现在所面临的通胀问题，比他在 1979 年 7 月刚开始担任美联储主席时还要严重。许多企业在流动性不足的这个短暂期间内破产了，但银行却因大发其财而兴奋不已。

这次的教训让美联储重新回到了它的老路上去：以利率而不是货币供给为中心，而且再次发誓只着眼于长期。然而，对于长期来说，货币供给才是正确的衡量指标，而对短期而言，利率是适当的工具。除了令这个国家付出了颇为昂贵的学费之外，美联储看来什么都没有学到。

《韩福瑞－霍金斯法案》要求美联储针对货币供给的增量确定一个目标范围，在 2000 年，这个要求到期了，这时美联储宣布它不再确定这种目标，它的理由是货币供给的增长并非是衡量货币政策的一个有用的基准。不过，美联储也说："……联邦公开市场委员会认为，对于评判经济和金融状况来说，货币和信贷的行为将继续具有价值"。不仅如此，在对 M2 根据价格水平的变化做出调整后，M2 依然是先行指标指数的一个组成部分，有些市场分析人士使用这个指数预测经济的衰退和复苏。

如果要认为货币供给而不是利率推动着经济，那么就必须要断言货币供给对经济的影响没有任何时滞。这样的断言只有从长期的角度来看才是正确的。长期而言，6个月几乎就不算时间，这正如宏观经济学家们可能认为几百家公司破产只不过是创造性的破坏，不过，如果他们发现自己的亲戚有破产公司的股份，而现在这些股份一文不值，这时他们才不会不把这些公司的破产当做一回事了。以货币供给为政策目标会造成利率突然地大幅波动，这会导致实体经济朝着我们所不希望的方向变化，这又反过来影响到货币的需求。这个过程被形象地比喻为美联储这条货币主义的狗在追逐着它自己的尾巴。

到了1980年的9月份，8月份的货币供给方面的数据表明它增长了23个百分点。在银行的支持下，货币主义者们叫嚷着说，货币供给数据表明有必要大幅提高利率。由于美联储几个月前被蛇咬过一次，所以它不打算再次放弃它传统的以渐进的利率调整为中心的做法，因此它就再次让货币供给这条尾巴摇晃在利率这只狗的身上。尽管如此，美联储还是在9月25日将贴现率从10%提高到了11%，不过这仍远远低于货币总量的需要和通胀率。

10月份，在卡特竞选连任的最后几周时间里，由于在民调中落后于里根，所以他对美联储的高利率政策展开了抨击。里根则以投机和不诚实的心态捍卫着美联储，对卡特不公平地拿美联储做替罪羊进行了反击。选举结束后，美联储继续着它的高利率政策，而里根一党则忙于政权交替方面的事情。到了圣诞节期间，有些银行的优惠利率达到了21.5%。

货币方面的混乱状态推动了里根的当选，现在又追随着他进了白宫。卡特此前指责通胀是由民众挥霍性需求所致，他承诺政府将采取措施遏制超级通胀。里根将指责的对象颠倒了过来，他认为通胀的原因在于政府。然而，里根的经济方案是减税、国防开支和供应学派的经济增长，这与美联储反通胀的货币紧缩政策彼此冲突。里根政府中的货币主义者们全都是右翼人士，他们长期以来对美联储持批判态度，谴责它受到了凯恩斯主义病毒的感染。然而，里根政府自相矛盾的财政政策（尽管要大规模地减税和增加国防开支，但又要实现预算平衡）预示着它的货币政策根本不可能连贯一致。不管实行货币主义与否，要以货币供给的缩减实现经济增长，这完全不具有内部的协调性。

里根的上台标志着半个世纪里一直处于衰落之中的古典经济理论的复兴。自二战以来，古典经济学是作为历史遗产讲授给经济学的学生们听的，它的地位就像生物学中的神创论而不是进化论。这些学生们认为，这些理论都是一些负面的例子，说明在文明的低级阶段，人们的智力也是低下的。在里根的方案中，古典经济理论的三个分支清晰可见，它们是货币主义、供应学派理论和对

第四章 美国的经验教训之三

于赤字融资（但不是赤字本身）的恐惧。然而，如果对这三个理论同样严格地遵循，那么它们之间是彼此矛盾的，这就是沃尔克在他那些深奥难懂的演讲中所温柔地警告的"目的上的冲突"。供应学派的减税和投资带动的经济增长与货币主义的货币供给减速之间有冲突，而在减税时大规模地在军事上支出则意味着预算上的赤字。巫术经济学大行其道，发明这个词的人是老布什，他在共和党的党内初选中首先使用了这个词，而现在他担任着里根政府的副总统。里根这个小政府保守主义的救星留给美国经济的是史上最大的一笔国债。

沃尔克的智力水平要远远高于里根政府中的大多数人，唯一的例外是马丁·费尔德斯坦，他是经济顾问委员会的主席，不过白宫对他认为预算赤字太高的直言警告却置之不理。沃尔克以他的理性和对于事实的尊重，开始赢得里根政府货币政策的控制权，这让他得以在与白宫教条主义的"理性预期"的争斗中占据上风。理性预期理论认为，理性的市场参与者总是会预见到政府的政策，从而相应地调整它们的行动。

到了1981年的3月，在此前的一月份曾创下20%的历史性高度的联邦基金利率，这时被联邦公开市场委员会压低到了16%。债券市场拒绝合作。长期利率涨了上去。亨利·考夫曼是极受尊敬的华尔街领袖人物，他将长期利率的上涨完全归咎于里根的扩张性减税。货币供给中的M1在4月份开始迅速扩张。债券交易商担心美联储会以大幅提高利率的紧缩政策来应对，因而以较低的利率来压低未偿债券的价格。交易商们大多接触到的是行业媒体上对弗里德曼货币理论的简化总结，它们在预期的作用下开始抬高利率。"理性预期"非但没有帮上里根经济计划的忙，反而是在帮倒忙。美联储恳请市场专家们不要仅仅根据两周里货币供给的变化就得出极端的结论，它说自己已经不再采用新的运作方法了。但债券市场对弗里德曼货币主义观点的简单化接受已经到了条件反射的程度，所以它对M1数据的反应很紧张，而美联储对债券市场的反应也很紧张。在市场的羊群本能而非理论逻辑的作用之下，货币主义成为现实。

《华尔街日报》上题为"信贷市场"的每日专栏记载的是债券交易者们在私人世界里的飞短流长，让读者们偷听到美联储的这些旁观者所做分析的严肃总结。美联储的经济学家们也以宗教般的虔诚读着这个专栏，这就像百老汇的明星们读着新戏上演首晚的评论和社交名人们阅读新闻的社交版一样。这个专栏是债券交易者们获取市场态度方面信息的主要渠道，对参与者们而言，它为将理论神秘地抽象为现实提供了合法性。要参与到这场深奥的媒体对话之中，就必须遵循某些基本的假设，以免你读到的内容看上去无法理解。这些基本的假设就是美联储的首要任务是维持利率的稳定，市场的有序和币值的坚挺，而不是经济增长、充分就业或者任何这种社会主义式的花言巧语。

债券的价格在1981年4月份下降了，美联储审慎地屈服于了债券市场的判断，而不是为这个市场提供指引。尽管经济复苏的影子都看不到，美联储还是再次改变了利率政策的方向，将利率往上提。美联储再一次地被迫跟在市场的后面而不是走在市场的前面，因此只是强化了市场的趋势而不是防止市场的过度之举，这正是它一直在做而且今天还在继续做着的事情。随着里根的经济方案在国会里获得了通过，激起了人们普遍的热情并积累了立法上的气势，债券市场随之陷于停顿。美联储面临着两个选择，要么失去对联邦基金利率的控制，要么急剧削减货币供给并推高利率。

在预算出现赤字的情况下紧缩货币供给肯定会导致衰退。高等级的长期公司债券和政府债券的市场利率在一个月的时间里跳升了100个基点。新发行的债券以什么样的低价都难以卖出去。评论人士预测将出现一场"双降"的衰退，这就和今天一样。美联储受到了所有方面的指责，这其中包括商业银行，因为它们持有大量的债券组合，也包括白宫的供应学派人士，虽然每个人都知道问题源自里根的经济方案。民主党人指责美联储提高了利率，这至少在概念上是说得通的。

白宫指责美联储再次以利率为目标而不是专注于控制货币的总量，沃尔克本人也被指责为对总统不利。里根虽然在总统选举的时候装模作样地对卡特指责美联储予以回击，现在他却公开讨论着"废除"美联储。此前，在4月中旬的时候，沃尔克曾公开承诺以渐进的方式收缩货币供给，避免使用休克疗法，给经济以调整的时间。但到了5月份他改变了主意，决定收紧已经因六个月前实施的高利率而遭到削弱的经济，从而屈服于白宫和债券市场。渐进的方式遭到了永远地弃用。沃尔克给出的理由令人啧啧称奇，甚至有点强词夺理的味道。在一场只有受到邀请的人才能参加的为期两天的讲座上，他告诉一群华尔街上的金融专家，由于过去的政策错误在于过分的放松，所以将来在克制方面犯错误是有道理的。吃得过饱和无饭可吃现在不仅是政策的效果，也成了制定政策的原因了。复合的错误，就像复合利息一样，在他的选择之下成为治疗这个国家病态经济的良方。

金融市场不是实体经济。它是实体经济的影子。影子的形状和保真性受到光源的位置和强度的影响，而光源则来自市场对经济的未来表现的认识。美联储在几十年以来已经形成了这样的制度特色，即更为侧重于金融市场体系的健全而不是实体经济的健康，更不用说全体人民的福利了。当然，保守派经济学家可能会说，健全的金融市场体系最终也符合所有人的利益。但经济并非是完全均质的。在现实中，经济中的某些部门和人口中的某些部分虽然不是因为它们自己犯下的错误，但它们有可能而且也确实往往无法在下降周期中生存下来，进而享受长期的利益，而且即使它们活了下来，它们也被置于了永久性萧条的底部。美联储周期性地无力区分什么是金融市场的健康增长，什么是投机性的债务泡沫。

里根政府在第二届任期的时候发现，它可以从沃尔克稳定币值的独立国内政策中摆脱出来。在西方盟国间国际贸易不断增长的时代，小规模的全球化在苏联集团最终解体前包括了发展中国家，而自从尼克松在1971年放弃了金本位制和布雷顿森林固定汇率制以来，外汇市场正在日益兴旺地发展之中。美元的汇价因此成为一个事关美国国家安全的问题，因而它归入了总统的权力范围之内，美联储则要站在爱国主义的立场上给予支持。

经济顾问委员会的主席马丁·费尔德斯坦是来自哈佛大学的一位极受尊敬的保守派经济学家，在思想诚实方面名声卓著，他曾在里根的第一届任期里建议实行美元高汇率政策，认为美国制造业遭受的损失是为国家金融力量增强所付出的公平的成本。但这样的观点对里根政府和以罗纳德·雷根为首的财政部来说是忠言逆耳，雷根此前是美林的头头，而美林的客户中包括了所有主要的制造业巨头。费尔德斯坦在被白宫置之不理后回到了哈佛，在为巫术经济学盛行的里根政府工作了两年之后又继续追求经济学的真理。费尔德斯坦接着培养了许多颇具影响的经济学家，这些人后来在政府中担任着要职，这其中包括劳伦斯·萨默斯，他是克林顿总统时期的财政部长以及现在的哈佛大学校长，还有劳伦斯·林德赛，他是小布什的总统经济助理（他在布什对经济团队的重组中与奥尼尔财长一起被布什解职）。

到了里根的第二届任期，不可否认的一点是美国的高美元汇率政策对美国经济中的制造业部门正在造成很大的伤害，而且它威胁到共和党人从关键的工业州中所获得的政治支持，更不用说工会了，而当时的共和党正在以冷战时期的爱国主义争取工会的支持。在制造业公司利益集团的支持下，贝克尔财长和他的副手理查德·达尔曼随即采取了干预性的汇率政策，将估值过高的美元汇率给压了下来。美联储与财政部之间达成了停战协定，尽管每一方都在私底下朝着相反的政策目标使劲，这很像2000年时利率政策方面的情形，当时美联储在提高短期的联邦基金利率，而财政部则为了压低长期利率而在回购30年期的国库券，从而导致了利率曲线的内翻，这是一个经典的信号，表明经济将要出现衰退。

它们之间就这样达成了交易，沃尔克继续以高利率对付国内的通胀，财政部则凭借 1985 年的《广场协定》把估值过高的美元降下来，而这时全球都在反思高利率的政策。虽然 1987 年的《卢浮宫协定》旨在阻止美元始于两年前《广场协定》的持续下跌，但美元贬值的趋势仍在继续，一直到 1997 年的亚洲金融危机造成亚洲各国货币的恐慌性贬值，美元随之自动升值。矛盾之处在于，为了实现国内美元币值的稳定，美联储只得允许美元国际汇价的升值，而这会带来不稳定。二战结束以来，这是外汇方面的考虑首次主导了美联储的货币政策考量，正如一战后本杰明·斯特朗执掌美联储时期一样。矛盾双方作用的结果，是美联储对全球化了的国内经济的控制权的削弱，是货币政策与财政政策之间区别变得模糊。美元的高汇价只能加以维持，因为外国人持有太多的以美元计价的资产了。美元的贬值会引发抛售，1985 年的《广场协定》签署之后便是如此，而这对 1987 年的崩盘起了推波助澜的作用。

罗伯特·鲁宾成为克林顿总统的特别经济助理后，美国找到了它的美元霸权战略，即力促金融市场不加监管的全球化。鲁宾此前是高盛公司在国际债券方面的顶级交易员，在加入克林顿政府那一年赚了 6 千万美元，他想出了一个让美国鱼与熊掌兼得的办法，一方面以高汇价的美元买入廉价的进口品，以此控制国内的通胀，另一方面，由于美元的高汇价而使得资本账户的盈余成为可能，所以就让资本账户的盈余来为贸易赤字融资。美元霸权由此得以诞生。

由于铁锈地带的美国制造业工作岗位大批量地、不可逆转地出口到了国外，美国的经济以前所未有的速度在增长，这样做还有一个额外的好处，即可以控制那些不服管教的国内工会。对于美国愿意开放国内市场供外国产品侵入，日本和德国以及后来的亚洲四小龙和墨西哥的制造商欣喜若狂，它们没有意识到，自己国家的国民财富事实上正在因为出口而被不断转移到了美国，而它们换回的只是美元，这些美元美国可以随意印刷，外国人在自己国家里又无法使用。等到它们意识到这一点时已经太迟，因为这些国家的整个经济结构都已经为出口所绑架，迫使这些国家永远成为美元的经济奴隶。这些国家的央行还争先恐后地维持本国货币相对于美元以及相对于彼此的低汇价，这样它们就能将更多的财富转移到美国，而它们从出口中赚到的美元则别无选择，只能流回到美国，成为美国经济重组为新型金融资本主义的资金，成为通过美国的军事开支形成一代代新式高科技研发的资金。

作为二战中的战败国，德国和日本对于军备扩张仍有各种限制，受此所限，这两个国家自己的国防部门无法大量吸收高科技研发资金，只能从美国购买武器系统。由于在冷战后继续为日本和德国提供防卫保护伞，美国得以维持它在科技领域的领先地位，资金则大多来自于各个出口国的贸易盈余。出口国赚取的贸易盈余越多，这些出口国就越穷。新自由主义中的市场原教旨主义不同于 19 世纪的重商主义，因为以黄金为形式的贸易盈余会流向出口国，而以美元计价的贸易盈余则只会导致美国经济在全球范围内的扩张。在 1992 年总统竞选的时候，罗斯·佩罗曾针对《北美自由贸易区协定》（NAFTA）警告说他听到了贪婪的吮吸声，但这不是美国的工作岗位流失到墨西哥时所发出的声音，而是外国持有的美元冲向美国的股权和债权市场的声音。

1985 年的《广场协定》在五国集团（美国、英国、法国、德国和日本）之间达成了一份协议，呼吁各国采取协调一致的行动，降低美元的币值。在 1985 年的 9 月，五国集团在纽约市的广场宾馆开会，批准了一项措施，以汇率以及宏观政策其他一些方面的调整作为首选的和必要的手段，实现美元币值的有序下调。这份协议的目的在于遏制不断增长的美国贸易失衡及保护主义情绪和行为，它支持了主要非美元货币相对于美元的有序升值。

在《广场协定》签署后两年，七国集团（五国集团再加上加拿大和意大利）达成了 1987 年的《卢浮宫协定》，呼吁以引入七国货币之间的参照范围阻止美元的贬值，重新建立起均衡的国际贸易并实现非通胀性的增长。在这年的 2 月，七国集团在法国的卢浮宫召开会议，宣布美元已经贬值到了与基本经济面相一致的水平，因此它们只有在需要确保稳定的时候才会对汇率进行干预。根据《卢浮宫协定》，各国将在需要维护各自货币稳定的时候不加宣布地实施干预。

主要工业国为稳定其汇率而煞费苦心地达成的这两项协定效果好坏参半。随后的事态发展表明，在不加监管的金融市场上，各国政府浪费宝贵的金融资源所实施的干预是徒劳无功的，这正如英格兰银行在 1992 年所发现的那样。汇率的不稳定在短期将会继续增加还有一个原因，这就是欧洲央行（ECB）相对于欧洲各国的央行对欧洲美元的汇率不那么关心，这是因为欧元区作为一个整体的经济比各成员国的经济更为封闭，更多关注自己的内部。欧元区的开放率（以商品和服务贸易占 GDP 的比重来衡量）为 14% 左右，而法国和德国则均为 25%。欧洲区发现，内部的发展是不可或缺的，而过度依赖出口则有害无利。

国际上维护《卢浮宫协定》的决心最终减弱了。为对付两德统一后出现的通胀，德国在 1990 年提高了利率，而美国为了应付 1987 年股市崩盘后经济的下滑则放松了货币政策。虽然美国与欧洲之间的利率差导致了欧洲几国货币的升值，但七国集团并没有做出反应。它也没有阻止 1990 年的日元贬值。到了 1993 年，《卢浮宫协定》已经名存实亡，各国国内的政策目标压倒了国际协议。政治上的震荡（比如说两德的统一和伊拉克入侵科威特）以及经济上的现实（比如说日本尽管在日元升值的情况下仍然出现了持续的经常账户盈余）也削弱了各国维护协定的决心。七国集团从"高频率"干预变为"低频率"干预，而事实上的干预只发生在汇率极度扭曲的情况下，干预的重心也从汇率的水平变为汇率的波动。

1987 年夏，里根用格林斯潘替代沃尔克担任美联储的主席，但这遭到了供应学派人士的反对，意见最大的代表人物是《华尔街日报》的助理编辑裘德·万尼斯基（Jude Wannisiki），他是纽约的前橄榄球明星兼潜在的总统人选杰克·坎普（Jack Kemp）的亲密副手。万尼斯基的大部分经济学观点都来自罗伯特·蒙代尔，后者凭其汇率理论在 1999 年获得了诺贝尔经济学奖。万尼斯基指责格林斯潘造成了 1987 年的崩盘，因为格林斯潘在担任美联储主席伊始，便在 1987 年的夏天告诉《财富》杂志美元的估值过高。万尼斯基还认为，1987 年夏天的银行体系中不存在流动性问题，"格林斯潘在崩盘后提供的所有流动性都只是堆积在了银行的账户上，在那儿停留了几天，然后美联储又把它拿了回去"。万尼斯基对 1986 年的《税法》也大加指责，说它虽然大幅降低了边际税率，但却使得资本收益税从 20% 提高到了 28%，这造成资本收益在膨胀的收益面前没有了指数化所提供的保护。按照万尼斯基的说法，这导致投资者们为了避免税后净回报为负而出售股票。

1987 年 10 月 19 日，星期一，世界各地的股价急剧下跌，道琼斯工业平均指数（即 DJIA，它是衡量美国股市的主要指数）跌去了 508.32 点，收于 1738.42 点，跌幅为 22.6%，这是 1914 年以来的单日最大跌幅。1987 年股市崩盘的跌幅比 1929 年 12.8% 的跌幅要大很多。投资者的损失达到了 5000 亿美元。在 10 月 19 日崩盘之前的四天里，股市的市值跌去了 30% 以上。按 2000 年 1 月的峰值衡量，这等于道指跌去了近 4000 点。不过，虽然 1929 年的崩盘被普遍认为导致了大萧条，1987 年的崩盘却只给实体经济带来了痛苦而没有造成它的崩溃。普遍的认识是，由于格林斯潘及时地对银行体系注入了大量的流动性，实体经济的崩溃得以避免。虽然万尼斯基对格林斯潘的政策进行了猛烈的抨击，但事态的发展引发了人们对格林斯潘的狂热崇拜。

1987年的股市在8月25号达到顶点，当天的道指冲上了2747点。鉴于这同一个道指在2000年的1月份冲到近12000点的顶峰，很难说股市中不存在泡沫的膨胀。1987年美国的GDP是4.7万亿美元，2000年的GDP是9.8万亿美元。GDP在此期间翻了一番，而道指却翻了四倍。道指在1987年登顶之后跌至2500点，随后反弹到2640点，然后又跌到了比2500点稍低一点的水平，停在了2465点左右。股市又启动了一轮较长的反弹，将道指推到2660点。技术分析显示，在为期55天的下跌中，市场的反弹往往会在第40天前后停下来。这几乎就像投资者对市场转而向上放弃了希望，因而决定将一部分钱抽出来一样。市场的全部下跌中约有一半或者一半以上发生在最后的三到四天。在1987年，市场从2747点跌到了1600点，总计跌去1147点。在最后的三天里，道指从2400点跌至1600点，总计跌去800点，占全年跌去的1147点的69.7%。但1988年的GDP从前一年的4.7万亿美元增至5.1万亿美元，而一直到1941年而且靠着战时的经济，GDP才恢复到1929年崩盘之前的水平。

1987年10月19日，纽约证交所里的恐慌性交易达到了6.043亿股，比前一个周五创记录的3.385亿股交易量几乎翻了一番，那一天的道指也前所未有地猛跌了108.35点。现在每天的正常交易量是16亿股，而交易系统可以很轻松地处理30亿股的交易量。但处理能力的增强本身创造了对于大交易量的需求。这就像在一条拥堵的高速路上增加新车道一样：新车道本身吸引更多的车辆前来，直至拥堵再次出现。

相比两个月不到之前创下的收盘高点，1987年10月19日的道指下跌了36.7%。在这个崩盘的一天，抛售从一开盘就开始了。在道指的30种股票中，11种左右的股票因为下单的不平衡而在第一个小时里没有开盘，也就是说，卖单太多，无法与买单匹配起来。由于纽约证交所里的大量股票无法交易，交易员们为弥补头寸而转向了期货市场。这一天的一大早，正常情况下热闹非凡的芝加哥商品交易所股指期货交易大厅笼罩着一片死寂，交易员们眼睁睁地看着股市历史上最可怕的一次大溃败的到来。第二天，也就是1987年的10月20日，《华尔街日报》做了如此的报道："由于纽约证交所里的许多主要的股票因为下单的不平衡而延迟了交易，饱受争议的芝加哥'影子市场'——高度杠杆化、流动性很强的标准普尔500股指期货的市场——有短短几分钟成了世界股市的先行者。不过，这个股指市场是在快速地先行下探。部分交易人员和学术界人士最可怕的担心噩梦般地成真了，这只有着五年历史的指数期货首次了跌入无底的深渊,令人感到美国整个的资本市场大难临头"。

美联储通过在公开市场上购买美国政府的债券而注入流动性,在 1987 年 11 月 4 日截止的储备期内以非借入储备金的形式增加了 22 亿美元。此外,美联储向商业银行提供了帮助,在它们面临大量储备需要的时候对它们开放了贴现窗口。格林斯潘主席还向公众保证,美联储会作为流动性的来源,为经济和金融体系提供支持。为了提供流动性,短期和长期金融工具的利率降了下来。例如,三月期国库券的利率从 10 月 13 日的 6.74% 降至了 10 月 30 日的 5.27%,联邦基金利率在此期间下降了 179 个基点,30 年期国库券的利率也从 9.92% 降到了 9.03%。不仅如此,各家银行在 10 月 19 号到 23 号期间增加了对各种证券的放贷,这令券商得以对因为它们的客户的卖单而累积起来的证券存货融资。部分地由于美联储和各家银行的帮助,股价的恢复期比 1929 年崩盘之后缩短了很多。

在一开始,人们指责 1987 年的崩盘主要是由股市与指数期权和期货市场之间的互动所造成的。在股市中,人们购买实际的股票;在指数期权和期货市场上,他们只是买入以特定价格买卖股票的权利。因此,期权和期货被称为衍生工具,因为它们的价值是从股价的变化之中衍生出来的,虽然在这个市场上没有人真的拥有股票。布兰迪委员会(它的官方名称是"总统就市场机制问题成立的工作组")得出了如下结论:股市与衍生工具市场在运作上没有实现同步,这是这次崩盘的主要原因。它还认为,部分而言,投资者对美国联邦预算和国际贸易的赤字的担心也是有责任的。此外,美国财长的一些公开评论,即他对外国经济政策的批评以及暗示里根政府将让美元继续贬值,也在其中起了作用。关键的原因则是程序交易,这是华尔街上当时的新事物,即对计算机进行编程,当特定的情形出现的时候,由计算机自动地发出买卖大量股票的指令。这个委员会还对纽约证交所交易大厅里的"专家"提出了批评,说他们玩忽职守,没有成为最后的买家,对待小投资者的态度也是"反复无常"。证券交易委员会(SEC)同样认为股市崩盘的原因在于程序交易、证交所"专家"们的不作为和投资者心理的反向变化。布兰迪委员会和证券交易委员会均呼吁加强监管,防止将来再发生类似的事情。

1988 年 2 月 4 日,纽约证交所制定了防护措施,只要道指在一天里涨跌 50 点,即禁止使用其电子下单系统进行程序交易。纽约证交所在 1999 年的 2 月 16 日(当天为周二)实行了新的触发点,道指的涨跌只要到达这些点位,指数套利交易就会受到限制,这也就是交易的"头套"。对纽约证交所第 80A

第四章 美国的经验教训之三

号规则的这一修订得到了证券交易委员会的批准。纽约证交所所实施的新的断路器和交易头套触发点随着道指的点位而改变。断路器的点位为道指在一天里的下跌导致整个市场交易停止的点位。道指在 2000 年第一季度前后达到其峰值，在这段期间里，指数 10%、20% 和 30% 的下跌分别为：道指在下午 2 点之前下跌 1050 点将导致交易暂停 1 个小时；如果下跌发生在下午 2 点到 2 点半之间，那么交易将暂停 30 分钟；如果下跌发生在 2 点半或者之后，交易不会暂停。道指在下午 1 点之前下跌 2100 点将导致交易暂停 2 个小时；如果下跌发生在下午 1 点到 2 点之间，那么交易将暂停 1 个小时；如果下跌发生在下午 2 点或者这之后，那么在当天剩下的时间里交易全停。道指如果下跌 3150 点，那么下跌无论何时发生的，在当天剩下的时间里交易全停。交易头套对指数套利交易进行限制，如果道指相比前一交易日收盘时的指数涨跌 180 点或者更多，交易头套即被启动；如果相比前一交易日收盘时的指数涨跌在 90 点以内，那么已经启动的交易头套即被取消。

交易头套的首次启动是在 1990 年的 7 月，它所针对的是这样一种担心，即指数套利可能已经加剧了市场的大幅波动。交易头套实施之时，它占道指波动的 2% 左右。这项补充规定考虑到了道指在此前几年里的剧烈上涨。交易头套被普遍认为对于减少市场波动大有裨益，它在 1990 年里有 22 天被 23 次启动；在 1992 年被启动了 16 次；在 1993 年被启动了 9 次；在 1994 年里有 28 天被启动了 30 次；在 1995 年里有 28 天被启动了 29 次；在 1996 年里有 101 天被启动了 119 次；在 1997 年里有 219 天被启动了 303 次；在 1998 年里则有 227 天被启动了 366 次。

股市从 1987 年的崩盘中恢复了过来，开始了又一轮的上涨，道指在 1990 年代的初期站到了 3000 点的上方。技术性的问题虽然可能对市场的崩盘起了推波助澜的作用，但它们不可能是崩盘的原因之所在。只有市场之外的因素才能导致交易人员大幅度地降低他们对于股市价值的测算。这次崩盘的罪魁祸首是众议院筹款委员会在 1987 年 10 月 15 日通过的一项立法，它取消了用于公司并购的债务所产生的利息的税收抵扣。

证券交易委员会的两位经济学家马克·米歇尔和杰弗里·奈特在 1989 年发表了一份研究报告，他们得出的结论是这部反并购的立法确实引发了 1987 年的崩盘。他们指出：随着这部立法开始在国会中通过，市场对它的进展方面的消息几乎是马上就做出了反应。这部立法开始进入国会议程是 1987 年的 10 月 13 日（周二），10 月 16 日（周五）收盘后，因为接下来两天是周末，所以股市休市，在此期间股价下跌了10%以上，这是近50年里3天下跌得最大的一次。此外，引领股市下跌的正是受这部立法影响最大的那些股票。许多进行之中的并购交易马上就中止了。为企业并购提供支持的整个产业——投行、放款者、律师行、套利者、公司阻击者和公司恐吓者——很快就陷入了停顿。

引发市场崩盘的另一个重要原因是1987年10月14日宣布的美国出现了巨额贸易赤字（占GDP的3.4%），大量贸易赤字的存在导致贝克尔财长暗示美元需要在外汇市场上贬值。对美元贬值的担心导致外国人从以美元计价的资产上撤出，这造成了利率的急剧上涨。《纽约时报》在2000年6月10日的商业版的头版刊登了一篇文章，标题为"经济可能存在着软肋：专家和决策者对贸易逆差日益膨胀感到担心"。美国经常账户的赤字在1999年达到了3389亿美元，比1998年增加了53.6%，占1999年GDP的3.7%，占第四季度GDP的4.2%。道指在2000年1月接近12000点时达到了顶点，随后相比这个峰值下跌了40%以上。

1987年的崩盘最终所取得的成就是给了政客们一个教训，即市场听其言并观其行，如果受到威胁，市场马上就会做出反应。因此，这次的崩盘开启了一个新的时代，即市场与其说对恶劣的经济政策还不如说对政策上的不诚实进行惩罚。

1987年的10月20日，在股市开盘之前，格林斯潘在上午8点41分发表了一份声明："美联储作为本国央行，为其责任之所系，今天特此确认：它随时准备着作为流动性的来源，为经济和金融体系提供支持"。这份声明被普遍认为恢复了市场的信心，从而减少了1987年的这场崩盘所造成的系统性损害。

导致1987年崩盘的各种因素实际上在两年前就开始出现了。在1985年的1月，美元的币值见顶并开始下跌。但这一下跌是象征性的，而在9个月后，贸易赤字仍无明显改善的迹象。事实上，到了1985年的9月，正如J曲线理论所预测的那样，美国的贸易赤字反而大幅增加了。J曲线是对一国货币贬值后该国国际收支的表现的形象说明。贬值的直接影响是提高进口商品的成本并降低出口商品的价值，因而经常账户的情况会恶化。不过，由于出口商品的价格下降了，所以出口量会逐渐地增加；由于进口商品的价格上涨了，所以进口量会逐渐地减少。这会改善经常账户中的余额，使得赤字变成盈余。与经济学中的大多数理论一样，这个颇具说服力的理论似乎介于理所当然和一厢情愿之间。调整期被认为在6个月到12个月之间（平均为9个月），到这时应该已经结束了。但在1985年，美元下跌了9个月，而贸易赤字却并未改善的迹象。

第四章 美国的经验教训之三

布兰迪委员会得出的结论是：这场崩盘的主要原因是股市与衍生工具市场未能实现联动。这次的崩盘现在是金融市场"各种问题"的大全的一部分，这其中包括巴林银行、大和证券、德国金属公司、橘子郡公司、住友会社、长期资本管理公司、量子基金、老虎基金、安然公司、环球电讯公司和世界通讯公司等等。它也是始于泰国的1997年金融危机的一个先兆。

公众投资者获得了保证，说1987年崩盘的教训已经被吸取，为防止再次出现崩盘，也已经做出了一些改进。在1987年的崩盘之后，美国金融市场做出的关键改进之一是限制程序交易的"断路器"。有些人认为，在价格大幅波动的时候，断路器造成的交易中止让经纪商和交易商有时间联系其客户获得新的交易指令或者额外的按金。其他人则指出，交易的中止在预期的作用下可能会诱发交易，由此而增加了风险。

断路器在1997年10月27日首次也是唯一一次启用，当天，7月2日始于泰国的亚洲金融危机的第二波冲击了纽约的市场，道指在下午2点35分下跌了350点，在3点30分下跌了550点。这占全部下跌的7%左右，导致了股市在当天剩下的交易时间里被迫关闭。

设置断路器主要是为了防止股市的极端波动。对于断路器是否有用，人们往往是有疑问的，这是因为为了防止股市的极端波动，对于股价变化的原因必须加以揭示。对于什么原因能造成股价的变化，我们可以提出几种解释。一个主要的原因是经济基本面的改变，包括获得货币的难易程度或者说利率的变化。这时限制交易是有害的，这是因为这会降低股市定价的有效性。赞成使用断路器的人坚持认为，市场交易暂时的中止让投资者有时间考虑下一步做什么以及如何克服股价的这种大幅波动。然而，投资者们在指数下跌的情况下不太可能坐而论道。大多数人在考虑交易恢复时的市场走势时往往都会变得焦虑不安，交易一旦恢复，他们肯定都会抛售手中的股票。

断路器在当今被普遍认为是这次股市崩盘之后所取得的成就之一。然而，断路器只启用了一次，这与有些所谓的"减速器"不一样，它们影响的是特定的交易策略，现在在普遍地应用着。（断路器是在股票市场和衍生工具市场协调一致地使用，而减速器则是对交易的限制，由各个市场分别采用。）如果断路器仅有一次用于阻止交易，自然的结论就是，对于如何重启交易，我们从无足够的经验。市场崩盘期间，最可怕的时候是交易不发生之时。不担心交易重启而担心如何停止交易颇令人不解。近期对断路器重估的重点在于增加价格下跌的幅度，这对于引发交易协调一致的停止是必要的。断路器是否还是公共政策针对市场波动的最佳应对措施，这一点尚不清楚。

在过去的十年里，金融市场的许多特点都发生了变化，而且它们现在还在快速的改变之中，其中还不仅仅是国际性交易的继续增长。在交易可以转至不参与交易中止的市场的情况下，设置断路器要困难很多。主要的担心在于中止交易之后如何重启。如果流动性转移到了场外交易市场或者外国市场上，那么在交易中止结束后，这些资金可能就不会回到国内的在交易所进行交易的市场上了。如果市场在交易中止期间转移出去了，国内的专家和做市者要重启这个市场可能就会碰到问题了。最近对断路器的时长做了缩短，这些改变可能会部分缓解上述担心，不过这些变化也降低了断路器取得预期效果的有效性。

1987年的崩盘之后，联邦监管机构承受了压力，要防止因市场操纵所致的任何形式的再次崩盘。但是，没有人知道怎么样才能最好地防止崩盘的发生。为了设计出"预防性的措施"，"保护"市场免于出现危险的投机性下跌，监管机构设置了断路器，以此作为虚弱的制约，而且它可能不会造成损害。断路器与股市无关，它更多表明的是监管的运用。因为断路器提供的制约是非常虚弱的，所以它的目的看来是为股市的监管者提供一个借口。虽然经验证据表明断路器之于市场无异于杯水车薪，但类似的机制对于决策者之所以有吸引力，是因为它们为监管者提供了一个相对低成本的借口，好对公众说它们为防止再次崩盘而在进行着努力。如果它们对防止股市崩盘什么都不做，公众对其必要性就会提出质疑。如果在崩盘后什么都没做，公众就会不信任市场及其大幅的波动。由于这种不信任，投资者就会对投资于这个市场感到犹豫不决，他们就有可能将钱存在银行里，市场也就会下跌。

1987年崩盘之后的另一个变化是普遍要求执行按金交易。它的目的是降低股票、指数期货和股票期权的波动。保罗·库匹克是美联储董事会研究与统计部门交易风险分析小组的高级经济学家，对于围绕着要求按金交易的联邦政府监管规定所展开着的政策讨论，他在1997年4月进行的一项研究对这项讨论的状态做出了评估。他的研究发现，对于交易如果有按金可以控制股票回报波动的假设，并没有无可争议的证据支持，相应的，没有证据表明与按金有关的杠杆是"过度的"波动的一个重要的根本性原因。对于T号规定（即交易需支付的按金量）与股票回报的波动之间存在着稳定的负相关关系的假设，并没有证据支持；对于股票衍生品的杠杆优势会放大股市之中回报的波动的假设，也没有证据加以支持。因此，按金问题看来是为了转移公众的注意力而提出来的。

第四章 美国的经验教训之三

这次的崩盘之后，有些股票交易所对它们的计算机系统进行了升级，以增加数据处理的有效性并提高速度、债券型、效率和生产率。许多股市分析人士认为，这次的崩盘是由若干事件造成的，其中包括对资产组合保险人员的选择不当以及程序交易，后者使资产组合保险得以运作起来。资产组合是各种股票的挑选。资产组合保险是投资的一种形式，以其他股票进行投资防止出现亏损。在股票市场上，它被认为是一种具有高度风险的投资方式，这是因为这些资产组合保险人员所依赖的是他们的直觉而不是可靠的信息。这些冒着高风险的投资者在认为市场正在下跌、手上的股票在贬值的时候以较高的价格沽出股票。但当他们觉得市场将要再次反弹的时候，他们则以较低的价格购回这些股票，以获得的利润弥补资产组合中的亏损。这种大规模的抛售导致了这些股票的价值往往会跌至真实价值以下，而由于价值较低，这个过程会不断重复。

在1987年的夏天，30年期美国国库券的收益率提高到了接近10%。由于这个原因，投资者们开始将其投资于股票的资金转向投入债券，因为后者的收益较高。程序交易本身也是1987年的崩盘的一个原因。当股价跌至预定的水平以下时，预置了程序的计算机便自动地抛出这只股票。这些计算机每秒钟处理着数以10亿美元计的交易。这时，市场更多被电脑和定下的价格所控制，而不是在经过深思熟虑后才下单交易的投资者。股市的涨跌所回应的是预置了股票买卖程序的电脑的计算，而不是取决于投资者们所做出的理智的判断。

相比对于交易体系的变化，1987年的股市崩盘对于票据清算体系带来的变化所受到的关注要少了很多，但后者的长期影响有可能更为深远。所谓"清淤"的一些关键部分，比如说期货清算所与结算行之间的协议，得以了廓清，因而它们的基础更为牢固。此外，许多清算组织建起了促进流动性的后备措施，这样，即使某家成员机构发生了违约，清算组织还是可以及时地向清算成员机构进行支付。

现在按理对于这些体系如何运作有了更好的了解，但这些了解往往都是事后诸葛亮。在正常的交易日，市场的参与者们几乎从来都不质疑交易对家是否有履行合约义务的能力和意愿。在这次崩盘后的几个月里，政策的制订者们和市场的参与者们开始比较仔细地检查这些付款合约。1987年的崩盘之后所形成的风险管理体系的变化，绝大部分涉及对于市场参与者的责任和义务进行廓清或者做出更为严格的规定，而在这之前，这些方面的规定是含糊不清的，或者它们属于"正常的"市场惯例的一部分。

期权清算所增加了流动性准备金并采取了避免崩盘的其他措施。清算所相互间支付体系（CHIPS）也同样意义重大地采取了这些措施，它是针对美国规模最大的那些银行及其外国对应行组建的大额美元清算和结算体系。CHIPS 在 1998 年可以承受两家规模最大的银行同时违约对这个体系的冲击，这样的安全性比 10 年前高了很多。但银行并购的速度比好莱坞那里的离婚率还要高。我们不知道摩根大通或者花旗这样的巨型银行的倒闭会对银行体系造成什么样的冲击。

这次崩盘的另一项无形遗产，是对于需要在商品、证券和银行市场当局之间进行合作和协调的接受。1987 年的崩盘清楚地表明了这些市场深深地交织在一起，大型金融企业的业务线也是横跨多个市场。协调的平台数不胜数，其中能量最大的一个平台是由总统派遣的金融市场工作组，市场称其为"防止大跌小组"。工作组由财政部、证券交易委员会、商品期货交易委员会（CFTC）和美联储的头头脑脑们所组成，另外，其他银行监管机构、国家经济委员会和经济顾问委员会也参与其中。不过，每一场新危机都导致了一个总统工作组的成立，比如说长期资本管理公司倒闭后就是如此。但是，没有一个工作组能够防止预料之外的新危机的发生。

金融领域在崩盘之后出现的一个重要变化，是市场参与者和监管机构都对风险管理更为重视。场内外新型金融工具以及评估风险的新方法的发展，令市场参与者们拥有了强大的工具，让他们得以承受市场的冲击。类似的，清算组织所使用的风险管理工具得到了加强。不过，这些新工具并没有减少系统性的风险，它们只是针对个人参与者提高了"可接受的"风险的水平，它们只是转移了风险，从而增加了系统性的风险。1978 年以来，当日交易迅猛增长，它的兴旺所依赖的也是市场的波动和系统性压力。

监管机构对这些新工具的反应速度是缓慢的。受这些新工具的好处的引诱，监管机构只是以传统的、放任的态度对待监管。格林斯潘在这方面的正式态度一直都是软弱的。本质上而言，他认为新工具的好处超过了风险，而且他认为监管会威胁到美国的金融霸权。由于丘吉尔的短视，他在二战后未能将英帝国转化为英国持久的势力范围；同样，格林斯潘也不打算自愿地放弃这个帝国。丘吉尔导致英帝国陷入了争取独立的革命战争的汪洋大海之中，而格林斯潘则在美国主导的金融全球化中强调为美国的利益争取结构性的优势，这导致这个世界成为经济民族主义和保护主义的战场。

针对市场风险，各国规定了普遍的资本金要求，但银行监管机构对此的态度并不坚决。统一的资本金比率对发达经济体中的大银行来说太过仁慈，但对于发展中国家的大银行则过于严格了。经过一开始的反复之后，巴塞尔监管委员会勉强地接受了以银行的内部模型作为基础，以此制定防范市场风险的资本金比率。在银行面临的风险主要在于对家的信贷风险之时，内部模型毫无意义。美联储倾向于采取激励相容式的监管。自我监管类组织（SROs）显然认为这种监管方式是有好处的，尤其在目前这个时代，由于自我监管类组织正在被要求承担越来越多的监管责任，所以好处更为明显。激励相容式监管就其本质而言是利用市场参与者的自我利益，意图实现更为广泛的公共政策目标，但这种监管方式往往只是导致公共政策目标遭到篡改，好适应私有的特殊集团的私利。这种监管方式具有放弃政策的意味。

到了1989年的一月，也就是崩盘后15个月的时候，市场完全恢复了过来，但美国经济却没有完全恢复，它依然在衰退之中又挣扎了几年。崩盘后三年的时候，一场衰退最终全力袭来，但它被归咎于过度的金融借贷而非股市，尽管事实很明显，过度的金融借贷本身是由于股市才成为了可能。在黑色星期一的崩盘之后的那个星期二，格林斯潘发表了一份只有一句话的声明，保证美联储将向金融系统注入必要的信贷。约翰·洛克菲勒在1929年曾发表过一份类似的声明，但没有起到给市场打气的作用。洛克菲勒很有钱，但他的资金是有限的。格林斯潘之所以取得了成功，这是因为他控制着无限的资金，以整个国家的全部信用和信贷为其后盾。1987年的崩盘标志着格林斯潘成为至高无上的央行行长，标志着他在华尔街上近乎为神的地位的开始。现在全世界都在哼唱着这首赞美诗：我们信仰格林斯潘（这是每一张美联储纸币即美元纸币上都印着的口号"我们信仰上帝"的升级版）。这是克林顿总统任命他第三次担任美联储主席的主要原因。他是在聚会陷入低潮时带来烈酒的那个人。

在宏观经济层面，公共政策本应确保市场以及经济本身能够抵御各种冲击。虽然1987年的崩盘在紧随其后的几年里没有对实体经济造成重大的影响，但股市的崩盘并不总是如此。这些崩盘往往伴随着不确定性的急剧增加以及对于流动性和安全性的需求的增长。对于流动性的这些需求中，有些可能进而反映了一种担心，即担心危机会向整个经济进一步扩散。在1987年，美联储所起的一个关键作用，是表现出了满足市场对于流动性的需求的决心，从而令市场参与者们感到放心，即问题不会扩散到金融体系之外。在这场危机之中，问题被限制在了金融体系以内，但并非没有以"充分滋生的非理性"为代价。1987年对市场的援救造成了普遍的自满情绪。格林斯潘成为道德风险的主要来源。

1996 年 11 月 18 日，格林斯潘在东京面向日本银行家协会联合会发表了一篇演说，他说："政府、央行和银行监管机构的职责增加了，而它们职责的增加意味着以复杂的手段管理、甚至在政府与私人所有的银行之间分摊银行倒闭的风险。央行的某些作为可以被称为'塑造'或者说降低某些类型的风险，其手段主要是在特定的情形下提供流动性，从而减少市场出现极端情况的可能性，因为市场出现极端情况时，不确定性会引发市场的恐慌。在传统上，这是通过提供贴现或者伦巴德融资便利实现的，由于提供了这种融资，存款机构就可以将流动性差的资产转变为流动性强的资产，并且不会因为折价出售这些资产或者申请贷款而加剧危机的市场状况。类似的，在诸如 1987 年股市崩盘之后的情况下，公开市场业务满足了流动性需求量的增加，而如果这些需求没有得到满足，这原本会引发多个金融市场上累积性的、自我强化的矛盾。

在非常罕见的情况下，防止系统性问题还涉及某种比较公开的风险分担，即政府，或者更准确地说是纳税人，有可能被要求承担银行倒闭的部分风险。启动这样的风险分担可能最多在一百年里也就发生两三次，这种频率是很合适的。我们的社会之所以愿意这样做，原因在于它有这样一个判断，即银行的倒闭有可能对整个经济造成严重的不利影响，而如果要求银行以足够的资本金在任何情况下均避免任何的倒闭风险，这样的要求本身也有不可接受的成本，即银行的中介功能遭到了削弱。"

虽然格林斯潘这样说，但美国还是继续批评着日本，说日本在清理自己银行坏账的时候把美国拖下了水。自 1987 年以来，全球范围内每两三年就发生一次金融危机。格林斯潘已经用完了他给本世纪分配的风险分担的次数。随着最近几十年里财富前所未有的两极分化，美联储主席在谈及银行系统性倒闭的成本的社会化时，竟然不指出银行需要与纳税的公众一起、而非仅仅在银行股东之间分享利润，这不得不令人称奇。有些人用别人的钱来承担风险，这些人包括顶级的投行人士及其银行控股母公司的高级经理们，他们几乎每年都拿回家数以亿计的美元。这些赢来的钱安全地躺在他们的私人账户上，而他们承担风险所遭受的损失则由纳税人分担。据报道，花旗的前董事会主席约翰·里德在其十年的高风险放款中，赚得的钱超过了 10 亿美元。

问题并非股市是否高估，股市的高估可由市场的纠错力量加以良性地治疗。危险在于市场的纠错被金融对冲工具所构成的大坝不断地延迟：大坝终有崩塌的一天，崩塌时的破坏力将是毁灭性的。1987 年的崩盘表明，对于多种可能因素中的任何一种原因所致的价格的突然下跌，金融基础设施中的结构性缺陷能显著加剧这种价格的下跌。如果交易量远远超过了交易所设施的处理能力，那么交易和价格的信息就会出现延迟。随之就会产生不确定性，这会导致大量投资者等不及看到股价跌至何种水平上即抛售手中的股票。如果投资者担心交易的清算和清偿机制将陷于停顿，比如1987年十月芝加哥的期权清算所就近乎如此，那么价格有可能还会继续猛跌。如果股价的下跌发生在金融体系的其他方面存在弱点的背景之下，例如1987年的情况就是如此，当时美国的许多一流银行深受对房地产开发商和欠发达国家的问题贷款之苦，那么其他金融资产的价格就会随股价的下跌而下跌。在21世纪的头十年，场外衍生品交易中的对家违约毫无疑问将是危机四伏的金融链条中的薄弱环节。

但这还只是问题的机械方面。长期资本管理公司和老虎基金的倒闭表明，即使交易系统能处理这样的交易量——自2001年以来曾两次超过了30亿股，市场仍往往会在吸纳大量的变现时碰上困难。大量持有的金融资产如果不给自身带来严重的额外损失，就无法突然而迅速地变现。最近的放松监管直接加剧了每一个部门尤其是金融部门的做大，因此也增加了这些部门的系统性的弱点。

金融市场中的集合趋势反映在投资者通过共同基金参与市场交易，这个趋势令市场更为可能出现突然的价格大跌。在1996年的年底，股票基金占整个市场的21%，是其在1987年所占份额的3倍。由于增长的很大一部分来自从来没有经历过熊市且最难以承受退休金的任何损失的投资者，所以当正常的市场纠错出现时，人们普遍的担心是这些投资者会逃离市场，从而加剧一开始就存在的抛售压力。

联邦公开市场委员会1994年3月22日的会议记录显示，格林斯潘说过这样的话："我想花点时间讨论目前的时期在历史上的地位。我们经历过了金融领域的极度动荡，现在值得回过头来看一看动荡来自何处，将来的走势又是如何。

我的感觉是我们现在正处于1987年股市崩盘之后的时期，而这是历史上首次而且可能是唯一一次对经济实际是有好处的股市大崩盘。换言之，在我事后看来，这次的崩盘释放了大量的过热，这有点像过热恰恰在侵蚀经济肌体之前停了下来。崩盘之后我们所处的环境受到了很大的动摇，但这个环境相对较快地恢复了过来。正因为如此，从1987年的股市崩盘以来，所有的关键风险价差都在开始缩小。比如说，我们在本阶段的经济复苏中就见到了这一点。

从历史上来看，等得太久才调整各种价差要承担更大的风险，我认为在目前的这个环境下我们要特别注意这种风险。我注意到了你所指出的金融风险，但我必须要说，这个观点在过去我们应该有所行动的时候不赞成采取行动，它一直以改头换面的形式存在着。还有一种可能，即这个观点历史地来看与其他观点有着显著的不同，但我认为，如果我们要推动经济，通胀就会到来，增长就会结束。所以人们会提出许多的观点，有些意见躲躲藏藏，有些就比较直接。

我认为，重要之处在于坚持基本面，在于深入事情的实质。我们的经济告诉我们，我们所需要的是不那么被动的货币政策，而且在我看来，我们应该在这个方向上采取决定性的行动。毫不奇怪的一点，如果人们采取决定性的行动，他们最终所得到的结果要好于优柔寡断、思前想后。所以，我认为我们要深入事情的实质。"

到了1994年，面对巨额债务，格林斯潘已经骑虎难下。道琼斯工业均指在1994年低于4000点，但由于格林斯潘为了遏制"非理性的繁荣"，他在1994年2月4日至1995年2月1日之间7次提高联邦基金利率，使其从3%升至了6%，并在1998年10月15日之前一直将联邦基金利率保持在5%以上，道琼斯工业均指稳步涨到了接近12000点，股市的泡沫得以形成。道琼斯工业均指在2001年1月达至顶点后开始了一直延续到今天的下滑，这时美联储将联邦基金利率从2001年1月3日的6.5%降至了目前的1.25%，这个利率是2002年11月6日确定下来的。

1997年10月29日，格林斯潘在美国国会的联合经济委员会面前就"世界金融市场的动荡"作证，他说："然而，只要金融市场的下跌不会累积，那么我们完全可以想象，几年后我们回头看现在时，就像我们现在回头看1987年的股市崩盘一样，由于它对宏观经济的积极意义，所以它是一件好事。从市场的峰值到10月份的低值，标准普尔500指数跌去了35.9%的价值。两年左右之后，跌去的指数又涨了回来"。

对于美国的金融市场而言，由于外逃的资本来到了美国的避风港，1997年开始的亚洲金融危机确实暂时性的是一件"好事"，不过，毫无疑问，这导致了1998年10月份的股市崩盘，当时的道琼斯工业均指跌至7000点以下，它还导致了2000年9月的崩盘，当时的道琼斯工业均指从9个月前的一月份的近12000点的历史高点跌至8000点以下，它后来还导致了2002年7月份和2002年10月份的崩盘，当时的道琼斯工业均指分别跌至了7500点和7000点。股市还远远没有见底。

在 11 月 21 日的一篇演讲中,美联储董事会的成员伯南克附和了格林斯潘此前的一篇演讲,而且语气加强了,尤其是在问答阶段的一些说法,即联邦基金利率即使跌至零,美联储也还是有办法,因为它能转而运用较为长期的债务工具压低利率。伯南克说:"美国政府拥有一项技术,它被称为印刷术,还有这项技术在当今的电子形式,这让美国得以想生产多少美元就生产多少美元而几乎没有任何成本"。美联储董事会成员说出了这样的话,这只得令人啧啧称奇。

当然,这个说法的最后一部分不具操作性:通胀的成本。美联储印钞票没有什么大错,自从 1971 年尼克松将美元与黄金脱钩之后,美国就一直在这样做。问题是货币如何注入体系之中,以及货币流向了谁。如果援救的是信誉受损的流动性枯竭的银行,货币将只会推动更多的投机泡沫,或者让某些企业死而不僵,就像日本那样。至少日本的疯狂还有一个理由,那就是国民银行业的角色的文化定位:为经济中的产业部门提供资金支持。日本经济的存在不是为银行提供资金的,这和美国经济不一样。这就是日本拯救其银行是有点道理的而美国则没有道理的原因所在。

第五章　美国的经验教训之四

　　超级通胀对于经济具有普遍的毁灭性，但它对靠工资生活的人伤害更大，这是因为工资具有刚性而弹性不足，这导致工资总是落后于超级通胀率。超级通胀令价格飞速上涨，以致它往往会压低商业交易量并遏制经济活动。超级通胀在历史上造成了大量政府的倒台，因此货币政策的制订者们对超级通胀形成了一种特殊的敏感。对于私人企业来说，如果利率低于通胀率的话，那么因超级通胀而损失的销量有时会暂时地由存货的升值而获得补偿，但在这种情况下，为存货提供融资的信贷会很快枯竭。

　　适度的通胀对富人和穷人都有好处，只不过这种好处并不均等，对穷人富人都有益的原因在于这种通胀不仅导致资产价格的上涨，而富人拥有较多的资产，它还造成财富分配的均等，令富人的特权有所减少。适度的通胀让中产阶级得以通过借贷更快地提高生活水平，而借款则可以用贬值了的美元偿还，最近几十年美国的大多数有房者都正是这样做的。在适度通胀的情况下，即使扣除了通胀率的真实利率很低甚至为负，放贷人仍会继续放贷，这是因为闲置的钱在适度通胀的情况下会遭受更多的损失，而且适度的通胀会减少违约率，因此即使利率高于通胀率很少对于放贷者来说仍然有利可图。适度的通胀还会刺激增长，这意味着即使放贷者所占的份额可能会减少，但对所有人而言，经济的蛋糕会做大。适度的通胀令富者愈富穷者愈穷的美国民间传言不再成立，令社会和经济流动的美国梦得以实现。

　　通缩可以提高货币的购买力，但它对失业率形成向上的压力并对总收入形成向下的压力。正因如此，如果在通缩与超级通胀之间进行选择，房地产的所有者们会倾向于选择后者，这时靠工资生活的人被迫接受较低的扣除通胀之后的真实工资。政策的制订者们总是希望经过短期的危机管理之后，在政治损失产生之前，就能实现对超级通胀的控制。在绝望的时候，央行会指望超级通胀"提供实质上的金融灾难保险"，这是美联储主席格林斯潘在11月19日就国际金融风险管理对华盛顿的外交关系委员会（CFR）发表演讲时说的话。

自 2000 年 2 月份以来，在两年半时间里，股市上的财富损失了 8 万亿美元（占国内生产总值的 80%），此外还有与 9·11 事件相关的金融损失，它们所产生的财富流失效应对美国金融体系中的总负债权益比造成了极为破坏性的影响，导致这个比率低于普遍认为金融健全时所应具有的水平。美国经济中的总债务现在达到了 32 万亿美元，其中的 22 万亿美元是私人部门的债务。支撑这些私人债务的权益现在少了 8 万亿美元，这个金额超过了私人债务额的三分之一。格林斯潘认为，金融体系之所以能承受负债权益比的突然上升，原因在于证券化和金融衍生工具的对冲效应，是它们实现了整个体系中的风险转移。格林斯潘承认："很明显，这个市场还是太新了，它还没有经受普遍的信贷紧缩的考验"。

最近几年，更为复杂且更不透明的金融工具，比如信贷违约掉期、债务抵押债券和与信贷相连的票据，其使用的增长十分迅速，这具有将个人风险转化为系统风险的净效果。格林斯潘承认，衍生工具就其构造而言是高度杠杆化的，这既有很大的好处，同时它也是个薄弱的环节。看来好处在过去十年里已经获得了，因为它导致有人一厢情愿地宣称商业周期已经终结。现在，我们面对着的是它的薄弱环节，格林斯潘如此解释："连锁反应的可能性，一连串排山倒海般袭来的违约，如果不加制止，最终将导致金融内爆。只有央行才有创造货币的无限权力，因此只有央行才有相当的可能性在这个过程造成破坏之前对其加以制止。正因如此，央行必然被卷入而成为最后的贷款人"。

格林斯潘断言，出于避免道德风险的目的，只有在最为罕见的情况下才能使用上述的"金融灾难保险"。他正确地指出：在竞争性的金融市场上，杠杆的比例越高，投资资本在针对较高风险作出调整之前的回报率也必须越高。然而，没有证据表明金融操纵中的较高风险会导致实体经济中的投资产生较高的回报，近期安然、环球电讯、世界通讯和泰科等公司的倒闭以及阿根廷主权信贷的违约均证明了这一点。金融工程中的高风险只是暂时提供了从投机中获得的高回报，但报应终会到来，到那个时候，高回报会突然变为同样高的损失。

个人化的风险管理虽然精密复杂，但却无法消除系统风险。它只是出一笔费用而将风险转嫁给其他各方。在任何风险游戏中，按定义，有赢家就有输家。付款违约方面系统性的灾难目前尚未发生，这仅仅意味着其出现的可能性将与日俱增。这是每一个风险管理者都明白的铁的规则。风险投机者将其风险社会化，将其投机利润私人化，这些人由此而绑架了公众，而美联储现在则以公众的福利作为借口，为印制钞票、令这些投机者一直大发其财提供理由。美联储在应对通胀时接受了自然失业率，与此同时却以无限制地印制钞票来援救私人投机者，以此抵御投机性崩盘造成的通缩，这其中的逻辑何在？

许多人已经忘了，在1913年之前，美国是没有央行来援救受困的商业银行或者投资银行的，它也没有央行为了控制通胀而以失业换取价格稳定。摩根财团当时拥有决定各个银行生死的权力，相应的，它也拥有经济中各个部门兴衰的权力。至少摩根财团以私人的钱实施了掠夺性的计划，出于自己狭隘的利益的目的，对货币供给进行着控制。集中化的私人银行问题，是19世纪头十年里美国工业化的北方与农业化的南方之间地区冲突的一部分，而南北双方的冲突最终导致了内战。南方反对集中化的私人银行体系，这个体系会被北方的金融利益所控制，以保护性关税帮助处于困境之中的北方工业，以对交通运输开发的联邦援助打开中西部和西部，以利于由东北部货币托拉斯融资的投资。

虽然古典经济学不这样认为，但货币并非中性的。货币是个政治问题。它是国家经过深思熟虑做出的选择。货币的供给及其成本，还有信贷的分配，有着直接的社会影响。货币政策对人口的不同部分有赏有罚，对不同的经济部门及经济活动起着刺激或者遏制的作用。货币政策影响着政治权力的分配。民主本身依赖于平民主义的货币政策。

联邦储备系统这个概念是由平民主义者所首倡的，这些人是普通的公民，他们不是思维精密的经济学家，不是利欲熏心的政客，也不是强大的银行家。在1887年，德克萨斯州兰帕萨斯县一群处于绝望之中的农民建立了一个名为"信赖骑士"的组织，由于预见到很快有一天"劳动者产品的全部剩余都集中到了一小撮人的手里"，他们通过这个组织"进行速成式的自我教育"，以此抵制即将到来的毁灭。这个组织后来更名为"农民联盟"，到了1890年壮大为一场平民主义的运动。这场平民主义的运动在长达50余年里都是改革的一个主要策源地，它为美国提供了累进的所得税，联邦政府对铁路、通讯和其他公用设施的监管，反垄断体制，价格的稳定以及面向农民的贷款项目。林登·约翰逊是最后一位具有深厚的平民主义渊源的总统，不过，不幸的是，他针对美国国内提出的"伟大社会"的平民主义构想因为越战而流产。

推动平民主义运动的核心问题是货币。平民主义者攻击"货币托拉斯"、金本位以及私人的集中化银行体系。在他名为《民主的承诺：美国的平民主义运动》一书中，劳伦斯·古德温（Lawrence Goodwyn）对这个为时短暂的运动的精神做了准确的描述。农产品价格的下跌是抗议的催化剂。价格的下跌也不可避免地伴随着极高的利率。这两个结果都源于一个原因：货币的稀缺。大部分美国人今天都记不得史学家所称的"大通缩"了，它在1866年到1896年之间持续了三十年。"大通缩"与通胀的作用相反。通胀对富人不利，相对比较广泛地分散财富，让中产阶级得以发展，得以享有较高的生活水平。通缩则再次集中财富，降低中产和工人阶级的生活水平。借款者因为价格和工资的下跌而面临着急剧膨胀的名义债务。

在其论述资本主义兴起的史诗般的编年巨著中，费尔南德·布罗代尔（1902—1985年）表明：在美国建国之前很久，价格的通胀和通缩就是世界各国经济之中反复出现的一个现象了。美洲的发现本身具有巨大的通胀作用，因为这通过对印加金矿的掠夺而增加了欧洲的货币供应。黄金供给的增加持续了三个世纪，它对欧洲的崛起至关重要。

美国的联邦储备系统建立于1913年，按理，它代表的应该是所有美国人的金融利益。美联储过分执著于对通胀的恐惧，因而它背叛了自己一开始的使命。真正民主国家里的美联储主席应该来自普通人，其手下应该是具备专业能力但没有意识形态倾向的人员，但现在的美联储主席却是一个来自华尔街的经济学家，他为"创造性的破坏"欢呼雀跃，认为它是实现增长的最佳线路。格林斯潘自己在11月份的演讲中认为欧洲的一个领导人的观点是正确的："什么是市场？它是丛林法则，是自然法则。什么是文明？它是与自然作斗争"。

联邦储备系统的建立是各种政治压力共同作用的结果。正如布罗代尔所暗示的，这些压力之中，最为核心的一个压力是对一种异端性的观点的新认识，这个异端观点是资本主义无法通过市场力量维持价格的稳定。这个观点未必有道理，但几百年来的实验和创新尚未设计出能实现市场价格长久稳定的货币体系。在当时，越来越多的人认识到，资本积累的过程有一个天然的倾向，即它会造成币值周期性的波动：刺激经济增长的通胀性的"放松银根"，导致财富由上而下的扩散，这之后则是与之相反的减缓增长的通缩性的"紧缩银根"，它导致财富重新集中起来。正如市场经济中有商业周期，资本主义体系中有货币的周期。

在政治民主到来之前，资本主义的这个怪异的性质在任其发挥着作用。任何一个政府，如果它采取的货币体系以稳定货币作为永久性的特色，那么它最终都遭到在政治上被推翻的危险。对于货币的价值，并没有一个普遍适用的办法让经济的所有参与者都受到平等和公平的对待。技术上而言，资本主义的法则规定了永远处于均衡之中的货币必然会带来永恒的停滞。

美国在20世纪一开始的时候银根紧缩,这是因为它在19世纪的大多数时间里所使用的双金属货币本位被恢复为了完全的金本位(以1900年的《金本位法案》为标志)。双金属货币本位有着格雷欣法则所指出的缺陷,即"劣币驱逐良币",这个法则以托马斯·格雷欣爵士(1619—1679年)的名字命名,不过对于是否真是他提出的这个概念还是有争议的。这个法则指出:商业价值低于面值的金属往往作为货币而使用,而商业价值高于面值的金属往往作为金属使用并因此退出货币的流通。这间接地印证了规定法定货币的合理性,因为如果可以选择的话,那么所有具有内在价值的商品都不会作为货币而使用。

永远紧缩银根意味着永远的高利率。对于满足起伏不定的经济需求而言,1900年之后建立在金本位基础上的货币供给很不灵活。相应造成的流动性不足导致金融体系无法运转。典型而言,流动性的不足开始于南方和西部,这时,农民将其收获的农作物拿到市场上,经销商需要短期贷款,为这种季节性的贸易量大增提供资金。乡下的银行被迫向纽约的银行寻求额外的资金帮助。以往的经验告诉农村里的银行家们及其农民客户,对堪萨斯、德克萨斯和田纳西各州经济生死攸关的决定取决于诸如摩根银行这样的华尔街银行。因此,"货币托拉斯"这个词并非激进的口号或者狂热份子的歇斯底里。它是20世纪头十年里西部和南方的每个人理解的一个非常主流的词汇。

1886年的8月,在德克萨斯州的克利本县,平民主义者们首先提出了解决货币问题的一个方案,正是在这个地方,"农民联盟"召开了一次会议。"克利本要求"借鉴的是"绿背党"的主张,这个政党在十年前曾反对金本位制并捍卫林肯总统的法定货币,这种货币被称为"绿背",它以政府的信用而非黄金为后盾,而正是凭借着政府的信用,北方赢得了内战。"克利本要求"中的一些"激进"要求包括联邦政府监管私人银行体系以及不受黄金限制的国家法定货币。

平民主义者们不信任华尔街和华盛顿,他们希望有一个独立的机构来完成这项任务。他们是公开的通胀主义者,他们建议不断扩大货币供给,以此服务于不断增长的经济,他们倡议联邦政府发行货币,取代所有私人发行的银行券。他们的口号是"所有公司债务均使用法定货币",这个口号现在印在了美联储发行的纸币上。当时的正统经济学家对这些提议嗤之以鼻。对于格林斯潘对熊彼特的创造性破坏观的扭曲,在今天回归平民主义的货币政策将会非常具有建设性。

美联储总是认为它的神圣职责只是对付通胀。尽管如此,曾有一段时间,只是在通胀出现之后,它才将对付通胀造成的痛苦强加到经济之上,在1980年代的早期,当时的美联储主席沃尔克就是这样做的。但是,格林斯潘担任主席时的美联储在1990年代的后期却与根本不存在的通胀作战,它所依据的是理论上预期由于权益市场泡沫产生的财富效应将形成通胀,但这种通胀至少会产生令失业率低于所谓的自然失业率的好处。格林斯潘的这场泡沫实际上伴随着零星的通缩,最为明显的是在制造业和商品部门,最主要的是由过度投资造成的,而过度的投资导致了全球产能的过剩,催生了面向美国经济的低价进口。通缩在过去的十年里实际上摧毁了种植业以及其他几个商品和基本原材料部门,其中包括钢铁行业。它导致了美国大部分制造业的消亡。过去十年里美国经济中有选择的几个部门所面临的这种通缩,与其说是由市场引发的,还不如说是政策所决定的。美联储念念不忘降低通胀率,不顾这样做的经济后果,这对经济造成了无法估量的损失,迫使它沿着无法维持的债务泡沫的方向进行重组。

对于一个大型的、复杂的经济体而言,低通胀只能由迫使某些部门出现通缩才会实现,这是一个不言自明的经济道理。这些不幸的部门之中的企业在经营中被迫陷入长期的甚至永远的损失状态,最终面临破产清算。利润与真实的生产因此而相分离,却与金融投机和金融操纵可疑地联系了起来,而格林斯潘欣喜地予以接受,称这种联系为熊彼特式的"创造性的破坏"(这个词源自经济学家约瑟夫·熊彼特,1883—1950年)。零星的通缩和破产是整个体系无通胀的有机组成部分,它不可避免地产生失败者,这些人据称在经营中下错了注。而实际情况是这些下错的注与其说违反了市场的力量,还不如说违背了美联储的政策倾向。与提高工资不一样,推高股价在美联储看来不属于通胀,外人很难理解这是什么理由。

不过,选择性通缩的负面影响在美联储看来是次要的,在整个系统范围内是可以接受的。各种通缩阶段产生的这些损失涉及了美国的农业区、产油区、木材工业、采矿部门、钢铁业、制造业部门、运输业、通讯业、高技术产业,甚至包括了国防产业。在1984年到1985年年间,通缩成了经济混乱的一个根本性原因。收入上的损失和担保品价值的缩减,令通缩部门中要偿还固定量的名义债务的债务人面临着压力,因为这些债务需要更多的钱才能偿还。原材料的价格相比1980年的高峰时期下跌了40%。这是1920年代经济中一些部门有选择地遭受损害的重复。在整个1980年代,消费者价格指数所反映的整体的价格维持在3%左右,经济以适度的速度连续扩张。实际所发生的是财富分配朝着贫富两极分化的结构性转移。政府的政策导致经济出现了错层，形成了得益阶层与弱势群体之间的分裂。在1880年代以及后来的1890年代，类似的情况造成了农民的政治起义，史学家称之为美国的平民主义运动。

在1830年，美国只有32英里（51公里）的铁路。到了1860年，即内战开始的时候，铁路的长度超过了3万英里。内战之后的三十年被史学家们称为"铁路时代"，在此期间，铁路的里程大大增加了。铁路部门主导着投资市场，是新财富和不义之财的主要来源。作为"流氓大亨的时代"，这期间的代表人物有范德堡（铁路）、卡内基（钢铁）、洛克菲勒（石油）和摩根（金融），还有大型垄断企业以及彼此交织在一起的控股公司的出现，都与铁路的扩张密不可分。

私人铁路获得了大量免费的公共土地，这些土地的面积之和超过了德克萨斯州。修建了联盟太平洋铁路的莫比立艾信贷公司爆发了一桩丑闻，这家公司在一年时间里向通过贿赂送给腐败的国会议员和州政府官员的渗水股支付了高达348%的股息，是常规股息的100倍，而这还是在向这家公司双倍收取了高昂的建设成本之后支付的股息。"铁路时代"充斥着价格操纵和有选择性的价格欺诈、政府腐败、股票和商业欺诈、编凑成本、股票渗水和诸如内部人交易这样的股票操纵以及人情贷款，这令美国现所指责的发展中的亚洲所出现的所谓的裙带资本主义相形见绌。

虽然新自由主义者违心地宣称，令亚洲经济遭受重创的1997年亚洲金融危机并非由不加监管的市场原教旨主义所造成，而是亚洲裙带资本主义的必然结果，但美国1860年代丑闻不断的铁路大繁荣却没有损害美国的经济。非但如此，它反而宣告了金融资本主义时代的到来。两者的区别在于，在1860年代，美国反对自由贸易并征收高额保护性关税，由政府对产业政策、基础设施建设和国民银行提供支持。而最为重要的一点，是1860年代的美国没有受到外国货币的霸权统治，而当今的亚洲则成为美元霸权的牺牲品。正如粉刺是荷尔蒙分泌失调的症状而非原因，腐败往往也是快速增长的症状。

我们在此处并非为腐败提供借口，而是指出腐败本是金融资本主义的组成部分，正如近期的储蓄贷款机构危机、米尔肯垃圾债券丑闻和安然案所清楚揭示的那样。罪魁祸首并非腐败，而是放松监管。例如，1996年的通讯法案旨在形成语音、数据和宽带服务的竞争性市场，引发了对无线执照、光纤网络、卫星、计算机转换器和互联网网站的大量投资，占了通过华尔街的股权和债权市场投向经济的新资本中的很大一部分。能部门也是如此。但真正的罪魁祸首却是金融领域的放松监管。

里根政府的放松监管项目逐渐取消了联邦政府对储蓄账户规定的最高利率要求。这导致了储蓄银行此前在为家庭购房提供融资方面所具有的优势的消失。支付利息的支票账户现在由储蓄银行提供。所有的存款机构现在在需要时都能向美联储借款，而这在此前是商业银行所独有的特权。反过来说，所有银行都要将其存款的一定比例存放在美联储那里。这令美联储对在各州注册的银行拥有更多的控制权，但这却稀释了美联储对信贷市场的控制力。1982年的《甘恩－圣哲曼法案》允许储蓄银行发行信用卡，发放非住宅类房地产贷款和商业贷款，而这些活动此前仅仅允许商业银行从事。

放松监管在实际上取消了商业银行与储蓄银行之间的区别。它导致储蓄银行和储蓄贷款机构的迅速增长，储蓄贷款机构现在发放所有类型的与家庭住宅无关的贷款。储蓄贷款机构随即可以利用商业性的房地产投资和信用卡发行这些巨额利润的来源，而声誉不佳的企业家视监管不严的储蓄贷款机构为前途无量的利润中心。

随着1980年代逐渐向前推进，美国经济看来在增长之中。利率继续上涨，房地产投机也是如此。房地产市场处于泡沫繁荣之中。许多储蓄贷款机构利用了监管的缺乏，进行了具有高度投机性的投资，在很多时候借出的钱超过了房地产项目的价值，寄希望于价格还将上升。在房地产市场急剧崩盘之时，储蓄贷款机构被压垮了。它们现在拥有的地产是曾经花了大钱买下来的，但现在却比原来的价钱低了很多。许多储蓄贷款机构破产了，损失了在它们那里存钱的那些人的存款。在1980年，美国有4600家储蓄贷款机构，在并购和破产之后剩下了3000家。到了1990年代的中期，活下来的不足2000家。储蓄贷款机构危机令美国纳税人损失了6千亿美元的"援救"资金。间接成本估计达1.4万亿美元。

货币供给是一个复杂的问题，在历史上的这个时刻，它是一个含义相当混乱的词语。美联储对M1、M2和M3的官方定义是清楚的（参见注一），但这个定义虽然清楚，不过它的用处甚至对美联储来说也是有限的。1997年9月5日，在斯坦福大学召开的经济政策研究中心第15届年会上，在弗里德曼在座的情况下，格林斯潘针对人们对美联储的指责进行了辩护，这些指责包括美联储的政策未能预见到1970年代突出的通胀；由于美联储促成了过度的货币创造，从而加剧了价格通胀性的上涨；另外，某些货币政策规则，比如说泰勒规则，虽然不尽完善，但如果美联储加以运用的话，本可以产生好得多的效果。

格林斯潘承认，美联储（实际上是经济学）对这个体系方方面面的运作的知识是非常有限的，所以改善政策规则效果的努力平均而言只会令事情变得更糟。格林斯潘指出，美联储的货币政策涉及在不同时间里采用不同程度的以规则和以自由裁量为基础的运作模式。历史有规律的发展经常会被无法预料的变化所打断，硬件和软件两方面的技术变化更是会造成这样的结果。历史发展的变动不居意味着不管采用何种规则，也不管规则是否严格遵循，经济运行的表现都会偏离预期。格林斯潘的结论是：这些变化意味着我们永远无法建立一个任何时候都不变的、完全一般的经济模型并以此指导我们的政策。这是为了蒙混过关而做出的道歉。

格林斯潘承认，在1970年代的后期，美联储为对付正在形成之中的通胀性不稳定因素而采取了行动，这些行动部分受到了弗里德曼对当时现实所做分析的影响，弗里德曼认为，不断上涨的通胀率也会有起有伏，它的起伏变化在货币供给平均增速的类似起伏之后到来。根据这样的预估，美联储在新担任主席的沃尔克的率领下采取了积极的措施。基于中介性的与反向操作目标捆绑在一起的M1指标，平均的政策立场有了相当的收紧，这最终逆转了通胀的猛涨。格林斯潘特意没有提及这次降低通胀的高成本。

始于1997年的亚洲金融危机之前的15年，是整合此前的1980年代的收益并将其延伸至逻辑终点即实现价格稳定的时期。尽管货币政策的最终目标在这过去的15年里一直未变，但由于技术和监管层面发生的巨大变化，美联储在制订和实施政策时所使用的技术因而有了相当的改变。在沃尔克担任美联储主席的早期，美联储的重点是M1，它所遵循的操作流程赋予短期利率波动相当程度的自主，从而导致利率的大幅波动。

但在全国范围内的NOW（可转让提款单）带息支票账户被引入之后，以联邦公开市场委员会（FOMC）的判断来看，M1的需求量变得对利率过于敏感，所以这个总量无法在实施政策中发挥作用。由于这样的一个总量因利率的微小变化而发生变化的速度会有显著不同，所以按FOMC的判断，M1增量的目标范围不再是名义开支和通胀方面结果的可靠指引。对应于开支以及相应的货币需求量的出乎意料的变化，利率的微小改变就足以让货币需求重回轨道，但它不会纠正开支的偏离常轨。

相应地，到了1982年的年底，M1不再被强调了，决策的力度有了更多的随意性。不过，鉴于价格与M2、尤其与M2颇为稳定的长期流通速度之间存在着较为长期的关系，M2这个涵盖面较广的总量指标与其他一系列指标一起，在制定美联储的政策立场时被赋予了更多的权重。

到了1990年代的初期,由于储蓄的其他出路——比如说购买债券和股票共同基金——的吸引力日渐增加,使用起来也更加方便,加之存款机构和存款者面临着巨大的金融困境,导致了企业和家庭资产负债表的重组,M2的用处遭到了削弱。上述因素造成的明显结果是M2的流通速度显著增加,而鉴于短期市场利率在持续下降,这尤其显得不同寻常。到了1993年,这种异乎寻常的流通速度变得极其地不正常,美联储被迫开始不考虑M2所释放的信号。

格林斯潘认识到,由于美联储专注于短期利率,它因此而失去了市场利率的变化所提供的有关货币供需余额方面的大量信息,但美联储暂时别无选择。在现有的知识水平上,货币需求太难以预测了。在美国,评估资产负债表的变化和资产价格的改变对经济的影响,这已经成为货币政策制订的一个有机组成部分。

例如,在最近几年,美联储做出了大量的努力,试图理解家庭资产负债表变化以及股市上涨时市场财富增加的影响,前者表现为高额且不断增加的消费者债务负担。随着美联储试图评估股票价格异乎寻常的上涨——表面看来,这种上涨的基础是美国企业已经很强劲的长期盈利前景估计值还在继续上调——对金融和经济稳定的影响,股票市场本身也成为分析的对象。但是,除非资产的价格与商品和服务的价格同向变化,否则这两者无法一起成为一项特定的货币政策的目标,毕竟,货币政策有一项有效的工具:短期的利率。美联储选择了产品的价格作为政策的重心,理由是这些价格的平均水平的稳定有可能与金融稳定以及最大可能的可持续增长相一致。不过,在央行是否可以很安全地忽略资产市场这个问题上,除了资产市场影响到产品价格这一点之外,历史证据有点模糊不清。格林斯潘发现,他对2000年之前美国企业"强劲的"长期盈利前景的判断是大错特错了。

格林斯潘还承认:此外,在未来的几十年里,产品价格的构成要素以及相应的价格的稳定,这些本身都将变得愈发难以衡量。在1997年到2000年年间,M3的增量每年分别有4600亿、6000亿、5000亿和6000亿美元。在2001年,M3扩张的速度大为增加,达到了约1.1万亿美元,M3的总量达8万亿美元左右。2001年的9·11恐怖主义袭击发生以来,货币供给量大涨,增量约等于3000亿美元,引人注目地占了GDP的3%左右,而在这之前,在恐怖主义分子袭击了纽约和五角大楼之后的几天里,美联储还向银行系统注入了1万亿美元。自2000年的年初以来,8万亿美元的股市财富已然消失,这占年度

GDP 的 80%，是 2001 年 M3 的总量。我们还可以换一个角度来看这些数据：美国全部货币供给量的面值已经在市场纠错中消失殆尽。

市场参与者对货币供给的理解各不相同。对于 M1、M2 和 M3，他们加上了 L，它是 M3 再加上所有其他的流动资产，比如说国库券、储蓄债券、商业票据、银行承兑汇票、非美国居民持有的非银行欧洲美元，自 1990 年代以来，还包括了衍生工具和掉期，它们被统称为结构金融工具。MZM（零期限货币）这个词得以广泛使用。美联储对于 L 所掌握的信息很少甚至没有，而且由于它一直拒绝支持对于 L 的监管和报告，所以看来它也不打算知道这些信息。据估算，场外衍生工具现在涉及的名义价值超过了 150 万亿美元。没人知道确切的金额。

货币监控署（OCC）每季度就银行的衍生品交易以及交易收入进行报告，这份报告根据的是美国商业银行提供的报告汇总信息。在 2002 年的第三季度，商业银行投保资产组合中衍生品的名义金额增加了 3.1 万亿美元，达到了 53.2 万亿美元。一般而言，名义金额的变化是经营活动的合理反映，但它不提供对于风险的有效衡量。在第三季度，利率合约的名义金额增加了 3 万亿美元，达 45.7 万亿美元。外汇合约增加了 270 亿美元，达 5.8 万亿美元。持有衍生品的商业银行增加了 17 家，数量达到了 408 家。衍生品头寸名义金额的 86% 由利率合约组成，外汇合约则占 11%。股票、商品和信贷衍生品则仅占全部名义金额的 3%。

衍生品依然由最大的那些银行集中持有。7 家商业银行占了商业银行体系中衍生品全部名义金额的几乎 96%，全部持有量的 99% 以上都是由最大的 25 家银行持有的。截至 2002 年的第三季度，场外和交易所内交易的合约分别占名义持有量的 87.9% 和 12.1%。

名义金额是一个参考金额，从中可以推算出合约规定的付款额，但一般来说它不是有风险的金额。衍生品合约中的风险是由若干变量构成的一个函数，涉及对家是否交换名义上的本金、货币或者利率——以其为基础，可以确定合约规定的付款额——的波动性、合约的到期日和流动性以及交易中对家的信誉。此外，一家银行所承担风险的增减程度必须结合这家银行的总交易头寸及其资产和负债结构加以考虑。描述公允价值和信贷风险敞口的数据对于分析某一时点的风险敞口更为有用，而交易收入和合约到期日方面的数据对于风险敞口的发展趋势提供了更加有意义的信息。

对于名义价值是否为货币供给的组成部分，如果为是，又应以什么样的折扣率计算进来，货币经济学家一无所知。我们现在知道，创造性的会计核算已经合法地将债务收益转成了收入。在电信行业，不可取消的使用权（IRU）合约，即产能互换，是完全合法的人为推高收入的手段。现在已经名誉扫地且不复存在的《安达信白皮书》当时在电信金融业的圈子里很有名，2000年的这份白皮书在定义电信承运商之间的IRU互换时，将每次的销售核算为收入，将每次的资本购买核算为支出，且后者排除在华尔街上的分析人士和投资者所强调的运营结果之外。常识告诉我们，由于这样做隐匿了相关的真实成本，这人为地推高了收入，但安达信会计师事务所却说这种产能交换不是易物交易，而是运营租约的销售和资本租约的购买。因此，按照创造性会计核算的逻辑，互换并非买入"对等的利益"，因为购买资本租约的风险和回报大于运营租约的风险和回报。由于运营租约并非类似于资本租约的资产，所以收入在期终完全收取时按合同期入账才是符合逻辑的做法。还可以指出，运营租约方面这样的会计核算逻辑是错误的，它人为地增加了资本资产的价值。事实正是如此，它确实人为地扩大了这个价值。

2002年的3月13日，通用电气的资本公司启动了一笔多份额的美元债券交易，其规模几乎翻了一番，从60亿美元增加到了110亿美元，这使之成为史上最大的一笔以美元为面值的公司债券发行。官方对这笔债券销售的解释是遵循通用电气资本公司这种有着大量借款需求的公司当前的趋势，在利率较低时锁定有利的融资成本。在3月18日，彭博通讯社报道了通用电气资本公司屈服于穆迪投资者服务公司的要求，即要求商业票据的这个最大卖家减少对于短期债务证券的依赖。通用电气资本公司是通用电气这家当时世界上最大公司的融资机构，它试图从银行那里获得更多的贷款额度，并以债券取代它不到9个月就要到期的1000亿美元债务中的一部分。通用电气资本公司要求各家银行将它的借款额度从330亿美元提高到500亿美元。

穆迪是给予了通用电气资本公司最高的"3A"评级的两家信贷评级公司之一，自安然公司在12月份提出了美国当时最大的破产申请以来，甚至对于评级最高的企业，它都一直在施加压力，要求它们减少短期负债。穆迪发表了多份报告，分析了300家公司万一被排除在商业票据市场之外，它们的筹资能力有多大。通用电气资本公司和亨氏公司说，按照穆迪的要求，它们减少了短期债务，即用于日常融资的无担保债务。自从奎斯特通讯国际公司（Qwest Communications International Inc）、斯普林特公司（Sprint Corp）和泰科国际有限公司突然无法出售商业票据后，本年度人们对于是否能从市场上融得这类资金的担心日渐增加。

去年，随着经济的放缓，穆迪创纪录地调低了 93 支商业票据的评级，这导致公司债券的违约率增加到了十年来的最高点。分析人士担心的一个方面在于用以偿还商业票据的银行信贷是否足量。虽然许多公司的信贷额度等于它们售出的商业票据的金额，但有些最大的商业票据发行人却并非如此。例如，通用电气资本公司的贷款额度仅占其短期债务的 33%。美国运通公司的贷款额度占其商业票据金额的 56%。可口可乐公司的银行贷款额度占其债务的 85%，这些是最大的信贷评级机构标准普尔公司说的，这家公司还说，它也比以前更为关注短期负债带来的风险，不过它尚未决定是否就此单独发布报告。

在本年度的上半年，各家公司售出了 1070 亿美元的投资级债券，而 2001 年的同期为 880 亿美元。在过去的 12 个月里，尚在流通中的无担保商业票据额减少了三分之一，降至 6720 亿美元。通用电气资本公司尚未赎回的商业票据的金额相比年初的 1170 亿美元已经减少，它计划继续缩减短期债务。在上周，它为此而采取了一项措施，出售了 110 亿美元的长期债券，其中的一部分将用于减少其在流通中的商业票据。在这次的出售中，通用电气资本公司也售出了年息为 6.75% 的 30 年期债券。这家公司通常以部分或者全部的这种固定利率付款去交换浮息债务。根据通用电气资本公司的上报材料，在去年，这家公司为其浮息的长期债务平均支付了 3.23% 的利息，比其商业票据支付的利息高出 70 个基点。

所有这一切的底线是通用电气资本公司的融资成本将会上升，而这会压低通用电气资本公司的利润，这些利润占了其母公司利润的 60%。这进而会拉低通用电气公司的股价，进而又会迫使评级机构向通用电气进一步施压，令其从低成本的商业票据转向债券或者银行贷款，这进而又会降低利润，进而还会进一步增加评级方面的压力，如此循环往复。PIMCO（太平洋投资管理公司）是世界上最大的债券基金公司，在通用电气公司的商业票据上已经投入了 10 亿美元，它公开地批评了通用电气承担的债务太多，对投资者也不是以诚相待。在美国史上最大的一笔债券销售中，投资者买入了 110 亿美元的新债券，而在这之后仅仅几天的时间，通用电气宣布它有可能出售高达 500 亿美元的债券。PIMCO 的主管比尔·格罗斯对于通用电气的说法并不认同，他认为出售新债券的目的不是为了利用低利率，而是因为通用电气在商业票据市场上遇到了麻烦。如果通用电气的短期利率由于信贷评级不佳而上升，那么推高这家公司收益的引擎将会熄火。格罗斯认为，虽然通用电气董事会前主席杰克·韦尔

第五章 美国的经验教训之四

奇在书中大肆自我吹嘘,但这家公司的收益增长并非源自杰出的管理,而是来自金融操纵,以低价出售债务并用人为吹高的公司股价进行并购。根据穆迪的数据,通用电气公司截至 2002 年 3 月 11 日的商业票据价值 1270 亿美元。这占它全部债务的 49%。银行的信贷额度只涵盖了短期债务的三分之一。

市场总值所遭受的侵蚀并不影响货币的供给。资产的估值是债务的抵押品。随着资产价值的降低,信贷评级会下降,这影响到利息成本,进而影响到利润,进而影响到资产的价值。不仅如此,在结构金融中,如果一个主要的对家违约,这将会造成美联储无力防止货币供给的突然收缩,除非美联储准备偏离其传统的完全依赖利率政策实现银根放松的做法,而格林斯潘很显然曾明确地提醒人们注意,他是准备好了这样做的。

以提高利率来对付通胀的逻辑不过是因循守旧之举。此外,利率政策只是一个单一的工具,恐怕难以仅靠它来调动复杂的经济。高利率是导致通胀还是通缩的争论在经济学中似乎是一个令人困惑的话题。在当前的国际金融结构中,如果不考虑利率对汇率和信贷市场的影响,那么对利率本身就无法充分理解。对通胀也不能孤立地理解。

在全球化的金融市场上,如果汇率由高利率人为地维持着,那么,毫无疑问,这对当地经济的影响是通缩性的。这背后的逻辑也得到了近年的实证数据的支持。不过,许多见识敏锐的经济学家坚持认为,高利率会造成通胀,至少长期而言如此。可能这在封闭的经济体中是如此,但在金融市场全球化背景下的开放经济体之中,这个判断就并不必然正确了。

利率是一段时间里使用货币的价格。这些价格并不总是遵循着货币的购买力,即某一特定时刻的商品市价(交易价格)的货币化表达。货币的购买力因时而异,由期货和期权的价格加以表达,而这些价格是利率与通胀率之间不确定的弹性的函数。

随着使用货币的价格随时间而上升,如果货币被视为不变的价值储存手段,那么总的效果就是通缩性的。否则,货币就会丧失其不变的价值储存手段的功能。反之,如果货币被视为交换中介,被视为流动性的最终媒介,那么使用它的价格随时间而上升作为一种成本就是通胀性的。

现在,在任何一个经济体之中,货币往往同时发挥着这两种作用,虽然并不一定在任何时候都发挥这两种作用,这两种作用的发挥也并不一定是相等的。对于市场的参与者们来说,取决于他们在经济周期(流动性的扩张期或者收缩期)的特定时刻所处的地位(借款人还是放款人),他们将发现,持有不同的货币观（交换媒介抑或价值储存手段）会给他们带来金融上的利益。因此，借款人一般认为高利率会导致成本通胀（坏事），而放款人则认为高利率会导致资产通缩（某种程度上是件好事）。对那些有钱或者可以获得信贷的人来说，资产通缩提供了良好的买入机会，但这对持有资产却需要货币的人来说是件坏事，其坏的程度与资产的流动性成反比。由于持有随时可用的现金的人大部分也持有资产，所以通缩对他们而言仅有有限且短期的好处。如果通胀要成为一件好事，那么信贷就需要持续地扩张，以令资产升值的幅度超过成本的通胀。

因为主流经济学对通胀的定义主要是指工资和商品价格的上涨，而不是资产的升值，所以这个问题更为复杂化了。如果要比昨天多用10%的价钱购买同一支股票，那么这被认为是增长，是经济方面的好消息。如果工资每年上涨5%，这被认为是通胀，虽然总的购买力增加了5%，但美联储认为这是经济方面的坏消息。此处即为泡沫经济的根本原因：增长和利润不是由总需求增加从而刺激总供给而产生的，而是由资产的通胀所形成的。

因此，利率与通胀的关系取决于货币的定义，这不禁令人们对美联储完全以利率政策作为实现价格稳定的工具的做法产生疑问。但这还不是事情的全部。在金融资本主义中，通胀不仅仅是像产业资本主义中那样的过多的钱追逐过少的商品。在金融资本主义之中，两个要素——信贷供应和信贷市场——令产业资本主义的传统商品和权益市场相形见绌。这令我们有必要重新审视利率与通胀之间的传统关系。

在牛市中，买方具有优势，这是因为买方拥有最终的上涨。在熊市中，卖方具有优势，这是因为下跌的压力留给了买方。当然，必须避免在最高点买入和在最低点卖出。正如技术分析人员随时都可以对你指出的那样，这些策略具有自我实现的效应。这些效应在长期的牛市或者熊市上得以放大，表现为上升或者下降的正弦曲线。不过，买方在牛市中的优势可能会被通常伴随着牛市的通胀所抵消。因此，真正的牛市必须在扣除通胀和真实的利息成本（即扣除通胀的利息成本）之后有净资本收益。在通缩性的熊市里，卖方的优势由于通缩而得以强化，这是因为从此人此前出售股票获得的现金中，此人只要拿出其中的一部分就能在后来的某个时间购买相同的股票。这个卖方不仅避免了在下跌的市场中持有未售出资产的额外损失，而且在熊市之中，售出股票所获现金的购买力每一天都在升值。

因此，在价格的波动中，货币作为交换中介发挥的是被动的作用，作为价

第五章 美国的经验教训之四

值储存手段发挥的是主动的作用。因循的观点是通胀是由太多的钱追逐太少的商品所造成的，或者说是这种情况的一种结果（这两种观点有联系但并不相同），在这个时候，这些观点就并不总是具有操作性了。这是因为信贷的供给和信贷市场的运作规则有可能会扭曲传统的关系。信贷市场的扩张已经远远超越了传统的由银行体系为媒介的信贷，这个市场的运作建立在这样一个理论的基础之上，这个理论就是钱一般来说就必须赚取利息，无论它实际上是否被投入了使用。

当然有不正常的时候，这时，由于政府的政策或者外汇方面的限制，钱所赚取的利息实际为负，1990年代早期的香港和2000年以来的日本即是如此。如果闲钱不赚取利息，信贷储备就会枯竭，这是因为这产生更为强大的动机，令钱投入使用，即投资于生产性活动。要让钱闲置在那里等待更好的机会，利率就必须等于或者超过闲置现金的机会成本。利息这时就构成了对闲置货币的惩罚。当闲置的钱赚取利息的时候，利息最终是由央行支付的，只有它才能不受惩罚地创造出更多的货币，不过，它所君临其上的经济并非不受影响。自1999年下半年以来，日本的货币当局反复重申，在通缩性的力量被驱散之前，它将致力于维护零利率政策。其结果是日本的银行之中出现了大量闲置的钱，没有有信誉的借款人前来借钱，这是因为对于借钱买个什么玩意儿，将来要以升值了的、能买两个这种玩意儿的钱来偿还借款，对此是没有人会感兴趣的。在看不到尽头的通缩通道中，日本的储蓄者正在放弃利息收入，以此换取其闲钱的购买力的提高。

信贷市场的效率推动货币实现最大的应用以及愿意支付最高的利息。因此，在央行收紧货币供给之时，市场将推高利率，反之则压低利率。所以利率是信贷市场的一个指数。在诸如美联储这样的央行以利率政策管理货币供给的时候，这些央行实际上是在运用一个涵盖面较窄的市场指数操控广大的市场。这与美联储为影响涵盖面较广的标准普尔指数而以买卖蓝筹股操纵道琼斯工业均指（DJIA）并无不同。

如果价格下跌，一个原因可能是消费者手中无钱购买，在大多数伴随着高失业的衰退中，情况即是如此。或者，这可能是潜在的消费者持币等待价格进一步降低的结果，现在的日本以及在某种程度上1998年到2000年之间的中国就是这种情形。因而，通缩是由太多的商品试图吸引太少的进入市场的货币所引起的，这并非必然是经济之中的货币过少。

但是，如果熊市中的所有卖方都能在随后的回购中取得现金盈余，那么所有这些盈余的钱都去了哪里？很显然，它们用于向等待价格进一步下跌的那些闲钱支付利息，从而减少了央行以多发行货币来支付闲钱的利息成本的需要。其净效果是钱离开了市场，而经济之中闲钱的数量增加了。因此，通缩实际上推高了利率，但却并不必然改变货币的总供给。其效果是：在价格的跌幅低于闲钱利率的跌幅之前，人们没有购买的动机。因而通缩推动的利率上涨在熊市之中会产生更大的通缩压力。高利率将更多的财富从借款人手中转移到放款人手中，从财富金字塔的底部转移到顶端。不仅如此，高利率的影响所及，还会导致不同人群的经济活动、甚至同一个人的行为发生改变。在1980年，主要银行的基础利率超过了20%，信贷持续爆炸性地扩张。相反的情况发生在日本银行将利率降至零的时候。如果利率超过了通胀率，高利率只会起到延缓信贷扩张的作用。在没有通缩的情况下，零利率只会起到刺激信贷扩张的作用。因此，在某些情形中，以提高利率应对通胀或者以降低利率对付通缩是自动取败之道。

现在，如果两个经济体因浮动汇率、贸易和投资的自由流动而联系在了一起，那么通胀率较高的经济体会发现其货币的汇率的下降。但货币汇率的下降会增加其进口的成本，因而这会加到通胀率上，而通胀率的进一步增加将会进一步推高利率。不过，国内利率的提高会停止或者延缓本国货币汇率的下跌，吸引更多的资金流入，购买这个经济体的商品和资产。它还会增加出口，这会减少国内生产上商品和资产的供给，从而推高国内的价格，与此同时压低进口品的价格。通胀或者通缩的净余额随之将取决于进出口之间的贸易余额。这曾被欧洲央行（ECB）作为提高欧元利率对付通胀的理由。但这对于美国不会起作用，这是因为美元霸权的存在，它令美国得以一直维持着贸易赤字，而它对通胀的影响有限。这是欧洲央行与美联储的政策经常不同步的原因所在。

金融衍生品的存在令情况更为复杂，这是因为利率和外汇汇率都可以进行对冲，导致利率、汇率和通胀率之间的关系被掩盖、被扭曲。全球性金融危机在过去十年里的反复发生就是这种扭曲的表现。

市场均衡理论认为，随着市场的效率的不断提高，市场往往会实现"自然的"均衡，而效率的定义则是实现均衡的速度和难度。均衡是一个抽象的概念，就像"无限"这个词一样。它是一个自我延伸的概念化的最终状态，并无明确的形式或者实体。然而市场是复杂的，这不仅是因为市场各要素之间的关系并无明确定义，甚至也无法加以定义，而且为增强市场效率而设计的工具本身往往也会造成广泛的波动和不稳定。因而，"自然的"均衡状态事实上可以被定义为起伏不定的市场在任何时候的实际状态。

由于交易是 24 小时连续不断地进行的，里程碑式的均衡时刻的观念是有问题的。此外，为提高市场效率、实现市场"自然的"均衡状态而创建的金融工具本身也令均衡难以实现。这些工具的主要目的是管理市场大范围的起伏和暂时性的失衡所产生的风险。结构金融主要涉及为买家分拆全球市场上的金融风险，这些买家将为特定的风险防范支付最高的价格。由于这些工具的使用者通过分拆风险寻求特殊的回报，管理这些风险的成本被推到了最大。这样的一种分散化令市场均衡这个概念无法实现统一。分拆后的风险出售给对这些风险兴趣最大的人，相应取得补偿性的回报。

因而，市场均衡不再只是一个大池塘，在水波不兴的表面之下是暗流汹涌的交易。它实际上是由交易所组成的这样一个池塘，它有许多不同的由彼此联系的表面所构成的层面，分别服务于高度分散化的专业市场。均衡在这种情况下成为一个非常复杂的概念，令外部性的影响和可能性具有高度的不确定性。这种不确定性导致了长期资本管理公司（LTCM）的覆灭，这家公司一度是建立在完美无缺的数量模型基础上的世界上最为成功的对冲基金。例如，利率掉期并非为管理利率风险而进行的目的单一的交易。它们可以被构造成通胀风险对冲、外汇风险对冲或者任意数量的其他金融需要或者金融防护。其影响并不局限于签订合约的双方，这是因为每一方一般又都和第三方进行对冲，而这些第三方又与另一方进行对冲。这令对冲成为一种系统性的行为。更进一步的讽刺是，以广泛覆盖市场来防范市场波动风险这样一个目标本身增加了流动性不足的风险。

在过去的十年里，货币政策的决策者们往往执著于防止通胀。对此，我们可以提出一些问题：通胀是最邪恶的经济现象吗？具体而言，假设低通胀是件好事，那么美国当前的货币政策与维持低通胀是否一致？或者，换言之，是否有实际证据表明央行控制通胀的成本可以低于通胀本身造成的损失？将价格的稳定确定为美联储唯一的目标是否会阻碍美国和全球经济的长期增长？这些问题的答案对于评估货币政策至关重要。

米尔顿·弗里德曼和罗伯特·卢卡斯是芝加哥学派的两位诺贝尔经济学奖获得者，他们影响了主流经济学对这些问题的认识。弗里德曼是 1976 年的诺贝尔经济学奖获得者，他强调的是货币政策在影响通胀和商业周期的进程中所发挥的作用。在大众化的媒体上，他因鼓吹不加监管的市场和自由贸易是经济发展的最佳选择而闻名。卢卡斯是 1995 年的诺贝尔经济学奖获得者，通过运用现代数学，他对货币、通胀和商业周期的研究也作出了重大的贡献。卢卡斯提出了后来被称为"理性预期"的理论。本质而言，"理性预期"理论表明了对于将来的预期是如何影响个人、家庭和企业所做出的经济决定的。卢卡斯运用复杂的数学模型，以统计的方法表明，普普通通的个人会预判并因此轻易地消除政府经济政策的影响。理性预期理论大受第一届里根政府的欢迎，但这个学说对里根巫术式的经济规划非但没有帮助，反而是与其背道而驰。

在1976年，主流经济学对通胀与失业率之间的长期关系依然争论不休。在1960年代，主流的经济学倾向于认为：一直以较高的（但稳定的）通胀率为代价，可以维持一个较低的平均失业率。

弗里德曼利用他的诺贝尔讲座，对通胀率与失业率之间的这种关系提出了两个观点。首先，他提出了一种观点，解释了短期的关系为什么不适用于长期的情形。如果为降低失业率而扩大名义需求，由于企业尝试吸引额外的工人，所以这会导致货币工资的增加。如果企业预期，由于经济的扩张和通胀的存在，未来的产品价格将会上涨，那么这些企业就会愿意支付较高的货币工资。由于工人"对一般工资的认识"在调整上存在着时滞，因而他们在一开始会认为货币工资的上涨是真实工资的上涨，所以他们会认为名义工资的上涨超过了价格的上涨。相应的，劳动力的供给会增加，就业和产出会提高。最终，工人们会意识到一般价格水平已经上升，他们的真实工资实际上并没有增加，这将导致各种调整，令经济重归自然失业率。

不过，弗里德曼对就业与通胀之间的互动关系仅仅做了部分的描述。1976年以来的事态发展表明：两者之间的关系远比这要复杂。弗里德曼忽略了这样一种可能性，即不断扩张的经济体中研发的增加所致的劳动生产率提高和大量技术创新可以遏制价格的上升。在生产扩大或者产能过剩的经济体之中，工资的上涨并不一定造成通胀。他也没有预见到全球化，即生产转移到低工资地区，对压低核心经济体的国内通胀的作用。

弗里德曼的第二个观点是菲利普斯曲线的斜率实际上可能是正的，也即通胀率的增加与平均失业率的增加相关。他指出，只有低通胀才会导致自然失业率。对于政策制定者来说，这就等于"既然失业不可避免，那么就放松下来，好好享受吧"。

处于现代宏观经济学的核心位置的，是某个版本的著名的菲利普斯曲线，即通胀与失业之间的关系。对于经济学家和政策制定者来说，这个曲线有两个目的：1) 在通胀的理论模型中，它提供了"缺失的等式"，用于解释名义收入的变化如何分解成价格和数量两部分；2）在政策层面，它明确指出了哪些情况有助于提高扩张性和非通胀性政策的效果。

通胀与失业之间存在此消彼长的关系并非是一个新观点。它是大卫·休谟（1752 年）和亨利·桑顿（1802 年）的货币学说的一个关键组成部分，这在 1926 年经又由欧文·费雪所指出，他认为从通胀到失业之间存在着因果关系（但并非如大多数现代央行人士所认为的那样是低失业率导致通胀）。丁伯格在 1936 年以及克莱恩和勾德伯格在 1955 年分别将这种关系表述为一个计量经济学等式的形式。1958 年，菲利普斯发表了一篇著名的文章，将 1861 年至 1913 年间英国货币工资百分比变化率（w）和失业率（U）的年度数据带入统计等式 $w = f(U)$，显示了工资对于将失业率颠倒过来所表示的对劳动力过度需求的反应，现代的菲利普斯曲线分析得以形成。历史上，零工资通胀发生在失业率为 4.5% 的时候。

在全球化之前的 1970 年代，许多经济体经历着通胀和失业率的同时上升。弗里德曼试图针对这个现象以一个尝试性的假设进行解释。在他看来，通胀率的提高往往伴随着通胀率更为起伏不定和更加地不确定。由于合约安排必须做出相应的调整，指数化体系之中的不完善之处变得更为突出，而且对于显示资源需要转移信号的相对价格变动，价格的波动对这种相对变化的类型提供了混乱的信号，所以这种不确定性降低了经济效率。

虽然批评者们指出菲利普斯曲线只不过是一种拿经验证据伪装而成的此消彼长关系，但有三个原因使它被人们普遍地接受。首先，这个曲线展现了上述关系在时间上令人印象深刻的稳定性，既符合一战之前的 1861 年到 1913 年的情形，也符合二战之后的 1948 年到 1957 年的情况。其次，这个曲线可以满足相当广泛的通胀理论。虽然这个曲线将通胀解释为过度的需求推高了工资和价格所致，但它对造成这个现象的原因不予置评。需求拉动和成本推动理论均可接受这个曲线，认为它对通胀过程的性质提供了解释，而这两个理论的分歧在于通胀的原因以及相应的对策。最后，政策的制定者们也喜欢这个曲线，因为对于以价格稳定实现充分就业的失败，它提供了一个方便而且具有说服力的理由，而在菲利普斯曲线分析出现之前，价格稳定和充分就业被认为是可以同时实现的两个目标。此外，这个曲线提出了通胀率与失业率之间的各种组合，供当局进行选择，从而为央行相机抉择进行的干预和活跃分子实施的微调提供了方便的借口，对于以成本收益分析为央行的选择鼓吹的经济顾问们，这个曲线更是为他们的私利提供了冠冕堂皇的理由。

然而，菲利普斯曲线现在被普遍地认为并没有提出一个此消彼长的关系，因此，它支持的是政策徒劳无益的观念。在当时，失业被认为是一个自然的现象，并无长期的治疗手段。甚至连医疗这样保守的行业也不认为存在着不可治愈的疾病，相比之下，经济学这个职业的态度令人称奇。所有有关自然失业率和失业不可避免的"科学"声明，与美国前总统柯立芝的如下深刻见解可谓异曲同工："在很多人找不到工作的时候，失业随之出现"。

由于1980年代早期出现了伴随着衰退的通胀消退，弗里德曼所指出的通胀与失业之间的平行关系随即为反向的关系所取代。此后，许多经济学家认为通胀和失业的波动既反映了总供给和总需求的不稳定，也反映了经济针对这些不稳定所进行的动态调整。在需求的不稳定占据主导地位时，通胀和失业往往在一开始呈反向关系，比如说，扩张降低失业并推高通胀即是如此。随着经济做出调整，由于失业率开始再次上升并回归自然失业率，价格继续上涨。在供给的不稳定占据主导地位时（比如说在1970年代），通胀和失业往往在一开始朝着相同的方向运动。

在1990年代，一个被称为财富效应的新现象开始在延伸商业周期中发挥着作用。由于信贷自由化和风险社会化，资产价格的涨幅开始超过收益和工资的增速。消费变得由资本收益而非工资收入的上涨所驱动。由于主流经济学家对通胀的定义从未包括资本收益，所以随着工资的增速落后于资产的升值，通胀一直低得不可思议。然而，美联储无法以收紧银根防止泡沫式的扩张，这是因为一方面通胀之低不可思议，另一方面股票和房地产价格却每年翻番。美联储在1999年最终开始了它针对潜在通胀的预防性行动，行动的结果是股票市场的急剧收缩和泡沫经济的硬着陆。

相当数量的经济学家接受了弗里德曼的观点，即认为长期而言，并无一种此消彼长的关系可一直让低失业率与高通胀率进行交换。这些经济学家之所以接受弗里德曼的观点，部分的原因在于卢卡斯的理论贡献。

在诺贝尔讲座上，卢卡斯指出，有证据表明，平均通胀率与货币的平均增速紧密相关。他说："货币变化引发产出在相同方向上的变化，这个观点得到了部分数据的支持，但在其他数据中，我们很难看出这个结论。货币增长的大规模减速可与大规模的萧条有关，或者，如果减速是以可信的改革的形式进行的，它根本就不会导致萧条"。卢卡斯得出的这个结论在很大程度上依据的是他就几次超级通胀所做的研究工作，在这几次超级通胀的过程中，重大的机构改革与通胀的重大变化有关；在不涉及重大改革的时候，有证据表明货币政策的扩张和收缩对实体经济活动存在着更为连贯一致的影响。最近，国际货币基金组织强调，对陷入困境的主权债务的金融救援要有惩罚性的"条件性"规定，这深受卢卡斯的"可信的改革"观点的影响。只有尝到了苦头，才能苦其心志。

虽然弗里德曼也强调货币政策的真实效果取决于这些政策是否被人们提前想到，但卢卡斯证明，假设个人形成理性预期具有重大的意义。卢卡斯放弃了弗里德曼的观点，即预期是在过去事态发展的基础上做着逐步的调整的，他强调的是预期的前瞻性。对银根将来是放松还是收紧的预期会影响到现在的经济。这意味着货币增长的提速在原则上既可以是扩张性的，也可以是收缩性的，这取决于公众的预期。现在，这个现象在股票市场上每天都可以看到。美联储对利率的调整成了它与市场参与者之间的一场猫捉老鼠的游戏，是市场动荡不定的一个主要原因。

这个认识的意义之一，是人们新近意识到了政策具有信誉的重要性，也就是说，可信的政策——明确的并且央行为之承担责任的货币政策——能够影响人们形成预期的方式。因此，央行可信的政策行动的效果可能会迥异于不央行所采取的可信的动作。尽管信誉效应的实际证据在过去很少，但对于可信度的强调一直是推动央行设计政策框架、体现实现低通胀的可信决心的一个因素。在这方面，美联储坚持令其利率政策对市场参与者构成悬疑，导致市场更为动荡及不确定，这一点让人感到困惑不解。不仅如此，如果可信的长期价格稳定政策不产生失业率上的此消彼长，那么推而言之，反之也可能亦然：即充分就业方面的可信的政策目标甚至可能不会造成长期的通胀。

有些经济学家开始质疑在卢卡斯的研究工作的帮助下推广开来的自然失业率概念。这些经济学家认为，甚至连可信的低通胀政策都有可能会产生成本，即导致失业率一直较高，而稳定的菲利普斯曲线的此消彼长关系存在于通胀率较低的情况之下。他们指出，员工对降低货币工资的抵制，会限制真实工资在价格水平稳定时的调整能力。但是，弗里德曼和卢卡斯的影响力很显然令1970年代以来的争论调转了方向。现在，此消彼长论的支持者们代表着少数派的观点。

有些人运用"TINA"（别无选择）论，反对对美联储处理货币政策的方式进行改革。然而，很显然，美联储的结构本身倾向于关于通胀的某个特定的政治理论，而这个政治理论看来是与现实脱节的。

美联储虽然在政府中是独立的，但自从它1913年成立以来，法律对它的货币政策使命的规定发生了几次变化。最近一次的修订是在 1977 年和 1978 年（《韩福瑞－霍金斯法案》），这个方案要求美联储既要实现价格稳定，也要促成充分就业。美联储的使命在过去的几次变化既反映了美国的经济事态，也反映了对经济运行理解的加深。在美联储的使命最后一次改变以来的二十年里，经济和金融事态有了进一步的重大发展，这是因为受意识形态影响的经济思想发生了改变才成为了可能的，而这又产生了鉴于目前的数据，美国货币政策目标是否需要再次修正的问题。事实上，以价格稳定为其统一的货币政策的初始主目标的其他几国，其中最主要的是那些以欧元为其共同货币的国家，正在提出类似的问题。日本由于遭受了长达十年的衰退，而且这场衰退开始呈现挥之不去之势，它在推动自己的央行采取激进的刺激性政策。

1913 年的《美联储法案》并未在货币政策中涉及任何宏观经济目标，而是要求美联储"提供富有弹性的货币"。这意味着美联储要作为"最后的贷款人"，这涉及通过各储备银行的贴现窗口直接向存款机构发放贷款，以此帮助经济避免肆虐于 19 世纪的金融恐慌和银行挤兑。在这段早期的时光里，影响到宏观经济的大多数货币政策行为，都是由美国政府对金本位制的坚持所决定的。

大萧条所造成的创伤，再加上凯恩斯的深刻洞见，令美国政府承认它有防止衰退的义务。1946 年的《就业法案》是这些宏观经济政策目标的首次立法表述。尽管它没有明确地提到美联储，但它要求整个联邦政府培育"这样的条件，即有用的工作机会将会提供……给那些有能力、有意愿并正在找工作的人，促成就业、生产和购买力的最大化"。此处即显现出美联储政治独立这个所谓明智之举的根本缺陷。无论经济理论是如何说的，但国会从来没有通过立法规定失业是对付通胀的合法工具。许许多多的反社会的项目，如果令其合法的话，都会提高经济效率，比如说杀死不具生产能力的人，通过基因工程提高人的智商或者消除成本高昂的基因疾病，依据潜在的经济表现有选择性地提供教育机会等等。不过，社会的价值观谴责这样的项目。失业为什么是个例外？

1970 年代的"大通胀"是美国经济的一次大错乱。《美联储法案》1977 年的一个修正案处理了这个问题，它首次明确地承认价格稳定是国家政策的一个目标。修正后的这部法案指出：美联储"应维持货币和信贷总量的长期增长，与经济长期的潜在产出增长相适应，以此有效促进最大就业、价格稳定和长期利率适度这些目标的实现"。"价格稳定"与"长期利率适度"这两个目标是相关的，这是因为真实利率等于预期之中的未来通胀，而名义利率由于真实利率之上的升水而得以增加。因此,在典型的情况下,"价格稳定"会产生"适度的"长期利率。

"最大的"就业这个目标从1946年的《就业法案》实施以来一直保持不变;不过,对这个目标的理解在其间的30年里出现了变化。二战刚刚结束的时候,由于兵役制和价格控制令美国出现了低失业的高压经济,有些人可能会认为,"最大"就业这个目标可以从数学意义上来理解,即它意味着最大可能的就业水平。然而,到了1970年代的后半期,人们普遍的理解是,某种"摩擦性的"失业——它所涉及的是寻找新工作和在不同职业之间的转换——是经济长期而言良好运行的一个必不可少的伴生现象。

在1970年代的后半期,这样的理解与人们对自然失业率假说的普遍接受联系在了一起,这个假说隐含着这样一个意思,即如果政策试图令就业率一直高于其长期的趋势,或者,换一种说法,令失业率低于自然失业率,那么通胀率就会被越推越高。政策可以暂时让失业率降至自然失业率以下,或者,换一种说法,让就业率超过其长期的趋势。不过,如果一直试图维持超过长期就业水平的"最大的"就业,这不会与价格稳定这个目标协调一致。

因此,为了令最大就业和价格稳定成为彼此协调一致的政策目标,最大就业应该被理解为意味着最大可持续的就业,这也被称为"充分就业"。此外,尽管美联储对就业率的长期水平影响极为有限或者根本没有影响,但它能尝试着熨平短期的波动。相应的,促成充分就业可以被理解为一个反周期的货币政策,美联储运用这个政策的目的是熨平商业周期的波幅。

对于美联储使命的这样一种理解后来在《韩福瑞—霍金斯法案》中得到了确认。这部法案的官方名称是"1978年充分就业和均衡增长法案",这清楚地表明,这部立法一般性地授权联邦政府"促成充分就业和生产、真实收入的增加、均衡的增长、联邦预算的均衡、劳动生产率的足够增长、对国家优先发展的目标的适度注意、实现贸易收支的改善……以及合理的价格稳定……"。除了明确指出充分就业这个一般性的目标,《韩福瑞—霍金斯法案》还具体规定了数量指标。这部法案规定了两个初始目标:为实现充分就业,失业率要为4%;为实现价格稳定,消费者价格指数的通胀率要为3%。这些是到1983年要实现的仅有的"中期"目标,此后,到1988年,,通胀率要进一步降低为零;不过,这个时期的消除通胀的政策不应影响充分就业目标的实现。因此,实现或者维持价格稳定和充分就业的时间表要由每一年的《总统经济报告》加以规定。

因而，美联储有两个由立法规定的主要货币政策目标：促进充分就业和促进价格稳定。目标的透明度是指货币政策的目标被清楚地规定以及能够为公众轻易和明显地理解的程度。充分就业这个目标将永远不会非常透明，这是因为它不是直接观察到的，而只是由经济学家进行的估计，所以精确程度有限。例如，1997年的《总统经济报告》（根据《韩福瑞—霍金斯法案》，它有权决定这件事）对于与充分就业协调一致的失业率给出了5%到6%的范围，中间点是5.5%。研究表明，自然失业率的任何估计值都有相当大的不确定性。价格稳定作为一个政策目标也有一些模糊不清之处。最近的经济分析发现，在消费者价格指数对通胀率的测量中，存在着比如说1个百分点大小的系统性偏差。

事实上，如果根据一些证据，即格林斯潘在1990年代后期针对失业率的下降而提高了联邦基金利率，从而得出结论说美联储有不令失业率跌至4%以下的政策，这不会是错得离谱的说法。2000年的10月3号，《华尔街日报》报道说，在利率、增长和通胀之间的关系上，美联储已经受到了维克塞尔（Johan G K Wicksell，1851—1926年）的影响。美联储将按通胀率调整后的真实利率推到了历史性的高度。在美联储的整个历史上一直主导着美联储的货币学家们信奉的是这样的一个理论，即只有以高利率抑制增长或者以高失业率压低工资，而这是同一枚硬币的两面，才有可能防止通胀。维克塞尔认为：通过将利率钉住投资回报率而不是货币的供给，货币政策在遏制通胀方面可以起到最佳的作用。这个理论为格林斯潘在债务泡沫鼎盛期实行的高利率政策提供了所需的掩护。当然，财政部出于爱国主义的义务而支持美联储，所以它反复宣称美元升值符合美国的利益。美元升值要求美国在国际金融架构中推行高利率政策。但在现在，除了国家利益这个理由，又有一个科学的理论被复活了，冒了出来支持格林斯潘的政策。实际数据推翻了低失业率（低于6%）导致通胀的说法。格林斯潘称他自己的高利率是"均衡利率"。

美联储虽然有思想独立的表象，但它一直都是一个政治机构。在思想的废墟之上，仿佛这是理论领域的西伯利亚，经济学的政治学令一个又一个新的大师死灰复燃，为美联储最新的意识形态提供支持。诺贝尔获奖者是理论的支持者，而这些理论则"科学地"解释了去年的政治权宜之策。这个名单包括了哈耶克（自由市场）、弗里德曼（货币理论）、蒙代尔（全球资本）和熊彼特（创造性破坏）等人。维克塞尔令格林斯潘放弃美联储主席的职责显得颇为可敬，因为他让格林斯潘可以假装是在遵循市场的意志，是在将利率作为由市场力量确定的货币的价格来对待，而不是将其作为促进就业或者增长的工具，也

第五章　美国的经验教训之四

不是在必要时只是将其作为救援处于困境中的银行的工具。

那么美国为什么需要美联储？这个令人尴尬的问题从来没有被提出。事实是美联储里的货币主义者在狂热地干预着市场，而货币主义者与凯恩斯主义之间唯一的区别在于：货币主义者进行的干预是为了维护资本的价值，而凯恩斯主义者进行的干预是为了令劳动力免受失业和低工资之苦。正如后凯恩斯主义经济学家保罗·戴维森（Paul Davidson）所说：每个人都有自己的收入政策；他们只是不喜欢别人的收入政策，但他们宣称自己的收入政策是由"自由的"市场所决定的。

这令华尔街上出现了反思。交易人员和投资者可能需要放弃他们的膝跳反应了，在美联储提高利率的时候不要进行抛售了。当然，除非利率上升时公司的利润在下降，而情况现在正在开始如此。

维克塞尔生于斯德哥尔摩。他的著作《价值、资本与租金》（1893年）直到1954年才翻译成英文。他的《政治经济学讲座》（两卷本，1901—1906年出版）和《经济理论文选》（1958年）仅有专业人士阅读。维克塞尔在价格和分配的边际主义理论以及货币理论方面开展了缜密的工作。《政治经济学讲座》被恰当地称为"供教授们研读的教科书"。在异常动荡的一生当中（其中包括因行使其言论自由权而短暂入狱），他就各种激进的问题进行着不倦地写作和讲授，当然，这些不属于格林斯潘所敬佩的品行。他是各种类型的社会和经济改革的倡导者，在这些改革中，最值得一提的是新马尔萨斯主义的人口控制。在他的晚年，他受到了被称为"斯德哥尔摩学派"的新一代经济学家们的推崇。这些人将他对于累积过程的观点发展成了宏观货币经济学的一个动态理论，这个理论与凯恩斯革命同时出现但却独立于后者。

格林斯潘总是有选择地使用别人的观点，他在这方面臭名昭著。他很喜欢熊彼特的"创造性破坏"论，在每一篇演讲里都要加以引用，但他始终不提熊彼特的结论的第二部分：创造性破坏往往会鼓励垄断（微软式的垄断），加速社会主义的到来。

沃尔克与本杰明·斯特朗的货币政策毫无二致，后者曾是势力强大的美联储纽约银行的行长，而他管理这家银行期间被弗里德曼称赞为美联储的"巅峰"时刻。其政策是：为拯救银行体系，可以不惜一切代价，甚至包括牺牲经济的健康。萧条最终总会复苏，但银行体系一旦垮掉，任何补救措施都将无能为力。币值的稳定是经济秩序的决定性要素，是一个必不可少的条件。在这两人所处的时代，美联储不仅对经济的有些部分强迫推行通缩，从而维持整体的低通胀，它还对货币政策进行着管理，以确保一直存在着产能过剩，从而压低价格和工资。在1980年代，服务部门的一个高增长领域是破产法和不良债务重组。阿波罗这样的风险基金、卡尔·爱康（Carl Icahn）这样的企业狙击手和KKR这样的杠杆收购企业一片兴旺。破产后的债务人持有资产（DIP）融资的利润率很高，首先运用这个工具的银行是纽约化学银行，它由于主导着这项利润丰厚的业务而财势大增，最终得以收购汉华实业银行、大通银行和摩根银行，将它们组建成为摩根大通银行。

然而，稳定的货币最终是个幻觉，是人造的统计数据。在追求货币秩序的过程中，稳定的货币在现实中造成了实体经济的紊乱。在资本主义的保守的政治背景下，稳定的货币产生了道德上的满足所带来的自鸣得意。赢家被誉为金融天才，他们获得的回报是有权大肆消费，像明星那样招摇过市。输家则因其犯下的错误而受到指责。对它的确切描述是适者生存的斯宾塞式的社会达尔文主义，虽然适者的标准是由政策决定的。厚此薄彼的市场被誉为一视同仁的孵化器，孕育着经济永恒的生机活力，而在实际上，美联储董事会办公室里的一小撮人手执别人的生死大权，在扮演着上帝的角色。

通缩的压力确实迫使管理层压缩规模、削减成本以及裁减工作不力和处于边缘的员工。但是，核心的效果是以并购整合所有权。并购是财富集中的法律过程，它是资本主义自中世纪后期以来的增长的驱动力。在全球化时代，我们正在走向这样的一种经济秩序，其中的每个部门都只能容纳5家巨型企业，其中两个真正的玩家被称为市场的领头羊，在小心编排的看起来像有管理的竞争之中，它们不会违反反垄断法，而剩下的三个小些的玩家则被允许存在，好陪太子读书。

与所有的政策一样，货币政策虽然在技术上很复杂，但其实质最终可以归结为决定政策的目标和次序的社会价值观。它实际上是福利经济学和权力政治学。然而，美联储的运作完全以意识形态为基础。美联储的前副主席普雷斯顿·马丁（Preston Martin）在1980年代曾不止一次地宣称：增长的衰退才是真正的威胁。

全球的资本将留在美国，其原因正如人们继续从事他们所不喜欢的工作一样：他们没有好一点的选择。欧元强化了这种感觉。日元上次的狂欢在1998年就结束了，给日本造成了很大的痛苦。我们无法预计资本外逃何时袭向美国，这是因为美国的霸权令其他国家没有动机将资本从美国转移出来，而没有美国的繁荣，全球也无法重返繁荣。这是一种两难的处境。

然而，虽然全球的资本金非常充足，但金融体系还是会坍塌。唯一的不确定因素不是是否坍塌，而是何时坍塌。全球资本现在把地方市场仅仅看成是停车场，而且，与实物的停车场越来越不同，对于金融的虚拟停车场来说，最靠近你的办公室的并不一定是最方便的那个停车场。如果美国降低利率，对信贷分配进行监管，允许通胀率升高，并为保持购买力而大幅提高工资，那么，从国内和国际两个方面来看，经济繁荣可能再持续十年。但美国的政策制定者们尚未走到这条路上来。收入上的差距将注定这个债务经济的前景不妙。

注一：

惯用的三个货币总量指标是：M1＝流通中的货币量、商业银行即期存款、可转让提款单和储蓄存款自动转账、信用合作社股金提款单、互助储蓄银行即期存款以及非银行旅行支票；M2＝M1＋商业银行发行的隔夜回购协议、隔夜欧洲美元、储蓄账户、10万美元以下的定期存款以及货币市场的互相参股；M3＝M2＋10万美元以上的定期存款以及定期回购协议。

第六章 亚洲的经验

自进入新千年以来,世界三大发达经济体——美国、欧盟和日本——经历了罕见的同时减速。而大多数发展中国家,包括亚洲,仍然在 1997 年开始的亚洲金融风暴的泥潭中挣扎。

这样的发展状况使得如下保持全球经济引擎稳定的战略失效:相互联系又相互独立的经济体,通过国内商业周期同步性的连续推动,就如同对多缸内燃机进行及时的连续点火,来维持全球经济引擎的稳定。当前全球经济的停滞并非偶然的瓦解。它是全球中央银行协调运作的显然结果。全球中央银行采取了一致的货币紧缩措施,造成了全球经济的主要区域发动机同时出现长期的失衡。

日本经济泡沫破灭后,长达十年的紧缩与金融全球化密切相关。金融全球化对日本传统金融体系的效率提出了挑战。1998 年 4 月 1 日,日本启动一项名为"东京金融大爆炸"(Tokyo Big Bang)的金融自由化改革方案,同日实施新的日本中央银行法,旨在抬高日本股市的价值,重建东京全球三大金融中心之一的地位。东京股市 1998 年曾经是世界最大的股市,现在稳步跌至还不到纽约市场规模的一半,而后者继续飞速扩张。虽然日本 1998 年就具有高达 9 万亿美元的储蓄,占世界总储蓄的三分之一,但其大多数储蓄沉积在低息的银行和邮政账户,日本政府通常依赖这些廉价资本为国家经济计划提供资金。随着人口迅速老龄化,日本政府担心,由于储蓄回报率太低,将来没有足够的资金来支付养老金。

新自由主义的市场信奉者推动了一系列的激进改革,以改变日本经济中传统的资金流动方式,让更多的储蓄进入股市来提高交易量。日本政府希望通过推动储蓄循环进入股市,提高储蓄回报率,把东京推上与伦敦和纽约有同样高的交易水平。这一系列改革被称为东京金融大爆炸。1986 年 10 月 27 日,在 12 年前,英国也进行了相似的实践。英国的实践,来自于美国在 1975 年国际劳动节的行为的启发。那一天，美国结束了固定的最低经纪佣金制度，这标志着向电子交易转变的开端。

东京金融大爆炸不仅没有带来新的经济繁荣和高的储蓄回报，为爆炸性增长的退休养老金融资，而且使日本的银行沦为全球中央银行体制中的提款机，而这些银行以前在国家银行体制中对于支持日本的工业政策取得了巨大的成功。日本的资助性政策贷款服务战后国家目标达半个世纪之久，如今根据国际清算银行设定的新国际标准，突然变成了不良贷款。由于美元霸权的推动，日本企业借款人不得不为了扩大市场占有率，而牺牲利润空间；同时，金融管制的解除对日本资产高市盈率的传统基准施加了下行的压力。在新的全球化竞争环境中，日本的银行持有其企业借款人一定比例股票的传统，再加上日本国内市场受控制的传统，造成了日本金融系统的结构性问题。日本的银行收益从两方面受到挤压，一是痛苦的债务人为贷款业务支付报酬的现金流日益减少，二是借款人持有的贷款担保和投资的市值日益降低。

当日元急速升值冲击制造商和出口商时，东京股市的主要股指——日经指数从1994年6月13日创记录的21552.81点翻转，到1995年7月跌到15000点这一决定性的心理关口以下。日经指数如今在8500点左右徘徊，日本官员发誓要把它带回到15000点，但这看起来是一个不可能的梦想，因为全球中央银行体制推动的解除管制的市场低估了日本制度的市价，即便该制度曾在前半个世纪创造了辉煌的奇迹。日本政府试图以凯恩斯主义的赤字财政手段解决这一问题，却遭到国际信用评级机构降低日本政府债券等级的打击，尽管事实上日本仍是世界最大的债权国。

当前在欧洲，持续的高失业率和经济增长乏力困扰着整个欧元区。欧洲中央银行1998年6月1日成立，比日本中央银行晚两个月。在美国，到2000年初，债务泡沫开始稳定地破灭。美国债务泡沫是由不可持续的消费者、企业和对外债务高企造成的。而所有这些债务可归之于美联储，它先是放任监管，然后通过快速提高利率实施了紧缩。

由于全球处于支配地位的三大中央银行对全球经济采取了破坏性的无效的货币政策，此后全球经济的三大引擎全部停滞不前。

美国证券交易管理委员会放松管制后，会计造假、分析弄虚、金融操纵等催生了美国资产价格的历史性泡沫。随后，美联储从1997年开始改变了宽松的货币政策，在总统大选前实行了货币紧缩，在1999年下半年和2000年上半年期间，高频率地连续多次加息以放慢实体经济的增速。美联储还督促欧洲中央银行协同行动,即便欧盟成员国经济增长缓慢,失业率高企。

美联储发现,美国可通过强势美元政策,在经济扩张的同时,保持国内消费物价的稳定。强势美元政策能够产生资本项目盈余,为经常项目赤字提供资金。只要石油等重要商品以美元计价,美国就能够通过廉价进口实现低通涨。在整个十年中,无论是在美国,还是世界其他地区,财富主要是通过金融技巧,而不是实体经济扩张创造出来的。乘坐燃气休闲车辆,沿着别致的购物林荫大道,把价格每年上涨60%的商品大量买回家,这种炫耀性消费是由股市泡沫的财富效应所支撑的。这种财富效应使普通职员变成百万富翁。全球贸易体制实现了财富从穷人到超级富豪的大规模转移。由这种贸易体制维持的股市虚高,被错认为是经济增长。美联储主席格林斯潘自豪地把这种现象称为美国金融霸权,并告诉国会,1997年重挫亚洲的金融危机对美国经济将产生"有利的"影响。

在过去的十年,全世界的中央银行通过其在全球化的、无监管的金融市场中,作为强势国家货币的首要管理者的身份,在货币政策的支配方面达到了史无前例的高度。同时,全世界的货币当局一直大力宣传中央银行应独立于政府及其经济政策的学说,似乎民选政府及其以民为本的经济政策是金融恶魔一样,必须加以抵制。贫困和失业被欢呼为健全货币的基础,健全货币不应受到政治压力的干扰。这种精英理论与由独立民族国家组成的世界政治秩序和被统治者同意原则根本不相容。任何国家,一旦丧失货币政策控制权,就丧失了政治独立性。

欧洲中央银行的制度构成,代表了这种理论在现实世界的地区范围内的最终应用。以中央银行自主的名义,《马斯特里赫特条约》明确禁止欧洲央行接受各成员国政府、欧洲议会等欧共体机构或"其他任何机构"的指示,同时禁止各成员国民选政府试图影响欧洲央行的决定。批评家们指出,这些规则不能对等地限制欧洲央行的政策取向。欧洲央行行长杜伊森贝赫(Wim Duisenberg)毫无保留地推动欧元区经济体,根据新自由主义市场原教旨主义理论,重组其劳动力、产品、服务、资本和信用市场,即便是社会民主党领导的政府也不例外。这导致了欧盟经济的低增长和高失业。德国是欧盟最大的经济体,持续地为高失业所困,2002年11月达到9.7%,失业人口超过了政治上敏感的400万人,在东德,失业率更高达17.6%。

《马斯特里赫特条约》第105条明确规定:"欧洲中央银行体系的基本目标是保持价格稳定。"《马斯特里赫特条约》的措词受经济观点的影响较少,因为它是在一种非常具体的政治背景下制订的：通过保证新货币的稳定，说服厌恶通货膨胀的德国放弃德国马克，改用欧元。这解释了为什么先关注保持价格稳定，而其他目标在其后才分别提出。其他中央银行的地位，如美联储，可由单一立法机关的行为来改变。欧洲央行则需要所有15个成员国及其议会修改《马斯特里赫特条约》，该条约规定了欧洲中央银行的结构和制度。这让欧洲央行成了世界上最独立的央行之一。该条约没有定义"价格稳定"，独立的新欧洲央行迅速地填补了这一真空，将其定义为"中期通胀率不超过2%"。从任何标准看，这都是一个偏紧的定义。仅有利率政策是不充分的，因为单一工具无法达到多重目标。进而，以利率调控资产市场，会产生对经济其他部门造成巨大的间接伤害的风险，这正是过去几年中所发生的事。

当需要世界中央银行的争论在国际主义者金融圈的上层蔓延时，国际清算银行怀有潜在的野心，按照欧洲央行的模式，把自己转变为实际的世界中央银行。

亚洲人口占世界总人口62.5亿的58%，其中43%在东亚，仅中国人口就占了37%。美国中央情报局的数据显示，2001年，世界经济总产值为47万亿美元，美国经济占21%，欧盟经济占20%，日本经济占7.3%。三大发达经济体的经济总产值达22万亿美元，占世界总产值47万亿美元的47.3%。

中国经济以购买力平价计算，占世界经济总量的12%，为世界第二大经济体；以现行美元汇率计算，为世界第七大经济体，2001年为1.3万亿美元，占世界总量的2.8%。在全球经济缓慢增长的趋势下，中国是个例外，继续保持每年快速增长。中国官方公布的数据为：2001年经济增长7.3%，2002年8%。然而，我们撇开上述统计数字，中国人均国内生产总值2001年约为900美元，仍然确定地属于欠发达国家行列，大大低于日本人均32500美元的水平。在《世界发展报告》所涵盖的129个国家中，中国人均国内生产总值，以现行美元汇率计算排在76位，按购买力平价计算排在68位，处于中等偏下水平。中国经济实力完全依靠其规模。1995年，中国也通过了《中央银行法》，并赋予中国人民银行以中央银行的地位。但中国经济仍然维持增长，主要是因为其货币不可自由兑换、金融市场不开放和央行不完全独立。

越来越多的证据表明，发生于日本银行系统的危机不是日本经济痼疾的原因，而是其症状。日本经济痼疾主要是由日本经济过分依赖以出口换取美元造成的，而过分依赖出口又源于日本在全球金融体系中处于不利的结构性金融地位。国际清算银行的规定迫使支持强势经济的日本传统国家银行体系转向支持强势国家货币的中央银行体系,这是日本不利的结构性地位的主要体现。这正是日本一直抵制美国要求其进行银行改革的原因。日本银行的不良贷款问题直接源于国际清算银行规定。在整个亚洲,特别是在韩国,情况也是如此,中国正越来越多地接近于这些国家。无疑,日本需要改革其银行系统,但改革是否需要按照美国新自由主义者所倡导的路线进行,或者,仅凭银行改革是否就能把日本经济带出长达十年的不景气,这都有待商榷。①

所有这些问题造成了国际金融和全球贸易的结构缺陷和混乱,而全球的结构缺陷和混乱又反过来放大了这些问题,最突出的就是货币价值错配和利率差距。这已经导致生产能力与有效需求不匹配的问题逐步升级。全球"自由贸易"体制加重了二者的不匹配。该体制已经蜕化为对美元的疯狂争夺,而美元是美国能够无限印发的。全世界生活在过度依赖对美国消费市场出口的状态下,而美国消费市场是由美元霸权所支撑的债务融资的。全球经济的基本状况现在表现为美国以全球生产者提供的信贷,印发美元来购买全世界的产品。正如美联储委员本·伯南克(Ben Bernanke)最近所宣称的,美国只要印发更多的美元,就可以免于债务清偿。如果外国债权人试图在美国经济中有所收获,他们就只有让其持有的大量美元资产贬值。由于债务国的债务是以本国货币计价的,债务国又掌握着印发货币的权力,这最终展示为债务国的权力。亚洲由于拥有最多的低工资工人,在全球贸易链中处于最低端。

亚洲金融危机开始于1997年,其缘起于墨西哥。十年的金融市场全球化孵化了这场危机。墨西哥货币危机开始于1982年,1992年传染到英国,1994年再回到墨西哥,1997年传染到亚洲,并扩散到俄罗斯和拉丁美洲,最终在2000年重创欧盟和美国。整个全球经济面临更深层次的结构性金融挑战,这是美联储、欧洲央行和日本央行通过国内利率政策,保持国内物价稳定的一致的机构使命所带来的必然结果。这已经造成后布雷顿森林体系的国际金融架构的紊乱。

1982年的墨西哥金融危机为随后全世界的金融危机开了先河。为了石油美元的回流,美国的银行从1973年开始挑选出一些不发达国家和地区,如巴西、墨西哥、阿根廷、韩国、台湾、菲律宾、印度尼西亚等,进行掠夺性放贷。到1980年,不发达国家已积累4000亿美元的外债,高于其国内生产总值

---

① 见拙著"国际清算银行与国家银行的对立(The BIS vs national banks)",载《亚洲时报》,2002年5月14日。

总和。1979年，为抑制美国的通货膨胀，保罗·沃尔克领导的美联储急速提高美元利率。受其冲击，1982年，墨西哥陷入了债务违约境地，无力偿付外国银行，主要是美国银行800亿美元的短期债务本息。当时，墨西哥的国内生产总值只有1060亿美元。1979年，墨西哥债务本息的清偿，达到其出口总值的62.8%。而墨西哥出口占其国内生产总值的12%，政府支出占11%，其中包括5.2%的公共教育支出。墨西哥需清偿外国银行债务的支出，高于其教育年轻一代的支出。墨西哥的外汇储备下降到不到2亿美元，而资本以每天1亿美元的速度流出该国。在这种背景下，新自由主义经济学家却宣称，"自由"贸易正在消除墨西哥的贫困。他们做出的声明使世界黑白颠倒。

墨西哥的债务违约会危及美国花旗银行、大通曼哈顿银行、化学银行、美国银行、银行家信托公司、汉华银行等最大商业银行的生存。为了协商给墨西哥提供新贷款，所有债权人必须一致同意和共同参与，以避免新贷款不会只流入坚持清偿的债权人，而牺牲其他债权人的利益。许多债权银行都是较小的美国地区性银行，它们在墨西哥的风险敞口有限，它们不想仅仅为了救助大型货币中心银行，而"赔了夫人又折兵"。为了确保小银行保持一致，维护金融体系的健康，大银行不得不游说美联储作为危机管理者参与其中。它们罔顾如下事实：危机主要是由美联储造成的。在前十年，对于货币中心银行疯狂地向第三世界国家放贷，美联储没有做出审慎的限制。1979年，沃尔克没有实施美联储传统的渐进式加息，让银行有时间来调整其贷款资产组合，而是突然大幅度提高利率，带来冲击。由于债务本息的清偿大幅度提高，在债务的重压下，第三世界国家像飞机一样跌落，这与美国私营经济没有多少区别。唯一的区别是，国家不能通过破产来清除债务，而美国私营经济可以这样做。沃尔克战胜通货膨胀，是通过牺牲国际金融体系的稳定换来的。在美联储的同意下，大型国际银行在第三世界充当了贷款鲨鱼的角色。国际货币基金组织然后介入，接管了不良贷款，同时将紧缩"条件"强加给债务国，而外国银行带着国际货币基金组织的新贷款，完好无损地回国。

结果，第三世界国家，包括亚洲发展中国家，陷入了债务的螺旋式上升。为了偿付老债务，它们不得不向国际货币基金组织借入新资金，而被迫接受新的贷款条件，从而放弃未来繁荣的任何希望。在这些国家，生活水平不断下降，而外债不断攀高，这导致更高的失业率和更多的银行破产。

在继续倡导自由市场和金融解除管制的同时，美国的银行无论在国内，还是在国际上，都陷入完全依靠政府紧急救助的境地。通过政府高赤字，美国的纳税人正在为美联储提供给美国大银行的紧急救助买单。高赤字导致高通胀，高通胀带来高利率，高利率又转而强化了第三世界国家的债务螺旋式上升，这形成一个巨大的恶性循环。

到20世纪80年代后期，墨西哥暂时消除了债务危机，其解决办法不是通过债务的螺旋式上升，而是通过重新开始庞氏骗局式的经济增长，主要依赖于吸引越来越多的外国投资。为了吸引更多的外国资本，墨西哥政府在新自由主义市场原教旨主义经济学家的指导下，在20世纪90年代早期进行了重大的经济改革，改革目的是让经济对外资更开放，经济更"有效"，更有"竞争力"。这些新自由主义的委婉说法，实际上就是伪装的新帝国主义。这些改革包括国有企业私有化，消除保护国内生产者的贸易壁垒，解除对外国投资的限制，以高失业为代价降低通货膨胀，压缩已经较低的工资，限制政府对社会计划的支出，而让社会计划市场化。最重要的是，墨西哥在固定汇率制的情况下，暂时取消了外汇管制。

这本质上是华盛顿共识的解决方法，20世纪90年代早期，全亚洲大部分国家群起效仿。实际上，这是自杀性的政策，披上了庞氏骗局早期阶段典型的经济快速扩张的外衣。通过中央银行对高估的固定汇率的支持，新的外国投资成为早期外国投资的惊人回报。与之同时，新自由主义经济学家大肆庆祝他们杰出的理论见识，在圈内人士的宴会上接受一个又一个的奖励，从政府和银行获得丰厚的咨询费。哈佛大学、麻省理工学院、芝加哥大学和斯坦福大学是学界魔女美杜莎的几个蛇头。这些名校的明星学者和著名政策分析研究所的明星专家，带有毫不掩饰的意识形态偏见，为顽固反对派的政策专家提供着思想来源，并忙于在第三世界国家的精英中发展粉丝信徒。这些第三世界国家的精英都有骄人的外国证书和文凭，回国后组成有强大影响的政策制定力量，特别是在中央银行，推行那丢人的万金油经济理论。每年，由国际货币基金组织和世界银行召集，央行行长们齐聚华盛顿，住奢侈的宾馆，乘豪华的轿车，相互吹嘘其货币神话，发布充满晦涩难懂的专门术语的、令人费解的新闻稿。

1994年12月，墨西哥实施比索贬值，在其金融机构和金融市场造成了另一场危机，它导致了"繁荣"经济的快速瓦解。"繁荣"经济为外资、而不是墨西哥带来更多的好处。在墨西哥，大多数财富都从平民阶层，特别是穷人也包括中产阶级，流入精英买办阶层手中。国内外投资者出于对比索信心下降的反应，抛售墨西哥的资产和债务证券。墨西哥央行的外汇储备，不足以满足大失所望的投资者把比索兑换成美元的巨大需求。为应对危机，美国组织了高达

500亿美元基金的金融援助一揽子计划，该基金由美国、加拿大、国际货币基金组织和国际清算银行共同出资。这项多边援助计划使墨西哥能够履行债务义务，避免违约，并从而克服其短期流动性危机，以阻止危机向其他新兴市场扩散。这不是治疗墨西哥经济大失血。其大失血是由执行破产的货币政策所造成的，该货币政策允许国际投资者收割由庞氏骗局带来的比索收益，获得真金白银的美元。1995年墨西哥金融援助一揽子计划，制造了全球范围内的道德风险。

在墨西哥违约迫在眉睫之前的周末，美国政府带头提出了金融援助一揽子计划。一揽子计划由格林斯潘领导的美联储和罗伯特·鲁宾领导的财政部共同提出。鲁宾曾是老练的债券交易者，曾任高盛集团总裁。计划的主要内容包括外汇稳定基金和美联储的短期货币互换；国际货币基金组织提供40亿美元贷款，墨西哥承诺接受该组织强加的经济紧缩计划；墨西哥延期偿付外国商业银行的本息，主要是欠美国银行的债务，美联储从管理上容忍这些银行的资本金调整不影响它们的利润。该计划还包括商业银行再提供50亿美元的贷款，欧洲和日本的央行提供额外的流动性支持，美国预付墨西哥10亿美元石油款，美国农业部提供最高10亿美元额度的信贷。

外汇稳定基金是根据1934年1月的《黄金储备法案》第20条规定建立的，初始资金为20亿美元。基金总额通过几个途径不断增加：一是国际货币基金组织特别提款权配额；二是基金经年累月短期投资和贷款的利得，三是外币纯收益。外汇稳定基金参与货币互换，把一种资产换为另一种资产，如把外币换成美元。该基金也可用来向其他国家提供直接贷款和担保。其运作包括提供资金干预外汇市场，是在美国总统的授权下，由美国财长负责。外汇稳定基金还可以用来向外国提供短期货币互换和担保，这些国家一般是需要金融帮助来保持短期货币稳定。外汇稳定基金章程修正案强调了这些交易的短期性质，如向某国提供的贷款和担保在12个月期间超过6个月，美国总统就需要通报国会。

维尼·安杰尔（Wayne Angell）曾任美联储理事和顾问，时任贝尔斯登公司首席经济学家。他和参议院多数党领袖鲍勃·多尔（Bob Dole）首先提出这一想法：以外汇稳定基金支撑崩溃的墨西哥比索。贝尔斯登公司具有极大的比索债务风险敞口。参议员罗伯特·本奈特（Robert Bennett）是来自犹他州的新当选参议员，他把安杰尔的建议带给格林斯潘和鲁宾。两人开始都反对这一主张，并被其明目张胆地绕过法律程序的主张所震惊，绕过法律程序必定会遭到美国国会的报复。1995年1月，延期墨西哥400亿美元贷款担保的提案，在美国国会得不到足够的支持，美国国会已经无保留地反对一揽子援助计划。美联储主席建议本奈特，只有美国国会默许，否则安杰尔的主张行不通。本奈特找到多尔，并说服了他：只要多尔能够阻止这种使用纳税人钱的方案在国会表决，整个计划就会有效地实施。通过行政命令，援助方案就会逐一展开。下一步就是劝说多尔和美国众议院议长纽特·金里奇（Newt Gingrich）。他们咨询了几位州长，著名的有时任得克萨斯州长乔治·布什（George W Bush），他积极支持给得克萨斯边境地区提供紧急援助的主张。格林斯潘由于担心引发道德风险，一贯反对向私营部门提供紧急援助，现在明显不这样认为了。相反，当其他关键人物犹豫不决时，他运用其无与伦比的权力和影响力推动了整个进程。

紧急援助墨西哥比索，将导致私人投资者使自己身陷困境的一系列相似情形，这证实了道德风险原则。该原则认为，在具有紧急援助保证的情况下，人们会选择过度冒险。当泰国、印度尼西亚、马来西亚、韩国、俄罗斯卷入危机，最终造成对冲基金巨头长期资本管理基金即将崩溃时，格林斯潘转向增加流动性，来支持痛苦不堪的证券市场。长期资本管理基金对促成危机的开始起了关键作用，其掌舵人是大卫·穆林斯（David Mullins），他也曾任美联储理事、副主席。穆林斯恳求他以前的同事伸出援手。当纽约联储局长威廉·麦克多诺（William McDonough）在其办公室帮助协调对长期资本管理基金的紧急援助时，格林斯潘在美国国会监管委员会为麦克多诺进行了辩护。考虑到所有公司福利都被用来支持世界范围内不良的私营部门投资，利夫林（Alice Rivlin）指出，"美联储某种意义上正在以世界中央银行的角色行动"。利夫林是能干的前美国国会预算办公室高级主管，得到时任美国总统克林顿的重用。格林斯潘在克林顿的第一个任期，交给总统一个"亲在位者型经济"。克林顿通过电视讲话，发表国情咨文时，格林斯潘得到紧邻第一夫人位置的礼遇，并获得第三个任期的美联储主席的提名。权贵资本主义盛行一时。

短期货币互换是回购协议，也就是根据协议进行货币互换。墨西哥用比索购买美元，并同意三个月后出售美元，购买比索。美国以指定利率赚取其所持有墨西哥比索的利息。

历史上，美国和墨西哥的经济一直紧密地一体化，成为半殖民关系。1994年，美国提供了墨西哥69%的高附加值进口产品，吸纳了墨西哥约85%的廉价劳动密集型出口产品。美国投资者占了墨西哥外国投资的绝大部分，在墨西哥建立了大量工厂，以利用当地的廉价劳动力和无监管的劳动、环境体制。同时，美国的地下经济和农业部门也是墨西哥劳工非法移民的巨大市场，这为墨西哥赚取了可观的外汇。长期以来，墨西哥一直是美国的第三大贸易伙伴。1994年，两国贸易量占美国出口的10%，进口的约8%。沿美墨边界墨西哥一侧的美墨组装工业，被新自由主义者称为自由贸易的成功典范，其实那是个血汗工厂集聚区。

1994年，在其新任总统、一位受过耶鲁大学教育的经济学家塞迪略（Ernesto Zedillo）的领导下，墨西哥与美国、加拿大签署了北美自由贸易协定。北美自由贸易协定，被认为是同欧盟相抗衡的区域经济共同体，使墨西哥的市场进一步向外资开放，并使投资者相信，有了北美自由贸易协定，墨西哥长期稳定的经济发展前景将得到改善，最起码会改善外资的收益。1992年12月，墨西哥总统卡洛斯（Carlos Salinas de Gortari）和美国总统老布什谈判并签署北美自由贸易协定；1993年，由卡洛斯政府和克林顿政府修订并实施该协定。它没有为墨西哥进入美国市场，提供任何有意义的进展。相反，为阻止墨西哥的公司在面临美国贸易保护主义的突然冲击下集体破产，墨西哥被迫签署了北美自由贸易协定。

新自由主义者还建议墨西哥采取一种保护外国投资者的汇率制度，外国投资者能够在墨西哥央行以一种高估的汇率，将其挣得的比索兑换成美元。1988年，比索对美元的名义汇率是短期固定的。然而，由于墨西哥的通胀率高于美国的，比索对美元的名义汇率必须下降，以维持其实际汇率不上升。1988年，由于名义汇率是固定的，实际汇率上升了。1989年，"爬行盯住"汇率制取代了固定汇率制，根据该制度，比索对美元汇率每天都进行微调，以允许比索随着时间的推移，实现名义上的缓慢贬值。1991年，汇率区间取代了汇率的爬行盯住，允许比索在一定区间内波动。区间上限每天都进行调整，以准许美元有所升值（比索贬值）。墨西哥政府把汇率区间机制用作其不可持续的经济政策之锚，也就是作为以收缩经济来降低通胀的办法。这实际上是强制推行造成政治不稳定的财政政策，从而给外国投资者提供了良好的土壤。外国投资者带入美元，在经过短期的流通后，带回更多的美元。与之同时，他们只留下其持有的比索资产，尽管有可预见的不可持续性，墨西哥央行还是保证比索以高估的固定汇率可完全的自由兑换。

1994年以前，墨西哥采取稳健货币政策和紧缩财政政策的战略，显然旨在当经济不断被掏空时，让外资感到安全。由于比索升值，通胀稳步地降低；

由于政府支出削减,财政赤字降低,而外国投资日益增加。而且,这不同于1982 年之前的那些年,当时大多数外资流入产生高回报的私营部门,而不是以低息贷款的形式流入墨西哥政府,为其财政赤字融资。虽然无论是绝对量,还是相对其经济总量来说,墨西哥具有极为庞大的经常项目赤字,但新自由主义者不认为这是个紧迫的问题。他们只看重墨西哥有大量外汇储备,出口不断增加,并有似乎无限地吸引并留住外资的能力。这种观点忽略了一个事实:在比索高估支撑下的股市泡沫的掩盖下,实际财富已经通过以比索资产换为美元资产,流出了墨西哥。

到 1994 年末,事实终于揭穿了错误的新自由主义理论。墨西哥金融危机是其货币政策与财政政策的矛盾不断加深的必然结果:墨西哥过分依赖出口增长,又实施了盯住美元的汇率制。部分由于即将到来的总统选举,墨西哥当局不愿意在 1994 年春夏采取行动,如提高利率或比索贬值等,来缓解矛盾。墨西哥政府对几个经济和政治事件的应对,加深了这种结构性的政策矛盾。那些事件引起了投资者对货币可能贬值的关切。为回应投资者的担心,墨西哥政府发行了大量的美元保值的短期票据,它们被称为特索(tesobonos)。到 1994 年12 月初,墨西哥变得极易发生金融危机,因为其外汇储备降至 125 亿美元,而 1995 年到期的特索债务有 300 亿美元。

一个国家应对经常项目赤字有如下四种方法:

一是吸引更多以美元计价的外资。由于美元霸权,美国无须如此做,但墨西哥由于不能印发美元,被迫吸引更多以美元计价的外资,上演以新资本偿还老资本的庞氏骗局。

二是以外汇储备弥补赤字。由于美元是世界储备货币,美国可以通过印发美元,做到这点,但墨西哥不能印发美元,只能印发比索,这对比索兑美元汇率带来更大的下行压力。

三是允许本币贬值,从而使进口更昂贵、出口更便宜。但对深陷债务的墨西哥来说,实施比索贬值,以比索清偿现有外国贷款,将更昂贵。

四是实施货币政策或财政政策紧缩,或两者都实施,减少对所有商品的需求,包括进口,收缩经济。

墨西哥这样的国家只能应用第三和第四种方法,就如同大多数亚洲国家1997 年所发现的那样。

显然,墨西哥正经历其巨额经常项目赤字大部分由短期证券投资资本融资的情形。这是非常脆弱的,一旦投资信心突然地逆转,短期资本将加速流出。

不过新自由主义政策制定者，无论是在华盛顿，还是在墨西哥，虽然承认比索高估，现行汇率不可持续，但不确定比索高估的程度，金融市场是否和何时将逼迫墨西哥采取行动。据估计，比索高估的幅度在5%到20%之间。而且，格林斯潘和鲁宾分别领导的美联储和财政部官员们都不预测最终展开的危机的规模。国际货币基金组织忽视了在墨西哥发生的情况的严重性，在1994年的大部分时间，没有发现必须改变墨西哥汇率政策的证据。在1997年7月前的一个阶段，当亚洲金融危机首先在泰国爆发时，国际货币基金组织正大加称赞韩国和大多数其他亚洲经济体的经济持续增长和稳健货币政策。甚至在金融瘟疫大行其道时，国际货币基金组织仍不断发布自鸣得意的预测，认为危机的性质是短期的流动性困难，而否认危机的结构性原因。

1994年12月比索贬值及随后市场信心丧失后，美国和国际货币基金组织对墨西哥提供金融救助一揽子计划的目标是：其一，帮助墨西哥克服据称的短期流动性危机；其二，限制墨西哥危机的负面效应扩散到其他新兴市场经济体和其他地区。他们没有做出任何努力，力求纠正根本性的新自由主义政策错误，甚至不承认在全球化的体系中，将影响限制于本地只是空洞的承诺。

许多观察家反对美国任何形式的对墨金融援助。他们争辩说，特索投资者不应该因为道德风险而规避金融损失，并且，无论是墨西哥危机的扩散会给别国造成危害，还是危机将危害美国的贸易、就业和移民，都不足以说明这一紧急援助的必要性。

墨西哥央行把以比索定价的墨西哥政府短期债券塞特司（cetes）的利率从9%提高到18%，以遏制资本外流的势头。然而，尽管利率很高，投资者对塞特司的需求还是持续减少。投资者期望新发行的塞特司有更高的利率，因为他们认为，由于提高利率，比索将连续地大幅贬值。这是一个经典的恶性循环。这时，墨西哥政府有三种选择：一是给塞特司更高的利率；二是减少政府支出以减少内需，降低进口，减轻比索的压力；三是贬值比索。所有三种选择都会增加比索贬值、经济下降的压力。唯一可行的方案，以限制资本流动的方式进行外汇管制，这没有进入受过哈佛、耶鲁培训的墨西哥央行银行家们的考虑范围，也没有得到美国顾问们的推荐。直到1998年，当马来西亚成功地采取外汇管制后，以麻省理工学院经济学家保罗·克罗格曼（Paul Krugman）为首的天生反对市场无效论的那些原教旨主义者，才勉强承认，这也是一种合法的选择。

在墨西哥当局看来，在总统选举年，前两种选项毫无吸引力，因为它们会引起经济活力的大幅下降和银行系统的进一步虚弱。第三种选择，比索贬值也没有吸引力，因为墨西哥吸引源源不断的新外资来支持庞氏骗局，其成功与否的关键在于墨西哥承诺保持汇率稳定。另外，汇率稳定是墨西哥政府与劳工、企业间长期政策协议的必不可少部分，而据认为，这些长期政策协议能够保持经济和社会稳定。况且，正统的新自由主义经济学认为，汇率稳定是继续降低通胀率的关键。讽刺性的是，所有庞氏骗局的共同特征是，成功是致命的，因为成功加剧了不可持续性。

1994年春，墨西哥政府没有采纳上述任一个选项，而是选择了增加特索的发行。因为特索是以美元保值的，其持有者可避免损失，如果墨西哥选择本币贬值的话。墨西哥政府承诺支付给投资者足以保值其美元投资的比索。特索融资事实上使墨西哥主权债务美元化，把汇兑风险从投资者转移到墨西哥央行和政府，其提供的短期流动性解决办法会加剧长期的结构性矛盾。特索证明对国内外投资者是有吸引力的。然而，随着特索销售的增加，墨西哥变得极易发生金融市场危机，因为许多特索投资者都是短期证券投资者，他们对利率变化及相关风险非常敏感。进而，特索是短期票据，这就意味着其持有者一旦发现，政府违约的风险上升，或其他地方有更高回报，他们就要抛售。市场规则就如同培育了一池环池而转的饥饿的鲨鱼。

然而，墨西哥当局把特索财政视为短期内保持外汇储备稳定的最好办法，同时可避免其他选择所内含的即期成本。事实上，从1994年4月底到8月，当总统选举揭晓时，墨西哥的外汇储备确实保持在约170亿美元的水平。墨西哥当局预期，8月总统选举后，投资者信心将恢复，投资流将恢复到足够大，足以排除持续发行大量特索的任何必要。

然而，总统选举后，外国投资没有恢复到墨西哥当局预期的水平，部分因为1994年8月比索利率被允许下降，该水平一直保持到12月。1994年秋，情况越来越清楚地表明，墨西哥混乱的货币、财政及汇率政策需要调整。1994年，经常项目赤字更加恶化，部分是因为选举前为促进经济而实施相当宽松的财政政策所带来的，这些政策包括大举借贷，这被市场原教旨主义者视为大禁忌。随着比索进一步高估，进口激增。由于持续的大量特索融资，墨西哥对外汇储备的需求激增。未清偿特索债务从1994年3月底的31亿美元增加到12月的292亿美元。此外，1994年1月至11月，美国三个月期国债收益从3.04%上升到5.45%，大幅度提高了美国政府债券的吸引力。1994年11月中旬，墨西哥当局不得不减持外汇储备，以满足对美元的需求。

第六章 亚洲的经验

1994年11月15日,根据美国国内经济状况,美联储把联邦基金利率提高了0.75个百分点,达到5.5%。美元基准利率的提高,进一步增加了美国债券对投资者的吸引力。到11月末12月初,墨西哥虚弱的经济表现外溢到了政治领域,出现政治性事件,这引起投资者对墨西哥政治稳定性的关切和恐惧。12月9日,所有关切汇合在一起,当时墨西哥新政府披露,它预期1995年的经常项目赤字更高,但没有任何改变汇率政策的计划。该决定进一步让投资者丧失信心,墨西哥证券的赎回率剧增,外汇储备大幅度降低至100亿美元。与此同时,墨西哥未清偿特索债务高达300亿美元,这一切发生在1995年。然而,墨西哥政府官员继续向投资者保证,比索不会贬值。

12月20日,墨西哥当局通过宣布扩大比索对美元汇率波动区间,试图减轻汇率下行的压力。扩大汇率波动区间,实际上让比索贬值了近15%。然而,对于货币贬值,墨西哥政府没有宣布任何新的货币和财政配套措施,如提高利率等。这一不作为造成12月21日外汇储备损失了40亿美元;22日,墨西哥被迫实施汇率自由浮动。墨西哥政府在1994年大部分时间都实行既定的汇率政策,而在12月20日实施比索贬值。这种前后不一致的做法,连同政府没有宣布合适的配套经济政策措施,造成投资者对新当选政府完全丧失信心,越来越担心政府违约为期不远了。

因此,要求比索贬值的压力继续存在。到1995年1月初,投资者意识到,特索赎回量不久就会耗尽墨西哥的外汇储备,在没有外界援助的情况下,墨西哥将对美元计价、美元保值的债务违约。

进入1994年,许多迹象已清晰可见:墨西哥极易遭受对比索的投机性攻击,其汇率政策和不断增加的巨额经常项目赤字将是不可持续的。然而,新自由主义经济学家普遍地认为,墨西哥经济有"健康的经济基本面",墨西哥在过去的十年根据华盛顿共识原理进行的重大经济改革,已为其长期经济增长奠定了坚实的基础。事实上,在其央行错误政策的指导下,墨西哥正不断输出实际财富,而不断输入热钱,央行的错误政策正吸引大量的资本流入,积累大量的由外债转化而来的外汇储备。1994年3月下旬,总统候选人路易斯·唐纳德·克罗修(Luis Donaldo Colosio)被暗杀,随后,到4月底,外汇储备减少约100亿美元。投资者提高了对墨西哥汇率机制可行性的关切。暗杀事件后,美国财政部和美联储暂时扩大了美墨长期货币互换便利工具,从10亿美元增加到60亿美元。4月,由于北美金融工作组(North American Financial Group)的成立,得到扩大的便利工具变成了永久机制。永久扩大货币互换便利工具是在克罗修暗杀事件前提出的。到 1994 年 4 月底，墨西哥的外汇储备稳定在约 170 亿美元。

1994 年 6 月底，比索出现了新的走向。从 6 月 21 日到 7 月 20 日，外汇储备下降了近 30 亿美元，减至约 140 亿美元。7 月初，墨西哥请求美国财政部、美联储与主要欧洲国家央行探讨建立短期货币互换应急机制。该机制可与美墨货币互换机制联合使用，帮助墨西哥应对 8 月选举前可能出现的汇率波动。到 7 月，美联储官员得出结论，墨西哥的汇率可能高估，终将需要采取一些调整。然而，美国官员认为，墨西哥官员预期 8 月选举后外资流入能够恢复的想法可能是正确的。8 月，直到美国官员得到墨西哥的口头承诺，如果选举后对比索的压力继续存在，墨西哥将调整汇率机制之后，美国和国际清算银行才建立了货币互换应急机制。该货币互换应急机制吸收了美墨 4 月建立的 60 亿美元货币互换安排。7 月末，对比索的压力减轻了，墨西哥的外汇储备增加至 160 多亿美元。8 月选举后，没有立即出现对比索影响巨大的新压力，但同时资本流入未恢复到原来的水平。

美国财政部和美联储没有预见到，比索突然贬值会对投资者在墨西哥的信心产生如此严重的影响。它们包括可能出现大规模的资本外逃，这将把墨西哥带到违约的边缘。根据美国和国际货币基金组织官员的判断，墨西哥需要巨额的一揽子金融援助计划。国际货币基金组织官员认为，墨西哥相当大的出口规模，意味着无须调整汇率政策。他们没有预见到汇率危机，在 1994 年的大部分时间，他们没有看到墨西哥进行汇率政策调整的迫切性。1994 年 2 月，国际货币基金组织完成了对墨西哥经济和外汇政策的年度评估。该报告没有指出墨西哥汇率政策的问题。在 20 世纪 90 年代的后几年，国际货币基金组织这种自鸣得意的情形，在亚洲和拉丁美洲一再重演。

鉴于 1982 年援助一揽子计划证明只是墨西哥管理负债过多的漫长过程的开始，1995 年援助一揽子计划包括若干互相配合的债务重组行动，债务回购计划和根据布雷迪计划商定的 1990 年债务削减协议，其效果更好。在 1982 年的援助计划后，墨西哥还在另外三个场合接受了美国财政部和美联储的支持，但那些支持都是一次性的金融援助，而且加入了其他协议。1982 年援助计划与 1995 年援助计划的区别在于，紧随前者的是资本长达十年的从国际资本市场"撤离"，而后者成功地迅速恢复了市场准入。两次救助效果的不同与两次金融救助计划的力度及中期质量有关。1995 年金融援助计划大到足够解决墨西哥的流动性危机；1982 年援助计划大到足够避免墨西哥违约，但在接下来的六年中，墨西哥不得不尝试一个又一个的重组努力，其是否具有偿还债务能力的阴霾始终萦绕在其上空。1995年援助计划的成功不适用于纠正墨西哥根本性的债务问题。

美联储从1994年开始提高利率，并迅速地减少美国国债的购买，这引发了墨西哥比索危机和随后美国经济的放缓。在这些事件发生后，1995年，日本银行启动了购买1000亿美元美国国债的计划。中国购买了800亿美元，香港和新加坡各购买了220亿美元。韩国、马来西亚、泰国、印度尼西亚和菲律宾购买了300亿美元。从1994到1997年，亚洲共购买了2600亿美元，是外国持有美元储备的全部增加量。这些美元的回流推高了美国股票价格。

同世界其他地区一样，亚洲也严重依赖对美国的出口。日本是迄今亚洲最大的经济体，沉溺于对美出口，赚取在日本毫无作用的美元，其经济接近于瘫痪。对于处理其经济灾难，日本大藏省与新组建的日本央行存在制度性的政策争端，这加重了其经济的瘫痪。两者的争端集中在日本银行系统的现有性质及其支持出口型经济政策的传统国家银行地位。根据国际清算银行的规定，中央银行对日本政治经济文化的基础提出挑战，其政治经济文化从不认为，能够允许改革削弱日本民族主义。正是其民族主义，才把日本从19世纪西方帝国主义的凌辱下拯救出来。直到被日本军国主义掌控之前，日本模式一直为全亚洲反抗西方帝国主义的民族主义运动提供着激励。1979年后，中央银行被越来越多地视为金融新自由主义的货币制度，金融新自由主义与经济新帝国主义是同义语。

在美国和欧盟，20世纪90年代，财政政策急剧地萎缩，退化为一种宏观经济政策工具，而让美联储和欧洲央行在各自社会里承担最高政治经济管理者的角色。货币取代了为民众造福的商业引擎，成为经济图腾；为了日益全球化的金融体系的健康，货币的神圣不可侵犯性必须以人类的伤亡来捍卫。无监管的全球金融市场在全球货币无政府状态的背景下运行，这允许美欧这两个关键的央行负面地影响经济增长，首先是对世界其他地区，如今甚至是对其本国和本地区。1997年至1999年，美联储实施极度宽松的货币政策，随后，其于1999年至2000年转向紧缩的货币政策。这事实上强迫欧洲央行和其他央行采取相应的提高利率措施，以保持其本币对美元的价值，从而抑制了全球经济增长。随着全世界的失业率上升和经济增长放慢，巨大的压力迫使美国继续扩大其早已不可持续的经常项目赤字，这不可避免地伤害美国家庭和企业，特别是制造业，对信息和数据处理业的伤害甚至更大。所谓的新经济不复存在。美联储、欧洲央行和大多数其他央行仍然是独特的、不透明机构。事实上，美联储与市场就利率政策的前景，玩猫与老鼠的游戏，感到自豪不已，并允许金融市场如同彩票一样运行，赢家是猜中美联储利率决策的幸运者。亚洲大多数央行积极地保持同美联储一致的政策和行动。

比尔·格罗斯（Bill Gross）是美国最大的债券投资基金太平洋投资管理公司经理。他可能没有事实真相的垄断权，但他控制着信贷市场巨大无比的投资权，并根据其观点做出决定。他最近写道：美国股市的13%、国债市场的35%、公司债市场的35%和公司直接所有权的14%，现在都掌握在外国投资者手里。由于贸易赤字占国内生产总值的6%，美国必须吸引全世界现有储蓄的近80%，才能保持美元现在的水平，"戏剧落幕的日子近在眼前了"。格罗斯称，美国前财长鲁宾的强势美元政策如此成功，以至于和其他市场相比，美国的股票和债券都具有较低的收益率和非常高的市盈率。这种强势美元政策，由格林斯潘领导的美联储实行，已把美国逼到了要么让美元走低，要么让金融市场贬值，或者两者都"几乎不可避免"的境地。

现在，美国净外债占国内生产总值的22%。若经济复苏，美国经济将走上这样的轨道：美国外债在五年内占国内生产总值的比重将高达22%，与2000年阿根廷的债务率相当。美元霸权使美国免于经济灾难。美国不可能永远借钱，从世界其他地区买入得更多，而卖出得较少。利息压力将最终如此沉重，以至外国投资者不愿或无力为美国日益增加的债务融资。当这种情形出现时，美元就会贬值，而利率会急剧上升。然后，美国将被迫维持贸易盈余，它要么大幅度贬值美元，要么严格压缩实际收入，以减少进口需求，让美国商品足够的便宜，从而在世界市场上维持贸易盈余。然而，这样做，将直接缩减世界贸易规模，让美国更难以降低其累积的债务。

通过通货紧缩达到贸易平衡的代价，接近于致命。根据韦恩·戈德利（Wynne Godley）的计算结果，消除占国内生产总值2%的经常项目赤字，要求国内生产总值降低10%和失业率上升5%。当前，美国经常项目赤字为4%并不断上升，这就需要国内生产总值降低20%甚至更高，失业率在现在7%的基础上再上升10%。试图通过货币贬值达到贸易平衡，则是灾难性的。高盛公司最近估计，只是让美国现在的经常项目赤字减半，就需美元贬值40%以上。因为美国的制造能力已无法通过扩大出口，来消除贸易赤字，恢复贸易平衡甚至更为艰难。考虑到残酷的进口竞争，投资者不愿把长期资本投向中小型制造企业，甚至某些大企业。制造业前景的黯淡，也降低了年轻人投身制造业、成为熟练工人的动力。

美国的低储蓄率还促成了其经常项目赤字问题，但现在低储蓄率反映了私人储蓄的缺乏，而不是公共储蓄的缺乏。这是一个极难解决的问题。事实上，美国除了大力无节制地推动消费融资之外，似乎不知道如何提高私人储蓄。在目前情况下，提高储蓄率就会降低美国经济和世界经济所依赖的消费需求。

日本的经济问题根源于冷战结束引起的地缘政治转变。日本经济已壮大，不能仅充当二战后出口引擎的角色。随着冷战的结束，日本不再享有由地缘政治带来的美国所给予的特殊贸易优惠。对美持续的贸易顺差现在取决于日本循环投入美元资产的程度。日本的国内经济注定了要失败。不仅以不可持续的增长速度增加对美出口无济于事，而且对国内消费的有效刺激也无法解决日本难题，因为日本经济规模太小，不足以支撑其出口引擎巨大且不断扩大的过度生产能力。除非日本准备大幅收缩到和英国相当的经济规模，否则不可能通过国内结构调整来救活经济。这种结构问题，没有任何财政和货币政策能够克服，它是二战后麦克阿瑟将军占领政策的遗产。日本问题不是纯粹的经济问题，而是个政治经济问题。日本所要做的是重建国际经济关系，远离非自然的伙伴——美国，接近自然的伙伴——中国，从出口型经济转变为区域增长型经济。

日美特殊关系是美国在亚洲政策的支柱。历史上，日美为各自在亚洲的利益进行了紧张、激烈的冲突。这是二战后"特殊关系"外表或共同防御条约所消除不了的。在二战前，日本而不是中国，被美国的大多数领导视为在亚洲的主要竞争对手。美国挤压了日本获取重要原材料，特别是石油的通道，从而阻止了日本计划的实现。日本的计划是通过征服中国，成为地区大国。当时，中国经过西方列强一个世纪来的削弱，支离破碎。日本在二战中扩张的目标主要是英国和法国的殖民地，唯一的例外是菲律宾，这使日本有必要击垮美国太平洋舰队。二战中，盟军在太平洋战场战胜日本，主要有赖于美国的努力。这不同于在欧洲战场，英国和苏联也起了重要作用。正是日本偷袭珍珠港，才迫使希特勒对原本中立的美国宣战，从而使英国避免了即将面临的战败。这是德国犯的两个战略错误之一，另一个就是入侵苏联。如果没有斯大林格勒战役最终消灭德军第六集团军和苏军不懈的反击牵制了德军一半的军力，美国1944年诺曼底登陆能否那么成功还是个未知数。

在美国和苏联的帮助下，英国付出极大的牺牲，取得了对德战争的胜利，丧失了帝国和强大。战胜国英国同战败国日本、德国一同被二战纳入美国的势力范围，并美其名曰"特殊关系"。二战后，德国被分为社会主义的东德和资本主义的西德。因冷战需要，美国对西德实行经济援助，以保持它安全地留在西方阵营。除了被要求反苏、反共之外，在美国政策的支配下，西德享有令人羡慕的自主权。日本享有的自主权比西德少得多。许多日本人痛恨这一事实，将之归结为美国的种族主义。另外，德国对于强大的俄罗斯向西推进，具有真实的历史恐惧感，而日本没有害怕中国或苏联的真正理由。俄罗斯以欧洲为中心，日本曾在一次战争中打败过它。

日本投降后，麦克阿瑟起初的目标是重组日本的政治经济，防止日本重返军国主义。为此，麦克阿瑟占领政权清洗了日本政坛上的战时领导人，实行土地改革，解散了财阀及其集团，支持非社会主义力量的民粹主义力量。这一战略在1948年初开始改变，取而代之的是外交史上所称的"反向过程"（Reverse Course）。

由于华盛顿对苏联扩张的担忧日益上升，美国国内出现越来越多的关切，认为麦克阿瑟的改革计划正把日本变得在地缘政治上不可靠、意识形态上不稳定、经济上虚弱，从而使日本在地缘政治上易受到颠覆渗透，乃至从长期看，甚至可能遭到在第五纵队帮助下的军事入侵。中国1949年解放，成立社会主义国家后，麦克阿瑟接到命令，立即改变美国占领政策，实施防止日本转向社会主义道路的战略。因为美国主要战略家乔治·凯南、乔治·马歇尔和迪安·艾奇逊认为日本是"坚强支点"，所以在日本实行了政治上反动、经济上保守的计划。该计划旨在稳定日本的政治经济，并为日本未来恢复有限的军事力量提供空间。这样的军事力量有助于美国在日本和东亚其他地方对抗国际共产主义。

为了支持这支得到控制的军事力量，美国实行了对日贸易补贴、优惠机制。麦克阿瑟将自己塑造为新皇上，在日本拥有一切权力。他战后在美国国内政界享有盛名，对国务院的政策缺陷进行了批评，从欧洲中心主义到过度干涉太平洋地区，再到缺乏政治意志对中国使用核武器。他不仅反对反财阀进程的反转，而且反对增强曾让他个人蒙受公开战败之辱的日本军力。讽刺性的是，最高军事指挥官/占领者认为，经济增长和稳定的政治秩序，而不是建立军事力量，是日本对抗共产主义威胁的最重要武器。

没有人质疑麦克阿瑟将军对经济增长和政治稳定重要性的争辩，但美国国防部的许多人甚至国务院的一些人坚持认为，美国提供的经济振兴成果的主要部分应用于增强日本军力。他们认为，日本应承担自我防卫和在本地区遏制共产主义的主要责任。这一立场在华盛顿占了上风,并由杜鲁门总统特使杜勒斯1950至1951年带给日本当局。20世纪50年代,杜鲁门政府和艾森豪威尔政府都认为,为了保证日本成为坚定的反共盟友,公开忍受日本对美进口的抵制、有计划的低估日元、完全依赖美国的军事保护,对于日本在国内加强稳定和在国际上的地位合法化是必要的。在日本首相吉田茂的不断劝说后,美国领导人也认为,仅仅为了减少美国的防卫负担,推动日本政府过快过难地建立自己的军队,将在日本造成强烈的反响,从而威胁才建立的同盟,进而威胁到美国驻日军事基地。

日本在不久前还是残酷的敌国,在冷战的早期显然没有承担多少反共负担的成本。事实上,日本在经济上从冷战获益良多。在当今小布什政府和日本发展新型美日关系时,这样的两难问题依然存在。当小布什政府班子主张继续强势美元政策时,总有许多公开谈话,要求美日政府在日元对美元贬值到120日元以下采取协同干预。考虑到美国内政治对日美同盟的接受,美国领导人决定,他们需要为东京提供已给予的慷慨的援助、贸易和军事保护政策,以换取美国在日美同盟中保持主导地位。作为从二战中获益的唯一经济大国,美国既有资源,又有信心以经济好处来换取日本的支持。特别是,吉田茂被迫接受华盛顿的亲国民党并坚决反对共产主义中国的政策。美国的精英们担心,如果吉田茂和美国主导的反共战略分歧太大,美国国会和公众将要求彻底地重新审视已充满争议的单向经济关系。美国对世界其他国家的领导人也发布同样的论调,以促使他们在面对共产主义世界时牺牲独立的国家政策。马歇尔计划的地缘政治基础是显而易见的,但美国国内政治的争论是典型的颂歌。

然而,日本服从美国地缘政治领导的代价是高昂的,因为美国采取了非常强硬的对华政策,而日本期望和中国发展更紧密的经济和外交关系,这是美国偏执的政策所不允许的。这一问题今天依然存在,尽管是新的地缘政治条件。杜鲁门政府需要保证国内一致,因为在美国国内富有争议的早期冷战大战略经常迫使美国政府放弃其私下首选的对华经济和外交战略。1949至1950年,美国拒绝放弃国民党领导人蒋介石,否认新生的中华人民共和国,尽管杜鲁门本人蔑视蒋介石和国民党的腐败,不屑于蒋夫人在美国内政治中巧妙地操纵共和党右翼和反共基督教原教旨主义者。

朝鲜战争爆发后,杜鲁门政府改变了对中国内战保持中立的声明,派遣第7舰队保护国民党控制的台湾免于共产主义大陆潜在的武力统一。该举动确立了美国与蒋介石政权排他性的外交关系,这种关系一直维持到1973年。今天,第 7 舰队仍然活跃在台湾海峡。台湾问题依旧是中美关系正常开展的主要障碍。1950 年末朝鲜战争升级后，绝望的杜鲁门政府对中国实行完全禁运，比对苏联实行的政策更充满敌意。后来，这种不平衡在巴黎统筹委员会中被称为"中国差别"。

美国在全世界、特别是在亚洲的许多外交和贸易政策，经常被总统高级顾问认为是无效的，或甚至在地缘政治中是起反作用的，但因为国内政治的影响而不可避免，特别是在 1950 年 7 月至 11 月朝鲜战争爆发并升级后。

为维护美国在新生美日同盟对华政策上稳固的领导地位，东京不得不做出牺牲。要理解这一牺牲，关键是明白在现代史上中国经济对日本有多么重要。日本正是为了寻求和中国建立优先的一体化经济关系，才导致在 20 世纪 30 年代对中国的侵略。日本领导层有两个首要关切：其一，来自苏联的威胁；其二，一战的经验教训，需要建立自给自足的经济，为战争提供稳定的支持。日本在亚洲大陆追求自给自足，这使它在中国的泥潭中越陷越深，最终因石油供给和美国发生战争。在 20 世纪二、三十年代的大部分时间，中国都是日本在本地区最大的出口市场和进口来源。日本剥夺中国的资源，为二战中日本的军事机器提供融资。1949 年，吉田茂和其他日本精英看到了与北京新成立的共产党政权建立联系的实际经济和政治利益。战后日本想对亚洲后殖民的民族主义运动表示同情，民族主义运动正是战时共荣圈的主题之一。

问题不在于中日贸易被视为不利于美国的或日本的国家利益，而在于这是美国国内政治不能接受的。1949 年 2 月至 3 月，也就是中华人民共和国成立六个月之前，美国国家安全委员会制定了第 41 号文件（NSC 41），这是一份关于中国贸易政策的报告。该文件反映了美国对中国出现铁托主义可能性的审慎信心，以及与中国共产党控制区开展贸易的有用性，美国可以以之作为减少中国共产党对莫斯科依赖的办法。从某种意义上说，文件有关中日贸易的部分更为实际，强调其目标是减轻美国重建日本的负担，通过中国对日贸易的依赖，获得对中国一定程度的政治杠杆作用。美国国务院还关注到中日贸易反对者提出的关切，因此第 41 号文件和其他指示都建议麦克阿瑟鼓励补偿贸易，并在亚洲其他地方寻找替代市场和原材料来源，以降低日本对中国关键原料的依赖。冷战早期，为获取日本的支持，保证东南亚不落入共产党之手，美国说服日本的论点之一就是日本需要替代市场。这构成了另一个"反向过程"，美国从批评在英控马来亚和印度支那建立欧洲帝国，变成了支持。

尽管有美国的限制，日本和中国的贸易在 1947 年至 1950 年还是增长了十倍。朝鲜战争和美国领导的对华禁运终止了这一趋势。美国在考量美中贸易和日中贸易时，面临另一个难题：由于政治和经济原因，英国不愿对中国实行华盛顿所要求的严格的出口控制措施，因为英国担心这些措施会伤害其控制的香港。1949年11月，美国高官承认，如果西欧与中国相对正常地贸易，而美国和日本对中国实行禁运，这只会增加维持美日关系的费用，而对中国经济没有任何真正的损伤。虽然杜鲁门政府继续阻止中国获取战略性的重要原料，但对中国和美日进行"现金"贸易睁只眼闭只眼。这样做的逻辑基础是，对中国要实行和苏联及东欧同样的标准。1950年上半年，在中国1月查封美国领事财产和2月签署中苏防卫条约后，美国与北京的关系恶化，这使情况更复杂。美国想寻求一种平衡：一方面，通过允许中日贸易，减轻日本经济的负担（并间接地减轻美国经济的负担），另一方面减少日本对中国的依赖，这种依赖提供了中国对东京的政治杠杆作用，并威胁美国的领导地位。

杜鲁门政府努力向东亚其他非共产主义国家推销上述观点，这些国家不愿向先前的占领者日本开放其经济。杜鲁门政府强调，这些盟国增加对日贸易是它们必须做的，因为日本在中国的原料市场已落入共产党之手。朝鲜战争根本地改变了这一局面，美国在巴黎统筹委员会提出了"中国差别"问题。显然，国内政治而不是战略高度的高级政治，决定着美国对中国的贸易政策，就像50年后美国对中国加入世界贸易组织时的态度一样。这几乎毁了中日贸易，近400项物品列入了禁运货单。接下来的几年，重要的精英人物，包括艾森豪威尔总统本人，认识到中国差别和日本对华禁运的不合理性。但直到朝鲜战争结束的很长时间之后，日中贸易限制才有了真正意义上的解冻。

整个1951年，杜勒斯作为杜鲁门和日本谈判日本和平条约的特使，对吉田茂运用了相同的逻辑。杜勒斯提出了许多论点，说明为什么日本不能和中华人民共和国建交，而要继续承认台湾的蒋介石政权是中国的唯一合法政府，并和中华民国，而不是中华人民共和国签署和平条约。杜勒斯还寻求吉田茂基本遵守美国对华贸易合同的限制。

与麦克阿瑟掌权后的许多日本精英人物一样，吉田茂是个反共分子。但实际情况是日本需要与北京的外交联系，并需要比杜勒斯所能允许的更宽广的贸易关系。吉田茂率直地说："我不关心中国是红还是绿。中国是一个原材料市场，而日本必须对此加以考虑。"

在劝说日本领导人的努力中，杜勒斯的王牌不是地缘战略论，而是国内政治论。他强调，如果日本不服从美国的总体冷战战略，美国对日军事保护将如同对日经济援助和对日优惠的贸易金融安排一样，在美国国内产生更大争议。正是这种国内政治论，而不是其他论点，使不情愿的日本人相信，在冷战中质疑美国在亚洲的领导地位，将对持此观点的国家的安全和经济利益带来破坏性的结果。杜勒斯作为艾森豪威尔的国家安全顾问，在阻止日本在中国设立政治意义重大的贸易办公室时，又回到这一一试就灵的谈判策略。作为日本服从美国需要的结果，1951年12月的吉田书简和随后1952年和台北谈判的双边和平协定，把日本带入了21年的反北京、支持台湾的外交格局。由于日本遵从美国对中国严格的经济制裁体制，美国允许的中日小规模但有前途的贸易往来在1949至1950年实际上消失了。

今天，政治家在日本大概和在美国一样不受人尊重。在亚洲文化中，这是危险的发展。不幸的是，由于当前毫无活力的经济状态和美国媒体的负面宣传，基本上把持日本政策制定的日本官僚机构也得不到民众的信任。在整整十年的缓慢增长后，东京的街道仍然看起来不像一个贫穷国家的街道，因为日本政府有效地隔离了民众与实际痛苦。美国和自民党有融洽的关系，但在贸易问题上争吵不休。今天，日本的年轻人比他们的父辈具有更公开的民族主义情结。随时间的流逝，美国将越来越难以和日本相处。

许多年来，日本指望凭借其经济实力，提供地区和全球影响力。也曾经有这么一个神奇的时刻：当日元兑美元是79∶1时，以现金计，日本的经济总量大于美国；赫尔曼·卡恩（Herman Khan）预测，日本世纪已到来。从一个经济崛起大国走到全世界都批评日本经济，这带来的心理冲击削弱了日本的自信。甚至在美国的资本市场总额与其高峰相比损失60%时，日本的资本市场总额从占全球的50%跌到只占10%。日本正在经历的经济困难不是美国新自由主义经济学家坚持所说的银行问题。虽然新近建立的中央银行成为问题的一部分，但中心问题是范围更广的二元经济体制，即成功的跨国企业建立在子公司和其他小公司网络之上，而这些子公司和小公司只按日本的独有关系运行。

日本大藏省试图通过把贴现率降到0，来帮助消费者。这不仅未能帮助消费者，而且重挫保险业，因为保险业保证提供的养老金计划回报率比现有的投资回报率高得多。保险业找不到投资场所，获得其保证提供的收益。大保险公司破产了，人们指望它们提供的养老金也没了。结果，人们不再续签他们的保险合约。

日本正在快速地成为一个老龄社会，这比世界其他任何国家都要早。但日本储蓄率很高，约有10万亿美元，人均80000美元，足以清偿美国在债务最高峰时的人均债务。但日本60%的储蓄掌握在65岁以上的人手里，而他们已不是强劲的消费者。怎样驱动这样的经济呢？世界上还没有哪个国家的人口是这么老化。

为避免亚洲金融危机造成更大的伤害，世界一致要求日本实行快速解决方案。东京的关切是，如果日本匆忙"调整"其经济，这可能比渐进地解决带来更多的问题。美国已要求日本发挥领导作用。当亚洲经济开始崩溃时，日本提出的第一个解决方案是提供1000亿美元的保障基金以帮助亚洲经济，这遭到美国的拒绝。自1990年房地产和股票市场泡沫破灭以来，日本经济增长一直乏力，只有1996年例外，由于巨额财政刺激和低利率，该年国内生产总值实际增长达到3.6%。当日本经济下降时，日本仍是净出口大国。亚洲其他国家应避免日本模式，而不是仿效。

作为一个亚洲文化国家，日本把重点放在国家经济及其运行，似乎只有国家经济繁荣了，公司和个人才能富足。美国经济的运行建立在个人生存的自然"考量"之上。国家经济繁荣对美国人和美国公司来说毫无意义，除非个人及个体单位先得利。由于市场全球化，这为两种文化体制都带来了管理问题。对日本来说，救助是正常的，而在美国，救助虽然也发生，但同时意味着道歉。历史上，陷入困境时，美国经济都是迅速地牺牲弱小者，而日本经济则逐渐地惩罚强大者。

当长期经济衰退来袭时，美国人会动摇其自由市场经济的信念，日本人则对指令性经济丧失了信心，尽管事实上日本政府已有效地隔离开民众与经济痛苦。美国2000年总统竞选言辞已经倾向于民粹主义，这时经济衰退还没有开始。最近小布什的减税计划则表达了浓厚的民粹主义色彩。问题是全世界都有耗尽枯竭的明显迹象。经过六年的骚乱，亚洲和拉丁美洲完全伤了元气。美国的繁荣主要是由全球通货紧缩所支撑的，即使在美国，也没有免费的午餐。甚至那些具有较好工作能力的人一天也不得不工作14个小时，许多家庭必须要双收入才能运转。媒体已停止报道在硅谷年薪6万美元的人不得不生活在他们的车里，因为这已不是新闻。按照这样的变化速度，失业可能甚至被看成摆脱繁重工作的一种解脱和心安理得的方式。

二十世纪六十年代后期，在越战耗尽美国的贸易盈余之前，曾有一段时间，有较高收入的美国人开始每周休息三天，每年有八周长假。从洛杉矶到达拉斯再到斯卡斯代尔（Scarsdale，纽约州的一个城市），父亲在下午5:30之前回家为全家烤肉，母亲有时间照顾孩子，那时美国国内生产总值只有二千亿美元。经济学家们认为，如果国内生产总值达到一万亿美元，所有的经济问题就将解决。而现在的国内生产总值已超过十万亿美元，但财政危机在各部门肆虐——从医疗卫生到社会保障再到教育，甚至包括国防。显然，"真正的增长是什么"，这个问题并没有得到解决。

第七章　日本的经验[①]

日本长期实施高度依赖出口政策，保持大量贸易顺差，其错误由来已久。在美元霸权推动的全球体系中，全球经济的快速变化使日本陷入困境。结果是长期的经济停滞。但一个新的因素进入了这样的平衡，它就是日本与中国经济不断上升的共生关系。

日本国内的问题是由其出口型经济导向，且大部分出口贸易用美元而非日元结算，所引起的。日本的决策者十分清楚这种尴尬的处境。因此，从1997年开始，他们就倡议建立三元（美元、欧元和日元）全球金融框架。这一倡议一次又一次地被美国所扼杀。日本无法向外国进口开放国内市场，因为日本根本就没有国内市场可供开放。在日本，替代国内市场的是由少数几个大商业联合体控制的完整的销售系统。日本的整个战后经济都是为出口所组建的。

二战前，日本的整个经济都是为战时生产所组建的。战后，在美国占领政策下，日本的经济基础没有改变，但从战时生产转向了出口。在日本，银行和客户的关系与由罗斯福新政所构建的美国银行和客户的关系有结构性的不同。在日本，银行与客户的关系十分密切。日本银行持有其所放贷公司大量的股票，从而在公司债务止赎中，日本银行无利可图。

对国家银行体制来说，这种信贷关系是正常的，它已经转变成在为出口生产融资方面，取得了最高的效率。三菱从来不用如通用汽车那样，为资金或贷款而竞争。三菱总是能够获得贷款，且贷款利率可以确保其在出口市场具有价格竞争优势。这也是日本为什么不准备向新企业提供融资的原因。索尼公司和本田汽车就如同信息技术领域的新金融巨头软件银行公司（Softbank）一样，是"日本股份有限公司"体制内持不同政见的圈外人。

美元资产比日元资产获得较高收益的原因，在于日元资产组合的目的不是

[①] 本章原载《亚洲时报》2003年5月31日。

获取最大的收益，而是支持日本的出口体制。日本的银行不是利润中心。他们是支持国家目标的公共服务机构。在过去的10年，通用电气、通用汽车和福特汽车公司等美国大公司，都已经承担起非银行金融机构的角色，提供低成本的贷款，以之作为关键的竞争性定价战略，从而摆脱了其传统上对银行的依赖。亨利·福特早就以批判银行是金融掠夺者而著称。

这种不为国家目标而为公司利益，使金融服从于提高市场竞争力的趋势，是美国经济唯一致命的弱点。当日本由于采用央行体制而受尽折磨时，美国的非银行金融部门正在绕过央行的监管限制。这比其他任何因素都更能证实如下预期：美国经济将步日本经济的后尘，进入十年的通货紧缩和经济停滞，即便根据国际清算银行的标准，美国银行相对地健康，也无济于事。当然，若美联储采用超出银行系统的扩张性通胀目标的货币政策，对美国长期资本管理公司的紧急援助就是明显的先例，连美国银行所谓的健康都成了问题。2002年11月19日在华盛顿，美联储主席格林斯潘在美国外交关系委员会发表演讲称："因此，央行被引导提供的援助，实际上相当于灾难性金融保险的总额。"

日本文化从根本上受到中国文化的影响，把个人视为社会必不可少的组成部分，因此，在日本社会不存在西方自由主义意义的平等，日本精英们承担着为其所领导的人民谋福利的固有责任。从而，当日本的公司遭受不幸时，公司领导就觉得本人很羞愧，并希望在公司员工们承受痛苦之前，本人先受到惩罚。美国的价值观认为，个人主义是社会的基本单元。因此，每个人都承担着谋取本人福利的责任，尽管美国社会现已演变到这样的程度：个人越来越没有能力来掌握其命运。从而，美国管理者为达成短期的收益，会傲慢地解雇1万名职员，然后把该收益作为不菲的"绩效"奖金发放给管理层。美联储以失业来捍卫美元价值，也就是反通货膨胀，这是正当的。美联储宣布经济趋于疲软，加强预防时，美国公司能够突然地解雇其不需要的工人，并以此作为其制度优势。因为日本和德国的公司管理者在面临要求缩减劳动力时，需付出高成本，并缺乏灵活性，格林斯潘一再地批评两国公司"无效率"。

作为日本战后的统治者，麦克阿瑟将军在日本推行"民主"。而日本接受了民主的形式，没有接受其实质。从1955年成立和此后的38年，日本保守的自民党赢得了所有的大选，并确定每位首相人选和近全部内阁成员。从1955年一直到1993年，自民党连续执政，而日本社会党（现在的社会民主党）担当象征性的反对党角色。这种政治格局就是著名的"1955年体制"。虽然存在上不了谈判桌的妥协，但选民能够看到的是，自民党与社会党之间明显且持续的竞争。其他民主国家也有类似的强势政党,但很少有政党能够像自民党那样,长期掌权并完全支配政治格局。事实上,许多政治学家已经指出,自民党极其类似于社会主义国家的执政党共产党。

然而,1993年,一场政治地震让日本从稳定的一党掌权变成多党联合执政。自1993年以来的十年,自民党努力恢复其执政地位,在大多数时间获得了成功。在新千年的开始,自民党在参议院——日本国会上院——失去了多数,但它保持强大和自信,反对党则陷入了重组。

从政治上说,到1985年,日本发现其需要新的国家目标,因为它已经在产出方面赶上了西方工业列强,尽管在创新方面还有差距。不幸的是,日本政治领导人未能制定新的国家蓝图。领导能力的缺乏,使官僚机构继续引导日本沿着传统的、但已过时的出口依赖路径前行,这掩盖了日本国家财富向海外的转移及伴随之的20世界80年代的巨大投机性泡沫。该泡沫的破裂是不可避免的,因为日本"成功"出口的经济成果由于美元霸权不能返回日本。泡沫的破裂激发了民众对官僚的不信任,而官僚机构一直否认其失败。该情形持续至今。

虽然指责商业和工业领导人在管理上目光短浅是正当的,但同时应该承认,除了按照功能失调的国家政策所确定的游戏规则行事之外,他们别无选择。日本政治领导人必须承担没有为国家设定富有远见的目标的责任。当前,日本认为,其已陷入一个结构性的僵局,不知如何朝新的方向前行。这种情结是日本在过去的20年缺乏对国家目标关注的直接产物。

1985年关于汇率的广场协议,迫使日元从达成广场协议前的242日元兑1美元,在略多于10年的时间攀升至高达79日元兑1美元。日元大幅度升值对日本经济造成了结构性的伤害,这是毋庸置疑的。美国颠覆了布雷顿森林体系构想的汇率稳定必要性的观念,并公开地以汇率政策作为解决其贸易失衡的途径之一。美国不是着手调整其不负责任的财政政策,而是决定通过汇率政策,强迫日本改变其经济体系,以解决贸易失衡。美国通过汇率管理实现贸易平衡的做法,不仅在日本经济,而且在日本全社会,引起了不必要的变化。日本仍然处在这种不必要变化的阵痛中,由此而来的焦虑已经促成一种进退两难的国家意识。

对日本来说,这种变化的实质是日本无力形成以国家为本位的高度自觉意识,也就是由日本人自己来消费,而不是出口其劳动果实。自二战结束以来,日本的政治制度和行政机构一直高度偏好于出口,同时压制消费文化。只生产不消费是公民的骄傲。通过否定国内消费，赢得了出口战，这正好非常契合于日本自我抑制的文化。要克服这种出口定位，日本政治制度和行政机构必须改革。但文化只会缓慢地改变。进而，出口经济的停滞，强化了如下传统智慧：在困难时期，消费起不了作用，只会导致不审慎的个人在金融上的破产。

解除管制需要消费者对其决定负责。从而，当日本采取措施，解除经济管制时，日本政府稀释了其说服和刺激消费支出的权力。新自由主义者主张，由于政府不再能够保护个人，日本需要提高透明度，如政务公开原则所体现的，这是消费取向社会形成的必要条件。然而，与政府政策或企业战略相比，文化不是那么容易改变。不同的观点是，日本政府应通过隔离开民众与经济痛苦，维护其精英主义不透明的传统，这正是现实中所发生的。

在日本，过去的十年，民众的生活与经济衰退的痛苦一直被隔离开来，衰退的痛苦主要限制于企业层面。这同美国的情况正好相反，在美国，毫无防备的公众对经济痛苦的感受是直接的、即时的，而公司通过缩小规模和并购得到了强化。

1868年的明治维新和二战后麦克阿瑟推行的社会经济重建，都是在来自外国强权的压力下实行的。最近日本的开放，再次是由以美国主导全球化为形式的外国压力所激发的。

1999年4月，日本政府解除了外汇交易管制。在日本金融大爆炸之后，这个国家最终建立了外国银行和经纪业占主导优势的开放金融市场。如果日本的银行由于其同日本公司的结构性联系，不能为日本消费者提供服务，那么美国的银行会这样做。

在亚洲，全球化意味着从区域外进入新的玩家。但在日本，抵制仍然是强烈的。许多日本人，与亚洲其他国家人一起，把这种发展解释为另一种新帝国主义的攻击，这次的攻击是通过西方经济权力和文化价值观进行的。他们正开始以振兴民族主义来反对这种攻击。日本采用了19世纪德川幕府时代末年民族主义复兴的形式。日本首相小泉纯一郎可能是日本的第一个国际主义领导人，他是以沙文主义的名义走上权力之巅的。

新自由主义者相信，日本和亚洲其他国家将别无选择，只能为适应全球化进程进行重大改变。提高透明度的趋势挑战着如下信念：隐瞒某些事情是社会和谐的关键。西方的法治观念时常被吹捧为现代化不可缺少的组成部分。

然而，日本建立在根深蒂固的孔子文化的基础之上。在《论语》中，孔子在回应无私的法治时说："吾党之直者异于是。父为子隐，子为父隐，直在其中矣。"① 这体现了在古代中国法家与主张等级秩序的儒家之间的冲突，该冲突在当代中国仍然极为活跃。虽然《论语》的这一段说的是父子关系，但其应用的范围宽泛得多，其中就包括治理的议题。

传统上，如果环境有保证，在亚洲，包括日本，其执法官员时常严厉地警告罪犯，然后对他从宽处理。在歌舞伎戏剧"劝进帐"（Kanjincho，善款账单）中，安宅关卡检查站负责军官被要求俘获逃亡的义经（Yoshimune）。他为义经侍从辩庆（Benkei）保护主人的努力所感动，睁只眼、闭只眼地允许伪装的英雄及其随从通过。日本也有嘲弄法律的英雄，那个骑士强盗国定忠治（Kunisada Chuji，1810—1850年）就是日本的罗宾汉。

不同国家在如何严格执法方面有相当大的区别。威廉·布莱克（William Blake）称，一部法律同时适用于狮子和羊，这是压迫。西方经常批评中国缺乏法治。事实上，西方只是不满意于中国的法治观念。美国人也不认为日本符合美国真正的法治标准。亚洲人时常把美国方式描述为法制（rule by law），而不是法治（rule of law）。实际上，如下真理是不存在的：发达的现代国家必须是严格意义上的宪政国家。美国对该原则的坚持，可能不是其实现在全世界权力和影响力的唯一原因，而只是众多因素之一。然而，随着全球化的进展，世界其他地区被迫根据美国标准来衡量它们的日常行动，只因为美国是唯一的超级大国。

自1985年以来，汇率波动一直深刻地影响着日本。由于全球资本流动和国际银行业标准，日本的股价事实上已经受到汇率的推动。如果两党制曾经在日本形成的话，那么日本就会根据两种政治意识形态行事：一是相信自由市场和小政府；一是相信自由市场经济存在缺陷，政府的存在就是将财富悬殊降低到最小程度，帮助弱势群体，因此，日本需要高税赋。但是，日本达到这样的程度，还有一些距离。在可预见的未来，一党执政与两个反对党派并存的局面，很有可能继续存在。关照弱者是强者责任的观念，至少在日本社会，是不可能从日本文化中消失的。

第二次世界大战后，日本进入了收入差距较小的国家行列，除了共产主义世界，日本收入差距可能是所有主要经济体中最小的。这有助于稳定社会的建立，日本还消除了要求财富重新分配或建立累进所得税制的动力。事实上，日

---

① 这段话的意思是，"我家乡的正直的人和你讲的正直人不一样：父亲为儿子隐瞒，儿子为父亲隐瞒。正直就在其中了。"——译者注

本是国家社会主义制度，这里的国家社会主义制度是描述性的中性词。在日本，一直存在约20%的少数选民，对政府感到不满，但这一群体始终不构成一个可确认的经济阶层或社会阶层。

自布雷顿森林体系结束以来，日本不懈地寻求美元贸易盈余，而不是日元贸易盈余，这是个大错误。美元不再能够兑换为黄金，也不能在日本消费。美元只能购买纽约的洛克菲勒中心等美元资产。德国在寻求美元贸易盈余时，犯了更大的错误。在欧元诞生前，每个人都接受德国马克。日本和德国应该积累以其本币计价的、同样巨额的贸易赤字，只要其贸易伙伴接受的话。贸易是以货币为载体的。当出口赚取另一国货币时，该货币却难以造福国内经济。美国人是难以理解这点的，因为美元是世界贸易的交易货币，在美国是可使用的。世界其他国家也难以理解这点，因为它们没有领会美元不再由黄金支持的意义。

据说，日本的银行坏账现在可能相当于其近一半的国内生产总值。该说法已经遭到日本官方的否认，但已经动摇市场信心长达十多年。市场估计，日本不良贷款现在共计237万亿日元（相当于2万亿美元），大大超过了日本政府公布的数据。日本金融厅是主要监管机构，声称银行的坏账总计只有18万亿日元，只占3%的国内生产总值。

区别不是来自于银行数据，而是来自于衡量坏账的不同规则。尤其是，日本金融厅在对问题贷款分类时，忽视了通缩的效应。金融厅根据一家公司是否能够清偿利息，把贷款分成"良好"，"有风险"和"不良"三类。这种分类制度在高名义利率的通胀环境中是有用的，而在日本现行低利率制的情况下是无用的，因为在低利率的环境中大多数公司都能偿付利息——即便其商业前景毫无希望，以致其无法清偿贷款。这样的公司是行尸走肉、步入死亡的企业。

银行经济学者已经建议，贷款的风险水平应该以一家公司的主营盈利是否足以到期偿还该贷款来判断。在此基础上，上市公司的数据表明，全部银行贷款的三分之一以上是有高度风险的，即便大多数贷款未被政府归类为有风险。在过去的十年，日本的银行已经注销了等同于13%日本国内生产总值的坏账。可能还存在相当于50%国内生产总值的坏账需要注销。

其他分析家对上述贷款分类法提出争议。他们表示，日本的银行从未基于现金流的分析，而是基于不动产等资产来延长贷款。然而，即便是基于资产，通缩也已侵蚀了资产价值。日本政府官员争辩说，世界上没有任何国家根据主营赢利与银行放贷的比例来计算坏账。考虑到经济疲软和通缩冲击，日本央行对这一事实感到不安:"实际"坏账问题比金融厅数据所显示的严重得多。作为央行,日本银行首先关心本币价值,而不是经济健康。央行都坚持这种观点,因为他们相信,经济健康有赖于货币健全。他们否认如下观点:经济健康是健全货币的基础。中央银行家辩称,虽然病人死了,但手术是成功的。

日本的经济制度史一直高度重视重商主义。日本不是为生存而出口,它是为出口而生存。然而,自基于美元与黄金相挂钩的布雷顿森林固定汇率体制1971年结束以来,日本出口换来的就不再是黄金,也不再是与黄金相挂钩的美元。日本出口换来的是美元这种不兑现纸币,而美国能够无限和无成本地印发美元。日本一直将其产品运往海外,换来不能在日本购买任何东西的纸币。日本以美元计价的贸易盈余,只是一张张纸片,只能用来购买另一种纸片——美国国债或美国公司股权证明,而美国公司是日本公司的竞争对手。日本还可以此购买国外美元资产所有权证明,得到分红,但这些分红纸片也不能在日本国内消费。传统智慧认为,日本必须赚取美元,以购买石油等需进口的产品和日本不生产的产品。但日本的出口已大大超出其进口需求。尽管事实上,若日本出口少,其需进口的石油和铁矿石就相应减少。日本需要维持贸易顺差,贸易顺差对日本有好处,这两种观点不存在任何理由。

经济学家明斯基(Hyman P Minsky)认为,理解一国的经济制度史,对于清楚理解其金融进程是十分必要的。制度史的现实,意味着一国不可能轻易地摆脱其相对刚性的过去,在不遭受严重惩罚的情况下,加入全球体系。日本基于另一国的不兑现纸币,建立了出口导向性贸易体制。日本的美元贸易盈余,就是对日本出口导向性贸易体制的严重惩罚。美国对金融全球化的影响最大,在向新自由主义全球化转型过程中,其国家制度受到的冲击最少,因为全球金融体系实质上是美国体系的延伸。美元是世界贸易的计数工具,却只能在美国消费,购买美国资产。因此,不论谁拥有美元,美元带来的经济福利都固定地集中于美国经济。

由于国际清算银行对资本金和贷款分类的要求,日本的银行继续承受十多年前泡沫时期为日本公司提供支持性贷款所带来的苦痛。这样的贷款政策不是一个问题,若日本维持国家银行体制的话。但在中央银行体制下,根据定义,日本的银行变成了深陷危机的、麻烦缠身的机构。尽管根据国际清算银行的标准,大部分贷款事实上已经变成不良贷款,许多日本银行一直拖延到最近才予以承认。20世纪80年代早期,为了达到国内监管的要求,美国的银行快速注销了其不良贷款,尽管这给美国经济和普通民众带来了极大的苦痛。与美国的银行不同，日本的银行没有一家注销其不良贷款，直到1995年3月住友银行头一个注销其不良贷款。此后，最大的日本银行开始自愿地跟随住友银行注销不良贷款，这时全球投资者群体已经对银行股价造成巨大的压力。日本银行这样做的原因是，美国央行可以印发美元，而不直接影响美元汇率，该现象就是"美元霸权"，而日本央行做不到。

在国家银行体制下，日本的银行吸引投资者，不是因为其产生了高回报，而是因为它们是加强日本经济的国家事业的组成部分。在中央银行体制下，全球投资者主要感兴趣于银行的利润率，而银行利润率经常是以牺牲经济为代价获得的。当流动性陷阱使利率政策无法动用为经济刺激工具时，还存在汇率工具，货币政策通过运用汇率，仍然能够发挥稳定的效果。这是为什么日本一直试图推动日元贬值的原因，这不是为了增加出口，而是为了稳定国内的通缩。

日本的银行在注销不良贷款时犹豫不决，其主要原因可以归于日本大藏省的政策无作为。大藏省仍然从国家银行体制的视角，看待银行的功能。大藏省不愿承认和处理中央银行体制所定义的不良贷款问题，因为它认为，这样做，没有任何用处。同时，日本税制不允许为注销不良贷款，减免税额。日本的银行也预期，反周期的政府财政措施即将带来经济复苏，而欣喜于这一幻象。在日本，银行既是借款公司的股东，又是其债权人，银行的双重角色也成了一种抑制因素。根据国际清算银行的标准，日本没有足够的资金注销不良贷款，这也是一个问题。

1995年，日本央行通过增加国家货币供给以降低利率，解决了银行资本金不足问题。由于贷款利息高于资金成本，日本央行的这次举措增加了日本全部银行的净利息收入。在这种新的货币政策环境中，许多银行被认为能够具有充分的利润来注销不良贷款。日本股市泡沫和房产泡沫在短时间内就相继破裂了，股价1990年初下降了50%以上，而土地价格1991开始进入了长期下滑通道。在提高利率抑制了金融市场过热之后，日本央行开始降低利率，从1991年3月的6%以上降至1995年10月的0.5%。

尽管日本的银行具有如此有利的经营环境，其资产质量还是继续恶化，这是由于凯恩斯所界定的流动性陷阱的存在。当央行进一步增加货币供给（货币基础），不能进一步影响产出、价格、利率或其他变量时，流动性陷阱就形成了。货币存量的增加完全被持有货币的流动性偏好所抵消。

流动性陷阱的概念是凯恩斯在经济大萧条期间提出的。凯恩斯假定，一旦利率降低至2%以下，其对货币扩张的效应可能是"软弱无力的"。当利率很低时，银行可能仍然难以放贷，因为低利率的息差会降低信贷风险的容忍度。很快，银行将只会放贷给不需要借钱的人。

在现有环境中，为了阻止利率和价格的下降，日本央行可以购入外汇，降低日元汇率，或通过购入公司债券、股票或其他资产。但日本银行作为中央银行，致力于保护市场，而不是消除市场。因此，日本央行坚持应用央行传统的利率政策工具。它寻求控制货币的价格，而不是经济的总体价格，这使流动性陷阱成为现实。

国际资本市场开始在银行间贷款，收取"日本红利"。此外，在遵守国际清算银行关于资本充足率的规定方面，日本的银行面临困难，因为日元贬值提高了其海外资产和债务的价值。这也让银行更不愿放贷给信誉不佳的中小型公司，而这些公司除了其面向的主要银行，没有任何进入信贷市场的途径。1998年至1999年，为了解决银行业与信贷紧缩问题，日本政府最终设立了总计60万亿日元（相当于日本12%的国内生产总值）的公共基金，用以改变银行的资本结构。较低的短期利率也给保险公司等非银行的长期金融机构带来了问题。

破产银行数量的不断增加，以及1997年11月北海道拓殖银行的倒闭，说明了不良贷款问题的严重性。现在，据估计，不良贷款将近2万亿美元。在过去的18个月，为了给银行提供注销额外不良贷款所急需的资金，日本政府颁布法令，使用公共基金购买日本银行的优先股。债务重整公司（The Resolution and Collection Corp）是一家国家成立以购买贷款资产和进行债务重组的机构，现在将业务拓展到购买日本的银行不良贷款。

2001年7月7日，在评论坏账问题时，小泉首相是现实的："我确实理解，在2至3年内消除现有的全部坏账是不可能的，但我们正在努力减少坏账。""我认为，说政府在坏账问题上未尽全力是有一点草率的。我们正在处理的是经济中较大的议题。"当然，较大的议题是指经济增长。

三个月之前，2001年4月，日本政府发布了一系列文件，它们显示，日本政府设定了最后期限，要求最大的几家银行在二到三年内，冒破产的风险，消除价值11.7万亿日元的新不良贷款。有些人估计，银行的问题贷款价值高达150万亿日元。对银行的担忧已经是股市长期低迷的主要因素之一。小泉警告说，东京证券市场的股价暂时还看不到起色。值得注意的是，没有任何严肃的分析家预期日本自2001年开始二年内能解决其不良贷款问题。

由于名义国内生产总值正在以年均近5%的速度下降，日本政府事实上已经落入无法避免的致命的债务螺旋式上升。稳定日本政府的债务率，需要名义国内生产总值以以约1%的速率上升，也就是等同于日本未清偿的债务利率。名义国内生产总值正以5%的速度下降，这一事实意味着日本债务率将每年至少上升6%，这甚至不包括重组破产银行资本结构的突然需求。日本债务率现在是130%，且每年以6%的速度上升，它将在十年后翻番。这一事实本身将加速日本政府债券的崩溃，除非通货紧缩被扭转。

实际上，日本政府的债务负担比新闻媒体广泛报道的130%的债务率还要糟。首先，当政府收入崩溃时，加速的通缩将引起债务率甚至更快速地上升。其次，日本政府的可能负债，包括其保护银行存款人的责任，一旦银行系统出现可能扩大的危机，将遽然上升。

日本政府可以出售其持有的资产，改善其处理银行系统重大损失的能力。这样的出售也有问题，例如，卖出日本烟草公司或日本电话公司的国有股，这将进一步压低这些公司在股市的股价。这只是通缩环境中另一个危险的例子，曾被视为储备的资产，不再能够承担流动性储备的功能，因为试图实现流动性，会进一步降低其价值。

2003年第一季度，日本的通缩加快了速度，同比价格下降了3.5%——有史以来最快的降速。这种下降可能激起人们的恐惧，自20世纪90年代中期以来，日本已设法与相对温和的通缩共存，现可能进入加速的通缩螺旋式加重。日本的价格是以国内生产总值平减指数来衡量的，该指标被认为比消费者价格指数更准确，自1995以来就持续地下降。90年代的大部分时间，价格年均下降在1%到2%之间。近期数据显示，2002财年，通缩加速了，为-2.2%，全年都保持这一记录，该年日本从技术上说走出了衰退。通缩数据和国内生产总值数据一起发布，显示了2003年第一季度的经济增长降至接近于零，这让一些经济学家得出结论：日本经济濒临另一个衰退的边缘。名义经济增长第一季度下滑了0.6%，同比减少了2.5%。

对于通缩的成因及其影响，日本政府官员分为具有不同看法的两派。竹中平藏是制定经济和财政政策的新财政大臣和日本金融厅长官，承认价格下跌构成了威胁，但认为，需要以银行改革来解决问题。他表示，"通货紧缩依然严峻。在推动结构改革的同时，我们还必须大力推动，结束通缩。"另一方面，神原英资是前副财政大臣，以日元先生著称，他表示，日本可以与温和通缩共存，只要避免经济陷入毁灭性的价格螺旋式下降。他称，通货紧缩是全球生产力增加的结构性产物，可能从日本扩散到美国和欧洲。

2002 财年，日本经济实际增长 1.6%，高于政府预测的 0.9%。竹中平藏从这一事实中得到些许安慰。政府的预测主要是基于出口，出口已经可以预见，开始再次减速，但消费支出意外地强劲上升。2003 年第一季度，消费支出占国内生产总值的 60%，环比上升了 0.3%。在过去的十年，一年约 1% 的实际增长意味着名义经济总量是收缩的。2002 财年，日本名义国内生产总值下降至 499 万亿日元，这是 8 年内第一次跌破 500 万亿日元。已经形成的政治压力，要求小泉放慢银行改革的步伐，以减轻企业的痛苦，这可能导致竹中平藏的去职。

最近，由于投资者根据美国新财长的信号，持续推动美元贬值，日元对美元达到两年来的新高，这对日本决心消除日元坚挺的进程提出了挑战。日本央行最近还没有证实其在市场上采取任何行动。战略家们预期，日本央行在 2003 年第一季度秘密干预之后，其 5 月份将采取行动，第一个具体证据将出现在该月底央行发布的数据。然而，人们相信，日本央行已经积极干预市场，让市场保持平稳。

日元升值持续的越久，日本投资者出售美元的期望就越高，这恶化了日元升值的进程。人们难以阻止日本基金对冲其美国资产的风险敞口。进一步的风险是，强势货币可以引诱投资者把资金汇回日本国内。日本投资者一直认为，大藏省将继续对日元强势划定底线。基于该认识，他们将资金大量地投到国外。若这样的认识不复存在，将出现一波大量地买入日元。从而，认为大藏省将维持日元升值，会导致市场抬高日元。

根据人口统计学理论，日本人口将以较快速度减少。由于可提供劳动力的改变，日本总体产出也在下降。日本经济实力的主要来源是高储蓄和高投资。由于这二者完好无损，日本仍然正在为未来投入重资，但是其主要推动力量是不断提高生活质量和日益增强与中国经济的联系。与中国的联系为日本带来复杂的结果。积极的一面是提高了总产出，但消极的一面是引起长期的通缩。通缩抑制了日本从除了中国之外的其他亚洲国家进口的能力。结果是东北亚经济的崛起，东南亚经济则相对下降。中日不断加深的经济联系和持续的政治分歧也正变得难以维持。

人口是一国经济中最重要的因素之一。当日本对美国出现贸易盈余，而美国人口是日本的两倍，这意味着日本人比美国人的消费水平低。因为生产体现了国内劳动人口的规模，劳动人口的减少意味着每年工作时间的减少，这又转化为较低的生产能力。这将削弱日本为国内外消费者提供产品和服务的能力。

日本每个工人平均工作的时间也正在减少。1990年，仅在13年前，每个工人每年工作2053小时，在经济合作和发展组织成员国中是最高的。2000年，3年前，人均工作时间为1848小时，从1990年水平降低了10%，在经合组织成员国中排行第六。日本工作认真和时间长的神话，现在已成为过去的轶事。

1997年，日本国内产能达到顶峰。人口增长的制约因素，迫使日本在国内生产减少，而进口增多。制造业产品在日本总进口中的比例，已经从1990年的50%上升到1999年的61%，增加了11%。制成品进口的增加，有助于缓解结构性的劳动力减少。

日本的系统战略是把生产转移到海外，特别是亚洲其他地区，而进口终端产品，这似乎是一个理性的解决方案。日本向亚洲出口资本、技术和必要的部件，在亚洲建工厂，进口终端产品，或者再出口到欧洲和美国。这样的基本贸易模式，使日本能够专注于生产链的高端——具有高附加值的产品。在维持相同高收入的同时，日本在亚洲贸易的变化是日本应对人口减少的努力之一。日本国内市场的规模与其人口规模密切相关。在日本经济中，个人消费约占国内支出的60%，国内消费迄今是日本经济，也是其他国家经济的最重要成分。据预测，日本人口的顶峰将在2007年左右来到。这意味着日本的国内需求将在2007年后开始下降，除非人均消费开始快速地增加。2001年11月，日本首相办公室发布了《日本经济白皮书》，也得出结论，日本经济中期增长率为每年1%到2%之间。

只要对资本流动具有足够的控制，一国经济能够具有可持续的来源，它可通过国家信贷，而不是国内储蓄，为必需的投资提供融资。日本持有全世界最大的外汇储备，无需依赖于国内储蓄来融资。在日本，2000年，工薪阶层的年均储蓄率是28.7%，这包含半年奖在内。如此高的储蓄率，是一种文化行为，在2001年9月达到了家庭平均净金融资产超过1400万日元（13万美元）的高水平，这几乎是日本人年均收入的三倍。即便证券市场崩溃，自2001年以来，日本净家庭资产也只是减少了区区的9万日元。这意味着日本人甚至在这些艰难岁月，人均收入也有近三年的缓冲期。再加上由公共部门提供的社会福利，日本人具有强大的社会保障网。没有任何国家积累如此高的储蓄。还有，尽管失业上升，由于衰退，红利减少，日本户均储蓄也只是略有减少。

由于国内储蓄充沛补给的支持，日本的投资甚至在低增长的十年，仍然保持在高水平。私营部门投资占国内总支出的16%，是发达国家中的最高水平。公共投资约为6%，房地产投资是5%，占总投资的27%。日本私营部门投资构成了高水平的研发支出。2000年，日本研发支出占国内生产总值的3.2%，在发达国家中又名列第一。美国研发支出占其国内生产总值的2.5%，而欧盟研发支出只占1.9%。

日本的高储蓄/投资机制也被用于提高其与中国的经济联系。中国有大量训练有素、受过教育的年轻劳动力供给，而日本的年轻劳动力正快速地减少。21世纪，随着人口的快速老龄化和减少，日本能够与中国建立互利的经济关系，尽管两国的工资水平可能还需要漫长的时间才能一致。中日经济关系在一定程度上是日本与亚洲经济关系的延伸，但是双边经济关系在本质和程度方面正在发生的变化是同亚洲其他地区极不相同的。

2002年上半年，日本对华出口达到170亿美元，同比增长11%，而进口为280亿美元，下降0.8%。日本对亚洲其他地区的出口为820亿美元，下降2.5%，进口为780亿美元，下降11.8%。日本对美出口为570亿美元，下降9.9%，进口下降16.8%；对欧盟出口为290亿美元，下降17.2%，进口为280亿美元，下降16.8%。日本总出口为1950亿美元，下降7%，总进口为1570亿美元，下降14.2%。

2001年，中国对日出口增长了15%，进口增长了11%，这是日本经济负增长背景中的亮点。日本从中国进口的最多商品是机械（29%），随后是纺织品（27%）。

2001年，机械在中国历史上第一次成为最大的出口产品。在机械产品方面，中国是全世界唯一成功地与日本维持了健康的贸易盈余的国家。这是中日经济关系中意义非常深远的变化。同时，中国在服装、纺织品和鞋子的出口上保持极强的竞争力，这些是发展中国家传统的出口领域。2001年，中国的竞争力不是仅局限于制造业，日本还从中国进口了75万吨蔬菜，其价格是日本国内生产的十分之一。

从而，便当价格下跌了。日本便当的价格已经下降15%，这是中日关系直接影响的产物。为了在日本商店销售的便当中使用中国蔬菜，一些日本便利商店已经在中国建立有机农场。因为来自中国的进口品，在日本，蔬菜和鱼的价格正在下跌，使消费者获益。但是这对很多日本农民的收入带来致命一击。服装价格也已下跌30—50%。

中日贸易对日本经济带来的通缩影响将是持久的。在日本，从食品和服装到电子产品，其价格都将面临不断下行的压力，直到中日两国的价格水平在许多年后达到某种均衡。因此，日本在帮助中国提高工资水平方面，是有既得利益的。日本人口日益减少和老龄化，出口市场不断收缩，加上中国的通缩影响，在可预见的未来，日本经济将缓慢增长，这会抑制日本公司的收益，使日本经济进入一个缓慢增长和低利润率的持久转型时期。

然而，预期中日贸易将继续造福日本。根据世界银行的研究，到2005年，由于中国加入世界贸易组织，日本的获益将高达610亿美元，比北美380亿美元的受益多得多。日立公司计划到2005年在华投资10亿美元。从现在起的四年内，日立公司在华产量占其全球400亿美元产品中的份额将达到25%，是日本以外最大的比重。日立公司最高技术的硬件和软件都将在中国开发、制造。日立公司已经在北京建造了一个研究实验室，研究达到最新技术发展水平的广泛运用的网络技术。松下公司在中国建立了40几家生产公司。中国将成为亚洲的高科技消费品中心，日本公司将在其中扮演重要的角色。

随着两大经济体的快速融合，正在发生巨大的变化。2001年6月初，中国的新竞争力导致日本实施了对三种农产品的贸易保护措施：洋葱、灯芯草（制作榻榻米的一种植物）和椎茸，对此，中国通过提高日本有关工业品的关税，进行报复。经过7个月的僵局后，贸易摩擦通过不言自明的、私下有序的市场协议得到解决，这是一个让自由贸易主义者愤怒的经典的亚洲解决办法。从椎茸到广泛运用的网络软件，中日经济正不可阻挡地走向融合。从最低技术含量的产业到最高的科技产业，两国经济相互匹配，相互切合。这种融合正在造就全球的一支新经济力量，将对世界经济史产生深远的影响，由此，亚洲将复兴为经济和文化中心，就如同它在17世纪那样。

除了中国台湾和香港，日本已经是中国最大的贸易伙伴和最大的外国直接投资来源国。虽然对日本而言，美国是迄今最大的贸易伙伴，这是因为日本历史上和持续至今的对美大量出口，但趋势显示，中国可以在不久的将来超越美国的重要性，成为日本最大的贸易伙伴。在进口方面，已经很清楚，到年底，中国将超过美国，向日本提供更多商品。中日经济合作的主要障碍是美日政治军事同盟。

中国恢复政治军事力量，是其经济长期高速发展不可避免的自然结果。美国不要试图抵制中国经济复兴带来的变化，而要重新考虑其领导的残留的冷战安全结构，以反映东亚国际安全的新情势。为平衡中日两国日益加强的经济联系，东盟+3的经济合作框架需要得到进一步的推动，以促进东亚和世界的和平与繁荣。

第三部分

国际金融危机与全球化中央银行制度的失败

第一章　财富毁灭的危机[*]

　　2007年夏天前后爆发于美国并在2008年秋发展至顶点的这场金融危机，至2009年3月，即股票市场跌至最低点的时候，已经在全球范围内毁掉了34.4万亿美元的财富。在2007年10月31日，全世界上市交易的公司的总市值达到了63万亿美元的高点。一年零四个月后，到了2009年3月初，这个数字跌去了一半以上，仅剩28.6万亿美元。失去的这34.4万亿美元财富超过了美国、欧盟和日本这三个国家2008年国内生产总值（GDP）之和。即使这三个发达经济体在扣除通胀后每年以5%左右的速度增长，而且甚至市场也不再出现一次下跌，这笔财富也需要至少十年才能恢复。即使以乐观的5%的年增长率计算，要恢复美国经济中失去的财富也要十年以上。

　　在美国，即经过20年引发系列债务泡沫的货币政策，这场危机于2007年年中始发之地，纽约证交所下属美国泛欧证券交易所上市公司的市值在2007年6月为16.6万亿美元，超过了当时美国13.8万亿美元的国内生产总值。这个市值到2009年3月跌去了一半以上，仅剩7.9万亿美元。除了在住房市场上损失了6万亿美元之外，美国家庭在股市上损失了近8万亿美元的财富。美国家庭在2009年失去的这笔总计14万亿美元的财富等于美国在2008年的全部国内生产总值。

　　这场金融危机于2007年7月开始在美国爆发之时，对于从纽约传来的这场瘟疫，全球股市过了一段时间才感受到它的传染效果，在2007年10月之后才形成全球大爆发的态势。仅仅在2008年这一年里，欧洲、非洲和中东各国股市的市值就蒸发了10万亿美元，亚洲股市则损失了9.6万亿美元左右。

---

[*] 本文发表于2010年4月13日的《亚洲时报》

政府救市、刺激政策和不创造工作岗位的复苏

由于世界范围内始于 2008 年的 20 万亿美元以上的政府救市和经济刺激政策和开支，只是在两年之后，即到了 2009 年的年底，遭受重创的全球股市最终开始显示出稳定下来的微弱迹象。然而，到了 2010 年 1 月底，全球股市的总市值依然只有 46.6 万亿美元，比 2007 年 10 月时的峰值仍少 16.4 万亿美元。全球范围内在 2009 年所失去的财富量，仍然比美国 14.2 万亿美元的 2009 年国内生产总值超出了 2.2 万亿美元。纽约证交所下属美国泛欧证券交易所上市公司的市值在 2010 年 1 月为 12.2 万亿美元，相比 2009 年 3 月时 7.9 万亿美元低值有所恢复，但仍比 2007 年 6 月时 16.6 万亿美元的峰值少了 4.4 万亿美元。

美国在 2009 年第一季度的国内生产总值按年率计算下降了 6.3%，而在第四季度则猛增了 5.7%，这主要是受占年度国内生产总值 60% 以上的公共部门开支的刺激。美国政府为应对金融危机所采取的救市和刺激政策支出总额达 9.7 万亿美元，足以偿还本国住房抵押贷款的 90% 以上，因为按美联储的计算，美国未偿住房抵押贷款总计 10.5 万亿美元。然而，由于得到救助的只是濒于破产的金融机构而不是陷入困境的住房所有者，住房被强制收回的比例还在继续攀升。如果拿掉公共部门的开支，美国国内生产总值将会下跌 50% 以上。这就是美国不可能很快就实行退出战略的原因。

为了将全球上市公司的总市值推高 16.4 万亿美元，在两年半的时间里花去了 20 万亿美元的公共资金。这意味着传导过程中的摩擦损耗了 3.6 万亿美元，占这 20 万亿美元公共资金的 18%。政府的干预甚至没有对深受打击的市场产生一美元对一美元的不赚不赔的影响，更不用说形成乘数效应了；在正常的情况下，是可以指望政府的干预支出产生 9 到 11 倍的乘数效应的。与此同时，抛开权益市场来看，除了中国之外的全球实体经济还在继续下滑，失业率和非充分就业率在继续上升。

政府的这种大规模注入新资金到 2010 年 1 月份实现了全球股票市场的稳定，但也仅仅将全球股票市场的市值推至 2007 年 10 月时峰值的 73.5%。尽管如此，这令世界各地的信贷市场处于危险的贫血状态之中，实体经济也在政府的大力干预和救命钱的支持之下运行。这是因为救市和经济刺激的资金未能到达经济的需求一方，而在过度债务的掩盖之下，以及在债务泡沫破裂导致消费

者需求的财富效应急剧逆转的掩盖之下，经济则因工人收入不足而深受产能过剩之困。债务泡沫的破裂摧毁了这场泡沫所推高的财富，但债务泡沫却令推动了这场泡沫的债务依然作为负债留在了经济体之中。

政府新注入的资金大多来自国民债务的增加，对此纳税人将来仍然需要偿还。这些资金用在了拯救处于困境之中的银行和金融机构，而它们则将这些资金用于从全球"套息贸易"投机中获利，即作为热钱利用不同经济体之间的息差从而交易获利。有毒资产依然以其面值存在于全球经济中，只不过为了防止私人部门的彻底崩盘而从私人债务变成了公共债务。债务泡沫已经变成了一个金融吸力巨大的高密度的债务黑洞，复苏隧道尽头出现的所有光线全被它所吞噬。

美国主流经济学家的批评主要集中在颇具争议地对那些"规模太大而不能任其倒闭"的金融机构的拯救，这些金融机构以严重受损的经济为人质，还在继续颇为有效地抵制着迫切需要的监管改革。有些批评人士则抱怨政府的刺激措施对于解决目前的问题而言根本不够。只有少数孤独的声音对准了公共开支被导向了错误的目标。然而，如此大规模的公共开支令世界上许多经济体的主权债务危机正在迫近。

工作岗位这个关键性的问题

劳工部4月1日的报告称美国的经济在2010年3月份新增加了16万2千个工作岗位，与之相比较，修正后的2月份的数字则是减少了14万个工作岗位。这令3月份成为衰退开始以来第三个出现工作岗位增加的月份。此前预测的数字是3月份将增加18万4千个工作岗位。不过，虽然没有达到预测的数字，3月份的数字在经济学家们普遍看来并不令人失望，这是因为1月份和2月份修正后的数字总共只增加了6万2千个工作岗位。自2008年开始以来，也即官方宣布大萧条开始的那个月份以来，美国经济净损失了820万个工作岗位，所以3月份的数字被视为总体而言是个好消息。这种情绪表明了大多数的预测者们的期望有多低。失业率依然固执地在高位运行，一直保持在9.7%的水平，与主流经济学家们的期望一致。

奥巴马总统在4月2日马上利用这份报告大做文章，他宣称，这个就业率数字表明，政府1年前实施的刺激措施已经逆转了当时出现的每个月损失70万个工作岗位的趋势。但具有讽刺意味的是，这种政治上的宣传凸显了这样一点，即只要政府的刺激措施用尽，或者央行退出其对市场的大规模干预，那么在创造工作岗位方面甚至是微小的进步都有可能遭到逆转。

总统是在一家经过特别选择的公司发表上述言论的，这家公司位于北卡罗莱纳州的夏洛特，生产锂电池中的隔离膜，象征着经济复苏对新的绿色技术的依赖。这家公司从政府2009年7870亿美元的经济刺激信贷中获得了5千万美元的匹配贷款，用以扩大这个地方的一处工厂并在该州的另一个地方再开一家工厂。

尽管如此，总统还是只能承认"政府无法在一夜之间逆转这场衰退造成的影响，而且政府靠它自己也无法创造那8百万个业已失去的工作岗位。在这个国家里，推动工作岗位增加的真正引擎一直都是私有部门。政府所能做的是创造条件……让企业再次雇用工人。"

奥巴马说，美国人仍然因为过去两年里工作岗位的丧失而深受其苦。但他说，尽管劳动力市场在这场衰退中遭受了打击，但美国经济肯定会开始增加人们所需的工作岗位。总统说："在这里，在这家工厂里，我们能看到的是最艰难的时光已然过去；光明的未来仍在前方。"

作为对此的回应，共和党全国委员会的主席米歇尔·斯梯尔发表了一份声明，称劳工部报告中3月份工作岗位的增加并不表明经济恢复了健康。他说："无论白宫对这个工作岗位增加的数字怎样大做文章，在失业率依然高达9.7%之时，在工作岗位的增加之中很大一部分来自政府对就业的暂时拉动之时，奥巴马总统宣称经济取得了成功都是不可接受的。"

在环保政策和经济增长之间的关系这个问题上，总统看来是在本末倒置。事实上，如果全力推动绿色经济，那么由于旧有的能源密集型经济中工作岗位的丧失，失业率有可能会增加。环保政策与全民医保政策一样，只有在经济强劲增长时推出才是合算的。指望环保政策推动严重受损的经济实现复苏，这是有勇无谋之策。

上述工作岗位量变化的报告还包括一些发人深省的数字，涉及的是劳动力市场在过去的两年里所陷入的困境。在2010年的3月，计入失业的工人有1千5百万，比2009年10月出现的创纪录的失业人数减少了60万7千人，但仍是有记录以来第五高的总失业数字。失业的平均时间现在为8个月，这是有记录以来最长的失业时长，给许多工人家庭造成了严重的困难。

除此而外，虽然对找到工作失去信心者的数量自2010年2月以来减少了20万，但还有接近1百万的工人由于对找到工作失去了信心而不再继续找工作，这些人也不再被计入失业人口。

令人沮丧的消息是，尽管政府预算紧张并在不断收缩，但工作岗位的收缩主要限于私人部门。为了应付不断增加的预算赤字，许多地方政府部门正在开始被迫面对削减就业的问题。

虽然私人部门的就业在过去的两年里大幅减少，但公共部门中公务人员的数量在 2008 年年中之前在继续增加，其后基本上保持不变。其结果是虽然私人部门的就业量比 3 年前减少了近 7%，但公共部门的就业量却增加了近 2%。

公共部门就业量的增加对衰退的冲击起到了缓冲的作用。与处于困境之中的私人部门所实行的较为弹性的工资相比，公共部门雇员的平均工资相对而言不受经济状况的影响。根据劳工统计局的数据，在从事与地方政府和私人部门中相类似的工作时，联邦政府的雇员在 2008 年的平均工资是 67691 万美元。而在 2008 年，这是离现在最近的有统计数据的年份，相同内容的工作在私人部门的平均工资是 60046 美元。对于收入高于平均水平但低于 20 万美元的私人部门雇员来说，工资的下跌要多得多，失业率也相对较高。

联邦政府雇员享有的医疗、养老和其他福利平均是私人部门员工的四倍。如果将福利收入包括在内，甚至收入相对较低的州政府和地方政府的雇员，其总薪酬也比从事类似工作的私人部门员工的要高。

在为最近工作岗位增加的新闻叫好的同时，奥巴马总统也警告说："要实现我们所需的强劲而持续的增长，还是尚需时日。"

在 4 月 2 日的一次访谈中，奥巴马政府的全国经济委员会主席拉里·萨默斯告诉《金融时报》："总统从其前任那里继承下来的是后泡沫时代的去杠杆化的各种危机，它们对经济造成了沉重的打击，不会在一夜之间得到治愈……在创造工作岗位方面，我们也仍然面临着巨大的挑战。"

市场原教旨主义与民主原教旨主义

市场原教旨主义对不加监管的市场的神秘的自我纠错能力抱有不切实际的指望，而这种自我纠错的能力又是完全靠着桀骜不驯的市场参与者不讲情面、赢者通吃的自我利益来推动的，这些市场参与者们则出于自己的私利拿着别人的钱豪赌。这也催生了民主原教旨主义，它是市场原教旨主义在资本主义民主中的政治孪生子。

民主原教旨主义不切实际地相信，对于大多数选民并不完全理解的复杂的技术问题，多数人的选票是明智的解决办法。这使它对政府提出了一项不可能实现的要求，即在降低税收并增加普遍福利和国防开支的同时减少财政赤字。民众原教旨主义已经导致资本主义民主制国家中的政府无力解决市场原教旨主义所造成的财政赤字。

资本主义民主国家中的政治竞选已经演变成一种战术性的宣传战，操纵公共舆论的资金最多的特殊利益集团在其中能够对政策的形成施加最大的影响，而这往往又以公共利益和国家利益作为代价。最近的例子是金融部门对国会推动亟须的监管改革的有效抵制。民主原教旨主义的又一个例子，则是最高法院最近的判决认为，宪法保护企业在政治竞选中支付政治献金的自由。

最高法院混淆了金钱与言论

最近，在一份分歧严重的判决之中，最高法院以 5 人赞成、4 人反对确认了第一修正案最为基本的言论自由原则，即政府不应监管政治言论，从而推翻了有关第一修正案的企业言论自由权的两个重要判例。投反对票的大法官们称允许企业在政治市场上大笔花钱会败坏民主政治。

此项判决，即编号为 08－205 的公民联盟诉联邦选举委员会案，推翻了此前的两个判例，即奥斯汀诉密歇根商会案，这是 1990 年的一项判决，判定应限制企业花钱支持或反对政治候选人，以及麦克科奈尔诉联邦选举委员会案，这是 2003 年的一项判决，判定《2002 年两党选举改革方案》中限制企业和工会为政治竞选花钱的部分合宪。

上述 2002 年的这部法律一般被称为《麦凯恩－法因戈尔德法案》，它禁止在总统初选前 30 天及在总统大选前 60 天，由企业或者工会从其一般性用途资金中付钱以广播、有线电视或者卫星来传输"左右选举的资讯"。

最高法院 2007 年的一项判决缩小了《麦凯恩－法因戈尔德法案》的适用范围，仅针对"除了被认为请求投票赞成或者反对某个特定候选人而别无其他合理解释的"资讯。

这一判决是一个巨大的变化，将具有重大的政治影响并造成重大的实际后果。选举资金法方面的专家称，他们认为这一判决将改变选举进行的方式。鉴于这个判决仅在民主党在参议院中失去了可防止共和党拖延投票的多数议席之后做出的，而且公众对政府救市和公司高管奖金问题的不满有增无减，这一判决将马上影响到即将进行的中期选举。

奥巴马总统称这个判决"是大石油公司、华尔街的银行、医疗保险公司以及其他强大的利益集团的重大胜利,这些集团每天都在华盛顿肆无忌惮地发挥着它们的影响力,它们的声音压倒了普通美国人的声音"。

社会中的自由有其社会的一面。人们在享有自由时不能限制他人的自由。政治言论自由的概念长期以来都包含着时间相等的概念。一个人在语言上抨击另一个人的自由,只有在受抨击者做出回应的权利得到保证的情况下才存在。在政治选举期间,时间相等的概念在媒体上得到了很好的确立。在这个意义上,最高法院的判决看来与一只手拍巴掌能发出声音那样言之成理。企业完全有权花自己的钱推销它们特殊的政治利益,但应要求它们花钱在媒体上买下相等的时间,供反对方行使它们的言论自由权,如此一来,没钱才不会成为言论自由丧失的原因。

技术性上涨不是复苏的迹象

在美国,股票市场在2010年春相比2009年2月的低点上涨了约60%,这种技术性的交易上涨在一厢情愿的牛市者们看来是金融市场复苏的显著迹象。这些人忽略了一个明显的事实,即这一上涨是由政府大规模的救世和刺激措施所带来的。在这轮技术性的上涨中,资产的价格仍比危机之前2007年6月时的峰值低25%左右。虽然牛市的鼓吹者们吹嘘这是继续买入的机会,但是客观而言,仍然很难看到基本面有任何明显复苏的迹象。

不过,这轮技术性上涨是要付出代价的。在世界各国政府的资产负债表上,现在都充斥着巨量的有毒债务,在很多国家都大于年度国内生产总值的数字。这些有毒债务现在从私人部门被转移到了公共部门,如果不靠吹起新的一系列的泡沫,它们是无法消失的。美国股票市场的这轮技术性交易上涨明显无法维持,从根本上来说也是如此,而一旦财政部为了维持及恢复私人部门,实行此前所承诺的退出政府干预的战略,那么这轮上涨就将烟消云散。

由于最近几年企业的大部分利润来自运营成本的节约,其表现形式为工资的停滞、人员的解雇以及人为压低的利率,在政府的刺激支出放缓时,或者美联储为了应付迫在眉睫的由它自己所造成的通胀的情况下,新一轮企业倒闭大潮将会出现,对贫血的经济构成冲击。只有政府更多出手救市,对运转不灵的商业模式实施重组,才能避免由此造成的企业破产大潮。

财政赤字、减税、国债与利率

有些不隶属于两党的机构呼吁以提高利率遏制债务推动的通胀。国会预算办公室（CBO）估算，奥巴马总统推出的预算案在未来10年将增加97000亿美元的国债，而拟议中的减税即占这笔赤字中的近三分之一。

奥巴马政府的财政赤字预计在2010年将达1.5万亿美元，占国内生产总值的10.3%，创二战之后的记录。2011年则预计达1.3万亿美元。但国会预算办公室对未来几年远为更不乐观，它预测根据奥巴马目前及预计的财政政策，赤字将永远不会跌至国内生产总值的4%以下，在2015年之后还会开始迅速上升。如此规模的赤字将会迫使财政部以飞快的速度继续借贷，令国债到2010年飞涨至国内生产总值的90%。在同一时期，这些债务的利息支出也将猛增至每年8000亿美元。

国会预算办公室的报告指出，奥巴马政府的减税政策是目前为止导致上述财政赤字估算值的最大因素。这届总统在竞选时曾承诺对年收入低于25万美元的家庭不新增税负，因此他提出，要防止替代性最低税由于通胀所致的税档提高而扩大，从而新增数以百万计的纳税人。奥巴马还希望布什总统执政时推行的一系列临时性减税措施成为永久性的政策，而这些措施原本要在2010年底到期。在未来的10年里，预计奥巴马政府的税收政策将导致总计达3万亿美元的税收减少及由于税收返还所致的支出增加。再加上财政赤字大量累积所产生的利息支出的猛增，仅减税一项就占了奥巴马政府税收议案所致的赤字的全部增加值。

其他的政策性支出，如奥巴马政府的医疗保险改革政策及大幅增加联邦学生贷款项目的计划，将对预算产生巨大的影响，但这些措施总体而言将自收自支，因此预计不会推高赤字。它们只会增加公共部门在经济中的占比，对此自由派和进步派人士认为是一个积极的趋势，而新自由派和保守派则认为是消极的。

奥巴马试图成立一个由两党人士共同组成的特别委员会，制订措施将赤字降至占国内生产总值的3%。共和党对此的反应并不热烈，因为它们不想为奥巴马政府的赤字而分担责任。不过，国会预算办公室的报告显示，奥巴马可以实现上述目标，他只要让布什的减税政策在2010年底到期，以此支付拟议中变更替代性最低税所预期产生的税收损失。

在2009年的3月，国会预算委员会预计，美国的债务总额将从2008年占国内生产总值的70.2%升至2012年占国内生产总值的101%，而经济则预计停留在看不到头的衰退之中，失业率不可接受地高到超过10%。美国现在是世界上最大的债务国。与其他国家不同，美国不会面临违约的风险，其原因在于美元的霸权地位，美国的债务全部以美元计算，而美国的财政部可以自由地发行美元。然而，如果将公共债务浪费在货币供给上，从而加剧供需之间的失衡，那么这种程度的公共债务是无法维持的，肯定会带来经济上的惩罚。

国债猛增所致的利息支出，即使在利率一直很低的情况下，也会对降低财政赤字造成严重的阻碍，而低利率要维持很久是不可能的事情，这是由于内在的货币规则的作用，即公共债务的增加会推动通胀，而米尔顿·弗里德曼对通胀的定义是在任何时候、任何地方都是一个货币现象，即货币的过度供给。

大萧条的教训

自大萧条以来，对于美联储作为一个机构的看法，在很大程度上是由米尔顿·弗里德曼无法被事实的结论所构成的，这个结论就是在1929年的崩盘之后，大幅放松货币本可以避免大萧条。虽然这个结论是否正确从来没有得到过事态发展的验证，其意料之外的后果也没有得到过充分的分析，但美联储还是接受了这个结论。弗里德曼的货币疗法有一个前提，即它要求财政有盈余，而这在萧条期间是很难甚至是无法实现的。事态的发展表明，大萧条最终是靠着为战争而生产从而结束的，它的结束靠的不是美联储在新政期间的货币政策或财政政策。

然而，金融法则虽然有时可以被违反而惩罚姗姗来迟，但它们无法被永远推翻。事实依然是央行不可能一方面反复放松货币供给，为一系列的债务泡沫提供资金，另一方面却不积累起致命的后果。

债务在不被觉察的情况下，虽然可以凭着结构金融中创造性的会计手法被打扮为影子权益，但它在真实的世界中依然是负债，终究需要得到清算。风险可以全球性地在系统范围内得到转移，从而变得不那么显而易见，但仅仅把风险隐匿起来是不会消除风险的。风险在整个金融体系内广泛的分散会导致风险的定价偏低，从而令对此并不觉察的投资者产生错误的安全感。事实上，相比船体上某个部分可以有效隔离的一个大洞，遍布船体的成千上万个小洞会令船沉得更快。当央行所释放的神奇的流动性这种大规模的庞氏骗局最终大白于天下之时，结果将是全球金融体系的突然崩盘。

大萧条的两个阶段

记住大萧条有两个阶段很必要。第一个阶段开始于 1929 年 10 月的股市崩盘，在胡佛仅有一届的总统任职期间。这个阶段有 43 个月的时间，在富兰克林·罗斯福于 1933 年担任总统之后还持续了 5 个月，期间国内生产总值的最大波幅为 36.21%，失业率高达空前绝后的 25.36%，通缩也非常严重，消费者价格指数下跌了 27.1%。

在大萧条的这个阶段，央行人士知道了通缩对经济的影响比通胀对政府的影响更为致命。而法西斯主义在超级通胀如水银泻地一般的德国的崛起，以及德国经济随后在主权信贷的支撑下，凭借国家社会主义充分就业战略而实现了复苏，则无可辩驳的证明了上述事实。虽然大萧条第一阶段的经济下滑为新政的措施所遏制，但到了 1937 年，即罗斯福上台 4 年之后，美国经济还远未走上复苏之路。

大萧条的第二阶段始于新政时期的 1937 年，美联储在此之前于 1936 年将银行的法定准备金翻了一番，以此抵御预期之中的通胀。这个阶段的经济收缩持续了 13 个月，一直到 1938 年，期间国内生产总值减少了 10.04%，失业率高达 20%，而通缩则大为缓解，消费者价格指数仅下跌 2.8%。

尽管如此，由于财政部长亨利·摩根索（1933 年至 1945 年间在职）推行货币紧缩政策，由此而造成了价格的通缩，虽然此时凯恩斯主义的财政政策偏向于以赤字融资进行需求管理，但通缩仍导致新政所推动的复苏流产了。摩根索是罗斯福政府的财长，在 1930 年代，他在为缓解失业而建立公共事业振兴署及公共工程艺术计划中发挥了关键的作用。但直至二战开始，经济并没有复苏。

马里纳·艾克尔斯——凯恩斯之前的凯恩斯主义传道者

大萧条的这个第二阶段可以归罪于马里纳·艾克尔斯领导下的美联储（1934 年 11 月 15 日至 1948 年 1 月 31 日间在职）的早期政策。艾克尔斯是犹他州一家极小的名叫奥格登第一国民银行的行长，由于在 1931 年夏末成功拯救这家银行于灭顶之灾而全国闻名。

艾克尔斯宣布在所有存款人拿到钱之前银行不会关门，从而化解了堵在银行外的存款者们的恐慌。他还指示出纳员们每一笔小账单都计算一遍，每一个签名都详加核对，因此减缓了这家银行现金耗尽的可能性。在艾克尔斯宣布有足够的现金可供存款人提取的时候，一辆几乎空空如也的装甲车醒目地开了过来，载着第一国民银行存在美联储盐湖城银行的少得可怜的准备金。艾克尔斯说得对，确实有足够的现金，只是这些钱都不是第一国民银行的。但公众对这家银行的信心重新建立了起来，这家银行也因此而活了下来，不过这是建立在艾克尔斯的虚假声明的基础上的，如果进行严格的调查，这个声明应该被视为欺诈，是犯罪的行为。

艾克尔斯是美国西部拓荒企业家的典型，他在政治上属于西部的共和党人。他的家族以经营木材和锯木厂起家，初始资本的形式是劳动力和原材料。从他1860年从苏格兰移民过来的文盲父亲那里，他知道了要自由的话就要避免欠东北部银行的钱，而这些银行则大量依靠着英国的资本。艾克尔斯的资产中除了铁路、矿井、建筑公司和农场之外，还有位于西部的连锁经营的地方银行。

艾克尔斯深受美国平民主义的氛围的影响，对不受管制的资本主义和东北部"金钱托拉斯"持批判态度，认为他自己是一个有道德的资本家，成功靠的是勤奋工作和聪明才智，不愿接受大企业托拉斯和政府干预的压迫。

他的父亲是一个摩门教徒，而摩门教实行一夫多妻制，所以他有两个妻子和21个孩子，这在劳动力短缺的西部为他提供了可观的人力资本。由于艾克尔斯的父亲突然去世，所以他在22岁、只受过高中教育的时候就承担起了他父亲的产业。艾克尔斯的建筑公司建造了巨大的顽石大坝，这项工程开始于1931年，1936年完工，它一开始的名字是胡佛大坝，在大萧条期间改名顽石大坝，1941年又改回到了原来的名字。

1929年的市场崩盘令富有内省精神的艾克尔斯深感困惑和绝望。在常识的基础上，他兼收并蓄地大量阅读，进而他开始彻底觉醒：尽管他父亲以保守的苏格兰人的做法教导他储蓄有多么重要，但事实是个人、企业甚至是银行由于对自己的未来颇为乐观，所以往往会加入到总供给的扩张之中，由于为投资而进行的储蓄过多，这最终导致产能的过剩。

在艾克尔斯看来，1930年代的问题很明显是太多的钱用于储蓄而太少的钱用于支出造成的。这个新的认识，虽然没有早到足以让他在担任美联储主席的前两年里避免所犯下的那些早期错误,但它就像圣保罗在前往大马士革的路上突然的领悟一样,导致艾克尔斯得出了一个激进的结论,这个结论与他那保守的父亲所教他的那一套完全相反。

从直接的经验之中,艾克尔斯意识到,像他自己这样的银行家收回贷款并拒绝再对外放贷,这从个人的角度来说是理智的做法,但这种做法加剧了金融危机。他从直接的经验之中看到了市场失灵的证据。他得出的结论是,要走出萧条,在他所受教育中被认为是邪恶之物的政府干预就是必要的,要以政府干预将购买力置于公众之手,而公众与经济和金融体系一样迫切需要有购买力。在工业时代,收入的不当分配(过分不平等)以及为了资本投资而过度储蓄总是导致大众耗尽购买力,因而无力维持这些储蓄所带来的大规模生产的好处。

大规模生产要求有大规模的消费。但是,大规模消费要求对当期生产的财富(而非累积的财富)进行公平的分配,以此提供大规模的购买力。资本令大众丧失了必要的购买力,也就令自己失去了需求,而正是这些需求才是资本进行新生产投资的理由。信贷可以扩大购买力,但信贷是有限的,如果没有足够的收入作为支撑,信贷很快就会耗尽。

艾克尔斯灵光乍现般地意识到,加尔文教派节俭的个人主义在现代工业社会里是行不通的。艾克尔斯反对其他银行家的观点,这些人认为,萧条是个自然现象,长期来说,萧条带来的破坏是有利于经济的健康的,弱者和不适者是需要加以消灭的,而政府干预只会延迟它们的消灭,所以支持不适者的生存长期而言会削弱整个体系。

艾克尔斯从实用的角度看出货币并非中性的,它有独立于所有权的经济功能。如果货币通过交易和投资而进行流通,它就具有社会作用,如果将它窖藏起来成为闲置的储蓄,那么无论拥有它的人是谁,它对社会都是有害的。流动性是衡量货币有用性的唯一尺度。握有多余货币的人倾向于储藏资本,在通缩和经济放缓之时,这自然往往都会降低流动性。

解决问题的办法是,将货币导向那些相对于消费需要而言货币不足的人,而不是那些有余的人,以此启动货币的流动。将货币给那些已经有太多货币的人,这会导致更多货币退出流通而成为闲置的储蓄,衰退的时间就会延长。

解决之道在于将货币给最需要的人,这些人会马上支出这些货币。联邦政府是唯一能为了整个体系而做这个货币转移工作的机构,它能够以国家的全部信用和信贷为后盾发行或者借入货币,将这些货币交到大众的手中,大众则马上支出这些货币，因而所需的需求得以创造出来。通过就业转移货币与财富的转移不是一回事情。以赤字为财政开支融资是对陷于停顿的经济注入货币及提高流动性的唯一办法。因此，艾克尔斯倡议对贫困和失业发动一场有限的战争，但他所依据的不是道德而是实用主义的理由。

有趣的一点是，艾克尔斯从来没有上过大学，也没有正式地研究过经济学，而在凯恩斯写作划时代的《就业、利息和货币通论》（1936年）之前整整3年，他就以说话的方式表述了上述实用主义的结论。在《货币：从何处来，往何处去》（1975年）一书中，约翰·加尔布雷斯做了如此的解释："《通论》的作用是为广为流传的观点提供合法性"。尽管凯恩斯自己迟至1927年还被美联储纽约银行的行长本杰明·斯特朗视为一个怪人，但凯恩斯以科学的逻辑和精确性令艾克尔斯等人提出的怪论受到了知识阶层的尊敬。

在1933年，艾克尔斯以他振聋发聩的声音，仅凭一场作证，即说服急于倾听他见解的美国国会相信了他的这个新的经济原理，他还简要阐释了联邦政府应该采取何种具体措施拯救经济，即在失业救济、公共工程、农业分配、农场抵押贷款再融资、清偿对外战争的债务等方面要多花钱。

艾克尔斯还建议为实现长期稳定而实施结构性的系统改革：由联邦政府对银行存款提供担保、实行最低工资标准、实施强制性的退休金计划，这些措施实际上构成了我们后来所称的新政的核心部分。

同样是在艾克尔斯的帮助之下，名费信贷的时代得以开启，由政府对抵押贷款提供担保及对利息提供补贴，令中产阶级和低收入者拥有住房成为了可能。这些措施与其说是放弃资本主义，还不如说是资本主义的自我救赎。艾克尔斯计划给予大众高收入，在此基础上，免费信贷可以提供融资，从而令美国成为家家都拥有住房的国家。这与新自由主义的措施完全不同，后者在以次级房贷为住房所有权融资的同时，通过利用别国的低工资而压低美国工人的收入。

艾克尔斯也令美联储避免了可能受到的羞辱。正因如此，美联储在华盛顿的大楼从此就以他的名字命名了。1930年代的早期是金融部门的监管发生变化的一个关键时期，政治经济模式的演进可以从胡佛和罗斯福这两届政府对立的政策中清楚地看出来。它导致了美联储董事会重心的转移，即从正统的健全的货币措施转为一种非正统的凯恩斯主义的政策观，而后者为米尔顿·弗里德曼的货币主义所逆转。在艾克尔斯的领导下，美联储货币政策的制定权从美联储各地区银行那里逐渐地集中到了董事会的手中。

虽然遭到代表大资本的央行的强烈反对，但在罗斯福的支持下，艾克尔斯还是亲自设计了法律，对美联储这个 1913 年由国会（根据《格拉斯－欧文联邦储备法案》）创立的美国央行进行了改革，为这个国家提供了一个更为安全、灵活、稳定的货币及银行金融体系。原有美联储系统的一个重要的核心目标是确定被称为联邦基金利率（FFR）的短期利率和银行准备金率，以此控制货币供给，从而与通胀作斗争。到了 1915 年，美联储对美国银行业一半以上的资本金具有监管控制权，而到了 1928 年，其控制的比例则达到了 80% 左右。

由艾克尔斯所设计的 1935 年的《银行法案》则对《联邦储备法案》进行了修订，剥夺了美联储 12 家地区银行的自主权和否决权，将货币政策的制订权集中到位于华盛顿的七人董事会的手中。艾克尔斯担任了长达 14 年的美联储主席，同时他还继续在白宫中作为圈内的政策制订者发挥着影响。在艾克尔斯担任主席期间，美联储并没有假装它在政治上是独立的。加尔布雷斯称艾克尔斯领导下的美联储是"位于华盛顿的传播凯恩斯主义的中心"。

摩根索与布雷顿森林会议

为了为二战提供资金，摩根索启动了一个精致复杂的战争债券营销体系。在他的安排下，美联储为财政部的借款提供了无限的支持，使其随时可以买入公众没有购买的所有战争债券，买入的价格也是预先确定的，从而维持较低的利率。这个战争债券政策以低于市场的利率筹集了 1850 亿美元，为二战的花销提供了资金。

摩根索的最大贡献，是他担任了 1944 年在新罕布什尔州召开的布雷顿森林会议的主席。这次会议奠定了战后国际金融的框架，建立了国际货币基金组织（IMF）和国际复兴与开发银行（即世界银行），并使所有的国际货币按各国央行之间商定的固定汇率钉住美元。美元则进而以 35 美元兑换一盎司黄金的价格钉住黄金。美国公民被法律禁止拥有黄金或者就黄金的币值进行投机。摩根索在杜鲁门成为总统后不久即辞职。1971 年，尼克松总统终止了美元与黄金之间的挂钩，布雷顿森林货币体系宣告瓦解。

1941 年，美国经济因大量的战争支出而终于复苏。然而，由于为欧洲战区而进行的战时生产开始逐渐减少，1945 年出现了一场短暂的衰退。这场衰退持续了 8 个月，国内生产总值下滑了 14.48%，失业率甚至在部队最后全部解散之前就达到了 3.4%，而随着战时对工资和物价的管制开始逐步退出，通胀率为 1.69%。

第二章　1929 年与 2007 年的两种不同的银行危机[*]

推动了大萧条的 1929 年银行危机是由处于困境之中的银行所造成的,这些银行的高杠杆零售借款者无力支付因其在股市上的损失而被追加的按金,这导致其存款不受政府保险保护的存款者在惊恐之下对银行进行了挤兑。

在 1920 年代,除了职业性的技术派之外很少有其他的交易者。典型的零售投资者是长期投资者,虽然他们以高按金买入股票,但他们并不频繁地进行交易。他们买入股票主要是为了持有它们,期望着股票的价格会无止境地上涨。

1990 年代和 2000 年代则与 1930 年代不同,这 20 年是当日买入卖出和大型机构投资者交易的时代。大型投资银行里那些新的、能量强大的交易人员完全压倒了老式的投资银行家们,以高额盈利业绩赢得了对这些机构的控制权。他们将金融产业从为经济提供融资服务转变为一台疯狂运转的独立的交易机器。公众投资者中有许多人都渴望成为"宇宙的主宰",正如汤姆·伍尔夫在小说《虚荣的炉火》中所讽刺的那样,这部小说后来被拍成了由汤姆·汉克斯所主演的电影。对冲基金所从事的衍生品交易按照常例由券商提供资金,而券商的资金又是以极高的杠杆率从银行借入的。

格林斯潘——泡沫之国的巫师

但是,债务狂飙绝非一帆风顺。反复发生的微型危机被监管者们有意地视而不见,它们本应三思而后行。格林斯潘虽然否认他在整个 1990 年代对一系列权益泡沫的产生负有推波助澜的责任,但在 2004 年,也就是在 2007 年的世

---

[*] 本文发表于 2010 年 4 月 14 日的《亚洲时报》

纪大灾难发生之前3年、在泡沫于2000年破裂之后回顾从前的时候,他是这样说的:"我们并没有采取剧烈的措施抑制公认的泡沫,因为这会带来无法预测的后果,正如我们1999年年中在国会作证时所说的,在泡沫出现时,我们选择了着力于减轻泡沫破裂可能造成的后果,并希望以此推动向下一个扩张过程的过渡。"格林斯潘治下的美联储只是本可避免形成的金融废墟的清扫者,而非公共金融健康的守护者。在担任这个国家央行行长的18年里,格林斯潘以不变应万变,即"只要是看不清,那就放松货币"。

长期资本管理公司——美联储所掩盖的一场危机

在1920年代,衍生市场是不存在的。长期资本管理公司(LTCM)是1998年倒闭的一家对冲基金,这家公司的权益是47.2亿美元,它借入了超过1245亿美元,购入约1290亿美元的资产,因此其债务权益比为25比1左右。不过,相比投资银行在2000年代所运用的40比1的债务权益比,25比1都已经是很保守了。

长期资本管理公司表外的衍生工具头寸的名义价值约为1.25万亿美元,其中的大部分都是利率掉期这样的利率衍生工具,占了整个全球市场的5%。长期资本管理公司还投资于其他衍生工具,如权益期权。在美联储纽约银行的指导下,长期资本管理公司被其对家债权人所拯救。(请参见本人2009年12月3日的系列文章《场外衍生工具市场的改革——第一部分:放松监管的荒唐之处》。)

安然公司的欺诈

在1920年代,结构金融和债务的证券化是不存在的。安然是一家大型的、大胆而新颖的能源交易公司,它的引人瞩目的破产暴露了合法化的金融欺诈已经发展到了一个新的高度。无可辩驳的证据表明,安然公司的丑闻揭示了整个金融体系当中都存在着重大缺陷,对美国资本市场和公司治理的监管也是无效的。2001年12月18日,在参议院商业委员会针对安然公司倒闭所举行的听证会上,民主党的证券交易委员会(SEC)前首脑亚瑟·列维称企业的财务报表为"遍地都是欺骗"。南卡罗莱纳州民主党参议院欧内斯特·霍林斯称安然公司董事会主席肯尼斯·雷伊的政治能量为"以金钱左右着政府"。令人尴尬的是,第二天的《纽约时报》报道称,从1989年起,霍林斯就从安然公司及其审计师事务所安达信那里获得竞选献金。

在安然公司于2001年申请破产之前,这个体系中顶尖的法律事务所和会计事务所所提供的专业意见,是安然公司所进行的活动"从技术上说"是合法的。安然公司所从事的国际交易一直得到了美国政府的支持。安然及其他公司所采用的大量手法是由投行人士设计出来的,这些人通过向其客户提供咨询而收取了大量的费用,他们还为他们明知是海市蜃楼的那些手法提供融资,由此而获利颇丰。这在这个行业中被称为"金融工程",而其平台则是结构融资或者衍生工具。(请参见本人2002年8月1日的文章《资本主义的老鼠屎:实际上坏掉的是整锅粥》。)

格林斯潘是安然奖的获得者

格林斯潘是1988年以来的美联储主席,2001年11月13日,在斯图德演奏厅,在詹姆斯·贝克三世公共政策研究所的资助下,格林斯潘发表了一篇演讲。演讲之后,他获得了贝克研究所授予的为表彰杰出公共服务而颁发的安然奖。这一奖项由安然公司慷慨出资,表彰杰出人物对公服务所做出的贡献。

格林斯潘对台下洗耳恭听的听众所发表的演讲,对能源行业所面临的未来进行了评估。在9·11恐怖袭击之后,在当时经济处于衰弱之中的情况下,格林斯潘强调了需要推行能够确保经济长期增长的政策。他说:"这些政策最为重要的目标之一应该是保障能源的供应"。

格林斯潘称,鉴于中东地区局势趋于紧张,而世界上已知的石油储备之中有三分之二又位于这个地区,所以采取这些政策更显重要。他指出,贝克研究所正在进行能源供给和安全问题方面的重大研究。

格林斯潘回顾了美国在石油产业的第一个百年里在世界石油市场上所扮演的支配性角色,他指出约翰·洛克菲勒和标准石油公司是美国定价权的源头,尽管美国认为应该打破洛克菲勒与标准石油公司所构成的托拉斯。他说,在标准石油公司于1911年被打破之后,石油的定价权依然在美国的石油公司手上,后来又由德克萨斯铁路委员会所掌握。这种控制权在1971年结束,当时美国依然过剩的产能以及石油的定价权都被转到了波斯湾。格林斯潘所说的是标准石油公司总要好过欧佩克。他似乎对1973年石油禁运以来的事态发展毫无所知,实际上,自那以来,美国的石油公司与欧佩克产油国联手在暗地里维持着高油价。

市场的力量反对市场控制力

格林斯潘说:"1973年以来的事态发展与其说是市场的控制力量,还不如说是市场力量的结果。"他指出,有人预测只有配额才能解决1970年代供需之间的不平衡,而这并没有发生。他说,虽然政府规定的燃油效率标准减少了对于石油的需求,但观察人士则认为,仅凭市场的力量就会推动燃油效率的提高。看来格林斯潘是唯一真诚地相信存在着或者能够存在石油交易的自由市场的人。所有的石油交易员都知道,石油的价格是世界贸易之中最被人为操纵的部分之一。

"在市场经济中,更为人知的对危机的预测往往并没有成真,至少危机没有以写头条报道的人所宣称的那种频率和强度出现,这一点颇为令人欣慰",而究其原因,格林斯潘认为自由市场缓解了石油危机。

而事实并非如此。加州的能源危机,它表现为一次接一次的大停电,并非由中东的地缘政治所造成。它是安然公司欺诈性的交易战略的自然结果。

格林斯潘反对改革

在整个的1990年代和2000年代早期,许多人都在谈论着改革,不过,却根本没有取得什么实际的结果。不到10年以后,格林斯潘称之为百年一次的市场失灵的金融危机发生了,带来了一场大震荡。

在格林斯潘任职美联储的18年里,政府资助企业(GSE)的资产膨胀了8.3倍,从3460亿美元增至2.872万亿美元。政府资助企业,即房利美和房地美,是美国国会建立的融资实体,为某些类型的借款者,如中等和低收入家庭、农户和学生提供由政府进行补贴的贷款。机构的抵押贷款支持证券(MBSs)猛增了6.7倍,达到3.55万亿美元。资产抵押证券(ABSs)从750亿美元大涨至2.7万亿美元。

格林斯潘主持了有史以来投机性金融的最大一次扩张,这其中包括高达万亿美元的对冲基金行业,虚增至接近2万亿美元的华尔街企业的资产负债表,

3.3 万亿美元的每日回购（回购协议）市场，以及名义价值超过了深不可测的 220 万亿美元的全球衍生品市场。当然，名义价值并非真正的风险敞口。但利率 1% 的波动，对这 220 万亿美元名义价值的影响约为美国国内生产总值的 20%。当然，大部分衍生交易都有套期保值，这意味着风险的互相抵消。但套期保值只在不存在对家违约时才能成立。出现系统性失灵仅仅需要最薄弱的一环发生失灵。格林斯潘造成了这样一种货币局面，它允许市场对其无力应付的风险进行投机。

在发放了名义价值高得已经很危险的综合信贷之后，格林斯潘提高了联邦基金目标利率，从 2003 年 6 月 23 日订下的 1% 的最低点，升至 2006 年 1 月 31 日的 4.5%，以此遏制通胀预期，随后在下个月在美联储主席任上退休。其从 2006 年 2 月 1 日起的继任者伯南克则继续提高联邦基金目标利率，分 3 步将其升至 2006 年 6 月 29 日的 5.25%，其对金融体系利息支付总额的累计效应超过了美国在 2006 年的国内生产总值。

这就像在满是泄漏的煤气的黑暗厨房里划根火柴点燃蜡烛。在如此脆弱、一点即燃的情况下，毫无疑问，市场在一年后崩溃了。（请参见本人 2007 年 3 月 16 日的文章《美国的次级抵押贷款崩盘为什么会扩散至全球金融体系》，在该文发表之时，主流的观点认为住房市场在地理分布上是分散的，因此崩盘不会产生扩散。）

由于银行业的游说，新政时期为防止 1929 年大崩盘的重演而采取的预防性措施，其中的大部分，如以 1933 年的《银行法案》（《格拉斯—斯蒂格尔法案》）为表现形式，将投资银行业务与商业银行业务分离开来，要求银行成为资本资金中性的媒介，而非寻求利润的做市者，这时都已经遭到取消。《格拉斯—斯蒂格尔法案》为 1999 年的《金融服务现代化法案》（于 1999 年 11 月 12 日实施）所取代，这个法案又名《格雷姆—里奇—比利雷法案》（GLBA）。

信贷批发市场的失灵

不过，由于新政期间实行的存款保险制度依然有效，当前这场始于 2007 年年中的金融危机并非由于存款者挤兑银行而造成，而其原因在于信贷批发市场的崩盘，即投资于短期债务工具的机构投资者，它们是技巧高超的风险规避者，普遍地远离这个市场。

信贷批发市场的失灵令银行陷于危险的境地，它们无力延展自己的短期债务，从而支撑其长期的放贷。监管市场的崩盘有流动性这个因素，但系统范围内对家违约的真正原因在于迫在眉睫的资不抵债，而这又源于银行的持有抵押品的价值仅在几天的时间里就跌至债务水平以下。对于许多大型的、公开上市的银行来说，自营交易上的损失也令其资本金降至资不抵债的水平，导致这些银行的股价大幅下跌。

对银行施以援手

花旗银行的股价从2007年7月31日的每股70.80美元跌至2009年3月4日的1.02美元。花旗集团的市场资本金从2年前的3000亿美元跌至60亿美元。

2008年11月，花旗集团从财政部那里获得了3200亿美元的援救资金，其股价在2010年4月升至每股4.54美元。花旗集团与联邦监管机构谈判达成了一项计划，由财政部保证提供3060亿美元的贷款和证券，并直接对该公司投资约200亿美元，以此稳定这家银行控股公司。资产依然保留在花旗集团的资产负债表上；这种安排的专业名称叫"环栏措施"或者不转移占有的抵押，即将特定税种的税收所得用于特定的支出用途。在《纽约时报》的一篇社论中，作者迈克尔·刘易斯和对冲经济管理人大卫·艾因霍恩称财政部保证提供的这3060亿美元是"毫不掩饰的一个礼物"，因为并不存在促成它的任何真正的危机。

从2008年10月到2009年1月，美国财政部向花旗集团提供了3轮金融援助，价值达450亿美元。花旗银行要偿还这笔援助中的200亿美元，因为美国政府获得了花旗集团34%的资本金。政府还对高管薪酬做出了限制，而这家银行急于规避这项规定，担心这会造成"有才能的"员工大量流失。尽管这家银行对这项计划持乐观态度，拿出了价值150亿美元的普通股，但这家银行里有些人质疑是否应该很快偿还这笔援助。有些政府官员也表示，他们担心美国经济可能陷入衰退，从而造成消费者信贷的损失和商业地产的损失。

美国财长盖特纳称："基本的目标是确保我们能够退出……在我们离开时，各家机构的资本状况比以前要强大，而不是变得更弱"，似乎说得到就能做得到一样。

减税——隐蔽的援救

在布什执政时,美国税务局,作为财政部的一个分支,在金融危机期间改变了若干规定,降低了金融企业的税收负担,并鼓励它们之间的并购,它让富国银行买入美联银行,从而削减了富国银行几十亿美元的税负。作为另一种形式的救助,美国政府有意放弃了将来来自这些企业的税收。

2009年12月16日,布什政府悄悄地同意放弃征收花旗集团可能需要支付的几十亿美元的税额,这是为帮助该公司从纳税人大规模输血的援救计划中摆脱出来而达成的交易之中的一部分,而援救计划则是为了使它不会因为它自己的造成了这场金融危机的弥天大错而倒闭大吉。出于花旗集团以及其他几个部分为政府所购入的公司的利益,美国税务局对其长期存在的税收规定发布了一项不同寻常的例外规定。

根据这项例外规定,花旗集团将获许保留价值几十亿美元的税收减免,而如果没有这项例外规定,这些税收减免在政府将其在花旗集团中所占股份卖给私人投资者时将会出现贬值。奥巴马政府保留了这项例外规定,称纳税人有可能因政府出售花旗集团的股份而获利。不过,许多会计专家认为损失的税收收入很可能会超过这些获利。

财政部的官员称,近期的变化大多属于一项范围更广的决定中的一部分,这项决定一开始是为了使那些根据问题资产救助方案而接受了联邦援助的公司得以避开这种投资的正常后果。官员们还说,这项规定对纳税人是有利的,这是因为它使花旗集团的股票更具价值;他们指出,如果没有这项规定,花旗集团原本是无法在这个时候就对政府作出偿还的。

财政部发言人纳耶拉·哈克说:"这项规定的目的在于阻止企业掠夺者们利用亏损的公司逃避纳税,却从来不是为了应对政府拥有银行股份这样一个前所未有的情形的。"她说:"制订这项规定,当然不是出于防止政府为获利而出售其股份。"

在担任科罗拉多州民主党众议员约翰·萨拉扎尔的发言人时,纳耶拉·哈克在收音机里听到了一场访谈,在这场访谈中,科罗拉多州的共和党人汤姆·唐克里多被问到,如果穆斯林恐怖主义者攻击美国时应该怎么做,这位共和党人称应轰炸包括麦加在内的伊斯兰教圣地,在这之后,纳耶拉·哈克与国会山上的其他22个穆斯林国会助理一起组成了国会穆斯林助理人员协会。哈克女士说:"在那个时候,我发现事情真的不对劲了,不仅国会议员们如此,美国人也如此,我们应该如何与'别人'打交道也是如此。"

错综复杂的政党政治

由于担心布什政府不中用的财政部正在绕过国会而改写税法,所以民主党所控制的国会在2009年年初通过了立法,取消了2008年对富国银行有利的规定,并对美国税务局继续变更税收规则的能力进行了限制。参议院金融委员会负责监督联邦税收政策,该委员会的一名民主党人助理说,奥巴马政府与布什政府一样具有发布新的例外规定的法定权力,但该委员会的共和党人助理现在称他们正在评估这个问题。

一名高级共和党人助理现在质疑奥巴马政府对布什政府理由的重复。这名以匿名为条件的助理称:"奥巴马政府正在操纵税收规则,其目的是为了使股票的市值高于它在目前法律下的市值。这推高了它们根据问题资产救助方案所显示的回报,而这对它们是有好处的。"不必在意问题资产救助方案是由身为共和党人的财长保尔森所提出的。

在最近的几个月里,奥巴马政府和美国的一些规模最大的银行加快了申请分开的步伐。先是美国银行,接着是花旗集团和富国银行,它们都答应偿还联邦政府的援助。虽然最有钱的那些银行在本年初已经逃离,但这新一轮的与政府之间的分离涉及那些仍然面临着严重金融问题的银行。看来很明显,这种疯狂地奔向独立与对高管薪酬的限制有着很大的关系。

这些银行称,政府援救所附加的条件,包括对高管薪酬的限制,制约了它们进行竞争及回归健康状态的能力。高管们还抱怨靠联邦政府的施舍过活是一种耻辱。奥巴马总统在白宫斥责美国13家顶尖银行的行长们在对小企业发放信贷方面没有足够尽力。

奥巴马政府也急于结束援助项目,因为在这个出现了普遍不满情绪的时期,对银行施以援手已经成为了政治上的一大拖累。行政分支的官员们为这个项目进行了辩护,称它在紧急情况下是必要且有效的,但总统已经承认这场援救"非常不受欢迎",而且官员们利用一切机会指出,他们不愿帮助那些看来靠着这场危机为自己获利的那些银行。

第二章 1929年与2007年的两种不同的银行危机

两次危机的根源均为过度的债务

虽然相隔了80年，但这两场危机具有相同的根源，即过度的债务，不过它们的形态却有着显著的不同。在这两次危机中，股市作为募集资本的场所的职能都遭到了扭曲，以至投资者大多针对股价进行投机，以期不劳而获地大赚一笔。储蓄所形成的资本变得不满足于基于经济的基本面进行健全的、长期的投资而获得合理的回报。与此相反，高杠杆化的资本开始寻求从充满风险的资产之中获取高得不成比例的回报，而这种资产在由债务提供融资的泡沫中从技术上被推至很高的价格，寄希望于在虚高的价格不出所料地回归正常水平之前，将这些资产出售给为了投机利润而在后来进场的投资者。由于普遍的投机的加剧，价格在不断扩大的泡沫之中继续上涨，从而形成一种不切实际的预期，即价格只会因为人为造成的相对于有限供给的高需求而涨得更高。

但在基本面没有出现增长的情况下，价格是不会继续上涨的，而不以健全的长期投资来提高劳动生产率以维持收入的增加，基本面上的增长则不会出现。一旦资产价格由于过度买入的市场的纠错而开始下跌，大量高杠杆化的机构投机者就被迫清盘，产生大量的损失。银行人士和经纪商不断鼓动市场上的狂热情绪，称每一次下跌只不过是市场的纠错，称其实际上是稍纵即逝的买入机会，而那些聪明人则在减少他们所持有的过度的风险，将其转至世界各地的那些没有觉察的和所掌握的信息不那么充分的投机者身上。结构金融也令保守的机构投资者得以对次级贷款这种高利率的衍生工具进行投资。

更为糟糕的是，在2007年的危机中，机构的资金大多源自工薪阶层的养老金，而工薪阶层当时试图从高风险的投机性金融衍生品之中获得高额的回报，而这些衍生品又是这个阶层自己的高杠杆化的债务，其中主要是价格虚高的住房和消费者信贷部门，由于债务人收入停滞不前，虚高的价格并无支撑。

市场信心由于高杠杆化而丧失

虽然相隔了80年，但这两场危机均涉及银行体系的失灵，而这又是由为过度杠杆化所充斥的市场上信心的突然丧失所造成的。但是，1929年的危机首先在零售市场上显现出来，而2007年的危机始于批发市场。不过，2007年的杠杆率要高出很多，敞口的面值也要大很多。在1920年，平均的杠杆率为10倍。换言之，按金订在10%，这意味着针对每100美元的投机交易只须提供10美元的权益。在2007年，普遍的杠杆率已经升至40倍，即针对每400美元的投机交易只须提供10美元的权益。

流动性与清偿能力不足

虽然相隔了80年，但这两场危机均涉及流动性突然停滞的问题，不过，由于最近几十年里所形成的金融全球化和电子交易，2007年的银行危机则面临着一个额外的问题，即那些"太大而不能任其倒闭"的金融机构的清偿能力不足所引发的全球快速扩散，但并不在全球范围内造成严重的系统性后果。由于国会受到特殊利益集团出资游说的严重影响，后危机时代的监管改革大为缩水，以至上述问题依然未能得到解决。

银行资本金比率

在众议院监管改革法案（即《2009年华尔街改革与消费者保护法案》）之中，明显没有对资本金比率的要求，这项要求规定银行对其贷出的每一美元所应持有的最低水平的资本金。这部法案没有对哪些可以算为资本金做出定义，也没有规定银行应持有多少随时可用的资本金以提供充足的流动性。这些重要的问题留给了新的监管者，有待它们以后解决，但却无法保证它们有足够的技术能力来应对这项棘手的工作。

评级机构置身事外

罗德岛州民主党参议员杰克·里德对标准普尔公司提出了批评，因为这家评级机构让国会中的共和党议员抵制一项立法，而这项立法会使市场上的受害者较为容易地对信贷评级企业以误导性的评级为由提起诉讼。里德称这种抵制监管改革的做法是"见利忘义"之举。在2010年4月6日的一份声明中，作为这项诉讼条款起草者的里德说："在这场金融危机中起了推波助澜作用的同一批公司现在正在企图阻止改革。华尔街上的游说集团试图将华尔街的改革扼杀在襁褓之中，对这种见利忘义之举，必须坚决予以抵制。"

立法策略

在民主党人主席克里斯托弗·多德的领导下，参议院银行委员会于3月23日批准了一项划时代的金融监管改革立法，在4月份将对于这个问题的争斗推至整个参议院。由民主党人所控制的这个委员会在投票中按党派站队，以13票赞成、10票反对通过了这项1336页的法案。而要在参议院就这项法案进行投票，则需要60张赞成票，正是有鉴于此，共和党人对参议院银行委员会快速通过这项法案采取了默许的态度。在一场仅持续了30分钟的工作会议上，该委员会的所有共和党人成员均对民主党人提出的这项立法投了反对票。

议案要在整个参议院中通过，民主党人需要获得部分共和党人的支持。由于民主党人失去了关键的一个席位，即现已去世的参议员泰迪·肯尼迪的席位被马塞诸塞州共和党人斯考特·布朗所夺去，民主党人现在仅控制着参议院100席中的59席。要克服共和党人为延迟投票而可能抛出的程序上的障碍，比如说以冗长的发言拖延投票的进行，民主党人需要获得60票。

在投票前仅仅几个小时，银行委员会取消了以一周时间对400项修正案进行辩论的计划，这400项修正案是由共和与民主两党提出的、针对多德主席在前一周披露的一项法案的修正案。

这一转变源于共和党人决定不提出他们的300项修正案，而是选择在参议院里展开斗争，因为在那里，他们阻挠改革的赢面要大一些，而这些改革为他们的政党、他们所代表的银行以及为他们的竞选提供资金的华尔街利益集团所反对。

该委员会里的共和党党首理查德·谢尔比说："共和党人将不会提出数以百计的修正案，因为在委员会的层面上，我们只会遭到挫败。"这种战术上的调整发生在3月21日周日之后，这一天在众议院里，民主党人及白宫在医疗保险改革上险胜，而医疗保险改革是奥巴马政府的另一项重中之重的政策议题。

多德的法案将建立一个由监管机构组成的理事会对金融风险实施监管，对陷于困境的金融企业的破产清算创建一个有序的流程，对衍生品市场进行监管，并采取其他措施，旨在防范另一场由太大而不能任其倒闭综合症所导致的金融危机。

奥巴马总统对多德委员会的投票结果表示了欢迎。他说："我们现在离通过真正的金融改革法案又前进了一步，这个法案将为我们的金融体系带来监督和责任，也将有助于确保美国的纳税人永远不会再为我们最大的银行和金融机构的不负责任之举而付出代价。"在一份声明中，奥巴马誓言他将为强化这项法案的效力而奋斗，他还敦促参议员们在投票时要抵制令法案缩水的努力。这一面向两党的呼吁没有被共和党当成一回事。

多德法案被批评者们称为一份缩了水的妥协议案，但参议院银行委员会批准了这份议案，这标志着在贝尔斯登的倒闭引发了二战以来最为严重的金融危机之后两年，参议院在针对银行和资本市场设立新的规则方面迈出了迄今为止最大的坚实的一步。

虽然共和党人与银行游说集团密切合作，对于在他们看来将会对金融产业的利润构成威胁的改革进行了阻挠，但有些自由派的共和党人也同样认为需要某种程度的监管改革。这些人与民主党人的区别在于改革应深入到何种程度。

谢尔比称，随着对多德法案表决时间的临近，对于就改革达成"广泛的共识"，他依然充满信心。3月26日周五，参议院开始了为期两周的休会。议员们于4月12日重返工作之时，民主党党首们将决定如何以及何时将金融改革法案付诸表决。在此之前，两党的立法者们可以对法案进行调整，以增加或者减少其通过的可能性。

在一份声明中，共和党人参议员嘉德·戈里格称他希望继续与民主党人进行合作，但他对多德的法案在几个方面提出了批评。参议员鲍勃·考克尔是一位共和党人，曾试图与多德达成一项为两党所共同接受的交易但没有取得成功，他称银行委员会出人意料地就此议案迅速投票显示了该委员会"功能紊乱"。但他接着说："现在尚有机会制订出一项健全的立法，令其赢得整个参议院中两党的广泛支持并能经受得起时间的考验。"换言之，共和党人希望让彻底的改革出现进一步的缩水。

如果参议院不能在7月份之前拿出一份议案，这将是面临着11月份国会中期选举的奥巴马和民主党人的失败，也将导致金融服务业头顶着政治不确定性的乌云。

消费者保护

根据上述的参议院议案，改革者们所努力争取的消费者金融保护局（CF-

PA)已经成为隶属于美联储的一个机构。认为应该成立一个独立的机构的认识指出,美联储一直都拥有保护消费者的权力,但它总是没能运用这一权力来防止危机对消费者构成损害。

根据上述的参议院议案,美联储监管的对象将是资产达500亿美元及以上的银行,再加上定义模糊的"具有系统性风险的(非银行)金融机构"。换言之,那些带来这场危机并以纳税人的钱慷慨救助金融机构的演员们还在继续着他们的表演,虽然台词换成了新的并且有所改进。

缩水的改革法案

上述参议院的议案在以下方面遭到了改革者们的批评:

——构成新的系统风险管理理事会的还是那些老面孔:美联储、财政部、联邦存款保险公司和证监会,这是一场骗局,因为理事会里75%的多数票就能推翻消费者金融保护局的任何决定。

——仅在众议院的议案里提到要对场外衍生工具进行监管。但这项议案中存在着大量的漏洞和例外规定,足以令监管变得毫无意义。

——由股东投票决定高管薪酬仅是不具约束力的规定。

——限制银行自营交易的沃尔克规则看来已经胎死腹中。

——对美联储进行审计的建议甚至没有被提及,在监管中发现美联储已向华尔街贷出2万亿美元一事也是不了了之。

——规模较小的银行控股公司,如果它们是在联邦政府那里注册的,将由脱胎于货币监理署的一个新的监管机构进行监管,而货币监理署已经在监管在联邦政府那里注册的银行。

——联邦存款保险公司已经在监管身为非美联储系统成员的、在各州政府那里注册的银行,而这家监管机构将获得对身为美联储系统成员的此类银行的监管权。

银行不遗余力的游说

据报道,由于提议中的监管改革将会进一步限制信用卡放贷并增加联邦存款保险的费用,为了阻挠这些监管改革措施,摩根大通银行在2009年花费了

620万美元游说国会议员，而在危机之前，它每年在这方面的花费为400万美元左右。花旗银行在游说上的花销在2007年超过了700万美元，在2008年和2009年则分别为650万美元和480万美元。

摩根大通的董事会主席詹姆士·迪蒙称提议中的消费者保护措施"并非美国式的做法"。迪蒙此前对问题资产救助项目甚为欢迎，虽然据说他的银行并不缺钱，但还是出于"爱国主义的义务"而接受了250亿美元的救助资金，不过，他后来却公开反对财政部对接受了问题资产救助项目的资金的银行所提出的一项要求，即要求这些银行在退出问题资产救助项目之前再在市场上募集资本，因为这会迫使这些银行为这些资金支付高成本。摩根大通银行在2009年6月偿还了250亿美元的问题资产救助项目资金，但就其需要归还财政部以正式结束这笔交易的权证的价值，它却继续与政府争辩不休。这家银行最终放弃了它买入这些权证的权利，这是起初的问题资产救助项目条款中的一部分，从而财政部得以拍卖这些权证而获得了较高的卖价，这使财政部在2009年12月净赚了9.36亿美元的收入。

前商务部长威廉·达利是芝加哥民主党政治王朝中的代表人物，他现在在摩根大通担任高管，白宫幕僚长拉姆·伊曼纽尔向其提出了一项请求，希望摩根大通支持创建消费者保护局的提议，但迪蒙否决了这项请求，理由是对于消费者已经有了足够的保护。

在其最近写给股东的一份36页的年度函件中，迪蒙这样写道："确保改革确实提供重大的保护措施，但又不会毫无必要地损害整个金融体系的健康，这一点至关重要。"换言之，彻底的改革是不可接受的。

二战之后的各次衰退与马歇尔计划

虽然二战终结了大萧条，但1948年与1949年之间就发生了二战之后的首次衰退，这场衰退持续了10个月，国内生产总值下跌了1.58%，失业率升至7.9%，按消费者价格指数（CPI）衡量的通缩则为2.07%。随着杜鲁门发动冷战，为装备北约而提供的军事开支增加了，再加上韩战的军事开支，这两个因素结束了这场衰退，韩战的军事开支也以美国在亚洲大规模的采购而启动了"亚洲四小龙"的经济腾飞。受战争重创的日本经济的复苏始于美国在冷战中在亚洲的军事开支，这比马歇尔计划和北约的军事开支启动同样受战争重创的欧洲的复苏早了5年时间。苏联对马歇尔计划的反对标志着冷战的开始。

马歇尔计划的建立是遏制苏联共产主义的"杜鲁门主义"的一个组成部分。这个计划并不仅仅是一个帮助欧洲从战争创伤中实现复苏的利他的援助项目。它还试图重建西欧的经济,使其远离战前的社会主义方向,以在布雷顿森林建立的以黄金为后盾的美元为基础,在由此形成的新货币体制之下,推动西欧经济沿着美国式的市场资本主义的新道路前进,并时刻防止欧洲的社会民主主义通过选举政治演变成民粹式的共产主义。其战略性的地缘政治目的在于实现西欧的切实整合,使其融入由自由市场原教旨主义和地区性的反苏军事同盟所构成的战后美国霸权治下的和平,其表现形式为建立在集体安全基础上的北大西洋公约组织(北约,NATO),这将相互勾结的联盟引发了一战中这个历史的教训抛诸脑后。在北约存在的头20年里,美国为其提供了所有的军事装备。美国认为苏联的威胁在不断上升,而其抵制这一威胁的战略核心即是马歇尔计划。这个计划对冷战的出现起了推波助澜的作用,而冷战则不可否认地以社会主义体系为代价,为资本主义体系带来了经济利益。在总统任期结束时,杜鲁门给美国留下的国债占美国国内生产总值的74.3%。

艾森豪威尔时期的衰退

在艾森豪威尔担任总统期间(1953—1961年),有3次短暂的、温和的衰退。第一次发生于1953年到1954年之间,持续了10个月,期间国内生产总值下滑了2.53%,失业率升至5.9%,通胀率则在0.37%。第二次衰退发生于1957年到1958年之间,持续了8个月,国内生产总值下跌了3.14%,失业率升至7.4%,通胀率则为2.12%。第三次衰退发生在1960年至1961年年间,持续了10个月,国内生产总值略降了0.53%,但失业率则冲至6.9%,通胀率在1.02%。艾森豪威尔对待衰退的标准疗法是向产业部门提供新的军备合同。艾森豪威尔留下的国债占国内生产总值的56%。在其离任时,艾森豪威尔警告美国出现了军工联合体的危险。

肯尼迪及约翰逊时期的衰退

肯尼迪总统的任期由于其在1963年11月22日遭到暗杀而突然终止。在他担任总统期间并未出现经济衰退,这是由于肯尼迪继续与苏联进行冷战和军备竞赛，以载人飞船登上月球的阿波罗计划为其顶点，而这就维持了较高的政府开支。肯尼迪的减税，这体现在 1964 年的《收入法案》之中，1964 年由约翰逊推动通过，按国民产品净额衡量占国民收入净额的 1.9%，超过了里根通过 1981 年《经济复苏法案》而实行的 1.4% 的减税。里根的形象虽然广受欢迎，也善于政治上的高谈阔论，但他还不是美国历史上最为激进的减税者，也不是财政事务上最为保守的人。

尽管美国在越战中投入了大量的军事开支，但在约翰逊担任总统的最后一年，在 1969 年至 1970 年年间还是发生了一次短暂的衰退，这场衰退持续了 11 个月，国内生产总值下跌了 0.16%，失业率上升了 5.9%，但通胀率爬升至 5.04%。美国经济努力完成了同时生产大炮和黄油的生产，但战争开支令林登·约翰逊总统没有资金去实现他的"伟大社会"的梦想。在约翰逊下台之时，国债占国内生产总值的 42.5%，这比里根时期要少了很多。

尼克松时期的衰退

在尼克松担任总统期间，随着他从越战中脱身，在 1973 年到 1975 年之间出现了一场衰退。这是自大萧条以来为时最长的一次衰退，持续了 16 个月，国内生产总值减少了 3.19%，失业率达到 8.6%，但通胀率则升至前所未有的 14.81%。这不是一场通缩性的衰退，而是首次滞胀型的衰退。在尼克松的首轮任期结束时，他给这个国家留下的国债占国内生产总值的 37.1%，而福特留下的国债占国内生产总值的 36.3%。

卡特时期的衰退

在吉米·卡特的任期（1977—1981 年）之内，在 1980 年发生了一次短暂的衰退，持续了 6 个月，国内生产总值下跌了 2.23%，失业率升至 7.8%，这对于一个自称民粹主义的总统来说是高得不可接受的，而虽然沃尔克率领的美联储以放血式的货币主义措施应对失控的通胀，通胀率仍然高达 6.3%。尽管如此，卡特留下的国债占国内生产总值的 33.4%，这是二战以来最低的记录。

里根时期的衰退

在里根担任总统期间，美国经历了两场衰退，第一次发生于 1981 年到 1982 年之间，持续了 16 个月，平了尼克松时期衰退的记录，国内生产总值下跌了 2.64%。但失业率自大萧条以来首次升至两位数，达到 10.8%，通胀率也窜至 6.99%。里根在 1981 年的减税，再加上里根时期高昂的军事预算开支，使美国的国债占到了国内生产总值的 51.9%，而在卡特时期，相应的数字是 33.4%。

老布什时期的衰退

由于格林斯潘挥舞着放松货币这根神奇的魔术棒，1987 年的崩盘并没有造成正式的衰退。在 1988 年的总统选举中，老布什战胜了民主党候选人杜卡伊斯，这是因为格林斯潘治下的美联储以激进的干预使 1987 年的股市崩盘没有发展成为衰退。但是，在储蓄与贷款危机发生之后，在 1990 年到 1991 年之间还是出现了衰退，这场衰退持续了 8 个月，国内生产总值下滑了 1.36%，失业率升至 6.8%，通胀率为 3.53%。

在 1992 年的总统大选中，对于病态的经济对选民的影响，老布什似乎不以为意，这使他输给了比尔·克林顿（老布什赢得了 37.4% 的选票，克林顿拿下了 43.0%），以环保民粹为口号的亿万富豪罗斯·佩罗作为独立候选人成了一个搅局者（拿到了 18.9% 的选票）。克林顿的竞选口号是"笨蛋，问题出在经济上！"，这利用了老布什在民调中支持率的下跌，而在海湾战争刚结束的时候（1990 年 8 月 2 日至 1991 年 2 月 28 日），老布什的支持率曾高达 89%。

老布什给美国留下的国债占国内生产总值的 64.1%。

克林顿时期的繁荣及其代价

在克林顿担任总统期间，美国出现了其历史上持续时间最长的和平时期的经济扩张，这包括预算的平衡和财政的盈余。但这是有代价的。他的"第三条道路"的经济战略,即安东尼·吉登斯所鼓吹的以私有化、放松管制和全球化为特征的中间派主张,以格林斯潘治下美联储所提供的无限放松的银根,为 2007 年金融部门的危机铺平了道路。在新自由派市场原教旨主义意识形态的推动之下,克林顿时期的繁荣成为了二十年后那场金融危机的根源,尽管克林顿留下的国债占国内生产总值的 57.3%,比老布什离任时低 6.8 个百分点,但却比卡特下台时高出了 23.9 个百分点。

小布什时期的衰退以及 2007 年的市场失灵

就在小布什入主白宫之时,互联网泡沫的破裂导致了 2001 年的衰退。这场衰退是克林顿以其政策留给小布什的礼物,但由于格林斯潘为应对 9·11 恐怖主义袭击而实行的货币政策而缩短。因此,这次的衰退只维持了 8 个月,真实国内生产总值下跌了 0.73%,失业率跌至 5.5%,低于 6% 的结构失业率线,这是二战以来最低的,通胀率则是 0.68%。但在衍生工具这种"勇敢而新颖的"金融创新的推动之下,金融海啸正在放松了管制的金融市场上酝酿,最终于 2007 年年中爆发危机,引发了市场的崩盘,为它赢得了"大衰退"之名。在小布什结束其两届任期之时,他留下的国债占国内生产总值的 69.2%。

里根、老布什和小布什是仅有的离开白宫时比入主白宫时国债要高的总统。共和党声称它是在财政上保守的政党就是这么一回事。

在奥巴马截至目前的整个任期中,他一直陷于小布什时期开始的衰退。奥巴马的支持率在其于 2009 年 1 月任职时为 50%,到 4 月份升至 68%。2010 年 4 月,在哥伦比亚广播公司新闻部的最新民调中,奥巴马的支持率跌至 44%,这是在他任期内到目前为止最低的水平。而在 3 月下旬,即在他签署医疗保险改革法案之前不久,他的支持率还在 49%。

吸取了错误的教训

虽然有人宣称已经从据称是美联储在 1930 年代所犯的被动应付的错误之中汲取了教训,而且伯南克治下的美联储所相应采取的、按理应该较为明智的措施已经防止了市场出现自由落体般的下跌,但要判断这种新的、大规模的干预行动是否会使我们得以避免另一场大萧条,以及这样做的代价有多大,现在还有待观察。连经济学的初学者都知道,经济学中没有免费的午餐。免费的午餐大多只有在庞氏骗局和传销骗局之中才能找到,即使这样的午餐是由政府所提供的。

截至目前,始于2007年的"大衰退"已经持续了30个月。目前尚未有结束的迹象。受损的市场依然处于贫血状态,仍然面临着二次衰退的可能,失业率达到了9.7%而且预计将长期维持在高位,消费者价格指数升至2.76%,资产价格相比最高点已经缩水了一半以上,对家庭形成了逆向的财富效应。在美国国内,大规模的养老金危机、商业地产信贷违约危机以及各州和地方政府财政赤字危机正在隐现。就全球而言,主权国家债务危机和外汇危机正在迫近,全球贸易战一触即发。

货币主义可悲的失败

弗里德曼认为美联储的错误导致了大萧条,而凭着弗里德曼这个事实无法证伪的结论,格林斯潘和伯南克治下的美联储皈依于弗里德曼式的货币主义,滥用美联储近乎无限的权力,以提供流动性克服自由市场中的商业周期。这种方法剥夺了自由市场经济自我纠错的调整机制,在一个受到管理的市场上通过供应一方造成了系列的泡沫,走向了凯恩斯的需求管理法的反面。

与美联储在1929年的崩盘之后的被动应付相反,伯南克治下的美联储在2007年先是向陷于困境的银行和其他金融机构提供了大量的资金。但它同时通过公开市场操作来抵消货币基础任何可能的扩大,并防止体系中银行准备金总额的任何增加。1929年的美联储没能对银行体系注入流动性,而在2007年,美联储却未能推动其所注入银行体系的大量流动性流向经济体的其他领域从而增加需求。过度的供给与需求不足之间的失衡令美联储在货币政策上无能为力。

美联储是失灵的市场上的最后做市者

随着危机在2007年下半年益发严重,美联储启用了第13(3)条款,这是国会在大萧条期间赋予它的、但它却很少使用的一项权力,即向陷于困境的非银行企业提供紧急贷款。美联储还在间隔时间很短的时间内连续下调联邦基金目标利率，使得这一利率事实上近乎为零，已经降无可降。美联储因此基本上已经弹尽粮绝。

此外，美联储购入了大量的美国国库券，以此向信贷市场尤其是回购和商业票据市场注入流动性。美联储还按面值买入陷于困境的机构的债务以及有毒的抵押贷款支持证券，以此为持有等级最高的债务的大型金融机构提供流动性，这实际上是将美联储的资产负债表、货币基础和范围更广的货币总量扩大到了前所未有的程度。

2007年的金融危机始于美国居民住房债务泡沫的破裂，这个泡沫是靠高杠杆化的次级抵押贷款吹起来的，而次级抵押贷款又被证券化为有着不同层级的风险和相应回报的结构金融工具。这些证券化的工具售给了世界各地的机构投资者和零售投资者，它们大多以高杠杆率借入债务买进这些证券化工具。在这些工具的价格由于抵押贷款人无力偿付到期的抵押贷款而出现崩盘之时，投资者们便无法按时缴纳按金并普遍违约，从而引发对家违约在全球范围内的连锁反应。随着这些证券和衍生合约的市场陷入失灵，美联储作为这项有毒金融工具和合约的最后做市者而出现。其结果则是这些有毒证券和负债大多最终挪到了美联储的资产负债表上。

结构金融是致命的病毒

由于所有的债务在通常情况下都嵌入了一般性的风险，而结构金融使这种风险得以分解成具有不同信贷评级的层级的结构性工具，这使得甚至是最为保守的机构投资者，即那些按法律规定必须仅仅持有投资级别证券的投资者，均得以持有从表面来看最为安全的、低风险的高等级债务工具，从而参与到债务泡沫中来。但这些高评级的、据称为低风险的高等级工具在现实之中的安全性，只不过源自其风险较高的各个组成部分的估计得并不现实的低违约风险。美联储以其放任造成了银根放松的债务泡沫，而随着高风险的次级抵押贷款的违约率由于债务泡沫的破裂而上升，那些表面看来低风险的、高信贷评级的高等级债务的安全性便烟消云散了。

由于失控的"供应学派"巫术经济学在公司利润的繁荣期压制了工资收入的增长，以至停滞的低工资造成了需求不振，进而又导致了产能过剩，从而令投资无法在经济的生产性扩张之中找到机会，并迫使采取着迎合态度的美联储所提供的过量货币进入对于债务的投机性操纵，这催生了结构金融，因为它允许将债务收益伪装为收入，通过复杂的、循环往复的风险对冲手段，将单个的风险转为单个的资产负债表上见不到的系统风险，由此而提供了一种虚假的安全感。由于不存在一个系统的资产负债表，这令系统性的失衡在法律意义上得以隐身，而这又得到了自由市场原教旨主义意识形态的支持，虽然有少数孤立无援的独立人士提出了质疑，但这些人的声音往往为主流媒体和权威性的学术杂志所置之不理。确有少数头脑清醒的人士拒绝接受这种规模宏大的自我欺骗，但他们的声音在学术上遭到了流放。

美联储过度供给信贷是新自由派金融资本主义的催产士

美联储在 20 年的时间里过度地进行着货币创造，造成了由它所引发的信贷的过度供给，这导致了风险在整个系统范围内被低估以及信贷标准的降低，从而形成了一整类所谓的次优借款者，其信贷评级和收入流并不符合常规的放贷标准。虽然次级抵押贷款在一开始仅仅是一个居民住房部门的问题，但结构金融的崩盘具有衍生效应，所以它很快就感染了整个的全球金融体系。

在系列泡沫形成期间，各种彼此关联的因素以前所未有的速度和程度推动了一场巨大的繁荣，这为错误的观点，即新自由派金融资本主义是有史以来最为有效的经济体系，提供了支持。这一并无事实依据的神话持续了 40 多年。而事实是，带来繁荣的这同一批因素也造成了建立在债务之上的整个全球金融资本主义体系在 2007 年 7 月垮了下来。

低估的风险引发了危机以及美联储的紧急应对

在由低估的风险所构成的全球网络中，首个开始出现失灵的薄弱环节于 2007 年 8 月 9 日在伦敦出现，当时，法国的巴黎百富勤银行宣布，为了避免它遭到被迫清算，它将停止赎回它的 3 只明星投资基金，在这之后，伦敦银行同业拆借利率（LIBOR）及相关的贷款利率大幅上涨。

伯南克治下的美联储于 8 月 10 日试图安抚市场上的不安情绪，它重复了格林斯潘的那个曾经在 1987 年的危机中成功地抚平了市场上的不安者的著名声明："美联储正在提供流动性，以此推动金融市场的有序运转"，还有，"贴现窗口作为资金的来源是开放的"。

一周之后，在 8 月 17 日，由于信贷市场依然呈冻结状态，美联储的董事会投票决定降低初级贴现率 50 个基点，从在 2006 年 6 月订下的 6.25% 降至 5.75%。它还将贴现窗口的最长期限延长至 30 天。美联储还邀请当时尚未处于明显困境的那些银行通过贴现窗口借款，这是由于陷入困境的借款者通过贴现进行借款在传统上有一种耻辱感，所以美联储希望借此而消除这种耻辱感。

从 2007 年 9 月开始，美联储的公开市场委员会（FOMC）降低了联邦基金目标利率，这是一系列的利率削减之中的第一次，在 2007 年有 3 次降低利率，总降幅为 100 个基点（一个百分点），在 2008 年有 7 次，总降幅为 425 个基点（4.25 个百分点），这令利率到 2008 年 12 月实际上已经为零，而且截至本文写作之时（2010 年 4 月），它已经在这个水平上维持了 16 个月。利率如此长时间接近为零的恶果将在未来几年显现出来。

从历史上来看，美联储从未像现在这样如此长时间地将利率维持在接近为零的水平之上。目前所能看到的影响是机构投机者和对冲基金通过套利进行大规模的息差交易，即在低利率的市场上借款转而在高利率的市场上投资从而轻松获利，这令它们的交易面临着汇率风险。贴现率也亦步亦趋，在 2008 年 12 月 16 日下跌了 0.5%，在这个水平上维持了 15 个月之后，在 2010 年 2 月 19 日，为平抚通胀预期，它被提升了 25 个基点，升至 0.75%。

虽然 8 月 17 日削减了联邦基金目标利率和贴现率，但 3 个月后，在 2007 年的 11 月，金融压力又浮现了出来。2007 年 12 月 12 日，美联储只得与欧洲央行（ECB）及瑞士国民银行达成一项货币互换安排，为欧洲金融市场提供一个美元资金的来源。在随后的 10 个月里，美联储与世界各地的其他总共 14 家央行达成了货币互换安排。

面对着银行间资金市场所承受的持续压力，在同一天，美联储还设立了定期拍卖平台（TAF），以定期利率向银行直接放贷，以此克服贴现窗口放贷量低的问题，而贴现窗口的放贷量之所以低，是由于通过贴现进行借款在传统上有一种耻辱感。

到了 2009 年 12 月 28 日，美联储通过定期拍卖平台提供了 3.48 万亿美元的新银行储备金。根据正常时期的部分储备制，以储备率 10% 计，3.48 万亿美元的新银行储备金最多可以创造出 34.8 万亿美元的新存款，因此最多增加的货币供给是 27.84 万亿美元。不管按照什么标准，这都算大规模的资金注入。货币供给量增加值为国内生产总值的近两倍。这带来了 2010 年春权益市场的大涨，但对实体经济却毫无作为。

第三章　美联储没有退路的战略[*]

2010年2月10日，华盛顿特区，针对"美联储的退出战略"，即从美联储为应对金融危机并支持经济活动而采取的非同寻常的放贷和货币政策之中退出，美联储主席伯南克在众议院金融服务委员会上作证，他说美联储对危机和衰退的应对可以分为两个部分。

首先，金融体系在过去的两年半时间里经历了巨大的恐慌和运转不良，在此期间内，对很多借款者来说很难甚至根本不可能获得私人的短期贷款，甚至在正常时期信誉良好的借款者也是如此。私人的流动性不时收缩，这威胁到主要金融机构和各个市场的稳定，严重破坏了正常的信贷渠道。

然而，伯南克略去了一个事实，即对几家大型机构而言，流动性紧缩与清偿能力不足问题密不可分。这些陷入困境的机构不仅需要流动性的提高，还需要注入资本。

作为应对，美联储扮演着流动性的最后提供者的角色，采取了若干措施直接向金融体系提供了据称是安全的、大多为短期的信贷。伯南克主席相当大而化之地声称这些措施不会给纳税人造成损失。这些措施是政府为稳定金融体系并重启信贷流而作努力之中关键的一个部分。

正如本系列文章之中的第二部分所指出的，给予受困机构的免税优惠令美国税务局损失了大量的税收收入，其金额超过了处置受困资产并由财政部收购所预期带来的正回报。不过，在未曾预料的后果于几年之后显现出来之前，美联储的干预对于市场体系的完整性所造成的真正损害是无法充分得以评估的。由于美联储的退出战略可能永远不会完全实行，或者我们可以预期美联储在未来所有的危机之中还会进行直接的干预，所以在政府对这次的危机进行干预之后，自由市场资本主义很可能已成历史。

---

[*] 本文发表于2010年4月21日的《亚洲时报》

伯南克在作证时避而不谈的一点，是这些措施并非面向总体的资本主义金融市场体系的宏观货币政策，而是针对精选的几家被认为规模太大而不能任其倒闭的、陷入困境的金融机构进行直接的微观干预。这就为巨型金融机构设立了一个先例，令其无所畏惧。不过，政府对于这场银行危机的处理的净结果，是给市场强加了少量活下来的大型银行的寡头垄断。

美联储为金融体系提供的还不止是流动性。从贸然进入非银行金融部门以及影子银行部门而陷入困境的银行和银行控股公司那里，它将有毒的资产接手了下来。美联储如英雄救美一般在整个全球债务证券化领域拯救着市场的失灵。美联储扮演着犯错者的保护伞的角色，使犯下大错的人得以免于市场纪律的惩罚，而它自己却远离了自己的职责，即维护人们对于金融市场原教旨主义的信心。

在罗斯福研究所的新政 2.0 项目的网站上，经济学家兰达尔·雷伊写道：

> 但在政府认为市场确实在发挥着作用的那些领域，应该永远不做任何干预，因为干预会颠覆希望惩罚犯错者的市场力量。鲁宾、保尔森和盖特纳各位财长反复声称我们不能让市场力量在市场下滑时发挥作用，这在逻辑上是没有道理的。如果不消除下滑的风险，市场无法发挥作用。在下滑要被社会化的任何领域，上升也要被社会化，也就是说，要从市场上消除。如果市场要在上升时起作用，那么也必须允许它在下滑时起作用。
>
> 关于系统性风险有什么可说？是的，如果政府在贝尔斯登和雷曼倒台时允许市场发挥作用，那么所有的大金融机构也会被拖垮。伯南克现在已经明显意识到，这本会是一件好事。市场本会完成伯南克现在公开承认他自己所希望做到的事情，即解决"规模太大而不能任其倒闭"的问题。留给我们的本会只有较小的机构，那些并非规模太大而不能任其倒闭的机构。正如罗杰·洛温斯坦有力地指出的那样，站在公众的角度来看，那些大金融机构极少做有益的事情。而它们所做的任何好事，也可以很容易地由小型的机构或者在市场失灵时由政府所做到。
>
> 不管怎么说，这不像发射火箭那样有严格的精确度要求。这仅仅是金融：确定对谁可以放贷，发行有保险的存款单获得资金并发放贷款，然后就持有贷款直至到期。如果承销做得不好，这家机构会倒台，政府只会保护有保险的存款人。没有一家机构具有快速增长的动机（快速的增长几乎总会造成承销标准的降低以及随之而来的违约），这是因为一旦它占存

款的比重达到百分之一，它获得更多有保险的、廉价的存款的渠道即被切断。小机构就没有必要与大型的、具有"系统性危险的"机构进行竞争，而后者由于它们的甚至没有保险的负债也被认为有财政部为其背书，所以它们现在享受着巨大的优势。而在平等竞争的情况下，正如凯恩斯所说，甚至"平均程度的技能和平均程度的好运即已足够"。（引文结束）

伯南克断言，在金融状况已经改善的情况下，美联储已经大幅度地逐步退出了这些放款措施。伯南克没有告诉国会的是，虽然逐步退出在这里只是意味着有问题的债务从私人部门转入公共部门只是一时的措施，预计不会再以更多的美联储资金重复这个过程，但有问题的债务从公共部门回到私人部门依然不知何时才会发生。不管美联储如何深思熟虑，以完成债务从公共部门向私人部门的回归，这样做都将不可避免地给已然严重受损的经济造成重创。

伯南克称，美联储应对措施的第二个部分，在其将短期目标利率降至几乎为零之后，涉及联邦公开市场委员会（FOMC），由其通过大规模地收购由财政部和政府支持的企业证券，从而提供额外的货币政策刺激。

伯南克正确地宣称，这种资产收购还具有一个额外的效果，即显著增加存款机构在美联储那里持有的储备金，而这已经有助于降低抵押贷款市场和其他关键的信贷市场上的利率和利差。但他说这种收购因此而促进了经济增长，这是一个有争议的观点，并无实际数据的支持。伯南克没有对国会说明的一点，是美联储购买政府债务工具并没有取得减缓失业率及按揭违约率上升的效果，而促进经济增长的效果则更差。

伯南克虽然承认，美国经济在目前仍需要获得高度扶植性的货币政策的支持，但他警告国会说，到了某个时点，美联储将需要提高短期利率并减少银行账面上的储备金量，以此收紧金融状况。伯南克说："我们已经做出了相当的努力，制订我们将要用到的政策工具，从而取消扶植性的政策，因此对于我们在适当的时候能够有效地做到这一点，我们有着充分的信心。"对于这些政策工具的细节，他仅仅一带而过，而且他也没有标明何时才是适当的时候。事实依然是美联储可以使用的政策工具非常有限，因为一般认为，货币政策对于影响经济趋势的作用不大。

然而，市场却有着清醒的认识：美联储退出金融市场之后，紧随其后的很可能是精神紧张的市场的二次衰退，这对已然遭受重创的经济将施加新的压力。与此同时，美元的汇率在被推高，而其原因只是世界各地主权债务危机的迫近造成了其他货币以更快的速度在贬值,而不是美元购买力的增强。

美联储的流动性措施

伯南克告诉国会,在这次危机于 2007 年夏末秋初发生之初,美联储在策略上是要确保健全经营的金融机构有足够的渠道获得短期信贷,从而维持足够的流动性并能够向值得放贷的客户发放贷款,虽然当时来自于私人渠道的流动性已经开始枯竭。

然而,美联储在当时实际所做的却是确保经营并不健全的机构能够活下来,这些机构已处在破产的边缘,但却被认为其规模太大,因此不能坐视其倒闭。流入这些机构的资金实际上并没有到达甚至其数量已经锐减的值得放贷的借款者手中。得到了救援资金的金融机构并未更多放贷,相反却将这些资金用于去杠杆化,以减少它们的负债。

伯南克称,为了让银行有更多的机会获得备用的流动性,美联储降低了联邦经济目标利率与贴现率之间的利差(贴现率是美联储通过其贴现窗口向存款机构发放信贷的利率),将其从 100 个基点降至 25 个基点,而且美联储还延长了贴现窗口贷款的最长期限,在一般情况下,这一期限以从隔夜到 90 天为限。

不过,很明显,很多银行担心如果它们从贴现窗口那里借款,它们就会被市场视为经营状况不佳,并因此而要承受来自债权人的更大压力。

为了解决这个所谓的耻辱感问题,美联储建立了一个新的贴现窗口措施,即定期拍卖平台(TAF)。在这个平台上,美联储定期向存款机构拍卖大笔的信贷。由于很多的原因,其中包括拍卖有一种竞争的形式,以及虽然有程度上的不同,但几乎所有的机构都处于困境之中,所以定期拍卖平台令借款机构没有感受到常规的贴现窗口借贷所带来的耻辱感,事实证明,它对于向金融体系注入流动很有效果。定期拍卖平台没有使借款机构感受到常规的贴现窗口借贷所带来的耻辱感,还有一个可能的原因,是拍卖并不需要在几天内就付款,这让市场感到拍卖的参加者并没有出现资金马上即告短缺的局面。另一方面,它也表明严重的市场失灵仍有可能仅在几天时间里就会出现,但伯南克没有提及这种可能性。

金融市场上的流动性压力并不局限于美国,而全球美元资金市场上的巨大压力开始蔓延回了美国。作为应对,美联储只能与国外的主要央行之间达成临时性的货币互换协定。根据这些协定,美联储向外国央行提供了美元,换回同等价值量的外国货币。而外国央行转而将这些美元贷给了它们各自国家里的银行。

货币互换有助于缓解全球美元资金市场上的压力,而这又有助于稳定美国的市场。伯南克称,很重要的一点,互换有着这样一种结构,即由于美元霸权的存在,所以美联储并不承担外汇风险和信贷风险。尤其值得指出的是,外国的央行而非美联储承担着信贷风险,这种风险与外国银行对其各自金融体系内金融机构发放美元贷款相关。言外之意是在美联储免受外汇风险之中,美联储实际上通过操纵全球美元的供应,而破坏了外汇市场的实现外汇供求均衡的功能。

因此以下的事情就颇具讽刺意味了,即在由经济学家一变而为宣传鼓动分子的保罗·克鲁格曼的敦促之下,某些没有受过货币经济学训练的美国政客指责中国操纵其货币的汇率,将其与美元挂钩。当一国货币通过政策与另一国货币长期挂钩时,操纵者只能是与其挂钩已经有10年的货币的发行国。

在外汇市场上维持稳定的唯一办法,是美国财政部在美联储的支持之下,对强势美元符合美国国家利益的口号予以支持。不幸的是,强势美元的这个口号在未来很长的一段时间里都将只是一个空喊的口号,这是因为美国的经济政策强力支持美元的可能性非常之小。从积极的一面来看,对于就人民币汇率问题而非理性地推动与中国之间开展破坏性的贸易战,奥巴马政府至少并不十分热心。在目前这个情况危急的时刻,伤痕累累的美国经济最不愿意见到的就是贸易战了。

随着金融危机扩散开来,而私人资金却在继续收缩,这助长了流动性的不足,对甚至是批发金融市场上的混乱局面也起了推波助澜的作用,而且引发了对包括初级经销商和货币市场互助基金在内的各种类型金融机构的挤兑。为了遏制这种挤兑并对金融体系的其他部分起到稳定的作用,美联储只得依据1932年《联邦储备法案》(该法案在1935年的《银行法案》和1991年的《联邦存款保险公司改进法案》的基础上进行了补充修订)的第13(3)款的规定,启用一项很少使用的紧急放贷权,这项权力自大萧条以来从未用过,通过若干临时性的平台,向经过挑选的一些非存款机构提供短期的备用资金。

2008年3月,美联储启用第13(3)款,建立了初级经销商信贷平台(PDCF),以隔夜放贷、超额抵押为条件向初级经销商发放信贷。随后,美联储还建立了有助于稳定其他关键性机构和市场的平台,这些机构和市场包括货币市场互助基金、商业票据市场和资产支持证券市场。

美联储的报告指出，随着金融状况逐渐稳定下来，对其多个放贷平台的使用已经大幅减少。在设计这些平台时，美联储在许多情况下将各种因素结合在了一起，比如说定价，其价格在金融状况正常时是不具吸引力的。美联储这样做的目的，是鼓励借款者在金融状况回归正常时减少它们对这些平台的使用。而对于其他一些平台，尤其是通过拍卖而提供固定数量的信贷的那些平台，美联储则逐渐减少了它通过这些平台所提供的信贷量。

有些平台在2009年里被关闭，而其余的多数平台则在2010年2月初到期。在写作本文时，除了常规的贴现窗口之外，仍在运转、在向多家机构提供信贷的仅有的平台是定期拍卖平台（针对存款机构的拍卖平台）和定期资产支持证券贷款平台（TALF），后者为资产支持证券市场提供支持，而资产支持证券则是以汽车贷款、信用卡贷款、小企业贷款和学生贷款作为支持的证券。伯南克告诉国会，预计这两个平台也将很快退出。定期拍卖平台上的最后一次拍卖于3月8日进行；除了新发行的商业抵押贷款支持证券（CMBS）之外，针对以所有其他类型抵押品作为支持的贷款，定期资产支持证券贷款平台于2010年3月31日关闭，而针对以新发行的商业抵押贷款支持证券为支持而发行的贷款，该平台也将于2010年6月30日关闭。

定期资产支持证券贷款平台发放3年期和5年期的贷款，在该平台不再发放新贷款后，以前通过这个平台所发行的贷款依然尚未到期。美联储之所以延长这个平台上商业抵押贷款支持证券部分的开放时间，这反映了美联储认为这个部分的市场状况依然压力重重，同时还有一个原因，即商业抵押贷款支持证券相比其他部分更为复杂，所以需要较多的时间来作出安排。许多市场人士认为商业地产贷款违约将是银行所面临的下一场危机。有些人形容这样的一场危机为火车以慢速脱轨。

此外，伯南克告知国会，美联储正在对常规的贴现窗口贷款的条件进行修改，使其正常化。美联储将贴现窗口贷款的最长期限从2007年秋确定的90天减至28天，它还在考虑是否有必要进一步缩短贷款的最长期限。

伯南克还告诉国会，美联储预计将考虑适当增加贴现率与联邦基金目标利率之间的利差。这些变化，比如说在2010年2月初关闭若干放贷平台，应该被视为美联储鉴于金融市场状况的改善，而对其放款平台所做的进一步正常化之举；预计这些改变不会导致家庭和企业的金融状况的收紧，对这些变化也不应理解为它们预示着货币政策的前景会有任何的改变，即未来的货币政策将依然与联邦公开市场委员会 2010 年 1 月会议上所确定的货币政策大致相同。

伯南克坚持认为,美联储实施各种临时放贷措施的目的,是为了有助于稳定金融市场,为了降低这场危机对于经济的影响。在美联储几乎所有的措施之中,发放的仅为短期信贷,其期限没有超过 90 天,而且所有措施之中的信贷都有超额抵押,或者按法律的要求以其他方式提供担保。伯南克告诉国会,美联储认为这些措施有效地支持了金融市场的运作并帮助促进了经济增长的恢复。美联储在推行这些措施的过程中目前并没有遭受任何损失,而且预计未来也不会遭受损失。退出这些措施已经基本完成:因为推行这些措施而发放的贷款之中,包括常规的贴现窗口在内的全部未偿信贷,已经从 2008 年年底前后的 1.5 万亿美元大幅降至 2010 年 2 月时的 1100 亿美元左右。

伯南克另外告知国会,为防止对美国的金融体系和美国经济所可能造成的灾难性影响,美联储在财政部的支持之下,还运用了紧急放贷权,以有助于两家具有"系统的重要性"的金融机构,即贝尔斯登和美国国际集团,在其倒闭的过程中避免出现混乱,而经济学家比尔·布莱克则认为,具有"系统的危害性"是对这两家机构比较准确的描述。为什么允许雷曼破产这个问题则被伯南克轻巧地避而不谈。

根据这些安排而发放的信贷目前总计 1160 亿美元,在美联储资产负债表上约占 5%。美联储预计这项风险敞口将会随着时间的推移而逐渐减少。美联储董事会也继续认为,美联储最终将不会因为这些贷款而引发任何的损失。伯南克向国会承认,美联储是在极端的情况下极不情愿地发放这些贷款的,信贷是在没有其他适当的法律框架的情况下发放的。伯南克称,为了预防将来还需要美联储在类似的情形下发放信贷,美联储强烈支持建立相应的法律制度,在这个法律框架之下,让那些经营失败但具有系统的重要性的非银行金融机构安全地破产清算。

美联储的货币政策与问题资产的收购

除了支持金融市场的平稳运行之外,美联储还运用了异乎寻常的货币政策刺激手段,以有助于抵御这场金融危机对于经济所造成的不利影响。在 2007 年的 9 月,美联储开始采取了若干步骤,将联邦基金目标利率从起初的 5.25% 降至近乎为零。

到了 2008 年的年底,目标利率降到了 0 到 0.25% 的范围之内,由于这个利率无法低于0，所以这几乎是可行的最低水平了。由于美联储已经用完了常规的政策手段，而经济依然面临着严峻的压力，所以美联储决定突破货币政策措施的极限，通过大规模地收购联邦机构的债务以及抵押贷款支持证券（MBS），后者被认为由尽管并非财政部的联邦机构提供完全的担保，以此而为经济提供额外的刺激。2009年3月，美联储大幅扩大了它对机构证券的收购，而且它还开始购买长期国库券。到2010年3月底，美联储总计购入了3000亿美元的国库券、1.25万亿美元的抵押贷款支持证券以及1750亿美元的机构债务证券。

美联储的这些收购具有令银行体系处于高度流动状态的效果，所以美国的银行现在在美联储的各家银行那里持有超过1.1万亿美元的准备金。伯南克宣称，一系列证据表明，这些收购及其所创造的银行准备金已经推动了私人信贷市场状况的改善，对长期私人借款利率和利差也产生了向下的压力。

作为量化放松（QE）措施的组成部分，美联储首次在2008年11月宣布，实施针对政府支持企业（GSE）的债务、抵押贷款支持证券（MBS）和国库券的"大规模资产收购"（LSAPs）计划。美联储在2009年3月扩大了这个计划的规模并于2010年3月完成这个计划。

美联储收购了1.25万亿美元的抵押贷款支持证券及2000亿美元的政府支持企业的债务，对于这些收购的目的，美联储在其2008年11月的声明中有明确的说明："降低购买住房的成本并增加对购买住房的信贷供应，而这进而会对住房市场给予支持"。

美联储实际上对已经垮掉的住房市场给予了大量的支持，因为这个市场被认为对于它"改善更为一般性的金融市场的状况"具有重要的意义。这一做法扭曲了市场在信贷分配方面的正常运转。美联储对抵押贷款支持证券的收购推高了价格并压低了收益，而在此时，不仅为了吸引买家，而且为了反映真实的价值，价格应该下跌，收益应该上升。类似的，虽然抵押贷款利率很低，但住房销售量继续低迷，这是因为房价由于美联储的补贴而被人为拉高，而潜在的买家则知道房价中还有泡沫存在。正因如此，住房市场依旧一片死气沉沉，而抵押贷款违约则继续在全国范围内发生。在有些地方，比如说加州和佛罗里达州，住房市场依然深陷于衰退之中。

但是，美联储的量化放松也还有一个系统性的目的，即应对价格的普遍通缩。它希望对住房信贷市场进行干预，以实现这个目的，并通过资产组合的平衡效应，推高权益和债权的价格。2009年12月2日，美联储纽约银行的行政副总裁布莱恩·萨克在纽约大学发表了一篇演说，就美联储资产负债表的扩张进行了解释：

"（美联储的）收购推高了（住房信贷）资产的价格，因此降低了其收益。（收购的）这些影响预计将扩散到其他性质上类似的（非住房）资产那里，直至投资者愿意对不同资产彼此替代……由于国库券和抵押贷款支持证券的预期回报的降低，投资者很自然地将会推高其他投资的价格，这其中包括风险较高的资产，比如说公司债券和权益。这些影响均是资产组合平衡渠道的组成部分。"

这个说法的问题在于，机构的抵押贷款支持证券和国库券并非是与公司债券和权益"性质上类似"的资产，关于这一点，日本银行的木村武（Takeshi Kimura）和美联储董事会的大卫·斯莫尔在2004年的一篇文章（《金融资产市场上的货币量化放松与风险》）中做了说明："……资产组合的再平衡效应是有益的，这是因为这种效应降低了具有反周期回报的资产的风险升水，而政府债券和高等级的公司债券就是具有反周期的回报的资产。不过，这种效应可能已经造成了不利的影响，即提高具有顺周期回报的资产的风险升水，而权益和低等级的公司债券则属于具有顺周期的回报的资产。"

量化放松的操作从市场上吸走了国库券和机构的抵押贷款支持证券这样一些"较为安全的"资产，这令以乐观态度平衡资产的资产组合转变为顺周期资产（如权益和高收益的公司债券）"所占权重过高"的资产组合，而这种资产组合的市值取决于经济的强劲复苏。在长期衰退的情况下，资产组合的管理人的应对办法，是减少顺周期资产的比重以实现再平衡，并提高其风险升水。美联储在2008年至2010年之间实施的"大规模资产收购"计划，与美联储所想要达到的目的相比，即相比"降低购买住房的成本并增加对购买住房的信贷供应，而这进而会对住房市场给予支持"，它实际上产生了相反的扩散效应。

低利率与通胀压力

联邦基金目标利率由联邦公开市场委员会确定，而这个委员会预计，包括资源的低使用率、低通胀趋势以及稳定的通胀预期在内的经济状况，有可能在从2010年起的相当长一段时间内，令维持极低水平的联邦基金目标利率成为一种必要。不过，随着时间的推移，随着经济扩张的到来，美联储将需要开始收缩货币状况，防止通胀压力和通胀预期的形成。作为这个国家的央行行长，伯南克向国会保证美联储拥有若干政策工具，这些工具能够让美联储在适当的时候坚定政策立场。不过，作为一个经济学家的伯南克必须知道，美联储并没有一个可靠的办法，可以令其事先确定何时才是坚定政策立场的适当时机。

更为重要的是，国会在2008年10月赋予美联储法定的权力，就各家银行在美联储那里持有的准备金余额支付利息。通过提高准备金的利率，美联储将得以对所有的短期利率施加相当的上行压力，这是因为对各家银行来说，既然它们通过在美联储各银行持有准备金能获得高出很多的利率，那么它们就将不会向货币市场供应短期资金。短期利率可能的和实际的提高进而又会反映在较为长期的利率和更为广泛的金融状况之上。

虽然这是一个受到广为接受的理论上的相关关系，但在最近几年，格林斯潘对他所称的"利率之谜"感到颇为困惑。2005年2月，在他向国会作证时，格林斯潘称长期利率在较低时有"令人迷惑的"表现：

"在这个环境中，即使美联储已经将联邦基金目标利率提高了150个基点，但长期利率却在最近几个月里越走越低。这种情形与以往的经验背道而驰，因为经验告诉我们，在其他条件相同的情况下，提高短期利率通常都会带来长期收益的增加。收益率曲线中简单的数学原理就规定了短期和长期利率之间的关系。比如说，10年的收益可以被认为是连续10个1年期远期利率的平均值。远期利率与联邦基金利率密切相关，如果第一年的远期利率上升，那么即使以后几年的远期利率保持不变，10年期美国国库券的收益也会提高。不过，从历史上来看，如果货币政策收紧，甚至以后几年的远期利率往往也会上升。"

格林斯潘在此处指的是利率的预期理论，即长期利率是预期之中未来的短期利率的几何平均值，此外再加上通常会与融资工具期限的长短成正比的风险升水。这个理论假设不同期限的融资工具之间的套利决定了价格。风险升水也有可能随着时间的改变而改变。例如，如果人们认为美联储在遏制通胀方面能够说到做到，那么风险升水就会减少，反之则会增加。

银行准备金利率的提高对银行而言不太可能是一种净补贴，这是因为准备金余额所带来的较高回报会被银行融资成本的同等增加所抵消。综合而言，如果短期利率提高了，银行在收取的利息与付出的利息之间所获差额有可能会继续减少。

作为减少银行准备金的额外工具的逆向回购

伯南克告诉国会，美联储还一直在开发几项可以使用的额外的政策工具，它将在需要的时候以此来减少银行体系所持有的大量的准备金。降低准备金量将减少资金对于货币市场的净供应量，这将会导致准备金利率与其他短期利率之间联系更为紧密，从而增强美联储对金融状况的控制。

这种政策工具之一便是逆向回购协议，美联储在历史上曾经运用这种办法，作为从银行体系吸收准备金的一种手段。在进行逆向回购操作时，美联储向对家出售证券，同时与其签署协议，承诺在将来的某个时候购回这些证券。对家向美联储做出的支付具有令同等数量的准备金从银行体系之中流出的效果。

最近，美联储已经形成了在三方回购市场上进行这种逆向回购交易的能力，因此，它已经增强了运用逆向回购吸纳庞大数量的准备金的能力。据伯南克称，运用美联储所大量持有的国库券和机构债券证券与初级经销商之间进行这种交易的能力已经得到了检验，目前已经可以运用。据报道，为了进一步增强美联储通过逆向回购导出准备金的能力，美联储还正在增加它能与之进行交易的对家的范围和数量，而且它也正在开发必要的基础设施，从而以它所持有的抵押贷款支持证券作为这些交易之中的抵押品。

伯南克称，作为导出准备金的第二个办法，美联储还正在制订计划，向存款机构提供定期存款，这种定期存款大致类似于存款机构向其客户所提供的存款凭证。美联储可能会拍卖大笔的这种存款，从而将存款机构的准备金余额之中的一部分，变成无法用于满足其非常短期的流动性需要的、而且无法被计为准备金的存款。《联邦纪事报》最近发表了一篇文章，对拟议之中的定期存款平台进行了描述，而美联储目前正在对它所收到的公众评论进行分析。定期存款平台的拟议材料经过修订并由美联储董事会进行评审之后，预计美联储将在2010年春进行试交易，而如果有必要，预计它将在这之后就很快推出这个平台。

伯南克称，如果美联储选择这样做的话，逆向回购和存款平台两项措施会让美联储得以相当快地从银行体系之中导出几千亿美元的准备金。依然没有得到回答的问题，是在什么样的经济状况下美联储会选择这样做。如果这样的经济状况包括不错的就业率数字，那么美联储可能很长时间都不会需要运用这些新的政策工具，从银行体系之中导出准备金。

与此同时，在美国的固定收益市场的一个关键部分，也就是说，在回购市场上，这场金融危机所带来的恐慌依然显而易见。回购市场是金融部门借款的晴雨表，而这个市场的规模在2008年初曾达到顶点，接近了4.3万亿美元，随后贝尔斯登的垮台则揭示了主要的投资银行为了给它们的资产负债表融资，而对于这个短期融资市场有着多么大的依赖。

在2010年4月，回购的全部使用量为2.5万亿美元左右，这依然比其曾经的最高值少了40%以上。这是一个证据，它表明在雷曼于2008年9月倒闭之后，大型经销商在多大程度上缩减了它们的资产负债表，这也表明它们现在不再像以前那样地依赖于短期的杠杆。现在，它们的融资来源是回购部门之外的长期债务。回购的放贷者不愿接受以质量较低的资产作为抵押，这一因素也打击了这个市场。

在回购活动于2007年及2008年年初达到顶点时，相当比例的抵押品均涉及证券化的抵押贷款和结构化的信贷证券，而随着抵押贷款和信贷泡沫的破裂以及信贷市场的崩盘，这些抵押品按市值核算的价值随即大跌。回购的使用随之大幅下跌，这部分地反映了信贷标准已经在很大程度上加强，只有质量超级高的抵押品才会被短期现金的放贷者所接受。

目前缺乏通过回购向低质量的抵押品发放资金的兴趣，这有助于解释银行之间对证券化的使用为什么没有卷土重来。限制回购融资的运用的另一个因素，则是目前的利率水平很低，这造成有些投资者不将它们所持有的债券放贷出去，因为潜在的回报太低。（请参见本人2009年12月4日的文章《回购定时炸弹的归来》。）

除了潜在的监管制度存在不确定性之外，回购市场还面临着新的挑战。

在这场金融危机发生之前，美国的投资银行在11月份结束了它们的财年。这意味着大型的回购经销商被分成了两块，即初级经销商在大型的美国投行之后一个月报告它们的季度结果。这种报告期上的差别意味着金融机构每个季度对其报告的粉饰，即银行削减借款并常常买入国库券和票据令其资产负债表显得好看一些，是摊开在几周内完成的。

现在，由于所有的银行都按相同的季度进度提交报告，金融机构在同一个时候粉饰它们的报表，这造成了在此期间内回购的使用出现了明显的、步调一致的下降。

而随着金融危机逐渐退去，这在将来可能对金融市场和机构具有重大的影响。由于所有的大型银行现在都按相同的报告进度进行操作，这可能会导致流动性在每个季度末出现下降，投资者因此而不放出资金，而机构则遍地急寻资金。这可能会每 3 个月造成一次微型的流动性收紧。

美联储的其他政策工具

美联储也还可以选择赎回或者售出证券，以此作为运用货币约束的一种手段。证券持有量的减少具有进一步减少银行体系内的准备金量以及缩减美联储资产负债表的总体规模的效果。但这会由于量化收紧而减少货币供给，而且会收缩流动性。

伯南克承认，美联储在退出其目前的高度扶植性的政策立场时，它所采用的措施将以何种顺序推出，它所使用的政策工具将如何进行组合，这些都将取决于经济和金融形势的发展。一个可能的顺序将涉及美联储继续在有限的程度上测试其导出准备金的政策工具，其目的在于保证做好了准备，并给予市场参与者们一些时间，让它们熟悉美联储的这项业务。而随着撤出扶植性政策时机的来临，这项业务的规模就可以逐步增大，以此导出更多数量的准备金余额，从而将对短期利率的控制收得更紧。政策的实际强化随后即可通过提高针对准备金所支付的利率来加以实施。不过，如果经济和金融形势的发展，比如说通胀预期的增加，要求美联储更快退出目前高度扶植性的政策，那么美联储可以在其开始大幅导出准备金操作的同时，提高针对准备金所支付的利率。但是，伯南克并没有向国会说明，美联储在出现滞胀的情况下将会如何应付，而在不创造工作岗位的经济复苏之中，滞胀发生的可能性非常之大。

伯南克告诉国会，他目前并不认为美联储将在近期内出售它所持有的任何证券，这至少要到政策上的收紧已经启动之后才会发生，他还乐观地声称，经济很明显已经处在可持续的复苏过程之中。不过，伯南克称，为了有助于缩减美联储资产负债表的规模以及银行准备金的数量，美联储正在允许机构债务和抵押贷款支持证券自行到期，或者在到期之前提前偿付。美联储目前正在对所有即将到期的国库券进行展期，但在将来它可能选择在任何情况下都不再这样做。伯南克的言下之意，是这项政策虽然会缩减美联储的资产负债表，但达到这个目的的代价是增加了国债。

伯南克称，长期而言，美联储预计其资产负债表将会缩减至接近历史上的正常水平，而且它所持有的证券将大多或者全部都是国库券。伯南克称，如果是被动地在机构债务和抵押贷款支持证券到期之时将其赎回或者在此之前提前偿付，尽管这样做会令美联储朝着上述的方向前进，但在将来，如果经济实现了足够程度的复苏，而且联邦公开市场委员会认定有必要相应地采取金融收紧政策，那么他也可能会选择出售证券。此种出售在任何情况下都将逐步推进，将在事先与市场参与者进行明确的沟通，也将会对经济的状况做出适当的考虑。总而言之，我们可以预计，美联储将在很长的一段时间内对脆弱的经济呵护有加。

伯南克告知国会，由于银行体系之中存有数量非常庞大的准备金，联邦基金市场上的交投频率和流动性水平均已显著下滑，这导致了这样的一种可能性，即相比正常情况，联邦基金利率暂时变成短期货币市场上一个不那么可靠的指标。

据报道，相应的，美联储正在考虑在向比较正常的政策配置转轨的过程之中，运用另一种操作目标，例如一个替代性的短期利率，以此向市场传递美联储的政策立场。具体而言，美联储有可能临时性地采用针对准备金所支付的利率，再加上目标准备金量，以此作为其政策立场的指引，而与此同时则对各种市场利率进行监控。

美联储长期以来都在推动对银行在美联储各银行所持有的准备金支付利息。但这样做要得到国会的批准，而国会在传统上则一直反对，因为这会导致美国财政部在收入上的损失。在每一年，财政部都会得到美联储收入超过支出的部分。对银行准备金支付利息当然是美联储的额外开支，它会减少财政部的收入。

在这个问题上还没有做出决定；美联储称，它将部分地根据联邦基金市场在扶植性政策退出之后的表现再做决定。美联储预计，它将最终回到这样的一个操作框架之中，即银行准备金余额相比目前显著为低，而且联邦基金利率是政策的操作目标。

然而，由于准备金余额长期保持在很高的水平之上，再加上零利率，其结构性的影响是经济对扶植性货币政策的依赖，这使得真实的复苏可能在几十年的时间里都无法出现。

伯南克告诉国会，对准备金支付利息的权力有可能是未来货币政策操作框架之中的一个主要组成部分。例如，一种办法是美联储对联邦基金目标利率设置上下限，即以贴现率为上限，以对超额准备金支付的利率为下限。在这种所谓的廊式体系当中，银行能够以贴现率借款，这往往会限制联邦经济利率的大幅上涨，而银行还能以超额准备金利率赚取利息，这往往则会遏制利率的下跌。

另一种办法也是有可能的。鉴于目前银行体系之中准备金的余额非常之多，美联储有充分的时间考虑什么才是实施政策的最佳长期框架。美联储认为，它的操作框架有可能最终会允许取消最低准备金要求，因为这项规定增加了银行体系的成本并造成了银行体系的扭曲。

随着市场状况以及经济前景的改善，那些为稳定金融体系并鼓励私人恢复进行放贷而建立的一系列特别放款平台，已经遭到了取消或者正在逐渐退出之中。美联储还力图通过大幅削减其联邦基金目标利率以及购入陷入困境的证券，以此促进经济的复苏。然而，在衰退发生 30 个月之后，经济仍然需要得到扶植性货币政策的支持。美联储声称，它拥有在适当的时候逆转目前所实施的高度刺激性货币政策的工具。这听上去有点像塞缪尔·贝克特的《等待戈多》。

第四章 美联储异乎寻常的 13(3) 条款措施

在此次金融危机期间，美联储诉诸异乎寻常的超货币措施。2008 年 3 月 11 日，美联储宣布扩大其证券放贷措施并安排了定期证券放贷平台（TSLF），对 18 家初级经销商发放为期 28 天的以国库券作为抵押的担保贷款。

在同一天，联邦公开市场委员会（FOMC）授权扩大了其已有的与欧洲央行（ECB）及瑞士国民银行（SNB，即瑞士的央行）之间的临时货币互换协议（即货币互换额度）。这种安排为欧洲央行和瑞士央行分别提供了最高可达 300 亿和 20 亿的美元，分别增加了 100 亿美元和 20 亿美元。联邦公开市场委员会还将这些货币互换额度的期限延长至 2008 年 9 月 30 日。

根据这个新的定期证券放贷平台，美联储将向初级经销商放贷为期 28 天的最高可达 2000 亿美元的国库券，交易以其他证券作为担保，这些证券包括联邦机构债务证券、联邦机构住房抵押贷款支持证券以及非政府机构的最高评级的住房抵押贷款支持证券。推行定期证券放贷平台的目的在于增强金融市场上国库券以及其他抵押品的流动性，从而促进范围更广的金融市场的运作。与目前的证券放贷措施一样，上述国库券将通过拍卖过程进行放贷。拍卖每周进行，从 2008 年 3 月 27 日开始。为了满足初级经销商的融资需要，美联储就定期证券放贷平台的技术设计的特点向它们进行了咨询。

定期证券放贷平台是每周贷款平台，它增强了国库券以及其他按理应有高评级的抵押品市场的流动性，因而它促进了范围更广的金融市场的运作。这项措施以一个月为其贷出系统公开市场账户（SOMA）所持有的国库券，以其他该措施所接受的一般抵押品作为抵押。然而，可以接受的抵押品的满足条件的信贷评级大多建立在按模型定价的基础之上，这是因为持有高评级的按市场定价抵押品的初级经销商无需通过定期证券放贷平台进行借款。证券贷款在竞争性单一价格拍卖的基础上卖给初级经销商。很明显，资金最为紧张的初级经销商会为贷款投出最高的单一价格。

定期证券放贷平台于 2008 年 3 月 11 日宣布，而首场拍卖则于 2008 年 3 月 27 日进行。几乎两年之后，定期证券放贷平台于 2010 年 2 月 1 日关闭，但美联储称，如果市场状况有此需要，这个平台将会再次开放。美联储所说的市场状况，是指按市值核算的价值与按模型核算的价值之间再次出现差距，给初级经销商造成压力。因此，定期证券放贷平台实际上是不仅仅在流动性压力方面为初级经销商提供支持的一个信贷平台。

系统公开市场账户证券放贷措施以隔夜为期、以财政部一般抵押回购证券作为抵押，提供系统公开市场账户所持有的特定财政部证券进行放贷。经销商在每天中午举行的多个价格拍卖会上竞价投标。定期证券放贷平台以 28 天为期提供系统公开市场账户所持有的财政部一般抵押证券。经销商在每周举行的单一价格拍卖会上竞价投标，借款者以该措施所允许的抵押物作为抵押。

定期拍卖平台（TAF）通过每两周举行一次的竞价拍卖向存款机构提供定期资金，而与此不同，定期证券放贷平台向美联储纽约银行的初级经销商提供财政部的一般抵押品，以换取该措施所允许的其他抵押品。美联储纽约银行的定期回购操作的目的，是通过与初级经销商之间的定期回购，为银行体系临时性地增加准备金。这些协议是以现金换债券的协议，它们对于银行体系之中可以获取的准备金的总水平具有影响。不过，定期证券放贷平台的以证券换证券的放贷对准备金水平却不会造成影响，这是因为这些贷款以其他证券作为抵押。

初级经销商信贷平台（PDCF）

2008 年 3 月 16 日，美联储动用了 1932 年《联邦储备法案》中极少用到的第 13（3）条款所赋予的权力，临时性地建立了初级经销商信贷平台，为初级经销商提供据称是具有完全担保的隔夜贷款。初级经销商是与联邦储备系统交易美国政府证券的银行和券商。截至 2008 年 9 月，初级经销商有 19 家。在 2007 年，初级经销商美国政府证券交易每天平均量约为 5700 亿美元。初级经销商信贷平台是一个隔夜贷款平台，它向初级经销商提供资金，以换取三方认可的任何抵押品，这个平台的目的在于促进范围更广的金融市场的运作。

初级经销商信贷平台与美联储的其他平台相比具有以下的不同点：定期拍卖平台这项措施通过每两周举行一次的拍卖向存款机构提供融资，其贷款的金额是固定的。定期证券放贷平台是拍卖固定金额的财政部一般抵押品的放贷，以换取公开市场操作中可以使用的且为投资级别（即3A评级）的公司证券、市政证券、抵押贷款支持证券和资产支持证券。

美联储通过初级经销商信贷平台而向初级经销商发放的信贷增加了金融体系之中银行准备金的总额，其作用的方式非常类似于贴现窗口的贷款。为了抵消这种增加，公开市场操作小组运用了若干种政策工具，其中包括但并不必然仅仅限于直接出售的国库券、逆向回购协议、对国库券的赎回以及对常规逆向回购交易规模的改变。

但是，初级经销商信贷平台的信贷在若干方面不同于贴现窗口向存款机构发放的信贷。贴现窗口的初级信贷平台以初级信贷利率向符合资格要求的存款机构提供隔夜的以及最长达90个日历日的定期资金，以贴现窗口抵押品作为担保。贴现窗口的初级信贷平台在经过美联储于2003年所做的修改之后，以高于联邦公开市场委员会的联邦基金目标利率（即初级信贷利率）100个基点的利率，向金融状况健全的银行提供信贷。

初级信贷以高于市场的利率供应存款机构，但这种信贷在行政上的限制非常之少，对于贷款的意图也没有限制。由于针对初级信贷所收取的利率高于资金的市场价格，所以它取代了以配给机制从央行那里获取资金的方式，而且它也消除了美联储进行行政审批的需要。

在2007年的流动性危机出现之时，美联储降低了初级信贷利率与联邦基金目标利率之间的利差，将其从100个基点降至50个基点，而且美联储还将最长贷款期限延长至30天。

在2008年的3月，美联储再次缩小了利差，这一次将其减至25个基点，而且它将贷款期限延长到了90天。美联储之所以采取这些步骤，是因为它希望存款机构因此而可以获得更多的贴现窗口信贷。

美联储所采取的这些措施导致了危机期间贴现窗口借款量的增加。尽管借款量的大幅增长支持这一观点，即借款所带来的耻辱感已经由此而被消除，但人们不应急于得出如此的结论。虽然借款量增加了，但资金市场上的部分交易是以高于初级信贷利率的利率进行的。

银行之所以不愿从美联储的贴现窗口借款，这有几个方面的原因。其中并非价格的原因可以归因于美联储所实施的贴现放贷。在美联储于2003年对这个放贷平台进行了修改之后，这个因素所起的作用显著减少。

与此同时，第二类耻辱感源自与贴现窗口有关的信息不对称问题。具体而言，虽然大多数银行都从贴现窗口借款，但处于困境之中的或者即将倒闭的机构也使用这个平台。因为市场的参与者无法完全区分健全的与处于困难之中的借款者，所以它们就可能认为，对于任何前往贴现窗口的银行来说，借款就是处境困难的潜在标志。如果这类耻辱感在一场金融危机的早期阶段有所增加，那么当机构试图表现出它们的经营状况良好时，这就能解释基金利率为什么会突然大幅超过初级信贷利率。此外，金融危机期间的资本紧缺有可能令有些机构没有足够的抵押品，所以它们无法申请初级信贷的贷款，因此而被迫接受联邦基金市场上较高的利率，而这个市场是没有证券化的市场。

与之相反，初级经销商信贷平台是一个面向初级经销商（而非存款机构）的隔夜信贷平台。初级经销商信贷平台于2010年2月1日到期。

由于并非所有的初级经销商都是存款机构，所以美联储为了向它们提供信贷上的帮助，只得启用1932年的《联邦储备法案》中第13（3）款所赋予它的权力，这个法案由1935年的《银行法案》和1991年的《联邦存款保险公司改进法案》进行了补充和修订，而这项权力则允许美联储"在非同寻常的及紧迫的情况下，如果借款者无法从其他银行机构那里获得足够的信贷支持"，此时即可针对任何个人、合伙制企业或者公司发放信贷。

13（3）条款于1932年成为法律，当时立法者担心，银行的普遍倒闭会导致许多企业无法获得贷款，因而令经济陷入困顿。在此条款成为法律之后的4年里，美联储发放了123笔贷款，金额总计只有150万美元。直到2008年，即76年之后，13（3）条款才再次为美联储所启用。

除了针对初级经销商信贷平台运用13（3）条款之外，美联储还启用这一条款，授权美联储纽约银行向一家新成立的名为梅登雷因的特殊有限责任公司发放了290亿美元的贷款，这笔款项全部用于推动由美联储和财政部所支持的摩根大通收购贝尔斯登，后者由于在次级抵押贷款证券上投资不善而面临即将破产的境地，而这些次级抵押贷款投资又主要由无法转仓的隔夜回购所提供的资金。

初级经销商信贷平台对梅登雷因公司的贷款与美联储正常的做法相去甚远，美联储正常的做法是只对金融状况健全的机构放贷并以顶级评级的抵押品作为担保。美联储纽约银行后来又获得授权，对房利美和房地美放贷，以在财政部稳定这些政府支持企业（GSEs）的措施之外再加一层保险，这又再一次背离了美联储的正常做法。而事情的发展则是在2008年的9月，财政部只得对这两家政府支持企业进行了托管。

尽管如此，央行开辟了一个勇敢新世界，它凭着这些新启用的权力，以有毒资产作为担保不按常规地发放贷款。除了问题资产救助措施之外，抵押贷款的融资者房利美和房地美获得了超过 1250 亿美元的联邦援助资金。这两家公司均无能够很快将这笔资金还给政府的迹象，甚至可能永远也还不了。

2008 年 3 月，摩根大通在其由财政部所安排的对贝尔斯登的收购之中，已经从美联储的贴现窗口那里获得了 290 亿美元的授信额度。在 9 月初，在房利美和房地美负债 4.5 万亿美元的情况下，财政部以对它们注入 2000 亿美元的资本，而获得了对这两家陷于困境的政府支持企业的控制权，而与此同时，在另一场由政府作为媒婆的"速配婚姻"中，美国银行在政府的诱使之下并购了美林，而后者所获得的只是 500 亿美元的跳楼价。

保尔森治下的财政部遭到了批评，批评者们指出，华尔街上的私人企业是由于它们不负责任的市场误判而濒临倒闭的，所以政府本应允许它们倒闭而不应对其施以援手。财政部开始对此种批评显得敏感起来，保尔森也急于表明，自此以后，增加道德风险将不会是政府的政策。

雷曼的破产

雷曼兄弟于 2008 年 9 月 15 日申请破产，在这之前，伯南克治下的美联储与保尔森治下的财政部曾共同努力，想为这家濒临倒闭的企业找到一个符合资格的买家，但它们的努力归于失败。到了最后，英格兰银行拒绝批准巴克莱银行参与其中，但这对拯救雷曼的绝望挣扎已经是远水不解近渴。保尔森财长对于人们对他的批评，即其对美林的拯救导致了市场的扭曲，显得颇为敏感，所以他对援救雷曼的压力进行了抵制。卡内基·梅隆大学的政治经济学教授及《美联储的历史》一书受人尊敬的作者阿兰·梅尔策则认为，让雷曼倒闭是"一个重大的错误，它导致了目前的衰退的加深和拖长"。

对于美联储在雷曼倒闭事件上的不作为，伯南克提出了一个技术性的理由，即法律对美联储在对方没有足够抵押品的情况下放贷有制约，以此为美联储进行了辩护，不过，伯南克事后也在公共电视台上承认，"雷曼事件表明，我们不能在金融危机期间让一家大型的、在国际上都很活跃的企业倒闭"。

他还可以再加上一句，即如果对一家大型的、在国际上都很活跃的企业施以援手，那就比如会对市场运作造成长期的影响，给经济带来惩罚。有一点现在已经很清楚，即政府施以援手与坐视不管之间的区别并非不同程度的经济上的痛苦，而是这种痛苦以后将由谁承担以及如何承担，是由对这场危机负责的人承担，还是由无辜的纳税人来承担？一旦允许那些对这场危机承担责任的人逃避惩罚，那么任何改革都无法防止危机的重演。

雷曼申请破产之后仅几个小时，美联储又面对着美国国际集团（AIG）即将倒闭的局面，而美国国际集团之所以濒临破产，是因为它承销了信贷违约掉期保险及其他衍生合约，在它的资产组合中还持有抵押贷款支持证券，这令其暴露于次级抵押贷款市场上的风险之中。这时，伯南克治下的美联储和保尔森治下的财政部恐慌了起来，而所有对道德风险的顾虑都被它们抛诸脑后，它们开始全力拯救运转不良的市场资本主义，以国家资本主义对其取而代之。这就类似于将病人置于昏迷之中，以此来减轻他的痛苦。

拯救美国国际集团

美联储董事会认定美国国际集团的规模太大因而不能任其倒闭，所以该董事会于9月16日宣布："在目前的情况下，美国国际集团的无序倒闭可能会令已经极为脆弱的金融市场雪上加霜，导致借款成本显著提高，减少家庭的财富并实质性地削弱经济的表现"，以此为借口，美联储董事会启用了《联邦储备法案》中的13（3）条款，向美国国际集团发放了850亿美元的贷款，这笔贷款以美国国际集团及其附属机构的资产作为担保。

仅在两天的时间里，在应对两家主要的机构迫在眉睫的破产这个问题上，美联储采取了截然不同的办法，而这两家机构均非存款机构，因此它们都没有资格通过美联储正常的放贷平台获得资金上的支持。

在雷曼的情形中，美联储认定它并无防止雷曼倒闭的法律授权，而且即使它获得了合法的授权，雷曼的净资产也不足以为其资金的需要提供抵押。美联储随后便将精力集中于限制雷曼的倒闭对其他金融企业和市场的影响之上。美联储实现了对几家大型机构的保护，这几家机构是雷曼的头寸的对家，但美联储对世界各地的一般公众却没有提供任何的保护，而这些公众对享有高评级的雷曼公司的债券进行了投资，但他们却没有享有信息充分披露的好处。

在美国国际集团的情形中，美联储认为拯救这家公司对于保护金融体系和经济而言是必要的，这是启用13（3）条款的充分理由。美联储由于没有找到买家，所以它没能拯救雷曼，为此它受到了广泛的批评，在那些批评人士看来，这导致了随后的衰退更为严重，在时间上也拖得更长。然而，美联储对在这之后陷入困境的企业的救助并没有起到防止衰退的作用。

逆向初级基金跌破发行价

雷曼的破产确实马上造成了重大影响。2008年9月16日，即雷曼申请破产一天之后，货币市场上的一只主要的基金，即名为逆向初级基金的管理着620亿美元的基金，宣布其每股净资产价值跌至按要求必须保持的1美元水平之下，而这是由于这只基金所持有的雷曼的商业票据和中期定期票据出现了亏损。货币市场基金被认为是超级安全的投资。它们的收益可能会低至接近零的水平，但它们按理不应跌破面值。

逆向初级基金"跌破发行价"的消息引发了针对其他货币市场基金的赎回潮，导致出现了针对货币市场的全面挤兑。这促成财政部宣布采取一个临时性的措施，为参与货币市场基金的投资提供担保。

资产支持商业票据货币市场互助基金流动性平台

针对货币市场基金的挤兑，美联储的应对是再次启用13（3）条款，建立起了资产支持商业票据货币市场互助基金流动性平台（AMLF），向美国的存款机构和银行控股公司发放不可回溯的贷款，为它们从货币市场互助基金那里购买资产支持商业票据提供融资。不可回溯的贷款最终仅由于该笔贷款所提供的抵押品作为担保，它不以借款者的其他资产为担保。

2008年9月21日，美联储批准了高盛和摩根斯坦利的申请，这两家公司原为不接受存款的机构，现在则变成了银行控股公司，美联储还授权美联储纽约银行向附属于这两家企业的经纪和经销机构发放信贷。

这天之后，美联储增加了它与欧洲央行及世界各地的其他几国央行之间的互换协议的额度，以此向国际市场提供更多的美元流动性。

商业票据融资平台（CPFF）

然而，在随后的几周里，虽然美联储采取了大规模的援救措施，但金融市场的骚乱还在继续。为了让陷于停顿的商业票据市场得以复苏，美联储再次启用了13（3）条款，于2008年10月7日引入了商业票据融资平台。这个平台为一种特殊目的的投资工具提供融资，而这种特殊目的的投资工具的采用，是为了直接从符合资格的发行者手中购买3个月期的无担保且以资产为支持的商业票据。

在最近的几十年里，商业票据（CP）市场作为替代银行贷款、获取成本较低的短期融资的一个来源，已经成为金融体系的一种重要组成部分。在最近的几年里，商业票据市场为来自金融部门的发行者而非来自产业部门的发行者所主导。大投资者直接购入商业票据，而小投资者则通过货币市场互助基金（MMMFs）进行购买，其中货币市场互助基金在大面额的商业票据与针对零售投资者发行的小面额股份之间居中做媒介。商业票据市场现在比国库券市场的规模要大。

像通用电气这样的大公司能够直接通过其金融子公司，比如说通用电气资本公司，或者通过被称为单一卖方渠道的代理商或经销商，发行其没有担保的商业票据。小企业为了节省成本而倾向于通过多个卖方渠道进行借款，在这个过程中，小企业将其债务售给由银行进行指导的特殊目的投资工具（SPV），后者转而将资产支持商业票据（ABCP）售给多个投资者。资产支持商业票据的特殊目的投资工具购入债务，这大多是有抵押品的偿还债项（CDO），按其面值打个折扣，从而维持超额抵押，以此为投资者提供权益缓冲。有抵押品的偿还债项是证券化的工具，其现金流源自消费者偿还债项的不断付款，而常见的消费者偿还债项则有信用卡债项、汽车融资债项以及其他分期付款债项。

由于商业票据的偿还期要短于相关贷款的偿还期，所以资产支持商业票据的渠道将对即将到期的商业票据进行续期，以从新投资者那里获得的款项支付老的投资者。如果某张商业票据没有进行续期，那么流动性的提供者将在收取一笔手续费的基础上提供资金。为了令投资者们安心，以银行信用证为形式、在收取较高利率的基础上安排针对整个平台的额外信贷，但这笔资金只在需要时才支取。经销商向客户收取一笔手续费，这笔费用低于1个百分点的八分之一，而在2008年，每天新发行的商业票据有1200亿美元，所以这笔手续费每天约为150万美元。

资产支持商业票据及特殊目的投资工具

资产支持商业票据是附加了特殊资产的商业票据，由"渠道"作为证券发行，而渠道的结构则是比较破产遥远而且目标有限。每一个渠道都包括一个

"特殊目的投资工具"，它是位于平台中心的法人实体，除此之外，还有一个金融顾问（通常是一家商业银行行长投资银行），由其管理这个平台并决定购买哪些资产以及发行何种资产支持商业票据。渠道的所有者获得满意的股息。由于特殊目的投资工具一般并没有任何的雇员，所以手续费支付给一个管理员（通常是一家银行），这个管理员管理着商业票据的续期和资金流。

特殊目的投资工具，尤其是其中比较复杂的那些，是不透明的实体，它们持有的资产方面的信息并不披露给其资产支持商业票据的购买者。正是因为缺乏透明度，资产支持商业票据的收益一般比传统的无担保商业票据高出 75 个基点。这一利差是市场计算出来的，其依据是美联储有关商业票据发行量的统计报表中所列 AA 评级的商业票据的利率。上升利差的变动则取决于商业票据的发行类型、是金融类还是非金融类，还有其所选择的偿还期。

这个利差是一个很神秘的事情。相比仅以一般抵押品作为担保的商业票据，附加特定资产作为抵押品的商业票据为什么要支付较高的收益？穆迪评级机构将收益的这种升水归因于透明度的缺乏。作为金融中介，商业票据的渠道购入金融资产，以其自己的名义发行资产支持商业票据，在其购入的资产与其发行的负债之间进行风险和利差套利。为了防范风险，渠道从诸如美国国际集团这样的高评级的保险机构那里买入信贷违约掉期（CDS），而这个保险机构则对预计不会发生的违约承保，以此而收取了可观的手续费。

美国国际集团金融产品部（AIGFP）

美国国际集团的金融产品部位于伦敦，那里的监管体制限制较少，这个部门还利用了美国国际集团的法定类别，即它是一家保险公司，因此它就不受制于美联储及联邦存款保险公司针对银行所规定的严格的资本准备要求。美国国际集团只要拿出资本金之中极少的一部分，为其持有的风险级别超高的有抵押品的偿还债项提供担保。美国国际集团也不太可能受到其在纽约的监管机构的严格监管，这是因为其金融产品部在很大程度上落在了各监管机构之间的真空地带。金融产品部的业务在美国受美国储蓄银行监督办监管，而该机构的人员在复杂的结构金融产品领域缺乏足够的专业知识。

美国国际集团金融产品部承保了银行所持有的风险级别超高的有抵押品的偿还债项，这是信贷违约掉期市场上的一种产品。美国国际集团为此承保所获得的保费相对微不足道，每年承保每美元只获得 0.02 美分的保费。对于此种保险的买家而言，相比投保所带来的巨大好处，如此成本不值一提，而此种好处尤其体现在与信贷评级良好有关的金融利益上。而保险的买家之所以获得良好的信贷评级，这并非是因为这种金融工具是"安全的"，而只不过是由于风险由美国国际集团的金融产品部所承保。对于美国国际集团来说，0.02美分乘上个几千亿倍，这就是一笔相当可观的收入流，尤其是无须为这种按理根本不存在的风险拨备准备金。银行则告诉监管机构，它们已经找到了一种办法，把有抵押品的偿还债项交易之中所有的信贷风险都消除了。

信贷违约掉期

货币监理署与美联储共同允许有信贷违约掉期保险的银行将风险级别超高的资产留在其账簿上而无须增加资本金，理由是对这种风险已经承保。在正常情况下，如果这些银行在其账簿上持有这种级别超高的风险，它们需要维持的资本金占负债的8%。但是，如果银行能够向监管机构证明，交易之中级别超高的违约风险实在是微不足道，而且这些证券是通过有抵押品的偿还债项结构发行的，证券获得了"国内知名的信贷评级机构"的最高信贷评级，就像标准普尔对美国国际集团的评级那样，那么资本金就能减至正常量的五分之一（即8%的20%，这意味着对于账簿上每1万美元的风险仅需保有160美元的资本金）。

因此，通过信贷违约掉期保险，银行就能将正常情况下为其账簿上每100亿美元的公司贷款所保有的8亿美元资本金减至1.6亿美元，这意味着通过信贷违约掉期保险，银行可以凭相同的资本金扩大放贷4倍。有信贷违约掉期保险的有抵押品的偿还债项因此而得以绕过银行资本金方面的国际规定。而纠正这种行为则是政府在2009年打算对银行开展压力测试的一个关键原因，政府想知道，在出现既定违约下行损失的情况下，银行是否需要增加新的资本金。穆迪评级对既定违约损失的定义是：已发生违约部分利息不时减少和本金损失的贴现现值的总额。贴现率按该部分的息票率计算。

信贷违约掉期合约在会计处理上一般按市价核算，即定期提供收入报表显示资产负债表的波动，而这在受到监管的保险合约上是不显示的。此外，信贷违约掉期的买家甚至无需拥有基础证券或者其他形式的信贷敞口。事实上，买家甚至无须因为违约事件的发生而遭受实际的损失，而是仅在收取承保的名义金额时才发生微不足道的损失。

因此，在 0.02 美分对 1 美元的情况下（1：10000 的概率），投机者能以付得起的损失对赌天文数字般的几十亿美元的回报。在信贷违约掉期的违约上下注 1 万美元，就有可能在一年时间里赢下 1 亿美元。许多对冲基金就是这样做的，因为即使它们在 1 万年的时间里只赢了一次，它们都能全部收回输掉的赌注。

而事实则是它们仅仅等个一两年时间就赢得了巨额的财富，同时也把美国国际集团推向破产。但是，在美联储出手拯救美国国际集团之前，这些赌赢了的对冲基金并不能确定能拿到赌赢的钱。现在，这些赌赢了的机构很幸运，因为美联储拯救了美国国际集团，所以它们也就足额拿到了这些钱。（请参见本人于 2009 年 6 月 24 日发表在《亚洲时报》上的文章《格林斯潘称监管套利是件好事》。）

货币市场投资者融资平台（MMIFF）

2008 年 10 月 7 日，美联储还启用 13（3）条款建立了货币市场投资者融资平台，美联储通过这个平台向各种特殊目的投资工具提供贷款，而后者则从货币市场互助基金以及其他符合资格的投资者那里购买资产。特殊目的投资工具是这样的一类场所，安然公司和雷曼曾通过与其类似者，将负债从自己的资产负债表上隐去。（请参见本人 2009 年 1 月 23 日的文章《紧急的国有化没有退路》。）

拯救花旗集团

不到一个月的时间，即在 2008 年 11 月 23 日，花旗集团成为又一个规模太大不能任其倒闭的机构，需要政府提供帮助。美联储与财政部及联邦存款保险公司一道，参与金融援助一揽子方案之中，提供不具追索权的贷款，支持政府对花旗集团所持有的房地产贷款即证券的高达 3000 亿美元的担保，不过，花旗集团尚未要求美联储根据这项协议对其发放贷款。

定期资产支持证券放贷平台（TALF）

两天后，即 2008 年 11 月 25 日，美联储再次启用 13（3）条款，建立了定期资产支持证券放贷平台，美联储纽约银行据此而向具有顶级信贷评级的资产支持证券以及最近发行的消费者和小企业贷款的持有者提供不具追索权的贷款。定期资产支持证券放贷平台于 2009 年 3 月 3 日启动。合格抵押品的类型随即于 2009 年的 3 月 19 日及 5 月 19 日分别扩大了范围。

在整个 2008 年的秋天，美联储批准大型金融企业成为银行控股公司的数量比历史上任何时候都要多，这其中包括美国运通、CIT 集团以及通用汽车金融服务公司（GMAC），后者通过为汽车分期购买和租赁提供融资而产生了通用汽车公司收入的 60% 左右，但它在危机之前的主要利润来源却是为次级抵押贷款融资。尽管政府提供了帮助，但 CIT 集团最终还是申请了破产保护，而通用汽车金融服务公司也只能由财政部施以援手。

CIT 的破产

CIT 集团于 2009 年 11 月 1 日申请了第 11 章破产保护，试图以此在维持贷款流向数以千计的中小企业的同时，对自己的债务进行重组。

CIT 集团的破产将会令目前持有其普通股和优先股的股东分文不得，这有可能意味着美国政府和纳税人将损失 23 亿美元，为帮助这家陷入困境的公司，这笔钱曾于 2008 年投入这家公司。不过，根据《金融时报》10 月 4 日发表的一份报告，高盛将会因为 CIT 集团的破产而获益 10 亿美元：

"这笔款项源自一笔 30 亿美元的援救融资的结构，这笔援救融资是高盛于 2008 年 6 月 6 日提供给 CIT 集团的，即在财政部为在危机如火如荼时支撑 CIT 集团而购入这家公司 23 亿美元的优先股之前 5 个月之时……

这些人士接着说，虽然高盛有权要求 CIT 足额支付这笔款项，但它有可能会同意 CIT 集团推迟偿还其中的一部分。CIT 集团上周的一份呈报称它在'就修订这项融资协定'与高盛进行协商。"

按照《金融时报》的说法，纳税人损失的那笔 23 亿美元是政府开始向银行注入资本以来所损失的最大一笔金额。

在建议与债券持有人进行债务互换遭到拒绝之后，CIT集团在一个周日向纽约破产法庭提交了上述呈报。CIT集团在一份声明中称，其债券持有人绝大多数均同意了一项提前打包的重组计划，这项计划会削减100亿美元的债务，同时令该公司得以继续经营，从而为中小企业客户提供融资，而中小企业对于美国经济依然至关重要。

CIT集团申请第11章破产是美国公司史上最大规模的破产申请之一。只有雷曼兄弟、华盛顿互助基金、世界通讯和通用汽车等公司在申请破产保护时的资产规模更大。CIT集团的破产申请显示，它有710亿美元的金融和租赁资产，而其债务总额则达到6490亿美元。它的垮台是在过去的两年里一系列巨型企业在这场金融危机的重压之下倒闭的最新一例，而像通用汽车和克莱斯勒这种得到了救助的行业巨头也都走入了破产法庭。

CIT集团称，在破产保护之下，所有现有的普通股和优先股在紧急状态下都将取消。这有可能包括一笔23亿美元的优先股，这是这家公司为了不至破产而通过政府的问题资产救助措施所获得的融资。

CIT集团在2009年7月曾试图获得联邦政府的第二次救助，但这个要求没有获得批准。在这之后，为了暂时不至破产，它从债券持有人那里拿到了一笔30亿美元的贷款。

CIT集团曾在此之前的几个月里一直试图避免灾难的发生，在2009年的7月就刚刚躲过一劫。它努力寻找着融资，但它在之前所依赖的资金来源，如回购市场上的短期债务，在信贷危机期间消失得无影无踪。

在申请破产前一周，CIT集团从其资金的贷款机构和债券持有人那里得到了45亿美元的信贷，据称与高盛达成了一笔交易从而减少债务还款，还从亿万富翁投资者兼债券持有人卡尔·伊坎那里协商获得了一笔10亿美元的信贷额度。但这家公司未能说服债券持有人支持它的债务互换建议，而这项建议如果被接受，CIT集团的债务负担至少可以减少57亿美元，这也会给这家公司更多的时间去偿还其债务。

破产申请对小企业来说是个坏消息，因为在其他信贷难以获得之时，许多小企业都指望着CIT提供的贷款为其支付开支。已经处于困境的部门，如消费类商品零售业，将会受到尤其大的冲击，这是因为CIT集团为2000家左右的批发商提供了短期融资，而这些批发商又为超过30万家的消费类商品零售店供应着商品。

对美联储对于通用汽车金融服务公司所做处理，国会监管小组提出了批评

2010年3月10日，伊丽莎白·沃伦领导的国会监管小组（COP）发表了一份新的报告《根据问题资产救助措施对通用汽车金融服务公司的独特处理》，对于根据问题资产救助措施而对通用汽车金融服务公司所做的处理，这篇报告也提出了批评。

定期资产支持证券贷款平台是美联储于2008年11月25日实施的一项措施的名称。它为资产支持证券市场提供支持，而资产支持证券则是以汽车贷款、信用卡贷款、小企业贷款以及学生贷款为支持的证券。除了以新发行的商业抵押贷款支持证券作为抵押品的贷款之外，针对以所有其他类型抵押品作为支持而放贷的定期资产支持证券贷款平台于2010年3月21日关闭，而针对以新发行的商业抵押贷款支持证券作为支持放贷的定期资产支持证券贷款平台，也定于在2010年6月30日关闭。

上述的小组称，对于破产在2008年不是一个可行选择的说法，它依然并不相信。凭着克莱斯勒和通用汽车两家公司的破产经验，财政部原本能够通过协调，实现通用汽车金融服务公司的破产。在破产中，通用汽车金融服务公司的汽车信贷业务本可以得到保存，而其他的不太重要的业务则予以中止，从而处理其抵押贷款业务留存的负债，并让这家公司的经济状况得以改善。

联邦政府目前为拯救通用汽车金融服务公司已经花费1720亿美元，现在拥有该公司56.3%的股份。通用汽车金融服务公司和财政部均坚持认为该公司资大于债，并不需要额外的援救资金，但纳税人则已经为该公司承担了相当大的风险，例如，管理与预算办公室（OMB）目前就预测，救援资金之中的63亿美元或者更多有可能就永远得不到偿还。

虽然这个小组对于财政部是否应该拯救通用汽车金融服务公司并没有预设立场，但它发现财政部错过了增强责任及更好保护纳税人的钱的机会。例如，财政部没有令通用汽车金融服务公司获得问题资产救助措施的资金以彻底的变革为前提条件，而却对通用汽车和克莱斯勒提出了这样的要求，这些彻底的变革包括：将通用汽车金融服务公司的权益持有人扫地出门，要求该公司提出一个可行的重新实现盈利的计划，要求该公司对如何使用纳税人的钱增加消费者信贷在公众面前做出详细的说明。不仅如此，对于破产在2008年不是一个可

行选择的说法，这个小组仍然并不相信。

鉴于这些潜在的损失规模巨大，国会监管小组的报告表示甚为担心，即财政部并未要求通用汽车金融服务公司制订一个清晰的计划以实现复苏，也没有要求其制订一项足额偿还纳税人的钱的战略。以后，财政部应该明确表明它从这家公司退出的战略。自政府首次对通用汽车金融服务公司施救以来，已经过去了一年多的时间，而纳税人对于前方的路该如何走仍然无法看清楚。

国会监管小组也提出了几项建议：

——财政部应该坚持要求通用汽车金融服务公司制订一项可行的商业计划，表明如何实现盈利并解决通用汽车金融服务公司下属住宅资本部门所造成的问题。

——财政部应该制订并清楚说明针对通用汽车金融服务公司所应实施的近期退出战略，并清楚说明其退出将要或者应该与财政部从持有通用汽车和克莱斯勒股份之中的退出协调进行。

——为了维护市场的纪律并保护纳税人的利益，财政部应该详加说明以下问题：在起初的以及尚在进行的政府援助之中，它将如何处理那些遗留的股东。

我们此前曾对通用汽车金融服务公司进行"第19号压力测试"以来的压力测试进行过讨论，而上述建议与我们的讨论是一致的。相比目前的情况，让通用汽车金融服务公司申请破产很可能令纳税人的损失减少很多。

政府接管政府支持企业

在2008年9月7日，财政部的官员披露，财政部将异乎寻常地接管政府支持企业，即房利美和房地美，让政府掌管这对孪生的抵押贷款巨头以及政府支持企业所支持的5万亿美元的住房贷款。

这项举措令财政部向这两家公司提供了高达2000亿美元的支持，这是政府为支撑美国一泻千里的住房市场而截至目前所采取的最为激烈的措施，美国政府希望以此阻止创纪录的退房潮以及房价的下跌。这项彻底的计划由财政部长保尔森和联邦住房融资局局长詹姆士·洛克希德共同宣布，该计划将这两家政府支持企业置于"托管"之中，由联邦住房融资局实施监督。根据托管安排，政府将临时负责房利美和房地美的经营，直至它们的经营状况出现好转。

房利美（FNM）和房地美（FRE）是由美国政府所创办的企业，在过去一年持续的危机之中,它们因住房价格剧烈下跌以及抵押贷款违约率和退房率的不断上涨而遭到沉重打击。这两家企业自 2007 年夏季以来已经总共出现了 120 亿美元的损失。

房利美和房地美的普通股和优先股的分红将予以取消,以此将每年节省约 20 亿美元。政府支持企业的游说和政治活动将立即中止,对它们的慈善活动也将进行审核。

此外,财政部宣布采取一系列措施,力图为住房和金融市场提供救济。保尔森称,财政部为力撑住房市场,将从房地美和房利美处购买抵押贷款支持证券,并提出向这两家公司以及 12 家联邦住房贷款银行放贷资金。住房贷款银行为超过 8000 家的成员行提供融资。财政部还将与同为监管机构的联邦住房融资局一道,买入房利美和房地美的优先股,从而为这两家公司的债权人提供保障并促进住房融资。美国政府答应力撑这两家企业,称它将获得每家公司之中 10 亿美元的高级优先股。政府还将获得每季度的分红以及每家公司 79.9% 的所有权。

房利美和房地美的股价自信贷危机以来已经跌去了 80% 以上,在 2008 年夏又受重击,因为投资者们担心这两家企业需要为弥补将来的损失而筹集更多的资金,或者需要由相应的联邦监管机构所接管。投资者们害怕,不论哪一种情形出现,现有股东股份的价值都将会减少,甚至被一扫而光。

在 2008 年 7 月中旬,财政部与美联储宣布,在必要时将采取措施为这两家企业提供融资,而国会在这个月的下旬也批准了这项彻底的计划。

此后不久,监管机构加强了它们对房利美和房地美的审核。保尔森财长在 8 月份宣布,他曾借助华尔街上的企业摩根士丹利来帮助他审核这两家公司。

在认定政府的干预已然必须之前,摩根士丹利判定房利美和房地美都面临着"重大的"资本金问题。政府官员们考虑了这样一些问题,如政府是否只能不断注资以及财政部的官员们如何才能最好地保护纳税人,而经过考虑之后,他们排除了注入资本金的可能,而相比托管,资本金的注入是一个不那么强烈的措施。最终所采取的路径等同于"不是马上清算,而是限时退出"。托管使奥巴马政府在将来可以采取各种政策选择。

经过详尽的审核之后,联邦住房融资局局长洛克希德称,如果不采取"重大的行动",这两家公司都无法继续经营下去。房利美和房地美已经成为以发放住房贷款为生的银行以及其他住房贷款发放机构几乎是仅有的资金来源。而遭受沉重打击的住房市场以及美国经济其他部门要实现复苏,这些机构有能力发放住房信贷是至关重要的。

这两家企业买入贷款，附加上担保，然后出售由这些贷款的收入流所支持的证券。它们总共拥有或者支持着价值5.4万亿美元的住房债务，占据着美国抵押贷款债务的半壁江山。

在金融市场于周五下午休市之后，投资者广泛预期财政部与联邦住房融资局将推出这项计划。这项计划也受到了监管机构、国会议员以及部分市场专家们的称赞。

布什总统称这项举措对于住房市场的复苏"至关重要"。他说："今天所采取的行动将会增强我们抵御住房市场自我纠错的能力，它们对于经济在未来重新实现强有力的可持续增长也至关重要，美国人对此应有充分的信心"。

美联储主席伯南克与保尔森一道起着领导作用，试图帮助美国的住房市场以及美国经济的其他方面回归正轨，他也支持洛克希德和保尔森所采取的这项措施。伯南克在一份声明中说："这些必要的措施将有助于增强美国的住房市场并促进美国金融市场的稳定"。

来自纽约州的民主党参议员查尔斯·舒默是参议院银行委员会的一名成员，他说，保尔森的这项计划是"正确之举"，他还指出，这项计划可能会得到其他议员们的交口称赞。

太平洋投资管理公司的比尔·格罗斯是一名广受关注的债券基金经理，他称针对房利美和房地美的计划是正确的。格罗斯在有线电视新闻网财经频道的网站上说："这是一个重大的步骤，也几乎正是我们所希望采取的步骤"。

标准普尔公司除了确认了它对政府的主权信贷的评级之外，还在听到这个消息后确认了它对房利美和房地美所给出的最高3A的评级，称它认为这两家企业的前景是稳定的。

初看之下，华尔街似乎受到了这个消息的鼓舞，不过事实并非如此，因为全球各地的金融市场并没有出现大涨。政府干预的成本依然不清楚。专家们认为，这在很大程度上要取决于这项拯救计划的结构、房价的涨跌方向以及抵押贷款的违约率。

尽管如此，看来几乎可以肯定的一点，是干预的成本将达几十几百亿美元之巨，而且其成本之高，非常有可能使政府其他高调的援救措施相形见绌，比如说美联储在贝尔斯登为摩根大通所收购时以290亿美元支持贝尔斯登的资产。

保尔森称，纳税人所需支付的成本在很大程度上将取决于房利美和房地美未来在金融上的表现。但连他也不好意思说未来是光明的。这个问题将交给他的民主党人继任者盖特纳来处理。

另一个未曾预料到的但却无可避免的后果，则可能是对美国那些陷于困境的银行的不利影响。包括摩根大通和美国主权银行在内的美国部分规模最大的金融机构持有房利美和房地美优先股之中很大的一块，估计有360亿美元。这些股份有被一扫而光的危险。

在一份联合声明中，包括美联储和联邦存款保险公司在内的美国主要的银行监管机构称，少量规模较小的机构在房利美和房地美之中持有大量优先股。这些监管机构还说，如果这些机构需要募集资本，那么它们倾向于与这些机构进行协商以达成一项计划。

政府对房利美和房地美的拯救截至目前尚未达至预期的目的，即在让消费者较为容易地获得他们负担得起的抵押贷款的同时实现住房市场的稳定。退房率尚未下跌，住房销售也依然停滞。

利率问题

在市场于2010年2月16日（周四）休市后，美联储将贴现率，即美联储对银行在其处借款时收取的利率，提升25个基点至0.75%，这令贴现率比零到0.25%的联邦基金目标利率高出了50到75个基点，而零到0.25%的联邦基金目标利率则是14个月前的2008年12月15日设定的。

美联储花了很大力气让人们注意贴现率与银行间隔夜利率之间的区别，后者被称为利率基金目标利率，是美联储主要的货币政策工具。联邦基金目标利率一直维持在接近为零的水平，而依然脆弱的美国经济对于获得复苏的动力、降低失业率并增加消费者的需求却无功而返。美联储似乎无力令正在从自己这里几乎免费得到贷款的银行向市场放贷，尤其是向中小企业放贷，而大多数新的工作岗位预计正是这些企业创造的。

美联储的声明称："类似于本月早期关闭若干重要的信贷平台，（贴现率）的这些变化的目的在于实现美联储放贷平台的进一步正常化。这些修改预计不会导致家庭和企业金融状况的收紧，也不意味着经济即货币政策的前景将会发生任何改变"。

美联储的这份声明避而不谈的是，贴现率的提高预计也不会令家庭和企业所面临的依然紧缩的金融状况得以放松。换言之，提高贴现率在很大程度上仅仅是一个空洞的姿态，它希望市场因此而形成这样的印象，即美联储并未忘记要保护美元的汇值和购买力。不过，历史数据表明，美联储放贷平台的回归正常只能意味着回到实行了几十年的那种过度放松的货币政策上去，而这样的一种货币政策尤以过去两年里所实行的那种免费货币体制为代表。

贴现率是针对商业银行和其他存款机构从美联储在它们各自的地区性银行的放贷平台，即贴现窗口，那里获得贷款时所收取的利率。美联储的各家银行针对存款机构提供3种贴现窗口服务，它们分别是初级信贷、次级信贷和季节性信贷，这3种信贷均有各自的利率。所有的贴现窗口贷款均足额担保。

通过初级信贷贴现安排，贷款以非常短的时间为限（一般是隔夜信贷）发放给了一般而言金融状况健全的存款机构。没有资格获得初级信贷的存款机构可以申请次级信贷，以此满足其短期的流动性需要，或者是因此度过非常严重的金融困境。季节性信贷则发放给规模相对较小的存款机构，它们的融资需求每年在一年之内会出现波动，比如说位于农业或者季节性旅游胜地社区里的银行即是如此。

针对初级信贷收取的贴现率（初级信贷利率）有时高于有时低于短期的市场利率，是高是低则取决于美联储对于市场状况的判断。由于初级信贷是美联储主要的贴现窗口措施，所以美联储有时以"贴现率"这个词指初级信贷利率。次级信贷的贴现率一般而言高于初级信贷的利率。季节性信贷的贴现率则是有选择的几种市场利率的均值。

"贴现率"一词虽然使用广泛，但它的含义实际上已经不再准确。自1971年以来，美联储各家银行对于存款机构的贷款已经以预支款作为担保。利息按应计制计算，在偿还贷款时支付给美联储。贴现率之所以重要，有两个原因：（1）它影响到从美联储那里借入的准备金的成本；（2）贴现率的变化可以被理解为货币政策变动的标志。贴现率的提高一般反映了美联储对通胀压力的担心，而贴现率的降低则反映了美联储担心经济走弱，这在最近这段时期就意味着通缩。

贴现窗口的放贷，通过公开市场上的操作使准备金量发生改变以制定联邦基金利率，还有银行准备金要求，这些是联邦储备系统的三大货币政策工具。它们共同影响着货币与信贷的成本和供给，而货币与信贷则是宏观经济中的重要组成部分。

在正常情况下，美联储制订的贴现率低于联邦基金利率以及货币市场上的其他利率。不过，美联储不允许银行通过贴现窗口的借款而获利。因此，美联储对贴现窗口和联邦基金借贷活动进行着监控，确保银行从美联储这里借款不是为了以较高的利率在联邦基金市场上放贷。

在货币放松时期，联邦基金利率与贴现率之间的利差可能会缩小，甚至会短暂消失，这是因为存款机构在货币市场上借入准备金的需要有所减弱。在这种情况下，美联储可以调整贴现率，从而重新确定惯常的利差。

只有在美联储所属各家银行确信借款机构已经充分利用了可以合理取得的其他来源的资金之后，贴现窗口的贷款才会发放。而其他可以合理取得的资金来源则有联邦基金市场以及往来银行和其他机构来源的贷款。其他机构的资金来源则包括联邦住房贷款银行以及国家信贷联盟管理局的中央流动性平台向其成员所提供的信贷项目。

在通常情况下，在任意一周内，只有相对很少的存款机构通过贴现窗口借款。因此，这个放贷平台只提供银行体系内准备金总额之中很少的一部分。保有可储备交易账户或者非个人定期存款的所有存款机构均有资格通过贴现窗口借款。这些存款机构包括商业银行、储蓄机构以及外国银行在美国的分支机构。在1980年的《存款机构放松管制与货币控制法案》通过之前，贴现窗口的借款一般仅限于那些是联邦储备系统成员行的商业银行。在当前的这场金融危机之中，美联储已经允许高盛这样的金融企业宣称自己是银行控股公司，从而有资格通过美联储的贴现窗口来借款。

贴现率的变动一般并不频繁。在从1980年到2000年的20年里，贴现率的改变有29次，两次调整之间的时间长度从2周到22周不等。不过，在上述的连续22周没有变动之后，在从1990年12月至1992年7月间的经济疲软期内，美联储7次调低了贴现率，从这段时期开始时的7.0%调至结束时的3.0%。从1994年5月到1995年2月，当时美联储对通胀的威胁颇为担心，于是它4次调高了贴现率，从3.0%调至5.25%。

贴现率的变动往往滞后于市场利率的变化。因此，尽管美联储在1995年7月将联邦基金利率压低了25个基点，但截至当年的12月份，它并未削减贴现率。虽然大多数的25个基点的贴现率变化是在1980年之前做出的，但自那年以后，贴现率的调整一直是50或者100个基点（即0.5或者1个百分点）。这反映了货币市场对贴现率的水平并不敏感。美联储纽约银行收取的最低贴现率是0.5%，实行的时间是从1942年直到1946年；最高的贴现率是14%，这个利率从1981年5月实行到了11月，当时的联邦基金利率则为20%。

从1971年7月中旬开始，贴现率就低于联邦基金利率，在1973年的8月

13 日，贴现率是 7.5%，而联邦基金利率则为 10.5%，两者之间的利差有 300 个基点。在 1975 年 2 月 4 日，美联储改弦更张，将贴现率确定在 6.75% 的水平上，比 6.5% 的联邦基金利率高出 25 个基点。一般而言，在贴现率高于联邦基金利率时，美联储是在惩罚从贴现窗口借款的银行，而这样做的目的则是减缓美联储对高能货币的供给。

在 1977 年的 8 月 29 日，美联储又一次改弦更张，将贴现率确定在 5.75% 的水平之上，比 6% 的联邦基金利率低了 25 个基点。1980 年 5 月 28 日，情况又变了过来，贴现率是 12%，比 9.75% 的联邦基金利率高出 225 个基点。这种状态一直持续到了当年的 9 月 25 日，贴现率在这一天调为 11%，比 12% 的联邦基金利率低 100 个基点。自 2003 年 1 月 25 日以来，由于美联储实施了"惩罚性的"贴现率政策，贴现率一直比有效的（即市场上的）联邦基金利率高出 1 个百分点，即高了 100 个基点。

这段历史表明货币供给存在着很大的波动性，而美联储对市场利率的干预也有是异乎寻常的起伏不定。这与美联储在传统上偏好利率的逐渐变化是背道而驰的。它告诉市场的是美联储反复地过度补偿它自己此前的过度补偿，从而对货币供给造成了具有危害性的高度波动。

贴现率由美联储的 6 位理事分别确定，再由美联储董事会进行审核并做出决定。除了在利率发生改变的前后几天里，美联储的 3 项放贷服务的贴现率对美联储的所有银行都是一样的。贴现率并非由联邦公开市场委员会决定，这个委员会有权决定联邦基金目标利率，而这个利率则仅由美联储纽约银行通过在回购市场上买卖国库券来实现。美联储的其他 11 家银行并不参与公开市场上的操作。

美联储并不直接确定利率。联邦公开市场委员会设定目标，然后由美联储纽约银行通过参与回购市场，对达至这些目标所需的货币供给量目标进行估算。（请参见本人于 2005 年 9 月 25 日发表在《亚洲时报在线》上的文章《回购定时炸弹》以及 2009 年 11 月 5 日的文章《再论回购定时炸弹》。）回购市场是为长期投资提供融资的短期资金的一个重要来源。在最近的几年里，它还成为了掩盖机构的风险敞口的法定渠道，其手法是将负债从资产负债表上移走，将回购交易归类为销售而非有抵押品的贷款。

虽然美联储在提供流动性方面有可能做出某些变动，但它在近期不太可能就其货币政策立场做出任何重大的改变。美联储有可能对其政策立场中核心的一条维持不变，它说它预期会在"很长的一段时间内"将利率保持在"非常之低的水平上"。

不过，正如人们所预计的那样，美联储宣布了一项决定，提高了美联储向银行发放紧急贷款的贴现率，而美联储的董事会也重申，它将于2010年2月1日停止多个紧急实施的流动性措施。这些举措会略微收紧外围的金融状况，但我们不应错误地将其理解为是货币政策的收紧。

随着危机的退去，美联储从欧洲央行那里偷学了一招，即欧洲央行通过所谓的"分离原则"，对货币政策与流动性政策进行严格的区分。美联储曾视这种区分在危机期间是有问题的，但它现在似乎认为这种区分对于退出过程具有指导意义。随着金融市场再次高涨，但经济却仍在高失业率的重压之下，可以预见的是，货币政策和流动性政策的正常化过程将以不同的速度前行。

由于对财年实行了统一结束的办法，这导致美联储将对于流动性所要采取的行动推迟到了2010年，这一年将是由投行变成的银行控股公司与一般的接受存款的银行首次共同以12月31日作为财年结束之日，这令它们无法将流动性弱的资产前后调动以显示年终的经营状况良好。为了应对会计日期上的这种重合，体系之中有1万亿美元的超额准备金在缓解年终的流动性压力。

美联储自2009年3月以来首次修订了它对利率展望的核心指导原则。在修订中，它加入了这个指导原则，即人们所普遍认为的利率在将来至少6个月的时间里接近零，所依据的经济状况。这样做的隐含之意是暗示了什么样的经济状况会导致将来6个月里利率出现大涨。

美联储不太可能会改变这种模式，而是以指向经济状况的方式更新其对经济问题的讨论。例如，它可以称，2009年11月份的就业状况报告表明资源利用率的水平虽然仍很低，但已经是略有改善。2009年第四季度的增长率是5.7%。不过，美联储很可能仍将维持其对经济状况的评价，即通胀率是适度的，通胀预期也很稳定。

美联储中的鹰派和鸽派在2009年处于一种休战状态，同时则在为2010年年中的大打出手做着准备。在失业率仍高达10%且国会对美联储开始充满敌意的情况下，利率问题上的鹰派正在带上赤字鹰派的面罩。不过，产能过剩并没有自动转化为价格的降低，这是由于企业被迫针对那些对于价格不敏感的客户而提高价格，以此抵消那些对于价格敏感的客户所给它们造成的收入上的损失。其结果则是滞胀。

风险因素可能迫使鹰派与鸽派就利率问题提前开战，不过这些因素依然并不突出。美元的汇率因为欧盟出现的主权债务危机而有所改善，商品的价格也由于需求的放缓而出现了稳定。许多政策制订者正在关注资产的价格，有些则为利率指导原则推动了投机性交易而感到不安。但是，普遍的偏好是首先运用监管工具而不是利率来遏制任何正在出现的过度投机。

展望未来，美联储所异乎寻常地启用的13（3）条款措施将为美联储的退出战略造成巨大的挑战。美国经济可能要有整整10年的时间在政府的帮助之下跛足而行。

第五章 央行以经济为代价推行货币主义[*]

美国的中央银行成立于1913年,虽然它的成立章程规定,实行货币政策的目的是"适应工商活动的需要",但美联储一直以来都以货币而非经济作为主导原则。货币主义经济学有着广泛的研究领域,其研究对象为确定经济增长与货币状况及政策之间的因果关系。但是,这个领域的研究成果大部分都形成了一种有选择性的实证主义,为货币的重要性优先提供着意识形态上的支持。实证分析本应对如果不加干预而任其自行其是将会怎样做出描述。不过,在经济学中,"将会怎样"一般都是政策的产物。央行的政策制定者们一直以来的着眼点都是从防止通胀出发制定货币政策,其目的在于打消投资者的顾虑,维护货币作为价值的可靠的储藏手段的作用。而尽量维护货币的储藏手段的作用,往往是以牺牲货币推动经济价值最大化的作用为代价的。

具有讽刺意味的是,在货币主义者看来,资产升值是增长而不是通胀。通胀本应主要由工资的增加所导致。虽然维护货币的价值并非不值得去做,但新古典经济学理论却给了美联储这个美国的央行学理上的借口,不去实行促成充分就业的政策。对反通胀的偏执还导致央行不采取措施,去逆转工作家庭特别是靠工资维生者和农民收入的下滑。央行人士不断谈及"劳工清算",以此将对于劳动力的经济需求从劳动力在人口不断增长情况下的自然需求之中分离出来。这样做的结果,是货币主义者以名义货币供给而非总名义需求的稳定为宗旨。

约瑟夫·熊彼特认为,货币主义的措施不会让政策制订者消除经济萧条,只会延缓萧条的出现,而代价则是未来的萧条更加严重。在市场经济中,经济萧条是令人痛苦的,但却不可避免地会反复出现。反周期的货币主义政策措施,即注入更多货币,将萧条期间内时机不当的投资维持在高水平,不是创造

---

[*] 本文以《精英主义的负担》为标题发表于2009年5月5日的《亚洲时报在线》

性的破坏,而是一种主动的破坏。这样的措施最终也会损害总体的福利。

人为推高的资产价格吸收了流动性,抑制了经济活动,因而导致高失业。萧条期间的高失业只不过是市场经济在发挥其注定的作用的一种表现罢了。这是稳定生产和消费的自然的社会经济机制。失业是没有必要消除的,而货币主义的政策措施,其目的在于推高市场经济处于萧条期的资产价格,并不能够消除失业。反周期的财政政策对于在经济下滑期间消除失业是不可或缺的。在萧条时期,只有靠由财政推动的需求管理,也即增加工作人口的高工资工作,从而提供由财政赤字获得的资金,这样人们就有足够的钱购买他们生产的产品又无通胀,只有这样才能消除失业。

赫伯特·胡佛在其回忆录中,这样描述了1929年的崩盘之后主流的取消主义者的心态:

"'放任不管的取消主义者'以财政部长梅隆为首……他觉得政府必须要放手,让这场萧条自我清算。梅隆先生只有一种解决方式:'清算劳动力,清算股票,清算那些农民,清算房地产。'……他认为,甚至恐慌也不完全是件坏事。他说:'这会驱除体系之中的陈腐之处。高生活成本和浪费会降下来。人们会比以前努力工作,会过更有道德的生活。价值观将会出现调整,有进取心的人也会从竞争力不强的人那里接手工作'。"

梅隆的观点是一种平等的取消主义,但只有清算劳动力成为了货币主义经济学的一个核心部分。对于维护金融部门的健康优先于保障实体经济的健康,货币主义经济学背后的理论有着一种意识形态上的偏执。这是一种严格精英主义的自上而下的做法。在政府的帮助下好好地照顾有钱的富人,而以工作维持生存的穷人在市场经济中能靠市场的力量照顾好自己。在买方承担责任风险的大海上,所有人都要自行沉浮,但银行家们却能获得政府发给的救生圈,里面塞满了纳税人的钱,而这其中的原因在于一个相当奇怪的神话,那就是如果没有不负责任的银行家,经济就无法运转。事实是虽然银行对于经济的运转不可或缺,但不顾健全性原则的经营不善的银行却不是不可少的。萧条期间所需要的不是央行向由于资产价格大跌而贷款受损的银行输血,而是由政府承担赤字,以此维持生活工资基础上的充分就业。

按照流行的说法,美联储是华尔街的医生,医疗费用则由政府支付。美国是作为一个民主共和国而建立起来的,主权财富本应属于人民而不是银行,但在全部国家信用的支持下,美联储拥有创造货币的无限权力,以此照顾着它所监管的银行体系。不过,美联储不是国民的医生,而这个国家的财富则是由国民在充分就业和生活工资的情况下创造出来的。相反，在市场资本主义之中，国民的命运由市场力量所操纵和摆布，而市场的力量又受到了自由输往金融精英的银行资金所操控，这一利益的输送不为大多数的零售市场参与者们所理解、所控制，甚至不为他们所知道。因此，市场力量受到了操控，以利于那些被认为太大而不能让其倒闭的机构，而这又以普通大众为代价，他们在受到操控的金融市场上是些不幸的参与者。

央行人士是足够清醒的，他们知道，虽然他们能创造货币，但却无法创造财富。为了将货币与财富捆绑在一起，央行人士们必须打击通胀，仿佛通胀是一种金融瘟疫。但是，增长经济学的第一法则指出，要通过增长创造财富，就必须要容忍一点通胀。因而，解决的办法就是让靠工作维生的穷人承受通胀的痛苦，而令富人获得靠通胀创造的货币化财富之中的较大部分，这样的话，通胀所造成的购买力下降就主要由低工资的靠工作维生的穷人所承担，而资本的所有者们则无需面对，因为资本的货币价值不因通胀而减少。

只要工资以低于资产价格的速度增长，通胀就被认为是良性的。货币主义关于工资的铁律在工业时代发挥了作用，虽然它最终带来了革命的时代，但当时过低的工资所造成的产能过剩为有钱阶级的炫耀性消费所吸收。在后工业时代，由于经济民主社会中的产能过剩已经超出了少数人炫耀性消费的吸收能力，所以增长只能源于需求管理，工资的铁律再也不起作用了。

这是过去三十年里全球经济的根本问题。低工资令全世界陷于目前的这种产能过剩的悲惨境地，虽然这被由债务泡沫产生的不可持续的需求所掩盖，但泡沫最终在 2007 年破裂了：整个世界现在都在生产着由低工资的工人所提供的商品和服务，但除非这些工人借入最终无法归还的债务，否则他们是无力购买这些产品的。

美联储对于不负责任的、运转不良的银行体系起着最后放贷人的作用，本质上来说，这从金融部门那里驱走了自由市场。更为不堪的是，美联储在过去的 20 年里已经转变成为最初的放贷人，向商业银行提供着高能央行货币，由于实行部分储备制，所以这些货币形成了银行货币，从而吹起了在 2007 年破裂的泡沫。结构金融使银行得以将其高风险的贷款证券化，在全球化的信贷市场上售出，因此从它们的资产负债表上移除。处于所谓的影子银行体系之中的非银行金融机构，能够凭借债务的证券化将其负债货币化，并向投资者出售作为风险补偿证券的担保债务凭证。

在我 2002 年 5 月发表在《亚洲时报在线》上题为《国际清算银行与国民

银行之争》的文章中,我曾如此警告:

"……在发达国家的金融体系中,由于结构金融最近出现了一些新的进展,风险评估变得复杂了。这些新进展包括全球市场的权力集中在大型、复杂的银行组织(LCBOs)手中,对于场外(OTC)衍生工具的日益依赖,以及政府证券市场的结构性变化。虽然有很多人呼吁需要增加透明度,但这些结构性的变化减少了金融风险在全球金融体系中分布的透明度,导致市场的纪律和官方的监管无法发挥作用。

甚至对于作为蓝筹股的全球巨人,如通用电气公司、摩根大通银行和花旗集团,人们也怀疑它们有未予披露的表外风险敞口。颇具讽刺意味的是,新兴市场中的银行,在未能满足国际清算银行武断规定的巴塞尔协定资本金要求时,就要遭受与其风险不成比例的风险升水的惩罚,而大型、复杂的银行组织在衍生品上存在着巨大的风险敞口,但它们却享有免于支付相应的风险升水的待遇。"(这里没有提及汽车业中的巨人,这是因为甚至是在2002年,它们都已经不再被视为蓝筹公司。)

格林斯潘在1987年到2006年之间担任美联储的主席,他在2004年宣称:

"我们并没有采取剧烈的措施抑制公认的泡沫,因为这会带来无法预测的后果,正如我们1999年年中在国会作证时所说的,在泡沫出现时,我们选择了着力于减轻泡沫破裂可能造成的后果,并希望以此推动向下一个扩张过程的过渡。"

格林斯潘口中的"下一次扩张"意味着下一个泡沫,它出现在住房市场上。"减轻后果的政策"则是再次向美国的银行系统大规模注入流动性。住房泡沫取代高科技泡沫是有着结构性的原因的。虽然房屋中的大部分东西,如家具、硬件、窗户、厨房设备和浴室设施,是在国外制造的,但房屋无法像制成品那样进口。建筑业的工作岗位无法外包到海外,以利用各国之间的工资差别。相反,有些非熟练性的工作岗位由低工资的非法移民所占据。

1999年,未予偿还的住房抵押贷款总额为4450亿美元,到了2004年,这个数字增加到了7560亿美元,而到了2007年则是11200亿美元,其中的大部分都由以较低利率为较高房价再融资所吸纳。当格林斯潘在1987年执掌美联储时,未予偿还的住房抵押贷款总额只有1820亿美元。在他的放纵之下,住房抵押贷款的未偿总额翻了四番。这些钱中的大部分都是由美联储印发的,又以贸易赤字出口到国外并以债务再次进口到美国。(请参见本人2005年9月14日的文章《格林斯潘是泡沫之国的魔术师》)

第五章 央行以经济为代价推行货币主义

在需要美联储"减轻后果"的时候，它就不是面向普通私人公民的最后放贷人了，而以这些人的名义，美联储获得了货币创制权。财政部从私人公民那里以税收的形式拿走了货币，但只有银行才能从美联储那里获得主权信贷的支持。这并不奇怪，因为美联储虽然享有国家所赋予的创造高能货币的权力，但它是一家私有的实体，由其成员银行所拥有并经营。

通常而言，在自由市场上，如果一家金融机构陷入财务困境，出手相救的一方将有权获得这家陷于困境机构的所有权，而且有权获得相救之后的所有的未来利润。这是资本主义的基本游戏规则：你资不抵债，你失去你的公司，出手相救的一方得到你的公司。只有在由于利润前景没有吸引力而没有私人一方出手相救的情况下，政府才会以纳税人的钱作为最后的施救者出现。这不是国有化；做生意就是这样，虽然这是出于公共的利益。

但是，亨利·保尔森所执掌的财政部却通过问题资产救助项目（TARP），将纳税人的钱给了陷于困境的银行，但却不明确要求这些银行发放贷款复苏停滞的经济。这让这些银行用着纳税人的钱，不是去发放对经济有帮助的新贷款，而是通过偿还这些银行原本无力归还的负债实现去杠杆化。随即在其后的几个季度里，这些得到救助的银行开始在去杠杆化的资产负债表上产生了利润，但这对依然陷于困顿的经济毫无帮助。不仅如此，除非这些银行在随后的每个季度里都继续通过问题资产救助项目获得援助，否则这些利润是无法持续的。政府非但没有拿走这些银行在获得救助之后产生的利润，还允许它们在方便的时候以低于市场的利率仅仅归还问题资产救助项目的钱。这导致了一个现在非常流行的说法的出现：合法抢劫银行的最好办法，是拥有一家银行并把它经营到破产。

问题资产救助项目使政府得以从金融机构那里购入多达 7000 亿美元的"有问题的"资产和权益，其目的在于强化金融部门。在政府针对金融危机而在 2008 年采取的措施之中，这是最大的一个组成部分，而这场金融危机则是由始于 2007 年 7 月的次级抵押贷款崩盘所致的。

财政部将"问题资产"定义如下：

"（1）住宅或者商业抵押贷款，以及建立在这种抵押贷款之上或者与之有关的任何证券、凭证或者其他工具，它们均在 2008 年 3 月 14 日或者在此之前形成或者发行，财政部长认为购入它们有助于金融市场的稳定；并且

（2）任何其他的金融工具，在财政部长与美联储董事会主席协商之后，认为购入它们对于促进金融市场的稳定而言是必要的，但购入它们应在将这种

必要性以书面形式告知国会的相应委员会之后进行。"

换言之,"问题资产",即人们常言的有毒资产,是银行和其他金融机构所持有的流动性差、难以确定其价值的资产。问题资产救助项目所针对的资产可以是担保债务凭证(CDOs),在 2008 年 3 月 14 日之前,它们在市场上购销两旺,但在这一天,它们因其所代表的贷款普遍丧失赎回权而遭受了打击。

财政部所推动的问题资产救助项目,目的在于使用二级市场的机制购入这些资产,改善它们的流动性,从而让参与其中的机构可以稳定它们的资产负债表并避免遭受进一步的损失。

问题资产救助项目并不允许银行弥补问题资产在 2008 年 10 月 3 日之前所遭受的损失,但财政部的官员们希望,一旦这些资产的交易得以恢复,它们的价格将会稳定下来,其价值最终也将会增加,从而使参与其中的银行以及财政部都可以获利。将来从问题资产中获利的想法来自金融业中的一些人,他们认为,这些资产现在的价格中包含着远高于目前的预期违约率所造成的缩水。但如果违约率继续上升,将来的获利将很可能是一场空。到日前为止,这些资产的市值在继续下跌,已经低于问题资产救助项目买入问题资产时的价格了。

财政部新近成立了金融稳定办事处,由其制定实施问题资产救助项目,这是由国会根据众议院第 1424 号法案,即《2008 年紧急经济稳定法》,于 2008 年 10 月 3 日进行授权的。

2008 年 10 月 14 日,保尔森财长和布什总统分别宣布对问题资产救助项目做出修订。财政部宣布其打算购买美国最大的 9 家银行的高级优先股和认股权证。这些股份满足第一等级资本的条件,是不具有投票权的股份。为了符合这个项目的要求,财政部规定各个参与机构需要满足特定的要求,其中包括:

(1) 保证针对高级管理人员的激励薪酬措施不鼓励没有必要的、过度的风险,这样的风险会对这些金融机构的价值产生威胁;

(2) 针对根据收入报表、公司收益或者其他标准而支付给高级管理人员的任何奖金或者激励薪酬,如果其后发现报表内容存在实质性不符事项,要求归还这些奖金或者激励薪酬;

(3) 禁止这些金融机构根据《国内收入法》的规定向高级管理人员支付任何的高额离职金;

(4) 同意不以避税目的对每一位高级管理人员提供超过 50 万美元的高管薪酬抵扣。

财政部还用分配给这个项目的首笔 2500 亿美元,从数以百计规模较小的银行那里买入了优先股和认股权证。

　　对于向问题资产救助项目出售资产的金融机构,《紧急经济稳定法》要求它们向财政部发行权益权证(这种证券授权其持有人以规定的价格购买发行此种证券的公司的股份),或者是权益或高级债务证券(针对非公开市场的公司而言)。如果是认股权证,财政部将只获得不具有投票权的股份的认股权证,或者财政部答应放弃这些股份的投票权。这项措施的目的在于使财政部由于在这些机构中拥有新的股份而产生获利的可能,以此对纳税人提供保护。在理想的情况下,如果这些金融机构在政府的帮助之下恢复到此前的状态,那么政府也能因为它们的恢复而获得利润。但是,对于获得问题资产救助项目资助的公司来说,如果它们选择在取得稳定之后但在开始盈利之前归还这些资金,那么政府分享未来利润的权利就被剥夺了。如果是这种情况,政府就承担了所有的风险,但在就要开始获利之前被扫地出门。

　　问题资产救助项目的主要目的,是鼓励银行将彼此之间以及对消费者和企业的放贷再次恢复到危机之前的水平。如果这个项目能稳定银行的资本金比率,那么从理论上来说,它就应该能让这些银行增加放贷,而不是窖藏现金,为问题资产将造成的无法预见的损失做准备。放贷的增加等同于信贷的"放松",政府希望这会恢复金融市场的秩序,提高投资者对于金融机构和金融市场的信心。随着银行放贷信心的增强,银行间贷款利率将会下降,从而进一步鼓励放贷行为。事实证明,政府的这个目的并没有达到,这是因为各家银行并没有利用这个项目的资助恢复放贷,而是忙着去杠杆化。

　　问题资产救助项目以"循环购买安排"的方式运作。财政部有规定的开支限额,在项目开始的时候是2500亿美元,它用这笔钱购买了资产,然后或者出售,或者持有这些资产并收取"利息"。出售所得和利息则回到项目的资金池中,再去购买更多的资产。如果总统向国会提出有必要增加资金,那么可以从一开始的2500亿美元增加到3500亿美元。对于剩下的3500亿美元,财政部可以向国会提交书面报告,详细说明资金的计划用途,在这之后,这笔钱划入财政部。在这笔钱自动划入财政部之前,国会有15天的时间投票决定不批准这笔增加的资金。首笔3500亿美元于2008年10月3日划拨,在2009年1月15日,国会投票批准了划拨第二笔3500亿美元。

　　问题资产救助项目的资金的另一个用途是支持"让人们买得起住房"计划。这项计划由财政部利用问题资产救助项目的资金于2009年3月4日开始实施。由于问题资产救助项目对"有风险的"抵押贷款的定义是"问题资产"，所以财政部有权实施这项计划。简单的说，这项计划为房利美和房地美持有的住房按揭提供再融资。私人持有的按揭有资格享受其他的激励措施，其中包括为期5年的有利的贷款条款修改。

问题资产救助项目的首笔资金主要用于买入优先股，由于它在普通权益股东之前获得偿付，所以它与债务相类似。这导致有些经济学家认为，这个项目对于推动银行有效放贷可能并无效果。

在保尔森财长一开始提交的计划当中，政府将买入资不抵债的银行的问题资产，然后以拍卖的形式卖给私人投资者和/或企业。后来，由于银行之间互不信任对方会审慎放贷，银行间隔夜放贷市场陷于停顿。2008年11月12日，保尔森财长表示，第二笔资金将优先用于恢复对消费者发放信贷的证券化市场。

2008年11月15日，英国首相布朗来到白宫，参加讨论全球信贷危机的首次20国集团峰会。保尔森与他进行了会晤，在此之后，原来的计划出现了修改。为了减轻英国出现的信贷紧缩，布朗仅仅是以优先股的形式对银行注资，其目的在于清理银行的资产负债表，这实际上国有化了许多的银行。英国的做法对保尔森显得很有吸引力，因为这相对容易做到，而且似乎很快推动了银行的放贷。资产收购的首半部分可能在让银行再次放贷上没什么效果，这是因为它们不愿冒着风险像以前那样以低标准放贷。

在2008年12月19号，布什总统运用其行政权宣布，问题资产救助项目的资金可以用于他个人认为有利于缓解金融危机的任何项目，他还宣布第102条规定不再有效。这让布什总统得以将项目的资金用于支持汽车业，这一做法得到了汽车业联合工会的支持，它们希望藉此避免大规模的失业。

2009年1月9日，为监督问题资产救助项目而建立的国会审议组得出结论："尤其要指出的是，本小组认为，没有证据表明美国财政部将问题资产救助项目的资金用于支持住房市场，以此防止可以避免的抵押权强制赎回。"这个小组还有一个结论："尽管各家银行尚未获得一半的资金，但已经向市场注入了数以千亿计的美元，而这对银行放贷并没有产生看得见的推动。"

监管救助项目的政府官员已经承认，他们难以监督这些资金的流向以及判断救助措施的效果。在2009年2月5日，国会审议组组长伊丽莎白·沃伦告诉参议院银行委员会，在2008年，联邦政府为仅值1760亿美元的资产支付了2540亿美元。

第六章　拐弯抹角的金融监管改革

在 2009 年 6 月 15 号的《华盛顿邮报》上，盖特纳财长和国家经济委员会主任拉里·萨默斯合写了一篇社论文章，阐述了两天后要宣布的奥巴马政府的监管改革计划的政策目标。

这篇文章称当前的金融危机为"金融监督和管制根本失灵的产物"，指出"我们的金融监管构架满是错误、弱点和权责不清，而且深受过时的金融风险观念之害。在最近几年，金融领域的创新步伐超过了监管现代化的速度，这导致所有的市场和市场参与者在很大程度上不受监管。"

不过，人们普遍认为，由于所涉及的政治上的困难，这届政府的监管改革计划没有做到比较广泛的结构重组，将所有的银行监管整合到一个统一的机构之中。

这篇社论文章指出了"我们现有的监管体系之中的 5 个关键问题，我们认为，这些问题直接造成或者扩大了当前的危机。"

这篇文章指出："首先，现有的监管着力于单个机构的健全而不是整个体系的稳定。结果是并不要求金融机构持有足够的资本或者维持足够的流动性，在存在系统性压力的时候维护它们的安全。在当今的世界上，少量大公司的困境能够令整个体系处于风险之中，因此上述做法是不够的。通过提高所有金融机构的资本金和流动性要求，并针对规模最大的以及关联性最强的公司实施更为严格的要求，本届政府的提议将解决这个问题。此外，所有大型、具有关联性的公司，由于其倒闭可能会威胁到体系的稳定，对它们将由美联储统一实行监督，我们还将建立一个由各家监管机构组成的委员会，赋予其对金融体系进行更为广泛的协调的职责。"

不过，大型金融企业资本充足率指标虽然重要，但靠其本身却不会消除系统性的风险，这是因为系统性的崩盘可以由大量小企业和投资者的大规模对家违约所造成，这些小企业和投资者持有结构性金融工具，而这些金融工具属于大企业的表外业务，因此大规模的对家违约会造成大企业的无力清偿。问题在于甚至是小企业现在也是"大到不能倒闭"了，这是由于不透明的关联性可以导致系统不是在其大的节点而是在整个体系的最薄弱环节失灵。本届政府的这两位顶尖的经济学家认为不应责怪失控的"创新"，而是只能归罪监管没有跟上其步伐。这就像银行发生劫案时怪罪于银行保安一样。

文章接着提出："其次，金融体系的结构发生了改变，传统的银行体系之外的金融活动急剧增加，比如说发生在资产支持证券市场上的金融活动。理论上来说，证券化应该会起到更为广泛的分散信贷风险从而降低这种风险的作用。但是，由于打破了借贷双方的直接联系，证券化导致了放贷标准的削弱，造成了市场的失灵，这又推动了住房市场的过热并加深了房市的破裂。本届政府的计划将严格要求资产支持证券的发行商进行上报；减少投资者和监管当局对信贷评级机构的依赖；而最为重要的是，将要求证券化资产的创立者、承销商或者中间商对该笔资产的表现持有承担经济责任。这项计划还要求协调对于期货和证券的监管，对支付和结算系统更为有力的保护，以及对'柜面'衍生工具强有力的监督。所有的衍生合约都要受到监管，所有的衍生工具交易商都要受到监督，监管者将有权针对操纵市场和违反规定的行为进行执法。"

非银行金融体系从根本上来说是一个反银行的体系，这是由于它允许证券化将债务转化为证券，即将信贷转变为资本。它是对资本主义本身发动的一场攻击战。养老基金被允许投资于债务工具，仿佛它是证券工具一样。这样的工具事实上被剥夺了安全性，其回报与风险水平相当。安全性一词源于古希腊语中的"Se-Cura"，从字面上可以翻译为"无所畏惧"。结构金融实际上催生了无畏，对此监管无法加以抵消。

文章指出："第三，我们当前的监管体系没有为消费者和投资者提供足够的保护。这次的金融危机在很大程度上就是由对消费者的保护不够所造成的。这场危机反过来也揭示了在很多类型的金融产品上对消费者的保护都是不够的，从信用卡到年金产品均是如此。本届政府最近采取了一系列打击信用卡行业掠夺性放贷和不公正做法的措施，在此基础上，本届政府将建立一个更为强有力的框架，为消费者和投资者提供全面的保护。"

显然需要的是改进对消费者的保护，但是，保护消费者的最好办法却是实现经济的充分就业以及工资的不断提高，这样工人们就可以买得起他们自己生产的产品，而无须承担不可持续的债务。

文章指出："第四，联邦政府并无遏制和管理金融危机所需的工具。依赖于美联储的放贷权来避免非银行金融企业的无序倒闭，对于应对这场危机虽然必不可少，但长期来说，却不是一个适当的、有效的解决办法。为解决这个问题，我们将建立一个倒闭解散机制，对于任何其倒闭可能威胁到金融体系的稳定的金融控股公司来说，实现其有序的解散倒闭。本届政府只有在极端的情况下才会实施干预，但这种机制会有助于确保这样一点，即政府将不再被迫在拯救这些公司与金融崩盘之间做出选择。"

并不存在遏制和管理金融危机的"适当的"政府机制。解决之道在于防止反复发生的金融危机。新的倒闭解散机制将私人债务转成公共债务，这对防止反复发生的金融危机毫无作用。实际上，这很可能使这种危机成为我们生活中的常态。

文章指出："第五点，也是最后一点，我们生活在一个全球化的世界上，所以，我们在本国所采取的措施，无论多么明智，多么健全，但如果我们不令国际标准随着我们一起提高的话，这些措施将不会产生效果。我们将领导全世界改进监管和监督。"

美国对新自由主义贸易和金融全球化的推动，是全球金融危机反复发生的主要原因。国际性劳动标准和工资指标的缺乏，使美国的公司利用跨国工资套利大发其财，这造成了全球工资的停滞，在存在着该文所声称但却在文章中误用的储蓄与消费之间失衡的同时，也产生了工资与价格之间的失衡。美国反对国际金融监管标准，这令美国企业以创新为名在跨国风险套利中大发其财。

这篇社论和本届政府的计划都没有应对这样一个问题，即对于依据州权力的传统而现在由各州保险委员会监管的保险部门，需要建立起一个联邦监管体制。由于监管不力，保险业的金融风险成为系统风险失控的一个关键成因，因此这个问题具有特别的重要性。

为遏制过度的风险承担行为，本届政府试图改革鼓励冒险的结构金融以及薪酬体系，包括由股东决定的"评价工资"，同时，针对薪酬评价中的短期行为而令未来的损失由股东承担，本届政府也试图对由此引发的风险泛滥进行监管。

根据奥巴马政府的计划，美联储将继续对最大型的银行控股公司实施日常性的监管，而布什政府曾提议剥夺美联储的这项职责。美联储可能成为银行和达到同等规模和复杂程度的非银行金融公司的唯一监管者。银行的资本金要求，包括对于在金融体系中具有举足轻重作用的金融机构所规定的附加费，也可能由美联储最终说了算。

不过，并非所有针对系统风险的权力都将集中在美联储的手中。奥巴马的计划将提出，授予联邦存款保险公司（FDIC）特殊的权力，解散重要的大型金融机构。这项权力将增加 FDIC 管理复杂的金融公司有序倒闭的能力，政策的制订者们希望藉此减少最近的援手措施所造成的道德风险。

尽管如此，这项计划还是对美联储委以重任，这有可能在国会中造成争议，因为批评者们指出，美联储在次级债危机中未能有效地运用其现有的监管权。

这不是说美联储没有看到一系列泡沫的形成。它通过政策把这些泡沫吹到了极点。格林斯潘虽然否认他在整个 1990 年代对权益泡沫的产生中负有推波助澜的责任，但在 2004 年，也就是在泡沫于 2000 年破裂之后回顾从前的时候，他是这样说的："我们并没有采取剧烈的措施抑制公认的泡沫，因为这会带来无法预测的后果，正如我们 1999 年年中在国会作证时所说的，在泡沫出现时，我们选择了着力于减轻泡沫破裂可能造成的后果，并希望以此推动向下一个扩张过程的过渡。"

格林斯潘所说的下一次扩张，是显现在住房市场上的下一个泡沫。减轻后果的政策则是向银行系统大规模注入流动性。住房泡沫取代高科技泡沫是有着结构性的原因的。

格林斯潘在 1987 年到 2006 年之间是美联储董事会的主席，如果把全球央行体系看成一条蛇的话，由于美元的霸权地位，他就是这条蛇的头。格林斯潘全盘接受了弗里德曼无事实可证伪的结论，即由央行采取的货币主义措施可以无限延续商业周期的繁荣阶段，彻底从金融资本主义中逐出泡沫破裂阶段。

格林斯潘还不限于弗里德曼的结论，认为只要市场上出现自我纠正的一点迹象，央行就要增加流动性，以此维持金融市场的繁荣，而采取如此简单的做法，一个良好的央行就能实现货币主义的奇迹。

这忽略了金融的根本定律，即如果在全球范围内对流动性大加利用，操纵过度的作为影子权益的债务，那么流动性就会成为引火剂，将简单的、局部的信贷绷紧演变为一场系统性的大火灾。

伯南克从 2006 年 2 月 1 日起成为格林斯潘在美联储的继任者，他也认为"良好的"央行政策能够在永远消灭萧条方面大有作为。他曾在 2000 年的时候有这样的说法而且被记录了下来：正如弗里德曼所指出的，如果美联储不是在货币政策上无所作为，那么 1929 年的股市崩盘原本可以避免。布什总统在考虑由谁担任美联储主席时，这种观点曾是候选人所必须具备的信念。然而，

第六章 拐弯抹角的金融监管改革

整个的格林斯潘时代都表明了主流经济学家们在读着同样的书,接受了同样的无事实可证伪的结论。事实证明,弗里德曼的"只有货币才是重要的"观点是一个危险的口号。

格林斯潘和伯南克都受到放松货币的权宜之计的诱惑,都陷入其中而不可自拔,但他们都忘记了这样一点,即使是弗里德曼也认为,央行的作用是维护币值的稳定,从而确保经济增长的稳定和可持续,通过避免货币供给破坏性的大幅波动,调节经济在繁荣和萧条之间的循环。弗里德曼呼吁货币供给以每年3%的速度稳步增加,实现非加速通胀的失业率(NAIRU),以此解决通胀本身造成高失业的经济滞涨。(请参见本人2009年1月6日的文章《货币主义开始破产》)。

在怀俄明州杰克逊侯尔召开的美联储堪萨斯市银行年会是一场仪式,来自全世界各主要经济体的央行人士们齐聚一堂,由号称货币经济学家实为趋炎附势的小丑们为他们鼓劲。他们高调地宣称,虽然他们所有人加在一起的知识都完全不足以应付交付给他们办的事情的巨大挑战,但他们建立在信仰基础上的教条却不应因此而受到质疑,所以他们运用不应为他们所有但却巨大的权力决定全球经济的命运就悄悄地变得合理了。2005年8月的那场年会尤其喧闹,因为那是格林斯潘作为美联储董事会主席的最后一次露面。在对于控制货币供给有几个相互关联的选择项的情况下,美联储作为美国政府的第四分支——这基于令人生疑的宪法上的合法性,同时作为全球央行的蛇头——这基于美元的霸权,选择了以利率政策作为工具来管理经济,这延续了格林斯潘掌舵18年里一直以来的传统。在那次年会上,鉴于他将于次年年初退休,受邀前来的参会者们对他不吝赞美之词。

格林斯潘的要诀是减少市场监管并以此替代危机之后的干预,这只不过是以将来更为严重的不可避免的崩盘来换取经济繁荣的延长罢了。由于推行了这种政策,美联储日益沦为一个配角,它的作用只是解释经济为何混乱不堪,而不是指导经济实现理性的运转;它只是本可免于形成的金融废墟的清扫者,而非公共金融健康的守护者。格林斯潘的货币政策就是"只要是看不清,那就放松货币"。这意味着只要美国经济出现了疲软的迹象,即使这是由结构性失衡而非货币收紧所造成的,就要向银行体系注入更多的货币。在近乎20年的时间里,格林斯潘几乎总是看不清经济是否达成了结构性的均衡,当然,他看不清是正常的,但他对严重失衡的反应却总是随手拿起一剂货币泻药,从而造成了严重的、延续至今的货币腹泻,这表现为失控的资产价格通胀,却被错误

地当成是增长。(请参见本人2005年9月14日的文章《格林斯潘是泡沫之国的魔术师》)

美联储主席伯南克认为,宏观审慎权(系统风险权)可以使央行得以防止出现以利率不易解决的信贷和资产泡沫。但是,美联储的其他官员深深懂得央行这是在走向注定的失败,运用宏观审慎权将导致美联储卷入政治斗争之中,这会损害货币政策制订中的独立性。

萨默斯喜欢说奥巴马政府从布什政府那里继承了金融危机,但从本质上而言,奥巴马的监管改革计划继承了亨利·保尔森的计划。保尔森曾呼吁对监管体制进行整合,因为这是一个"在过去的75年里,在不同的时间,针对现在可能已经不存在的情况,出于特定的原因而建立的、在很大程度上是凑合起来的"监管体制。盖特纳计划取消储蓄监管局(OTS),它监管的是一系列现已倒闭的大型机构,如因迪马克(IndyMac)、华盛顿互助银行和美国保险集团。储蓄监管局将与货币监理署(OCC)进行合并。这场强迫之下的联姻首先是由保尔森提议的。

保尔森还想把商品期货交易委员会(CFTC)并入证券交易委员会(SEC),以此确保衍生工具这一金融领域的大规模杀伤性武器纳入金融军控的适当监督之中。这个建议不在盖特纳的计划当中,这不是因为财政部不喜欢这个提议,而是商品期货交易委员会与芝加哥有着悠久的历史联系,进行了大量的游说。不过,证券交易委员会将要被剥夺部分权力,这些权力将进入一个新成立的委员会,它负责监管消费者金融产品。

计划中的针对证券化的措施,将迫使放贷机构至少保留证券化贷款信贷风险之中的5%。资产支持证券和整个的场外衍生工具市场都将面临新的上报规定。大型的、具有"系统性风险"的机构将要保留更多的资本金,对冲基金也要就其交易头寸提供更多的数据。乔治·索罗斯是名投机者,曾在英格兰银行捍卫英镑汇率的防卫战中获胜,他在《金融时报》上指出,要求放贷机构在以证券形式出售证券化贷款时保留5%的敞口是"象征性大于实际意义"。不过,这一较以前广泛的监管改革计划已经遭到了银行界人士的批评,他们说这会增加银行的资本金成本。虽然奥巴马的计划大多是从上一届共和党政府那里继承下来的,但是,共和党人正准备着就奥巴马政府的几项提议发起攻击,议员们尤其对赋予美联储更多的权力持怀疑的态度。

第七章 没有出路[*]

本·伯南克是一个共和党人，他在四年前由布什总统首次任命为美联储董事会的主席，又由民主党人的奥巴马总统任命连任。这次的任命是奥巴马总统夏天在玛萨葡萄园度假期间宣布的，这起到了转移人们的注意力的作用，因为白宫的预算办公室8月25号发布了不受欢迎的数据，预测2010年到2019年之间的财政赤字将累计达到9万亿美元，比这届政府在5月份估算的数字多出了2万亿美元。联邦政府将在2009财政年度支出2.98万亿美元，在2010财年支出3.766万亿美元，在2019财年则支出5.307万亿美元，均远远高于预计的收入。

不仅如此，这些数字表明国债到2019年将翻番，达到20.78万亿美元，为预计的国内生产总值的四分之三，其中2009年是12.8万亿美元，而2010年预计将令人震惊地增加2万亿美元，达到14.5万亿美元。根据财政部下属的公共债务局的统计，在2008财年，联邦政府支付了4510亿美元的债务利息。2008年7月，即使在美联储以最大努力维持低利率的时候，财政部为国债支付的平均利率仍达3.418%。如果利率在未来几年如预期的那样增加，即使国债本身并不增加，财政部仍将被迫每年为国债支付更多的利息。

奥巴马总统称，让伯南克连任是为了保持"金融市场的稳定情绪"，同时总统也承认，经济复苏的道路预计将很漫长。伯南克的连任表明美联储长期以来的货币政策将会继续，这与奥巴马竞选时的口号"我们可以信任的变革"形成了对照。

伯南克与令全球经济陷于目前窘境的美联储政策是密不可分的。由于美联储长期以来都没有能够对系统性金融危机的出现做出预判并提前采取措施，所以有许多人，尤其是保守派共和党人，蓝狗民主党人，甚至是进步派民主党

---

[*] 本文以《陷入泥沼的美联储》为题发表于2009年9月11日的《亚洲时报在线》

人，都对奥巴马提出扩大美联储的权力表示担心。这些批评者们提出了质疑，在拟议中的针对金融体系的监管改革之中，对于一直表现这么差的一个机构，却让它起系统风险监管者的核心作用，这样做是否明智？

　　反对伯南克连任的意见可以分为三个方面。首先是意识形态上的：尽管伯南克皈依于米尔顿·弗里德曼的无法证明的、罔顾事实的结论，即央行可以凭借及时的、激进的放松货币措施消除市场的崩盘，但伯南克与其前任具有相同的意识形态，这位前任就是制造系列泡沫的魔术师格林斯潘，他曾认为，货币当局的最大作用不是防止资产泡沫的形成，而是在泡沫破裂之后收拾残局。美联储的作用是收拾残局而不是守护系统的健康，这一点格林斯潘后来曾经承认是一个可悲的错误，而在意识形态上偏执于这一点最终导致了2007年的系统性的金融崩盘。（请参见本人于2007年8月24日发表在《亚洲时报在线》上的文章《央行的无能与市场的流动性》。）

　　第二个方面涉及分析能力：在2005年3月29日，伯南克那时还是美联储的行长之一，但他作为等待国会确认的美联储主席人选，在一篇演讲中这样说道："全球性的储蓄过剩"造成了美国自2000年以来的低利率。格林斯潘7月20日在国会作证时也重申了这种观点，他说这种储蓄过剩是导致所谓的"利率难题"——即短期利率上涨而长期利率却在下降——的原因之一。事实上，储蓄并无过剩，过剩的只有美元，它们因美国的贸易赤字以债务的形式流往国外，而由于美元霸权的存在，亚洲各国无法在其国内经济中支出美元，否则就会造成通胀，所以这些美元又以低收入亚洲各国的储蓄形式流回美国。（请参见本人于2006年1月11日发表在《亚洲时报在线》上的文章《关于债务、通缩与烂苹果》。）

　　第三个方面与政策有关：伯南克是一个狂热的市场原教旨主义者，坚信最好的市场监管是市场的自我监管。他和格林斯潘都不止一次地甚至不仅以意识形态为由，而且在操作层面上反对对金融市场的监管：他们认为，美国的监管只会令市场的参与者们跑到国外，去那些监管程度较低的国家；他们还说，美国不会接受国际协调，因为这会威胁到美国的国家利益。在监管方面，伯南克属于"如果我不抽烟，别人也会抽的"学派。（请参见本人于2004年1月10日发表在《亚洲时报在线》上的文章《美联储的好战政策有损于经济》。）

需要约束桀骜不驯的金融部门

2007年7月的金融危机爆发只后,由世界各国领导人参加的各种峰会一直着眼于需要对金融监管体制进行国际协调。在《金融时报》的一次访谈中,英国首相布朗希望,在将于2009年9月在匹兹堡召开的第三次20国集团领导人峰会上,各国将达成一项"全球性增长协议",涵盖退出经济刺激政策和取消政府对银行业支持的措施。他进而说,对于银行业薪酬过高问题,不能指望英国单方面采取行动。

阿德尔·特纳是金融服务局(FSA)即英国最高的银行监管当局的主席,他现在支持针对金融交易征收新的全球税收的建议,他警告说,金融部门依然"膨胀",支付着过高的薪水,对社会而言已经变得太大了。这个建议等同于金融领域里的针对气候变化的《京都议定书》,而多年以来,美国一直对此持反对态度。

在《前景》杂志8月27日发表的一篇访谈中,特纳爵士指出,关于银行业奖金问题的争论已经成为"民粹主义的转移视线之举",真正需要去做的是采取更为有效的措施,将金融部门压缩到适当的规模。他还说,金融服务局应该对"将提高伦敦的竞争力视为一个主要目标持有非常、非常怀疑的态度",这是因为这座城市的金融部门已经成为英国经济之中的一个不稳定因素。而伯南克治下的美联储则尚未采取类似的进步措施,以应对美国和全球经济的金融化以及华尔街在其中所扮演的角色。

在上述的所有三个方面,均无迹象表明伯南克在智力水平上和业务能力上告别了他那不堪的过去。而在应对为期已经两年的金融危机时,他不正常的偏执已经损害了美联储的非常规性政策和前所未有的救援措施的效果。美联储所实施的大手术只是在操作层面才是革命性的,其目的是治标而非治本。

难以置信的英雄伯南克

但对华尔街来说,伯南克成为了一时的英雄。这毫不奇怪,因为他自称的"大胆且创造性"的措施在这场金融危机中拯救了华尔街,以经济的长期健康和美元的持续性稳定为代价,使其免于近在咫尺的自杀式的全盘崩溃。

就是这样一个英雄，在2007年的3月2日，也就是美国的次级债务危机扩散到全世界前100天左右，对国会的经济联合委员会说了如下一段话："截至目前，我们所收到的数据支持这样一个观点，即目前的政策立场（美联储基金利率以很高的5.25%为目标）有可能会促进经济的可持续增长和核心通胀的逐步缓解。"对于市场预期美联储会较早削减利率，伯南克提出了挑战，他说尽管经济数据不利，但他对维持利率不变抱有信心。这就等于泰坦尼克号的船长在前方100米处有座巨大的冰山时说"继续前进"。

在同一份国会证词中，伯南克表示，美联储的政策"并没有从通胀偏好"转为甚至是中立的政策立场，更不用说采取利率措施，应对一场迫在眉睫的危机了。他没有看到，这场危机犹如一辆失控的列车以全速向他冲来。他的这番话导致道琼斯工业均指第二天大跌了近百点。

伯南克对格林斯潘的评论也不屑一顾，他的这位前任最终看到了前景不妙，他说经济的扩张看来"到头了"，意思是衰退可能正在显现。更为令人不安的是，伯南克甚至对次级债务市场可能给美国金融体系造成的威胁都进行了淡化处理，更不用说它对美国在其中占据主导地位的全球体系的影响了。他完全没有抓住稍纵即逝的机会，以及时向银行体系大量注入资金来阻止住房市场泡沫的突然破裂。

相反，伯南克以毫无紧迫感的口吻告诉国会："相比较商业周期的正常演进过程，这场衰退的程度有点超过了我们的预期。"对于有些市场分析人士和市场参与者所表示的担忧，即次级债务市场出现了危机的明显迹象，而这又会对全球经济造成严重的系统性影响，他斥之为危言耸听。

他在一份声明中说："目前来说……（次级债务市场的危机）对于整个经济和金融市场的影响……看来是可以控制的。"这将成为历史上一份臭名昭著的声明，就像胡佛总统在1929的年市场崩盘之后说"繁荣近在眼前"一样。

伯南克还告诉国会：消费者支出"今年到目前为止一直维持在高水平"，消费"在未来几个季度还会继续支撑经济的扩张"。在这份令人悲哀的声明之后，连续5个季度都没有出现经济扩张了，消费者支出也已经逐渐耗尽。

11天之前，也就是信贷危机在7月份爆发之前的四个月，在我于2007年3月17日发表在《亚洲时报在线》上的文章《次级债的崩盘为什么会扩散》之中，我曾警告我的读者们，全球性的系统危机将是不可避免的。

令人困惑不解的是，这位美联储的主席手下有大量的研究和分析人员可供调遣，有获得早期数据的特权，还有完美无暇的学术背景，而本人只是一名地位低下的独立观察人士,依赖于大众媒体获得信息,但在我看来显而易见的事情,他怎么会竟然没有看到?

2007年7月信贷危机首次爆发之前两年,在我于2005年9月14日发表在《亚洲时报在线》上的文章《格林斯潘是泡沫之国的魔术师》之中,我曾写道:

> "在怀俄明州杰克逊侯尔召开的美联储堪萨斯市银行年会是一场仪式,来自全世界各主要经济体的央行人士们齐聚一堂,由号称货币经济学家实为趋炎附势的小丑们为他们鼓劲。他们高调地宣称,虽然他们所有人加在一起的知识都完全不足以应付交付给他们办的事情的巨大挑战,但他们建立在信仰基础上的教条却不应因此而受到质疑,所以他们运用不应为他们所有但却巨大的权力决定全球经济的命运就悄悄地变得合理了。"

这个教条的基础是一种单维度的神学,即健全的货币是经济健康的核心所在。这是一种很奇怪的意识形态,因为央行作为一个机构,其存在的合理性源于废除僵硬的金本位而对货币采取弹性政策。用直白的话来说,央行的主要职能在于管理货币供给,满足经济之中的交易需要,而不是依据货币发行当局持有的黄金数量来固定流通之中的货币量。

所以央行人士坚信健全的货币,但请不要太健全了,以免经济会出现疲软。这些人的信条借自于圣奥古斯丁的《忏悔录》:"上帝啊,给我贞操和禁欲吧——但不要现在就给我"。

将健全的货币扔出窗外来灭火

现在到了2009年的8月份,信贷危机发展为全球性的全面的金融危机已经两年了,世界各地的央行人士再次聚集在杰克逊侯尔,举行每年8月一次的仪式,而这一次,他们暂时将健全货币的绝对必要措施扔进了垃圾桶,其目的在于拯救世界金融体系。这个体系由于过度的债务已经崩溃,而债务之所以过度,是因为央行实行了放松货币的政策,将债务转移到公共部门。

他们所提出的理由,是在以监管改革落网抓住纵火犯之前,需要首先扑灭熊熊的烈火。而美联储灭火的方法则是以更为宽松的货币政策火上浇油,将火势从纵火的少数几个人身上引开,引向普通大众中的无辜受害者。由于美联储扩张了其资产负债表，火势的一部分已经被控制住了，但大火本身远没有完全熄灭，而是正在以典型的自燃的方式在地下蔓延，预计需要多年才能停止燃烧。

不负责任的乐观主义

据报道，在这样的形式下，聚集在杰克逊侯尔的央行人士们却日益相信全球金融危机正在消退，全球经济的复苏正在开始成形。

这是一种近乎幻想的不负责任的乐观评判，做出这种评判的则是一群合法性可疑且信誉破产的人，他们组成了一个强大的同盟。在美联储以及其他国家央行援救资金的作用之下，全球金融体系可能表现为死而不僵，但使全球经济陷于困顿的有毒资产并没有被剿灭，仍对真实的复苏构成了巨大的威胁。债务问题犹如病毒，它正在演变成对货币主义疗法具有抵抗力的新变种，在此情况下，全球经济仍然需要极为细心的护理。

将私人债务转变为公共债务

美联储在过去两年所做的事情，是"以积极的、新颖的方式"扩张美联储的资产负债表，从而将天量的私人部门的有毒资产转移到了公共部门。由于采取了这种办法，包括私人和公共两个部门的体系之中这些天量的有毒资产，可能需要十多年的时间才能得到消化，因而这推迟了真正的经济复苏。

为应付流动性过剩所造成的债务不可持续的金融危机，财政部和美联储所采取的办法是向经济体注入更多的流动性，其所采取的形式是以新创造的货币计量的新的公共债务，同时引导这些流动性进入那些负债累累的机构，以此将已然破裂的那个由债务所推动的资产价格泡沫再次吹大。

财政部并无创造货币的任何权力。它的收入主要源自税收。但它能够发行主权债务，以国家的全部信誉作为担保。在财政部出现赤字的时候，它只能在信贷市场上借款，从而以公共债务挤出私人债务。

美联储则有权创造新货币，再以这些新货币购买财政部发行的国债，将公共债务货币化。但是，虽然美联储能够创造新货币，它却无法创造财富，只有劳动才能创造财富。不幸的是，美联储所创造的新货币并没有为工人和消费者所有，没有表现为充分就业所推动的工资增加，从而提振不断下滑的消费者需求，而只是流向了那些负债累累、陷入困境的机构，让它们得以对有毒资产去杠杆化。因此，权益市场上的通缩（股价的不断下跌）因新创造的货币而得到了缓冲，但总工资收入却在继续下滑，这进一步减少了总需求，将导致企业解雇工人以缓解产能过剩。除非以适当的货币和财政政策打破这种恶性循环，否则经济复苏是不可能会出现的。

需求的减少会导致商品价格的通缩，但这不足以使需求得以恢复，这是因为总工资水平下降的速度更快。金融机构在以来自央行的免费资金去杠杆化之时，贷方获得了资金，而美联储却在扩大其资产负债表，从而承担了有毒的债务。去杠杆化在降低融资成本的同时增加了现金流，这令死而不僵的金融机构得以不劳而获，重新取得以前的常规利润率，而与此同时，它们又在解雇工人，削减运营成本。

因此，我们现在所看到的是经济收缩之中的金融利润通胀和价格通缩。我们以后将会看到不是魏玛共和国的那种价格超级通胀，而是金融利润的通胀，即死而不僵的金融机构在经济陷于崩溃之时却可以取得常规的利润率。这其中的危险在于，这种不劳而获的常规利润率会被错误地认为是经济复苏的表现，引诱公众将其剩余的财富投资出去，而在利润泡沫破裂所导致的下一次市场崩盘之时，这只会使他们损失更多。

美联储资产负债表的急剧膨胀

2009年4月3日，美联储里士满银行在北卡罗莱纳州夏洛特举行了2009年信贷市场研讨会。在这次会议上，2006年2月1日上任的美联储主席伯南克演讲的开场白如下：

在经济和金融形势正常的情况下，我演讲的主题"美联储的资产负债表"可能不会被认为是"吸引人眼球的"。但现在的形势远非正常。为了应对目前的危机，美联储采取了若干积极的、新颖的政策措施，其中的许多都在美联储资产负债表的规模和结构中有所反映。因此，我认为，对我们的资产负债表做一个简要的说明，将可能有助于我们讨论美联储的政策策略以及某些相关的问题。正如我的介绍将会表明的，我们不再生活在一个央行政策仅仅局限于调整短期利率的时代。相反，美联储以及其他国家的央行通过运用其资产负债表，正在发展着新的政策工具，以此缓解金融状况并支持经济的增长。

伯南克随后阐述了美联储新颖的资产负债表政策的若干原则，而这是一个非同寻常的时期，在长达一年半以上的时间里，美国和全球的金融市场和金融机构一直都面临着巨大的压力。伯南克指出，对于逐步恢复经济的可持续增长而言，弥合信贷市场的断裂以及促使信贷重新流向家庭和企业是必不可少的。为了实现这个关键性的目标，美联储与财政部及其他一些政府机构进行了紧密的合作。这样的合作并非鲜见。虽然美联储在制订货币政策方面独立承担责任，但为了促进金融状况的稳定，它在历史上就一直与其他政府机构保持着紧密的合作。

虽然美联储创造性地运用了其资产负债表，使用了各种新的项目（也发明了各种新的缩写词），但伯南克宣称，美联储的做法是审慎的。在放贷和购入证券项目上，美联储尽了最大的可能去避免信贷的风险。美联储的这些措施的目的是整体改善金融和信贷的状况，其着眼点在于恢复经济的全面增长，而非在于为少数的几个部门或者少数几类借款者提供支持。

放松信贷，而非量化

伯南克称这样的战略是"放松信贷"，它不是传统意义上的"量化宽"。在实施这个战略时，美联储还特意对其措施进行了设计，从而在市场和经济恢复的时候，美联储能够取消这些措施，至少在理论上是如此。尤其有一点，这些救市措施必须不能限制在需要的情况下采取货币主义的政策，以满足国会对促进可持续性的最高就业和价格稳定的要求。这可能意味着美联储的紧急措施在几十年里都无法完全取消，因而阻碍着可持续的长期充分就业和价格稳定的实现。

在2006年3月23日，伯南克治下的美联储停止了对M3的跟踪，而M3是衡量美国货币供给量的最广义的指标。美联储所给出的借口是利率决策中已经有些时间没有使用这个指标了。这不是一个合理的理由，而是需要加以纠正的操作过程之中的疏忽。"放松信贷"一词反映了美联储的着眼点在于资产负债表，而"数量上的放松"所指的则是加大货币的供给。

伯南克的"放松信贷"并没有对消费者信贷带来帮助，在2009年的第二季度，消费者信贷按年率计算减少了5.25%。循环信贷按年率计算减少了8.25%，而非循环信贷按年率计算下降了3.50%。在2009年的6月份，消费者信贷按年率计算减少了5%。

消费者信贷在2008年的第三季度达到最高点，为26000亿美元，到2009年6月跌至25000亿美元，减少了1000亿美元。未偿的消费者信贷量连续5个月在收缩，从2009年的5月到6月减少了103亿美元，按年率计算减少了4.9%。随着银行提高放贷的标准，也随着负债累累的企业和家庭疯狂地试图偿还繁荣时期积累的债务，整个美国经济中的信贷量保持了平稳或出现了下跌。

不过，如果考察货币量而不是信贷量，那么美联储的放松信贷政策的后果便一览无遗。美国的广义货币增长在2009年年初开始加速。美联储购买了私人部门的有毒金融资产，这为处于困境之中的美国企业和家庭提供了额外的资金。资金的获得者没有支出这些资金，而是为了避免资不抵债，出于审慎考虑偿还了债务。

欧洲中央银行仍在跟踪货币供给量，但欧洲并没有出现货币供给的类似增加。

如何以及何时

美联储在货币政策上的短视将退出紧急政策这个问题从"如何"变成了"何时"，这基于一个错误的假设，即将来的痛苦必然不如现在来得那么剧烈。滞后的指标反映的是过去的情况，而着眼于这样的指标，则增加了美联储的政策立场造成程度和持续时间方面出现矫枉过正的可能。在去杠杆化的过程之中，美联储通过放松信贷推动的信贷扩张也会导致过度的货币创造。海曼·明斯基曾经指出：只要发放了信贷，就创造了货币。

伯南克在2009年7月21日的《金融时报》上发表了一篇文章，为他所设计的美联储退出战略进行辩护。他认为，美联储将联邦基金目标利率降至几乎为零，再加上美联储资产负债表的显著扩大——这是由于美联储旨在重启信贷流所实施的购入长期证券以及有针对性的放贷措施，"已经减轻了金融危机的影响"并"改善了关键性的信贷市场的运作，这些市场包括银行间借贷市场，票据市场，针对消费者和小企业的信贷市场以及住房按揭市场。"

伯南克承认，美联储的适应性政策可能会延续"很长一段时间"。不过，针对在这很长一段时间里，美元的币值将会如何变化，他没有回答这个问题。美国财政部不会破产，但美元的币值有可能会跌至使美国经济破产的程度。

伯南克在文章中写道，在很长一段时间之后的某个时间，随着经济复苏站稳了脚跟，美联储将需要收缩货币政策，防止在这之后出现通胀问题。伯南克指出，负责制定美国货币政策的联邦公开市场委员会在与退出战略有关的问题上花费了相当的时间，它认为美联储具备必要的政策手段，在时机成熟时平稳及时地实施退出战略，对这一点它很有信心。因此，问题不在于"如何"退出，而是"何时"退出。

伯南克提到，美联储的退出战略与处理美联储的资产负债表紧密相关。在美联储发放贷款或者购入证券的时候，资金进入了银行体系，而且最终出现在银行和其他存款机构在美联储那里持有的准备金账户上。这些准备金的余额现在总计达 8000 亿美元左右，远超过正常水平。而鉴于目前的经济状况，银行一般以余额形式持有其在美联储的准备金。

美联储与流动性陷阱

这被比喻为美联储推着信贷这根绳子，而美联储提供给银行的资金则在美联储的准备金账户上闲置，这是因为银行找不到值得放贷的借款人。凯恩斯称这种现象为流动性陷阱，也即随着名义利率降至几乎为零，市场上的流动性偏好无法刺激经济实现充分就业。在此前的一篇演讲之中，伯南克曾提到米尔顿·弗里德曼的一份声明，说的是对经济用"直升机空投"资金，应该是人人均分这些钱，以此对抗通缩，这为伯南克换来了"直升机伯南克"的"美称"。不过，伯南克的直升机到目前为止仍然还停在地面上无所事事，而纳税人大笔大笔的钱则被运到了陷入困境的金融机构的手中。

但是，伯南克解释说，随着经济的复苏，银行应该会找到更多的机会，将它们的准备金借出去。然而，他对于经济如何会复苏却语焉不详，仅仅是泛泛的相信跌下去的最终还会再升上来。不过，看一看各国的历史就知道，有许多国家跌倒之后就再也没有恢复它们往日的强盛。

伯南克认为，在复苏到来的时候，经济复苏会带来广义货币（比如说 M1 或者 M2）较快的增长，导致信贷的相对放松，这最终会产生通胀压力——除非美联储采取相应的政策措施。在需要收紧货币政策的时候，美联储就必须消除准备金账户上这些大量余额，而如果大量的准备金依然存在，那么美联储就必须采取措施，抵消它们对经济可能造成的任何不利影响。

伯南克相信，某种程度上而言，随着金融状况的改善，对美联储短期信贷资金的使用会减少，而且最终会完全不使用这些信贷资金，因此银行在美联储

第七章 没有出路

所持有的准备金会自动减少。他指出，从2008年年底到2009年7月中旬，美联储向金融机构以及其他市场参与者所发放的短期信贷已经从15000亿美元减少到了6000亿美元。此外，随着美联储所持有证券的到期或者被提前偿还，准备金在将来几年里每年会减少1000亿到2000亿美元。

不过，伯南克承认，除非再采取一些措施，否则准备金在将来几年里将会一直维持在很高的水平。他指出，即使美联储在一段时间里保持着很大的资产负债表，美联储仍然有两个一般性的办法，在适当的时机收缩货币政策，一是对准备金账户上的余额支付利息，二是采取各种措施降低准备金的存量。美联储可以采取其中的任何一种办法，不过，为了确保效果，它有可能合并使用这两种办法。

2008年秋，国会授权美联储对银行在美联储所持有的余额支付利息。这是一个有争议的做法，因为这减轻了银行以放贷为经济活动提供资金的压力。

目前，美联储付给银行的利率是0.25%。伯南克暗示，在需要收紧政策的时候，美联储可以提高针对准备金余额所支付的利率，因为这会提高联邦基金目标利率。毋庸讳言，这会在经济逐渐恢复时对经济复苏造成损害。

一般来说，银行不会以低于能在美联储无风险地获得的利率在货币市场上贷出资金。不仅如此，可以预期的是，如果私人市场上的利率低于针对准备金余额所支付的利率，它们会在私人市场上通过竞争的方式借入任何可能获得的资金，这是因为这样做它们能无风险地获得利差。

因此，美联储所支付的利率，往往会低于包括其政策目标利率即联邦基金利率在内的短期市场利率。提高针对准备金余额所支付的利率，还会使货币或者信贷的过度增长减速，这是因为银行不会愿意以低于能在美联储获得的利率借出它们的准备金。所以说市场的力量实际上是由美联储所掌控的。

大量的国际经验表明，针对银行准备金支付利息可以有效地管理短期的市场利率。例如，欧洲央行允许银行在一项支付利息的存款安排中存放过量的准备金。即使欧洲央行管理流动性的操作显著扩张了其资产负债表，但银行间隔夜利率仍然保持在不低于其存款利率的水平上。此外，日本央行和加拿大央行也都运用其针对准备金支付利息的能力，以此为短期市场利率筑底。但是，这些国家承认自己是混合市场经济体，而不是假装着认为自己所实行的是自由市场经济。

虽然存在着这些原理和经验，但联邦基金利率仍跌至美联储所支付的利率之下一点，在2008年的10月和11月尤其如此，当时美联储首次开始针对银行的准备金支付利息。这种情况的出现，部分反映了一些临时性因素在起作用，例如银行对这个新的体系没有经验。但这也可以理解为反映了经济有多么地虚弱。

不过，伯南克指出，这种情况似乎也产生于这样一个事实，即联邦基金市场上的一些大型放贷机构，特别是房利美和房地美这种由政府资助的企业，是没有资格获得它们在美联储所持有准备金余额的利息的，因此，为了与其他机构相竞争而获得稀缺的资金，它们往往会以低于美联储支付给银行的利率在这个市场上放贷。

在金融状况比较正常的情况下，银行从事上文所指出的那种简单套利活动的意愿，往往会决定联邦基金利率与美联储对准备金所支付的利率之间相差多少。伯南克认为，如果这两种利率之间长期不一致，那么除了针对准备金支付利息之外，还可以采取措施减少准备金并释放市场上的过量流动性，从而解决这个问题，而这就是收缩货币政策的第二种办法。

收缩货币政策的四种选择

按伯南克的说法，美联储在收缩货币政策上有四个选择：首先，对于金融市场的参与者，包括银行，政府出资的企业以及其他金融机构，美联储可以与它们之间签订大规模的准备金回购协议，以此减少银行的准备金以及其他金融机构的过量流动性。反向回购协议涉及由美联储出售其资产组合之中的证券，同时议定在以后的某个时候以稍高的价格购回这些证券。

对各国的央行而言，回购既是一项有用的货币政策工具，也是市场预期方面的信息的一个来源。回购作为货币政策工具的吸引力，在于灵活管理流动性的同时，它所承担的信贷风险很低。此外，它可以有效地起到货币政策立场的风向标的作用。

对于市场上对非常短期的利率的预期，回购市场也为央行提供着这方面的信息，而且这些信息相对而言很准确，这是因为一般而言回购利率的信贷风险升水很小。在这方面，对于从期限较长的证券那里获得的、针对较长时间段的预期的信息，它们起着补充的作用。

次级信贷市场是房利美和房地美所在的市场，这些所谓由政府资助的企业或者机构（GSEs）是在1930年代的新政期间在政府的帮助下建立起来的，它们购买商业贷款机构发放的贷款，然后或者在其资产负债表中持有这些贷款，

第七章 没有出路

或者将这些贷款与其他贷款捆绑在一起，成为按揭支持证券，在信贷市场上出售，通过这样一种方式，令消费者拥有房产变得相对容易。按揭支持证券出售给共同基金、养老基金、华尔街上的企业以及其他金融投资者，它们以与交易国库券相同的方式交易这些证券。这个市场上的许多参与者都在回购市场上获得资金来源。

在这个抵押贷款市场上，抵押贷款利率是由投资者而非银行通过决定回购利率而决定的。只要经济扩张的速度超过了货币供给的增长，投资者就会要求抵押贷款的放贷人提供较高的回报。不过，美联储是回购市场上的一个关键的参与者，这是因为它用于购买回购协议或者逆向回购协议的资金是无限的，因而回购利率由它所决定。如果投资者预期美联储将提高短期利率，那么它们将不会愿意买入低回报的债券。反之，如果预期美联储将降低短期利率，那么高回报债券的价格就会上升（并因此而降低回报）。

如果利率上升，通常也就是美联储认为经济过热的时候，只有回报率也上升，证券化的贷款才能在信贷市场上售出。相反的情况出现在经济放缓的时候。但是，由于美联储只能直接影响回购利率，所以长期利率并不总是与短期利率保持一致，这是因为一系列因素的存在，例如时滞、市场对美联储未来货币政策的预期以及其他宏观事件的作用等等。这种与历史相关性的不一致为对冲基金创造了获利的机会，但如果对冲基金下错了注，它们也会遭受损失。如果对冲基金作为一个整体拥有巨量的金融头寸，那么美联储就有可能认为它们也是"太大了而不能任其倒闭"，从而采取将减少对冲基金损失的政策立场，但这样的立场对经济而言在长期里可能并没有好处。

利率的"期限结构"决定了短期利率与长期利率之间的关系。历史数据表明，联邦基金利率上升100个基点与10年期债券利率同方向上32个基点的变化相连。对冲基金使用多个以这个比率建立的趋同交易模型。从2003年冬季后期起，随着短期利率的上升，长期利率并没有增加，但正如美联储圣路易斯银行行长威廉·普尔2005年6月14日在纽约对《货币市场人士》的访谈中所说，这可以由期限结构的预期理论加以解释，这个理论将市场对短期利率未来路径的预期与长期利率的变化联系在一起。在当时的情况之下，市场根本就没有预期到美联储会长时间地维持较高的短期利率。经济一旦放缓，市场预期短期利率的上升趋势会放慢或者逆转。（请参见本人2005年9月29日发表在《亚洲时报在线》上的文章《回购的定时炸弹》。）

收缩货币政策的四种选择之中的第二种，是让财政部出售国库券并将所得存入美联储。购买者买入国库券，财政部在美联储的账户上的收入增加了，而准备金的余额则会减少。自2008年秋季起，财政部就根据其补偿性融资项目进行着这种操作。尽管财政部的这种措施是有帮助的，但为了维护货币政策的独立性，美联储必须努力确保自己能在不依赖财政部的情况下实现政策目标。

第三种选择是运用国会授予美联储的权力，对银行在美联储持有的准备金余额支付利息。美联储可以向银行提供定期存款，类似于银行为其客户所提供的存单。以定期存款的形式存入美联储的银行资金无法用于联邦基金市场。

第四种选择是在必要时让美联储向公开市场出售其持有的部分长期证券，以此减少准备金。

这些政策中的每一项都会有助于提高短期利率并限制广义的货币和信贷量的增长，从而收缩货币政策。

经济状况不太可能要求货币收缩

总体而言，在经济前景要求收缩货币政策的情况下，美联储拥有多项有效的政策工具。不过，伯南克认为，在相当长的一段时间内，经济状况不太可能要求货币政策的收缩。如果未来需要货币收缩，伯南克治下的美联储将精心选择时机和力度，同时搭配多种政策工具，从而最好地实现它的双重目标，即就业的最大化和价格的稳定。

在退出战略上的两难选择

不过，由于美联储的退出战略以经济的最终复苏为基础，所以依据定义，退出战略本身不可能成为推动早期复苏的战略的一部分。伯南克还没有告诉全世界美联储为实现复苏将要怎么做，他只是说，经济一旦复苏，美联储将有能力对付通胀。

对于因为债务过度而崩溃的经济来说，在这些债务被消除之前，经济是无法复苏的。债务只有通过财富的创造才能消除，而通过放松信贷来创造更多的债务，这样做是无法消除债务的。财富只有通过就业而非金融操纵才能得以创造出来。然而，到目前为止，为了金融体系不至于崩溃，美联储对金融危机的反应还是拖延金融体系中债务的消除。复苏并非会自动到来，只有以纠正市场错误的对应性政策实现充分就业,才能实现经济的复苏。萧条始于商业周期长时间停止了各个阶段之间的循环往复,令失业一直维持在高水平。

新的破产倒闭体制的原则

在 2009 年 4 月 3 日的发言中,伯南克说,美联储还将致力于与奥巴马政府及国会一起推动新的破产倒闭体制,针对在金融体系中具有关键地位的非银行金融机构,让美国政府可以及早有效地处理它们潜在的破产倒闭问题。伯南克承认,在处理诸如贝尔斯登、雷曼兄弟和美国国际集团(AIG)这样一些机构的倒闭或者近乎倒闭的问题上,由于缺乏这种体制,美联储的灵活性受到了极大的限制。

最近,在美联储与财政部联合发表的一份声明中,伯南克所阐述的原则得到了正式的表述:(1)美联储将与财政部及其他机构紧密合作,共同应对金融危机;(2)美联储在放贷活动中应避免承担信贷风险,或者仅向少数几个部门或几类借款者发放信贷;(3)美联储独立管理货币政策的能力必须不受其放松信贷条件的政策措施的限制;(4)迫切需要针对非银行金融机构建立一个新的破产倒闭体制,这个体制的作用之一,是针对在金融体系中具有关键地位的非银行金融机构,美联储如何起防止它们无序倒闭的作用,对此应有更为清晰的界定。

然而,对于追逐风险的投资银行,美联储给予了与按理会规避风险的商业银行相同的保护,这实际上是以纳税人的钱为承担风险提供资金,但却不让纳税人享有高风险所带来的高回报。如果一家私人的机构将一家陷入困境的投资银行从濒临倒闭之中拯救了出来,那这家机构将会获得这家银行的所有权及其将来的所有利润。但纳税人的所得只有美联储贷款的偿还及很少的利息,以及有权在十年时间里以固定的价格购买这些银行的股份,而投资银行里的人甚至在银行正在亏损的时候还拿走了巨额的奖金。虽然据报道政府从其 7000 亿美元的救助投资中获得了 40 亿美元的利润,但分析人士指出,如果换做私人投资者的话,由于它们支付的是市场价格而不是政府所支付的高价,那么它们所实现的回报会是 120 亿美元。

美联储的资产负债表成为货币政策的工具

伯南克认为,信贷市场从 2007 年夏天开始几乎陷入停顿,信贷条件随之收紧,资产价格也随着下降,这些都对美国及海外的经济活动造成了严重影响。美联储迟迟才做出反应,只是从 2007 年的 9 月份,也就是信贷市场开始绷紧三个月之后,才开始不情愿地放松了短期利率。只是在 2008 年的 10 月份,也就是整整一年之后,随着金融危机的加深,美联储才参与到与其他主要国家的央行一起进行的一场前所未有的、协调一致的减息行动之中。

2008 年 3 月 14 日,摩根大通从美联储纽约银行那里贷款并购了贝尔斯登,以防止贝尔斯登破产后所可能造成的市场崩盘,而美联储纽约银行的行长是现任财政部长盖特纳;三个月后,雷曼兄弟申请破产,美林证券被迫以 500 亿美元将自己卖给了美国银行,而保险巨头美国国际集团(AIG)由于这场信贷危机而遭受了损失,试图从美联储那里获得 400 亿美元的救命钱,如果没有这笔钱,这家公司的寿命仅剩几天。六个月之后,在 2008 年 12 月的联邦公开市场委员会(FOMC)会议上,这个委员会将其针对联邦基金的目标利率削减至其下限,规定目标利率的范围为 0 到 0.25%。由于预期通缩将持续一段时间,这个委员会暗示,短期利率有可能在很长时间里都将维持在低水平。

太长时间保持低利率的危险

自那以来,有些经济学家表示了担忧,说美联储有使它自己陷入这样一种境地的危险,即对于经济的长期健康和美元的未来地位而言,美联储太长时间将利率压得太低。低利率在短期内所带来的好处,可能会被高通胀所造成的长期成本所抵消,而且这种长期成本会因为美元的下跌而放大。不过,伯南克认为,由于目标利率这种常规的货币政策已经用至了极限,所以任何进一步的刺激政策都需要运用一套不同的政策工具。

新的政策工具

伯南克说,美联储在开发这种政策工具方面在全球范围内是领先者。尤其值得一提的是，为了进一步改善信贷市场的运作并对经济提供更多的支持，美联储建立并扩展了若干种流动性管理措施，而且在最近启动了一个大规模的资产收购措施。这些政策措施对美联储资产负债表的规模和结构都产生了重大的影响。引人瞩目的一点是资产负债表的规模翻了一番以上，从危机前的8700亿美元左右，增至2008年11月5日结束的那一周里的21100亿美元。

美联储董事会的网站上新增了一个栏目，名称是"信贷和流动性政策措施以及资产负债表"，这是美联储的资产负债表方面信息的一个很好来源。这个栏目将有关美联储资产负债表的各种信息整合在一起，其中有些是最近才公开的信息，另外还有详尽的解释和分析。

几十年以来，美联储的资产几乎完全由国债所组成。不过，2007年下半年以后，美联储持有的国库券减少了，而其他金融资产的持有量显著增加。美联储的资产分为三个大类：（1）为支持金融企业的流动性而发放的短期信贷，这些金融企业包括存款机构、承销商、券商以及货币市场上的互助基金；（2）与着眼于改善信贷状况的政策措施有关的资产；（3）所持有的高质量证券，主要是国库券，政府机构债务，以及由政府机构支持的抵押贷款支持证券（MBS）。如果无序的破产倒闭会威胁到金融体系的稳定和安全，美联储还针对特定的金融机构提供直接的帮助。这就是"太大了而不能任其倒闭"综合症。

针对金融企业的流动性政策措施

在这些类别的资产中，第一类是为健全的金融机构提供的短期流动性，这些机构机构包括商业银行和初级券商，此外还有与其他国家的央行之间进行的货币互换，时间可以长达90天，目的在于为彼此相连的全球美元资金市场提供支持。这类资产的总额截至2009年4月几乎有8600亿美元，占美联储资产负债表中资产额的近45%。

伯南克指出，自美联储建立以来，它就通过其贴现窗口，通常是以隔夜贷款的形式，向存款机构提供着信贷，以满足它们预期之外的流动性需求。当然，提供短期流动性是各国央行的一项长期功能。在2007年的8月，短期银行资金市场的状况突然恶化，银行的融资需求也急剧增加。针对这种情况，美联储削减了初级信贷利率——即大多数金融机构在贴现窗口借款的利率——与联邦基金目标利率之间的利差，它还让银行比较容易地以定期的方式借入资金。

不过，正如在过去的某些金融危机之中一样，银行不愿依赖贴现窗口所提供的信贷来解决它们的资金需求。银行的顾虑是，如果外界知道了它依赖于贴现窗口，这会造成市场参与者认为它的状况不佳，这就是所谓的面子问题。由于通过贴现窗口借款被认为没有面子，所以美联储可能无法将亟需的流动性注入金融体系。

为了解决这个问题，在2007年的下半年，美联储建立了定期拍卖机制（TAF），通过拍卖向存款机构提供固定数量的定期信贷。这个机制的引入看来在很大程度上解决了上述的面子问题，这部分是由于借款机构数量众多，所以它们是谁不为人们所知；而另一个可能的原因，则是在拍卖和拍卖款项的支付之间有三天的时间，这显示这个机制的使用者并非因为特定某天的急切资金需求而依赖于这个机制。

截至2009年4月1日，美联储拥有的未偿贴现窗口信贷额约为5250亿美元，其中的4700亿美元左右是通过拍卖发放的，其余的则是通过常规的贴现窗口放出的贷款。

事实上，美联储这样做违反了其一贯承诺的透明和公开，它的这项措施令大银行的真实信贷状况不为市场所知。实际的情况是，如果没有美联储的帮助，不少没有丢面子的大银行实际上本会面临资不抵债的境地。是否让陷入困境的银行破产倒闭是一个重大的决定，而市场的参与者们被剥夺了这个决定权。

第八章 前面面临着失去的十年

伯南克刚刚得到奥巴马总统的再次任命，连任美联储的主席。他反复宣布，他决定将具有偷偷摸摸的行事风格的美联储转变成一个更为开放的机构。他说，他最近公开露面的次数非常的多，这是因为经济处于"异乎寻常的"时期。伯南克主席和奥巴马总统都承认，这个异乎寻常的时期可能将会持续很长的时间。而在等待着贫血的、不创造工作岗位的复苏的过程之中，这个异乎寻常的时期很有可能成为美国经济的失去的十年。

令人不安的经济预测

白宫预算主管彼得·奥茨塞格预测，美国的失业率在2009年将超过10%，2010年的财政预算将达到37000亿美元，而财政赤字将为15000亿美元，占财政收入的40%左右。这些数字比这届政府此前预计的要高，这是因为这场衰退比这届政府的经济学家们所预期的更为严重，持续时间也更长。白宫管理与预算办公室（OMB）发布的"年中经济评论"预计，经济复苏比它在5月份所预测的更为无力，国内生产总值预期在2009年将收缩2.8%，此后由于基数较低，2010年将增长2%。国会预算办公室（CBO）所做的独立评估预测，2010年经济将在较低的基数上增长2.8%。这两个机构都认为2011年的国内生产总值将增长3.8%，这是一个乐观的估计，有可能在实际情况的影响下下调。

白宫管理与预算办公室的报告指出："虽然经济即刻陷入严重衰退的危险已经散去，但美国经济仍然处于严重的经济下滑之中。"这份报告进而认为："财政赤字的长期前景依然令人沮丧。"这届政府和美联储所采取的政策，是阻止经济的剧烈下滑，其措施将注定复苏在到来之前必然长期软弱无力。

对预算赤字的预测

奥巴马政府2010年的预算赤字标志着连续第二年出现了万亿美元的财政赤字。财政赤字与失业率方面的数字一起，可能将对奥巴马政府目前停滞不前的首要国内政策目标，即改革美国的医疗保险制度这一久拖未决的紧迫任务，造成严重的影响。如果经济没有活力，奥巴马变革的希望就无法实现。这个希望不可能由财政赤字提供资金来实现。

行政部门和国会的预算官员们预计，即使经济出现了复苏，在2009年7月为9.4%的失业率仍将继续上升。白宫管理与预算办公室的官员们指出，到2009年年底，失业率有可能超过10%，全年的失业率平均达9.3%。白宫在2009年5月发布的2010年失业率预计数字为7.9%，但在随后修订为9.8%，这可不是一个小的修订。

国会预算办公室的报告所估算的2009年失业率也是9.3%，但2010年的失业率平均为10.2%。这些估计数字建立在美联储的政策起到了预期效果的基础之上。对于非充分就业，官方没有提供数据，而在经济急剧下滑的时候，遭到解雇的工人只能接受低于他们能力的工作，他们的所得也少于这之前的工作，所以这在现在已经成为一个严重的问题。此外，失业问题正在冲击服务业，而这个部门在传统上在最近的几十年里都是增长的引擎。

前所未有的财政赤字预测

针对始于2009年10月1日的2010财年，国会预算办公室在5月份将其预测的赤字量从12600亿美元提高到15000亿美元，这反映了由于"美国和我们的贸易伙伴国中危机的严重性"所致的2009年和2010年经济的缓慢增长。对于未来10年的财政赤字额，国会预算办公室在其5月份预测的数字上增加了几乎2万亿美元，达到了9.05万亿美元。对于长期的财政赤字，鉴于国会削减了奥巴马政府的预算请求，不隶属于民主共和两党的国会预算办公室将其预测的数字减至71400亿美元。

白宫预算主管奥茨塞格认为，在衰退时期出现万亿美元级的赤字是合理的。他说，不应借此阻挠奥巴马政府推行的长期医疗保险改革计划。他指出，改革美国医疗保险的支付制度长期而言有助于省钱。残酷的事实是，如果不影响医疗质量，那么根本就没有办法降低医疗的成本。只有通过将不断上涨的医疗开支向那些需要的人倾斜而不是将其仅仅用在富人身上，医疗开支的效率才能得到系统性的改善。看待医疗开支的正确态度是将其视为投资而非消费。同样的原则也适用于教育。对这些部门来说，削减成本是死路一条的解决办法。

克里斯蒂娜·罗默是一位很受尊敬的经济学家，她是加州伯克利大学的加夫·威尔逊经济学讲席教授，现在暂时离职担任白宫的经济顾问委员会主席。即使在经济状况变得比开始预测的还要糟糕的时候，她仍然预计随着经济进入"转折点"，2009年第四季度末将出现"国内生产总值的正增长"，只不过基数大大降低了。然而，她也承认，"就业的重新增长费时要长一些。"所以，最好的可能是，即使经济出现了复苏，这也将是又一场不创造工作岗位的贫血的复苏。

罗默提前看到了一份将于9月份提交国会的有关刺激计划效果的报告，她据此预测，刺激经济的一揽子措施很可能在2009年的第二季度正在为经济增长增加着"2到3个百分点"，从而有助于为本会更糟的经济提供缓冲。这意味着如果没有这个一揽子经济刺激措施的话，国内生产总值本会出现负增长。无法预知的一点，是刺激方案实施之后，需要十年左右才能完全消化的大量债务仍然重压在经济之上，这时候将会发生什么样的情况。

不断迫近的通胀和利率暴涨

罗默认为通胀将维持在低水平上。对消费者价格指数的预测显示，2009年将收缩至0.7%，2010年上涨为1.4%，2011年将增长1.5%。好消息是通缩至少暂时得到了遏制，这要归功于刺激方案注入的货币，否则这三年原本都会出现大幅通缩以及国内生产总值的大幅负增长。上述预测所依据的经济假设由经济顾问委员会、财政部及管理和预算办公室共同制定。预测的数字所反映的是截至2009年6月初的经济状况。这意味着为了支持在通胀上的货币中性立场，甚至在2009年，在目前的0%到0.25%的低值基础上，联邦基金目标利率就应上调，在2011年则应升至2%。利率的任何上调都将给虚弱的经济复苏以致命一击。

美联储在面对自己丧失信誉时的公开性

美联储最近之所以表现出开诚布公的态度，是因为公众越来越多地在讨论它在当前的金融危机中到目前为止作用不力和表现不佳，而现在又有人提议以后要扩大它的监管权力。2009年7月份的盖洛普民调显示，美国民众对美联储的印象在所有的政府机构中是最差的，甚至比对美国国家税务局的印象还差。民众对疾病控制中心（CDC）的支持率最高，61%的美国人认为它的工作做得好。作为"金融疾病的控制中心"，美联储没有做到令民众满意。

尽管伯南克在华尔街上是一个英雄，在彭博社的一份民调中他还获得了75%的国际投资者的支持，而且美联储也采取了前所未有的英雄式的行动，以从金融危机和深度衰退之中拯救经济，但是，美国民众中只有30%的人对美联储的作为感到满意。美国公众与华尔街上的全球主义者们分道扬镳，他们认为美联储不是人民可以信赖的朋友和保护者。盖洛普上一次调查美国人对美联储的看法是在2003年，虽然当时财富和收入上的分配差距已经处于上升之中，但仍有53%的人对美联储的工作表示满意。

伯南克日益公开地捍卫美联储处理危机的政策措施，其意图在于抵制国会中部分立法者刮起的一股民粹主义旋风，其表现形式是德克萨斯州共和党人众议员罗恩·保罗提出并有250名众议员联署的一份议案，这些人希望减少美联储在货币政策上脱离人民意志的独立性。

美元的危险

在2009年4月3日的演说中，伯南克称美元在国际上的形势不妙。与美国的存款机构一样，拥有大量美元资金头寸的外国银行也面临着流动性方面的巨大压力。伯南克认为这是又一个暂时性的流动性问题，他不觉得这是结构性的清偿能力不足所造成的困境。随着以美元计价的金融资产的价值在全球范围内急剧地下跌，货币从金融体系之中分离了出去，而由于外国的央行不能发行美元，所以跨国银行需要美联储提供新的美元以减缓价格的下跌。称这样的情形为流动性问题是对这个问题的混淆。这是一个带有流动性因素的清偿能力不足的问题。不只是货币没能流通；以货币衡量的财富量随着价格的下跌也已经消失，而债务中的货币负债却没有发生变化。债务权益比已经转而为负数，杠杆率则升至无穷大。

伯南克认为，金融泡沫的破裂所致的货币短缺是一种暂时得不到满足的外国对美元的需求，这种没有得到满足的需求从国外溢出而进入美国的市场，包括联邦基金市场。为了解决这个问题，美联储与外国的央行合作建立了货币互换安排，或者称为流动性互换额度。通过这种安排，美联储向外国的央行提供美元，虽然外国的银行找不到很多值得放贷的借款人，但美联储仍寄希望于外国的央行转而向接受它们管辖的银行贷出这些美元。这样，美联储的美元就成为了外国银行的准备金，从而冲销不良的贷款和有毒的资产。没有提及的问题在于，欧洲所存在的对美元未能满足的需求，将会颠覆由美元、欧元和日元这世界三大可自由兑换货币所主导的汇率市场。

美联储认为这些互换安排几乎不存在信贷风险，这是因为负责偿还的是外国的央行，而不是最终得到这些美元资金的外国机构。此外，尽管汇率风险可能会是一个问题，但美联储从对应的外国央行那里获得与所贷出的美元等值的外国货币。通过这种安排提供的流动性在2008年年底之前达到了最大值，但自那以后随着短期美元资金市场上压力的缓解而减少了。货币互换的未偿金额目前约为3100亿美元。这是因为以英国为首的欧洲若干家央行采取了决定性的措施，对陷于严重困境之中的银行实行了国有化。与之形成对比的是，美联储则费尽心力，以各种金融花招将其救助措施中的国有化意味掩盖了起来。

美联储的紧急放贷

在市场状况于2008年3月急剧恶化之后，美联储运用其紧急放贷的权力，向初级券商敞开了央行的信贷。初级券商现在可以通过初级券商信贷额度（PDCF）从美联储那里获得短期抵押贷款。初级券商信贷额度与针对商业银行的贴现窗口非常接近，目前约有200亿美元的未偿借款。针对初级券商的另一项安排被称为定期证券放贷额度（TSLF），它将国库券借给券商，以投资级证券作为抵押。初级券商然后用这些流动性较强的国库券去获得私人部门的资金。通过这种安排发放的信贷目前总额约为850亿美元，但它在美联储的资产负债表中并不显示为一项单独的资产，这是因为除非对家大规模的违约而美联储无法收回借出的国库券，否则美联储继续对其所借出的这些国库券拥有所有权。

最后的放贷者抑或最后的做市者

伯南克提醒他的听众，为健全的金融机构在它们进行抵押后提供流动性，这是央行的一项传统职能。这种所谓的最后放贷者行为在金融危机期间尤其有用，因为这会减少资产的抛售，也会使金融机构及其对家感到放心，因为它们知道，这些机构在需要的时候可以获得流动性。

伯南克故意省略了这样一个事实，即美联储在目前的情况下所起的作用，是在扩张过度而流动性不足的市场上做市，而这样的作用，与在短暂的流动性紧缩之中作为中立的最后放贷者相比，无论在性质上还是在操作上均颇为不同。所以说美联储成为了最后的市场参与者，它不仅买入高评级的资产，也买入了有毒的资产，这种毒资产不仅在危机中，在危机过后相当长的时间里也都不会有私人部门的买家购买，因此这种毒资产是没有一个可以预先确定的退出时间的。事实上，美联储已经成为了失灵的市场上那些毫无价值的资产的做市者，只有在货币贬值的情况下，它才有可能以其所支付的虚高的价格卖出这些资产。

伯南克承认，提供流动性本身当然无法解决清偿问题，也不能弥补金融机构在这场危机中所遭受的巨额损失。然而，对他而言，美联储内部的分析和外部的市场报告均表明，美联储充分供应流动性的"大无畏"做法，再加上其他主要国家央行提供的流动性，已经明显地减轻了金融机构面临的资金压力，推动了银行资金市场上利率的降低，而且提高了整体的金融稳定性。但是，支撑这种稳定的并非新的财富创造，而是资产价格的再次膨胀。

伯南克指出，举例而言，虽然金融压力一直存在，但2008年年底以及2009年第二季度末前后的资金压力看来已经显著缓解。具有讽刺意味的是，伯南克所列举的这个例子印证了批评者们的指责，即美联储混淆了资金压力和金融压力。美联储以注入货币实现了金融部门资金压力的缓解，但它并没有缓解经济之中的金融压力。过度的债务依然存在于金融体系之中，在拖着经济的后腿，正如日本所经历的那样，可能在长达10多年的时间里都将如此。

对美联储向另一类金融机构即货币市场互助基金提供流动性的政策，伯南克也进行了辩解。2008年9月，货币市场上的一只主要的互助基金"跌破了1美元"，也即无法按要求维持每股1美元的资产净值。这个事件导致了对其他基金的挤兑，基金投资者大量赎回基金份额。基金份额的赎回进而又对商业票

第八章 前面面临着失去的十年

据市场的稳定造成了威胁,因为这个市场主要依赖于货币市场互助基金对其进行投资。

货币市场基金不像银行存款那样由联邦政府作保。因此,基金对其资产有一个隐含的保证,即不计成本地维护资本金,维持股价不低于1美元。这些基金受证券监督委员会的监管,第2a–7条规定对它们所能投资品种的信贷质量和期限做出了限制,其目的是希望保障本金的稳定。

37年以来,还没有一只货币市场上的零售基金跌破1美元。然而,在2008年,在雷曼兄弟控股公司于9月15日申请破产的第二天,一只基金在冲销雷曼欠它的债务之后的资产净值跌至97美分。这只市值648亿美元的基金持有雷曼发行的价值7.85亿美元的商业票据,而雷曼申请了破产保护,这可能导致它最终只能偿还这些商业票据中的很少一部分。由于投资者担心更多的基金会跌破1美元,这造成货币市场上可能会出现挤兑。

此后不久,另一只大型基金宣布,由于出现了大量的赎回,它正在清盘之中。第二天,美国财政部宣布采取一项措施,对公开发售的货币市场基金提供担保,即万一某只由其担保的基金跌破1美元,投资者仍能收回1美元的资产净值。

像伯南克这样聪明而且有经验的经济学家当然知道,价值恒定的资金令其所有者,或者是不须就此支付利息的银行,可以不受惩罚地将这些资金闲置起来。此事积极的一面是资金的价值不会下跌。用市场的行话来说,资金会被"安全地持有"。持有者没有将其全部投资出去的压力,它们会等待时机,以后在利率升高的时候再部分地投资。

消极的一面则是资金得不到充分的利用,从而造成经济的停滞。因此,促使资金总是得到充分利用的三个条件是税收、利息支付,以及迫使资金持有者寻求高于通胀率的温和通胀。减税、低利率和通缩会阻碍货币的流通,所以它们是造成货币市场不稳定的因素。

在目前的这场金融危机中,减税已经由此前的共和党政府实行了,低利率已经由伯南克治下的美联储实施了,而温和的通胀则因衰退而消失。因此,在存在着大量闲置资金的情况下,经济仍在面临着流动性危机就毫不奇怪了。保存资本的安全之选是从不断下跌的市场上撤出资金。

伯南克肯定也知道,资金只有在并非免费的情况下才能产生经济效益。在货币市场上,资金通常由那些必须支付利息的人所持有,比如说货币市场基金经理,而这些机构必须有效运用由其所管理的所有资金,这样才能避免资不抵债情况的出现。这些机构不太关心对它们所管理的资金要支付多少的利息，这是因为它们能够根据它们从放贷中获利的比例，降低所支付给投资者的利息，但它们多多少少都必须付出利息。它们还必须总是避免损失资本金，由于每个单位的投资一般都折成1美元，所以本金的损失被称为跌破1美元。然而，如果美联储的基金利率长期停留在几乎为零的水平上，那么利差可能就不足以支付基金经理们的费用，也就有可能造成基金的破产。

基于央行应在恐慌中发放信贷这个长期的原则，美联储采取了两项措施支持货币市场互助基金，帮助这些基金避免为了满足投资者的赎回而抛售资产。美联储的这两项措施，再加上财政部所实施的保险措施，起到了阻止针对互助基金的挤兑的作用；大量的赎回基金被适量的资金回流所取代。尽管在秋季危机严重期间为支持货币基金而发放的信贷数量巨大，但此后的借贷量明显减少，仅为60亿美元左右。

2009年3月17日，一家行业团体起草了一份提议，这个行业团体着手做这件事情是在2007年的年底，但到了2008年的9月，情况变得极为紧迫，因为这时出现了针对一只巨型基金的挤兑，这迫使财政部采取了一项实质上是政府保险的措施，以此驱散规模近4万亿美元的货币基金市场上的恐慌。

这场危机凸显了货币市场基金已经成为美国企业和地方政府何等重要的短期信贷来源，它也引发了人们呼吁改革对于这些基金的监管。上述的行业报告得到了投资公司研究所的董事会的支持，这份提议的目的似乎是避免对于货币市场基金更为全面、更具破坏性的改革，而货币市场基金自从近40年前出现以来，它已经成为美国家庭投资的主打金融产品了。

根据这份行业建议书，将要求货币基金手头最少要保有一定数量的现金，要降低其投资组合中的风险，还要增加其向投资者和监管者提供的信息量。这份建议书还呼吁监管者提前介入，对所提供的回报显著超过同行的任何货币市场基金提出质疑，以此判断这只基金是否承担了未偿披露的或者不可接受的风险。这些措施会减少大多数基金的回报，但这个行业坚信，较低的风险将使大多数主流投资者感到放心。

为了避免各家基金再次陷入类似于开启了2008年9月的危机的那场挤兑，这个行业将要求监管机构给予货币基金更多的自主权，让它们可以暂时性地拒绝赎回基金份额，或者在它们受到大量赎回的冲击时，它们可以彻底地清盘。这会使投资者们感到放心，即在灾难袭来时，所有的股东都会获得同等的对待。

这些建议与30人集团在1月份提出的政策建议大相径庭。30人集团是由公共和私人部门的高级代表们所组成的一个国际论坛，主席是沃尔克，他是奥巴马政府经济复苏方面的高级顾问。由沃尔克领衔的30人集团建议，除非货币基金接受类似于针对银行的那种监管，否则就剥夺它们开立支票的权利以及每股1美元的固定定价权，而这些措施将取消现代货币基金的本质特色。

在雷曼兄弟于2008年9月15日申请破产保护后，货币基金业出现了有史以来的首次大恐慌。这导致针对一家基金出现了雪崩般的赎回，而这是一家规模达几十亿美元的基金，其投资组合中有大量雷曼公司的票据。

第二天，这家基金宣布自己"跌破了1美元"，即每股价值低于1美元。这使广大的货币基金投资者深感忧虑，因为它们长期以来都相信，它们总是能够以1股货币基金换回1美元而不会有损失的风险。

随着几千亿美元从货币基金中赎回，财政部急忙采取了临时性的货币基金保险措施，而这项措施将最迟在2008年9月结束。批评者们问道：鉴于公众对金融领域的自我监管抱有怀疑的态度，为什么还要放手让基金业自行制订改革的方案？

金融恐慌的实质

恐慌是一种神经性疼痛。治疗金融恐慌在于令其饥饿，阻止其运转依赖基于信心的市场的信心的丧失。要治疗金融恐慌，与自然的本能相反，现金储备的持有者必须随时准备着不仅为其自身的负债而保有储备资金，而且还要为他人的负债而极其情愿地提供这些资金。只要正常情况下的信贷状况原本良好，他们就必须向所有需要流动性的市场参与者放贷。有毒资产在当前的金融危机中的问题在于，它们在正常情况下是物有所值的，而这种资产的大量持有者的信贷状况现在并不是正常的、没有泡沫的。

如果恐慌没有得到治愈，贷出的资金就会打水漂，损失就会没有必要的放大，所以投资者不愿放贷与这样一种不妙的前景有关。而万一信贷链条上的任何一环决定以牺牲这个体系救出自己，那么恐慌就得不到治愈。在恐慌盛行之时，任何一环的失灵都会因为多米诺骨牌效应造成更多的失灵，而防止一环套一环的失灵的最好办法，是擒贼擒王，抓住失灵的源头。

在违约风潮中的对家数量相对较少的情况下，这比较容易做到。1998年涉及长期资本管理公司的危机即是如此，这是一家大型的对冲基金，在美联储纽约银行大楼的一间房间里就可以召集它的所有对家,一起制订援救的方案。但 2005 年瑞福公司(Refco)的崩盘则是另外一种情形了,因为这家公司的对家分散在 14 个国家的 24 万个账户上。由于风险被分解并出售给了风险偏好各不相同的各种投资者,所以场外衍生合约的对家的身份并不为人所知。到了 2007 年,信贷紧绷的范围甚至更广了。

对恐慌的管理主要是一个恢复信心的问题。它基本上是一个交易问题。所有的交易商都承担着负债;它们有义务及时并无条件地偿还负债,而它们只有贴现其他交易商的负债才能偿还自己的负债。换言之,所有的交易商在其交易得到清偿之前都依赖于以过渡性贷款借入资金,而大型交易商则依赖于借入很多的资金。只要稍有恐慌的迹象,交易商就希望比平时借入更多;它们认为,在还能借到资金时,它们将靠自己提供偿还负债的资金。如果银行满足交易商的借款需求,它们必须恰恰在最不愿意的时候大量放贷;如果它们不满足交易商的借款需求,恐慌便出现了。恐惧造成更大的恐惧,彼此裹挟,坠入深渊。

这其中存在着逻辑上巨大的结构性矛盾。首先,银行的准备金制度规定,经济中的最后一块钱要存起来放在央行那里。这个最终的存放机构也是最后的放贷者;在没有其他人能够放贷的情况下,从它那里要放出无限量的、至少也是天量的贷款。因此,央行令自己对银行体系而言既是准备金的存放机构,又是最后的放贷机构。这好像是说,首先,银行的准备金应该存起来,然后又不要存起来,因为在真正的恐慌中,央行将在银行准备金不足的情况下放贷。

更有问题的是银行贷款现在只占信贷市场很小的一部分。绝大部分的信贷都在非银行的衍生品市场上。虽然衍生合约的名义价值并非真正的风险敞口,但目前衍生品市场的名义价值有 220 万亿美元,利率 1% 的波动所产生的影响就是 2.2 万亿美元,占了美国国内生产总值的 20% 左右。

如果归纳为抽象的原则,那么金融恐慌由一种集体意识所致,即意识到如果所有的债权人都同时要求贷出的资金得到归还,那么系统之中的资金将不会偿付这些债权人。如果令惊慌不已而希望资金得到归还的那些债权人同时得到偿付,那么恐慌就能被驱散。要做到这一点,只需要相对很少的资金。但如果惊慌不已的债权人的要求没有得到满足,那么惊慌就会加剧,成为系统性的恐慌,这是一种集体的意识,即意识到所有的债务人,甚至信誉很好的债务人,都无法偿还他们的债权人。只有令所有的债务人偿还他们的债权人,恐慌才能得到治愈,而这需要大量的资金。没人有这么多的资金,或者根本不够,但央行这个最后的放贷者除外。而在恐慌出现后突然注入这么大量的资金,这将导致金融体系变得完全不像以前，还会立即产生超级通胀，这是因为以现金偿还信贷会造成货币供给的天量增长。

大卫·李嘉图（1772—1823年）是杰出的英国古典经济学家，其重金主义思想与亨利·桑顿（1760—1815年）一脉相承。李嘉图这样写道："在极端的时候，普遍的恐慌可能袭向该国，这时每个人都希望自己拥有贵金属，因为这是实现或者隐匿自己财产的最为方便的办法，而面对这样的恐慌，银行对任何系统而言都不具备安全性。"

桑顿在他经典的《大英帝国的纸质信贷》（1802年）一书中对间接机制首次进行了论述。他指出，银行创造的新货币一开始通过银行贷款的扩张、通过增加可贷资金的供给而进入金融市场，暂时压低贷款的利率，使其低于新资本的回报率，因而刺激额外的投资和贷款需求。这进而推高价格，其中包括资本品的价格，推动贷款需求的增加，最终推动利率的提高，从而间接将系统带回均衡状态。

重金主义的大争论出现在1800年代早期，这场争论针对的是是否应该让纸币可以自由兑换黄金。但在今天，没有一个国家的央行有足够的贵金属（黄金）支持其货币的兑换，这是因为全球货币体系现在建立在法定货币的基础之上。信贷的运用令债务人得以使用债权人借给他们的资金中的很大一部分。如果所有这些债权人同时要求偿还所有的这些资金，那么他们的要求无法得到满足，这是因为他们的债务人已经使用的资金目前在被占用，所以无法拿来偿还债权人。不仅如此，每一个债务人在交易之中也是债权人，他可以要求其他债务人偿还资金。有信贷的好处就有流动性不足的坏处，而这种坏处的存在就要求储藏准备金，而且在出现惊恐慌乱的时候要毫不犹豫地从中拿出来使用。

虽然全球货币市场已经不为任何一个国家的央行所控制，但对任何一国而言，由央行管理全球货币市场要比管理银行准备金困难得多，这是因为内部恐慌期与外部对金块的虚拟需求期往往相伴出现。在当今法定货币的时代，对金块的虚拟需求表现为各种货币之间的汇率。汇率的下跌导致货币全球购买力的流失，而贴现率则因此上升，这表现为汇率的变动并往往会令市场感到惊恐。因此，银行准备金的持有者只得同时应对两个彼此对立的问题：一个要求采取惩罚性的措施，比如迅速提高市场利率；另一个则要求采取安抚性的政策，即及时发放大量信贷以对付流动性的不足。

经验表明，外国的购买力流失必须以提高利率来与之抗衡。否则汇率的下跌将是长期的，或者将会加剧恐慌，这一般被称为对货币、对银行体系和对市场的运作失去了信心。而在这样提高了的利率水平上，最后的银行准备金的持有者必须大方地放贷。在国内购买力流失后国外又出现购买力流失的情况下，在非常高的利率水平上的非常大量的贷款，是治疗货币市场最严重疾病的最佳药方。如果给人留下没有资金可贷、或者不管以什么价格都借不到资金的印象，那么这只会火上浇油，令恐慌发展为疯狂，还有信心的完全丧失。这是美元将要面临的命运。面对这样的矛盾，没有一个国家的央行具备足够的智慧。美联储前主席格林斯潘的办法总是以低利率注入更多的流动性，这将货币体系推入了凯恩斯所称的流动性陷阱。这使格林斯潘从一位明智的央行人士转变为泡沫之国的巫师。

虽然这个问题对所有国家而言都非常棘手，但由于美元的霸权地位，这个问题对现在的美国相比过去的美国或者相比其他国家要棘手得多。恐慌对最后的银行准备金所构成的压力，与一个国家的贸易量成正比，与没有现金储备而依赖央行并围绕在美联储周围的银行和金融机构的数量和规模也成正比。由于美国经济已经靠着债务来推动，所以债务缠身的机构比其他任何国家现在或者有史以来都要多出很多。

在每次的恐慌开始出现的时候，所有债务缠身的机构都在它们还能这样做时，尽力靠着自己获得偿债的资金。这导致在还能获得贷款时对新增贷款的需求量大增。而由于根本无力偿还债务，当时没持有额外准备金的银行便大量借款，或者不再发放新贷款，或者很有可能兼而有之。

由于回购市场的存在，银行和金融机构无需持有额外的准备金，因为它们认为总能在这个市场上获得信贷。（请参见本人 2006 年 2 月 16 日发表在《亚洲时报在线》上的文章《全球资金与货币市场——金融恐慌的实质》。）

对借款者和投资者的直接放贷

美联储实施的第二组措施包括 2008 年 10 月 27 日开始推行的商业票据融资平台（CPFF）和 2008 年 11 月 25 日开始采用的定期资产支持证券贷款平台（TALF）。这组措施的目的在于直接向包括最终借款者和主要投资者在内的市场参与者放贷，以此改善那些关键性的信贷市场的运作。通过这些平台发放的信贷目前约为 2550 亿美元，占美联储资产负债表中资产的八分之一左右。预计这些政策措施的规模在未来几个月里将会扩大，定期资产支持证券贷款平台尤其如此。

美国企业依靠短期信贷支付工资以及为存货融资，而商业票据市场则是这种短期信贷的一个主要来源。金融危机在2008年秋季深化之后，商业票据的利率暴涨，甚至对于质量最好的企业都是如此。此外，大多数企业的借款期都无法超过几天的时间，这令企业和放贷机构都面临着巨大的展期风险。商业票据融资平台为商业票据的发行者提供支持，其目的在于减少展期风险并改善这个市场的运作。在这个平台上，美联储随时准备着对评级最高的金融和非金融商业票据发行者发放为期三个月的信贷。

除了利息之外，商业票据融资平台还向借款者收取前期费用，以此为避免损失多提供一道保护，并令这个平台成为借款者最后的而非最初的融资手段。通过这个平台发放的贷款最高时达到了3500亿美元左右，随后降至约2500亿美元，因为越来越多的企业后来能够向私人放贷机构发行商业票据，或者它们找到了其他的融资来源。这个平台建立以后，市场状况有了显著的改善，利差大幅缩小，更多信贷的借款期限也延长了。市场参与者们认为，商业票据融资平台对市场状况的这些改善起了促进作用。

定期资产支持证券贷款平台的目的在于恢复证券化市场，因为这些市场现在几乎陷于停顿状态。证券化市场在不久之前还是经济活动中信贷的一个重要来源，这些市场的停顿致使信贷市场和所有金融机构所面临的压力大增。通过这个平台，符合资格的投资者可以进行借款，为其持有优质的资产支持证券之中有最高评级的部分融资。这个平台目前针对这样一些证券，这些证券由新发行或者最近发行的汽车贷款、信用卡贷款、学生贷款以及由小型企业管理局担保的贷款提供支持。定期资产支持证券贷款平台的首次认购吸引到了总计80亿美元左右的资产支持证券交易，用去了约47亿美元的美联储融资。预计符合这个平台融资资格的证券类别以后将会扩大，涵盖诸如商业抵押贷款以及并非新近发行的证券。

相对于美联储对金融机构发放的短期信贷，商业票据融资平台和定期资产支持证券贷款平台对央行而言是相当非常规性的政策手段。伯南克认为，由于美联储现在面临的情况非同寻常，而且央行的放贷安排要反映金融市场的变化，因此美联储采取这些措施是合理的。毕竟证券化市场在几十年前还几乎并不存在。值得一提的是，由于世界各国的央行都在处理它们本国的信贷紧绷问题，所以其他国家的央行对类似的措施表现出越来越大的兴趣。这些措施也符合我在我的评论的一开始针对信贷风险和信贷分配所提出的标准。这两项措施中的信贷风险都非常低；尤其是定期资产支持证券贷款平台，它要求贷款要提供超额担保，而且它得到了财政部所提供的资本的进一步保护。这两项措施都针对广泛的市场，而这些市场的运转不良将阻碍无数类别的信贷流向最终的借款者；因此，我不认为这些措施所从事的是信贷的分配，即对某个特定的部门或者某一类有限的借款者偏心而厚此薄彼。（请参见本人2009年8月20日发表在《亚洲时报在线》上的文章《信誉赤字有其代价》。）

在美国，货币市场是固定收益市场的一个组成部分。债券是一类固定收益证券。货币市场与债券市场的区别在于，货币市场是专门针对非常短期的高等级债务证券的市场（债务的期限在一年以内）。货币市场上的投资也被称为现金投资，这是由于它们的期限很短，风险也很低。货币市场上的证券从本质上来说是政府、金融机构和具有顶级评级的大型企业发行的欠条。这些票据的流动性非常好，也被认为极为安全。因为它们极其的安全，所以相比其他的大部分风险较高的证券，货币市场上的证券所提供的回报要低很多。

货币市场与股票市场的另一个主要区别，是大多数货币市场证券的交易面额非常之高。这限制了个人投资者进入这个市场。此外，货币市场是一个交易商市场，这意味着企业以它们自己的账户买卖证券，自行承担风险。与之相比，股票市场则是券商作为代理人获得佣金，而投资者则承担持有股票的风险。交易商市场的另一个特点是没有一个集中的交易平台或者交易所。交易通过电话或者电子系统进行。个人通过货币市场互助基金进入货币市场，有时则通过货币市场银行账户进入这个市场。这种账户或者基金汇集成千上万投资者的资产，为这些投资者购买货币市场上的证券。不过，有些货币市场上的票据，如国库券，则可以从财政部那里以1万美元或以上的面值直接购买。另一种办法则是通过有渠道直接进入这个市场的其他大型金融机构购买。

货币市场上有各种票据，它们风险不同，提供的回报也不一样。大型企业希望尽可能地避免成本高昂的银行借款，这导致了商业票据的广泛使用。商业票据是企业发行的没有担保的短期贷款，主要是为应收账款和存货提供融资。这种票据往往在面值上打折发行，折扣率则反映了当前的市场利率。商业票据的期限一般不超过9个月，平均的期限为1到2个月。

商业票据市场

由于一家企业未来几个月的金融状况可以很容易地得到预测，所以商业票据总的来说是一种很安全的投资。此外，一般只有信贷评级很高且信誉很好的企业才发行商业票据。在过去的四十年里，企业拖欠偿还商业票据本金的情况只有少数几例。商业票据一般以 10 万美元或其倍数的面值发行。因此，小投资者只能通过货币市场基金间接投资于商业票据。

在 2005 年的 12 月 23 日，通用电气资本公司（GECC）直接发行的商业票据中，期限为 30 到 44 天的利率为 4.26%，期限为 266 到 270 天的利率为 4.56%，而联邦基金目标利率和贴现率自 12 月 13 日起分别为 4.25% 和 5.25%。在 2009 年的 8 月 14 日，30 到 44 天的商业票据的利率为 0.21%，90 到 119 天的利率为 0.27%，而联邦基金的有效利率则为 0.16%。通用电气公司的股价在 2007 年 10 月 12 日达到 42.13 美元的高点，这时距信贷危机爆发已有 3 个月的时间，在 2009 年 3 月 4 日，股价跌至 6.69 美元的低点。在 2009 年的 8 月 14 日，股价是 13.92 美元，仍然不到最高值的三分之一。通用电气公司的市值在 2007 年的高点时是 4476.3 亿美元，在 2009 年跌至 710.9 亿美元的低点，而在 2009 年 8 月 14 日则反弹到 1479.3 亿美元。在商业票据市场崩盘之前，通用电气已经成为世界上最大的非银行金融公司，它这样的地位一直维持到 2007 年的金融危机。在财经媒体上，通用电气公司发行的商业票据的利率不再列为基准利率。

在 2008 年的 1 月 8 日，期限为 90 天的 AA 等级金融企业商业票据的利率跌至有记录以来的低点，为 0.28%，比美国借款利率高出 21 个基点。

由汽车贷款和信用卡贷款这类资产所支持的商业票据市场首先陷入停顿。随着次级住房贷款的违约率开始猛增，这类市场在 5 个月的时间里跌去了 37%，只剩 7728 亿美元，而在 2007 年 8 月它曾达到 1.22 万亿美元的峰值。

在雷曼兄弟控股公司于 2008 年 9 月 15 日申请破产之后，商业票据市场陷入了更大范围的停顿。在第二天，货币市场上的旗舰基金储备管理公司，成为这个市场历史上同类之中第二家"跌破 1 美元"的公司，它也跌破了投资者所支付的每股 1 美元的发行价，这引发了一场挤兑，推动全球信贷市场陷入停顿并推高了借款成本。货币市场基金的回报率自那以来降低了 62%。

与此同时，随着货币市场上的投资者蜂拥转投如国库券这样更为安全的资产，商业票据市场在 6 周的时间里跌去了 20%。优质货币市场基金所持有的一类票据，即穆迪投资者服务公司的评级至少为 P-1 且标准普尔公司的评级为 A-1 的票据，在 2008 年 9 月 9 日至 10 月 7 日之间跌去了 33%。

在 2008 年 10 月 21 日，美联储已经建立了货币市场投资者融资平台

(MMIFF)，为货币市场上的投资者提供流动性。这个平台买入90天以内到期的商业票据。由于货币市场互助基金以及其他投资者难以出售资产以满足赎回的要求以及资产组合再平衡的需要，短期债务市场在最近几周面临着相当大的压力。定期资产支持证券贷款平台可以推动货币市场票据在二级市场上的销售，其目的在于增加货币市场投资者的流动性头寸，从而提高它们满足任何更多赎回要求的能力，以及增加它们投资于货币市场票据的意愿。货币市场状况的改善，可以提高银行及其他金融中介满足企业和家庭的信贷需求的能力。

一周后，在2008年的10月27日，美联储建立了商业票据融资平台，它是对9月份开始的另一项措施的补充，那项措施向资产支持债务市场提供着流动性。这些措施意在确保企业有获得短期信贷的渠道，并且缓解货币市场基金对赎回的担心。通过资产支持平台贷出的未偿金额在2008年10月1日达到了1521亿美元的最高值，随后随着对赎回的担心逐步得到了缓解，未偿金额猛跌至148亿美元的低值。

在2008年10月通过商业票据融资平台以高于市场的利率卖给美联储的90天期商业票据之中，约有2200亿到2300亿美元的票据在交易完成的第一周内到期。这占商业票据融资平台所拥有的3500亿美元债务之中的66%。美联储已经通过商业票据融资平台购买了商业票据市场的约五分之一。

美联储购入高质量的资产

美联储资产负债表上的第三大类资产是其所持有的高质量证券，其中主要是国库券、政府机构债务和由政府机构担保的抵押贷款支持证券（MBS）。这些资产目前总计约7800亿美元，占美联储资产的八分之三左右。在这7800亿美元之中，其所持有的国库券目前约为4900亿美元。这些国库券中有些通过此前提及的定期证券放贷平台贷出。从信贷的角度而言，这些资产显然非常安全。期限较长的证券确实存在一些利率风险；不过，由于美联储以短期负债为购入这些资产融资，所以平均来说并且在一段时间里来看，这种风险由收益曲线在正常情况下的上翘所缓解。

由于联邦公开市场委员会为改善私人信贷市场的状况而宣布将在公开市场上大量购买高质量的证券，所以美联储对于这些证券的持有量肯定会显著增加。具体而言，美联储将在2009年年底之前累计购入高达1.25万亿美元的由政府机构担保的抵押贷款支持证券，以及达2000亿美元的政府机构债务，并将在将来的 6 个月里累计购买达 3000 亿美元的期限较长的国库券。这些措施的首要目的是降低家庭和企业的融资成本并增加它们获得信贷的机会。

美联储对特定机构的支持

除了以上所讨论的这些措施之外，美联储还直接向特定的、在金融体系中具有重要地位的机构提供融资。在财政部的全力支持之下，美联储运用紧急放贷的权力，推动了摩根大通对贝尔斯登的收购，它还防止了美国国际集团的违约。这些信贷的发放与以上所讨论的其他增加流动性的措施十分不同，其目的在于避免金融市场出现重大的动荡。从信贷的角度而言，这些支持性措施相比央行传统的增加流动性的措施要承担更大的风险，但美联储仍然寄希望于贷款会得到完全的偿还。通过这些措施发放的信贷量各不相同，但根据伯南克在 2009 年 4 月 3 日的演讲，它们在美联储的资产负债表中仅占 5%。尽管如此，采取这些措施对美联储而言仍然感到极度不舒服，而之所以采取这些措施是因为别无他法。正如此前提及的美联储与财政部的联合声明所言，美联储与财政部将与行政部门及国会合作，针对在金融体系中具有关键作用的非银行金融机构制订正式的破产倒闭体制，这个体制将类似于针对银行所已有的那个体制。这样的体制应该尽可能明确地规定国会希望美联储在这种破产倒闭中起何种作用。

美联储的负债

在分析了美联储的主要资产账户之后，伯南克简要介绍了资产负债表的负债一方。历史上来看，美联储的负债的最大一块是美联储的票据，也就是说，是美国的纸币，即美元。由于美国的名义支出以及国外对美国货币需求的增加，货币量随着时间在增加。有些人估计，略过一半的美国货币由美国以外持有，以此维持美元的霸权地位。

美联储的一项关键负债包括美国政府和存款机构的存款账户。美国政府在美联储那里保有一个"活期账户"，即所谓的财政部一般账户，联邦政府的付款从中支出。最近，财政部在美联储那里开立了一个特别账户，它是财政部的补充融资项目的组成部分。通过这个项目，财政部发行特别国库券，然后将出售这些国库券的收入放在美联储的财政部补充融资账户上。这些操作的净效果是降低存款机构的准备金余额。

当然，存款机构也在美联储那里保有账户，而且在最近的几个月里，随着美联储资产负债表规模的扩张，这些账户所持有的余额也显著增加了。对这些大量的未偿准备金余额必须仔细加以监督，因为如果管理不善，那么在经济开始复苏或者通胀预期万一开始抬头之时，它们可能会对美联储提高短期利率造成不利影响。

在必要时，美联储可以运用若干政策手段，以减少银行的准备金或者提高短期的利率。

首先，美联储的许多放贷措施都是建立在短期基础上的发放贷款，因此它们可以相对快速地得到偿还。此外，由于这些措施中的放贷利率一般都定得高于市场状况正常时通行的利率，所以借款者对这些信贷的需求应该会随着市场状况的改善而逐渐消退。

其次，美联储可以针对自己所持有长期证券进行逆向回购操作，以此减少银行的准备金，或者它可以在必要时选择出售部分证券。当然，在联邦基金利率水平既定的情况下，回收放出的信贷或者出售证券会构成变相的收缩政策，因此联邦公开市场委员会要对这种后果仔细加以考虑。

第三，有些准备金可以为财政部的补充融资项目所吸纳。

第四，在2008年的10月，美联储获得了其长期争取的对存款机构准备金余额支付利息的权力。提高针对准备金所支付的利率会鼓励存款机构在美联储那里持有准备金，而不是以低于美联储所支付的利率将其在联邦基金市场上贷出。因此，联邦基金利率往往不会低于针对准备金所支付的利率。

伯南克说，联邦公开市场委员会将继续密切关注银行准备金的存量水平及其预期之中的增加，从而保证——正如美联储与财政部的联合声明所指出的——美联储改进信贷市场运作的努力不会与美联储的定位相冲突，即独立地执行货币政策，实现其确保就业最大化和价格稳定的双重使命。正如联合声明中还指出的那样，为了在这方面能有更多的保证，美联储与财政部同意，它们将寻求通过立法手段，为管理银行准备金提供额外的政策工具。

伯南克说，在目前这个对美国金融体系和美国经济极具挑战的时期，他对美联储能够交出令人满意的答卷具有信心，这不仅仅是因为他"对美国经济基本面的强大具有极大的信心"。他认为，美联储将尽责地运用所有的政策工具，稳定金融市场和金融机构，促进信贷对有信誉的借款者的发放，以及帮助构建经济复苏的基础。长期而言,美联储还期望与美国以及世界各国的其他监管机构的对应部门开展合作,解决造成导致这次危机的结构性问题,从而尽量减少再次面临这种局面的风险。

美联储经营着一份规模可观的资产负债表,其中包括大量独特的资产和负债。美联储的资产负债表之中包含大量其运作的规模和范围方面的信息。几十年来,为了更好地了解涉及货币政策实施方面的重大细节,市场的参与者们对美联储资产负债表的发展演化进行了仔细的研究。自金融危机爆发以来的这最近几个月里,美联储为应对金融危机而建立了几个新的信贷平台,这些平台的建立和运作既增加了美联储资产负债表的复杂性,也导致公众对美联储的资产负债表更为感兴趣。

美联储每周公布其资产负债表,往往是在周四下午4点半左右。资产负债表包括在美联储的 H.4.1 投资报表之中,这份报表名为《影响存款机构准备金余额的因素及联邦储备银行状况报表》,发布在美联储的网站上。下面对这份统计报表中的各项表格做一说明,对每份表格中的要素进行解释,还提供了最新报表中每份表格的链接。

影响准备金余额的因素

美联储的资产负债表大致反映了美联储对金融体系的放贷。在8月20日发布数据之前的一周里,美联储的资产负债表从2万亿美元增至2.037万亿美元。它由美联储所持有的国库券和抵押贷款支持证券所组成。在信贷紧绷开始之前,在结束于2007年7月17日的那一周里,它还只有9410亿美元。在结束于2008年9月11日的那一周里,它也只有9400亿美元。

在2008年9月16日,美联储宣布,根据《联邦储备法案》第13(3)款的授权,它将对美国国际集团(AIG)提供信贷。这种担保授信将协助美国国际集团在债务到期时偿还债务,将推动这家公司有序地出售其部分业务,以期尽量减少这个过程对整体经济可能造成的冲击。

在9月1日,美联储宣布实施一个新的授信平台,对美国的存款机构和银行控股公司发放无追索权的贷款,为它们从货币市场互助基金那里购买高质量的资产支持商业票据提供融资。

在9月21日,美联储董事会授权美联储纽约银行对高盛、摩根士丹利和美林在美国的券商交易商分支机构发放信贷,这些授信所需的抵押,为可以提交给美联储针对存款机构的初级信贷平台或者已有的初级交易商信贷平台的所有类别的抵押品。此外，董事会还授权美联储纽约银行对高盛、摩根士丹利和美林在伦敦的券商交易商分支机构发放信贷，这些授信所需的抵押，为可以提交给初级交易商信贷平台的抵押品。通过这些授权所发放的信贷以及通过初级交易商信贷平台所发放的信贷，将计入"初级交易商及其他券商交易商信贷"条目之中。

到了结束于 2008 年 11 月 5 日的那一周，美联储的资产负债表已经增至 2.11 万亿美元。

在 2009 年 8 月 19 日，美联储所持有的抵押贷款支持证券已经从一周前的 5428.9 亿美元增至 6095.3 亿美元，它所持有的国库券也从一周前的 7289.7 亿美元增至 7360.9 亿美元。

美联储大量购买美国政府债务和抵押贷款债务，这不仅压低了控制短期利率的联邦基金利率，它还是宽松的货币政策的关键组成部分，而宽松的货币政策的意图在于降低短期利率，结束这场自大萧条以来最严重的经济衰退。

美联储已经承诺购买 3000 亿美元的国库券和 1.25 万亿美元的抵押贷款支持证券。由于对银行的放贷量、商业票据的持有量以及在国外的美元放贷量都在持续减少，所以美联储的国库券和抵押贷款支持证券持有量在 2009 年 8 月的这些增加得以有所抵消。

美联储购入商业票据是对 2008 年 9 月出现的信贷紧绷所做出的反应。在 2009 年 8 月 19 日，商业票据的持有量从一周前的 580.5 亿美元降至 537.4 亿美元。

美联储对其他国家央行的提供流动性掉期授信额度，它这样做是为了通过其他国家的央行向国外释放美元。在结束于 2009 年 8 月 19 日的那一周里，它平均每天释放 691.4 亿美元，低于此前一周里的平均每天 762.8 亿美元。美联储还对大多数信誉良好的美国银行提供直接的隔夜贷款，相比此前一周里的平均每天发放 339.3 亿美元，贷款量在最近一周里降至了每天 307.1 亿美元。但是，在最近的一周里，总体的贴现窗口借款量平均每天为 1071.4 亿美元，比此前一周里的平均每天 1059.8 亿美元有所增加。最新的信贷图景远非光明。在大量债务的重压之下，经济面临着失去的十年的可能。

第九章　金融危机的政治学[*]

美联储主席伯南克显然感到很沮丧，因为虽然华尔街对他不吝称赞之词，说他以大胆而稳健的行动将金融体系从崩溃的边缘拯救了出来，但是国会却认为，美联储在应对这场经济危机之中所取得的成效，并非如他自己所认为的那样显著。

伯南克在第二届任期上将远非如在第一届时那样顺风顺水。金融体系中两年前导致经济崩溃的所有那些结构性弱点，虽然为美联储的资产负债表所粉饰，虽然为不以任何新的财富创造所支持的大量新货币和公共债务的发行所掩盖，但它们现在依然存在。即使万事都依看来混乱不堪的计划进行，经济复苏依然将是贫血的，将要几年甚至几十年之后才能看得到光明。在各种突发事件的冲击之下，正当美联储在尽最大努力恢复市场的信心之时，伯南克不断下跌的支持率和不良的信誉本身就会加剧信心的进一步丧失。

伯南克在未来几年将面临巨大的挑战

在就业方面，除非公司利润的增长最终惠及就业，否则美联储教条式的货币主义政策措施使其对降低失业无能无力，而公司利润在消费者需求不增加的情况下又无法恢复，而消费者需求在没有实现充分就业之前又没办法增加。

在金融方面，美联储陷于决定何时实施退出战略的两难境地。美联储的退出战略取决于经济的复苏，但复苏将因美联储的退出战略而流产。然而，美元的未来要求美联储尽早实施退出战略。美联储在经济强劲复苏、低利率、低通胀和强势美元之间只能有一个选择，它没办法全选。不幸的是，伯南克试图在高空的钢丝绳上保持平衡，而这可能令他重重摔下，最终一无所得。

---

[*] 本文发表于 2009 年 9 月 17 日的《亚洲日报在线》

在政治方面，正当白宫和国会在讨论着改革金融监管体制的计划之时，伯南克正在试图保护美联储的监管权和独立性。美联储的批评者们认为，让美联储或者任何其他政府部门成为超级监管者会导致银行的兼并和垄断，而这将增加金融体系的系统性风险。

来自康涅狄格州的参议院银行委员会主席克里斯托弗·多德和来自马萨诸塞州的众议院金融服务委员会主席巴利·法兰克等民主党人认为，美联储与大银行及华尔街企业之间存在着乱伦般的关系，这是造成这场次级债务危机的系统性原因，而且美联储已经拥有太大的权力，它不应再得到更多。

伯南克及其前任格林斯潘现在承认，美联储未能充分预见次级债务危机的爆发所造成的危险，而这场危机又是他们宽松的货币政策所致。直至2007年春，伯南克仍在强调住房市场上的问题只是"局限于"次级抵押贷款。甚至当抵押贷款支持证券所造成的恐慌在2007年7月底已经开始蔓延到整个信贷市场之时，伯南克治下的美联储依然拒绝以削减利率来抵御即将爆发的系统性崩盘。

甚至迟至2007年年底，也就是出现信贷紧绷5个月之后，美联储还是不能就采取决定性的政策措施来应对在内部达成共识，而是决定保持利率不变。当货币之船正在驶入一场完美的金融风暴之时，作为船长的伯南克还是命令这艘船均速前进。

只是在2008年1月21日的联邦公开市场委员会会议上，美联储才迟迟大幅削减了作为基准利率的联邦基金利率75个基点，令其降至3.5%，这是几十年来单次幅度最大的一次利率削减。9天之后，美联储再次削减联邦基金利率至3%。但在此时，恐慌正在全速蔓延至所有的市场。

就在这场信贷危机致使金融市场陷入瘫痪之际，伯南克带领美联储制定了前所未有但却极具争议的救援措施。但是，他对这些措施的长期影响并无充分了解，甚至对此也不关心。尽管金融问题涉及那些极为复杂的技术细节，但伯南克的应付办法还是老套的创造大量货币，将美联储的资产负债表从一年前的9000亿美元扩张到了2万亿美元。

游戏的艰难的下半场

但这只是游戏的上半场。下半场涉及到如何结束游戏，即如何从金融体系之中抽回所有这些公共资金却不令经济陷入长时期的衰退。伯南克论述的美联

第九章 金融危机的政治学

储"退出战略"所依据的是一种没有根据的希望,即金融复苏会将美联储从其规模过大的资产负债表中拯救出来,而正常的逻辑则相反,即美联储本应推动可持续的金融复苏,以此来拯救经济。美联储将金融体系中的有毒资产转至自己的资产负债表上,以此而拯救了充斥着债务的金融体系,而美联储的退出战略是随着金融体系的复苏而将这些有毒资产卸载至金融体系,同时不能造成金融体系的再次崩溃。这场游戏是要美联储向银行发放更多的货币,从美联储的资产负债表上购回这些有毒的资产,而这被称为复苏。在整个的这场循环搬运中,经济则被任其因失业率的上升和美元的受损而腐烂。

财政部7000亿美元的问题资产救助项目(TARP)已经稳定了几家被认为因为规模太大而不能任其倒闭的银行,但它没有拯救严重受损的整个银行体系。小银行在继续倒闭,这对联邦存款保险公司构成了重压,它只能要求财政部给予更多的钱,而财政部进而又只能要求美联储提供这些钱,即美联储买入更多的国库券,加至其资产负债表之中。国会监督小组(COP)的报告批评了这种做法,这是这份报告的核心所在。

问题资产救助项目一开始意在从银行那里买入有问题的、流动性不强的抵押贷款支持证券。但财政部接受了克鲁格曼在《纽约时报》上公开提出的建议,所以它实际上从来没有用拨入的资金购买问题资产,这部分是因为将资金直接投入这个国家的银行要来得容易一些,部分则是因为银行不愿因为出售它们的有毒资产而蒙受损失。

国会监督小组的报告指出:"这个国家的银行仍在它们的账户上持有亿万美元的资产,没有人确切知道这些资产的价值到底是多少,它们也很难售出。"这份报告警告说:因此,如果经济再遭受一次市场崩盘,这些银行在其问题资产上的损失暴增,那么许多银行就会陷入资本金不足的境地。这份报告没有指出,银行陷入进一步的危机这种可能性本身就会导致市场再次崩盘。

在建议针对那些规模太大而不能任其倒闭的银行进行压力测试的同时,国会监督小组的报告也警告说,如果最坏的情况果真出现,那么小型和中等规模的银行,即这份报告所定义的资产在6亿到1000亿美元的银行,资本金的缺口总计可能会达到210亿美元。

这份报告指出,其他政府机构已经估算了银行资产负债表上尚未予以冲销的问题资产量。美联储在5月份估计,美国的银行仍须冲销5990亿美元的资产。高盛公司和国际货币基金组织估算的数字在1万亿美元。由悲观派经济学大家诺力尔·罗比尼领衔的RGE经济学研究所估算出来的总金额则为1.27万亿美元。

这份报告敦促财政部，或者扩充其公共－私人投资项目（PPIP）以吸纳问题资产，"或者考虑实施一个不同的战略"，但报告没有具体指明什么战略。

现有住房销量报告称现有住房的销量在7月份增加了7.2%，这是最近十年里最大的一次增长，只是环比的基数很低。伯南克对这份报告大加发挥，说出了可能成为又一个笑柄的话："经济在近期恢复增长的可能性看来很大。"他没有提这些住房的销售价格有多低。

与此同时，梅里迪斯·惠特尼指出："破产的银行将达300家以上。"由于她在信贷危机逐渐加深时对花旗集团岌岌可危的状况有过准确的分析，所以她在市场上比伯南克有信誉。欧洲央行的总裁让·克劳迪·特里谢也认为，不应假设情况恢复了正常。

有些批评人士指出，国会监督小组在2009年8月的报告中做出了错误的假设，即银行在资不抵债的情况下会自动停止它们的经营活动。情况并非必然如此。财务清算是一家银行在资不抵债时其负债得以重组的办法。重组之后的银行债务得以减少，但存款人仍然能够毫无障碍地取走他们的全部存款，只要取款金额不超过联邦存款保险公司所承保的25万美元。

在大多数情况下，倒闭之后的银行的管理层将会被逐走，针对债权人的部分负债得以减少，这家银行的经营状况良好的竞争者之一将会兼并这家银行的分支机构并继续经营。在大多数的时候，财务清算意味着银行股东的权益被一扫而光，但分支机构仍在开门营业，在第二个营业日就在发放贷款。

美联储买入小型银行的有毒资产是好是坏，这一点没有定论。路易斯安那大学的李纳斯·威尔逊教授发表了两篇论文《有毒资产的做空问题》和《盖特纳的有毒资产计划的二项式模型》，他在文章中表明，如果要让尚未进入财务清算的银行放弃有毒资产，那么政府就必须为这些垃圾贷款和证券多付钱。威尔逊的研究显示，陷入困境的银行，即尚未进入财务清算的银行，非常不愿放弃它们的有毒资产。这是因为它们的股票的价格主要来自有毒资产市值的波动。联邦存款保险公司的财务清算令其可以冲销银行的债务，倒闭的银行因此而能在重组之后比之前健康。但是，威尔逊的论文《债务重压与拯救银行》表明，在银行的资本金不足的情况下，有毒资产是最大的问题。

美国有超过8000家由联邦存款保险公司提供存款保险的银行，它们为各种规模的社区提供着金融服务。它们之中的大多数都没有足以对金融体系构成系统性风险的规模。威尔逊的研究表明，盖特纳的计划，即通过公共－私人投资项目出售有毒资产,如果针对处于财务清算过程之中的银行而不是防止银行进入财务清算过程,那么这个计划最有可能产生实效。如果将公共-私人投资项目之中的遗留贷款项目部分用于资本金不足的小银行,防止它们进入财务清算过程,从而维护股东价值,那么这将是一种不当的补贴,这会损害存款保险基金。

如果运用公共-私人投资项目来拯救每一家社区银行的股东和非存款类债权人,那么这将是纳税人资金的浪费,这也会损害经营状况良好的社区银行,因为这样的话,它们就要与靠着纳税人的钱维持着的劣质银行开展竞争。扩充存款保险基金,让联邦存款保险公司能够在银行的损失大到失控之前对其重组,这是对纳税人资金远为有效的运用。

然而,国会监督小组 2009 年 8 月的报告似乎建议对劣质银行施以援手。这样做代价高昂,而且不会对原本状态良好的借款者获得好的信贷评级有帮助。

退出战略的国际协调

2009 年 9 月 3 日,世界各国的领导人虽然警告说这场危机远未结束,但他们仍然宣布了将要采取的初步步骤,以退出为支撑全球经济所采取的紧急措施。美国、英国、法国和德国呼吁开始制定"危机一旦结束即协调一致地加以实施的退出战略"。

美国财长盖特纳称,各国的财政部长们应开始思考,如何收回针对这场危机所采取的"非常成功的政策应对措施",这应该不包括也收回他们所自称的成功。在飞往伦敦参加 20 国集团财长会议前,盖特纳在美国财政部新闻发布室说,这些退出战略对于金融市场的"信心非常重要"。他所没有料到的言外之意是,他所称的"非常成功的应对措施"如果不很快收回的话,会对市场的信心造成损害。

9 月 3 日,盖特纳在《金融时报》上发表了一篇文章,称政府为限制过度的杠杆化率所致的不稳定影响而编织了一张安全网,但这是有成本的,这是因为这令金融机构不必承担其行为所造成的全部后果,因而这可能会削弱市场的约束力。这种道德风险需要由监管加以遏制,也即由监管者规定金融机构必须保有与其承担的风险成比例的准备金和资本金缓冲,这样它们才能自行承担损失,而不是由纳税人为其损失买单。

盖特纳承认,"监管体系在去年(即 2008 年)出现了失灵"。在危机出现前良性的经济氛围中,政府的监管机构与市场上的监督者低估了体系之中正在增强的风险。全球主要金融机构保有的资本金比例过低,它们过于依赖不稳定的短期资金,它们的薪酬方案也鼓励其管理层承担过度的风险。相对于所面临的风险,规模较大的银行所保有的资本金往往很少,而相比规模较小的银行,这些银行更多使用了借入的资金。

盖特纳指出,由此所致的扭曲造成我们的全球金融体系异常的脆弱。而随着这个体系的规模和复杂程度的增加,它的内部联系日益紧密,所以当麻烦来临的时候,整个体系都有可能受到感染。

但是,这种情况的出现并非无可指责。证券交易委员会(SEC)1975 年针对净资本做出的规定要求,券商-交易商必须将其债务与净资本之比限制在 12 比 1,在比例开始接近这个限度时,这种企业必须预先警示,如果超过了这个限度,它们还要被迫停止交易。因此,券商-交易商往往使其债务与净资本之比远远低于 12 比 1 的水平。这项规定允许证券交易委员会监管券商-交易商,而且要求企业对它们所有可交易的资产按市场价格确定其价值。为将资产的市场风险考虑进来,这项规定采用了一个理发规则,即对资产的市价打折计算。例如,权益类资产要折去 15%,而 30 年期国库券由于风险较小而折去 6%。但是,证券交易委员会在 2004 年却允许了例外的情况,这项例外仅仅针对为此而进行了大量游说的 5 家大企业,允许它们的杠杆率达到 30 比 1 甚至 40 比 1。

这 5 家大型的投资银行希望它们属下的券商机构可以不受 1975 年的那项规定的制约,因为它们抱怨以每 1 美元的权益只能借入 12 美元限制了它们所能借入的债务量。在债务与净资产比的规定上对它们网开一面,这会盘活几十亿美元的资金,这些资金以准备金的形式为它们所持有,为它们的投资和交易所可能遭受的损失提供缓冲。杠杆率提高后所释放出来的权益资金可以流回母公司那里,母目公司可以在增长迅速但却不透明的各种市场上进行投机,这些市场包括抵押贷款支持证券、信贷衍生工具、信贷违约掉期(一种针对对家违约的保险,目的在于维持信贷的高评级)以及其他怪异的结构金融工具,它们只有受过多年训练的数学家才能理解,其所依据的模型让大多数的交易人员都无法明白。

这种大胆而新颖的办法改变了证券交易委员会计算金融企业准备金的规定,所有 5 家符合资格的券商-交易商,即贝尔斯登、雷曼兄弟、美林、高盛和摩根士丹利，都自愿采用了这种新的计算办法。这5家大投行中有3家在2009年倒闭，但正是这5家投行以推动金融创新为名领头推动了净资本金规定的修改，而这5家之中的打头者则是高盛公司，它当时由亨利·保尔森领导，这人在两年之后离开高盛，成为了美国财政部长，直至小布什政府在2009年1月20日结束任期之前，他都不得不处理他自己所参与造成的全球乱局。雷曼兄弟破产了，贝尔斯登和美林被卖给了有渠道获得美联储资金的大商业银行，高盛和摩根士丹利将它们自己变成了受到监管的银行控股公司，这样它们才能有渠道获得美联储的资金。独立的、不隶属于商业银行的投资银行时代在美国结束了。（请参见本人2009年1月22日发表在《亚洲时报在线》上的文章《干预的愚蠢之处（第一部分）》。）

财政部的题为《金融监管改革：新的基石》的白皮书列举了改革的5个关键目标：

（1）促进对金融企业的有力的监督和管理；具体措施如下：

建立由金融监管机构所组成的金融服务监管委员会，发现正在显现的系统性风险并改进各个监管机构之间的合作；

赋予美联储新的权力，监管可能对金融稳定构成威胁的所有企业，甚至那些并不拥有银行的企业；

确立针对所有金融企业的更为有力的资本金和其他审慎性标准，对于大型的、相互关联度高的企业要有甚至更高的标准；

新建国民银行监管局，监管所有由联邦政府发放执照的银行；

取消联邦储蓄机构的执照以及其他漏洞，这些漏洞让有些存款机构得以避开美联储对银行控股公司的监管；

要求对冲基金以及其他私人资本基金的顾问在证券交易委员会登记备案。

（2）实现对金融市场的全面监管；具体措施如下：

强化对证券化市场的监管，包括市场透明度、对信贷评级机构更为有力的监管、发行机构和发出机构在证券化贷款中保有金融利益等方面的新规定；

全面监管所有的场外衍生工具；

赋予美联储新的权力，监管支付、结算和清算体系。

（3）保护消费者和投资者，使其免受金融产业里的种种错误对待；具体措施如下：

新建消费者金融保护局，保护金融产业的消费者，使其免受不公、欺骗和错误的对待；

强化监管，改善消费者和投资者产品和服务的透明度、公平性和适当性；

确立针对消费者金融产品和服务的提供商的公平竞争原则和更高的标准，无论提供商是否附属于银行。

（4）为政府提供其管理金融危机所需的工具；具体措施如下：

针对其倒闭会产生严重系统性后果的非银行金融机构，新建其解散机制；

修改美联储的紧急放贷权限，改善责任追究机制。

（5）提高国际监管标准，改进国际合作；具体措施如下：

推动国际合作，为我们在国内的改革提供支持，包括强化资本框架；改进对于全球金融市场的监管；协调对于在国际上活跃的企业的监管；以及强化危机管理工具。

由于保险业由每个州的州保险委员会进行监管，为了促进全国性的协调，这份报告建议建立全国保险办公室并隶属于财政部。

根据这份报告的建议，美联储和联邦存款保险公司（FDIC）将保持它们各自的职能，对由各州颁发执照的银行进行监督和管理，国家信用合作社管理局（NCUA）将保持其针对信用合作社的职能。证券交易委员会（SEC）和商品期货交易委员会（CFTC）将保持它们目前作为市场监管者的职能和职责，不过财政部建议对期货和证券方面的法律和监管框架进行协调统一。

2009年9月4日，在伦敦召开的20国集团财长会议将制定继续改革的目标，要为全球金融体系奠定更为坚实的基础。2009年6月17日，奥巴马总统做了题为《21世纪的金融监管改革》发言，阐述了美国政府将要建立新的监管框架，促进对消费者和投资者更为有力的保护以及实现金融的更大稳定。要实现更为安全的金融体系，就需要采取一套全面的措施，其中包括对衍生品、证券化市场和信贷评级机构更为严格的监管、新的管理层薪酬标准以及政府有更为强大的手段来关闭倒闭的企业，最后这一点至关重要。盖特纳称，奥巴马政府正在与其他国家的政府进行合作，从而确保世界各国的政府均采取类似的改革措施。

盖特纳阐述了监管改革的8项原则，包括迫使银行通过发行新股大幅提高资本金。改革措施还包括规定银行借入资金量相对于其资本金储备的绝对限额。这项建议获得了英国财政大臣艾利斯塔·达令的有力支持。

不过，这项建议在巴黎造成了不安。法国财长克里斯汀·拉贾德在伦敦的一个媒体会议上说，就现有的银行资本金规定，即所谓的巴塞尔2期规定，所建议做出的修订，应该足以保证放贷机构持有令人满意的资本金量了。她说：

"对于巴塞尔2期规定的目的何在,我们自己之间要有一个言之成理的解释。它已经得到了显著的改进和增订……由于它得到了修订,我会认为它已经解决了问题"。拉贾德女士进而说,因此,法国希望对银行人士的奖金问题进行讨论,这个问题应该成为改革的核心所在。

盖特纳认为,"改革努力的核心所在,应是令金融机构的资本金标准更为严格"。他提到了最近提交给20国集团财长们的一篇文章,这篇文章呼应了他认为在资本金标准上加强国际协调所应遵循的原则。核心的原则是制定资本金和其他监管方面的规定,从而保证金融体系的稳定,而不仅仅是具体的金融机构的破产倒闭。要采用这样的办法,就需要在制定资本金和相关的监管规定时有大的思路转变。

盖特纳称,强化资本金规定是实现监管框架现代化这项工作中的一个核心部分,这样金融体系将强大到足以抵御大型的、复杂的金融机构倒闭所产生的破坏性影响。这是防止金融体系再次出现去年夏天的那种局面的最为有效的办法。盖特纳接着说,这是20国集团的财长们在伦敦、在匹兹堡以及在以后必须要解决的挑战。

但是,资本金不足这个问题并非是自行出现的。它是由美联储的政策所造成的。盖特纳似乎忘了格林斯潘治下的美联储公开的官方观点。格林斯潘1998年在国会作证时说过以下一番话:

> 我们应该指出,如果市场或者监管机构要求银行持有占其资产40%的准备金,就像美国内战后那样,那么出现道德风险和抛售造成市场冲击的可能性当然会大为降低。与此同时,银行盈利的可能也会大为降低,金融中介的程度也会降低,资本的成本会上升,产出水平和生活水准也会显著下降。我们当前的经济有着广为覆盖的金融安全网、法定货币和高杠杆化率的金融机构,这些都是美国人民从1930年代以来有意选择的结果。我们无法选择获得当前体系的好处而不接受它的成本。

系统性的市场倒闭风险是美联储货币政策有意选择的结果,美国人民在其中可是没有什么发言权的。格林斯潘虽然否认他在整个1990年代在推动权益泡沫的出现之中负有责任,但在2004年,在反思2000年的泡沫破裂时,他说了这样的话:"我们并没有采取剧烈的措施抑制公认的泡沫,因为这会带来无法预测的后果,正如我们1999年年中在国会作证时所说的,在泡沫出现时,我们选择了着力于减轻泡沫破裂可能造成的后果,并希望以此推动向下一个扩张过程的过渡"。格林斯潘口中的"下一次扩张"意味着下一个泡沫,它出现在住房市场上。他没有汲取2000年泡沫破裂的严重教训。格林斯潘所依赖的"广为覆盖的金融安全网"上,满是大到足够开进一辆卡车的漏洞。到了2008年,格林斯潘被迫向国会承认,他对银行的自我监管机制抱有信心是错误的。

对于美国提议增加银行持有的资本金,从而防止再次出现导致了世界上最大的几家银行倒闭的那场危机,7国集团并无明确的支持,20国集团则更不用说了。

虽然20国集团的财长们一致认为,银行需要保有更多的准备金,以此缓冲可能的损失,但看来他们对需要多少的准备金以及如何计算准备金存在着争议。

华盛顿的这项建议导致其他国家担心美国正在退出20国集团在2008年4月达成的一项承诺,即在现有的框架内解决这个问题,而这个现有的框架即是巴塞尔2期规定,这是就巴塞尔银行监管委员会发布的银行法律和监管建议书所达成的第二项协定。巴塞尔银行监管委员会是10国集团(即7国集团再加上比利时、荷兰、瑞典和瑞士)的央行行长们所建立起来的,它创建于1974年,每年定期举行4次会议。

实施国际协定的一个困难之处在于需要协调各国不同的历史和文化、有差异的结构模式以及复杂的公共政策和现有监管体制。

在2007年的6月,联邦存款保险公司的主席谢娜·巴尔如此批评巴塞尔2期规定:"我们有足够的理由相信,如果由银行自己决定,那么它们会持有少于而不是多于审慎经营所需的资本金。事实是银行确实从政府暗示或明示的安全网中得到了好处。向银行投资被视为只赚不赔的买卖。如果在资本金方面没有适当的监管,银行以极少的资本金或者根本没有资本金就能在市场上经营。而政府和存款保险机构最终成了冤大头,承担着大部分的风险和银行破产倒闭的成本。历史表明,这是一个实实在在的问题……我们在1980年代后期和1990年代的美国银行和储蓄贷款危机中就看到了这一点。资本金监管不充分的代价最终可能会非常之大。简而言之,监管机构不能完全任由银行自行决定它们的资本金比例。如果我们这样做,那么我们就是失职,就是没有尽到我们对公众的义务。"

2008年7月16日,对银行和储蓄机构负有监管责任的各家联邦机构(美联储的董事会、联邦存款保险公司、货币管理办事处和储蓄机构监管办事处)

发布了一份最终的指导原则，对于正在实施新的、修订后的资本充足率框架（即巴塞尔2期的规定）的银行机构，阐述了对于它们的监管审核的过程。这份与监管审核有关的最终指导原则的目的，在于帮助银行机构达到修订后的监管规定的某些资格要求，而这个新规定则从2008年4月1日起开始实行。

法国财长克里斯汀·拉贾德2009年9月4日在伦敦说，她不认为有必要废除这个框架，她称对这个框架已有的修订已经解决了那些最为重要的问题。

在2009年9月4日至6日将于伦敦举行的20国集团财长会议上，讨论的主要议题将是"何时"以及"如何"撤出世界各国政府自2008年以来实行的大规模的、前所未有的财政、货币和金融部门的刺激政策。对美国来说，"如何"撤出的问题由伯南克做了回答，而"何时"撤出则只能等等再看。

这次伦敦会议的东道国英国的代表团称，广泛的共识是虽然英国、欧洲、亚洲和美国出现了新一轮复苏的迹象，但要开始大规模撤回刺激措施，现在还为时过早。尽管如此，很明显的一点是，政府如此大力的支持是不可持续的，最终将是需要撤回的。

经济合作与发展组织（OECD）称，虽然世界经济的复苏看来比仅仅几个月前预计的要早些到来，但恢复到正常状态的过程有可能会很缓慢，所需的时间可能会很漫长。在对本年度世界经济的暂行评估中，经合组织警告说，复苏过程中可能会遭遇相当大的困难。

伦敦会议上的另一个议题将是改革如国际货币基金组织和世界银行这样的国际金融机构，这是应由英国、德国和法国的领导人签署并提交给各国领导人的一封信的要求而提上会议日程的。此外，这封信强调，重新安排国际货币基金组织的借款平台是各国所做的金融承诺，实现这个目标非常重要。在4月2日于伦敦召开的上一次20国集团会议上，各国在原则上达成了这个承诺，但是尚未得到确认。

在9月3日的《金融时报》上，欧洲央行总裁让·克劳迪·特里谢阐述了"强化信贷支持"的原则，欧洲央行将据此撤出它为应对这次的金融危机所采取的那些非常规措施。他说："不应将强调退出战略的重要性与启动退出战略混淆起来；宣布这场金融危机已经结束还为时过早。现在还不是退出的时候"。不过，欧洲央行在退出特殊时期的"非标准化措施"时，在要考虑的四个问题中，最先也是最重要的问题是通胀。欧洲央行的总裁写道："一旦非标准化的措施引发了价格波动的风险，我们将立即开始撤回这些措施，从而确保通胀预期继续保持稳定"。

在一封写给欧盟政府的联名信中，英国首相布朗、法国总统萨科奇和德国总理默克尔称："虽然周期性的指标显示经济开始稳定了下来，但这场危机尚未结束"。

2009年9月4日，20国集团的财长们和央行行长们在伦敦承诺，在复苏得以确保之前，他们将维持现有的经济救助措施不变，但他们没有就金融高管薪酬改革达成一致。联合声明宣称，在世界经济从大萧条以来最严重的金融危机中切实复苏之前，财政和货币政策将维持"扩张性"不变。政策制定者们担心，过早撤出救助措施会使复苏得而复失。

一份题为《采取进一步措施强化金融机构的宣言》的声明列出了6点：

1. 薪酬
2. 具有系统重要性的企业
3. 审慎性监管
4. 非合作性司法管辖
5. 针对核心银行体系之外的金融产品，如信贷衍生工具等，实行国际标准
6. 国际会计准则的趋同

这份声明指出在以下方面"需要采取进一步的措施"：

1. 增加透明度；
2. 对于薪酬结构，包括推迟发放奖金、收回奖金、固定与可变薪酬之间的关系以及保付奖金，实行全球变化，从而确保薪酬机制与长期的价值创造和金融稳定协调一致；
3. 要求金融稳定董事会（FSB）对于总可变薪酬探索可行的限制办法；
4. 20国集团同意寻求办法，以解决与金融稳定董事会的原则之间的不一致。

这次会议之前的民粹主义高调宣传，完全针对的是银行人士和金融高管们动辄数以千万美元计的奖金。不过，虽然有些国家和非政府组织倡议限制这些人的奖金，但参加会议的各国财长们无法就此达成一致。他们只是同意建立一个全球性的框架，对金融机构的薪酬实行更为严格的管控，从而令银行高管们不至于从事导致了2007年那场危机的那种高风险的赌博。

这些措施包括推迟发放奖金以及如果出现风险的爆发则收回奖金。所达成的妥协是金融稳定董事会会进一步研究限制奖金发放等所有问题；金融稳定董事会是一家全球性的监管机构，由意大利银行行长马里奥·德拉基担任主席。

第九章 金融危机的政治学

在会议开始时的发言中，英国首相戈登·布朗说："工资和奖金不能奖励失败，也不能鼓励承担风险的行为。这对公众是一种冒犯，因为正是他们以纳税人的钱，以各种方式帮助了许多银行不致破产，而且现在也在支撑着这些银行的复苏。"

法国和德国仍倾向于限制高管们的奖金，或者专门针对过高的薪酬征税，但这些建议在美国和英国看来难以实行。问题主要不在于这些天文数字般的高额薪酬，而是这种年度奖金体制鼓励为了生产短期收益从而提高年薪而长期地承担风险。在目前的体制下，高管们可以拿着高额的年薪一走了之，却给投资者留下以后才能暴露出来的某些风险。

这份声明草案表明，各国均表示同意，如印度和中国这样的新兴国家对于管理国际货币基金组织和世界银行应有更大的发言权，不过，对于如何做到这一点，各国却没有拿出任何的方案。声明草案只是说，新兴市场国家在全球经济决策中的发言权要"明显"增加，而且预期在9月24日至26日于匹兹堡举行的世界各国领导人峰会上，在这个问题上将会取得"显著的进展"。

主要新兴市场国家构成了金砖四国（BRIC），即巴西、俄罗斯、印度和中国，对于希望自己在国际货币基金组织和世界银行中占据多大的份额，它们提出了具体的目标。

20国集团领导人会议首次于2008年9月在华盛顿召开，在此前的半年一次的会议上，由于害怕世界经济崩溃，所以各国的领导人很团结。20国集团财长会议于2009年9月4日至6日在伦敦召开，此后还将于9月24日至26日在匹兹堡召开由各国领导人参加的峰会。在20国集团财长会议上，针对一系列的问题，达成协议就不再是理所当然的了，这一系列的问题包括对于全球可持续复苏和改善金融体制将采取何种适当的战略，国际货币基金组织和金融监管体制的改革，鼓励承担过度风险的高管奖金体制问题，甚至还有防止气候变化的战略。

在经济方面，20国集团的财长们预期将同意只要有需要，就将尽可能长时间地维持刺激措施，各国央行的行长们预期也将通过放松信贷维持刺激性的货币政策。

在2009年的第一季度，构成7国集团的主要工业化国家的经济在以每年8.4%的速度收缩。除了金融危机，世界贸易量在2008年9月至12月间也减少了17%，这令全世界都感到不安。

并不清楚政府的经济刺激措施正在直接推动着多少的产出。总体而言，20

国集团实施的这些推高需求的措施现在总计为 1.06 万亿美元，几乎占其 2008 年经济产出的 2%。20 国集团在 2008 年占全球国内生产总值（61 万亿美元）中的 87.3%（53.2 万亿美元）。美国在 2008 年占据了世界国内生产总值中最大的一块，为 23.6%（14.3 万亿美元），整个欧盟则又占了 30.2%（18.4 万亿美元）。日本在 2008 年的国内生产总值是 4.9 万亿美元，中国则是 4.4 万亿美元。在德国，仅仅由于其广受欢迎的"旧车换现金"措施一项，私人消费在 2009 年上半年就增加了 1%。这样的刺激措施很明显是无法长期维持的。

布鲁金斯学会发表于 2009 年 3 月的一项研究表明，20 国集团的经济刺激投入总额预计在 2009 年将达 6920 亿美元左右，占这些国家国内生产总值总和的 1.4% 左右，稍微超过全球国内生产总值的 1.1%。这仍然是一大笔刺激投入，不过看来并不足以应付全世界当前所面临的这种规模的危机。比如说，国际货币基金组织就呼吁，刺激经济的投入应占全球国内生产总值的 2%。

在 2009 年的全部经济刺激投入中，美国、中国和日本这三个国家约占 4240 亿美元，它们在全球刺激投入总额中所占的份额分别为 39%（美国）、13%（中国）和 10%（日本）。美国的刺激投入在 2009 年占其 2008 年国内生产总值的 1.9%，对应的数字在中国和日本则分别为 2.1% 和 1.4%。在 20 国集团里的其余国家中，刺激措施的财政支出总额占它们国内生产总值总和的 1.0%。

在 2010 年，预计美国将占计划中的刺激投入的 60% 以上。中国和德国将紧随其后，中国将占 20 国集团经济刺激支出的 15%，德国将占 11%。美国的刺激投入在 2010 年将达其 2008 年国内生产总值的 2.9%，中国和德国将分别达 2.3% 和 2.0%。

总而言之，虽然几乎所有的国家都采取了财政刺激措施，但各国刺激投入的规模却有着很大的差异，其中有些国家的刺激支出看上去颇为有限（例如法国打算投入的财政支出仅占其 2009 年国内生产总值的 0.7%）。

对于是减税还是公共开支能够相对有效地刺激国内需求，目前有着很多的讨论。布鲁金斯学会强调了各国的刺激措施在其构成上存在着一致之处，随后又指出各国刺激方案的结构也有着显著的差异。

正如美国自 2008 年 1 月至 2009 年 1 月所做的那样，大多数已经宣布采取多轮经济刺激措施的国家，都增加了第二轮措施中公共开支（相对于减税）的比重。举例而言，德国在 2008 年 11 月的刺激方案主要由减税构成。其在 2009 年 1 月宣布的第二轮刺激方案则主要倾向于公共开支。澳大利亚于 2008

年 10 月和 2009 年 2 月宣布的刺激措施，以及西班牙于 2008 年 3 月和 2008 年 11 月所宣布的刺激措施，也都存在着类似的特点。

各国刺激方案之中减税所占的比重存在着显著的差异。美国的这个比重约为 45%。包括巴西、俄罗斯和英国在内的有些国家几乎完全是减税措施。包括阿根廷、中国和印度在内的其他国家则提出了几乎全是公共开支的措施。在除美国以外的 20 国集团中，约有三分之一的经济刺激措施是减税，而其余的则是公共开支。

布鲁金斯学会并没有对各国在减税的重点上所存在的差异进行分析。例如，美国的减税主要集中在中上层收入群体，这是因为它在意识形态上偏执地相信，由于存在财富的涓滴效应，如此减税可以令繁荣扩散至整个社会。

布鲁金斯学会的报告指出，各国的刺激措施在送达程度上存在差异，也就是说，减税和公共开支措施进入实体经济的速度是不同的（就货币到达企业和家庭的口袋而言，或者政府资金支出于公共项目或用于政府采购而言）。这种差异的出现部分是由于各国在预算流程上存在着不同，即虽然各国打算将其经济刺激措施纳入正常的预算流程，但这些国家可能并不宣布在将来将实施这些刺激措施。

在构成 20 国集团的 19 个国家之中，只有中国、德国、沙特和美国这四个国家计划 2010 年的刺激投入（占国内生产总值的比重）不低于 2009 年。换言之，20 国集团各国的经济刺激措施送达量相当大，这些刺激措施大都在 2009 年生效。当然，这可能反映了各国对于衰退将持续多久存在不同的看法。这也可能反映了难以迅速增加政府的开支，尤其是基础设施和其他投资项目上的开支。

这篇报告还指出，有些国家意识到了危机的到来并在 2008 年的某个时候就实施了刺激计划。这些国家包括澳大利亚、中国、日本、韩国、沙特、南非、英国和美国。

以财政政策刺激经济对于稳定世界经济而言具有至关重要的作用，尤其是由于常规的货币政策看来在许多国家已经用至了极限。总的来说，20 国集团中各国的政策制订者们应他们的领导人在 2008 年 11 月的联合声明中所提的要求，以协调一致的方式运用刺激性财政政策推动经济活动。有些国家，如中国和美国，采取了有力的应对方式，提出了令人印象深刻的刺激方案。但是，方案的执行，在规模和速度这两个方面而言，在 20 国集团中的某些国家那里则很难让人满意。

布鲁金斯学会的报告称,对于刺激性财政政策的有效性提出质疑是合理的,尤其是有些经济体的金融体系已经崩溃,它们的货币政策也不再能够起到很大的支持作用。此外,由于政府以过度借债来为大量预算赤字提供资金,这本身也会造成不稳定;对于公共债务迅速增加的那些国家,其财政状况在中期内是否可以维持,人们对此也有着严重的关注。不过,鉴于经济状况不妙且在迅速恶化,我们可能别无选择,只能实行大规模的送达式财政扩张。布鲁金斯学会的报告对弗里德曼无法被事实证伪的结论,即大萧条本可避免,加以全盘接受,得出的结论是"历史教育我们,犹豫不决的后果甚至可能会更为严重"。在缺乏可信的政府全面干预市场的退出战略的情况下,时间将会证明更为严重的后果是否已经得以避免。

在伦敦会议上,国际货币基金组织执行总裁多米尼克·施特劳斯-卡恩宣称,对退出刺激措施需要小心处理,在家庭和企业能够胜任从公共部门那里"接棒"支持增长之前,也不应撤出经济刺激措施。他没有具体说明什么时候时机才成熟。

20国集团中的各国之间出现了政策分歧:德国和法国对减少政府借债持强硬态度。而尤其是英国则敦促要有灵活性,称各国政府只应在经济强劲复苏时才退出刺激政策,即使这意味着无限期地延长现有的措施。临时性的刺激措施将有在体系之中永久存在的危险。20国集团看来正在为这一结果寻找政治上的借口,它们称在经济形势如此变化莫测的情况下,退出计划不应板上钉钉。问题在于经济形势将一直会变动不居,从而为国家资本主义的出现提供口实。

世界各国的领导人现在面临着一个艰巨的任务,即重新设计全球金融体系,但却不挑战其在意识形态上的偏执,同时还要恢复公众对依靠政府救命的、已然破产的信贷市场的信心。在依照私人企业原则运作的全球市场经济中,主要靠公共部门带动的复苏怎么能够持久?市场经济已然失灵的政府无法关闭货币和财政水龙头,然后开始清理公共部门的资产负债表,因为这会造成僵尸般的私人机构再次死去。如果不再次导致一场债务危机,在没有值得放贷的借款者的情况下,政府如何迫使银行去发放信贷?救市政策建立在阻止市场上正常的以抛售资产而退市的基础上,即以纳税人的钱维持着有毒资产虚高的价值,从这样的救市政策中又能形成怎样的退出战略?另一方面,继续实行刺激性的货币和财政政策也是无法长期维持的,这是因为通胀将会由此形成,导致所有货币的币值全部崩溃。生活工资基础上的充分就业为什么就不是所有刺激方案的首要前提条件?(请参看本人于2009年4月14日的文章《20国集团峰会弄错了真正的目标》。)

与此同时,根本性的系统改革被推迟了,它在等待着危机靠紧急灭火措施而消退,因为特殊利益集团之间在游戏开始之前就在为各自的势力范围和利益在政治上争吵不休,改革遭到了拖延。大量的救市资金正在被银行用于开展反对银行改革的游说。

奥巴马的支持率在下跌

与此同时,由于美国人对经济衰退要多久才能结束越来越悲观,靠着在竞选时承诺变革运转不良的经济、承诺将诞生一个新的政治环境而入主白宫的奥巴马总统,其支持率自上台以来在不断地下跌。《今日美国报》和盖洛普于2009年9月1日发布的全国性民调结果显示,奥巴马的支持率已经低于其前任小布什在其任期的同一时间所获得的支持。奥巴马在担任总统6个月后的支持率是55%,而在小布什上台6个月后所获民调支持率为56%。只有47%的民调参与者称他们赞同奥巴马对经济问题的处理,反对者则占49%。具体而言,50%的人反对他的医疗保险政策,赞成者占44%。

2009年8月23日的拉斯穆森每日总统追踪民调报告显示,这个国家的选民中只有27%的人"强烈赞同"奥巴马对其总统职责的履行,而41%的人则"强烈不赞同",这令奥巴马的总统赞同指数评级为-14。这是这位总统上台以来最低的赞同指数评级。此前的最低评级是7月30日获得的-12。

2009年9月6日的民调结果略有提高。这天的报告显示,这个国家的选民中只有29%的人"强烈赞同"奥巴马对其总统职责的履行,而40%的人则"强烈不赞同",令奥巴马的总统赞同指数评级为-14。这个指数是在6月份开始变为负数的。针对可能选民的拉斯穆森民调发现,在奥巴马上台5个月后,他的支持率在2009年6月底前后首次跌至50%以下。

有些分析人士认为,奥巴马支持率的下降可以归因于他不受欢迎的医疗保险改革,尤其是他为推动他的标志性政策所使用的这个过程,许多选民认为这个过程充满了傲慢、欺骗和恐吓。

还是总统候选人时的奥巴马令选民印象深刻,他脾气温和、性格诚实、对人真诚,是一个勇于思考、善于倾听、开诚布公、以理服人的领袖人物,但在过去的几个月里,随着医疗保险改革的大讨论意识形态色彩日益浓厚,他的这些优点在奥巴马总统身上似乎已经消失了。在这个极具争议的议题上，他非但不对对立的观点开诚布公，在许多人看来他反而恶语相向，对每个选民都有自己独特视角的问题表现得"无所不知"。非但不显得性格诚实和对人真诚，他以他自己对事实的扭曲回答对手的扭曲，他的高谈阔论听上去充满欺骗和空洞无物。非但不彻底而有节制，他的改革计划显得疯狂而过分。奥巴马的预算方案将产生超过罗纳德·里根所创造的记录的赤字，而预算资金中的绝大部分看来将流到华尔街的高管手里，而不会用在那些真正需要的人身上。

昆尼皮亚克大学 8 月 6 日的一份新民调显示，奥巴马在美国人中的支持率在 7 月份下滑了 7 个百分点，从 57% 跌至 50%，只有 45% 的独立候选人赞成他在工作中的表现。在具体的政策议题上，只有 39% 的人赞成奥巴马对医疗保险改革的处理；45% 的人赞成他对经济问题的处理；64% 的人称他们对本国当今的事态发展有些或者非常不满意；而高达 93% 的人则说经济状况糟糕或者不好。

同一个新自由主义中间派团队

奥巴马政府主要由前总统克林顿的新自由主义班底在掌管，对于当前的这场花了 20 年酝酿而成的金融危机，这些人逃脱不了要承担首要的责任。奥巴马被已经失望透顶的选民送进了白宫，他们希望他推动"我们可以信任的变革"。奥巴马非但没有挖掘美国进步的平民主义这座富矿，他针对变革所采取的横跨两党的中间路线只是激起了右翼民粹主义的激烈爆发，这体现在茶党在市政厅议事会上的抵制。

不同于富兰克林·罗斯福及其自由派思想库给了这个国家新政，奥巴马来到华盛顿时并没有由进步人士所组成的幕僚团队，他的手下全是疲惫不堪、信誉扫地的前总统克林顿时期的新自由主义中间派，这令奥巴马政府受到了如《华盛顿邮报》社论版专栏作者查尔斯·克劳萨默尔这样言辞激烈的保守派的指责，称其"与每一个特殊利益集团——从制药公司到汽车工会到医生——达成幕后交易，价值亿万美元的好处就这样静悄悄地、不为人知地进行着交换。"政治交易遵从一切从实际考虑的现实主义，这令这位以倡导变革出名的领导人正在失去草根社区中他真正的政治依赖所在的忠实支持。由于他急于做成事情，他令他自己陷入做错事情的危险之中。

伯南克再获任命

2009年8月再次任命伯南克担任美联储主席,等同于吉米·卡特于1979年8月对保罗·沃尔克的任命,后者发生在卡特面临着总统连任选举前15个月。2009年2月6日,即入主白宫后的第17天,奥巴马又任命沃尔克担任总统经济复苏顾问委员会的首任主席。

威廉·米勒在美联储仅仅待了17个月,这之后就被任命为财政部长,这项任命是卡特面对普遍的不满和总统权力日渐下降时,在绝望中于1979年对内阁进行全面改组的一部分。在把自己在戴维营里关了10天痛苦地闭关自省之后,卡特于1979年7月15日复出,对骚动不安的国民发表了题为"灵魂与信心的危机"的演讲。市场对此的反应是股价一落千丈。米勒不是财长的第一人选,他排在无数其他候选人之后,这其中包括大卫·洛克菲勒,卡特曾亲自打电话邀其入阁,但他拒绝加入士气低落的卡特政府。

卡特觉得自己需要一个沃尔克这样的人,一个如果说没脑子但却聪明的共和党人,许多自由派民主党人认为这样的描述自相矛盾,这个人如果说不在学术圈内但在在华尔街上很受尊敬,由其掌管美联储,在自己的总统领导权面临危机的时候将使自己重获两党共同的支持。据报道,卡特的幕僚长伯特·兰斯告诉卡特,任命沃尔克担任美联储主席,就是总统把自己的竞选连任抵押给一个对自己颇无好感的美联储主席。对于再次任命伯南克担任美联储主席,拉姆·伊曼纽尔是否如此警告过奥巴马?

沃尔克对通胀打了一场得不偿失的胜战,他令金融之血流遍全美国和世界上的大部分地方。由于代价太大,治愈通胀甚至还不如对通胀不加治疗。一旦复苏在握,伯南克是否也会做同样的事情?

更糟的是,临时性的放松管制措施,这在近乎超级通胀的情况下还有一定的道理,在沃尔克任职美联储期间一直在实行,而后来情况已经恢复为正常的通胀了。

2008年3月27日,奥巴马在纽约库珀联盟学院发表竞选演说,呼吁对经济实行更为严格的监管,他称这场经济危机是对金融部门放松了监管的结果。他说:"我们的自由市场经济从来都不意味着只要能拿到,不管以什么方式拿到,就什么都可以自由地去拿。"他接着说:"不幸的是,我们非但没有建立起一个21世纪的监管框架,反而只是拆除了旧有的框架,这是在合法但却腐败的讨价还价交易的协助下完成拆除的,在这样的交易之中,竞选资金在绝大多数时候都影响了政策,都令监管缩水。"

然而,卡特是赞同放松监管的总统,克林顿也批准了金融领域的放松监管政策。

参议院反垄断小组委员会主席菲利普·哈特(来自密歇根州的民主党议员,任期1959—1976年)被称为参议院的良心,他的名字被镌刻在参议院大楼上以示表彰,他在1970年代针对美国经济权力的集中化举行了听证,提议扩大政府对石油、汽车、制药甚至职业体育产业的管制。哈特担心财富和经济权力集中在少数大企业的手中,这会对市场经济和美国的民主造成扭曲。他认为,需要由政府进行监管,以此降低价格,提高劳动生产率,实现更多有用的创新,从而为公共利益服务。

虽然放松监管的努力始于理查德·尼克松和杰拉德·福特治下,但监管的放松是在吉米·卡特治下成为现实的,他雇用了放松管制的大师阿尔弗雷德·卡恩领衔民用航空委员会,这是一个广遭憎恶的负责监管航空业的机构。年轻的参议员泰德·肯尼迪以及他当时的助手、未来的最高法院大法官斯蒂芬·布雷尔对放松监管满心接受,认为这是一个事关消费者的问题。在他们两人的支持下,卡恩很快对所有东西都放松了监管,其中包括撤销了他自己的工作岗位。1978年的《航空管制放松法案》解散了民用航空委员会,也取消了对商业航线和航空的大部分监管,这立即就造成了大量航空公司陷入习惯性的破产,也导致小的社区无法享受到航空服务。卡特还签署了法案,对铁路和卡车运输业放松监管。

联邦存款保险公司1998年3月的一份文件(编号为98-05)认为,最高法院1978年的一份判决(明尼阿波利斯马奎特国民银行诉奥马哈第一服务公司),从根本上改变了信用卡贷款市场,令借款者获得信贷的容易程度大为增加,也增加了借款者的平均风险范围。

罗伯特·博克在这两个案子中都为被告奥马哈第一服务公司提供了辩护。

布伦南大法官撰写了最高法院的意见书:"需要作出判决的问题是《国民银行方案》(修正法案编号5197)的修正案(美国法典编号1285)是否授权一家基于一州的国民银行向其外州信用卡客户就未予支付的余额,在本州所允许的利率高于该银行之非本州居民客户所在州所允许的利率之时,按较高的利率收取利息。明尼苏达州高等法院根据1285号法典判定允许该银行按较高的利率收取利息。判决书编号262 N. W. 2d358(1977)。我们维持这一判决。"

第九章　金融危机的政治学

联邦存款保险公司的这份文件认为，由于允许高息自由封顶一州的放款机构向居住于高息较为限制性封顶各州的居民输出这些利率，上述判例迎来了对消费者利率高息封顶的放松管制。其结果则是获得信用卡的容易程度大为增加，平均的信贷质量的下降，以及个人破产案的空前增加。

在沃尔克的时代，大银行可以利用它们有渠道获得成本较低资金的优势，从而承担较大的风险，由此在全国和国际上的利率较高的信贷市场上开展业务，这与凯恩斯所预测的正好相反，他认为资本充足的供给会降低利率，因而带来"食利者的安乐死"。非打包的风险水平的证券化令高回报的或者称垃圾的高利率债券得以主导信贷市场，这催生了新型的食利者。（请参见本人于2004年2月24日发表在《亚洲时报在线》上的文章《总统选举周期理论与美联储》。）

放松监管，尤其是放松对于利率封顶以及信贷市场的分割和限制的管制，令市场不再多样化，因为这扼杀了金融领域中的小型独立企业，这是由于它们没有受到管制的金融市场所提供的保护，它们就无法与规模较大的机构开展竞争。小企业只能以越来越高的利率吸引资金，而它们的放贷则局限于本地，所以它们无法与交易量大、利差小的大机构进行竞争。盖特纳和伯南克所推行的救市措施是如此偏爱大银行，以至美国8千家左右的社区银行现在面临着被少数几家大银行吞并的危险，因为除了它们规模太大因而政府不能任其倒闭之外，这些大银行并无其他理由就享受着美联储无限的资金投入。

虽然奥巴马确实是继承了市场经济失灵的问题，尽管这更多是从克林顿而不是从布什那里继承下来的，但奥巴马也继承下来了破产的解决方案。他手下的团队是此前克林顿的造成了这一切的混乱的新自由派团队。

国家资本主义能是解决市场经济失灵的办法吗？政府的救市措施能缓解市场失灵的眼前之痛，但这是有代价的，纳税人在未来几年将不得不付出这个代价。过度的债务无法由未来的债务偿还。没有信誉支持的权力是无法持久的。

2009年9月15日

第十章　美联储货币政策与可能的恶性通货膨胀

米尔顿·弗里德曼——1976 年诺贝尔经济学奖得主,通过对历史数据的详尽分析指出,货币政策在通货膨胀和经济周期的形成过程中作为关键因素,发挥着潜在作用。他随之得出了一个事实无法证伪的结论,20 世纪 30 年代的大萧条本来可以通过美联储适当的货币政策,消除破坏性的市场力量而得以避免。虽然这种观点无从验证,但弗里德曼的这个推测还是被中央银行认可和接受,并将其作为一个神奇的货币疗法帮助资本主义摆脱经济周期的魔咒。货币疗法巩固了以格林斯潘为首的美联储过去 20 年来所信奉"什么时候有疑问,就放松管制"的方法,它导致了一系列的债务泡沫,而且一个比一个要严重。

包括现任美联储主席本·伯南克在内的宏观经济学家,都把他们的注意力集中在结构、系统性能和经济各组成部分间的相互影响上。他们仍然捍卫市场原教旨主义的价值观,大多数新古典宏观经济学家同意关于大萧条的"债务—通货紧缩"观点,当时市场上的抵押品是用于确保贷款的安全,正如目前的形式一样,衍生工具背后的抵押品最终将贬值,造成贷款人、出借人和投资者的损失,引起了贷款条件调整甚至贷款召回。当这些情况发生的时候,宏观经济学家们认为政府干预对拯救市场是必要的。

"债务—通货紧缩"这个术语是欧文·费雪在 1933 年创造的,意指债务和通货紧缩之间的关系,通货紧缩引起金融困境,金融困境反过来又加剧了通货紧缩。在一个债务寄生的经济中,这种债务—通货紧缩的循环具有非常大的危害性。

海曼·明斯基的金融不稳定假说理论:《资本主义过程和经济表现》(1982 年),详尽解释了债务—通货紧缩这个概念对资产市场的影响。他意识到销售的困难会降低资产的价格,引起到期债务代理人的损失。这进一步加大了销售的困难,并减少了已经处于深度通货紧缩的消费和投资支出。

第十章 美联储货币政策与可能的恶性通货膨胀

伯南克在1983年写到，债务—通货紧缩造成了大面积破产，损害了信用中介的业务，由此产生的信贷收缩抑制了总需求。然而，在后来与马克·格特勒（Mark Gertler）合著的《中央银行是否该应对资产价格的变动？》（2002）一文中，他得出的结论是，制定通货膨胀目标的中央银行不必应对资产价格变动，除非它们影响到通货膨胀的预期。这篇文章引用了奥利弗·布兰查德和马克·沃特森（Oliver Blanchard and Mark Watson）在1982年发表的《泡沫、理性预期和金融市场》一文中的观点，该文的一般性结论是，在许多市场上，泡沫与理性并存，这个现象就如同资产价格失控、市场崩溃与理性泡沫并存一样。

这种理念冲击了格林斯潘的"非理性繁荣"观点。1996年12月5日，格林斯潘在华盛顿特区年度晚宴上和在美国企业公共政策研究所举办的弗朗西斯·博耶讲座（Francis Boyer Lecture）上发表的著名演说中，用"非理性繁荣"概念描述了股市泡沫，当时道琼斯指数为6437，这个指数在2000年1月14日达到了11723，在2007年8月15日危机爆发之前又于7月9日达到了14000峰值。非理性繁荣完全可能是对通货膨胀理性预期的结果。

弗里德曼关于货币政策对经济周期影响的猜想，来自于新古典福利经济学家阿瑟·塞西尔·庇古（1877—1959）的观点，后者声称政府可以通过税收和补贴的混合政策纠正市场失灵，如债务—通货紧缩可以通过"外部性的内部化"来解决，而不是政府的直接干预。庇古还提出对香烟、酒和环境污染征收"罪恶税"。然而，庇古的失业理论（1933）发表三年后，他的朋友约翰·梅纳德·凯恩斯在其具有深远影响的经典著作——《就业、利息和货币通论》（1936）中，对这一理论在概念上提出了质疑。凯恩斯主张通过直接的政府干预，实行反周期的财政和货币措施，运用需求管理实现充分就业。

宏观经济学家也受到了欧文·费雪（1867—1947）著作的影响，包括：《资本和收入的性质》（1906）、《利息率》（1907和1930），以及他根据货币数量论推出的货币数量公式：$MV = PT$，这里M表示货币存量，P表示价格水平，T表示用货币结算的交易次数，V表示货币的流通速度。费雪最重要的理论贡献是他对总投资等于总储蓄（$I = S$）的敏锐洞察力，不言而喻，这个思想表明所有的债务泡沫都会破灭。

20世纪90年代似乎是20世纪20年代许多景象的重现，在20年代，消费者和企业在放松管制的市场上依靠廉价而宽松的信贷，助长了债务驱动的繁荣，但当不可避免的债务危机引起资产价格缩水时，这种繁荣就变成了病毒。

美联储的银行条例没能预防恐慌，而普遍的债务违约又导致了货币供应量的紧缩。面对不良贷款和日益恶化的前景，银行的放贷突然变得保守了，它们紧急寻求额外的资本准备金，而这又进一步加大了通货紧缩的压力。这种恶性循环快速地螺旋式上升，把突然的衰退变成了严重的萧条。

伯南克在他的《大萧条》（普林斯顿大学出版社，2000年）一书中指出，弗里德曼在他那本非常有影响的《美国货币史》一书中阐述到，大萧条是由货币紧缩引起的，而货币紧缩又是美联储未能通过增加必要的流动性，来解决银行系统中不断升级的危机所导致的。美联储无所作为的一个原因是，它根据持有的黄金数量，以黄金支持美元的形式发行的信贷已经达到了法定界限。今天，美联储发行不兑换美元已经没有了这种限制，这个条件使伯南克提出的"向市场空投美元"，赶走由流动性不足引起的通货紧缩的建议成为可能。美元与黄金脱钩后，美联储可以用高通货膨胀的方法来解决通货紧缩的问题。

在流行出版物中，弗里德曼也因其倡导"放松管制的自由市场是维持经济增长的最佳选择"而为人所知，这个主张要求中央银行介入的是，用具有灵活弹性的不兑换美元来取代黄金支持的美元。中央银行体制下的自由货币市场本身就是一个矛盾。在美联储利率变动上赌博的那些人是市场上最大的投机力量。弗里德曼显然没有将他对自由贸易的酷爱延伸到货币市场上，他的折中办法是提出稳步扩大货币供应量2%左右来解决结构性矛盾。

不过，弗里德曼对自由市场的偏爱不会改变完全自由的市场总是导致市场失灵这一事实。自由市场需要监管来保持它的自由。自由资本主义，尽管拉里·库德洛（Larry Kudlow）（美国一位媒体经济学家——译者注）以自己的信仰一直为之唱赞歌，但它并不是通向繁荣的最佳之路，相反倒是走向市场失灵的最短之途。

无管制的商品市场具有形成垄断市场力量的结构性趋势，它会减少价格竞争，并缓慢地增加通货膨胀。另一方面，无管制的货币市场则可能导致流动性危机，从而引发通货紧缩。中央银行最根本的矛盾在于，它既是市场的管理者，又是市场的参与者。它制定货币市场的游戏规则；同时它也自称是不受利润动机驱使的市场参与者，但却利用垄断性的市场力量扭曲这些规则。美联储是一个自由市场经济的信仰者，同时它又不信任自由市场。睿智的市场参与者应对美联储两面性的办法，是在结构性金融领域设置一个平行的游戏，在这里美联储的作用会日益减少到一个被动看客的角色。

理性预期

1995年的诺贝尔经济学奖得主罗伯特·卢卡斯通过应用现代数学，在货币、通货膨胀和商业周期的研究领域做出了基础性的贡献。卢卡斯建立了"理性预期"理论。从本质上说，这一理论声称对未来的预期会影响个人、家庭和企业的经济决策。通过使用复杂的数学模型，卢卡斯在统计上显示，个别市场参与者会通过预期很容易抵消和削弱政府经济政策和条例产生的影响。里根总统在其第一任期内接收了理性预期理论，但是理论的应用却违背了里根的"巫术经济学（voodoo economics）"。

通胀目标

在债务泡沫中，为了维持泡沫需要通货膨胀率不断升高，从而使累积的债务逐渐贬值。传统的观点认为，货币政策的最高目标是将通货膨胀保持在相对温和的水平上，避免出现恶性通货膨胀。这个确立通货膨胀目标的方法在政策圈内是人所共知的，美联储主席本·伯南克作为一位公认的学术权威，在来美联储之前就是这一方法的强有力倡导者。

2003年5月，比尔·格罗斯领导的全美最大的债券基金——太平洋投资管理公司（PIMCO）早些时候宣布了一个批判性的观点，认为通用电气公司债券在面对预期的通货膨胀时表现出一个不切实际的低收益率，结果支持了通货膨胀目标。美联储经济学家托马斯·劳巴克（Thomas Laubach）是一个公认的通货膨胀目标的倡导者，他在一篇文章中估计，联邦年度财政预算赤字计划每增加10亿美元，10年期国债的收益率就会增加四分之一百分点。20世纪90年代以来，由于美元霸权地位，美国资本账户余额可以用于平衡贸易赤字，从而减少了美国财政赤字对美元长期利率的影响，这使得劳巴克估计的数值已经失效。尽管美国制造业核心存在着价格空洞化，但全球的工资套利却保持了美国非典型的通货膨胀。

劳巴克属于普林斯顿学派，该学派人物还包括提出著名"泰勒法则"的约翰·泰勒以及后来在美联储"印刷货币"的伯南克。（参见《通货膨胀目标：伯南克、托马斯·劳巴克、弗雷德里克·S. 米什金和亚当·S. 波森的国际经验》，普林斯顿大学出版社，2001年）。美联储长期坚持的立场是，美国联邦预算赤字提高了长期利率，在这一利率水平上，美联储的货币政策目前已经无法对其进行控制。

泰勒法则

经济学家约翰·泰勒是"货币政策法则"（Monetary Policy Rules）的编者，在文中他提出了"泰勒法则"。（参见《国家经济研究局关于收入和财富研究》，芝加哥大学出版社，1999年）

泰勒法则规定：如果通货膨胀率高出美联储目标一个百分点，短期利率应该提高1.5个百分点来控制它。如果一个经济体的总产出比充分使用全部生产能力所获得的总产出低了1个百分点，那么利率应该降低0.5个百分点来补偿它。这个法则是为了给中央银行在经济条件改变时如何设置短期利率提供"建议"，以实现稳定经济的短期目标和治理通胀的长期目标。

具体来说，这个规则描述"实际"短期利率（即剔除通货膨胀后的利率）的确定应根据以下三个因素：（1）美联储希望实际通货膨胀达到什么水平；（2）经济活动高于或低于"充分就业"何种程度；（3）短期利率与充分就业之间保持多大的一致性。

法则建议，当通货膨胀高于目标水平（一般低于2%），或经济增长高于充分就业水平时（一般定义4%的失业率，但最近几年这个数字已升至6%），应设置一个相对高的利率（即实施"从紧"的货币政策）；反之，应设置一个相对低的利率（"宽松"的货币政策）。在滞胀的情况下，即通货膨胀可能高于美联储的目标，同时经济没有达到充分就业时，该法则可以指导政策制定者如何安排一个适当的利率水平，来平衡竞争关系，答案是设定一个中性利率。然而，作为一个实际问题，对付滞胀的唯一办法是像保罗·沃尔克在卡特时期所做的那样，倾向反通胀的一方，因为中性的利率可能会使滞胀延长的时间更长。

虽然美联储没有明确的遵循这一法则，但分析表明，该法则确实准确地描述了过去十年里格林斯潘任职时，货币政策实际上是如何运作的。这实际上也对泰勒法则提出了批判，因为它往往不是对美联储行动提供指导，而仅仅是对美联储行动的反映。在美联储2003年—2005年间是否应该加速房价的上涨这个问题上，泰勒法则模拟的结果是认为美联储或许应该反思一下自己坐在首要位置上引起这一现象的重要原因。

神秘的中性利率

2005年5月的《华尔街日报》上刊登了一篇来自国会联合经济委员会主席吉姆·萨克斯顿（Jim Saxton（R-NJ））的报告中引用了被格林斯潘使用的中性利率含义。格林斯潘称，"中性"的定义因计算方法不同，以及随经济条件变化的水平差异而有所不同。

这样，中性利率这一概念就因实际困难的存在而变得无用。美联储普遍期望在接下来的一周内将美国联邦基金利率（FFR）目标由2004年6月的1%提高到4.25%，10年期国债的收益率确定为4.5%，采取谨慎步骤继续推行传统政策。如果美联储如市场预期的那样继续实施提高利率政策，10年期国债收益率曲线将出现快速反向运动，接近水平方向。历史上，水平的债券收益率曲线是未来增长下降的信号；而反向收益率曲线则是未来衰退的信号。

但是格林斯潘援引理性预期理论，拒绝了历史模式，他争辩说银行出于对未来低通货膨胀率的预期，有可能接受较低的长期利率，这将刺激未来的经济活动。所以不用担心反向收益率曲线。关于反向收益率曲线在21世纪初再现这个看法会持续存在。

不可否认，美国经济乃至全球经济已经受到了持续过剩的困扰。如果像美联储界定的低通货膨胀是工资低增长的结果，那么世界未来的需求扩张将从何而来？许多分析家，特别是在债券市场方面的分析家，尖锐地批评美联储维持了太长时间的过低利率，而无视讨厌的通货膨胀已经开始的迹象。

在2005年12月5日星期一的国会声明上，格林斯潘重申了他的观点，认为近期的价格上涨主要是一些"暂时因素"引起的，如石油价格的上涨。格林斯潘还指出，高额的公司利润使企业有足够的空间支付更高的工资，而无须提高消费价格。但是，供给学派认为，公司利润应该用来提高资本回报率而不是提高工资刺激需求。而且，如果没有劳动者罢工的压力，管理者从来都不会主动提高工资水平，更不用说现在经济运行良好的情况下了。对于经营者来说，他们对经济所作的唯一贡献就是拿走了企业利润。

令人惊讶的是格林斯潘用带有凯恩斯主义残余的试探性口气，在接下来的那个周二声明中进一步强化他的观点：扣除食品和能源价格等因素，通货膨胀率将可能到明年年底前一直保持在2%以下。尽管格林斯潘对通货膨胀所做的乐观估计还没有变成现实，但他提醒投资者不要认为美联储在2001年到2004年过去三年里，实行宽松的廉价货币政策会感到不自在。

在2004年6月30日的国会听证会上，格林斯潘谨慎地回避了阿拉巴马州共和党参议员、参议院银行委员会主席理查德·C·谢尔比提出的一个有争议的问题，即美联储是否会在2004年8月的会议上将联邦基金利率再提高25个百分点。格林斯潘还拒绝被牵扯进许多的最基本问题的回答：他声称将会选择的既不刺激通货膨胀，也不减缓经济的中性利率政策到底是什么？

许多经济学家已经建议"中性"联邦基金利率应该在4%到5%之间（这个利率是对银行间隔夜贷款收取的费率，也是美联储据以引导经济的关键性政策工具），这将是对2004年6月30日联邦基金利率1.25%的水平的大幅提高。

就像最高法院大法官波特·斯图尔特对色情作品所做的著名描述一样，格林斯潘说当利率开始实行时人们就会知道它了。"你可以说出你究竟是在上面位置还是在下面位置，但是在你到那里之前，你无法知道自己的确切位置。"他说，"我们知道在这个阶段，当前的联邦基金利率是1%—1.25%，这是在中性利率之下。当我们达到中性水平时，我们就知道它到底是多少了。"

经济学家们强调实时估计中性联邦基金利率所遇到的无数困难，包括数据和模型的不确定性，这可能会导致估计的结果出现几个百分点的误差。这些困难增加了实施货币政策的挑战性，特别是当联邦基金利率接近中性利率时，因为政策制定者必须在无法参考可靠数据的情况下做出他们的决策。因此，政策制定者会在这一阶段特别注意获取数据。在通过研究找到一个解决估计中性利率困难的方法之前，政策的执行仍将既是一门科学、也是一门艺术。

市场预期破坏通货膨胀目标

现在的问题是，根据"理性预期"理论，市场预期可能破坏美联储的通货膨胀目标政策，推动通货膨胀率越来越高，直至达到恶性通货膨胀。因此，制定通货膨胀目标的倡导者认为通货膨胀目标应该是双重的，即包含抑制通货膨胀和防止通货紧缩。

金融新闻界就像试图抓住风中的稻草一样，来预测美联储的政策。他们抓住了美联储主席伯南克2008年1月10日在华盛顿哥伦比亚特区参加的妇女住宅融资及财政俱乐部联合午餐会上，发表的关于"金融市场、经济前景和货币政策"演说，认为这一内容暗示美联储的立场是"准备采取实质性的额外行动，以支持增长并提供充足的保险，预防经济下滑"。

伯南克还说，"通货膨胀预期的任何趋势都可能出现，美联储与通货膨胀斗争的可信性受到削弱，这可能会加大保持物价稳定的复杂性，并减少了中央银行应对未来经济增长中的资金短缺问题时政策的灵活性。因此，在今后的几个月中，摆在面前的任务是密切关注通货膨胀的情况，特别是关于通货膨胀的预期。"

因此，美联储的利息率举措不仅受到了实际获得的通货膨胀数据的约束，还受到对通货膨胀预期数据的限制。这意味着当市场预计美联储要降息时，这本身实际上就限制了美联储降息的能力。

美联储在2008年1月空前剧烈的减息之后，市场预计欧洲央行（ECB）将随后显著降低欧元利率。然而，当欧洲央行面临着与美联储一样的通胀强势和增长放慢的两难境地时，欧洲央行只需承担抑制通货膨胀这一单重任务即可，不像美联储要完成物价稳定和支持经济增长及就业这样的双重任务。欧洲央行行长吉恩-克洛德·特里谢证实说，摆在欧洲议会面前的首要任务是通货膨胀，治理的重点是"稳定对通货膨胀的预期"。

由于欧洲大多数的工资合同是通货膨胀而非通货紧缩的指数，所以欧洲的工资波动缺少结构上的灵活性，不像美国那样可以根据价格变动做出快速的调整，这造成了欧元区的经济负担。与美国的同类公司不同，欧洲的公司无法轻易解雇工人，或对新工人采用双重的工资和福利体制。

市场预期的重点在于：2007年8月爆发的美国金融危机引起的欧元区金融风暴，必然会导致经济的放缓，尽管欧元对美元表现出强势，但面对资产价格调整，欧元降息的前景已经出现。然而，当美国经济滑坡引起全球经济低迷的大环境使欧元区经济衰退时，欧洲政坛不会允许政治领导人因欧元相对于不断恶化的美元，表现出强势而滋生自满情绪。在目前的全球贸易制度下，美元的贬值将引起其他所有货币价值的下降。汇率波动只反映不同货币购买力下降速度的短期差距。尽管欧元对美元较强势，但它的实际购买力却在不断下降。

民主党控制的议会需要就业目标

早在2007年2月19日，也就是8月信贷危机出现的半年前，第四届马塞诸塞州议会选区代表、众议院金融服务委员会的民主党主席巴尼·弗兰克向《金融时报》表示：美联储用"通货膨胀目标"来指导它的利率决策将是一个

"可怕的错误"。弗兰克是众议院委员，负责监督美国中央银行行为，他说，通胀目标"将以牺牲美联储其他同等重要的目标为代价，那就是就业目标"。

弗兰克的意思是用于抑制通货膨胀的通胀目标可能会以牺牲充分就业为代价。他的评论是源于美联储的决策者们已进入一项意义深远的战略审查的最后阶段，其中包括关于采用通胀目标的优缺点的细节讨论。弗兰克所反对的是，美联储通过将利率保持在超过低失业率所需要的水平，以此来治理通胀的前景。

美联储主席伯南克认为在一个相对灵活的通胀目标下，中央银行将会更好地发挥作用，也就是达到一个平均水平，而不是局限在一个明确的期限内，能最大范围地应对外来冲击。批评者们指出这将导致美联储在短期内做得过分或者不足，产生令人讨厌的市场波动。这是因为，众所周知美联储获取的经济数据是不可靠的，而且还需要进行后续的修订。

此外，为了做出任何类似的政策调整，伯南克至少需要获得议会关键人物的默许。弗兰克明确声明反对通胀目标，因为它甚至会影响到短期就业，这也暗示即使通过了深受大家信任的国会听证会，这份默许依然是很难有把握。弗兰克对《金融时报》说，伯南克"肩负着保持物价稳定和降低失业的法定任务，如果他瞄准其中的一个目标，而不是另一个，在我看来他必然会只青睐瞄上的目标。"现实可能是，在短期灵活的通胀目标下，稳定物价和降低失业均不能实现。

美联储通胀目标的倡导者表示，区分英格兰银行所采用的相对固定的形式与伯南克所青睐的相对灵活的形式，是非常重要的。但是，弗兰克说："如果不对失业给予同等的重视"，他将不会支持相对灵活的目标。弗兰克需要的是与低通胀目标相联系的低失业目标。令人担忧的是伴随高通胀和高失业率的滞胀的出现。

世界范围内的通胀预期

通胀预期已经上，其部分原因是市场参与者的理性预期。除去原油和食品的价格数据外，自 2006 年 4 月的美国核心通胀率一直在 2.2%—2.3% 之间波动，超过了中央银行规定的 1.6% 到 1.9% 的适当水平。此外，"核心通胀率"（core inflation）是为了理顺金融市场，以及把市场参与者的注意力从通货膨胀率不断上升的现实中转移出来。在现实经济中并不存核心通胀率，它只是一个虚构的概念，旨在掩盖通货膨胀，证明实际负利率存在的合理性，而且，实际负利率对通货膨胀趋势有一个螺旋推升的影响。

在欧元区，即使欧元的升值也未能阻止通胀率在2007年11月上升到3%，这主要是因为以美元计价的石油等进口品价格上涨，超过了欧元汇率的上涨。通货膨胀效应的第二阶段证据已经清晰可见，欧洲的工人要求增加工资，以补偿通货膨胀率和生产率目标超过可接受范围导致的购买力损失，其中呼声最高的是法国和德国的工人。英联邦成员国的警察于2008年1月23日在伦敦市中心举行了关于酬劳的大规模抗议，不满于2007年12月1日英国、威尔士和北爱尔兰的职员所获得的2.5%的加薪幅度。

从利率期货上表现出的欧元区长期通胀预期已经升至近2.5%，超过欧洲央行"接近但低于2%"的官方目标25个基点。据预计2008年欧元区的通胀将放缓，但没有人认为通胀水平会低于目标水平，更不用指望在2008年剩余的时间里转为负数，尤其是在美元购买力持续下降的情况下。作为对美元贬值的回应，以美元计价的石油和其他主要商品的价格预计在调整后会上升，从而导致全球的通胀压力。

2008年的全球通胀前景不会改变中央银行实行货币政策的立场。债务泡沫破灭后，美国隐含的经济衰退风险一天天地增大，而货币政策并不是预防这一前景的有效工具。债务泡沫终将破灭，使资产价格进行自我调整。如果中央银行如格林斯潘声称的那样，不应该也不能够中途干预资产价格上升，而只能把目标盯在别让资产价格下来之上，这将会助长通胀预期。低利率已经造成了价格泡沫，如果在泡沫破灭后仍使用低利率政策来保持价格的高水平，那么将导致恶性通货膨胀。

如果通货膨胀上升到维持不断扩大的债务泡沫所需要的水平，全球债券市场和外汇市场将会出现明显的波动，全球资金流也会出现严重的断裂。如果高通胀超出了可承受的范围，将会出现债务泡沫崩溃的结果。尽管在市场的压力下，美联储允许在通货膨胀条件下适当调整价格，但是通胀对全球经济造成的伤害，是否小于市场价格调整对全球经济造成的伤害，这一点还不明确。

新兴市场的通货膨胀预期

衡量新兴市场通胀预期需要不同的方法。本来贫穷国家的食品和能源比富裕国家在总开支中占有更大的份额，这使得工人在没有补偿性加薪的情况下，接受价格上涨变得更加困难，但出口市场份额的竞争抵消了工资-物价螺旋式的相互影响。扣除食品和能源因素的核心通胀率，在世界大多数地区表现为温和型，在一些增长最快的经济体中甚至表现得非常低，这些地区包括沙特阿拉伯和中国，那里的核心通胀率在2007年10月仅为1.1%。但由于食品价格引领的全面价格上涨，中国2007年8月公布的通货膨胀率为6.5%。

中国突然爆发的猪瘟（"蓝耳"病）影响了猪肉的供给，加剧了食品价格的上涨，2007年8月肉类和家禽产品价格较去年同期上涨了49%。在影响消费者价格指数的一篮子产品中，猪肉占了约4%的份额，因此猪肉价格的上涨直接推动了通货膨胀。8月份的蛋类成本较去年同期上涨了23.6%，较6月份34.8%的峰值有所缓和，蔬菜价格比去年上涨了22.5%，水产品价格也呈现了上涨的势头。2005年食品占中国城市家庭平均总开支的37%。

美联储和全球滞胀

通胀预期仍然被锁定在适度的利率上，由于美元购买力预期下降，食品和能源价格将不断上涨并超过平均利率水平，在全球经济放缓的大环境下，必将造成全球化的通货膨胀。美联储仍将把赌注下在积极的利率削减举措上，它要把20世纪70年代的"滞胀"模式转变为单纯的通货膨胀。

2007年底，许多金融主管、市场参与者、有影响力的评论家和政府决策者都公开表示，去年夏天的信贷紧缩将是短暂的和可控的。然而突然间，在几个星期后，银行家和监管机构不得不面对现实，承认始自8月份的冲击仅仅是大规模金融崩溃的前奏，它需要数年的时间才能被消除。

市场信心的突然丧失

人们对市场的信心突然从悬崖跌倒谷底，在投资者停止购买新的证券化债务工具时，银行间的相互贷款也变得更加谨慎。货币市场的借款成本急剧上升，给企业借款人、私人股份收购和房地产融资带来了很大压力。

恐惧已经蔓延到全球市场，部分原因是开始于美国的信贷危机缺乏透明度。预计损失会继续上升，而且丝毫没有结束的迹象。部分政府高级官员和主要金融主管自己造成的信誉损失，使问题变得越发严重。

第十章 美联储货币政策与可能的恶性通货膨胀

比如，美联储主席伯南克最先指出，次贷危机将造成总计 500 亿美元的损失。然而不到三个月，他将预计的损失扩大到 1500 亿美元，但仍然拒绝承认存在任何系统性的威胁。在 2 月召开的 7 国财长会议（G7）的发言中，德国财长施坦布吕克（Steinbrück）表示，G7 现在担心与美国次贷相联系的债券实际损失可能达到 4000 亿美元，大大超过了美联储、华尔街银行以及其他机构在几周前透露的 1500 亿美元的数额。令人恐慌的美联储最新利率削减举措，已经告诉了市场参与者，预计损失可能达到了数万亿美元。

世界上最大的资产保险公司美国国际集团（AIG）2 月 12 日把它的恐惧传递给了市场，当时该保险公司 10 月和 11 月来自保险抵押贷款相关工具的损失，估计已经从 10 亿美元上升到 50 亿美元。AIG 的股价下跌了 11%，市值下降了 140 亿美元。AIG 已经签订了 780 亿美元的债务抵押债券（CDOs）的信用违约掉期交易，这些交易产品为无力偿还债务抵押债券的购买者做出担保。这些套期保值产品的主要提供者是如 MBIA 和 Ambac 等债券保险商，它们的支付赔偿能力令全球市场深感忧虑。这些保险商签订了约 1250 亿美元的"高级"债务抵押贷款的担保品。凯瑟琳·塞弗特是标准普尔 500 的分析师，他在《金融时报》上说，AIG 将"经历一段艰难的时期来恢复投资者的信心"。

公众人物们在失去全部信誉之前，有多少次发表在事后被证明是错误的言论？一条公认的真理现在充斥着媒体：信誉就像贞洁——失去容易恢复难。就像油滑的皮条客为了给妓女带来好生意，会说这仅仅是她经历的第二次性接触。面对深度的系统崩溃和信心缺失，有影响力的公众人物们却一遍一遍地吹捧经济"基础良好"。那些了解实情的人们不断发出愚弄公众的声明：市场的过度抛售是暂时的，每一次下降阶段都有很多"买进机会"。

在以信奉自由资本主义为基础的美国全国广播公司财经频道（CNBC）的《库德罗与公司》节目（Kudlow & Company）上，要求参与者严肃地宣誓："我相信自由资本主义是通向繁荣的最佳之路"，这句话作为一个信条，吸引了越来越多的观众，因为它的娱乐价值超过了分析价值。尤其令人厌恶的是节目主持人绷着面孔，不厌其烦地重复那些乏味的咒语：在面对严重的系统性金融灾难时，经济的黄金岁月依然存在且状态良好。

损失超过 1 万亿美元

回到现实的世界，高盛证券（Goldman Sachs）的分析家估计，即使这次崩溃没有将价值 20 万亿美元的住房按揭贷款，从住房部门延伸到商业房地产及企业融资领域，美国次贷最后的总损失也将比 2007 年 3 月的 1.3 万亿美元的账面价值超出 80%。

这一损失的大部分最终由养老基金承担，养老基金是为世界各地的普通工人未来获得资金，满足他们或她们退休需求而设立的。市场力量本来可以通过对泡沫进行剧烈而迅速的价格调整来解决金融危机，而政治上比较敏感的美联储和财政部却试图启动扩大债务泡沫的"软着陆"工程，这一举措的代价将带来十年甚至更长时间的滞胀。令人悲哀的是，供给学派的市场原教旨主义者们却渴望从政府得到更多的帮助，以摆脱对市场的伤害，"该死的经济"这种愤怒充斥着他们的神经。这相当于虔诚的信徒为了减轻信仰的苦难，向魔鬼寻求帮助一样。

美元霸权和宽松的货币政策

宽松的货币政策现在被证明远远没有倡导者们所宣称的那么有效。对低利率长期政策的偏执导致美国经济陷入目前的债务泥潭，特别是当债务推动的繁荣带来预期利润时，可操作的部分已经很少，而大部分则是没有收入支持的债务。更低的利率可能对金融机构延缓不可避免的破产有所帮助，但不能使经济毫无痛苦地走出债务危机。关于次贷会使更多人有住房这一观点是错误的。这类抵押贷款只是让消费者住进了他们负担不起的房屋中，结果使美国人的美梦变成他们本不需要的金融噩梦。

低价货币对于所有文明国家来说，一直是最诱人的货币谬论之一。它曾经带来了最强大的帝国，从强盛的罗马到中国的王朝。但是保持货币价值的一个基本条件是，如果不花费同样的代价，它绝对不能被轻易获得。在基于当前不兑换纸币的国际金融架构内，贸易国的政府会通过降低汇率来调整通货膨胀的货币政策，力图在国际贸易中争取有利的市场份额。全球贸易推动了通货膨胀。

伯南克领导的美联储似乎遵循了格林斯潘的模式，当利率有助于管理通货膨胀时，就采用传统的渐进主义方法，但是在刺激经济增长不利的情况下，就会放弃渐进主义方法，从而在支持通胀过程中造成长期的结构性偏离。美联储经常发现自己对通货膨胀预期的治理不足，而对通货紧缩预期的治理则过度。这种不平衡的倾向造成了财政和经常账户双赤字下的美元购买力的长期下降。

然而自1971年尼克松总统放弃了美元与黄金挂钩的、固定汇率制度下的布雷顿森林体系后，美元获得了霸权地位，美国一直凭借低价的不兑换纸币，成为特权的受益者。低价不兑换纸币带来的好处，可以通过可靠的数据得以证实，不兑换美元如同从打印机中打出来一样容易大量发行。

工人资本主义时代

过去的工业资本主义曾经有过这样一段时期，资本家和工人之间存在阶级斗争，适度的通货膨胀可以通过促进经济扩张而帮工人们保住工作，使他们更容易偿还资本家的债务。但是现在，在金融资本主义下，资本大多数并不是来自于资本家，而是来自于工人养老基金的强制储蓄，通货膨胀剥夺了工人们的退休保障，而滞胀又使他们失去了目前的工作。

人们操纵资本这种名义价值，衍生品交易被算作资本运动，利润和亏损在这个过程中被实现。在金融资本主义社会，以"资本形成"的名义为富人赢得了丰厚的利润，而工作的穷人们在富人财富的涓滴效应中艰难度日，这种供给学派的意识形态导致了收入的贫富分化，金融资本主义社会正构建了一套金融基础结构，让利润流入少数人腰包，而损失由大多数人承担。这种不平等是令人难以置信的，至少在工业资本主义时代的资本家用自己的钱赚钱，而在金融资本主义社会里，金融家们只需操纵工人们的养老金来剥削工人就够了。

国际金融大厦的缺陷

2002年4月，我在《亚洲时报》发表的一篇文章中提出了"美元霸权"这一概念，该文对冷战后的地缘政治现象做了重要分析，其中美元作为一种不兑换纸币，在国际金融大厦中占据着主要储备货币的地位，为全球贸易提供资金。建筑是一门艺术，它的美学思想基础是品质优美，而目前的国际金融大厦却有着明显的缺陷。

因此，美元霸权遭到了反对，不只是因为美元这种不兑换纸币篡夺了本不该属于它的角色，扭曲了贸易效果，而且还破坏了美国以外的主权国家使用主权信贷去融资、发展国内经济的能力，迫使他们通过出口赚取美元储备，以维持本国货币的汇率价值，这给国际社会造成了不良影响。出口经济体被迫储备美元,而这些美元如果在国内消费就会受到严厉的货币惩罚,只能把它们再投资到美元经济体中。

"布雷顿森林体系Ⅱ"的理论谬误

2003年,经济学家麦克·杜雷(Michael Dooley)、大卫·福克茨-兰多(David Folkerts-Landau)和彼得·加贝尔(Peter Garber)提出了著名的"布雷顿森林体系Ⅱ"。这一理论试图把美元霸权从破坏性的货币骗局中摆脱出来,让追求出口导向型的新型工业化国家,将他们的货币按照低估的汇率水平与美元挂钩,从而实现令人满意的双赢局面。作为回报,这些国家再将它们的贸易盈余的美元投回美国,这里美国发挥一个经济稳定器和最终消费者的作用。这只是一个美好的想象,这种扭曲的理论孕育了一种幻想,即美国的贸易赤字只需迫使贸易顺差伙伴将本国货币升值便可以扭转。1985年的广场协议成功地推动了日元升值,结果使日本陷入长达20年的经济衰退,但美国并没有因此扭转贸易赤字。

2006年,美国经常项目的账户赤字超过了国内生产总值(GDP)的6%,在亚洲那些资本匮乏的出口经济体持有大量美国债券的情况下,这一赤字水平通常被视为过高和不可持续的。而"布雷顿森林体系Ⅱ"则认为这种状况是可取的和可持续的,现在这一观点已经被事实推翻。可能还有一些人认为美元霸权是可取的,但是没人能够否认它的不可持续性。如果这种滥发货币的举措被任何其他政府所实施,布雷顿森林体系的产物之一——国际货币基金组织(IMF)将会给该国政府在财政预算方面强加苛刻"条件",以恢复货币的汇率价值。在美元霸权下,美国作为历史上经常账户赤字持续时间最长的国家和世界上最大的债务国,却不受IMF对其财政预算所制定的严格限制性条件的约束。

美元霸权造成了美国贸易保护主义的形成

美元霸权有害影响的最终结果是,即使在"布雷顿森林体系Ⅱ"的主要受益者美国,也出现了贸易保护主义的声音,特别是部分地区的美国人承担了自由贸易的痛苦。对于出口经济体而言,越来越多的迹象表明,政治领导人已经开始认识到，出口导向型增长模式并不像新自由主义的市场原教旨主义所声称的那么有效。出口换取了不能在国内投资的美元，使所有的出口经济体都面临着国内经济发展的资本匮乏，造成收入和财富的巨大差距，以及政治不稳定引起的不平衡发展。尽管出口部门在特殊利益上享有的不平等权利扭曲了出口国家的许多政策，但是全球贸易的崩溃会将政治力量的平衡调整回国内部门的手中。

从美国经常账户赤字回到美国资本账户盈余的资金流循环，在 2007 年夏季似乎突然中断了。美国财政部国际资本系统（简称 TICS）数据显示，自 6 月底以来外国对美国长期证券的净购买量出现了大规模下降，到 7 月从 999 亿美元跌到了 195 亿美元，8 月又跌到负 706 亿美元，9 月恢复到 264 亿美元。美国经常账户赤字始终保持在每月 800 亿美元左右。

美元霸权孕育了债务泡沫

当克林顿和布什政府的决策者们顽固地强调强势美元符合国家利益时，美元霸权却使美国的工业空心化，不断地削弱美元的价值。随着时间的推移，美元霸权孕育了美国的债务泡沫。过去 20 年来美元债务泡沫每一次破灭时，都如同 2007 年 8 月的这次破灭一样，美联储会被迫采用流行的宽松货币政策，例如降低美元利率，并在较长时间内将其保持在低水平上。政策的效果是美元的购买力被迫下降，继而导致其他央行也实行货币贬值，以保护他们的出口竞争力，并保持其持有的以本币计算的美元资产不贬值。竞争性的货币贬值战争最终将瓦解美元的霸权地位，将美元拖入全球恶性通货膨胀的秩序中。这一景象可能会出现在 2008 年。

如同 1971 年布雷顿森林体系瓦解后在欧洲所发生的事情那样，美元霸权地位的瓦解会加速亚洲区货币体制的出现。关于"亚洲货币联盟"的话题已经讨论了很长一段时间，迄今进展甚微。这部分内容可参见我 2002 年 7 月 12 日在《亚洲时报》上发表的一篇关于《亚洲货币基金》的文章。

持有大量美元存款的外国央行面临着"囚徒困境"

美元对欧元的汇率下跌，对于持有大量以美元计价的金融资产的央行来说，造成了巨大损失。这些国家也从欧元区进口商品，但即使以美元计价的商品价格上升，也抵消不了美元贬值的负面影响。由于从贸易顺差中得到大量的美元，并且数量还在不断增加，这些央行有强大的动力去确保其持有的美元资产的购买力和与本国货币汇率保持不变。然而，如果外国央行觉察到美联储不愿保持高的美元利息率来阻止美元下跌——因为美联储更青睐于健全的市场，而不是强劲的经济——那么这些央行将会有同样强大的动力去抛售美元，在市场上购买硬性资产，而这又可能引起物价上涨。这些行动都将造成美元的恶性通货膨胀。

这种情况使持有大量美元资产的央行面临著名的"囚徒困境"。总的来说，这些央行出于全局考虑将会继续持有美元资产，避免出现大规模的抛售使大家都受损的局面，为了共同利益，在世界货币市场上维持美元的价值。然而，个别地看，每个央行又都有抛售美元的动机，将其持有的资产转换成其他货币或硬性资产等多元化形式，在市场崩溃前比其他央行更早地出售美元获得个人利益。这种背叛共同利益的担忧形成了古典的"囚徒困境"，同时，持有美元资产的银行尝试多样化的货币组合这一潜在风险，对正在运行的美元也构成了极大威胁。几十年来西方石油公司一直在和欧佩克（OPEC）的成员国玩这个"囚徒困境"的游戏，诱使个别生产者的销量超过分配的配额，在违背共同利益的基础上获得更多的个人利益，这迫使主要石油生产国沙特阿拉伯为了尽量减少个别生产者的叛逃行为，将其产量削减至分配配额以下，以此来保持较高的石油价格。沙特的作用是将卡特尔成员团结在一起。而美国不同于沙特，迄今为止仍没有表现出削减不兑换美元发行量的任何迹象。

1960年的"特里芬难题"

"特里芬难题"是用比利时裔美国经济学家特里芬的名字命名的，他在1960年首先发现了这一问题，这一难题是指布雷顿森林体系中基础货币不平衡问题。通过马歇尔计划美元不断流向海外，如美国军费开支、美国公民购买外国商品以及美国游客的海外消费等，流往欧洲的美元数量很快超过了其黄金支持。20世纪60年代初期，虽然美国通过法律规定的官方价格是1盎司黄金为35美元，但在伦敦1盎司黄金可以兑换40美元。这个差异表明市场已经意识到美元被高估，黄金支持的美元时代即将寿终正寝。

解决这一难题的办法是削减美国的国际收支逆差，以及提高美元的利率，吸引美元流回美国，减少流通中的美元数量。但这些措施又会使美国经济陷入衰退，肯尼迪总统认为这个前景在政治上是不能接受的。这实际上就对国会提出了"特里芬难题",它解释了为什么布雷顿森林体系的崩溃是不可避免的。特里芬指出,当一个国家的不兑换纸币在贸易中被用作国际储备货币时,将会出现一个根本性的流动性困境。也正是这种结构优势将导致国家无力保持不兑换纸币的价值。

随着战后世界经济的增长,需要越来越多的美元提供资金支持。为了确保全球美元的流动性,美国必须保持贸易逆差,因为没有任何其他政府可以发行美元。但是为了维持美元的信心,美国又必须保持贸易顺差。这是一个根本性难题。最后,美国选择继续保持国际收支逆差,造成了人们对美元丧失信心,致使布雷顿森林体系在1971年解体。

然而,如果美国转变国际收支逆差,全球经济将失去货币储备的最大来源。由此产生的流动性不足问题将把世界经济推入螺旋式收缩过程,从而导致经济、社会和政治的不稳定。

外国央行将会对美元霸权补贴多久?

一些批判的声音认为中央银行的任务并不是外汇储备组合的收益最大化,而是保护和加强国内金融市场的稳定,而大国央行,首要任务应该是保持全球金融市场的稳定。换言之,通过贸易顺差持有大量美元储备的外国央行应该为汇率损失买单,以维持建立在不兑换美元基础之上的全球金融基础。然而,外国央行通过保持利率损失所得到的收益并不均等,这造成了世界各地的收入差距,从而抑制了消费需求。而在全球经济过剩的情况下,消费需求已经成为一个关键的结构问题。

这种矛盾是否会持续以及持续多久取决于美元下跌的程度和速度,以及美国和世界其他国家工人购买力不均衡的程度。外国央行可能会确信美国既没有意愿,也没有决心保持美元的坚挺,更没有让美国国内和外国工人在全球企业获利中占有更大份额的意识形态。当这一切发生时,外国央行继续持有美元盼望其最终扭转下跌局面的动机将会突然消失,这是金融运行内在逻辑或者政治压力的必然结果。

信用评级的失败

2007年8月信贷危机爆发后不久,迅速膨胀的意外风险使那些被认为低风险的金融工具变成了牺牲品,货币政策当局开始寻找替罪羊,发现信用评级机构过多地依赖错误的数学模型,不顾传统上对风险管理的审慎做法,没能对复杂的证券化工具进行正确的评级。

诚然，信用评级机构在利益的漩涡里运作，他们的报酬要由被评价的债务工具发行者来支付。然而信用评级机构的评级尺度放宽，是基于这样一种似乎合理的逻辑假设：近几年来信贷衍生品和债务抵押债券（CDO）已经在世界范围内爆炸性地增长，即使不是由美联储的格林斯潘和财政部的罗伯特·鲁宾来制定美国的货币政策，放松货币的货币政策也会永远继续下去。美元霸权，虽然不可避免地会对美国控制的国际金融大厦造成长期威胁，但它几乎仍然是货币经济学中可以享用的"免费午餐"。

美元霸权的破坏性

美元霸权使美国通过维持负的实际利率来吸收世界财富，为美国消费提供资金。在克林顿时代之后，布什在格林斯潘宽松货币政策的帮助下实行减税政策，维持了全球的债务泡沫，并将其不断扩大，通过在增长停滞时增加货币供给、在财政赤字增加时实行税收减免，来刺激经济。

证券化债务工具在全球的广泛营销已经改变了从前的信用监管模式，以前的监管模式是银行要直接获取借款人的信用历史资料，现在则转变成根据理论上借款人行为模式的统计概率，对借款人进行汇总评级，从而得到关于贷款人的直接信息，这与新古典经济学家的理性经济人假设类似。越来越多的抵押贷款是以房价会继续上涨这一假设来支撑的，不动产抵押债券的安全性完全取决于预期上涨的房价，而不是借款人的个人信用是否良好，因此，对借款人信用评级的关心度近乎为零。事实上，相对于一流信用的借款人，次级抵押贷款的借款人更可能定期利用不断上涨的房价进行再融资，侵蚀银行的利润。

当房价停止上涨并转而下降时，不负责任的借款人行为让风险模型吃了一惊。许多借款人停止偿付抵押贷款，不是因为他们的现金拮据，而是他们根本不想偿付很快就要超过房价的抵押贷款。对抵押贷款的不安异常迅速地增加，它颠覆了统计上关于信用等级的数学模型，并造成了信贷的突然萎缩。由于信贷的持续萎缩，评级机构在未能预见次级抵押贷款的借款者一波又一波地违约行为之后，被迫将数十万种的债务证券降级。

例如，仅在2008年1月的上一个周三晚上，标准普尔500就将市值5340亿美元的8000多种不动产抵押贷款相关证券进行了降级。这些降级行为在资产管理公司和银行遭受巨大损失的浪潮中引起了强烈的指责。《金融时报》引述了管理着资产超过 400 亿美元的美国第一家私人资本运营和对冲基金上市公司——堡垒投资集团（FIG）首席执行官威斯·埃登斯的话说："持有 AAA 级证券（已被降级）的人们遭遇了大量的金钱损失，造成了市场信心的巨大滑落。"

评级失败的根源在于他们对风险管理模型的过分依赖，该模型假设在金融狂热时期，人们不会因为一时的金融困扰而改变自己的行为。但实际上，次级抵押贷款的借款人在他们的信用卡和汽车贷款被停用以前，拒绝偿付住房抵押贷款，从而导致住房抵押贷款的违约率迅速上升，大大超过历史趋势。因此，抵押贷款机构在信贷危机中比以往在更短的时间内更早地遭受了损失。

部分原因是，许多次级抵押贷款的承押人对新房屋只有一点或没有任何产权，他们并没有把保住新房屋作为优先目标，这导致房价下跌时用假设条件下的资产组合规避风险是无效的。与以前的购房者不同，现在许多买主在债务泡沫的大潮中只是把他们的房屋作为投资工具，进行财务计算，而没有丝毫"家"的感情。许多人每年都买进和售出房屋，每次都搬进偿付与收入水平没有任何关系的更大的房子里。

银行数据表明，当前大量抵押贷款违约行为与短期现金流短缺无关，而是由于借款人购买了他们无力支付的住房。这些借款人依赖不断上升的房价进行再融资来支付抵押贷款。在房价下跌的瞬间，抵押贷款违约率开始激增，那些承担不起贷款的家庭再也无法通过再融资的渠道走出困境。这些买房者在债务驱动的繁荣中，成为使房价上升的关键因素；在繁荣破灭时，又成了使违约率上升的关键因素。

承担着高贷款价值比的抵押贷款或持有负资产的借款人，在房价下降并低于抵押贷款的价值时，即使他们有能力，也没有动机去偿还贷款。没有人愿意去喂一只死马。

借款人表现出更喜欢汽车而不是房屋的偏好，因为他们没有房屋产权。IMF 的数据给出了 2006 年和 2007 年一级贷款（prime loans）的违约率，由于在债务泡沫爆发之前来不及从房价中获益，这个指标比 2003 年或 2004 年类似的一级贷款违约率增长更快。

随着总统大选的进行，官方的注意力集中在支付"重置"这一问题上，据称能大大降低次级抵押贷款的借款人的违约率。布什政府计划冻结重置，而财政部官员私下表示，这项计划并不是一枚"银弹"，因为最近的抵押贷款数据显示，重置率和拖欠率之间存在着意外的弱相关性。主要因素仍然是在借款人违约的惩罚性后果减少的情况下，借款人的态度和行为被扭曲了。

债务泡沫摧毁了令人钦佩的美国性格

由美元霸权孕育的债务泡沫掏空的不仅仅是美国的工业内核，也掏空了美国的道义内核，并填充进了肆无忌惮的贪婪。美国人"居者有其屋"的想法成为自由社会的象征，每个公民都为他们/她们的家庭诚实劳动、努力赚钱、遵守金融规则。但现在，这一传统的想法已经被颠覆，取而代之的是一种卑鄙的幻想，即购买的房屋可能没有产权，只能通过不切实际的高利息和分期付款制度来实现，而这种制度不是建立在购买者当前和预期的收入上，而是建立在美联储作为美国货币价值的控制者，通过实行宽松的货币政策所造成的持续上涨的房价上。

一些市场拥护者们在2007年8月之后的几个月里一直固执地认为，美国的就业市场可以保持健康运行，并能阻止信贷危机蔓延到整个经济。但是过去十几年里美国就业增长主要集中在金融服务部门，而这个部门在今天糟糕的金融系统里难成气候。到2007年底，即使最乐观的分析家也不得不承认12月份的消费者支出在递减，暗示了美国经济正陷入衰退，这可能会导致一个长期的失业率上升期出现。"信贷市场中存在的问题蔓延到消费部门——下一个令人担忧的领域将是汽车贷款和信用卡，"新任命的美林（Merrill Lynch）首席执行官约翰·塞恩如是说，他在美林公司被曝光从次级抵押贷款相关的投资中遭受巨大损失后，替代了原执行官。

自从《格拉斯—斯蒂格尔法》1999年被废除后，巨型银行已经能够重新制定出与20世纪20年代类似的特殊利益结构——向投机者贷款、将债务打包且证券化，以银行信用额支持的结构性金融工具市场化，以及在公开的利益冲突中获取丰厚的回报。对于银行审查部门来说，这些债务工具中有许多比20世纪20年代遇到的情况更为复杂和不透明。大部分债务工具与其他债务工具的偿付能力之间存在着虚拟关系，因为这些债务工具都是在对变量及其相互关系假设的基础上，通过复杂计算机模型设计出来的。结构性金融作为化解流动性和对冲基金风险的替代物，成为了系统性风险和流动性不足的炸药，高倍杠杆作用加剧了其爆炸性。金融市场因缺乏透明度而变得问题丛生。

价格上涨损害了工资及政府收入的购买力，政府的应对办法是通过发行更多的纸币弥补自身的损失，但大多数工资则相对固定。这是一个恶性循环的开始。流通中的货币量每增加一次，都会带来更深程度的通货膨胀，进而减少个人收益和政府收入的购买力，这进一步导致更多纸币的发行。

恶性通货膨胀是一种心态

恶性通货膨胀形成的路径是：通过印刷纸币这一自我强制的恶性循环，引发通货膨胀，进而又导致印刷更多的纸币，如此等等。恶性通货膨胀并不仅仅是根据一个非常高的通货膨胀率来定义的，而是反映人们要普遍承受由债务恶性循环引起的复杂通货膨胀后果。这就是为什么初期的通货膨胀就令人担忧，即使一年有一点通货膨胀，都可能导致下一年更大的通货膨胀，以此类推，呈指数增长。

将资产价格上涨与经济强劲相联系，将资产价格下降与经济衰退相联系，这是市场心理学普遍的条件反射。然而，一些经济体有过这样的经历，价格每年都稳定地增长 50 - 100%，但却没有陷入恶性通货膨胀的循环，这是属于基于实体经济增长的价格上涨。从来没有恶性通货膨胀的循环是不可避免或不能被中断的，只要政府及时做出决定来阻止出于投机目的的货币供给量扩张就能做到。

凯恩斯警告防止通货膨胀

约翰·梅纳德·凯恩斯曾主张利用赤字财政对付周期性的经济衰退，他警告通货膨胀的危险："在一个持续的通货膨胀过程中，政府可以神不知、鬼不觉地没收公民财产中的重要部分。没有比用胡乱操纵货币更微妙、更可靠的方法，来推翻现有的社会基础。这个过程吸收了经济规律中所隐藏的各种破坏力，对它的运行方式，非超高智慧的人是难以发现的。"

这里关键的一点是，货币系统只有在单位货币价值稳定时才能有效运行，如果币值稳定，货币量的任何增加都能反映实际财富的相应增加。货币弹性不应该与对通货膨胀的容忍度相混淆。恶性通货膨胀并不仅仅指价格以极高的速度上涨，它还意味着通货膨胀的失控，以及价格水平严重脱离了相关资产的价值。最重要的是，恶性通货膨胀只能存在于人们对社会自身失去信心，并且认为未来的抗争也无济于事的情况下。

战争和极度通货膨胀

战争是一切通货膨胀之母。现代民主政府发现往往通过借款而不是征税来对外战争更容易。为了偿付日益增加的国家债务,通货膨胀的诱惑是无法抗拒的。始于 1965 年左右的 60 年代和 70 年代的通货膨胀浪潮,就是由越南战争的巨大代价触发的;而当前的通货膨胀则与阿富汗、伊拉克这两场战争有关,也包括与全球反恐战争的国家安全费用有关。越南战争既没能遏制共产主义在东南亚国家的发展,也没有加强美国的经济;而当前的反恐战争不仅拖累美国经济,也没有改善美国的国家安全。

对新兴经济体出口通货膨胀的"鲁宾经济学"

至少由越南战争造成的通货膨胀,部分原因是约翰逊总统提出的"伟大社会"计划造成的巨大开支引起的,尽管它是从现金、债券、保险、养老金和其他固定收入的储蓄中,征收 20% 的资本税来支付的。今天,在"鲁宾经济学"的推动下,美国通过美元霸权把通货膨胀输送到向美国出口的新兴经济体中。

美联储在过去的二十年里一直没能遏制通货膨胀,正当它成功地使美国经济慢下来的时候,由新兴经济体需求推动的全球价格却继续上涨,原因是世界上日益增长的人口在消费食品、能源和基本商品,消费速度比市场经济生产这些商品的速度更快。更具讽刺意味的是,由于工人们的收入不足以满足消费,致使全部生产能力不能被充分利用。通货膨胀使大量的纸币流入不能将其用于消费,而只能用于再投资。

市场已经对政府失去了信心,认为政府没有政治勇气去采取必要的政策,改造现金流这个陈旧的流通系统,保持经济在没有债务负担或通货膨胀的情况下增长。目前市场力量过分依恋通货膨胀预期,这反过来又加剧了通货膨胀压力。世界必须停止向有缺陷的中央银行寻求救助,它们只能通过制造更多的债务来摆脱巨大的债务危机。目前的债务危机提供了一个宣泄的机会,改革感染了贪婪病毒的全球经济体制,使其远离愚蠢的、浪费的竞争,转向企业间的相互合作,重建基于人类共同价值观的世界共同体,实现没有从属的平等,同情不幸者,尊重多样性。改革之风正在席卷全世界。

第四部分

全球化中央银行制度与主权债务危机

第一章　美国的公共债务、财政赤字及主权国家资不抵债

人们有时说，战争的合法生子是革命，而战争的私生子则是通胀。第一次世界大战也不例外。这场战争导致了社会民主制的出现，使其在欧洲成为取代君主制的合法政治制度。在世界上那些欠发达的殖民地经济体中，共产主义出现并取代了西方的帝国殖民主义。在欧洲，社会主义是民主之花盛开的沃土。在欧洲之外，在殖民地世界中，共产主义成为了一个平台，民族主义凭借着这个平台，从已经成为西方资本主义附庸的封建精英手中那里夺取了国家的权力。以民族主义为旗帜的共产主义是受压迫的大众用以战胜西方殖民主义的政治武器。

由于第一次世界大战，世界上的两个伟大的国家，即俄罗斯和中国，发现共产主义是创建新社会、恢复其过去的荣光并实现新的具有历史意义的社会政治经济发展的有效载体。但在中国，甚至在腐朽的封建王朝于1911年被一场社会民主革命所推翻、以林肯的政府民有、民治和民享理想为模式的共和国建立起来之后，也甚至在实行帝国主义的西方在其本土之上也在演变为自由主义的社会民主制之时，西方的帝国主义还仍在控制着这个羸弱的国家。西方的帝国主义在中华民国继续维持了38年的时间，直至中国的共产党人在1949年，即二战在亚洲结束四年之后，夺取了国家的权力。

中华人民共和国成立60年之后，共产主义已于1991年在苏联失败，而具有中国特色的共产主义则继续在中国兴旺发达。中国的共产主义之所以并未失败，原因在于社会主义的概念在中国的整个历史上一直都具备操作性，从西方引进的马克思主义也并没有取代中国的社会政治文化，而这种和谐共生的文化则源于规定的社会习俗和等级关系。

中国文化一直以社区为其核心之所在，这与西方在宗教改革之后以个人主义为中心的文化形成了鲜明的对比。儒教哲学家孟子（公元前372—289年）曾经警告说，以利润动机来运作的国家将会危及自身的福利，而较好的基础则是

"仁义",这个中国的概念在西方并无准确的对应概念,它大致可以翻译为对适当的人际关系的遵循,对体现了社会理想的正义、忠诚和人性的支持。马克思主义只不过在"仁义"这种中国本土社会哲学之中加入了当代的因素,使中国得以与西方以扩张主义为特征的资本主义进行互动,以及有效地击退西方的帝国主义并抵制其新自由主义。

内战之后的民粹主义运动

在美国,内战之后并没有如林肯在其演讲中所希望的那样,"对任何人没有恶意,对所有人怀抱善心",南北双方并不是如兄弟般地彼此原谅与和解并共建联盟。获胜的北方对待战败的南方犹如一块被征服的领土,比美国在二战获胜后对待战败的德国和日本还要严厉。北方人非但不对遭受战争破坏的南方实施重建,反而致力于重组南方的制度,使其再也不会考虑反叛。

北方无可否认地是侵略者,这一点可由所有的战斗都是在南方的领土上进行的得到证明。结果则是南方的经济遭到了战争的破坏,而北方的经济则因战时生产而实现了工业化并得以兴旺起来。南方邦联政府发行的战争债务在战后变得一文不值。由于南方的储蓄都用在了为战争提供资金之上,所以南方没有一家银行资可抵债。联邦政府的财政部在战后下令收缴邦联政府的财产,但却拒绝承担其战争债务。北方腐败的战争代理人对南方实施了不加区别的掠夺。与此相反,北方的战争债务则靠着对包括南方在内的整个经济征税而得以履行。

内战爆发两年后,国会于1863年通过了《国民银行法案》。虽然其直接的目的是出售战争债券,为北方的军事开支提供资金,但它还起到了创建美国的纸币的作用。购买战争债券多达其资本金三分之一的银行受到邀请,可以向联邦政府申请注册。而自杰克逊时期以来,对银行的监管属于各州的权力范围。1860年,超过1500家银行发行了银行券,而许多这样的银行券只有在高额折扣的情况下才被接受。

这种新的银行体制远非完美。它所提供的货币对于正在不断扩张的经济的需要而言没有足够的弹性。随着联邦政府在战后赎回了战争债券,流通之中的货币量减少了,这造成了通缩,给南方人和西部的农民这样一些债务人带来了困难。不仅如此,货币资本往往集中在东北部。南方的农业地区和西部则继续深受现金和信贷长期稀缺之苦。这种情况一直持续到以美联储为形式的央行于1913年建立才得到缓解。

第一章 美国的公共债务、财政赤字及主权国家资不抵债

南方依然掌握的一项资产是其肥沃的土地。南方人希望，随着棉花的首次收获，经济将开始实现复苏。但在金融体系得以恢复、得到解放的前奴隶们以雇农的身份重新开始工作之前，大规模的棉花种植是不可能的事情。几十万的前奴隶们此前已经加入了北方的军队，现在则被告知他们因为内战而获得了解放。他们现在在北方以及西部这块新疆土上毫无目的地游荡。他们对新获得的自由的理解，是他们再也无须为以前的主人工作了。他们希望联盟政府会免费给予土地供他们自己耕种，而这只不过是幻想，对此他们很是失望。因为他们目不识丁且对于作为独立的工人而自我生存毫无准备，所以很多人在1865年春北方的严寒之中由于饥饿和无处避寒而死去。到了3月份，即在南方于1865年4月9日投降前的一个月，联盟政府设立了被解放者事务局，向穷困者提供食物、住所和医疗，但它并不为工人们提供工作机会。北方的白人工人并不希望与南方的黑人竞争，因为后者愿意接受低工资的工作。南方想让以前的奴隶们回去工作，而这被北方的激进者们理解为妄图恢复奴隶制。

北方对于应该对南方采取何种政策存在着分歧：是恢复南方在宪法上的全部州权，还是采取措施防止地区冲突的再度爆发以及南方将来的独立倾向？北方的激进派希望摧毁种植园的传统权力结构并实现种族平等，从而一劳永逸地制伏南方。然而，虽然宪法上的州权问题是南方脱离联邦的原因，但它却不是内战的原因所在。在实际中，东北部的少数地区，如1812年战争期间的新英格兰地区，就曾以州权为理由限制联邦的权力。

南方希望脱离联邦的原因与北方发动内战的原因迥然不同。南方在它自己声明中承认要维护奴隶制，因为这种制度对它的社会经济结构至关重要。南方的官方声明指出，脱离联邦是对北方侵犯南方人的权利，即阻止他们进入新的疆土、拒绝归还逃跑的奴隶并威胁奴隶制本身，所做出的合法的回应。

北方诉诸武力防止南方脱离联邦、维护联邦的完整，是有其政治经济原因的，尽管废除奴隶制可能是这场战争的结果，但原因并不在废奴。林肯自己就多次指出其中的区别，而且他个人也不是一个废奴主义者。对于北方的工业利益集团而言，如果存在着一个与英国有着紧密联系的独立的邦联政府，这会令北方失去受到保护的国内市场之中很大的一块。

国会在1865年12月份之前一直休会，它重新开会之时已是战斗结束后9个月了。在此之前，重建工作完全由政府的行政分支所控制。安德鲁·杰克逊于4月份担任总统，补上遭到刺杀而身亡的林肯留下的空缺，他在重建工作中继续执行林肯的和解政策，但这遭到了共和党激进派的抵制。

· 409 ·

有些激进者受意识形态的驱使，视内战为一场废奴战争。其他的激进者只不过以废奴为借口，其目的在于维护共和党人在政治上的主导地位，在于强化北方对于经济的控制。如果允许南方按林肯给出的条件回归联盟，那么民主党就会恢复战前的主导地位，赢得下一届的大选，把共和党对联邦政府的控制推翻。

北方的工业企业和银行担心关税随即会降低，让外国的竞争进来。自由贸易会让南方向英国出售更多的棉花，会让南方与英国资本形成经济联盟抵制北方。北方人害怕北方银行持有的国债会遭到南方政客所控制的民主党人国会的拒付，正如南方邦联政府发行的债务遭到了北方人所控制的共和党人国会的拒付一样。国会将随即再次由代表农业利益的南方所控制，剥夺北方因为赢得这场战争而获得的所有经济利益。选举政治要求共和党人支持解放以前的奴隶，这样才能在有着大量黑人人口的南方各州赢得选票。

尽管并非出于纯粹的道德动机，但共和党激进派仍于1868年7月9日，即内战结束一年之后，推动通过了宪法第14修正案。这条修正案对公民给出了广泛的定义，推翻了最高法院在德雷德·斯考特诉桑德福德（1857年）一案中的判决，该判决认定奴隶及其后人并不拥有宪法上的权利。在此案中，最高法院需要判定的问题，是在宪法已被批准之时，前奴隶斯考特是否在宪法第3条的意义上已经被视为任何一州的公民。

在最高法院看来，宪法的作者们视"黑人"这一种族为：

"属于低等的物种，完全不适合与白人种族无论是在社会关系还是在政治关系中发生交往。他们远为低等，因此他们不拥有白人男性必须予以尊重的权利"。

因此，虽然世易时移，但南方民主党人所持有的对宪法的这种严格的解释仍将剥夺黑人所有的宪法权利和公民权。作为一位共和党人总统，理查德·尼克松也把这种词汇和这个概念拿来为己所用，用以描述保守的共和党政治理论和法律哲学。

这条修正案的"正当程序条款"被用于针对各州使用《权利法案》中的大多数规定。这项条款还被用于承认实体性的正当程序权，如抚养权和婚姻权，以及程序上的正当程序权，这要求在剥夺一个人的生命权、自由权或者财产权之前，要采取特定的法律措施。

这条修正案的"平等保护条款"要求各州对其具有司法管辖权的所有人依法提供平等的保护。这项条款后来成为了布朗诉教育委员会（1954年）一案的基础。在此案中，最高法院的判决加速了美国种族隔离的解体并推动了1964年的《民权法案》的出台。

第一章　美国的公共债务、财政赤字及主权国家资不抵债

农民的反抗

到了1880年代的后期，也就是内战结束20年之后，南方的小农们开始组织起来，抵制北方的大地主和工业资本家的控制。南方的农民们希望，他们在种植业上所产生的财富更多用于当地的学校、道路和其他基础设施的改善，他们还希望政治制度更加民主。农民们的不满是由北方对南方种植业经济的金融控制和剥削所引发的，北方对商品市场的操纵导致棉花的价格在1894年到1897年之间下跌了一半，每磅的价格只有5.8美分。

全国农民联盟，也称南方联盟，于1875年在德克萨斯州成立，距内战结束10年时间。这个联盟发展很快，成员超过了3百万人。另一个组织名为有色人种农民全国联盟，它的成员也超过了1百万。这些联盟呼吁采取有利于农民的政策措施，它们还寻求北方产业工人的支持。在农民联盟的支持下，人民（民粹）党成立了。

人民党以民粹主义为其政纲，它要求进行一系列的改革，目的在于打破政治大佬们在市级政治领域的控制，将他们对市级政府的实际控制归还给人民。它还力图实现铁路和通讯网络的国有化，累进的所得税制、每天工作时间和每周工作时间的缩短，以此恢复一种更为平均主义的经济制度，此外还有货币的稳定，以此遏制反复超越了工资增速的通胀。为解决农业信贷问题，该党的政纲提议推行一项"次级财政部"计划，即政府将不易腐烂的农产品储存在国家的仓库里，并向农产品所属的农民发放不超过农产品价值80%的贷款。民粹主义基本上是杰斐逊式的农业民主精神的复兴，而这种农业民主精神在美利坚合众国建立之际对美国的理念和制度起到了塑造的作用。

货币问题

引发最大争议的是货币问题。南方和西部的农民们确信，农产品价格下跌的主要原因是联邦政府在内战之后所采取的通缩政策，而这个政策的目的在于惩罚南方的债务人。财政部对纸币和银币美元的数量进行了限制，令它们可以兑换黄金，由此而增加了北方的货币托拉斯所持有的货币的价值，这相应地导致了农民们和矿工们所生产产品的价格下跌。农民们认为，他们辛苦生产出来的产品出

现了价值贬值,而他们所欠北方银行的债务则出现了价值增值。对他们来说,以前在他们贷款时小麦每蒲式耳卖 1 美元,而他们要用后来 60 美分就能买 1 蒲式耳小麦的钱来偿还这些贷款,所以他们觉得这是不公平的。

对于今天的许多拥有住房的人来说,在他们两年前贷款买房时他们的房子卖 70 万美元,而现在他们要用 30 万美元就能买相同房子的钱去偿还这笔贷款,所以他们也觉得不公平。

民粹主义者们要求以纸币或者银币按 16 比 1 的固定比例不受限制地铸造增加货币量。铸造银币的建议得到了银矿开采者们的强烈支持。民粹主义者们确信,维持金本位制是国际金融家们的一大阴谋,东北部的银行则是这些人的代理人,他们的目的是令大众陷入贫困。这种认识是美国孤立主义观的基础,在南方、西部和中西部的农村地区尤其如此。

在今天,令许多借款者感到沮丧的是,由于美联储采取了维持利率近乎为零的货币政策,所以他们的养老金的回报很低,而两年前拿到的老按揭却维持着很高的固定利率。他们有着强烈的动机拖欠他们的按揭贷款。

民粹主义沦为一场地区性的运动

1892 年的大选表明美国的民粹主义沦为了一场主要是地区性的运动。在 1888 年的大选中,民主党总统候选人格罗夫·克利夫兰虽然赢得了大众选票,但在选举团的投票中却以 168 票比 233 票输给了共和党人本杰明·哈里森。四年之后,克利夫兰以在大众投票和选举团投票中双双获胜,从哈里森手中夺回了总统宝座。人民党的候选人詹姆士·威夫赢得了 1041028 张大众选票和 22 张选举团票,而所有这些选票都来自 95 度经线以西各州,其中主要是西部的农民和矿工的支持。民粹主义在北方产业工人之中并没有号召力。

民粹主义受到两大政党掺沙子

之一情形的长期影响是民粹主义在两大主要政党之中的号召力与日俱增。民主党和共和党中都有民粹主义的候选人。其中最为有名的是约翰·阿特杰德,他是一个德国移民,后来成了伊利诺伊州的民主党人州长,他令这个州的政府以进步主义为施政方针。1892 年的大选之后不久,美国便陷入了一场长期且严重的萧条，期间失业人口增至 4 百万以上，即 18.4% 的失业率，而从 1893 年到 1899 年的失业率都维持在两位数。（请参见本人于 2008 年 3 月发表在《亚洲日报在线》上的系列文章《美国民粹主义的形态》。）

进步主义与美联储

美国政治中的进步主义运动脱胎于 19 世纪最后 20 年在思想上和政治上的酝酿，并于 20 世纪的最初 15 年里出现。它基本上是一场改革运动，在国家政治层面以西奥多·罗斯福和伍德罗·威尔逊两位总统为代表。进步主义者反对政治腐败的蔓延，反对政府为利益集团所攫取、牺牲一般大众的利益为有组织的财富阶层服务。

那个时期的进步主义者以民主政府、个人自由、法治和宪法对私人财产的保护等理想作为他们信仰。但他们认为，在那样一个新的工业时代，捍卫这些理想需要推行新的政治流程和政府管制。

进步主义者强调公平和机会平等这些传统的伦理和人道价值观。马克思主义关于阶级斗争的观点在美国的情况中不具操作性，这是因为阶级的概念在美国的政治讨论中从未深入人心。美国几乎所有的工业巨头都是靠着自己的一路打拼才成为巨富的，他们在一开始都只不过是工厂里年轻的学徒工或者大银行里的小跑堂。在美国这个新国家建立伊始，美国革命就将美国土壤里的欧洲帝国主义连根拔起。由于作为一个国家的美国并未成为帝国主义的受害者，所以它并不觉得自己受到了资本主义的压迫。

美国的社会主义者大多是后来来自欧洲的移民，他们定居于城市里的贫民窟之中，所以对于可以导致他们很自然地对杰斐逊式民主给予支持的那种生活状况，他们从来都没有亲身的体验。在从 1870 年到 1920 年之间的半个世纪里，美国吸纳了 2630 万名移民，是此前整整 2 个半世纪里吸收的移民人数的 3 倍以上。1890 年之后，与此前移民一般经济上自足、文化水平较高以及受过职业技能训练不同，新移民往往来自较低的社会阶层或者是欧洲欠发达的国家。他们生活在城市贫民窟中的新移民之中，有相当数量的人没能实现经济上的自由，而他们在移民之前曾经希望这种经济自由会在他们的新家那里等待着他们。有些资金较多的人继而去了宾夕法尼亚和中西部的农村地区，他们后来的发展较好。成功的移民通常都受过教育或者勤奋努力，而来自欠发达国家中较低社会阶层的那些人则往往被剥夺了这些素质。成功了的移民为这片新土地是一个无阶级化的社会提供了虽然是象征性的、但却是具体而微的证明。

进步主义者起初大多是城市政治中的改革者,这是因为他们在国家层面的影响是有限的。以克利夫兰的改革者汤姆·约翰逊为例,他在经营城市公交车中发财,在亨利·乔治的文章的影响下,他对改革运动产生了兴趣。约翰逊于1901年成为克利夫兰市的市长并担任这个公职直至1907年,他让克利夫兰成为了全美国之中政府管理最佳的城市。不过,虽然改革者们做出了大量的努力,但其他如纽约、芝加哥和费城这样的大城市依然为腐败的政治机器所控制。

在州级层面,伊利诺伊州的约翰·阿特杰德和密歇根州的哈赞·平格里都是卓有成效的改革者。但改革者中的领头羊则是威斯康星州的罗伯特·拉佛列特,他的进步主义的政府治理观被人们称为威斯康星理念,影响了中西部的一大片农业州,其中包括爱荷华州、明尼苏达州、堪萨斯州、内布拉斯加州和达科他州。在纽约,查尔斯·休斯由于在担任检察总长时对大保险公司中的腐败进行了调查,所以他在州长选举中胜出。休斯的政治成功之路在后来为马里奥·科默、艾略特·斯皮策以及可能还包括安德鲁·科默所复制,休斯继而成为州务卿和最高法院的大法官。在新泽西州,伍德罗·威尔逊从州长的位置上进而于1913年3月4日成为第28任总统。

在美国,1910年的春天见证了在威廉·塔夫脱总统任期内的中期选举期间,进步主义者在众议院的选举中获得了重大的胜利。在1912年的大选中,首屈一指的进步主义知识分子、民主党候选人伍德罗·威尔逊赢得了大选,他仅拿到了43%的大众选票,但由于共和党人对于选择进步主义者西奥多·罗斯福还是保守派的威廉·塔夫脱存在着意见分歧,结果导致威尔逊拿下了40个州。

这次的选举也标志着社会主义在美国政治史上所取得的相对而言最为强大的地位。社会主义候选人尤金·德布斯获得了6%的选票,这是这之后的社会主义候选人所从未达到的记录。在冷战期间,社会主义者被官方视为美国国家安全之中的危险因素。

虽然进步主义者希望改革政治制度,让政府对经济事务承担更大的责任,但他们对于如何实现这个目标却存在着意见分歧。以西奥多·罗斯福为代表的一批人认为大公司的壮大是一个不可避免的经济趋势,政府应对其进行监管而不是解散它们。以伍德罗·威尔逊为代表的另一批人则更为强调禁止垄断、保护小企业以及促进并强化竞争和鼓励创新。这个本质性的问题令人们不禁想到了杰斐逊与汉密尔顿之间的意见分歧,后来就是新政所引发的争论,以及现在所出现的、对于为防止金融危机将来复发而应采取何种走向的监管改革讨论。

泰迪·罗斯福不时情绪失控，有一次在愤怒不已时，他将从事调查性报道的记者和鼓吹改革的写作者充满蔑意地称为"扒粪者"。扒粪者的崛起推动了进步主义运动。亨利·劳埃德1894年在《牺牲普遍富裕的财富》一书之中对托拉斯进行了猛烈的抨击。在读者中很受欢迎的低价杂志《麦卡雷尔》发表了《城市之耻》（1902年），暴露了市政府中的腐败现象，还有《为自我管理而奋斗》（1906年）和《叛国者之国》，对新泽西州庇护大公司提出了批评，这些文章的作者都是编辑兼撰稿人的林肯·史蒂芬斯。上述杂志还发表了伊达·塔贝尔的文章，这些文章后来以《标准石油公司的历史》为书名结集出版。尤普顿·辛克莱尔的《丛林》（1906年）是一篇报道，其中揭露了肉类包装行业工作环境的肮脏不堪，这篇报道产生了很大的影响，改革派借助这种影响推动了1906年的《肉类检验法案》的通过。

在威尔逊的首届总统任期内，在他的帮助下说服民主党人所控制的国会通过了1913年的《联邦储备法案》、《克莱顿反托拉斯法案》和《联邦农业信贷法案》。威尔逊还建立了联邦贸易委员会。威尔逊签署了1913年的《政府收入法案》，使美国有史以来的首个累进所得税制成为法律，以此弥补因为关税降低而损失的政府收入。

威尔逊是来自北方的进步主义民主党人，但他还是让许多来自南方的白人民主党人进入了他的内阁，他对他们这些人在多个联邦机构和华盛顿特区扩大实行种族隔离也采取了容忍的态度。但种族隔离后来为1964年的《民权法案》所禁止，这部立法由民主党人的总统约翰·肯尼迪所提出，在他1963年6月11日的民权演说中，他呼吁通过立法"给予所有美国人在对公众开放的设施——宾馆、餐馆、剧场、零售商店以及类似的场所——之中享有服务的权利"，以及"对投票权给予更多的保护"。在肯尼迪于1963年11月22日遭刺杀身亡后，林登·约翰逊总统于1964年签署了该项法案，使其成为法律。

美国军队之中的种族隔离一直持续到二战之后，其时杜鲁门签署了一项总统行政令，废除陆军中的种族隔离，但真正的废除种族隔离要到韩战时才发生，当时实行种族隔离的第八军遭受惨败，其战地统帅因急需兵员补充而接受了黑人士兵与白人士兵并肩作战。在海军中，第一夫人艾莲娜·罗斯福努力推动废除隔离，但这被海军中的顽固分子讥讽为"艾莲娜的蠢行"。

1964年的《民权法案》是对1875年的《民权法案》的效仿，后者由共和党参议员查尔斯·桑姆纳和共和党众议员本杰明·巴特勒所共同提出，经共和党人的总统格兰特签署而成为法律，但在1883年被最高法院宣布为违宪。

威尔逊在担任总统之后呈交国会的首项任务，是对高关税政策作出修改。然而这并非以全球化为着眼点。威尔逊试图利用外国的竞争来打破美国的大企业对美国经济的垄断控制。

国会中的共和党人通过了《莫里尔关税法案》，由民主党人的总统詹姆士·布坎南签署而于1861年3月成为法律，这仅发生在林肯入主白宫前的几天时间里。这部法案标志着1842年以来关税的首次增加。在内战期间，进口关税有了进一步的提高，平均达到47%。其主要的目的是增加政府的收入，用于战争开支，但高关税也保护了国内的产业免受来自外国优势产业的竞争。虽然战后政府的收入不再成为问题，但国内的产业利益集体成功地维持了高关税。在美国经济史上的大多数时候，美国都从保护主义中获利良多，直至美国经济壮大为全球市场上的一支主导力量。在二战结束之前，自由贸易并非美国的既定政策。

《安德伍德关税法案》于1913年10月成为法律，这部法案取消了100多种商品的进口关税，并将超过1000种其他商品的平均税率从37%降为27%。为了弥补联邦政府关税收入上的损失，所得税被引入。所得税的合宪性此前不久由第17修正案所授权，这条修正案在参议院于1911年6月12日通过，在众议院则于1912年5月13日通过。各州于1913年4月8日批准了这条修正案。不过，关税削减对美国竞争力的预期经济影响无法通过实际数据加以评估，这是因为国际贸易由于第一次世界大战于1914年爆发而中断。战时垄断增强了美国经济的实力，而这是自由市场竞争所无法做到的。

邓小平于1978年在中国启动的改革开放也在很大程度上包含这样的政策目标，即利用来自西方发达经济体的外资，打破缺乏效率的国有企业在社会主义中央计划经济的背景下、由没有冲劲的管理层在经营中所享有的停滞不前的垄断，从而奋力恢复受到西方帝国主义长达一个世纪的剥削、后来又因美国30年的禁运而大为削弱的落后的经济。

在1978年以来的30年时间里，改革开放政策成功地令中国的社会主义经济充满了生机活力，然而，这个政策也相应带来了一系列的社会经济问题，如收入上的不平等、发展上的不平衡以及环境的恶化，这可能需要其后的领导人们以几十年的时间去纠正。目前发生在市场经济体中的全球金融危机也令中国重新审视其对市场经济的盲目追崇。

国会于1913年通过了《格拉斯-欧文联邦储备法案》，经威尔逊签署而成为法律。联邦储备系统建立之后，美国的货币体系发生了彻底的改变。组建央行的主要目的是为货币提供弹性，从而为不断增长的经济提供支持。在央行建立之前，1863年的《国民银行法案》所确立的体系令货币供给与银行所持有的政府债券量挂钩，因此货币的供给与经济对于货币的需求没有直接的关系。央行的目的则是管理货币供给以满足经济的需要，以及通过设定利率来控制通胀。

农民们长期以来都在要求进行货币改革，他们认为，1863年的《国民银行法案》在他们需要贷款为春耕提供资金时允许东北部的银行让资金变得稀缺，在南方和西部的农业地带允许东北部的银行维持高利率，在他们于秋天在市场上出售农产品时，又允许东北部的银行保持资金的稀缺性从而令农产品的价格变低，因此这部法案没有能够保护他们的利益。而在其他时候，这些银行又会放松货币供给，因此普遍的通胀又侵蚀了农产品销售收入的购买力。

农民们希望央行不要遵循汉密尔顿的思路而受东北部的那些私人银行的控制，而是遵循杰克逊民粹主义的传统由政府所掌握，并且要与东北部的那些货币精英们保持距离。

威尔逊建立了12家地区性的储备银行，以此平衡地区间的利益并服务于季节性的需要。这12家银行由位于华盛顿的美联储董事会从国家货币政策的角度进行监督。

规模太大而不能任其倒闭的银行已经变得更大

政府在当前的金融危机中对大银行施以援手的后果之一，可能是8千多家小型社区银行中的很多都将被4家超级银行所吞并。据报道，摩根大通银行持有美国每10美元存款之中的1美元以上。这4家规模最大的超级银行（摩根大通银行、美国银行、富国银行和花旗银行）现在发放美国每两笔抵押贷款之中的一笔，发行每3张信用卡之中的2张左右。

自从这场金融危机于2007年年中爆发以来，这4家超级银行中的每一家都被允许持有美国的存款之中的10%以上，这令它们突破了一条长期有效的规定，这条规定禁止任何一家银行享有如此的市场主导地位。在若干大都会地区，这些新晋的超级银行被允许占有的市场份额，已经超过了司法部的反垄断原则此前所许可的程度。美国的银行体系现在并非一个由小型保守的地方机构所组成的网络，这些小银行仅仅通过地方性的存款而作为货币中介存在，因服务于本地的社区而赚取少量的手续费，而是由少量大型的、全球性的混业经营的对冲基金所构成，它们假装自己是银行，凭着由政府提供支持的资金，从事高风险的自营交易，获取着巨额的利润。在2009年，美国最大的10家银行占据了全部银行资产的60%，这比20年前的比重增加了26%。

进步主义者正在推动着打破大银行的运动，因为这些机构的存在并不会产生良好的社会意义，他们还在防止大银行利用人们对其规模太大而不能任其倒闭的恐惧而绑架经济和纳税人。

联邦存款保险公司的最新数据显示，由于债权人相信规模太大而不能任其倒闭的银行是不会倒闭的，所以相比那些规模较小的同行，这些新晋的超级银行现在能以较为低廉的成本借款。这种趋势将导致金融市场被由彼此相关的超级银行所组成的一个巨无霸托拉斯所控制。市场份额如此的集中将会对消费者构成两方面的伤害。甚至在银行的融资成本依然被人为压低的情况下，由于缺乏竞争，借款者的信贷成本将会因此而高企。监管机构也将被迫推高银行准备金，从而迫使银行将成本转嫁给借款者。更为糟糕的是，由彼此相关的超级银行所组成的这种巨无霸垄断托拉斯将会造成这样的一种金融结构，对于这种金融结构，除非放弃市场经济的正常特征，否则因为它的规模太大，以至无法加以拯救。

第二章 财政赤字等问题

最近，对于财政赤字和国家债务高企的危险，赤字问题上的鹰派发出了大量的噪音。然而，这些人口中所称的危险并非来自赤字或者债务的大小，而是来自于赤字融资或债务融资所获资金如何地使用。在最近的几十年里，由于这些资金被用在了无益于经济可持续增长或者无助于经济健康的地方，美国经济因此而遭受了打击。

在一战期间，为了给美国参与这场战争提供资金，美国的国债放大了27倍，从10亿美元增至270亿美元。美国的军队征召了4百万男人，将超过1百万的士兵送往法国，再加上把女人们放在工厂里，这些在一夜之间解决了失业的问题，而由于对军队的支持所形成的消费水平远高于平民在和平时期通过市场力量所能达到的消费程度，因而总需求出现了急剧的上升。战争对美国经济是一笔意外之财，军事需求推动着美国的产能全速运转，与此同时，美国本土并未遭受战争的破坏。

由公共债务提供资金的战时生产远没有破坏美国经济，相反却推动这个国家成为世界上首屈一指的经济和金融大国，这是因为美国的本土并没有因为战争而遭到损害，而平民的消费则以爱国主义为名受到了遏制。国债成为了一笔横财，这是因为政府证券的大量供应催生了一个活跃的信贷市场，而公共部门的开支则带来了需求的增加，而由于市场得到了保证，私人公司在满足这些需求的同时大获其利。

事实告诉我们，国债对经济运行的影响是否积极并不取决于国债水平的高低，而在于债务如何支出。如果国债用于扩大经济生产，带来充分就业和工资水平的不断提升，那么它就会产生积极的经济效果。但是，如果国债被用于为投机性的盈利行为提供资金，其手段为通过跨国工资套利而压低工资，或者被用于构建不断膨胀的利息支付，为偿还老债而背上更多的新债，那么膨胀的国债就会形成危机，从而最终令经济陷入停顿，给民众造成不堪忍受的折磨。

第一次世界大战导致联邦政府的债务升至270亿美元,约占国内生产总值的34.5%,但它带来了经济生产充满活力和充分就业。在2009年3月,国会预算办公室(CBO)估算,美国的债务总额将从2008年的占国内生产总值的70.2%升至2012年的占101%,而美国经济预计将继续停留在看不到头的衰退之中,失业率令人难以接受地高达10%以上。两者的区别就在于1919年的联邦政府债务用于为战时生产提供资金,而2012年的公共债务则用在为投机性债务泡沫再融资之中。

在一战之后不到10年,即到了1928年,美国的债务总额跌至185亿美元,但这些债务所释放出来的资金则主要由投机性利润所吸纳,这导致了1929年的市场崩盘。在1930年,即崩盘一年之后,由于胡佛总统所推行的平衡预算措施以及美联储在当时的主席罗伊·杨格领导之下所采取的紧缩货币政策发挥了作用,美国的债务总额进一步跌为162亿美元。

在杨格担任美联储主席期间,对于如何遏制所导致的结果之一是1920年代股市繁荣的投机,美联储董事会与乔治·哈里森领导的美联储纽约银行之间产生了冲突。美联储董事会倾向于对发放信贷的成员行施加"直接的压力",而美联储纽约银行希望提高贴现率。以杨格为首的美联储董事会没有批准这个措施,不过杨格本人并不完全相信施加压力会起作用,他拒绝签署美联储董事会的《1929年年报》,因为它的部分内容倾向于这个政策。

1930年9月16日,赫伯特·胡佛任命尤金·梅耶担任美联储的主席。梅耶强烈支持政府为抵消大萧条的影响而采取的救助措施,他另外还担任了重建融资公司(RFC)的领导,这个公司是效仿一战时的战时融资公司而建立的。

重建融资公司向州和地方政府提供了20亿美元的援助资金,还向银行、铁路、农业抵押贷款协会以及其他企业发放了信贷。这些贷款在大萧条之后几乎全部得以偿还。重建融资公司的援助措施为新政所延续,在遏制大萧条的蔓延以及建立后来为新政于1933年所取代的那些救助措施方面,这家公司发挥了重大的作用。

富兰克林·罗斯福入主白宫后不久,梅耶即辞去了他的这两个政府公职。几个月后,他在一次破产拍卖会上买入《华盛顿邮报》并将其转变成为一家受人尊敬且颇有盈利的报纸。在《华盛顿邮报》揭露后来导致尼克松于1974年8月9日辞职的水门事件丑闻时,他的女儿凯瑟琳·格拉汉姆是这家报纸的出版人。二战后,梅耶被杜鲁门总统任命为当时刚刚成立的世界银行的首任行长。

在新政于1933年启动后,美国的国债总额升至624亿美元,占国内生产总值的52.4%。到了1950年，二战令美国的债务总额增加了5倍，达到了3568亿美元，但却仅占国内生产总值的94%。1950年后，美国的国债总额占国内生产总值的比重稳步下跌，在吉米·卡特担任总统的1980年占比为最低的33%，名义价值为9090亿美元。自那以后，美国的国债总额就从未跌破国内生产总值的56%。预计2011年美国的债务总额将达15.7万亿美元，占国内生产总值的比重为101%。在信贷危机爆发以来的两年里，大量的债务资金最终落错了口袋，到了陷入困境的金融企业而不是亟需资金的公众的手中，这令美国经济失去了充分就业的机会，失去了工资不断上涨从而增加总需求的机会。

美国的公共债务虽然在1946年达到了3000亿美元，占国内生产总值的135%，但战后是美国历史上欣欣向荣的年份。这些数据清楚地表明，决定公共债务对经济的影响的不是公共债务的高低，而是债务资金的如何使用。

财政赤字问题

联邦政府的财政赤字在1919年占当时783亿美元的国内生产总值的16.8%。1945年战时的联邦政府赤字占当时2230亿美元的国内生产总值的24.1%。二战之后，美国的财政赤字虽然很高，但国内生产总值在不断上涨，在1948年升至2752亿美元，出现了占国内生产总值4.3%的财政盈余。2010年的联邦政府赤字预计将占14.6万亿的国内生产总值的10.6%。

1920年至1929年之间，联邦政府的预算产生了少量的盈余，而国内生产总值在1929年增至1036亿美元。在1929年的崩盘之后，1930年的国内生产总值跌去了124亿美元，约占国内生产总值的12%，为912亿美元，而在这一时期，当时是胡佛担任总统，联邦预算仍有占国内生产总值1%左右的盈余。

富兰克林·罗斯福于1933年入主白宫，当时的国内生产总值已经跌去几乎一半，仅为564亿美元，直至此时，联邦政府的赤字才开始猛增，在1934年占到国内生产总值的3.27%。在整个新政期间，联邦政府的财政赤字一直维持在国内生产总值的5%以下，赤字的年平均占比为3%左右，这个数字在美国参加二战之后才开始上升，在1943年达到最高的28.1%，在1944年和1945年分别为22.4%和24.1%，但在1946年又跌至9.1%，而这一年的国内生产总值为2222亿美元。

在美国参加二战的四年里，联邦政府的财政赤字总额约占同一时期年平均国内生产总值的100%左右。在这同一个时期，美国成为世界上最强大的经济体，这是因为财政赤字被用于为战时生产提供资金，而不是用在了拯救陷于困境的金融机构和缺乏效率的工业企业之上。

美国在 2009 财年的财政赤字超过了 1.75 万亿美元，约为国内生产总值的 12.3%，这是 1945 年以来的最高占比。根据白宫预算办公室的计算，在 2009 财年到 2019 财年之间，累计的财政赤字额预计接近 7 万亿美元。2008 年的联邦政府债务总额为 10 万亿美元，预计 2019 年将升至 23 万亿美元以上。公众持有的债务预计将从 2008 年的 5.8 万亿美元增至 2019 年的 15.4 万亿美元。由于债务的本金和利率都有可能会提高，所以相关预计额还有可能会增加。

通胀问题

通胀的故事有所不同。温和的通胀对于实现经济的最优增长是必须的，但前提条件是通胀为社会上的所有阶层所共同负担，尤其是靠工资生活的人所承担的通胀负担不能超过其他的社会阶层。到了一战结束时的 1919 年，美国的价格指数以每年 15% 的速度上涨，但美国的经济也在迅猛发展，而通过工资价格控制机制，工人工资的增长与价格的上涨同步，甚至略超价格的上涨。

在人类的整个历史上，从古埃及、汉谟拉比统治时期的巴比伦、古希腊，到美国和法国的大革命时期、美国内战、一战和二战期间，涉及工资价格控制机制的收入政策都得到了采用。虽然可以说工资价格控制机制对遏制通胀并非总是卓有成效，但不可否认的是收入政策可以有效地平衡供给与需求。

然而，美联储对通胀的应对，是在 1919 年在很短的时间间隔内连续多次地提高贴现率，将其从 4% 提升到了 7%，然后将贴现率维持在 7% 的水平上长达 18 个月，试图以提高银行从美联储借款的成本来抑制通胀。其结果是 1921 年有 506 家银行倒闭。

目前的这场金融危机始于 2007 年的下半年，在美联储大规模的直接干预之下，危机于 2009 年年中前后稳定了下来。从很多方面来说，这一时期在美国银行体系的历史上都是一个前所未有的阶段。除了系统性的压力以及那些规模最大的投资银行和商业银行所面临的压力之外，2007 年到 2009 年还有 168 家存款机构出现了倒闭。这并非一场危机之中银行倒闭数量最多的一次。1987 年到 1993 年之间发生的储蓄与贷款危机在发展到顶点时，共有 1858 家银行和储蓄机构出现了倒闭。不过，在发生于 2007 年到 2009 年的这场危机中，倒闭银行的资产的美元价值为 5400 亿美元，这大致是 1987 年到 1993 年储蓄与贷款危机中倒闭银行的资产的 1.5 倍。

在联邦存款保险公司的资助下，保罗·库皮艾克和卡洛斯·拉米雷斯于 2008 年 7 月撰写了一篇研究性的文章《银行倒闭及系统性风险的成本：1900 至 1930 年间的证据》，这篇文章发现，银行的倒闭会压低其后出现的经济增长的速度。在 1900 至 1930 年间，倒闭的存款机构的负债每增加 0.12%（标准差为 1），导致工业生产增速减少了 17 个百分点以及真实国民生产总值增速减少了 4 个百分点。这些增速的下降发生于银行倒闭的第一波冲击出现后的 3 个季度之内，可以将其理解为银行部门中系统性风险所造成的成本的一种度量。联邦存款保险公司是为了保护存款者而仅在 1934 年之后才由新政所建立的一个政府机构。

在当前这场始于 2007 年年中的危机之中，虽然贴现率从 2006 年 6 月的 6.25% 稳步下跌至 2008 年 12 月 16 日的 0.5%，但仍有 25 家银行在 2008 年就发生了倒闭并由联邦存款保险公司接管，2009 年则有 140 家银行倒闭，而仅在 2010 年的头两个月，就又有 33 家银行出现了倒闭，这令资金来源为手续费的联邦存款保险公司面临着很大的金融压力。然而，美联储于 2010 年 2 月 19 日将贴现率提升至 0.75%。与此形成对比的是，在 2008 年之前的 5 年中，虽然贴现率一直保持在 2% 到 6.25% 的范围以内，但仅有 11 家银行由于债务泡沫而发生倒闭。

面对通胀这条巨龙，沃尔克是无畏的屠龙者

在 1980 年代，为了遏制美国经济中出现的滞胀，面对通胀这条巨龙，沃尔克这位无畏的屠龙者率领着美联储（1979 年 8 月 6 日至 1987 年 8 月 11 日在任），在 1979 年 7 月 20 日至 1982 年 8 月 27 日之间将贴现率维持在两位数的范围内，1981 年 5 月 4 日达到 14% 的最高值。从 1982 年的 8 月到 1987 年 8 月达到峰值期间，道琼斯工业均指（DJIA）从 776 点涨至 2722 点。在这个时期，世界上 19 个最大市场上的市场指数平均上涨了 296%。

沃尔克是格林斯潘之前的美联储主席，为了治愈两位数的通胀，他造成了 1979 年到 1980 年和 1981 年到 1982 年的"双探底"的衰退，在此过程中将失业率带至了两位数，而这样高的失业率是 1940 年以来首次出现。沃尔克随后又将美国经济领出其缓慢而长期的复苏，以 1987 年的市场崩盘而告终结。从好的方面来说，沃尔克确实压低了失业率，令其降至 5.5% 以下，这比 1978 年到 1979 年经济繁荣期的失业率、也即众所周知的 6% 的结构失业率低了半个百分点。

沃尔克离开美联储并由格林斯潘接任两个月之后，沃尔克留下的高利率所导致的后果之一是1987年10月19日成为了黑色星期一，当天世界各地的股市均大幅下挫，先是从香港开始，而随着位于全球各个时区的股市的开盘，股市的下跌随即向西蔓延至东京和欧洲，仅在位于其他时区的股市都出现了深幅下跌之后，股市的下跌潮才袭向纽约。在1987年的黑色星期一这一天，道琼斯工业均指下跌了22.61%，跌去了508点，跌至1738.74点。2007年10月11日，道琼斯工业均指涨至14198.10点的高点。而在2009年3月2日，该股指跌去了近300点，跌幅为4.2%，报收于6763.29点，这是自1997年4月25日以来的最低点。

到了1987年的10月底，香港的股市已经跌去45.8%，澳大利亚的股市跌去了41.8%，新西兰跌去了60%，西班牙跌去31%，英国跌去26.4%，美国跌去22.68%，加拿大则跌去了22.5%。诸如市场的基本面理论、有效市场假说和市场均衡理论这些基本的假说均受到了事态发展的挑战。沃尔克在1980年代的任职记录虽然颇为不堪，但在2009年2月6日，奥巴马总统在20年之后还是任命他为总统经济复苏顾问委员会的首任主席。

1987年的股市崩盘是由资产组合保险这种安全阀的突然破裂所引发的，而资产组合保险是一种对冲战略，由诺贝尔奖获得者罗伯特·默顿和麦隆·斯科尔斯所提出的新期权定价理论发展而来。机构投资者们发现，以股指期货上的头寸保护资产组合免受意料之外的损失，以此就能较好地对风险进行管理。股价的下跌可以通过出售在股价较高时买入的期货而得到补偿。

这个战略虽然对于每一个单个的资产组合是具有操作性的，但由于期货出售中所自动形成的群羊效应，采用这种战略实际上造成了整个市场的崩盘。在股市上涨时，由于资产组合保险提供了一种较为克制地避免股市下跌中的风险的方式，虽然这种方式仅仅针对单个的投资者有效，但投资者因此而可以承担较大的风险。但是，单个投资者风险的降低是以系统风险的增加为代价的。

随着部分资产组合保险机构出售股指期货，股指期货的市价急速下跌，其他保险机构的电脑程序随即启动了进一步的出售，造成股指期货价格的进一步下跌，这反过来又导致此前出售股指期货的保险机构卖出更多的股指期货，如此循环往复，股指期货的价格便出现了高速下跌。这又导致同一批机构的电脑启动了其他方面的卖单，市场便经历了由电脑所启动的高速崩盘。

未曾从 1987 年的崩盘中汲取的教训

1987 年的崩盘清楚客观地证明了市场基本面理论存在着结构性的缺陷,这个理论相信最优的普遍福利只有通过市场均衡才能实现,而市场均衡是所有市场参与者无数单个决策共同作用的结果,这些市场参与者力图在有效市场假说的基础上实现其个人收益的最大化,而市场均衡则不应受到任何以共同利益或者系统稳定为名所采取的集体性行动的扭曲。

个人在无组织的集合中所作出的决策和采取的行动的总和,有可能会而且往往的确导致了系统性的危机,对共同的利益造成损害。不加调节的自由市场可能会很快就变成失灵的市场。市场并不是在一场春雨后就会自然成长。市场是人为的构造,由同意按照某些特定的规则开展游戏的关键参与者所共同设计。所有的市场都是有规划的,而规划的目的则在于消除完全的自行其是。自由市场与自由恋爱一样只不过是一种幻想。

1987 年的崩盘发生时,美联储新上任的主席格林斯潘只不过在这个权力很大的位置上坐了 9 周的时间。面对这场崩盘,格林斯潘立即向银行体系大量注入新的准备金,即让联邦公开市场委员会从回购市场上大规模地买入国库券。他在崩盘发生一天后宣布,美联储将"作为流动性的一个来源,为经济和金融体系提供支持"。格林斯潘通过从市场上买入国库券而新创造了 120 亿美元的银行准备金,因为为买入的国库券而支付的资金流入了银行体系。

在一天时间里注入的这 120 亿美元的"高能货币"导致联邦基金目标利率跌去了 75 个基点,而且它阻止了金融恐慌的蔓延,但这并没有解决金融市场上的问题,问题的继续存在令美国经济陷入了一场在随后的 5 年里一直持续着的衰退。最为糟糕的是,以货币方式解决系统崩盘导致了金融领域每 10 年出现一场危机:1987 年的崩盘,1997 年的亚洲金融危机,还有 2007 年的金融危机。

注入银行体系的高能货币令银行得以创造出了更多的银行货币,其方式是多重的信贷循环,即反复放贷等量的资金,每次再减去所要求保留的银行准备金。如果准备金率为 10%,新注入的 120 亿美元高能货币在理论上能新产生高达 1200 亿美元的银行货币,这些银行货币存在的形式是借款者在银行存款,流回银行的资金又由银行放贷。

布拉迪委员会对 1987 年的崩盘的调查表明,在 1987 年的 10 月 19 日,导致了市场崩盘的资产组合保险交易,仅为少量大型交易机构所交易的 60 亿美元的标准普尔500指数期货和纽约证交所股票，而当时的市场交易总量有420亿美元之多。美联储所注入的1200亿美元是当时市场交易总量的3倍，是资产组合保险交易额的20倍。

然而，事后对1987年崩盘的分析显示，尽管资产组合保险战略在设计上是利率中性的，但联邦基金目标利率的下跌实际上造成了在全球范围内采用这种战略的金融企业由于汇率效应而损失了资金。在此之前，金融机构对资产组合保险战略并无充分的了解，而这时对这种效应姗姗来迟的认识则促使许多机构关闭了它们此前获利颇丰的债券套利部门。

对冲基金的崛起

这一举措后来导致了长期资本管理公司（LTCM）这样一种新型的、单立门户的对冲基金的诞生，这种基金继续采用高杠杆化的战略，获取权益回报率超过70%的巨额交易利润，而当俄罗斯突然于1998年夏拖欠其美元债券的还款，这种战略最终造成了这家公司陷于破产的边缘。美联储只得组织了一场由私人部门债权人对长期资本管理公司的拯救，以此限制对金融市场所可能造成的系统性损害。美联储这样做的后果是进一步吹大了流动性泡沫，导致泡沫从陷于困境的部门蔓延到健康的部门。

1987年的崩盘反映了股市泡沫的破裂，而针对这场崩盘所采取的流动性疗法则促成了房地产泡沫的形成，而当这一泡沫也破裂时，它进而造成了储蓄与贷款危机。

1987年的崩盘尽管从技术上来说是由程序交易所引发的，但美元的贬值也是一个主要的诱发因素。虽然美元的汇率从1985年2月底开始已经出现了下跌，但这尚未带来美国贸易赤字的减少，而随着贸易赤字在1985年夏膨胀至每年1200亿美元的水平，美国的贸易保护主义情绪开始抬头。

汇率问题

1985年9月22日，美国的官员在纽约市的广场宾馆安排了一场5国集团官员之间的会面，其部分的意图在于以此搪塞国会，使其不至于通过保护主义的立法。这次会议批准了一项实现美元有序贬值的协议，协议指出："这些国家的经济基本面最近所发生的变化,再加上它们对于未来的政策承诺,这些都未能在外汇市场上得到充分的反映",协议的结论则是:"主要非美元货币相对美元的有序升值是应该的",5国集团成员国也应"随时准备进行更为密切的合作,从而促成这种升值"。在《广场协定》签署后的7周时间里,5国集团成员国的政府出售了近90亿美元换回其他货币,其中美国出售了33亿美元。

1987年初,美国经济出现了走弱的迹象,美国的贸易赤字则继续增加,美元在此时跌至7年来的低点。需求不是靠收入而是靠债务在维持着。在外汇市场上,里根政府官员发表的公开声明被理解为暗示着官方对美元进一步贬值的后果并不关注。

1987年2月22日,5国集团的成员国外加加拿大和意大利的官员在巴黎卢浮宫举行会议,宣布美元的贬值已经足够。但是,尽管在《卢浮宫协定》签署后各国大量干预性购买美元,美元却在继续贬值,尤其是相对日元的贬值幅度更大。市场参与者认为其中的原因在于《卢浮宫协定》签署之后,日本在实施扩张性财政政策方面出现了拖延,而有关方面在谈论着针对部分日本产品实施贸易制裁,这加剧了人们对美日贸易关系出现紧张局面的担心。

《卢浮宫协定》签署后,7国集团成员国的政府对市场大加干预,在1987年里美元走弱的各个阶段为美元提供支持,而在美元显著走强的几个时刻,它们又在市场上抛售美元。7国集团成员国及其他几个大国的央行官方所净买入的美元,实际上为1987年美国经常账户上1440亿美元的赤字提供了三分之二以上的资金。在这其中,美国买入了85亿美元,7国集团其他成员国则买入了820亿美元之多,这是因为这些依赖出口的非美元国家急切地希望阻止它们本国货币的升值。

一方面是美国创纪录的贸易赤字,另一方面是市场认为7国集团成员国的政府所采取的货币政策是从它们各自的国内经济利益出发的,这两方面的因素加在一起,很快便引发市场进一步抛售美元。这推动了全球范围内股价的崩盘,而此前的股价已经升至不为基本面所支持的水平。资产组合保险衍生品对宏观经济在汇率和利率方面的不稳定进行套利,这种衍生品的程序交易引发了1987年的股市崩盘,在此之后,美联储在其新上任的主席格林斯潘的率领下比外国央行更为激进地供应流动性,美元的下跌也因此而加速。

国内的扶植性货币政策及汇率

格林斯潘治下的美联储在 1987 年令市场参与者得出了这样的结论，即美联储所强调的是国内的市场目标，因此它会采取扶植性的货币政策，在必要时将不惜以美元进一步贬值为代价。到了这年的年底，相比《卢浮宫协定》签署时的汇率水平，美元相对日元已经贬值 21%，相对马克则已贬值 14%，而格林斯潘这位泡沫之国的巫师则正在开始被人们称赞为有史以来最伟大的央行行长。20 年后，即在 2007 年，市场做空了格林斯潘，数以万亿的美元则因此而失去。

失业问题

在 1987 年之前的半个世纪里，从 1921 年开始，由于美联储在其主席丹尼尔·格里辛格治下采取了货币紧缩政策，通缩如一场完美风暴一般降临美国经济之上，其中农产品的价格从其 1920 年时的最高值跌去了 50%，令农民们大量破产。商业活动缩减了三分之一；制造业的产出减少了 42%；失业率上升了 5 倍，达到 11.9%，由此而增加了 4 百万失业人口。

自 2007 年年中以来，美国已经失去了 6 百万个工作岗位，其中的 440 万个工作岗位是在奥巴马担任总统的头一年里失去的。政府最新的估计数字是 2008 年的"大衰退"令美国截至目前已经损失了 840 万个工作岗位，而到 2010 年年底所能恢复的工作岗位不会超过 140 万个。在可以预见的将来，失业率预计将维持在接近两位数的水平上。如果将放弃找工作的人也计算在内，那么 2010 年的失业率接近 14%。

2010 年 2 月份的失业率虽然仍高达 9.7%，但这个数字稳定了下来，有些人因此试图为此涂上一抹积极的色彩。美国经济在 1 月份损失了 3 万 6 千个工作岗位，但好消息是工作岗位失去的速度正在放缓。自 2009 年 11 月份以来，每个月平均失去的工作岗位是 2 万 7 千个，这比 2008 年同期每个月平均失去 72 万 7 千个工作岗位要好了很多。重力法则指出升上去的最终要跌下来，但没有一个法则说跌下去的最终会升回来。游泳者淹死时就是这样，他们浮上来的时候，生命已经远离身体而去。只有尸体才会自然地浮起来。

虽然失业率的升幅下降了，但失业率看来还将维持在高水平。而且虽然最近的政策强调重中之重是创造工作岗位,但除了寻常的、不痛不痒的税收激励措施之外,国会和奥巴马政府并没有在采取切实的政策迅速创造工作岗位。

截至2010年2月,美国自2007年7月金融危机开始以来已经丧失了840万个工作岗位。在正常情况下,为吸纳新工作的人口而需要270万个工作岗位,而这些工作岗位从未被创造出来,这令美国经济中存在着1110万个工作岗位的缺口。为填补这个累积起来的就业缺口,同时让不断增加的劳动人口充分就业,这在未来3年里每个月都需要新增40万个工作岗位,这个数字远远超过了根据目前的创造工作岗位的政策和措施所做出的最为乐观的估计。此外,医疗保险改革如果要节省成本的话,就不可避免地要涉及削减工作岗位。

有5个州在2010年1月创下了失业率的新高,它们是加州,失业率12.5%;南卡罗莱纳州,失业率12.6%;佛罗里达州,失业率11.9%;北卡罗莱纳州,失业率11.1%;佐治亚州,失业率10.4%。密歇根州14.3%的失业率依然是美国最高,紧随其后的内华达州的13%和罗德岛州的12.7%。南卡罗莱纳州和加州挤进了前5名。

除非雇主在有利可图的前提下将目前的兼职工人转为全职工人,在此之前,雇主们是不太可能新雇工人的。在私人部门,仅仅恢复衰退期间所减去的工作时间,就将相当于抵消了280万个新的工作岗位。

国会正在不慌不忙地就一份创造工作岗位的议案进行辩论,相比美国经济在2010年所需的工作岗位数量,这份小号的议案预计所能创造的数量离得颇远。好消息是在2010年的下半年,由于要进行人口普查,美国经济中就业人口的数量将会获得临时性的、一次性的大提升,这是因为这次的人口普查将会雇佣1百万拿最低工资的临时工。而危险之处则是这可能会误导就业率的统计数据,让奥巴马政府和国会由此而避免采取切实的、真正的复苏所需要的创造工作岗位的政策措施。展望未来,在复苏最终来临之际,复苏不会新创工作岗位已是注定。

公共部门的裁员

下一个失业麻烦将来自于公共部门。如果联邦政府不提供及时的、足够的援助,州和地方政府将由于税收收入的减少而被迫收紧财政预算,这将意味着裁员和私人的合同遭到取消,而这两者都将挤压私人部门的需求,因而将进一步减少地方政府的收入,形成一种恶性循环。

美联储的通缩偏好

回到1921年，当时的美国经济戛然而止，美联储建立在意识形态基础上的货币主义观点认为，价格的下跌正是目标所在，而非问题之所在；失业人口的存在对于美国的工业重归良好的金融状态是必要的，因为这会使其免受工资推动的通胀之虞。央行人士解释说，良药总是苦口的。痛苦丢给了工人，而甜蜜的成功则为资本所保留。

美联储纽约银行的主导地位及国际主义

在1913年，农民们之所以支持建立央行，是因为他们曾希望央行不会受到东北部银行利益集团的控制。但他们的希望在1921年破灭了，这是由于当时的一个技术上的处理，在不经意之中令美联储纽约银行在位于华盛顿的美联储董事会中占据了主导地位，而这家银行与持国际主义观点的银行利益紧密结盟，在另一方面，美联储董事会从构成上而言，原本在国家利益以及各地区利益之间有着比较平衡的代表。

在美联储起初的运作之中，并没有将对公开市场操作的运用，即买卖国库券，作为管理货币供给的一种方法。银行体系中的货币完全通过美联储各地区银行的贴现窗口发放。美联储各地区银行并不买卖政府债券，而是接受贸易中的"真实票据"，这些票据在对其偿付时会减少银行体系中的货币量，令货币供给根据货币的"真实票据"学说自我调节。美联储的12家地区银行买入国库券不是为了调节货币的供给，而是以带息却超级安全的政府证券留驻闲置的资金，从而加强它们各自的经营性正现金流。虽然美联储的各家地区性银行无需盈利，但它们觉得有必要避免出现负现金流，因为这会造成货币供给的增加。它们认为，它们的使命在于对它们各自所在地区的经济提供货币方面的支持。

当时的银行经济学家们并不了解，如果美联储的各地区性银行独立地买入政府证券，其集合效应将导致在宏观经济层面上产生向银行体系注入"高能货币"的效果，这是因为商业银行实行部分准备金制度，所以凭着美联储各银行释放出来的这些货币，商业银行在存贷循环中就能成倍地创造出更多的货币。

在财政部出售国库券的时候，相反的情况就会出现。美联储在公开市场上进行交易时，金融市场上利率就会相应地升跌。如果美联储的各家地区性银行并不统一行动，那么全国性的信贷市场可能就会感到困惑不解或者变得支离破碎，因为美联储的一家地区性银行可能会在公开市场操作中买入而另一家可能会卖出政府证券。

美联储纽约银行的首任行长本杰明·斯特朗看到了这个问题，他说服了美联储的其他 11 家银行让美联储纽约银行协调处理 12 家地区银行的所有交易。美联储的各地区性银行同意组建公开市场投资委员会，以实现整个体系总体利润的最大化为目的，但这 11 家地区性银行并不清楚，它们因为这样做而放弃了各自的支持各自地区经济发展的权力。

这个新组建的委员会受美联储纽约银行的支配，而这家银行与大型的国际货币中心行利益关系紧密，后者则又与地处纽约的银行也是其中的主要参与者的国际金融市场关系密切。美联储的董事会在批准上述安排的时候并没有充分认识到这种安排的后果，也即美联储因此而受到了纽约的那些具有国际主义倾向的银行人士的不当影响，而对这些人来说，相比经济尤其是地区经济的健康发展，他们对货币的币值更加感兴趣。美联储造成了 1929 年的股市崩盘以及随后的所有市场崩盘，它在应对这些崩盘时也无能为力，这些都是这个致命的缺陷的外在表现。

虽然美联储小心翼翼地避免扩大货币的供给，但由于股市中保证金的失业日益普遍，货币由此而被创造了出来。1920 年到 1921 年之间的深度萧条最终复苏为由保证金所催生的投机性的"喧嚣的二十年代"，这一时期在很多方面都类似于 1990 年代和 2000 年代的"新经济"债务泡沫，即在普遍的繁荣之中，经济和人口之中的某些部分在窘迫的状况中举步维艰。农民由于农产品价格被压低而依然是牺牲品，工厂里的工人只是由于工时拖长以及在银行放松银根下承担债务而分享了这场繁荣。由于失业率居高不下，工会失去了 30% 的会员。这场繁荣完全是由股市的投机性上涨所带来的财富效应所催生的，而到了这个 10 年结束的时候，所面临的则是 1929 年的崩盘，令美国和全世界陷入大萧条之中。

历史记录表明，在 1927 年，美联储纽约银行的行长本杰明·斯特朗力压美联储的其他 11 家地区性银行，在经济已经过热的情况下仍然下调了贴现率，从而导致美联储失去了防止 1929 年崩盘的最后一个机会。有些历史学家认为，斯特朗之所以这样做是出于他的置国家利益于不顾的国际主义倾向。

弗里德曼危险的影响

在其广受称赞的对大萧条的货币根源所做的研究之中,米尔顿·弗里德曼以美联储所发挥的作用为着眼点,提出了一个不能被事实证明的观点,即如果美联储以大规模的货币放松来应对1929年的崩盘,那么那场大萧条本可得以避免。在从1978年到2007年的30年里,在市场上除了美联储因为放松银根而供给的货币之外、金融操纵者运用高杠杆还在无限地创造着货币的情况下,格林斯潘和伯南克这两位弗里德曼学说的忠实信徒依赖于弗里德曼的货币疗法,推迟了对于债务所催生投机的不可避免的清算。对冲基金及投资央行在结构金融中几乎没有例外地采用40比1的杠杆率(监管机构规定以12比1杠杆率为限),这已是行业标准,对市场上的微小变动下注,获取了无法长期维持的高回报,给全球化了的金融市场带来了危险的系统性风险。

在货币不以黄金为后盾的情况下,货币的汇值必须由政府进行管理,具体而言就是由央行的货币政策进行调节。然而,1920年代的央行人士往往执著于金本位制,这是因为这可以让他们不必承担以令人讨厌的货币政策维持货币价值这一吃力不讨好的职责。央行人士被讥讽为不合时宜、不受欢迎的人。

然而,即使是金本位制也是建立在货币兑黄金的比例固定的基础之上,兑换比例的确定要反映确定比例之时经济基本面的情况。此处就不可避免地要由人做出判断。央行非但不着力于币值在经济状况不断变动的情况下以何种水平为合适,而是往往执著于维持货币与黄金之间此前所设定的兑换率,而在此过程之中,如果此种固定的兑换率与经济状况相脱节,那么央行的做法就会对经济造成严重的损害。没有形成或者并不拥有黄金供给量灵活调节机制的经济体,是无法变动货币供给量从而满足经济活动的需要的。央行人士并不理解问题出在货币兑黄金的固定比例,而不在于经济动态发展中货币需求量的不断变化。

当一种货币的汇值下跌时,央行人士们往往觉得这是他们个人的失败,而当经济由于币值被高估而崩盘时,他们又仅仅是耸耸肩,称这是金融中的自然法则。

但是,由于市场参与者能够通过发放信贷而创造货币,所以央行干预货币市场的效果因此而大打折扣。次级抵押贷款问题从本质上来说是私人部门的印钞机滥发货币的结果,美联储没有对这台印钞机进行控制,这是因为美联储从意识形态的角度出发,坚信不加监管的市场天生地具有自我纠错的能力。虽然这种信仰现在已经信誉扫地,但监管改革仍然深陷特殊利益集团游说这种政治流沙之中。全球金融危机爆发已经两年有余,而现在金融市场上所实行的监管制度,仍与此前令这些市场陷于崩盘边缘的那些制度几乎并无二致。

2010 年 4 月 25 日

第三章 欧元区的主权债务危机之一：
一个没有政治联盟支撑的货币联盟

　　欧洲主权债务危机根源于一个没有政治联盟的货币联盟的失灵。危机的根本原因在于欧元对于所有欧元区成员国是法定货币，然而欧元区的货币政策仅对欧洲央行负责，支持货币联盟的普遍代表所有成员国的政府和财政政策联盟并没有正式形成。这就根本上使得欧元区成员国的主权债务被欧元外汇债务主导。因为单个欧元区成员国在它们的通用货币方面没有主权，它们被剥夺了用比如货币贬值或者降低利率的货币手段来解决其主权债务问题的选择权。

　　欧元区，是27个欧盟成员国中17个国家的经济和货币联盟，把欧元作为它们的通用货币和以市场汇率可自由兑换的唯一的法定货币。欧元也是其他五个非货币联盟的欧洲政治实体（黑山、安道尔、摩纳哥、圣马力诺、梵蒂冈）的法定货币。

　　欧元是通用货币，每天被3.32亿欧洲人和他们各自的政府使用。另外，超过1.75亿人广泛使用的货币都和欧元挂钩，包括非洲的1.5亿人。

一次带有金融维度的政治危机

　　欧债危机根本上是欧元区17国政府之间带有金融和经济维度的政治危机，超越了欧元区，涉及所有贸易伙伴地区和全世界的金融和贸易市场。危机主要在于所有欧元区成员国实行一致政策是困难的，任何一个欧元区成员国都不能单独使用货币手段，例如货币贬值或者利率手段，来解决以欧元计价的主权债务危机问题，没有成员国有权力为了解决自身公共财政问题去制定、修改货币政策或者和欧元的汇率。进一步说，欧元区成员国的经济和公共财政问题是不一致的，因此不同的成员国产生了不同的和经常互相矛盾的政治激励，使富裕经济体和贫穷经济体的政治对立。

第三章　欧元区的主权债务危机之一：一个没有政治联盟支撑的货币联盟

一个富裕经济体的债务危机

从很多指标衡量，欧元区（17国）都是一个非常富裕的经济体。它有 3.2 亿人口，2010 年的 GDP 达到 9.2 万亿欧元（12.2 万亿美元），人均 GDP 从奥地利的 30600 欧元到罗马尼亚的 19700 欧元变化很大，卢森堡 2010 年的人均 GDP 是 70000 欧元。尽管欧元区成员仅仅包括 27 个欧盟成员国中的 17 个，欧元区本质上还是欧盟的经济和金融核心，比美国的 GDP 还要高。任何一个欧元区成员国主权违约都将使得欧元作为欧元区通用货币和国际贸易首要储备货币的可持续性受到怀疑。

总需求的崩溃

围绕着通用货币的银行业和主权债务危机导致总需求突然崩溃，为什么这会发生在像欧元区这样的富裕经济体？在于不同欧元区成员国之间政治一致性的破坏。欧元区的主权债务危机开始于全球经济衰退，发轫于 2007 年中的纽约。为了报复数十年的低工资，过度的私人和公共债务导致了所有主要开放经济体的电子化的信用市场大崩溃。

全球贸易经济体为了经济迅速复苏，通过央行的利率和大量量化宽松政策注入流动性，而全球衰退顽固地抵制了政府和央行所有合作起来的努力。为了阻止市场崩盘，政府直接紧急援助太大而不能倒的金融实体，将导致十年世界经济放缓，政府通过紧缩措施解决由低工资带来的债务危机，却将进一步降低工资。低经济增长对于高主权债务的国家来说是个很大的问题。对于任何一个主权债务是由货币决定但是它自己的央行又没有货币主权的国家来说，问题是致命的。

全球经济长期复苏乏力的原因在于过度借债，而它并没有因为政府紧急援助而消失，只是债务由私人部门转移到公共部门，从痛苦的商行和投行的负债表转到央行的负债表。央行流动性拯救了无力偿债的金融机构以避免它们垮掉，其受到的惩罚将是全球经济低迷，银行、公司和家庭全都试图利用新获得的流动性从无法区分债务中去杠杆化，这种新流动性是没有经济支撑的央行量化宽松政策产生的。而且，会产生更多债务的政府紧缩项目将进一步降低工资收入，形成总需求进一步下降的恶性循环。

欧洲央行量化宽松政策

美联储处理债务推进了 2007 年中以来的衰退，看来欧洲央行也将这样处理 2011 年的欧债危机。

央行货币政策低利率这一弹药长期以来已经耗尽了，自从 2008 年 12 月 16 日美联储降低短期联邦基金利率在 0 到 0.25% 之间，到现在已经三年了，也不知道什么时候结束，也可能还要实行一两年。当央行通胀目标落实到位以后，联邦基金利率将是负的。

直到 2008 年 12 月 16 日，在衰退后零利率政策大约实行了一年半，美联储说：

"自从上次公开市场委员会会议（2008 年 8 月 5 日），劳动力市场的条件在恶化，有价值的数据显示消费、商业投资、工业生产也在下降。金融市场和信用情况紧缩，总体来说，经济活动前景已经进一步减弱。"

同时，通胀压力已明显减弱。鉴于能源和其他商品价格下降以及减弱的经济活动前景，委员会预计通胀在未来几个季度将进一步温和。

"美联储将采用一切可用的工具，以促进可持续经济增长的恢复和保持价格稳定。特别是，委员会预计疲弱的经济状况可能令联邦基金利率在非常低的水平上维持一段时间。"

"委员会政策向前发展的重点将是支持金融市场的运作和刺激经济，通过公开市场操作和其他措施，让美联储的资产负债表规模维持在一个较高的水平。"

"正如先前所宣布，在未来几个季度，美联储将购买大量机构债券和抵押贷款支持证券，为抵押贷款和住房市场提供支持。只要条件允许，它随时准备扩大购买机构债券和抵押贷款的证券。委员会正在评估购买较长期国债的潜在好处。"

"明年年初（2009 年），美联储还将采用定期资产抵押证券贷款工具（TALF），以便向家庭和小企业扩展授信。美联储将继续考虑使用其资产负债表进一步支持信贷市场和经济活动。"

定期资产支持证券贷款工具（TALF）

美联储开始时宣称将在 2009 年推出 TALF 项目，但实际上在 2008 年 11 月

25日提前启动了这一项目以支持ABS的发行,这些ABS以学生贷款、汽车贷款、信用卡贷款,以及小企业管理局担保贷款作为抵押。目前TALF的无效记录将提醒欧洲央行他们将要面临的情况。尽管TALF是为了处理商业和消费领域的债务,但是欧洲央行在主权债务危机面前,也在被迫采用和美国财长盖特纳相似的办法。

美联储说根据TALF项目,2008年位于纽约的美国联邦储备银行向AAA评级的ABS的持有人借出了无追索权的10,000亿美元(原计划2,000亿),这些ABS由最近新增的消费贷款和小企业贷款支持。由于TALF项目的资金并非来自财务部,因此资金的发放并不需要国会的批准,但最近国会的新法案要求美联储公开它实际上是如何花钱的。

美联储解释了TALF项目的背后的原因:

"9月份以来新发行的ABS急剧下降,到10月份已经完全停止。同时,ABS中AAA评级的部分的利差飙升,远超过历史经验水平,这反映了异常高的风险溢价。各种ABS市场在历史上通过提供资金扶持了消费者信贷和小企业管理局担保的小企业贷款的很大的份额,这些市场的持续瓦解将极大地限制家庭和小企业的信贷,从而进一步削弱美国经济的活力。TALF项目旨在提高信贷发放能力,通过促进消费者贷款和小企业贷款的ABS以更正常的利率差重新发行来保持经济活力。"

根据计划,纽约联储将借出2,000亿美元的贷款以推动由消费者和小企业的支付所支持的证券市场,然而,在购买了430亿美元的陷于困境的贷款之后,此项目即宣告终止。

根据TALF项目,美联储以近乎零利率向银行和对冲基金借出了1万亿美元,因为这笔钱来自美联储而非财政部,因此其发放不受国会的监督,直到国会的法案要求美联储打开它的账本。国会工作人员随后检查了21,000多笔交易。一项研究估计TALF项目中用于购买商业抵押担保证券(Commercial Mortgage-Backed Securities,CMBS)的121亿美元的贷款的补贴率高达34%。

专用工具(SPV)——金融中子弹

TALF的钱不是直接针对小型企业和消费者,而是针对资产抵押证券(ABS)的机构发行人。为给ABS发行人更多的贷款,纽约联储将把这些证券作为担保。为了管理TALF贷款,纽约联储创建了一个专用工具(SPV),购买保证 TALF 贷款安全的资产。SPV 的功能是把风险和创造者隔离开来，在这种情况下，纽约联储，是从负债表里把创造者的债务隐藏起来。在 TALF 项目的情况下，SPV 的创造者最终是纽约联储的母公司，联邦储备局，最终的国家银行放贷人。

SPV 是金融中子弹，在战争中用来杀死敌人人口而不造成实物资产损害，从而节省了占领地方领土后重建的时间和成本。中子弹是裂变融合的热核武器（氢弹），其中由核聚变反应产生的中子爆裂后会和武器分离，而不是由它包含的组件吸收。武器的 X 射线反射镜和辐射，在标准炸弹中通常是由铀或者铅制造的，被替换为铬或镍，所以中子可以分离出去杀死敌方部队和平民，留下不受破坏的空城让赢家在战斗中占领。

第四章　欧元区的主权债务危机之二：超国家的全球化与民族国家主权之间的对立

随着欧元区主权债务危机的不断展开，我们看到，一股无人言及的政治暗流正在涌动之中。在地区性的主权债务危机中，主权政府债务人和跨国银行债权人之间的债务重组谈判虽然复杂，但其所涉有限。而这股暗流正将此种谈判变成一场涉及面广泛的政治冲突，在现有的由新自由主义世界经济秩序构成的经济生态和金融结构之中，这是超越国家主权的全球化与主权国家的主权之间的一场冲突。

从更为本质的层面而言，始于美国的 2008 年全球信贷危机，以及随后的、相伴而生的 2011 年欧洲主权债务危机，令人不禁质疑新自由主义的市场资本主义是否足以应付这一切，而我们知道，这个制度自冷战结束以来已经升格为全球首选的经济和金融制度。苏联解体之后，原为自二战结束以来的资本主义民主和社会主义中央计划这两种制度所割裂的欧洲，在冷战结束时所发生的两德统一的推动之下，开始推进欧洲的一体化，组建单一的共同市场并使用共同的货币，而共同货币即为 1999 年推出的欧元。

全球一体的低工资市场资本主义存在制度缺陷

欧洲同参与全球一体的新自由主义贸易的其他地区一样，落入了由债务资本主义所推动的一个跨境金融体制的陷阱，这个体制的第一个阶段似乎是辆崭新的、神奇的特快列车：凭借金融操纵即可轻易实现繁荣。通过跨境工资套利实现的低工资为资本提供了异乎寻常的高额回报。低工资的工人则被允许轻易获得消费信贷，进行超过其工资收入的消费，以此吸纳资本的高额回报形成的过度投资所造成的产能过剩。所有这一切都进行得顺风顺水，直至 2007 年年中，债务泡沫在纽约破裂，这座城市已是被称为结构金融的一场新游戏的世界之都。

结构金融涉及将有着长期收入流的金融资产汇集在一起，由于各种金融资产的风险程度不同，其索偿权的优先程度也不相同，这些优先度不同的索偿权被称为份额，这些份额组成了一个等级结构，据此向风险偏好不同、所要求的补偿性回报也不相同的投资者发行结构证券。资产的结构性证券化令风险层层分解，这让投资者得以选择适合其投资目标的份额，让风险从特定的投资者那里分散成为系统的市场风险，由此风险产品的市场得以扩大，任何特定敞口的风险定价得以降低，因此这鼓励了投机性的投资。对于一笔金融资产，结构金融可以将其部分风险转至全球金融体系，由此降低其单位风险定价，从而带来这笔金融资产总值的增加。

随着跨境工资套利的出现和金融的全球化，美国的金融部门实现了其对美国经济的控制，将金融从一个服务于产业经济的部门转变为一个居于主导地位的利润制造中心，充分就业是其必要目标之一的产业资本主义遭到取代，而取而代之的金融资本主义为了防止通胀，结构性失业成为它的一个必要目标。管理层作出解雇员工的决定，资金确实能够由此被创造出来。

随着事态的发展，全球一体的市场资本主义，再加上其实施犯罪时的共犯，即自由贸易和金融创新，越来越暴露出制度上的缺陷，造成了不可持续的金融失衡，后者则导致了债务过度和需求不足的全球危机的反复发作。当今时代的央行所实行的货币主义为对债务不断增长的依赖提供了理论支撑，视这种依赖为金融扩张的必要刺激和促进，从而将由债务推动的不可持续的市场扩张混淆为将会产生可持续繁荣的经济增长。

去监管化的市场资本主义，在央行松弛的、迎合性的货币政策下运作，造成了收入分配和财富分配的极度不公，而其名义则是在采用市场经济作为实现经济增长的唯一道路的各国之中，有必要让彼此竞争的各贸易国、让彼此竞争的各个市场参与者形成资本。这种存在着缺陷的货币主义理论有赖于结构性失业的持续性高失业率（超过6%），以此作为维持价格稳定的首要的有效途径，而价格的稳定在商业周期之中既不自然，也难以实现。

资本过分集中于少数人之手，这导致了在监管放松的情况下，掠夺性的资本跨境运动，通过全球工资套利压低全球范围内工人的工资，以此最大化资本的回报。这造成了投资的过剩，又由于所有贸易国中工资水平的低下，总需求停滞，供需的失衡导致了工业产能的过剩。新自由主义的贸易不再依据李嘉图的比较优势进行，而是基于整个体系当中资本之于劳动力的绝对优势。

低工资带来了过度的利润，产生了足以造成不稳定的高额资本回报，这最终导致了投资过度，形成了产能的过剩，无法由低工资之下的消费者需求所消化的产能过剩。金融市场的过分扩张阻碍了最优经济增长的实现，这是因为高额的资本回报压低了用以支撑需求的工资，而为了完成金融市场过分扩张的整个下坠过程，央行在货币主义的指导下向金融市场提供了巨额的流动性，为难以为继的消费者债务进行融资，从而掩盖了高额资本回报与低工资水平之间的失衡。这就是 2007 年年中首先爆发于美国的全球债务危机以及 2011 年扩散至欧洲的主权债务危机的根本原因。

国家利益考量令欧洲一体化充满风险

2011 年的欧洲主权债务危机正在希腊发酵，随着它迅速进入失控状态，这场主权债务危机有可能会扩散到葡萄牙、西班牙和意大利等国，引发全球金融体系不可避免的崩溃。拥有主权的民族国家，不论是在欧元区以内还是以外，它们的政府现在不声不响但却明显可见地制订保护主义的金融战略，以此应对这场危机对其彼此相连却仍然相互分离的国民经济、银行体系和金融基础设施的不利影响。

各国既需要也愿意为了共同的利益而牺牲自己的国家利益，在这番冠冕堂皇的说辞之下，实际潜行着的则是出于现实政治的需要而进行的经济考量，这正在各个主权国家政府的高规格会议之中展开，它们所考虑的问题是如果没有外部的动机，那么留在一个成员国数量不断减少的金融团队之中，其成本将高到难以承受的地步。拯救负债累累的经济弱国，这对健康的、经济相对较强国家的政府来说，正在变为一项无法完成的任务。这是因为经济弱国的国内政治状况令政治领导人难以恢复财政纪律，而财政纪律不恢复，主权债务问题便无法解决，欧元区的货币联盟也就无法保全。如果整个地区同心协力，其金融成本很有可能对于无论穷富的所有成员国而言都将过高。这种高昂的成本将会给整个欧元区、欧盟以及其他地区造成严重的社会政治不稳定。

法德两国最近几个月里在鼓吹推行一种新的金融交易税，但在 2011 年 11 月初的一次财长会议上，欧元区以外的欧洲经济体重申了它们对此的反对。在法国举行的由发达国家和发展中国家参加的 20 国峰会上，美国也拒绝对此拟议中的新税种给予坚决的支持。

衍生品的交易造成了欧洲金融市场的动荡，而英国则拒绝支持旨在遏止此种交易的金融交易税。据报道，德国总理默克尔不打算在此事上"放过"英国。默克尔告诉媒体："英国要对欧洲取得成功承担责任。"这加深了英德两国之间在如何处理欧元区的这场危机上的紧张关系。

在短期担任基督教民主联盟（CDU）的总书记之后，沃尔克·考德（Volker Kauder）现任基督教民主联盟和基督教社会联盟（CSU）联邦议院议会小组的主席，他在莱比锡举行的基民盟会议上称："我能理解英国人为什么不想实行交易税，他们从伦敦市的金融市场业务当中得到了几乎30%的国内生产总值。英国人对外传递出来信息，那就是仅仅追求他们自己的利益而不愿为这个大家庭作出贡献，我们不会放过英国人的这一点。"

自1997年的亚洲金融危机以来，交易税就曾被提出并进行过讨论。受到最多关注的提议是"托宾税"，该建议由诺贝尔奖获得者詹姆士·托宾（James Tobin）1972年在其普林斯顿大学詹威讲座（Janeway Lectures）上提出，其时正是布雷顿森林货币管理体系于1971年结束后不久，尼克松总统让美元与黄金脱钩，这造成了这样一种情况，即美元作为一种法定货币继续担当国际贸易当中的储备货币，由此确认了布雷顿森林体系，即与受黄金支持的美元相连的固定汇率制的崩溃。

托宾认为，针对货币之间的所有即期兑换，应该征收货币交易税，这会遏制游资为从汇率的急剧波动当中获利而进行的短期炒作，这也会稳定外汇市场。

拟议中的交易税将针对每次货币兑换交易，按交易额的0.5%进行征收，其目的在于消除货币投机当中潜在的利润，此类交易显著抬高了遭受攻击的货币的利率。正如1990年代后期墨西哥、东亚和俄罗斯的金融危机当中所表现出来的那样，利率的大幅提升对于一国经济具有灾难性的后果。托宾税会将一定的操作空间归还给小国的货币发行行，还会对金融市场上的投机性力量构成一定程度的抵制。由于外汇市场每天的交易额往往超过4万亿美元，托宾税一直以来被批评为过于温和，无法如托宾所宣称的那样实现市场稳定。

对于劫富济贫的"罗宾汉税"，即让富人公平承担税负，弥补当前税法允许高收入者避税的漏洞，法国总统萨科齐表示支持。实行该税种的想法产生于美国民粹主义的一次膨胀当中，受到了巴菲特和盖茨这样的超级富豪的支持。但对于实行任何形式的金融交易税，英国的保守派政府均予以抵制，除非世界上所有的金融中心全都同意同样推行该税，以此防止跨境套税。

民众的不满和民粹主义政治

民众喧嚣的、夹杂着暴力的示威游行已经在欧元区的那些金融基础薄弱的南部国家爆发,尤其是在主权债务危机最为迫近的希腊。在美国,2008 年开始的大衰退正在进入第三年,失业率预计还将有几年时间保持在高到令人难以容忍的水平之上,在这样的背景下,"占领华尔街"的抗议运动,由于其背后是占全部人口 99% 的受害者,正在渐入佳境,也正在得到华尔街和美国之外世界各地的许多其他国家的支持。这场运动显见的目标是被称为华尔街的金融部门,但其实际目标则是金融资本主义对全世界劳工阶层的结构性不公。民众的不满正在导致民粹主义政治的新时代的到来。

债务危机无法通过不断借债加以化解

欧洲主权债务危机是场债务过度所致的金融灾难,而债务过度则因低工资而难以为继。超国家机构实施金融援救,在主权国家作出保证的前提下承担更多债务,为陷入困境的主权债务融资,这样做无法化解这场危机,同样,扩张央行的资产负债表,以无中生有地创造出来的新资金为受困的银行体系注资,这样做也无法化解危机。这场危机由金融资本主义不当的货币规则所造成,因此,根据这同一批不当规则所制订的援救方案无法化解这场危机,它们只能拖延一点时间,直至这同一场危机以更大的规模再次爆发。

要有收入政策

欧洲主权债务危机的根本的、长期的解决之道,只能依靠政府致力于实施一项新的收入政策,提高工资,在过度投资形成的产能大扩张,与全球工资套利压低工资所造成的总需求停滞之间,恢复两者间的平衡。

然而,目前所提出的所有援救方案全都基于一个死路一条的战略,即为了偿还高额的主权债务,实行紧缩性的财政政策,把已经很低的工资进一步压低,而高额的主权债务之所以形成,则是为了掩盖普通工人工资收入多年以来一直微薄所造成的失衡,这些普通的工人正是"占领华尔街"抗议运动所称的 99% 的受害者当中的最大一块，而由于跨境工资套利——这导致了经济体中债务丛生，他们被剥夺了他们本应分得的劳动果实。

财政紧缩压低了工资，加剧了债务危机

应较为富裕国家政府的要求，欧元区内较穷国家的政府将会实行财政紧缩政策，这非但不能化解这场债务危机，反而将只会加剧危机。较为富裕的经济体未能理解一点，那就是除非通过实行以体面的工资为目标的收入政策，欧元区内所有的经济体全都拥有强劲的购买力，否则的话，这些富裕的经济体面向这个区域内共同市场的出口将会萎缩。

需要形成资本与劳动力之间新型的互利共赢关系

欧洲的这场主权债务危机已经演化成为了一场政治危机，这需要从政治上加以解决，即摒弃目前的这种资本压倒劳动力的剥削关系，形成一种两者之间互利共赢的关系。收入的不平等和财富的高度集中是引发这场债务危机的原因。

化解危机的办法不可能千篇一律

这场危机已经扳倒了欧元区两个国家希腊和意大利的联合政府。尚不清楚新上台的政府是否能够相对有效地处理其国内的社会经济问题，而这些问题则与身处其他国家首都的债权国政府所提出的援救措施有关。

欧元区其实由形态、特点、历史和文化颇为不同的国家所组成，两年多以来，欧元区的整体经济一直为一种致命疾病所困扰，这一致命疾病即是各成员国国内经济彼此分离，由一个没有达成财政联盟的货币联盟将它们连接在一起，但它们却不得不接受由外部所施加的、千篇一律的超国家的货币政策和标准化的财政政策。欧元区内和欧盟内成员国国民经济之间的差异可谓巨大，而且是一种结构性的差异。

举例而言，德国与意大利两国对待通胀的态度迥异。北方各国经济相对发达，不同于南方那些较穷的国家，它们既不需要、也不希望实行与南方各国相同的扩张性的货币政策和宽松的财政政策，以此实现最优的经济增长。然而，这些

彼此分离的经济体被人为地通过一个共同的货币而联系在了一起，它们共同面对一个僵化的、由一部超国家的宪法所控制的货币政策，这部超国家的宪法进而针对欧元区内的所有成员国规定了什么样的财政行为才可以为其所接受。

欧洲主权债务危机表现为截然不同的多个问题，这些问题彼此重叠，相互影响，从而加剧问题的严重性。欧猪五国（葡萄牙、爱尔兰、意大利、希腊和西班牙）面临着主权债务和私人债务过度所引发的危机，这是由大西洋那一边传来的灾难性外部货币事件所造成的经济增长率突然大幅下跌所致。欧猪五国的经济收缩将一场流动性危机、甚至可能是清偿力危机传导到了银行业，对由欧洲央行进行监管的欧盟银行体系构成了威胁。

作为赤字问题上的鹰派头面人物，德国总理默克尔在2010年6月提出了一项计划，内容是在接下来的四年里削减800亿欧元（1070亿美元）的财政预算，她希望这项措施会令德国的结构性财政赤字减少，至2013年达到欧盟《稳定和增长公约》（SGP）所规定的国内生产总值3%的占比限度要求。在美国的金融事件导致经济急剧收缩的情况下，这一紧缩性财政政策的效果是将整个欧元区拖入债务通缩的深渊，这将造成经济的长期停滞，更不用说将会带来社会的动荡和政治的不稳定。拟议当中的这个财政紧缩计划其经济影响将会令经济刺激方案的效果大打折扣。

欧盟是个由不服管者组成的运转不灵的家庭

就其错综复杂、笨拙无力和钩心斗角而言，欧盟繁琐的政策制订程序和政治上的离心倾向堪比拜占庭政治，这令欧盟无法形成强大有效的政治领导力。就其目前的构造来说，欧盟就像一个运转不灵的家庭，下面则是一群不服管教的家庭成员，这令欧盟的政治领导人无力在问题变得不可收拾之前，及时有效地应对即将到来的危机。欧元区内的每个成员国政府都在信誓旦旦地宣称，它们将致力于维护以欧元为共同货币的这个经济联盟，但经济国家主义和政治自决的强大离心倾向将颠覆它们的决心，它们对此的担心难以掩饰。各个成员国政府都不愿意丧失自己独立的货币主权，这一直有损于它们对欧元的支持。

由于欧盟运转不良，这迫使口头上的欧盟支持者，比如说德国总理默克尔，呼吁各国重新签订一份条约，强迫它们在经济政策制订方面进行更加紧密的合作，从而迅速建立一个财政联盟。具有讽刺意味的是，由于对欧元区内各成员国各自独立的财政政策心存担心，这迫使默克尔否决了一项提议，该项提议涉及整个欧元区，建议对欧元区内的银行提供担保，此种担保本会取代各国在本国开展经营的银行所承担的责任。

不过，由于危机需要马上拿出解决的办法，所以重新签订条约的想法并无意义。欧洲货币联盟的历史表明，条约要有几年的时间进行谈判，在生效之前还需要有更多的时间由所有的成员国批准。另外，依据1992年的《马斯特里赫特条约》而签订的《稳定和增长公约》，已经针对欧元区内的成员国规定了明确的货币和财政标准，但各成员国依然违反了这些明确规定的标准。

德国的金融史让目前的这个联邦共和国全国上下对于通胀严防死守，以此防止引发了1930年代的政治极端主义的社会经济动荡再次复发。对德国的政治领导人来说，欧洲要实现和平就要实行一体化。德国人视欧洲货币联盟为最终建立欧洲政治联盟的一个有效步骤。欧洲要形成新型的地区性社会政治秩序，其货币工具就是欧元，这一共同货币意在引诱各成员国在行为上实现趋同，以期建立经济和货币联盟。

地区融合背后的逻辑在于，欧洲的货币和经济联盟将会为各成员国在财政纪律方面带来一个很高的共同标准，一个由德国的模式所树立的标准，通过一个有利于一体化后的欧洲也有利于各个成员国的经济结构，实现向自愿的政治一体化的平稳过渡。

欧洲的完全融合是一厢情愿之想

欧洲的主权债务危机暴露出完全融合的原则只是一厢情愿之想。现实仍是即使到了21世纪，超国家主义依然被1648年《威斯特伐利亚合约》所确立的根深蒂固的民族国家主义文化所抵制。欧元区的共同利益是否由所有成员国所平等分享，是否由它们按比例分担其成本，对此依然存在普遍怀疑。

威斯特伐利亚式的根深蒂固的民族国家主义文化将继续影响各国的国家意识和国家行为，对欧元区和欧洲的完全融合构成障碍。有人曾寄希望于共同货币会为欧元区带来集体性的金融稳定，将会推动货币联盟的建立，但这一希望已被市场力量所击碎，在放松了管制的情况下，欧元区作为新自由主义全球化经济体系的一个部分，在其自1999年引入欧元以来所经历的首次由外部导入的危机当中，市场力量在其中横行无忌。在当前的欧洲主权债务危机中，在欧元区各个经济力量不同、财政纪律各异、最重要的则是社会政治文化存在差别的成员国之间的冲突中，共同货币要赢得信任所必须具备的那些前提条件正在检验这个地区的政治融合度。

就德国的责任进行的争论

然而,在德国这个欧元区内最强大的经济体中,就德国对欧元区的货币健康问题应该承担何种责任问题,德国国内开展了政治对话,但这场对话有个前提,那就是德国希望欧元区内德国以外的国家像德国一直以来的那样思考问题和采取行动,其政府要严格遵守财政纪律,其社会经济文化要鼓励国民厉行节约,要激励国民在工作中形成竞争力,如此一来,即可形成持续的贸易盈余,不过,在欧元贸易区内,系统性的均衡意味着一些国家的经常账户和资本账户盈余只能来自另一些花钱大手大脚的国家相应账户上的赤字。

在一个贸易系统中,每个参与贸易的国家都有外贸盈余,这是根本不可能的一件事情。新自由主义贸易的双赢神话与各国贸易顺差逆差这种会计游戏的现实之间存在抵触。地区融合消除了一些国家对咄咄逼人的金融和经济帝国主义的担心害怕之情,而独立的主权国家现在则依靠着这样的帝国主义来维护本国的财政纪律。

在一个完全融合的体系当中,只有较穷部分的财政赤字由较富部分的财政盈余弥补才是公平的。美国即是如此:纽约州和加州常年向位于华盛顿的联邦政府净输出税收收入,也就是说,这两个富州输出的税收超过了联邦政府返还给它们的财政资金。

财政赤字是主权债务危机的表象而非原因

进而言之,指责欧元区内部分花钱大手大脚的国家,称欧洲主权债务危机完全由这些国家的政府所形成的财政赤字造成,这并不能说明问题之所在,这是因为这些国家的政府已经自愿将其独立自主的货币政策权交给了一个超国家的机构。欧元区的成员国因此被剥夺了选择采取那些传统的货币措施的权利,它们无法贬值其货币,恢复其外贸平衡,从而化解严峻的主权债务问题。财政赤字是主权债务危机的表象而非原因。通过经济增长解决主权债务问题将会自动消除财政赤字。但武断地削减财政赤字只会压制经济增长,加剧主权债务危机。

有些国家遭遇财经困境是由于其政府财政管理不善,这样的想法只不过是不敢直面问题时抛出来的一个方便的借口。欧元区内那几个处于困境中的国家，它们的公共债务和私人债务的水平并没有超过美国。

美国因美元霸权而对主权债务危机具有免疫力

但美国不需要向国际货币基金组织申请紧急贷款，这是因为美联储能够通过各种货币措施，比如实行利率政策，或者扩张央行资产负债表从而实现量化宽松，为美国经济提供其所需的所有美元，而美国的财政部也能尽其需要出售尽可能多的主权债券，仅有的上限是国会规定的国家债务限额。这是由于美国的全部债务都以它自己的法定纸币计价，因此它并无外债，只有由外国人持有的内债。美元霸权还让美国获得了特殊的特权，那就是可以永远维持其经常账户上的赤字。（请参见本人 2002 年 4 月 11 日发表于《亚洲时报在线》上的文章《美元霸权》）

这从根本上不同于欧元区内的各个经济体，它们的主权债务以欧元计价，对于这种共同货币，欧元区内的任何一个主权国家均不享有独立自主的货币权。这在政治上具有重大的意义，因为对于应对主权债务问题所需的财政紧缩政策，如果公众视为由外国人而非本国政府所施加，那么他们对其的憎恶之情就会更加强烈。

希腊与德国对待国际货币基金组织的态度并不相同

甚至对希腊这个欧元区内最为过分的主权债务人来说，国际货币基金组织在正常情况下都会向其提供临时性的流动性支持，以换取其贬值货币，从而满足基金组织针对贷款申请国的财政所提出的要求。甚至国际货币基金组织本身，也认识到了自己作为最后贷款人，针对贷款申请国所提出的苛刻要求往往起着相反的作用。

希腊人民可以选择接受国际货币基金组织可能是压迫性的条件，也可选择从世界贸易体系之中暂时退出。基金组织随即作为最后贷款人银行，而希腊人民尽管可能不会对一家超国家的银行心存感激、态度友好，但是否寻求其帮助却仍然由希腊自行决定，而自主决定后出现的不利后果，这个借款国也会接受。

超国家的欧洲央行及其超国家的附属机构，如欧洲投资银行（EIB）及其专为援救受困国而设立的欧洲金融稳定基金（EFSF），为援助受困国开出了一系列的条件，这些条件虽然尚在讨论之中，但可以理解的是，希腊人民觉得自己成为了一个超国家体制的受害者，因为他们根本无法控制这个体制，他们也不能体面地、公平地从中退出。

德国倾向于成立一家欧洲央行

另一方面，国际货币基金组织这样的外来者，竟然对一个使用与德国相同货币的国家的经济政策指手画脚，德国政府对于这样的想法不可接受。德国因此提议建立一个欧洲货币基金（EMF），由它向处于债务危机中的欧洲银行提供有条件的临时性流动性支持。只有欧元区的成员国才能对这个基金发出指示，依据其指示，这个基金将针对要求金融援助的政府，设定财政政策方面的条件。在本人 2002 年 7 月 12 日发表于《亚洲时报在线》上的文章中，我曾出于同样的原因，建议在 1997 年的亚洲金融危机之后建立一个亚洲货币基金（AMF）。

缺乏透明度令希腊主权债务的影响远超希腊不大的国土面积

希腊的公共债务所引发的骚乱表明，欧洲的货币联盟——随着爱沙尼亚 2011 年的加入，它今天已有 17 个成员国——并无有效的手段处理一场以欧元计值的主权债务的危机。希腊是欧元区内最小的经济体之一，它的国内生产总值只有 2300 亿欧元，但它的债务问题已经威胁到了整个欧元区和欧盟的稳定，而欧盟的国内生产总值为高居世界第一的 12.3 万亿欧元，究其原因，是特殊目的融资工具所产生的潜在负债既复杂又不透明，这令人们无法了解，在最坏的情况发生时，各个主权市场参与者的负债额到底有多少。

建立欧洲货币联盟的建议

在这场快速演变的危机背后，欧元区的政治家们一直在思索过往的危机所带来的教训，在以往的危机中，金融市场的崩溃异常迅速，而组织有效应对措施的过程则相当缓慢，这令危机的应对有心无力。建立欧洲货币基金预计将有助于减少市场的不确定性，因为有了预先打包的援救方案，一旦危机达到预定的水平，这些方案即会启动，起到断路器的作用，以此防止市场失灵发展到完全失控的地步。

建立欧洲货币联盟的意图所在，是针对甚至一个花钱大手大脚的成员国政府，比如说希腊政府，或者针对一群不服管教的政府，比如说欧猪五国政府，对于因为它们的欠债而引发的市场动荡，建立一套规则，准备一套工具，以此防止此种动荡不断累积和反复发作。这项计划的初步细节由德国财长朔伊布勒对外披露，他还称德国支持依据国际货币基金组织的模式建立欧洲货币基金，但新基金的设计更加针对欧洲这些比较先进的经济体。

欧洲货币基金将会掌握资金，将其借给陷入金融困境中的欧元区成员国政府，但这有非常严格的条件限制，以此遏制过度的预算赤字和政府借贷。这个主意由德国提出，德国的官员们现在正在试图说服法国同意他们的想法。

拟议中的欧洲货币基金将会如何构造和怎样运作，德国财政部对此没有提供任何细节。有些半官方的想法则在一篇工作论文当中形成，这篇论文发表于2010年2月，作者是位于布鲁塞尔的欧洲政策研究中心（CEPS）的主任丹尼尔·格罗斯（Daniel Gross）和德意志银行的首席经济学家托马斯·梅耶（Thomas Mayer）。

格罗斯和梅耶在其上述文章中主张建立一个欧洲货币基金，他们称，德国的领导人希望希腊人民确实理解一点，那就是要让希腊的预算赤字得到控制，那就必须做出巨大的牺牲。格罗斯先生告诉媒体："即使在最好的情况下，如果不经历一场非常之深的衰退，他们都无法从危机中脱身。如果他们一见到牙医手中的电钻就开始尖声惊叫，那他们就失败了。"

此后的事件表明，希腊人民不仅是尖声惊叫，他们还举行了暴力抗议，在抗议中，他们宣布，如果其领导人接受欧盟领导人所提出的财政紧缩要求，那他们就真的失败了。

这篇欧洲政策研究中心的文章建议，以对负债超过欧盟《稳定和增长公约》所规定的债务上限（占国内生产总值的60%）和财政赤字上限（占国内生产总值的3%）国家的罚款，作为欧洲货币基金的资金来源，这将促进不守纪律的国家政府遵守这些规定。但这笔罚款将资金从最需要钱的那些政府手中拿走，因此也会加剧债务和赤字问题。

欧洲货币基金的另一部分资金来源是市场上的借款，由欧盟提供信用担保。这篇文章认为，如果在引进欧元的1999年就建立这样一个基金，那它现在已经积累了1200亿欧元（1630亿美元）的资金，这足以将一个中小规模的欧元区成员国政府从其主权债务困境中解救出来。

这个观点并不肯定成立，因为如果有了欧洲货币基金的撑腰，在某个成员国陷入困境从而引发报警信号之前，这个成员国能够达到比现在还要高的债务水平。当前的这场债务危机的主要问题可以归结于借款国政府对于特殊目的融资工具的使用，由于这些工具将过度的债务从政府金融的资产负债表中隐去，所以借款国政府借助它们从影子银行金融机构那里获得信贷资金。进而言之，不受监管的结构金融会令各国政府得以针对其在欧洲货币基金中的储备账户进行杠杆操作，贷出更多资金，积累更多债务，因而这种账户应付不时之需的储备功能会被完全颠覆。欧洲主权债务危机并非没有制订安全规定的结果；它是有意违反安全规定所造成的。

欧洲政策研究中心的这篇文章建议，在身处危机时，一国可以动用以其缴纳金额为限的资金，前提是其财政政策为欧元区其他成员国所批准。更多的资金援助将会导致受援国在监督之下实施"调整方案"。

如若一国政府面临马上就要违约的危险，则欧洲货币基金有权发行替代债务。但该基金将会针对旧有债务的投资人实行所谓的"剃头"，即这些投资者的所得仅为此政府债券面值的一部分。

对于设立欧洲货币基金的建议从德国流出来的速度，法国的官员们似乎感到吃惊。原则上来说，巴黎支持这项提议，但它在等待基金如何运作方面的细节。一位没有具名的发言人称，拟议中的欧洲货币基金"会有助于我们避免希腊的事情再次发生"。但他强调指出，这方面的计划目前并不具体，推动工作也要由德国来做。

皮萨尼-费里（Pisani-Ferry）是法国的经济学家兼公共政策专家，巴黎第9大学的经济学教授，他还同时兼任布鲁塞尔欧洲与全球经济实验室（Bruegel）这个位于布鲁塞尔的经济智库的主任，他称尽管这项建议获批的难度很大，但欧盟各成员国正在讨论以何办法防止希腊式的崩盘再次发生，这是一件积极的事情，他说："它表明它们在从这场危机中学点什么，我认为这是件好事。"

德国想对财政违规行为实施处罚

德国的官员们还想针对财政违规行为实施处罚。他们所提出的想法有：中止欧盟对不遵守财政纪律的国家的补助，即所谓"融合基金"；中止这些国家在部长会议上的投票权；甚至将其从欧元区中逐出。争议相对较小的想法则是实行罚款，这已经得到了欧盟《稳定和增长公约》的允许。

建立欧洲货币基金的想法起初由德国财长朔伊布勒所推动，在一次访谈中，他告诉德国的《星期日世界报》，使用欧元的这些国家需要共建一个机构，具有与国际货币基金组织"类似的干预权"。朔伊布勒先生对于这个基金将会如何运作未做详细说明，但称他会很快拿出一个计划。

欧盟的执行机构欧盟委员会立即对建立基金的建议表示了支持，但有些欧洲国家的官员则抱怨他们尚未被告知有此计划。德国总理默克尔没有明确表示支持。设立欧洲货币基金的建议由德国提出，这表明德国的立场发生了改变，因为就其已知的立场而言，德国反对向因为决策不善而陷入财政困境的国家提供金融援助，即使这些决策在全球债务市场崩盘之前在多数风险分析师看来并非"不善"。

问题在于在正常的市场中，在按模型计价的情况下，财政需求方面创造性的结构金融被风险分析师们视之为审慎。此种结构金融仅在正常市场出现失灵、针对风险建立的正常对冲失去其保护性作用的情况下才变得风险重重。而市场的失灵并非因为欧元区内成员国政府的任何所作所为而致，而是在美国形成的全球债务证券化的泡沫在破裂之时引发金融爆炸，这带来了市场天翻地覆的变化，令所有结构金融模型的风险动态遭到颠覆。

德国对国际货币基金组织持保留态度

人们知道，德国的领导人认为，相比接受国际货币基金组织的外来干预，多些抱成一团的合作更加可取。希腊总理帕潘德里欧曾被迫退出政府，因为其对主权债务谈判的处理引发了国内的政治批评，批评者们以在议会投出不信任票相威胁，而现在，帕潘德里欧将使用国际货币基金组织的紧急援助资金当成谈判的筹码，以此降低从欧元区内所获救助的成本。

对于法国总统萨科齐来说，避免国际货币基金组织的卷入也颇为敏感，这是因为那时他在国内所面临的最强大的对手卡恩在当时是国际货币基金组织的总裁，此人随后陷入了一场奇怪的性丑闻并因此而名誉扫地，事件发生在纽约的一家由法国酒店连锁企业所拥有并经营的宾馆之中，整件事情犹如电影当中的情节。

德国的领导人还将欧洲货币基金视为一个工具，以此对欧元区各成员国实

第四章　欧元区的主权债务危机之二：超国家的全球化与民族国家主权之间的对立

施更加严格的制裁，因为欧元区所有的成员国都曾自愿承诺遵守《稳定和增长公约》针对财政赤字和国债做出的限额规定，但在违反这些规定的时候，它们却没有受到处罚。结构金融在主权债务证券化方面的创造性运用令希腊的真实财政赤字达到了其国内生产总值的12.7%，这一数字是《稳定和增长公约》所规定的3%的限额的3倍，希腊的真实国债为其国内生产总值的120%，也是《稳定和增长公约》的60%的限额的2倍，但这并未自动引发依据该公约进行的制裁，由于希腊政府无力偿还其短期主权债务，这令这些债务的展期利率大涨，从而引起了一场主权债务危机。

如果希腊对其主权债务违约，这次的违约有可能演变成为一场违约风潮，蔓延到西班牙、葡萄牙、意大利以及其他的欧元区国家，造成其主权债务展期的借款成本大幅上升。希腊的这场财政危机并非如德国的政客们所称的那样由希腊公务人员过高的工资和福利所造成；其产生的原因在于希腊主权债务的借款成本突然大幅上涨，如果在正常的市场中，希腊的这些主权债务本来完全可控，但现在它们则落入于一张由不透明的结构金融工具所构成的大网之中。

朔伊布勒先生告诉《星期日世界报》："如果接受国际货币基金组织的帮助，这就等于承认了欧元区各国无力解决其自己的问题。"

禁止使用信贷违约掉期（CDS）的行动以失败告终

欧洲的领导人们曾经短暂触及这场主权债务危机的一个关键动因。法国总统萨科齐曾呼吁对信贷违约掉期进行打压，这种工具被投资者们用来对冲发债人违约风险。这种掉期操作之所以受到批评，原因在于它让投机者在事实上买入针对他们并不拥有的资产的保险，这造成了债券市场的不稳定。对于法国针对结构金融所发起的这场行动，德国总理通过一位发言人表示了支持。

（请参见本人的系列文章《2009年是货币主义开始破产的一年》中论述信贷违约掉期的文章：

《第一部分：破产的货币主义》

《第二部分：央行以经济为代价推行货币主义》

《第三部分：银行的压力测试》；此文以《压力测试中发现的盲目轻信》为题发表于2009年5月13日的《亚洲时报在线》）

在该系列文章的第三部分之中，我如此写道：

"信贷违约掉期合同一般按照市价进行会计处理，定期纳入收入报表，显示资产负债的变动情况,而这些不会出现在受到监管的保险合同之中。此外,信贷违约掉期的买家甚至无需拥有相关证券或者其他形式的风险敞口。事实上,买家甚至不必因为违约事件的发生而遭受实际的损失,一点虚拟的损失即足以让他们收取受到保险的名义金额。因此,投机者们能以 0.02 美分对 1 美元(即 1:10000)的比例下注,以少量的损失博取天文数字般的回报。在信贷违约掉期上投入 1 万美元的赌注,在 1 年时间里就有可能会赢下 1 亿美元。这正是许多对冲基金所做的事情,这是因为它们即使 1 万年里只赢一次,它们所有的损失也都会因此得到补偿。"

几乎一年以后的 2010 年 3 月 19 日,希腊总理帕潘德里欧受到法德两国的鼓励,在与奥巴马总统在华盛顿会晤时,向美国总统抱怨说,希腊的问题部分源于信贷违约掉期之类复杂的金融工具在交易中缺乏透明度。帕潘德里欧之后告诉媒体:"如果不存在透明度问题,我马上会说,我们在危机出现时制止这场危机的可能性将会大为增加。"

帕潘德里欧认为,投资者对信贷违约掉期的操纵正在将希腊推向金融毁灭的边缘,也正在把欧元拉下马。欧洲的官员们随即称,他们可能禁止欧洲市场上的部分信贷违约掉期操作,德国总理默克尔也呼吁华盛顿帮忙限制金融工具的交易。

针对希腊总理帕潘德里欧以及其他欧洲领导人向美国施加的压力,针对他们呼吁美国参与其对市场投机者的打击,奥巴马总统进行了抵制,他的回答是欧洲应该处理自己的债务问题,这与 2008 年以来美国自己在金融监管改革方面付出的努力不相一致。白宫官员称,希腊应着力使其经济驶上正轨,应减少其巨额的主权债务,他们在说这些时,似乎觉得信贷评级下调造成的借款成本大幅上涨与希腊主权债务危机之间毫无联系。

然而,希腊的主权债务危机可以追溯到债务证券化市场,而后者始于美国的一场天翻地覆的变化。对于希腊呼吁从监管层面打击信贷违约掉期,白宫的回应冷淡,这表明对于如何应对造成金融市场动荡的投机问题,如果确实希望加以应对的话,依然并不存在跨大西洋的共识。

有些评论人士怀疑,德国提出建立欧洲货币基金的建议是意在帮助希腊,还是向希腊官员暗示他们不能指望很快从欧洲获得救援,也就是说,希腊必须接受紧缩性的财政改革,以此解决其自己的问题。

强化欧洲金融稳定基金的努力于事无补

德法两国承诺为化解希腊的主权债务危机提供更为慷慨的金融援助,这可能会为欧元赢得一些时间,但长期而言能否拯救欧元值得怀疑,更不用说这会造成严重的道德风险问题。欧盟现有的专门以实施救援为目的的工具是欧洲金融稳定基金,它为欧洲投资银行所有,手中握有4400亿欧元的资金。2011年9月29日,德国议会通过投票,授予这个基金更大的权限,它现在可以筹资将其援救资金增至1万亿欧元。

欧洲金融稳定基金已经再向希腊、爱尔兰和葡萄牙提供流动性支持。它在必要时能为西班牙提供有限的支持,但没有多余的金融能力帮助意大利,这个国家的主权债务余额为其2.05万亿美元国内生产总值的120%,即高达2.45万亿美元。

2011年10月底,欧盟和国际货币基金组织联合发布了一份报告,警告称贷款行在回收贷款时如果不实行折扣,希腊一国的主权债务危机就能吞掉欧洲金融稳定基金手中全部4400亿欧元的可支配资金,这样它手中就再无余钱帮助意大利、西班牙、法国和德国的那些受到影响的银行。国际货币基金组织为自己承诺帮助希腊附加了一个条件,那就是这些银行的折扣率为50%或者更高。最终达成的援救方案是让这些银行对其持有的希腊债务作出60%的折扣。

金融癌症正在蔓延

随着欧洲主权债务危机像不断扩散的金融癌症一样,向着整个欧元区的金融部门和经济领域蔓延,欧元区的政府领导人们玩起了游戏,按照金融资本主义的常规原则制订援救方案,其救援规模仅能赢得一点时间,从而延缓欧元区内金融市场灾难性崩溃的发生。然而,正如拖延治疗癌症时的情形一样,时间恰恰不利于主权债务危机的解决,因为每拖延一天,援救的成本都在增加。欧洲正在拖延时间,而拖延只会令这场危机愈发难以化解。

随着希腊进入债务癌症的晚期,金融市场开始怀疑欧盟是否拥有援救意大利和西班牙所需的内部政治共识和金融资源,而这是两个规模较大的经济体,它们积累了巨额的债务,但在目前的经济秩序和政策框架下,它们的经济增长不足以支撑迅速膨胀的债务偿付成本，因此市场开始认为，它们正在离债务违约越来越近。这两个债务国政府的借款成本在初级和次级债务市场上均已急剧上涨，这进一步加剧了市场对其是否有偿还能力的怀疑，由于所须支付的利息已经增加，甚至是每月月底到期的利息能否按时支付，市场也存在怀疑，更不必说对其还本能力充满担心。

德国拒绝充当欧洲的救世主

为了平息市场的波动，在信贷评级已经下调的情况下降低主权债务的借款成本，德国需要及时站出来，坚定支持一项可信的救援方案，推动这些受困的欧元区经济体迅速实现复苏乃至增长。但是，金融方面可供选择的办法有限，它们在政治上也都无吸引力。如果没有推动高增长的战略，所有这些临时维持生命的救援措施只会使最终的崩盘更加令人痛苦。

欧洲央行考虑效仿美国，实行这样一种策略，即通过央行的量化宽松，加速购买欧元区内受困国政府的债券，以此将受困的债务转至欧洲央行的资产负债表中，同时向受损严重的欧元区金融体系注入急需的流动性。不过，欧洲央行虽然已经在少量购入部分欧洲南部国家的政府债券，但这一做法的合法性存疑。不仅如此，德国对欧洲央行进一步实行量化宽松并不热心，尤其是使量化宽松达到有助于缓解欧元区主权债务危机的规模。

以欧元区各国政府的集体担保发行"欧洲债券"，这样的想法曾被提出，即欧元区各成员国政府作为一个单位集体募集资金，相比它们各自为战，在其信贷评级遭到快速下调的情况下，这会降低不断上涨的成本。但除了将其视为危机之后的一个长期考虑，而且这也仅在南方各国政府严格保证将遵守财政纪律之后，这个建议未能赢得多少支持，特别是德国这个欧元区内最强大、信贷评级最高的经济体对其反应冷淡。德国的抵制是有原因的，因为一旦发行欧洲债券，这会鼓动南方的成员国政府对北方那些经济强大国家良好的信贷评级加以利用，从而延迟针对它们自己经济的必要的财政改革。

这令增加欧洲金融稳定基金手中的资源成为紧急措施之中唯一可行的方案，欧洲金融稳定基金是欧洲投资银行下属的一个用于专门目的的基金，而增加其掌握的资源则可能通过将其与欧洲银行联系起来的信贷机制进行。2011年7月，就2万亿欧元的援救金额进行了讨论。到了9月底，当以增强欧洲金融稳定基金的金融力量为目的的这项计划得到所有成员国的采纳之时，在德国总理默克尔在德国议会中经历了一场生死攸关的政治斗争之后,所需的金额已经升至6万亿欧元。

位于布鲁塞尔的智库欧洲政策研究中心认为,作为一家银行而不是由欧洲投资银行所拥有的一个用于专门目的的基金,即使在市场面临如此困境时,欧洲金融稳定基金仍能放出高达其资本金10倍的贷款,这意味着理论上而言,这个基金手中4400亿欧元的资本金能够变成4万亿欧元的援救资金。

拿更多的债务来化解债务危机

但拿更多的债务来化解受困的债务国是瘾君子的愚蠢之举,而非解决金融问题的可行之道。欧洲主权债务危机表明,在没有建立一个共同的财政联盟的情况下,欧元作为一种共同货币运转不良,这是一种从根本上来说不具操作性的安排。

为了治愈危机情况下的主权债务痼疾,希腊、葡萄牙乃至意大利所欠下的主权债务大多只能加以冲销,甚至可能需要全部冲销,这些债务必须取消,不能将其从即将违约各国的多个微型的专门目的金融工具上移开,再转至一个巨型的超国家的专门目的金融工具之中。出现问题的欧洲主权债务数额巨大,利息支出也在不断增加,这将加剧这些发债国的财政赤字,造成新借国债的成本大幅上涨,从而形成一个恶性的债务循环。但冲销债务则需要对欧洲的银行实行大规模的资本重组。所需的资本量从按国际货币基金组织估算的2000亿至3000亿欧元,至某些保守的市场分析人士估计的6万亿欧元不等。

财政紧缩政策具有反作用

许多新自由主义经济学家建议,欧元区内那些负债累累的成员国的政府需要采取紧缩性的财政政策,控制政府开支,令其与预期中的财政收入保持一致,同时,它们还要实施结构性的经济改革,通过提高本国在跨境贸易中的竞争力,促进本国的经济增长。财政紧缩政策只有在长期的情况下才能逐渐发挥其作用。在经济金融危机中,实行财政紧缩政策无异于火上浇油,从经济和政治两方面来说都是如此。

提高贸易竞争力不是化解危机的办法

但是,世界作为一个整体,无法指望从向其他经济体的出口中实现经常账户盈余,以此偿还主权债务。在欧元区以内,就区内贸易而言,一个成员国的贸易顺差必然是另一个成员国的赤字。因此,在欧元区内提高贸易竞争力无法解决主权债务这样一个系统性的问题。如果贸易竞争力的提高是通过降低国内的工资实现的,那么这反而会进一步加剧债务危机,这是因为寻求较高回报的资本必然通过跨境工资套利压低工资,因此这会进一步减少总需求。

希腊的例子就很能说明问题。类似于葡萄牙、意大利、爱尔兰和西班牙,希腊的问题在于其劳动生产率和工资水平较低,其经济活动中对竞争的限制,其低水平的产业技术,还有就是长期存在的财政赤字,这靠以欧元计价的、不断膨胀的外国贷款维持,而对于欧元这一共同货币,欧元区内的各国政府已经自愿放弃了货币政策的制定权,将该项权力交至超国家的欧洲央行。

希腊无法压低本就不高的工资水平

自欧元作为共同记账货币于1999年元旦启动以来,希腊的单位劳动力成本与德国从事相同工作的单位劳动力成本相比,已经拉开了30%到40%的差距。为了恢复原有的跨境贸易竞争力,希腊只能将其现在本就不高的工资水平降低50%。这不仅将会导致社会政治动荡达到无法接受的程度,这实际上还将进一步减少希腊国民经济中的总需求,迫使其通过向欧元区市场增加更多出口获得贸易顺差,但其他所有的欧元区成员国也在力图压低各自的工资,提高其在欧元区市场上的出口竞争力,从这个市场上实现贸易盈余,以此偿付各自的财政赤字。这是一个"与自己的工人为敌"的没有赢家的游戏,相比与其方向相反的那个策略,即实行保护性的关税壁垒"以邻为壑",它更加具有破坏性。

一价通行法则也需用在工资之上

虽然一价通行法则适用于欧元区内共同货币的价值,但欧元区内的工资却不适用这个法则。这就造成了财政联盟无法随着货币联盟一起建立起来,这是因为欧元区内工资相对较低的南方各国,如果要想达到与高工资的北方经济体同样高的生活水平,那么唯一的办法就是背上不断增加的国债。虽然资本主义的财政法则能够做出调整,以此适应各国在社会经济方面的差异,但对这些差别不能完全无视。这就是欧洲通过共同货币实现融合这一想法在其概念设计上的缺陷。

出口贸易——音乐停止之后继续跳舞

出口贸易现在是场游戏,游戏中的音乐已经停了下来——音乐就是从跨境贸易中获得的利益,但与此同时,游戏的玩家们别无选择,他们只能继续跳舞,也就是说,继续从事出口贸易。指望通过降低国内的工资水平得到外贸盈余,由此弥补财政赤字,对国内较低的工资水平做出必要的补偿,这就好像有户人家不是自己种植粮食供家人食用,而是把自己的孩子以奴隶的工资水平租出,让孩子工作赚钱购买高价的进口食品。

希腊已经处于债务违约之中

根据目前的财政会计准则,希腊将最终正式对自己的主权债务违约。这只是个时间问题,即使在希腊政府花光钱之前,能够针对希腊组织某种形式的救援,违约也会发生。这是因为任何现实可行的救援方案,其预期之中的规模都将不足以抵偿希腊的债务余额。只是由于希腊还在借债,所以违约的发生被推迟,但这个过程难以为继。从技术上说,希腊已经处于违约之中,因为贷款者和救援者在经过谈判之后已经接受了"剃头"。剃过了头之后,任何愿意继续向希腊发放信贷的贷款者都要让人把自己的头检查检查。

救援意在赢得时间,而时间会让问题更难解决

到目前为止,对于将希腊从其主权债务危机中解救出来,所有的建议都是仅能推迟最后死期的到来。而到了最后,希腊可能会意识到,最好的办法就是放弃欧元,从欧盟中退出,接受违约所带来的后果。留在欧元区将意味着几代人要年复一年忍受不间断的财政紧缩,这样的经济前景比一次性的主权债务违约更差。

放弃欧元并离开欧元区,这在短期内虽会重创一国的金融,但这会令债务国政府得以重建本国的央行体系,在这个新建的央行的管理之下,对重新使用的本国货币进行贬值,实行支持国内发展的货币政策,在新的基础上推动国内的增长,这可谓最好的前景。希腊所要放弃的是这样的一种央行,它管理的是超国家的千篇一律的货币政策,它压低成员国的国内需求,以牺牲这些成员国的国内经济为代价,力撑欧元区的共同货币欧元的价值。希腊所需用的则是这样的一种央行,它拥有货币政策方面的自主权,它所实行的是支持希腊经济发展的货币金融政策,它让市场来确定希腊新货币的汇率。

2011年11月16日

第五部分

出路何在

第一章　未曾吸取的教训[*]

2009年的10月29日是1929年的大崩盘的80周年纪念日，80年前的那场大崩盘导致了大萧条的出现。我们这个世界吸取了1929年的教训了吗？

通过对历史数据的详尽分析，米尔顿·弗里德曼认为货币政策对于促成通胀和商业周期的进程具有潜在的作用，他所得出的不能被事实证明的结论是：如果美联储以适当的货币放松政策应对破坏性的市场力量，1930年代的大萧条原本是可以避免的。弗里德曼的这个猜测尽管无从得以证明，但却被央行人士当做货币政策的魔法加以接受，以此破除资本主义所面临的商业周期的诅咒。在格林斯潘任职美联储主席的18年时间里，它一直是格林斯潘所采取的"只要是看不清，那就放松货币"做法的基石，而这导致了一系列的债务泡沫，一次比一次大。最后一个泡沫在2007年破裂。

包括现任美联储主席伯南克在内的大多数宏观经济学家均认为大萧条由债务的通缩所造成，即过度的债务会导致用于获取贷款的抵押品（在目前的情况下，则是资产证券化衍生工具）最终贬值，给借贷双方以及投资者造成损失，进而需要对贷款条款进行调整，甚至取消贷款。宏观经济学家们认为，如果出现这种情况，为防止市场失效，就有必要由政府实施干预，向市场注入流动性，而且这样做也是有效的。

债务与通缩之间的关系由欧文·费雪于1933年首次提出，他认为债务与通缩之间存在着互相导致对方出现不稳定的可能。这种不稳定性存在的原因在于双方的相互作用：通缩造成债务陷入财务困境，而陷入财务困境之中的债务反过来则加剧通缩。在充斥着债务的经济体之中，债务与通缩之间的这种相互作用毒性非常之强。防止其出现的唯一办法是不让流动性流入债务之中。

弗里德曼的观点是错误的，他指望着央行人士能够凭借全面地注入流动性

---

[*] 原载《亚洲时报》2010年1月8日号。

来遏制债务与通缩之间的互动所产生的不稳定性。

在其1982年的《金融不稳定性的假设：资本主义的过程与经济体的行为》一书中，海曼·明斯基对债务与通缩相互作用的概念进行了详细地阐述，并且讨论了这种相互作用对资产市场的影响。他意识到抛售会降低资产的价格，给快要到期的债务的持有者带来损失。这又造成更多的抛售并减少消费和投资支出，从而加深通缩。这被称之为"明斯基时刻"。

弗里德曼的不能被事实证明的结论则扭曲了我们原本可以从1929年的大崩盘之中汲取的教训，令我们这个世界在80年之后面临着又一场灾难。

总而言之，从1929年的大崩盘之中得出的4个错误的、不能被事实证明的结论被作为经济事实接受了下来，由此，不稳定经济学诞生了。

错误的结论：激进的放松货币措施能够避免商业的周期性衰退。这个结论导致央行以货币政策为不可持续的债务泡沫注资。此外，只要美联储在1929年较早地坚决干预，它本可以防止大萧条的出现（弗里德曼的观点）。伯南克在2007年发现，事实并非如此。

错误的结论：为了防止萧条的出现，必须维持世界贸易。

事实：世界贸易是全球失衡的动因，这是因为建立在货币霸权之上的全球贸易是掠夺性的，并且它存在着监管和工资方面的差异。全球自由贸易一直是国内失业主要原因。随着全球自由贸易地急剧增长，中美两国经济中的失业和非充分就业都增加了。

解决之道：为了逆转国际贸易对于就业、工资和国内发展的不利影响，必须采取新的贸易条件。恢复国际贸易的目的是为了补充而非防止各国国内的发展。

错误的结论：只有资本才能创造就业。

事实：在产能过剩的情况下，只有伴随着高工资的充分就业才能形成储蓄和资本。萨伊定律（供给创造它自己的需求）只有在充分就业时才成立。若无全球充分就业，自由贸易中的比较优势只不过是萨伊定律的国际化。

错误的结论：自由贸易中的比较优势对于贸易双方是共赢之道。

事实：对于放弃技术发展以换取贸易中的经济效率的一方来说，比较优势存在着一项致命的成本。在分析英国与葡萄牙之间的贸易时，李嘉图未能指出，由于英国专门制造需要机器才能生产的服装，它形成了经济的机械化，这令其产生了现代海军，征服了葡萄牙帝国。由于葡萄牙选择了生产葡萄酒，以此与英国生产的服装进行交换，它因此一直是一个技术上欠发展的农业国，后来便丧失了大国地位。

解决之道：在一个由主权国家构成的世界秩序之中，经济上的弱国必须通过国民经济的独立实现自强。

2009年10月29日

第二章　中国如何超越货币神学和全球化中央银行制度

许多人认为，中国不是被迫用其美元贸易盈余购买美国国债。他们指出，中国是自愿做的，因为美国主权债务作为价值储存手段，是最安全的工具。现在，这种观点显然是不正确的。那么，中国为什么继续购买美国主权债务呢？答案是，由于美中贸易失衡，中国没有其他选择，只能成为美国的一位债权人。下文将解释原因。

债务不是一个独立的事物。它标示了相关方之间的金融关系。债务若在相关方之间存在，一方必须是债务人，而其对方必须是债权人。没有对应的债权方，就不可能存在债务。

推动经济的是信贷，而非债务。债务是信贷的镜像反映。即使最精确的镜子也会破坏其镜像的对称性。为什么镜子将一个图像左右颠倒，而不像照相机的镜头那样上下颠倒图像？科学的答案是，镜中的图像不是人们普遍认为的将右变成左，而是将前转变为后。然而，我们往往接受这个异常的被扭曲的镜像是未加任何修饰的真实，我们不假思索地认为镜中扭曲的映像是一种完美的再现。

货币经济学理论认为，信贷和债务是对立不统一的。事实上，信贷和债务是以相反的关系运作的。信贷要求资产净值为正数，而债务无此要求。一个人可以有良好的信用，并不欠任何债务。债务越高，信贷等级就越低。只有理解了信贷，才能理解现代金融经济之后的主要力量，它是由信贷推动的，而受阻于债务。从实践中看，债务扭曲了边际效用的计算，并重组可支配收入。债务把公司股票转变为价格越高、需求越大的吉芬商品，并创造出了美联储主席格林斯潘所谓的"非理性繁荣"，即经济人走向疯狂。

货币经济学家把政府发行的货币看作是可随时兑现的主权债务工具，历史上来源于自由银行发行的票据。这一观点只适用于金属货币，金属货币是一种债务凭证，持有人有权要求将之兑换为相应数量的黄金或其他等价物。另一方面，主权国家发行的不兑现的纸币不是主权债务工具,而是主权信贷工具。主权政府的债券是主权债务。地方政府的债券是机构债务,不是主权债务,因为地方政府尽管具有有限的征税权,却不能发行货币。货币发行权是联邦政府或中央政府的专有权力。用不兑现纸币购买债券时,交易表现为主权信贷方清销公共债务或公司债务。这种关系是直截了当而又至关重要的。

如今,在所有现代国民经济中,政府发行的不兑现纸币成为排他性的法定货币。国家货币理论认为,一国政府发行的作为不兑现纸币的通行从根本上讲取决于政府的征税权。在一国经济中发行货币是政府的意志,货币是为了纳税人缴税而发行的,是为纳税人履行纳税义务发放的主权信贷。纳税人的纳税义务就是由政府发行的信贷工具即不兑现纸币来清偿。政府发行不兑现纸币后,不欠任何人的债务,只是承诺,接受该货币为纳税手段。中央银行体制的运作是基于将政府发行的不兑现纸币作为主权信贷的观点。中央银行实质上是一国银行系统的最后贷款者,其发放的是主权信贷。放贷人就是债权人。

美国总统托马斯·杰斐逊曾预言:"如果美国人民最终让私人银行控制了国家的货币发行,那么这些银行和与它们相勾结的公司,将首先通过通胀,再通过紧缩,剥夺美国人的所有财产,直到有一天早晨当他们的孩子们一觉醒来时,他们已经失去了他们的家园和他们父辈曾经开拓过的大陆……货币的发行权应从银行手中取回,交还给其归属的美国国会和人民。"该警告也适用于世界各国人民。

政府征税不是为其运作融资,而是为其作为主权信贷工具的不兑现纸币提供价值。正如一些财政保守派所提议的,如果政府愿意的话,它完全可以通过公共服务使用费为其运作融资。政府从不需要向其民众借债。政府发行政府债券是为了提供基准利率,稳定私人债务市场,而不是因为它需要钱。从技术上说,一个主权国家政府从不需要借债。它发放不兑现纸币作为纳税凭证,以之清偿一切债务。只有主权政府才能发行作为主权信贷的不兑现纸币。

如果不兑现纸币不是主权债务,那么金融资本主义的整个概念体系就需要重组,这就如同当人类意识到地球既不是静止的,又不是宇宙的中心时,其世界观发生变化,物理学必须重新书写一样。一方面,需要以资本形成为有益于社会的发展融资将被披露为一种残酷的骗局,因为主权信贷可以毫无问题地为有益于社会的融资发展。另一方面,并不必然需要以私人储蓄为国内公共的社会经济发展融资,因为主权信贷的供给也并不必然需要私人储蓄。从而,一国的私人储蓄率与公共金融至多只是间接的关系。

通过不断提高工资，以增强消费者的购买力，从而防止生产能力过剩，主权信贷可以为那些失业人口不明的经济体融资。在一个充满活力的经济体中，劳动力持续短缺，从而能够不断提高工资水平，并减少生产能力过剩。由于私人投资没有明确的社会补偿性目标和价值，只有私人投资才需要私人储蓄。储蓄是不充分就业情况下的通货紧缩，因为储蓄减少了日常消费，也就是减少了进行投资以加大未来供给的机会。一个因需求不足而生产能力过剩的经济体并不需要储蓄，需求不足又是低工资和高失业率造成的。供给创造需求的萨伊定律是一种非常特殊的情况，只有在充分就业和高工资的条件下才有效。萨伊定律忽视了供求之间关键性的时间差，这在快速流动的现代经济中对于现金流的需求很可能是致命因素。储蓄要求支付利息，利生利使金融体系偏向于由过度投资造成的生产能力过剩，从而将最终使任何金融体系都难以为继。宗教禁止高利贷，是有其实际原因的。

资产与负债之间的关系体现为债权或债务，其命名取决于（偿还）义务的流动。（偿还）义务从资产方流向负债方称为债权，反之，则称为债务。债权人就是资产大于负债的人，其资产包括其有权收回的债务人负债。主权债务只是一个虚假的游戏，它使得以不兑现纸币标价的私人货币债务可以交易。

代表人民的主权国家拥有一国内未让与私营部门的所有资产。不论这个国家实行社会主义制度，还是实行资本主义制度，道理都是一样的。因此，国家资产是一个国家减去私营部门财富后所剩的所有财富和根据主权权利对私营部门所享有的一切其他权利。高工资是国家财富的主要决定因素。私有化通常使国有财产减少，但同时可能增加纳税收入。只要主权国家存在，其债权只是相对于国家财富才是有限的。如果主权信贷被用来增加国家财富，那么，只要国家财富的增长与主权信贷同步，主权信贷就是无限的。

主权国家发行作为法定货币的纸币，也就是发行一种包括课税在内的主权权利支撑的货币工具。主权国家从不欠国内债务，除非其明确和自愿地表示如此。一国为了避免征税或提高税收而借债，这是政治权宜之计，而不是经济上的必然需要。当一国出售以其货币标价的政府债券而借债时，它是从金融系统中撤回其先前发行的主权信贷。当一国借进外国货币时，它放弃了其主权信贷特权，而使自己成为一个普通的债务人，因为任何主权国家都不能发行外国货币。美元霸权阻止了除美国之外的所有国家以主权信贷为其国内发展融资。

政府债券可以充当私营部门持有的主权信贷的吸收器。由于美元霸权，美国的政府债券享有最高的信用等级，在国际主权债务和机构债务市场中位于信用

第二章　中国如何超越货币神学和全球化中央银行制度

风险金字塔的顶端。美元霸权是一种地缘政治现象，即作为一种不兑现纸币的美元担当着国际金融建筑的首要储备货币的角色。不过，建筑是一种道德善意义上的美学艺术，是有利于人类的，而当前的国际金融建筑在此方面具有明显的缺陷。美元霸权是应被唾弃的，这不仅因为美元作为不兑现纸币窃取了其不应有的地位，而且因为它对世界共同体的影响无任何道德善行可言，它破坏了除美国之外的其他主权国家以主权信贷为国内经济发展融资的能力，并迫使这些国家以出口挣得美元储备，维持本国货币的交换价值。

主权政府法令发行的货币是主权专有权利的产物，而债务不是。任何人只要具有一定的可接受信用等级，都可以借贷，但只有主权政府才能发行作为法定货币的纸币。每个公民均有纳税的义务。主权政府发行不兑现纸币，也就是发行其公民用于纳税的信用证书。只有在主权国家的授权和许可下，私人发行的货币才能存在，它与主权政府发行的货币的不同点在于，私人发行的货币是发行者的借条，即发行者需偿还持有人相应的等价物。但是，主权政府发行的不兑现纸币不是政府借条，因为该货币是由持有人履行纳税义务的潜在债务支撑的。主权政府发行的不兑现纸币是法律支持的用于结算一切公共和私人债务的法定货币。在美国境内，任何人拒绝接受美元，都是违反美国法律。债务结算的工具是信贷工具。

以政府发行的不兑现纸币购买政府债券，是政府向其经济发放更多主权信贷的方法之一。从逻辑上看，在一个经济体中，货币供给不是政府债务，因为如果增加货币供给意味着增加国家债务的话，那么放松银根将使该经济体收缩信贷。经验事实证明了相反的情况：放松银根增加了信贷供给。因此，如果主权政府发行的货币扩大了信贷，那么就证明主权政府发行的货币就是一种信贷工具。

经济学者海曼·明斯基（Hyman P Minsky）正确地指出，发放信贷就是发行货币。信贷的发放制造了其对立面债务，但债务不是货币，而信贷却是。债务只是对货币的否定，是一种金融反物质。物理学者理解物质与和反物质之间的关系。阿尔伯特·爱因斯坦提出物质源于能量集中的理论，保罗·狄拉克（Paul Dirac）提出能量产生物质的同时也产生反物质的思想。物质与反物质的碰撞产生湮灭，使物质和反物质恢复为纯粹的能量。信贷和债务也是如此，它们是密切相连但又是对立的。它们是由金融能量以不同形式产生出来的物质（信贷）和反物质（债务）。信贷和债务的碰撞也将产生湮灭，使它们结合的结果恢复为不能为人类福利所用的纯粹的金融能量。债务清偿了，金融互动也就终止了。

货币债务可用货币偿还。主权政府发行不兑现纸币后，并未成为债务人。

美国的不兑现纸币是由美联储，而不是普通银行发行的。在美元上面，也不出现"银行"一词。在美元经济体中，偿还期为零的货币（ZMM）等于 M2 加上所有货币市场基金，减去定期存款。它衡量的是对应于需求的可清偿的金融资产供给。零期限货币从 1971 年尼克松总统宣布美元与黄金脱钩时的 5500 亿美元上升到 2009 年 12 月的 9.6 万亿美元，不过，它们不是联邦政府的债务。它相当于美国 14.26 万亿美元 GDP 的约 67.3%，美国 GDP 只是略高于同期的美国国家债务（12.33 万亿美元）。主权信贷赋予美国经济以内在的实力。

不兑现纸币持有者是主权信贷持有者，而不是如许多货币经济学者所错误认为的国家债权人。不兑现纸币只授权其持有人从政府那里换来相同数额的货币。美元作为美联储票据，只授权其持有人在联邦储备银行兑换成另一种面额的纸币。不兑现纸币持有人是作为国家代理人行为的，其享有该工具背后的国家的信用和完全信任，还可以之纳税，清偿公共债务或私人债务。不兑现纸币就像通行证，授权其持有人得到发放主权信贷的国家的保护。它是国家主权内在具有的金融权力的凭证。

国家货币理论认为，所有政府有权以其发行的法定货币征税，无须外资就能发展本国经济。因此，即使在一个受管制的市场经济中，主权信贷也能够让政府为一个充分就业的经济融资。该理论的逻辑是，税率过低导致货币需求量减少，长期的预算盈余不利于生产的发展和可持续，因为它挤占了经济信贷。英国在南非的殖民政府就曾以土地税，促使悠闲的当地人使用英国货币和从事金融活动。

从而，按照这种理论，一个国家既无须背负主权债务，又无须外国贷款或投资，就能够以主权信贷为国内发展需求提供资金，实现充分就业和经济平衡高速增长，而且不受恶性通货膨胀的惩罚。但该理论只局限于基本上封闭的国内货币体制。在全球化体系下，尤其是在无管制的全球金融和货币市场中，参与新自由主义国际"自由贸易"的国家由于存在外汇问题，这个理论也就不适用了。在这个体系下，任何国家无论采用固定汇率制还是浮动汇率制，只要其为合法的国内需求进行融资而印发的本币超过外汇储备，其可自由兑换的货币在外汇市场上就会遭到攻击。因此，所有非美元经济体甚至在满足国内需求时，也被迫吸引美元外资。但是，非美元经济体在吸引外资前，必须储备美元。即便实行了资本控制，外资也只会投资于能赚取美元的那部分出口行业。但是，出口经济体从贸易盈余中积聚的美元只能投资于美元资产，这剥夺了非美元经济体发展国内行业所需的资本。应对本币遭受如上攻击的唯一办法是取消其可自由兑换，而这样做将赶走外国投资。因此,美元霸权使所有其他法定货币从属于作为关键储备货币的美元,剥夺了非美元经济体政府为国内发展而发放主权信贷的权力,使其资本极度匮乏。

根据国家货币理论,外资除了推进帝国主义的议程之外,毫无其他有意义的国内用途。从而,美元霸权实质上是美国向其贸易伙伴征税,使这些国家失去了用自己的货币发展国内经济的能力,迫使它们寻找美元贷款和投资,而只有美国才能不受限地任意印刷美元。

凭借蒙代尔—弗莱明理论(The Mundell-Fleming thesis),罗伯特·蒙代尔(Robert Mundell)获得1999年诺贝尔经济学奖。该理论认为,在国际金融中,一国政府在如下三项中选择:一是汇率稳定;二是资本自由流动;三是政策自主(充分就业、利率政策、反周期的财政扩张等)。由于全球金融市场缺乏管制,政府只能选择其中的两项。

通过美元霸权,美国是唯一可以挑战蒙代尔—弗莱明理论的国家。在冷战结束以来的十多年,美国一直使美元纸币远远高于其实际的经济价值,吸引资本账户盈余,在美元霸权统治下的全球化金融体系中执行单边政策自主。这一现象的原因是复杂的,但最重要的原因是,所有的关键性商品,尤为突出的是石油,都用美元标价,美元成为超级大国地缘政治扩张的工具。这一事实是美元霸权得以形成的基石。美元霸权使美国金融霸权成为可能,从而使美国例外主义和单边主义成为可能。

中国将实际财富出口到美国换来美元纸币,就是接受美国以其主权信贷交换以商品形式存在的物质财富。从而,以美元计价的美国贸易赤字事实上是美国通过购买中国商品,向中国发放其主权信贷。中国脱离这一困境的办法之一是要求中国全部出口均以人民币结算,更根本的办法是恢复中国国家的主权信贷功能。

第三章 对中国和世界当前诸重大经济和金融问题的看法[*]

1. 美国经济与政治社会形势

美国经济将会陷入长期的衰退,持续时间将长达十年,除非不具操作性的市场原教旨主义的政策得以纠正。美国的历史表明,在这个国家面临严重的危机之时,就会出现手段激烈、富于勇气的领导人物。林肯和富兰克林·罗斯福即是两例,他们两人均曾被指责为独裁者。问题在于美国的精英阶层已经通过政府借债完成了规模庞大的注资,从而掩盖了始于 2007 年年中的那场债务危机。美国的债务仅仅从私人部门被转至公共部门,这些债务并未得到偿付。由于增长乏力,需要十年甚至更长时间才能消除这些债务。向金融部门大笔注入公共债务资金,使人产生危机处于有效管理之中的印象,而实际上这只是延迟了危机的爆发,因此,这也令顺应时事的政治领袖无法出现,政策也得不到改变。美国在世界上的影响力已在下滑,在可以预见的将来,其影响力还将继续下滑。不过,尽管存在影响力下滑的长期趋势,在未来的几十年里,美国经济仍将维持其非常强大的地位。美国的国内政治将会转向民粹主义的方向,其外交政策的单边倾向将减少,将会试图通过 20 国集团施加其影响。

2. 欧洲与欧元的前景

欧洲处于一片混乱之中,毫无希望可言。现在看来,欧洲一体化是个不切

---

[*] 本文是廖子光先生提交给 2011 年 11 月 20 日于北京举办的"国内外经济形势学术研讨会"的书面发言。

实际的梦想。欧元会死里逃生，但它对美元将完全无法构成挑战。

以下内容选自本人就欧债危机所撰写的最新文章：

随着欧元区主权债务危机的不断展开，我们看到，一股无人言及的政治暗流正在涌动之中。在地区性的主权债务危机中，主权政府债务人和跨国银行债权人之间的债务重组谈判虽然复杂，但其所涉有限。而这股暗流正将此种谈判变成一场涉及面广泛的政治冲突，在现有的由新自由主义世界经济秩序构成的经济生态和金融结构之中，这是超越国家主权的全球化与主权国家的主权之间的一场冲突。

从更为本质的层面而言，始于美国的2008年全球信贷危机，以及随后的、相伴而生的2011年欧洲主权债务危机，令人不禁质疑新自由主义的市场资本主义是否足以应付这一切，而我们知道，这个制度自冷战结束以来已经升格为全球首选的经济和金融制度。苏联解体之后，原为自二战结束以来的资本主义民主和社会主义中央计划这两种制度所割裂的欧洲，在冷战结束时所发生的两德统一的推动之下，开始推进欧洲的一体化，组建单一的共同市场并使用共同的货币，而共同货币即为1999年推出的欧元。

全球一体的低工资市场资本主义存在制度缺陷

随着事态的发展，全球一体的市场资本主义，再加上其实施犯罪时的共犯自由贸易，越来越暴露出制度上的缺陷，造成了不可持续的金融失衡，后者则导致了债务过度和需求不足的全球危机的反复发作。当今时代的央行所实行的货币主义为对债务不断增长的依赖提供了理论支撑，视这种依赖为金融扩张的必要刺激和促进，从而将由债务推动的不可持续的市场扩张混淆为将会产生可持续繁荣的经济增长。

去监管化的市场资本主义，在央行松弛的、迎合性的货币政策下运作，造成了收入分配和财富分配的极度不公，而其名义则是在采用市场经济作为实现经济增长的唯一道路的各国之中，有必要让彼此竞争的各贸易国、让彼此竞争的各个市场参与者形成资本。这种存在着缺陷的货币主义理论有赖于结构性失业的持续性高失业率（超过6%），以此作为维持价格稳定的首要的有效途径，而价格的稳定在商业周期之中既不自然，也难以实现。

资本过分集中于少数人之手，这导致了在监管放松的情况下，掠夺性的资本跨境运动，通过全球工资套利压低全球范围内工人的工资，以此最大化资本的回报。这造成了投资的过剩，又由于所有贸易国中工资水平的低下，总需求停滞，供需的失衡导致了工业产能的过剩。新自由主义的贸易不再依据李嘉图的比较优势进行，而是基于整个体系当中资本之于劳动力的绝对优势。

低工资带来了过度的利润，产生了足以造成不稳定的高额资本回报，这最终导致了投资过度，形成了产能的过剩，无法由低工资之下的消费者需求所消化的产能过剩。金融市场的过分扩张阻碍了最优经济增长的实现，这是因为高额的资本回报压低了用以支撑需求的工资，而为了完成金融市场过分扩张的整个下坠过程，央行在货币主义的指导下向金融市场提供了巨额的流动性，为难以为继的消费者债务进行融资，从而掩盖了高额资本回报与低工资水平之间的失衡。这就是2007年年中首先爆发于美国的全球债务危机以及2011年扩散至欧洲的主权债务危机的根本原因。

国家利益考量令欧洲一体化充满风险

2011年的欧洲主权债务危机正在希腊发酵，随着它迅速进入失控状态，这场主权债务危机有可能会扩散到葡萄牙、西班牙和意大利等国，引发全球金融体系不可避免的崩溃。拥有主权的民族国家，不论是在欧元区以内还是以外，它们的政府现在不声不响但却明显可见地制订保护主义的金融战略，以此应对这场危机对其彼此相连却仍然相互分离的国民经济、银行体系和金融基础设施的不利影响。

各国既需要也愿意为了共同的利益而牺牲自己的国家利益，在这番冠冕堂皇的说辞之下，实际潜行着的则是出于现实政治的需要而进行的经济考量，这正在各个主权国家政府的高规格会议之中展开，它们所考虑的问题是如果没有外部的动机，那么留在一个成员国数量不断减少的金融团队之中，其成本将高到难以承受的地步。拯救负债累累经济弱国，这对健康的、经济相对较强国家的政府来说，正在变为一项无法完成的任务。这是因为经济弱国的国内政治状况令政治领导人们难以恢复财政纪律，而财政纪律不恢复，主权债务问题便无法解决，欧元区的货币联盟也就无法保全。如果整个地区同心协力，其金融成本很有可能对于无论穷富的所有成员国而言都将过高。这种高昂的成本将会给整个欧元区、欧盟以及其他地区造成严重的社会政治不稳定。

民众的不满和民粹主义政治

民众喧嚣的、夹杂着暴力的示威游行已经在欧元区的那些金融基础薄弱的南部国家爆发,尤其是在主权债务危机最为迫近的希腊。在美国,2008年开始的大衰退正在进入第三年,失业率预计还将有几年时间保持在高到令人难以容忍的水平之上,在这样的背景下,"占领华尔街"的抗议运动,由其背后是占全部人口99%的受害者,正在渐入佳境,也正在得到华尔街和美国之外世界各地的许多其他国家的支持。这场运动显见的目标是被称为华尔街的金融部门,但其实际目标则是金融资本主义对全世界劳工阶层的结构性不公。民众的不满正在导致民粹主义政治的新时代的到来。

债务危机无法通过不断借债加以化解

欧洲主权债务危机是场债务过度所致的金融灾难,而债务过度则因低工资而难以为继。超国家机构实施金融援救,在主权国家作出保证的前提下承担更多债务,为陷入困境的主权债务融资,这样做无法化解这场危机,同样,扩张央行的资产负债表,以无中生有地创造出来的新资金为受困的银行体系注资,这样做也无法化解危机。这场危机由金融资本主义不当的货币规则所造成,因此,根据这同一批不当规则所制订的援救方案无法化解这场危机,它们只能拖延一点时间,直至这同一场危机以更大的规模再次爆发。

要有收入政策

欧洲主权债务危机的根本的、长期的解决之道,只能源于政府致力于实施一项新的收入政策,提高工资,在过度投资形成的产能大扩张,与全球工资套利压低工资所造成的总需求停滞之间,恢复两者间的平衡。

然而,目前所提出的所有援救方案全都基于一个死路一条的战略,即为了偿还高额的主权债务,实行紧缩性的财政政策,把已经很低的工资进一步压低,而高额的主权债务之所以形成,则是为了掩盖普通工人工资收入多年以来一直微薄所造成的失衡,这些普通的工人正是"占领华尔街"抗议运动所称的99%的受害者当中的最大一块,而由于跨境工资套利——这导致了经济体中债务丛生,他们被剥夺了他们本应分得的劳动果实。

财政紧缩压低了工资，加剧了债务危机

应较为富裕国家政府的要求，欧元区内较穷国家的政府将会实行财政紧缩政策，这非但不能化解这场债务危机，反而将只会加剧危机。较为富裕的经济体未能理解一点，那就是除非通过实行以体面的工资为目标的收入政策，欧元区内所有的经济体全都拥有强劲的购买力，否则的话，这些富裕的经济体面向这个区域内共同市场的出口将会萎缩。

需要形成资本与劳动力之间新型的互利共赢关系

欧洲的这场主权债务危机已经演化成为了一场政治危机，这需要从政治上加以解决，即摒弃目前的这种资本压倒劳动力的剥削关系，形成一种两者之间互利共赢的关系。收入的不平等和财富的高度集中是引发这场债务危机的原因。

化解危机的办法不可能千篇一律

这场危机已经扳倒了欧元区两个国家希腊和意大利的联合政府。尚不清楚新上台的政府是否能够相对有效地处理其国内的社会经济问题，而这些问题则与身处其他国家首都的债权国政府所提出的援救措施有关。

欧元区其实由形态、特点、历史和文化颇为不同的国家所组成，两年多以来，欧元区的整体经济一直为一种致命疾病所困扰，这一致命疾病即是各成员国国内经济彼此分离，由一个没有达成财政联盟的货币联盟将它们连接在一起，但它们却不得不接受由外部所施加的、千篇一律的超国家的货币政策和标准化的财政政策。欧元区内和欧盟内成员国国民经济之间的差异可谓巨大，而且是一种结构性的差异。

举例而言，德国与意大利两国对待通胀的态度迥异。北方各国经济相对发达，不同于南方那些较穷的国家，它们既不需要、也不希望实行与南方各国相同的扩张性的货币政策和宽松的财政政策，以此实现最优的经济增长。然而，这些彼此分离的经济体被人为地通过一个共同的货币而联系在了一起，它们共同面对一个僵化的、由一部超国家的宪法所控制的货币政策，这部超国家的宪法进而针对欧元区内的所有成员国规定了什么样的财政行为才可以为其所接受。

欧洲主权债务危机表现为截然不同的多个问题，这些问题彼此重叠，相互影响，从而加剧问题的严重性。欧猪五国（葡萄牙、爱尔兰、意大利、希腊和西班牙）面临着主权债务和私人债务过度所引发的危机，这是由大西洋那一边传来的灾难性外部货币事件所造成的经济增长率突然大幅下跌所致。欧猪五国的经济收缩将一场流动性危机、甚至可能是清偿力危机传导到了银行业，对由欧洲央行进行监管的欧盟银行体系构成了威胁。

作为赤字问题上的鹰派头面人物，德国总理默克尔在 2010 年 6 月提出了一项计划，内容是在接下来的四年里削减 800 亿欧元（1070 亿美元）的财政预算，她希望这项措施会令德国的结构性财政赤字减少，至 2013 年达到欧盟稳定和增长公约（SGP）所规定的国内生产总值 3% 的占比限度要求。在美国的金融事件导致经济急剧收缩的情况下，这一紧缩性财政政策的效果是将整个欧元区拖入债务通缩的深渊，这将造成经济的长期停滞，更不用说将会带来社会的动荡和政治的不稳定。

3. 碳经济国际贸易保护主义对我国的影响

中国应该利用市场原教旨主义所造成的这场全球危机，启动国内发展政策，运用 4 万亿美元的外汇储备，以此替换中国现在使用的外国资本。世界各国的政府现在都将着力推动经济国家主义，因为一个明显的事实是，并非所有与它国开展贸易的国家都会享有经常账户顺差。在国际贸易的全球体系当中，一国的贸易顺差必定是其贸易伙伴的贸易逆差。世界经济若要实现增长，贸易的盈余必须流入发展中国家，贸易的赤字必须源自比较发达的经济体。如果欠发达的经济体不能实现贸易顺差，国际贸易的平衡就只不过是由发达国家所推动的一种新型的帝国主义，对此，发展中经济体必须凭借经济国家主义进行抵制。中国不能而且不应动用本国的贸易盈余拯救西方的市场资本主义，这是因为这些盈余是由低工资的中国工人所辛苦赚得的，因此应该用于提高中国工人的福利。在我们的人均国民生产总值和人均收入超过德国之前，我们应该不再谈论中国是个经济强国。我们必须时时提醒自己，我们的国家仍是一个穷国，因此，我们必须更加努力地提高我们国家的生活水平。

4. 人民币汇率走势及其对中国经济的影响

随着中国更为致力于国内的发展和减少自己对于外贸的依赖，人民币汇率问题的重要性将会下降。我曾提议在中国的进出口贸易中使用人民币结算。这会让中国经济和中国的金融部门摆脱美元霸权。中国不应让人民币成为国际贸易当中的储备货币，也不应在中国并不直接参与的贸易中使用人民币进行结算。

5. 国际货币基金组织的改革问题

中国应该在平等的基础上坚持参加国际货币基金组织这类超国家的机构。美国现在仅占国际货币基金组织资金来源的18%，但它却控制着该组织的投票权，对此应该加以改革，从而减少美国的投票权。该组织的理念基础目前是金融资本主义，对此理念基础需要进行反思，这是最重要的一点。该组织经由1944年的布雷顿森林会议而创建，它对穷国的偏见在当时即为人们所知，成立世行也是为了弥补该组织的缺陷。该组织的制度缺陷需要加以纠正。

6. 中国涉外经济的理论争论与历史经验总结

中国需要重新审视30年以前开始推行的改革开放政策，这是因为1978年以来的世界已经发生了根本性的改变。中国与世界上其他国家之间的经济关系要建立在中国经济对原材料和技术的需要的基础之上，不能仅仅是为了积累以美元纸币为表现形式的贸易盈余。我们应该欢迎外国的先进技术和专业人才，但中国应该抵制世贸组织所提出的向外国实体开放中国市场、尤其是资本市场和信贷市场的要求。最为重要的一点，中国必须推行激进的国民收入政策，提高中国工人的工资，使他们在从事同等的工作时达到与发达经济体相同的工资水平。德国就是在实行高工资的同时在出口方面获得成功的一个范例。

中国需要着力解决整个世界全都面临的两大发展问题：粮食生产和水资源开发。中国需要增加在这两个问题上的研发投资。高技术的开发不能丢给市场去进行，必须获得政府的优先资助。中国的国家安全和生存取决于在经济和军事实力的发展中获得先进的技术。中国应从欧洲主权债务危机之中汲取教训。这个教训就是自由民主制正在阻碍欧洲获得化解债务危机所需的那种坚强有力的政治领导力。我们需要理解的是，甚至对于强大的、拥有发达金融体系的经济体而言，民主都是一个代价高昂的政治过程。对于发展中的经济体来说，民主之所以受到推动，只是因为它是发达经济体推行帝国主义的一个工具，其目的是为了让这些发展中的经济体无法有效地抵制帝国主义。

第四章　恢复中国历史性大国地位的战略*

正确处理中美关系　看清中美关系的实质

中美关系永远好不起来，美国是我们最大的挑战。但是我们必须想办法避免现在或者近期和美国打仗，因为我们现在军事实力和它相差不小，如果军队不强，一次打败了，政府和国家就会垮台；苏联就是在阿富汗被打败后垮掉的。而且我们应该尽量利用和平时间发展自己。但是也不要对其作出太大让步。中国不需要打美国，它会自己打自己，我们只要提防自己不要被它吃掉就可以了。在国际上很难找到一个国家敢于反美亲华，俄罗斯也不敢。所以中国需要和美国保持好的关系，但是永远不会成为朋友、盟友关系。毛泽东知道不和世界上最强大的国家打交道，会给自己造成很多困难，但是不是学习美国的制度，而是吸收它好的地方，不要它坏的地方。

美国用利益攸关者、G2 等麻痹我们，国内有人就以为美国很给我们面子，就很高兴。美国还推动中美军事交流。国内有人就以为只要中美之间扩大军事交流，将来两国之间就不会打仗了。其实美国这是在通过交流来摸清中国底细，同时对军官进行渗透和和平演变，将来一旦时机到来，它还会更坚决地制造和中国的冲突。美国现在也鼓励中国发展国内市场，但是它的目的是让美国公司来主导这个市场，卖它们的商品。

---

* 本文是根据廖子光先生 2010 年 9 月来华访问期间于北京多处讲座、谈话的部分内容整理而成。

美国未来反对中国的主要办法

美国未来不可能针对中国进行全面战争。因为中国有原子弹，而美国只攻打没有原子弹的国家。同时美国发现在常规战争中它能攻不能守，就是说打得赢，守不住。朝鲜战争后，美国知道打不赢中国，更不可能占领中国，因此，它力图达到只控制你，搞和平演变。现在的战略是不打你的国家，而是打你共产党。美国试图通过民主自由运动，让共产党下台，让中国分裂。这是长期战略。

美国未来10年会和日本一样，长期衰退和低迷。因此它同时想用中国市场发展美国国内经济，就向中国推销G2，要中国做利益攸关者，帮助美国维持世界秩序。不过，美国将来虽然有很多麻烦，但是不会马上垮下去。它的制度有一个特点，就是一旦出现大的危机，它就会变。现在每过几个月世界局势变动都很大。美国一旦调整成功，将会坚决利用中国国内的弱点打击中国。现在国内反对共产党的人很多，党内也有很多人想搞社会民主主义。中国内部可能出现抗议，美国在等待这样的时刻到来。关于谷歌的争论背后其实就是关于培养还是抑制中国反对派的争论。

现在没有别的国家有实力接近美国，只有中国，因此长期来看，美国肯定会把矛头转向中国。美国导弹防御体系迟早会建成，那时候中国现在的国防体系就无效了。如果中国没有还击能力，美国就会打中国，美国军事打击的国家都是没有还击能力的国家。它会打击中国一两个大城市，然后让共产党下台，让美国的代理人上台，使中国改变外交政策，美国就可以控制中国。只是它有一个底线，就是不能打击太过分以致引起中国发生革命。

要有危机意识

2008年时，国内还有一种紧急气氛，现在国内很多人认为危机已经过去了，其实要警惕温水煮青蛙现象，即在不知不觉中丧失机会而遭到严重失败。

国际上现在很多人说我们好，其实不是说我们强大，而是很高兴在我们市场上赚到了很多钱。中国刺激经济的措施是在美国要求全球刺激经济的呼吁下提出的，但是除了建立了一些没有车跑的高速公路和国内外大公司赚大钱外，并没有带来经济的实质性改善以及发展方式的转变。日本早就这样刺激经济了，但是几十年了经济并没有好起来。如果中国不转变发展方式，中国的问题将越来越多。美国有长期规划，它知道中国发展的局限性，因此并不害怕中国现在这样的发展。

正确的国家目标：恢复中国历史性大国地位

中国革命开始的目标是反对帝国主义侵略。清朝保护不了中国，当时的情况是，谁能够把中国从半殖民地国家变成政治、经济、文化独立的国家，人民就支持谁。国民党执政时期，把上海好像发展得不错，到台湾去把台湾发展得也可以，但是在美国系统下，个别地方可以发展得不错，但是中国整体却不可能得到发展。国民党是有钱人作后台，龟缩在上海等大城市，共产党的伟大目标是发展整个中国，连农民都去争取。国民党选择这样的道路，也是因为美国支持这样的不平衡和不平等的发展，你这样发展它就不会打你。历史性地看，如果没有毛泽东，中国将会像阿拉伯地区，有阿拉伯人但是没有一个统一的阿拉伯国家。日本也是走依附性的道路。它在历史上曾依附唐朝，二战前依附英国，二战后依附美国。我们在历史上一直是大国，在人类文明史上一直起着根本性的平衡作用，我们不能依附式发展，不可能走日本的道路和台湾地区的道路。我们正确的国家目标是恢复中国的历史性大国地位，为人类文明做出更大的贡献。

如果中国不转变发展方式，继续原来的发展道路，美国会支持，而且中国一小部分人会发财，城市也会有摩天大楼，但是全国大多数人不会发财，而且国家不会得到根本性提高，比如军事科技、国家实力以及民众和社会幸福度都不会得到大的改善。中国太好或太坏都不符合美国的利益。太坏的话控制中国的成本太高，它力图保持中国不好不坏。

美国最大的目的是把中国纳入它主导的那个体系中，所以就向中国推销G2，国内有些人因此高兴得不得了。其实蒋介石几十年前就被美国纳入它的系统，成为所谓的5大国，但是国民党在国内的贪污等问题都无法解决，结果还是一场空。我们中国革命就是反对美国主导的这个系统的，现在我们发展好一点，为什么要加入美帝的系统，当它的小助手？我们国内有那么多的事情需要做，为什么要去帮美国火中取栗？美国在50年内还是世界最强大的国家。如果中国按照它的设计，做它的小弟弟，这样它还可以维持老大的地位200年，但是如果中国独立自主发展自己，它可能只有50年的统治地位。

中国要恢复历史性大国地位，需要做好如下工作。第一，要有大国战略。

我们似乎还没有形成一以贯之的战略，外面很多学者争论中国是有国家战略还是只在短期性应对事件。中国领导人一定要加强从政治挂帅的角度关注世界经济问题，而不是就政治谈政治，或者就经济谈经济。如果中国不能控制自己的经济，更不能控制世界经济，那么所有战略就只是谈谈而已，没有什么用，而这两个控制离不开政治挂帅和国家大战略。第二，经济的主要部分必须是国家的，不是私人的，党再也不能继续退出经济了，反而要加强自己参与和管理经济的力量。第三，大力支持军事发展。不要学欧洲，如没有强大的军队支持，迟早被人打死。中国即使强大起来，美国也不会退出亚洲，被打败了才会退。拿破仑军事上很优秀，他被打败，是因为英国用黄金收买了他的手下。中国应该在经济上善待自己的军人，解决他们的后顾之忧。第四，不要学西方殖民主义的老路，以一个侵略者的姿态去改变世界，而是主要把自己的事情做好，那样自然就可以改变世界，因为中国的内需和人力物力足够我们自主发展100年。

通过收入政策建立平等社会，这是繁荣社会的前提

人力资源和社会保障部今年说，中国工人收入增加还是主要要靠市场，这是错误的。我们不能让市场来决定工人的工资。市场总是将工资设定在最低标准上，直至工人罢工强迫管理者提高工资。但是这一过程对于经济增长有很大的负面影响。

我们必须实施福特主义，让不断上涨的工资来引领中国的市场。福特主义最本质的意义是，工人必须得到更高的工资，这样他们才能买得起生产商的产品，只有这样才能形成一个完整的循环。福特主义把美国经济打造成了一个强有力的创造财富的引擎。亨利·福特主动地为他的工厂的工人提高工资，以为了使他们能够买得起他们自己生产的小汽车。20世纪80和90年代新自由主义市场原教旨主义的推行，把世界经济推进了因为低工资而造成的生产过剩的泥坑，而在此之前，福特主义在美国和德国运行得很成功。今天世界经济如此糟糕是因为，生产过剩只是通过无规则地将超量的消费债务证券化而得到暂时的弥补。这是2007年开始的金融危机产生的主要原因。

今天中国经济体系的两大主要痼疾是：（1）低工资，（2）不可持续的环境污染。这两大问题加上在美元霸权下的对出口的过度依赖（因为低工资导致内需不足），中国经济陷入了结构性陷阱，我们可能需要花一个世纪才能摆脱出来，除非我们进行大胆的、勇敢的、独立的思考，并采取大胆的行动突围出这个

陷阱。

中国将永远不可能成为强大的经济力量，除非中国工资达到和世界发达国家一样的水平。中国制造业的生产能力已经非常强大，现在需要的是通过提高工资，使原来为出口生产的生产能力转变为为国内需求生产。但是如果国内的工资长期得不到提高，那么扩大内需、转变对外国市场的依赖、减少甚至避免国外资本主义经济危机对中国的影响等就做不到。有人担心大幅提高工资会导致通货膨胀，对于中国而言这是没有道理的，因为中国已经有巨大的生产能力，而且中国的资源、劳动力的数量和质量、市场空间等等，都足够中国甚至在世界危机的情况下独立发展100年。

中国所需要的是，国家将本国国民的福利而不是外资或者内资的利润放在优先地位并将其作为国家目标，在国家级别需要一个国家收入政策协调办公室来处理这一问题，而在各个省份、县市有自己的分支办公室，这些地方分支机构在地方层次处理这一问题，因为各个不同地方的条件是不同的。这些办公室的任务是协调政府官员、公司管理者和劳工代表之间的合作，以找到方法达到这样的目标：在未来5年让工资收入大大增加。

人民币汇率高低不是关键问题，工资不高，这才是核心问题。房价高也不是核心问题，因为只要工资上去了，房价就不是问题。而把房价打压下去，经济将受到很大影响。很多领导人把精力浪费在不重要的问题上了。领导的考核标准不能是GDP，而应该是工资指数上升，稳定上升了就提拔，否则就是不称职。抓住收入这个关键问题，改好后，也还有问题，但是肯定比现在问题少。而这个问题不解决，别的所有问题都解决不了。

一战后德国非常困难，外国不愿意借钱给它，经济发展不起来。于是德国30年代利用李斯特的经济学，基本不再做外贸，不要外资，经济都立足于自己生产自己消费。政府推动充分就业和员工收入增加。企业生产产品最初卖不出去，政府利用国家信贷担保其不破产并补贴员工工资，三年后工人收入、国家税收收入都上去了，国家福利开支由于经济发展也降下来了。德国几年之内就发展起来了。德国至今还是世界最强大的制造业国家和拥有最先进的环保技术的国家。

中国经济浪费人才，因为它太便宜了。甚至在资本主义市场经济中，过度廉价的劳动力都是经济状况不良的表现。在一个社会主义经济中，这是不可原谅的。这样做将把中国锁定在落后国家行列。

第四章 恢复中国历史性大国地位的战略

加强国家组织经济的能力

如果真正想改造中国，仅仅攻击腐败是浪费时间，因为中国的贪污并不是世界上最严重的，而且最清明的时代也存在贪污，关键是发展路线是否正确。一党治国是好的，美国实际上是一党两派。在历史上，法国政府的权力开始很分散，政府经常更迭，最后将权力集中于总统。强大的领导是好的，关键是这个强大的领导是用来干好事还是坏事。中国应从欧洲主权债务危机之中汲取教训。这个教训就是自由民主制正在阻碍欧洲获得化解债务危机所需的那种坚强有力的政治领导力。我们需要理解的是，甚至对于强大的、拥有发达金融体系的经济体而言，民主都是一个代价高昂的政治过程。对于发展中的经济体来说，民主之所以受到推崇，只是因为它是发达经济体推行帝国主义的一个工具，其目的是为了让这些发展中的经济体无法有效地抵制帝国主义。

我很羡慕中国共产党的组织能力。奥运会这样大的活动党和国家可以组织，为什么经济不可以也这样去组织？因为美国告诉中国政府不能干预经济，美国在中国培养的新自由主义经济学者也这样成天地喊，其实，举例来说，洛克菲勒家族控制了美国大约25%的经济，它在内部实行计划，让政府不干预市场，是为了方便自己吃掉那些中小对手，形成自己私人的垄断和计划。一个政府完全不管的经济是一个自杀的经济。隋唐时期政府就知道把水牛免费给农民，几年后农民和政府都得到很大的收获。而现在省委书记给工人加工资都做不到，因为钱、企业和市场不是他能够管的。

我支持中国共产党，是因为它是唯一可以抵御帝国主义的力量。党是中国的唯一希望，如果党也被市场化了，中国就完了。中国最大的问题是党退出了经济，而且党还被市场因素渗透，市场力量对党的影响太大。

我也支持国企。国企的组织方式是好的。美国人误导我们说，分散化和小企业是好的。20世纪20年代，美国大公司都是搞计划经济的，美国有最好的计划科学，因此列宁在苏联搞计划经济时，把很多美国计划经济科学家和管理者请去做国家计划，取得巨大成功。很多人以为美国经济没有计划，其实美国前500个大公司都在做计划，这些公司最有力量的部门是总裁直接管理的计划部。中国很多人不明白这一点，因此不做计划，盲目开放市场，最后必然被人家吃掉。

但是，政府有些部门不能正确对待国企，居然要求公益性国企以赢利为目的，比如中国粮油公司和可口可乐合作，也是被逼没有办法，因为国家要求这个本来是公益性为主的公司要去赚钱赢利。国企当前的危险是，过分市场化，甚至开始外资化，很多收益没有流向人民。国企的很多股份卖给私人后，国企利用天然垄断地位赚取的大量利润就没有交给财政部，而是流向私人股东，而不少股东还是外国人。很多国企领导热衷于将国企变成跨国公司，如果跨国公司化，国企将不可能维护中国的利益和公共的利益。

依赖外资和外贸的巨大危害

中国最早制定合资法时，规定合资有 9 年限制，9 年之后就收归我们。邓小平先生当时很清楚，不可能依靠外国发展中国，只是在没有办法的情况下，让步 9 年。89 年以后，取消 9 年限制，外资变成永远存在了。这和开放时的初衷有很大不同，中国就有被外资控制的危险。外资扩大必然导致外贸扩大。中国当前 GDP 增长部分的 70% 来自外资，全球没有一个国家能够长期这样做。庞大的外资和外贸具有极大危害，长期来看在外资和外贸主导下，越往后中国将会越衰弱，民生问题也将越严重。

具体来说，外资存在如下严重问题。

1. 它的产品主要是卖给外国人，因此没有兴趣和必要关注中国市场和需求的扩大，因此永远不愿意提高中国工人的工资。

2. 外资的钱也是中国的钱：它们往往是拿着中国的项目回到美国金融市场去融资，而美国金融市场上的很多钱，来自中国借给美国的钱（大量购买美国国债等）；或者很多直接拿着项目到中国工商银行等银行去融资，而中国工商银行的钱来自中国广大内地老百姓的储蓄。但是工商行不愿意借给中国内地发展，因为它们没有信用担保。而且地方政府利用外资发展有一个好处，就是自己可以不用费力操心经济，经济发展好坏和自己关系不大，好坏都是外人的，不用承担责任。地方金融系统的责任应该是支持地方发展，而不是支持总行的利润。地方银行什么都不做，给当地储户很低的利息，然后将储户的储蓄转给沿海等地大城市的银行，拿到 5% 的利息，最后交给外资利用。

3. 外资不可能带来技术。美国的生产搬到中国来，用美国一个工人的工资在中国可以雇用好几个人，还有大钱赚，它为什么要带技术来呢？

4. 我国外贸赚的相当部分钱拿来可能还治理不了这些外资造成的污染，更不用说支付为外资企业工作的工人的退休金了。

5. 影响到外国工人，他们不喜欢中国，因为这导致他们没有工作。

革命是反对资本家，而不是反对资本。资本主义社会资本属于少数人，在社会主义社会资本属于人民。抑制外资后，可以依靠主权信贷形成资本，发展中国。中国有人、资源以及良好的技术基础，为什么要外资，将本地财产货币化就有资本了。这关键是建立主权信贷体系，这一方面可以参考我已有的相关论述。

警惕金融自由化

我不同意金融自由化，因为我们没有足够的高级金融人才，即使有了这样的人才，也可能应对不了。即使是美国央行也应对不了金融市场，以前它的干预对市场影响很大，但是现在它也只是金融市场上的一个一般的玩家，现在美国央行每次干预金融市场都以吃亏告终。美国金融基础设施发达，中国金融一开放，两年内就会出现金融危机，中国政府很可能因此破产。

我国3万亿美元外汇储备其实是被美国控制的，中国是不能自主利用的。人民币如果可以自由买卖的话，美国就更能够完全控制。外汇市场上是谁资本多，谁就赢。它们的资本比你多得多。现在世界外汇市场上每天的交易量是4万亿美元，股票市场交易量是60万亿美元，人民币国际化后，中国外汇储备可能在一天之内损失光。争论人民币汇率高低完全是浪费时间，因为这也是可以被国际资本控制的，如果中国金融自由化了，两支对冲基金就可以控制人民币汇率的升降，从而让国际资本无论人民币汇率走高还是走低都赚钱。懂对冲基金的优秀的中国人都被外国人请走了，比如高盛，中国也请不起好的，中国已经因此赔了很多钱。

我一直主张用人民币结算和中国有关的外贸，但是不是主张人民币国际化，如果和中国无关的贸易不能用人民币结算。人民币国际化会带来很多麻烦，因为只有很强大的经济和金融系统才能应对本国货币的国际化。允许香港出售人民币公司债，这是为人民币国际化开了一个后门。这样做可能导致投机者在香港制造亚洲金融危机一样的人民币危机，把人民币搞得一团糟。如果中国要搞帝国主义，才需要人民币国际化，否则不需要。千万不能让香港继续经营人民币国债、公司债。香港1997年后其实仍然是外国的基地，而且比以前危险得多。以前我们都知道它是英国的天下，现在收回来了，我们以为它是中国的，其实它仍然做买办工作，做国际帝国主义的先锋，但是现在它以国民身份公开来做，挡都挡不住，也不被认为是卖国。

当前很多人主张学习美国，让中国金融部门自由化和膨胀。中国这么大，学不了香港。香港没有工业，只是做交易，而且它介于国内外两个不平衡市场之间，将二者连接起来，可以很赚钱。它还利用地缘政治赚钱，先是朝鲜战争，后来是越南战争，战争双方都通过香港买卖军火。中国如果学习美国，几年内就会出现美国一样的金融危机。中国不少银行吹嘘自己危机后利润多高，其实是以中国整体经济的受损为代价的。

现在外资收购中国银行的股份不能超过20%，但是两年后根据中国加入世贸组织规则，将全面开放银行业，我们必须防止大银行到时候都被外资买过去。银行系统的开放将带来历史上最严重的后果。

美国逼迫人民币升值。美国不愿意人民币和美元挂钩是因为这样它不好搞鬼，它要求人民币升值其实是为了让人民币自由浮动，这样它好搞鬼。万一被迫升值，应该升工资而不是人民币。升人民币的直接后果是压低中国工人工资，而升工资则把好处留在国内了。解决与美国的经济争端最重要的步骤不是盯着这几个表面的经济问题如汇率、关税等等，最关键的是我们是否可以比其他国家更快一步解决自己的经济问题，如果我们调整得快，将长期平稳、自主发展，外汇外贸损失将都是很小的。

附 录

廖子光 2010 年来华前关于
自己讲座主题的一封信

我希望你们能推动我们的朋友开始讨论如下主题。

人力资源和社会保障部前不久说中国工人收入增加规划还是主要要靠市场，这是错误的。中国将永远不可能成为强大的经济力量，除非中国工资达到和世界发达国家一样的水平。而要想实现收入的大规模增加，中国不能主要靠市场的自发力量，而要靠国家有计划的协调。

我们不能让市场来决定工人的工资。市场将总是将工资设定在最低标准上，直至工人罢工强迫管理者提高工资。但是这一过程对于经济增长有很大的负面影响。

我们必须实施福特主义，以让不断上涨的工资来引领中国的市场。福特主义这一术语因为亨利·福特而得名，所指的是和生产以及相关的社会经济现象。它在不同的领域，以及对于马克思主义和非马克思主义学者，有着不同的但是相互关联的意义。它最本质的意义是，工人必须得到更高的工资，这样他们才能买得起生产商的产品，只有这样才能形成一个完整的循环。福特主义把美国经济打造成了一个强有力的创造财富的引擎。

亨利·福特主动地为他的工厂的工人提高工资，以使他们能够买得起他们自己生产的小汽车。20 世纪 80 和 90 年代新自由主义市场原教旨主义的推行，把世界经济推进了因为低工资而造成的生产过剩的泥坑，而在此之前，福特主义在美国和德国运行得很成功。今天世界经济如此糟糕是因为，生产过剩一度通过无规则地将超量的消费债务证券化而得到暂时的弥补。这是 2007 年开始的金融危机产生的主要原因。

中国在 1978 年开始改革开放战略的时候，时机很不走运，这时西方新自由主义市场原教旨主义正在兴起。结果是，1978 年后的的中国经济吸收了很多极其糟糕的新自由主义市场原教旨主义的理论和实践。这一有重大缺陷的新自由主义的糟糕结果，现在每个人都看得一清二楚了。

今天中国经济体系的两大主要痼疾是：1）低工资，2）不可持续的环境污染。这两大问题加上在美元霸权下的对出口的过度依赖（因为低工资导致内需不足），中国经济陷入了结构性陷阱，我们可能需要花一个世纪才能摆脱出来，除非我们采取大胆的、勇敢的、独立的思考，并采取大胆的行动突围出这个陷阱。

任何低价位的商品将导致对商品的浪费性使用，这对于能源、水、食物和劳动力都是如此。中国经济浪费了劳动力，因为它太便宜了。甚至在资本主义市场经济中，过度廉价的劳动力都是经济状况不良的表现。在一个社会主义经济中，这是不可原谅的。

中国将永远不可能成为强大的经济力量，除非中国工资达到和世界发达国家一样的水平。先不说美国、德国和日本，中国内地的工资为什么要比台湾或者香港低？

所需要的是，在国家级别需要一个国家收入政策协调办公室来处理这一问题，而在各个省份、县市有自己的分支办公室，这些地方分支机构在地方层次处理这一问题，因为各个不同地方的条件是不同的。这些办公室的任务是协调政府官员、公司管理者和劳工代表之间的合作，以找到方法达到这样的目标：在未来5年每年让工资收入翻一倍。

一项工资收入政策将不会自己成为现实，除非持续地积极地协调所有和市场工资设定有关的实体，以保证工资上升成为一个积极的目标：给所有市场的参与者都带来看得见的利益。

如果工资被正确地理解为是经济增长的基础而不是增长的障碍，那么中国的工资每年就可以大幅增加，直至中国工资跻身于世界高工资国家行列，与美国和德国同列。在中国这样一个生产能力过剩的国家，工资上升不会导致通货膨胀。

上面就是我这次访问在中国要讲座的主要主题：关于如何使国家收入政策——现在是国家十二五规划的一部分——成为现实。

中国金融信息网关于廖子光于北大光华管理学院演讲的报道和演讲主要内容

编者按：廖子光于 2010 年 09 月 15 日晚于北京大学光华管理学院作了题为"中国发展如何突破美元霸权"的讲座，中国金融信息网——新华 08 网对之进行了报道，现在将报道主要内容和讲座主要内容介绍如下。

一、中国工人工资上涨幅度应每年增一倍

纽约廖氏投资集团董事长廖子光先生 9 月 15 日在北大光华管理学院举办的一场讲座上指出，高工资是经过市场证明的比较有效的经济增长模式，中国工人的工资上涨幅度应每年增 1 倍。他还指出，人才是国家的重要财富，中国应出台更灵活的措施吸引各国人才。廖子光当晚详细阐述了自己关于外资利用、工人福利、收入分配和金融危机后的复苏等方面看法。（来源：中国金融信息网——新华 08 网）

二、讲座主要内容

两年前，中国很多学者认为 2008 年的金融危机两年会烟消云散；但是我不这么认为，已经三年了，果然危机还没有过去。

过去两年，很多学者作了很多分析，有的认为危机来自于过多的债务，有的认为危机产生于金融市场的去管制化；但是我认为真正的原因是全球性的工资过低，全世界面临产能过剩，之所以如此，是因为新自由主义理论主导了经济领域。

新自由主义这种经济模式开始可以有效，但是几十年后造成一个结果：全

球工人工资普遍性过低,人民买不起产品。如果生产者不能同时成为消费者,公司就会垮台。福特很理解这一点,所以他给员工高工资,结果就是福特员工能够购买福特汽车。他的这种运作,整个地改变了美国经济。为了避免新自由主义可能导致的经济崩溃,美国整个经济从经济性的转变成金融性的。20世纪30、40年代,最富有的人是经营生产性企业的老板,而现在最富有的人是金融领域内的高级管理者。上个世纪末,美国经济学家提出美国可以不直接生产,而是主要做投资。他们的宗旨是赚钱,而不是生产;这种格局造成美国制造业被金融业控制。美国的经济危机在于,搞金融的人比做工程师的工资高很多,导致人才从实业流向投机行业。我自己就是一个例子,从建筑设计转到金融。从整个国家层面看,这是很不利的!在美国很多做技术的都是中国人,但是这些人中间有很多从北大、清华出国的学物理、核技术的人因为美国不让他们接触军工等部门而找不到工作,就去华尔街了,他们很成功,一年能赚500万美元。

美国是以很多人的贫穷支撑少数人的富有。当穷人无钱消费时,金融机构就制造债券鼓励消费,包括鼓励借钱购房,几乎20年了,很有效。他们还制造了五花八门的金融衍生产品,把美国的债务打包成证券,到全球推销,甚至游说了中国的金融高管上当,购买了美国的风险债券与金融衍生品。

二战后,整个欧洲一塌糊涂,既不能生产,也借不到美元购买产品,而且整个欧洲面临着倒向共产主义的倾向。此时美国实施了马歇尔计划,马歇尔计划并非像美国所言,是献给欧洲的礼物。欧洲不知道,通过这种方式,美国整个控制了欧洲的金融市场。这是美元霸权的第一步。

到1971年,由于美国到处建立军事基地,美联储黄金储备大幅减少;然后尼克松让黄金与美元脱钩。1973年,美国同意阿拉伯国家提升石油价格,从30美元/桶提高到70美元/桶,但是必须以美元结算。如果你有美元就可以买石油,即使不能买其他东西,这样美元就能控制世界,因为全世界都需要石油。这是美元霸权的关键的第二步。

80年代开始,美国大力推动建立在美元基础之上的自由贸易,你如果要购买所需要的资源和产品,需要靠出口换美元,以美元购买所需要的产品。1979年,我们改革刚开始,用资源出口换取美元。我非常理解这一做法的不得已之处,因为当时中国非常需要加强和世界的联系。我们开放市场,加大出口和引进外资,这种方式应该是暂时的手段,不能无限扩大出口和外资引进,中国领导人很清楚这一点。如果国家落后,要奋起直追,但是通过自由贸易是追不上的。但是由于世界社会主义的大挫折,加上惯性,中国很多学者逐渐陷入新自由主义的

中国金融信息网关于廖子光于北大光华管理学院演讲的报道和演讲主要内容

陷阱中。中国现在过度地相信了自由放任，过度地依靠外资和外贸。

外资进入中国，全力投资中国的出口制造业。它们之所以来中国，是因为中国劳动力价格低廉，同时中国几乎不存在环境保护方面的规范和控制，这些是很坏的，但这还不是最坏的；最坏的是它们投资中国的出口领域，所以它们不需要提高中国工人的工资，因为它们的产品卖给外国人，中国工人购买力低下，并不影响它们产品的销售。因此，在这样的情形下，不论中国经济如何增长，都很难使我们得国家达到经济强盛。所以我反对外资和外贸，但是不反对外国好的想法、知识、技术！

德国在一战后用主权信贷建设经济，摆脱外国投资，独立发展，很快成为世界最强的经济体之一。中国现在有很好的工业基础、资源基础和人口基础，也应该主要依靠主权信贷而非外资建设经济。任何一个经济体，70%依靠出口，就是一个很糟糕的经济；国内领导已经意识到问题，但是如果不采取主权信贷，就不可能解决问题。中国现在已经有的大量外汇，都是每天不断往外送产品积累的，这一定需要改变。

如果有了主权信贷，就可以用人民币先大幅投资国内最需要的经济部门，同时大幅提高中国工人工资。我向中国外交、经济主管单位建议，每年可以提高中国工人工资一倍。如果工人没有足够的工资，就不能购买自己生产的产品。我建议对于那些工人低工资但是老板高收入的企业应该征收高税，以给工人更高的工资。工人有了更高的工资，产品能够销售出去，加上国家的支持，国有企业和私人企业产业将可以升级。等一两年后，产供销都很顺利，经济将稳定发展，不会出现通货膨胀。

有了主权信贷，中国将可以培养更多的人才。过分限制生育不是好的政策，人口并不必然是负担，日本的人均资源远不及中国，但是是第二强经济体，人民生活富足。应该让领导人知道，青年人是祖国的未来，应该支持他们。如果毕业5年内不工作，就会被社会淘汰，因此青年人失业是一个严重的问题。中国的人才外流是中国经济糟糕的一面！他们要么去了美国，要么在上海、北京的外企。政府应尽力支持年轻人成长、创业。大部分科学家在35岁前最有创造力，国家应该制定政策鼓励年轻人创造、创新。领导人的重要工作，是让每一个人最大限度地发展和发挥自己的潜能，这就是最实质的为人民服务。

中国人口主要在东部，西部广阔天地，大有作为，西部的投入不够。美国历史上主要人口也在东部，但是它利用政策使人口西移，使西部得到大发展。我们也要利用主权信贷调整人口的分布。还有农业问题也很严重。解决农业问题，一般国家都没有经验，如苏联最弱的就是农业。美国的农业较发达，那是因为有政府支持，政府给农业大量的补贴。美国看似不是计划经济，但在公司内，是很有计划性的，它是准计划状态。当然总体计划不是很好，还是有很大的浪费。中国的经济还很落后，不能像美国那样浪费，应该加强发展的计划性。

鸦片战争前，中国经济总量很大，鸦片战争后，中国就是一个买办经济，香港是典型的买办经济，现在的中国很多学者却很受其影响。现在经济学教科书，都是来自西方，你们要做的是，对每一个经济学理论要打一个问号。中美竞争是一种不同类型的竞争，美国对中国不会像对阿富汗、伊拉克那样进行热战，而是金融战争，经济战争；如果能控制思想，则无需付诸武力，所以他们不断的推广他们的经济学与自由贸易。如果想要真正解决问题，需要从实际出发，从中国历史、中国现实中去找解决办法。我不反对读西方的书，但是要有自信地、独立思考地读书。1933年到1937年，德国经济从欧洲最弱变为最强，当时很多德国人是不懂英文的，但他们的经济工作做得很好。

提问部分：
问：您怎么看G2，这是给中国设计的陷阱吗？
答：这是一个陷阱，美国希望中国与他们共同承担危机的代价。希拉里说，中美经济是同舟共济，这完全是胡说八道，他们的船在沉，我们刚开始乘风破浪。美国在中国周围布置了很多敌人和军事基地，围堵中国。对中日关系处理不当，会导致日本倒向美国；我们可以给日本一些好处，将来整个亚洲经济都受到人民币经济体的影响，那时日本问题自然就会解决。美国送给日本的两颗原子弹，日本是不会忘记的。当然，这以日本不越过底线为前提。

问：如果您是发改委主导人，您该如何制定经济发展计划？
答：很多方法，要顺应形势；有一点，我肯定不会把注意力放在GDP上，而是在工资上。工资是经济发展的原因和结果，它鼓励劳动和创业，而不是寻租和投机。如果中国计划在5年内系统地提高工资，我认为结果会是积极的。

问：2.4万亿外汇，会成为美国为我们埋下的经济炸弹吗？
答：美国的公共债务时其GDP的98%，比希腊还严重还糟糕，之所以还没有陷入崩溃，是因为它是大国，有很多、很大的资源支撑、支持，包括来自中国出口的支持。

我建议对这些外汇储备，以后不买也不卖，因为一卖，就会贬值，中国就会赔钱。我有个建议，把外汇一部分交给广东等地方政府。这些钱买美国国债只有3%的收益，而如果将之以3%利率贷给广东，收益可能是25%。有很多技术性的手段可以应对这样做可能出现的问题，总之千万别再跟华尔街去玩游戏。

廖子光于中国财政部、中国人民对外友好协会等部门讲座的主要观点

——我们要创造一个自己的经济结构和经济秩序

编者按：2010年9月廖子光在中国财政部、中国人民对外友好协会等部门做了几个讲座，下面是这些讲座的主要观点的摘录。

外资不会发展一国的经济的，你的工资越低，它的利润才能越高。美国是工资套利，到工资最低的地方生产，利润都是它的。我们越出口，越赚美金，我们就越穷。我们现在2万5千亿美元的外汇储备，付出了很多，但是钱是他们的钱，不是我们的。他们又作为外资投入中国，收购中国，如此循环不已。想靠贸易的办法把国家发展起来，是办不到的。最重要的经济部门不要开放，不要让外国人进来。餐馆等可以。不要让WTO规则束缚，要能让他们用我们的规则来玩游戏。

我们不需要那么多外资，我们有资本。外资并没有拿钱来，它们还是利用了中国的储蓄。我们是世界上拥有财产最多的国家，只是我们需要把它们通过运作变成信贷。我们金融专家很少。等到我们了解了金融的运作方法，很多问题就可以解决了。

我提议：中国出口不收美金，只收人民币，这是中国主权范围内的事情，不需要和国外谈判。如果这样做，他们想买中国的电视机，他们要换取人民币。美国2007年发生金融危机，迫使我们的领导人看清这个问题，现在开始在部分双边贸易中使用人民币结算，这只是初步。人民币国际化是很危险的，我们不急于推动跟中国出口没有关系的经济使用人民币。

现在所有国家的货币，都没有黄金作后台了，都是法币了。政府可以发货币，原因是政府有权收税。政府有权利、有能力，作主权信贷。有时候一段时期内财政政策可能导致通货膨胀，但是一两年后由于经济的增长，并不会带来通货

膨胀。很多国家的财政部不懂得他们有主权信贷这个权利，这是新自由主义控制经济领域的结果。现在新自由主义控制的央行为了保持币值的稳定，损害了经济的发展，使工人长期高失业、低工资。

德国已经这么做了，一战后，德国失业率很高，德国第一停止外贸；第二，用国家主权信贷支持全民就业，提高工资。政府发给公司代金券，工人工作后得到代金券可以用来买东西。政府担保，公司生产多少，政府帮助实现销售多少。从1933年到1937年，德国从最坏的经济变成欧洲最强的经济。我们发展三十年还是发展中国家。

工资低的时候，是在超级剥削劳动。如果工资高，是让每个人发挥他的最大潜能。工资高也可以迫使管理层发挥工人的潜能。对于人民币升值，我的提议，是不升人民币，升员工工资。利率提高了有什么后果，谁也说不清楚，但是工资提高了有好处。高工资和高就业看似两难，但是并非如此，特别是在当前我国生产能力过剩的时候，最重要的弱点是购买力不够。工资高了，购买力也高了，高工资和高就业就可以同时实现而且没有通货膨胀。

中国经济搞好了，应该能够占世界的五分之一。但是现在我们才是一个小经济。只要我们能够集中精力把国内经济搞好就是一个巨大的经济体。

真的科技还是靠军事，靠市场不行，市场只能搞些iphone。必须要有很强大的军队，但是军队不只是打仗，我们要更重视军队的基础研究，因为市场支撑大规模的基础研究不可能。美国一百年的发明都是军事支撑的发明。如果你自己不能设计战机的发动机而是引进，那么你的空军就靠不住。现在有人说不要投资那么多到军队科研部门，他们不知道高科技买不来，你必须靠自己创造，因此需要人才。

教育不是消费，是投资。教育产业化、私有化，是很不好的政策。年轻人很重要，没有包袱，有勇气，但是中国文化总是让年轻人去听老人的。我们应该改变我们的体制，让年轻人有充分的机会。毛泽东、周恩来都是二十八岁做大事，他们也没有博士学位。我们的教育系统很浪费年轻人的天才。年轻人想去做，就放手让他去做，肯定会犯些错误。但是他们犯错的次数不会比老头子更多。而且年轻人的倾向是会自己发现和承认错误。

美元崩溃以后世界的货币体系会是什么样的？美国的债务负担率和财政赤字率很高，是不是定时炸弹？美国在一个长时期内还会处于强势地位。美国可以印美元，不像别的国家只能靠自己挣美元，因此它回旋的余地很大。但是一些年以后，美元不会还是霸权货币、世界货币，而是变成一个国家的货币。是否重新设计国际体制，我的看法是现在条件不够，准备不足。在未来十年中我们还要摸索。因此，我们要集中精力把自己的经济搞好。现在最活跃的市场不是商品市场，是外汇市场。外汇市场成交量超过股票市场好多倍。最赚钱的是那些专门炒外汇的。我国银行业也有炒外汇的，但是本领不高明，亏了不少钱。

过去一百多年西方列强一直是想瓜分中国的，现在仍然是这样。这是我们为什么要支持中国共产党的一个重要的原因。共产党已经用历史证明了，只有它才能够抵制外国瓜分中国的野心。共产党也犯了很多错，但是这一点足以抵消所犯的错。我不是共产党员，但是我支持共产党。你去看《资治通鉴》，只要以搞大同为目标，国家就兴盛了。其实在马克思以前，中国追求共产主义的历史已经有很长的时间了。隋朝唐朝把土地和水牛分给农民。资本不是从资本家那里来的，资本来自工人。我们应该让国家通过金融创新来推动资本的形成，如果用工人的钱来剥削工人，是傻瓜的做法。

我们国家的历史上很多经济学家的知识面很广，很能干。现在经济上最少麻烦的就是中国。我们应该创造一个自己的经济结构和经济秩序。罗斯福1933年的农业计划是抄王安石的。我们要花一点时间来研究外国的经济史和我国的经济史。唐朝时我们供给全亚洲，我们不要只研究国外的政策，还要研究我国唐朝等时期的货币政策，可以找历史学家一起研究。

廖子光受聘华中科技大学荣誉教授并做题为《以工资为导向的地方经济增长模式》的人文素质讲座

2010年9月20日下午三点，美国纽约廖氏投资咨询公司总裁、新华社特约经济分析师廖子光受聘为华中科技大学荣誉教授仪式在一号楼学术报告厅举行。华中科技大学校党委书记路钢博士，国际交流处李昊处长、陈秋生副处长，我院院长徐晓林教授、党总支书记何流清同志等学院领导和部分老师代表出席了受聘仪式。仪式由李昊处长主持。

受聘仪式上，李昊处长首先向廖子光教授介绍了出席的领导和教授。徐晓林院长对廖子光受聘为华中科技大学荣誉教授表示祝贺，用"四名"即名门之后、名校出身、知名教授、著名企业家对廖子光教授进行了高度评价。同时，徐院长还从公共管理的角度，强调政府介入金融方面的研究，进一步推行"新公共管理"的重要性，并希望廖教授能够在后续的合作中给予相关指导，促进公共管理学院研究方向的创新。

路钢博士为廖子光亲自颁发"华中科技大学荣誉教授"证书，赠送礼物"廖氏始祖相及孝经"和"百家姓"，并合影留念。

仪式上，廖子光教授与在座的领导和教授进行了长达半小时的交谈。首先表达了对美丽的江城的喜爱之情，夸赞武汉是一个具有潜力的城市，同时也提出了一个疑问"为什么武汉还处在低水平的发展状况？"。廖教授提出要在武汉与华中科技大学合作建立研究所，设计城市经济发展模型，促进武汉经济内生性发展，实现当地经济的倍增。廖教授知识渊博，观点新颖，得到了与会领导和教授的一致好评，尤其是他提出"不要太指望外资来发展本地经济，而是要通过对本地经济潜力和资源的挖掘，激发本地资产潜能，提升本地经济"的观点，引起了所有参会人员的共鸣。

廖子光教授对中国30年以来的经济进行了回顾和深刻剖析，认为中国经济80%均由外资贡献，具有极强外资依赖的现实，提出中国要进行经济增长方式的转型，并且提出转型的关键在于创新型人才的培养。在此基础上，廖教授高度评价了华中科技大学，认为华中科技大学的实力是相当雄厚的，要力争创办世界"一流大学"，要充分提升学校科研水平，加强发明与创造，注重提升学校的财力。这一系列的观点得到了路钢博士的认同。

仪式结束后，李昊处长、徐晓林院长热情邀请廖教授参加公共管理学院学术交流活动，廖教授表示将积极参与。当晚7：00，在我院学术报告厅，廖子光教授还将为全校学生做题为《以工资为导向的地方经济增长模式》的人文素质讲座。

（来源：华中科技大学公共管理学院网站）

俄罗斯总统梅德韦杰夫主持的全球政策论坛邀请廖子光参加其 2011 年年会

"全球政策论坛"是在俄罗斯联邦前总统、现总理德米特里·梅德韦杰夫的倡导下,于 2009 年创立的,此后每年 9 月由梅德韦杰夫亲自主持,在俄罗斯雅罗斯拉夫尔举办,集中讨论与现代民主国家发展有关的关键议题,已有的参加者包括俄罗斯总统德米特里·梅德韦杰夫、西班牙总理何塞·路易斯·罗德里格斯·萨帕特罗,法国总理弗朗索瓦·菲永,韩国总统李明博,土耳其总统阿卜杜拉·居尔,意大利总理西尔维奥·贝卢斯科尼和日本首相鸠山由纪夫的特别代表,以及来自 40 多个国家的政界和公共领域的重要人物、商界代表、科学家、专家学者、媒体人士。

2009 年第一届论坛主题为"现代国家与全球安全",第二届论坛主题为"现代国家:民主标准与效率准则"。第三届论坛主题为"社会多样性时代的现代国家"。廖子光先生获邀参加了 2011 年"全球政策论坛",并在该论坛的重要的题为"富人和穷人:正义在哪里?"的分论坛上作了发言,美国诺贝尔经济学奖得主保罗·克鲁格曼、俄罗斯经济部代部长、莫斯科市长等也参加了这一分论坛。

现将论坛发给廖先生的邀请函以及媒体对 2011 年"全球政策论坛"的"富人和穷人:正义在哪里?"分论坛的报道分别翻译如下,从中可以看出俄罗斯在发展战略等问题上的关注点。

一、全球政策论坛发给廖先生的邀请函（摘译）

莫斯科，2011年8月22日

亲爱的廖先生：

我们很荣幸和高兴地邀请您参加2011年题为"社会多样化时代中的现代国家"的第三届全球政策论坛。

该论坛按照传统由俄罗斯联邦总统德米特里·梅德韦杰夫主持，将在2011年9月7-8日在俄罗斯雅罗斯拉夫尔市举行。

在2009年和2010年的前两届论坛上，讨论了现代民主国家发展的关键议题，参加者包括俄罗斯总统德米特里·梅德韦杰夫，西班牙总理何塞·路易斯·罗德里格斯·萨帕特罗，法国总理弗朗索瓦·菲永，韩国总统李明博，意大利总理西尔维奥·贝卢斯科尼和日本首相鸠山由纪夫的特别代表，以及来自40多个国家的政界和公共领域的重要人物、商界代表、科学家、专家学者、媒体人士。

在这些参加者眼中，该论坛已经成为一个开放的、有影响的国际讨论平台，一个在国际社会中有重要影响的政治和知识界的大事。

2011年的雅罗斯拉夫尔论坛将集中讨论社会多样化时代中的现代民主国家的运作效率问题。

由于文化、民族、宗教和经济的特征越来越多样化，现代社会正变得越来越复杂。传统社会群体和它们的相互关系正在转变。新的社会群体和认同形式出现了，并积极地展现自己。首先，高科技和信息技术在日常生活中的广泛使用带来了深远的变化。其次，现代民主国家有必要将如下因素结合起来：有效率的经济和社会公正、创新和对不同文明的特殊性的尊重、尊重移民的不同特征和将他们融入一个统一的国家、尊重人权和维持国际安全等等。

论坛将讨论这些和其他问题并共同拟定出解决这些问题的办法。

全球政策论坛为不同国家的代表提供一个平台，以共同研究出关于现代有效率的民主国家的标准。这些标准将由所有人决定同时又被所有人接受，它们的目的是建设一个公正、平衡和可持续发展的世界秩序，以保证人类的体面生存。

您参加"社会多样化时代中的现代国家"全球政策论坛将是对于理解现代国家和更普遍性的国际社会面临的问题以及找到解决这些问题的办法的重要贡献。

我们诚挚地希望您能够同意参加这个论坛,并热切希望能够在雅罗斯拉夫尔见到您。

(落款等略)

二、关于 2011 年"全球政策论坛"的"富人和穷人:正义在哪里?"分论坛的报道

第三届全球政策论坛于 2011 年 9 月 7 - 8 日在俄罗斯雅罗斯拉夫尔举行,俄罗斯总统德米特里·梅德韦杰夫和土耳其总统阿卜杜拉·居尔,以及俄罗斯各政党的政治领袖、俄罗斯各地区领导以及从 30 多个国家的著名学者参加了论坛。

全球政策论坛的题为"富人和穷人:正义在哪里?"分论坛吸引了最多的关注。

诺贝尔经济学奖获得者、美国普林斯顿大学教授保罗·克鲁格曼在讲演的开头非常忧郁地说,没有正义。他是通过分析全球经济事物的现状得出这一结论的。他强调说:"家庭在遭受痛苦,劳动市场也在遭受痛苦,关键点是穷人将承受为不由他负责任的政策买单的重担。"他以下面的预测结束了其富有预示性的讲话:"世界将面临经济动荡。"

俄罗斯经济部代部长克列帕奇的发言集中讨论了对于经济增长的核心支持力量即中产阶级的缺乏的问题。莫斯科市长谢尔盖·索比亚宁集中讨论了如何挖掘莫斯科的潜力以使之成为世界第一等的世界性中心城市。APEC 企业咨询委员会主席黛博拉·亨利塔等集中讨论了如何促进俄罗斯中小企业发展的问题。

(据"俄罗斯之声"英文网编译)

哈萨克斯坦总统纳扎尔巴耶夫发起的阿斯坦纳经济论坛邀请廖子光参加其 2012 年年会

2012 年 5 月 22 日廖子光获邀参加了第五届阿斯坦纳经济论坛，并在其中的"为了发展的货币"分论坛上关于美元霸权作了发言。该论坛是由哈萨克斯坦总统纳扎尔巴耶夫于 2008 年国际金融危机时期发起创办的，近些年来影响越来越大。在该论坛的 2012 年年会上，哈萨克斯坦总统努尔苏丹·纳扎尔巴耶夫出席开幕式并致辞，土耳其总理埃尔多安、"欧元之父"罗伯特·蒙代尔等 12 位诺贝尔奖获得者、25 位在任和前任部长、来自跨国机构与企业的 40 位领导人等参加了会议。廖先生认为，他获邀参加这一会议表明，很多发展中国家开始对美元霸权的危险有了觉醒。下面将论坛的邀请函的摘译稿介绍如下，从中可以看出哈萨克斯坦正在努力超越旧的发展模式和理念。

邀请函（摘译）

亲爱的廖子光先生：

以第五届阿斯坦纳经济论坛组委会的名义，我们很荣幸地通知您：在第五届阿斯坦纳经济论坛的一般计划的框架下，我们打算发起一件新的、特别的大事——一届主题为"为了发展的货币"的战略规划会议。这次战略规划会议将成为 G – Global 计划的开篇。G – Global 计划这一想法是哈萨克斯坦总统努尔苏丹·纳扎尔巴耶夫所倡导成立的，他将这次会议看做 2012 年 5 月 21—24 日召开的阿斯坦纳经济论坛中将提出的 G – Global 计划的的预备。

G – Global 计划的目标是将引入很多的参与者来精心设计反衰退的措施，特别是在八国集团和 20 国集团峰会所讨论的计划之外，形成改革世界金融的新计划。在上述峰会中占主导地位的方法建立在自由主义的金融概念之上,我们可以称之为"增长方法"。我们的战略规划会议被命名为"为了发展的货币",是建立在一个在性质上全新的"发展方法"之上。"为了发展的货币"是在实体性的、大规模的基础设施上有长期投资的不同国家组成的金融利益相关者在签订统一的详尽的协定后才能建立。

这样的基础设施建设的一个具体的例子就是跨欧亚发展走廊(TECD),即欧亚大陆桥,它整合了不同类型的交通(磁力悬浮火车路线、高速公路、一般公路、输水隧道、输油管道、能源枢纽、信息枢纽)并包括在走廊两边200公里之内的现代城市居民区。在利用如长期投资者协会成员设计的各种金融工具的基础上,该货币将成为实现该走廊的金融工具。该战略规划会议的参加者来自欧盟、俄罗斯、哈萨克斯坦、中国和北南美洲,总人数不超过20人。

图书在版编目(CIP)数据

金融祸福：毁掉世界经济的金融安排 ／ （美）廖子光著；嵇飞，林小芳等．
—北京：中央编译出版社，2014.3
ISBN 978-7-5117-1941-6

I. ①金… II. ①廖…②嵇…③林… III. ①货币主义－研究②国际金融－金融制度－研究
IV. ① F091.353 ② F831

中国版本图书馆 CIP 数据核字 (2013) 第 287257 号

金融祸福：毁掉世界经济的金融安排

出 版 人：	刘明清
出版统筹：	董 巍
责任编辑：	刘元琪　董 巍
责任印制：	尹 珺
出版发行：	中央编译出版社
地　　址：	北京西城区车公庄大街乙 5 号鸿儒大厦 B 座 (100044)
电　　话：	(010) 52612345（总编室）　(010) 52612363（编辑室） (010) 52612316（发行部）　(010) 52612315（网络销售） (010) 52612346（馆配部）　(010) 66509618（读者服务部）
传　　真：	(010) 66515838
经　　销：	全国新华书店
印　　刷：	北京金瀑印刷有限责任公司
开　　本：	787 毫米 ×960 毫米　1/16
字　　数：	580 千字
印　　张：	33.75
版　　次：	2014 年 3 月第 1 版第 1 次印刷
定　　价：	98.00 元
网　　址：	www.cctphome.com　　邮　箱：cctp@cctphome.com
新浪微博：	@中央编译出版社　　微　信：中央编译出版社（ID：cctphome）
淘宝网店：	编译出版社书店（http://shop108367160.taobao.com/）

本社常年法律顾问：北京市吴栾赵阎律师事务所律师　闫军　梁勤
凡有印装质量问题，本社负责调换。电话：010-66509618